ESV

Bilanz-, Prüfungs- und Steuerwesen

Band 69

Personengesellschaften im Internationalen Steuerrecht

Die Behandlung von Sondervergütungen und der zusammenhängenden Aufwendungen von Mitunternehmern

Von

Philipp Engel

ERICH SCHMIDT VERLAG

Bibliografische Information der Deutschen Nationalbibliothek
Die Deutsche Nationalbibliothek verzeichnet diese Publikation in der Deutschen Nationalbibliografie; detaillierte bibliografische Daten sind im Internet über http://dnb.d-nb.de abrufbar.

Weitere Informationen
zu diesem Titel finden Sie im Internet unter
ESV.info/978-3-503-24216-0

Zugl.: Universität des Saarlandes, Diss., 2025, u. d. T.

Personengesellschaften im Internationalen Steuerrecht: Die Behandlung von Sondervergütungen und der zusammenhängenden Aufwendungen von Mitunternehmern

Gedrucktes Werk: ISBN 978-3-503-24216-0
eBook: ISBN 978-3-503-24217-7
ISSN 1862-0922

Genthiner Straße 30 G, 10785 Berlin
info@ESVmedien.de, www.ESV.info

Druck und Bindung: docupoint, Barleben

Geleitwort

Ausgangspunkt der vorliegenden Untersuchung ist die große Bedeutung von Personengesellschaften in Deutschland mit dem transparenten Besteuerungskonzept. Der ganze Bereich der Sondervergütungen, weiterer Sonderbetriebseinnahmen und Sonderbetriebsausgaben sowie des Sonderbetriebsvermögens ist in weiten Teilen eine deutsche Spezialität, womit sich im Kontext der internationalen Besteuerung zahlreiche – derzeit in weiten Teilen noch nicht gelöste – Fragestellungen ergeben. *Herr Dr. Philipp Engel* hat sich zum Ziel gesetzt, „die Ursachen der aufgezeigten Besteuerungskonflikte ausführlich zu erörtern", darüber hinaus „die mit den Sondervergütungen zusammenhängenden Aufwendungen von Mitunternehmern" zu untersuchen, überdies „mögliche Lösungsansätze" im Kontext der Besteuerung von Sondervergütungen zu erarbeiten sowie außerdem „die gesetzgeberische Lösung für den zweifachen (Sonder-)Betriebsausgabenabzug und damit vor allem § 4i EStG" zu analysieren (so der Verfasser auf S. 3). Durch die gewählte Vorgehensweise steht die Arbeit „insbesondere auf dem Fundament der normativen und rechtskritischen Betriebswirtschaftlichen Steuerlehre" (so der Verfasser zu Recht auf S. 3).

Herrn *Dr. Philipp Engel* ist eine absolut überzeugende Aufarbeitung der höchst aktuellen und komplexen Materie zu bescheinigen. Er taucht in von sehr großer wissenschaftlicher Eigenständigkeit geprägten und damit überaus innovativen Weise in die schwierige und in vielen Teilen literaturmäßig nicht adäquat bearbeitete Thematik des Internationalen Steuerrechts ein. Eine vergleichbare Analyse ist in der Literatur nicht in annähernder Weise zu finden. Auch kann dem Verfasser eine hervorragende Literaturaufarbeitung mit einem Literaturverzeichnis von 71 Seiten, eine stets klare Gedankenführung sowie eine überzeugende Leserführung mit einer Heranziehung zahlreicher Abbildungen und Beispiele attestiert werden. Die Arbeit, die der Fakultät für Empirische Humanwissenschaften und Wirtschaftswissenschaft der Universität des Saarlandes vorgelegt und mit hervorragendem Ergebnis angenommen wurde, verdient angesichts ihrer wissenschaftlichen Positionierung eine große Verbreitung in Theorie und Praxis.

Saarbrücken, im Juli 2025 *Univ.-Prof. Dr. Heinz Kußmaul*

Vorwort

Entstanden ist die vorliegende Arbeit sowohl während meiner praktischen Arbeit als Assistent und später Steuerberater in einer mittelständischen Wirtschaftsprüfungs- und Steuerberatungsgesellschaft als auch im Laufe meiner Tätigkeit als wissenschaftlicher Mitarbeiter am Betriebswirtschaftlichen Institut für Steuerlehre und Entrepreneurship, Lehrstuhl für Betriebswirtschaftslehre, insbesondere Betriebswirtschaftliche Steuerlehre, Institut für Existenzgründung/Mittelstand der Universität des Saarlandes. Sie wurde im Sommersemester 2025 von der dortigen Fakultät für Empirische Humanwissenschaften und Wirtschaftswissenschaft als Dissertation angenommen und basiert auf dem Rechts- und Literaturstand vom 01.12.2024.

An dieser Stelle möchte und muss ich mich bei all denjenigen bedanken, die mich auf dem Weg zum erfolgreichen Abschluss meiner Promotion unterstützt haben.

Ein ganz herzlicher Dank gilt meinem verehrten akademischen Lehrer und Doktorvater, Herrn *Univ.-Prof. Dr. Heinz Kußmaul*, und zwar zunächst für die Betreuung meines Promotionsvorhabens und die Übernahme des Erstgutachtens ebenso wie für das in mich gesetzte, keineswegs selbstverständliche, aber unerschütterliche Vertrauen. Zum anderen gebührt Herrn *Univ.-Prof. Dr. Heinz Kußmaul* aber auch mein Dank für seine in Deutschland nicht in vergleichbarer Form zu findende, hervorragende Lehre, von der auch ich einst profitieren durfte und noch heute profitiere. Ebenso möchte ich mich herzlich bei Herrn *Univ.-Prof. Dr. Gerd Waschbusch* für die zügige Erstellung des Zweitgutachtens sowie für den sehr angenehmen und stets freundlichen Umgang bedanken. Ferner gilt mein Dank Herrn *Univ.-Prof. Dr. Michael Olbrich* für die Bereitschaft, den Vorsitz des Disputationsausschusses zu übernehmen, sowie Herrn *Dr. Patrick Klein* für die bereitwillige Übernahme des Beisitzes.

Für die Aufnahme dieser Arbeit in die Schriftenreihe „Bilanz-, Prüfungs- und Steuerwesen“ bin ich Herrn *Prof. Dr. Claus-Peter Weber* sowie Herrn *Univ.-Prof. Dr. Heinz Kußmaul* überaus dankbar. Darüber hinaus danke ich den Vertretern des Erich Schmidt Verlags für die angenehme Zusammenarbeit und die rasche Umsetzung im Rahmen der Veröffentlichung, wobei ein besonderes Dankeschön Herrn *Dr. Joachim Schmidt* und Frau *RA/StB Christine Marx* zukommen soll.

Frau *Heike Mang* ist herzlich für ihre Unterstützung während meiner Zeit am Lehrstuhl und ihren Einsatz im Vorfeld der Disputation zu danken. Besonderer Dank gilt des Weiteren den zahlreichen Korrekturlesern der Arbeit, wozu auch Herr *Dr. Christian Delarber*, Frau *Sophia Bund, M.Sc.* und Frau *Margarethe Schaumberg, M.Sc.* gehören. Für seinen unermüdlichen Einsatz, seine hervorragende Ausbildung im Internationalen Steuerrecht und seine außerordentlich warmherzige Art gebührt Herrn *StB Prof. Dr. René Schäfer*, der die gesamte (!) Arbeit inhaltlich überprüft hat, mehr als nur ein schlichter Dank.

Ebenso und nicht minder gebührt mein Dank meiner verehrten Mutter, Frau *Ingrid Engel*, welche die komplette Ausarbeitung mehrfach (!) und mit sehr großem, ebenfalls unermüdlichen Einsatz Korrektur las, immer für mich da ist und mich jederzeit bedingungslos unterstützt.

Ebensolcher Dank muss auch meinem Schwesterherz, Frau *StRin Anna Menderlen, M.Ed.* zuteilwerden – ohne Dich wäre das alles nicht möglich gewesen!

Frau *Laura Engel, M.Sc.*, meine geliebte Frau, hat zum Gelingen der Arbeit zunächst durch ihre Korrekturarbeiten in Bezug auf die Arbeit sowie die Präsentation für die Disputation beigetragen. Vor allem aber bist du meine Begleiterin – in guten wie in schlechten Zeiten. Dir gebührt außerdem derselbe Dank wie der, den mein Vater, Herr *Dipl.-Finw. Dr. jur. Stephan Engel*, an dieser Stelle verdient hat. Ohne die richtige Grundeinstellung, die ihr beide auf so unterschiedliche Weise und in so unterschiedliche Richtungen geprägt habt, wäre der Versuch, eine Dissertation zu schreiben, von vornherein zum Scheitern verurteilt gewesen. Meinem Vater ist diese Arbeit gewidmet.

Zum Schluss, aber nicht weniger von Bedeutung für mich, muss das Wort an meine Freunde gerichtet werden. Ohne euch wäre alles nur halb so schön – ich bin froh, euch zu haben, und von Herzen dankbar für all die schönen Stunden, die wir gemeinsam verbringen.

Püttlingen, im Juli 2025 *StB Dr. Philipp Engel*

Inhaltsübersicht

Inhaltsverzeichnis

Abkürzungsverzeichnis

A

a.A. .... anderer Auffassung

ABl. .... Amtsblatt

Abs. .... Absatz, Absätze

a.E. .... am Ende

AEUV .... Vertrag über die Arbeitsweise der Europäischen Union

a.F. .... alte Fassung

AfA .... Absetzung für Abnutzung

Alt. .... Alternative

AmtshilfeRLUmsG ..... Gesetz zur Umsetzung der Amtshilferichtlinie sowie zur Änderung steuerlicher Vorschriften (Amtshilferichtlinie-Umsetzungsgesetz)

AO .... Abgabenordnung

AOA .... Authorized OECD Approach

Art. .... Artikel

AStG .... Gesetz über die Besteuerung bei Auslandsbeziehungen (Außensteuergesetz)

ATAD .... Anti Tax Avoidance Directive

ATADUmsG .... Gesetz zur Umsetzung der Anti-Steuervermeidungsrichtlinie (ATAD-Umsetzungsgesetz)

Aufl. .... Auflage

Az. .... Aktenzeichen

B

BB .... Der Betriebs-Berater (Zeitschrift)

Bd. .... Band

bearb. .... bearbeitet

begr. .... begründet

BEPS .... Base Erosion and Profit Shifting

BEPS-UmsG .... Gesetz zur Umsetzung der Änderungen der EU-Amtshilferichtlinie und von weiteren Maßnahmen gegen Gewinnkürzungen und -verlagerungen (BEPS-Umsetzungsgesetz)

BFH .... Bundesfinanzhof

BFH/NV .... Sammlung der Entscheidungen des Bundesfinanzhofs (Zeitschrift)

BFH-PR .... BFH-Richter kommentieren Entscheidungen des Bundesfinanzhofs (Zeitschrift)

BGB .... Bürgerliches Gesetzbuch

BGBl. .... Bundesgesetzblatt

BGH .... Bundesgerichtshof

BMF .... Bundesministerium der Finanzen

BR .... Bundesrat

BsGaV .... Verordnung zur Anwendung des Fremdvergleichsgrundsatzes auf Betriebsstätten nach § 1 Abs. 5 des Außensteuergesetzes (Betriebsstättengewinnaufteilungsverordnung)

bspw. .... beispielsweise

BStBl. .... Bundessteuerblatt

BT .... Bundestag

Buchst. .... Buchstabe

BVerfG .... Bundesverfassungsgericht

BVerfGE .... Entscheidungen des Bundesverfassungsgerichts

bzw. .... beziehungsweise

D

DB .... Der Betrieb (Zeitschrift)

DBA .... Doppelbesteuerungsabkommen

d.h. .... das heißt

Diss. .... Dissertation

DK .... Der Konzern (Zeitschrift)

Doppelbuchst. .... Doppelbuchstabe

Drs. .... Drucksache

DStJG .... Deutsche Steuerjuristische Gesellschaft e.V.

DStR .... Deutsches Steuerrecht (Zeitschrift)

DStRE .... Deutsches Steuerrecht – Entscheidungsdienst (Zeitschrift)

DStZ .... Deutsche Steuer-Zeitung (Zeitschrift)

DSWR .... Datenverarbeitung – Steuern – Wirtschaft – Recht (Zeitschrift)

d.Verf. .... der Verfasser

DWS-Institut .... Deutsches wissenschaftliches Institut der Steuerberater

E

EFG .... Entscheidungen der Finanzgerichte (Zeitschrift)
EStÄR .... Einkommensteuer-Änderungsrichtlinien
EStG .... Einkommensteuergesetz
EStH .... Einkommensteuer-Hinweise
EStR .... Einkommensteuer-Richtlinien
EU .... Europäische Union
EU-DBA-SBG .... Gesetz zur Umsetzung der Richtlinie (EU) 2017/1852 des Rates vom 10. Oktober 2017 über Verfahren zur Beilegung von Besteuerungsstreitigkeiten in der Europäischen Union (EU-Doppelbesteuerungsabkommen-Streitbeilegungsgesetz)
EuGH .... Europäischer Gerichtshof
EUR .... Euro
e.V. .... eingetragener Verein

F

f. .... folgende (Randnummer/Seite)
ff. .... fortfolgende (Randnummern/Seiten)
FG .... Finanzgericht
Fn. .... Fußnote
fortgef. .... fortgeführt
FR .... Finanz-Rundschau Ertragsteuerrecht (Zeitschrift)

G

GewStG .... Gewerbesteuergesetz
GG .... Grundgesetz für die Bundesrepublik Deutschland
ggf. .... gegebenenfalls
gl.A. .... gleicher Auffassung
GmbH .... Gesellschaft mit beschränkter Haftung
GmbH & Co. KG .... Gesellschaft mit beschränkter Haftung & Compagnie Kommanditgesellschaft
GmbHR .... GmbH-Rundschau (Zeitschrift)
GrS .... Großer Senat
GuV .... Gewinn- und Verlustrechnung

H

Halbs. ....Halbsatz

HGB ....Handelsgesetzbuch

h.L. ....herrschende Lehre

h.M. ....herrschende Meinung

hrsg. ....herausgegeben

I

i.Br. ....im Breisgau

i.d.F. ....in der Fassung

IDW ....Institut der Wirtschaftsprüfer in Deutschland e.V.

IFSt ....Institut Finanzen und Steuern e.V.

i.H.v. ....in Höhe von

Inc. ....Incorporated

i.S.d. ....im Sinne des/der

ISR ....Internationale SteuerRundschau (Zeitschrift)

IStR ....Internationales Steuerrecht (Zeitschrift)

IStR-LB ....Internationales Steuerrecht-Länderbericht (Zeitschrift)

i.S.v. ....im Sinne von

i.V.m. ....in Verbindung mit

IWB ....Internationale Wirtschaftsbriefe (Zeitschrift)

J

JStG ....Jahressteuergesetz

K

KG ....Kommanditgesellschaft

KGaA ....Kommanditgesellschaft auf Aktien

KÖSDI ....Kölner Steuerdialog (Zeitschrift)

KStG ....Körperschaftsteuergesetz

KStH ....Körperschaftsteuer-Hinweise

KStR ....Körperschaftsteuer-Richtlinien

L

lit. .... littera

Ls. .... Leitsatz

M

m.E. .... meines Erachtens

MLI .... Multilaterales Instrument

MoPeG .... Gesetz zur Modernisierung des Personengesellschaftsrechts (Personengesellschaftsrechtsmodernisierungsgesetz)

M.Sc. .... Master of Science

m.w.N. .... mit weiteren Nachweisen

N

n.F. .... neue Fassung

NJW .... Neue Juristische Wochenschrift (Zeitschrift)

Nr. .... Nummer

n. rkr. .... nicht rechtskräftig

NRW .... Nordrhein-Westfalen

NWB .... Steuer- und Wirtschaftsrecht (Zeitschrift)

O

OECD .... Organization for Economic Co-operation and Development

OECD-MA .... OECD-Musterabkommen

OECD-MK .... OECD-Musterkommentar

OFD .... Oberfinanzdirektion

OHG .... offene Handelsgesellschaft

P

PIStB .... Praxis Internationale Steuerberatung (Zeitschrift)

PKW .... Personenkraftwagen

R

RFH .... Reichsfinanzhof

RGBl. .... Reichsgesetzblatt

RIW .... Recht der internationalen Wirtschaft (Zeitschrift)

rkr. .... rechtskräftig

Rn. .... Randnummer

Rs. .... Rechtssache

RStBl. .... Reichssteuerblatt

S

S. .... Seite

SAS .... société par actions simplifiée

s.b.S. .... siehe besonders Seite

sic .... sic erat scriptum

s.o. .... siehe oben

sog. .... sogenannte(n)

SolZ .... Solidaritätszuschlag

StAnpG .... Steueranpassungsgesetz

StB .... Der Steuerberater (Zeitschrift)

Stbg .... Die Steuerberatung (Zeitschrift)

StBp .... Die steuerliche Betriebsprüfung (Zeitschrift)

SteuK .... Steuerrecht kurzgefaßt (Zeitschrift)

StuB .... Unternehmensteuern und Bilanz (Zeitschrift)

StUmgBG .... Gesetz zur Bekämpfung der Steuerumgehung und zur Änderung weiterer steuerlicher Vorschriften (Steuerumgehungsbekämpfungsgesetz)

StuW .... Steuer und Wirtschaft (Zeitschrift)

s.u. .... siehe unten

SWI .... Steuer & Wirtschaft International (Zeitschrift)

T

Tz. .... Textziffer

U

u.a. .... und andere/unter anderem

Ubg .... Die Unternehmensbesteuerung (Zeitschrift)

USA .... United States of America

UStG .... Umsatzsteuergesetz

u.U. .... unter Umständen

V

vgl. .... vergleiche

VWG BsGa .... Verwaltungsgrundsätze Betriebsstättengewinnaufteilung

Z

z.B. .... zum Beispiel

ZfbF .... Schmalenbachs Zeitschrift für betriebswirtschaftliche Forschung (Zeitschrift)

zzgl. .... zuzüglich

Symbolverzeichnis

– .... bis

= .... gleich

./. .... minus

· .... Multiplikation

§ .... Paragraf

§§ .... Paragrafen

+ .... plus

% .... Prozent

∑ .... Summe

& .... und

Abbildungsverzeichnis

Beispielverzeichnis

1 Einleitung

1.1 Problemstellung, Zielsetzung und Vorgehensweise

Problemstellung:

Personengesellschaften sind als Gesellschaftsform in Deutschland gerade in dem so wichtigen Mittelstand[1] weit verbreitet, sodass ihnen eine erhebliche Bedeutung für die deutsche Wirtschaft zukommt.[2] Im Ausland sind Personengesellschaften zwar ebenfalls anzutreffen, aber deutlich weniger geläufig,[3] sodass es dort oftmals am Verständnis für die in Deutschland beliebte Rechtsform respektive für deren steuerliche Behandlung fehlt.[4] Gleichzeitig führt die anhaltende Globalisierung dazu, dass auch Personengesellschaften zunehmend grenzüberschreitend agieren und/oder über einen international besetzten Gesellschafterkreis verfügen.[5] Verschärfend tritt hinzu, dass ein weltweit einheitliches oder zumindest in weiten Teilen ähnliches Besteuerungskonzept – Letzteres im Unterschied zu Kapitalgesellschaften –[6] bei Personengesellschaften nicht existiert.[7] In Summe provoziert all dies kollaborativ ganz erhebliche Friktionen in Bezug auf die steuerliche Behandlung von Personengesellschaften im Internationalen Steuerrecht.[8] Vor allem das deutsche Mitunternehmerkonzept, bestehend aus einer transparenten Besteuerung gepaart mit einer zweistufigen Gewinnermittlung einschließlich der Idee von Ergänzungs- und Sonderbilanzen, ist den Steuerrechtsordnungen der meisten ausländischen Staaten fremd.[9] „Es handelt sich um eine vorwiegend deutsche „Spezialität""[10]. Im Ausland werden Personengesellschaften abweichend von der deutschen Handhabe zum Teil als intransparentes Gebilde besteuert;[11] insbesondere aber lässt sich der aus den Sondervergütungen, weiteren Sonderbetriebseinnahmen und -ausgaben sowie dem Sonderbetriebsvermögen bestehende

1 Vgl. etwa auch WASCHBUSCH, GERD u.a. (Unternehmensnachfolge 2018), S. 211.

2 Vgl. PRINZ, ULRICH (Mitunternehmerbesteuerung 2020), S. 1766 sowie mit konkreten Zahlen zur Verbreitung und Bedeutung von Personengesellschaften in Deutschland auch PATHE, ILMO (Wirtschaftspraxis 2023), Rn. 1, 3 f. Vgl. zudem LÜDICKE, JOCHEN/OPPEL, FLORIAN (Änderungen 2016), S. 549; RÄDLER, ALBERT (Unternehmensbesteuerung 1994), S. 278; SCHÜLLER, EVA CAROLIN (Personengesellschaften 2014), S. 1.

3 Vgl. PRINZ, ULRICH (Abwehrgesetzgebung 2018), S. 1615; PRINZ, ULRICH/BREUNINGER, GOTTFRIED E. (Personengesellschaften 1997), S. 832 f.

4 Vgl. PRINZ, ULRICH (Finanzierungsfragen 2016), S. 595; RÄDLER, ALBERT (Unternehmensbesteuerung 1994), S. 278.

5 Vgl. LÜDICKE, JÜRGEN (Personengesellschaften 1998), S. 449 f.; SCHÜLLER, EVA CAROLIN (Personengesellschaften 2014), S. 1.

6 Vgl. JACOBS, DIETRICH (Besteuerung 2011), S. 48; KLUGE, VOLKER (Internationales Steuerrecht 2000), Rn. S 71.

7 Vgl. MÜLLER, MARION/WANGLER, CLEMENS (Qualifikationskonflikte 2003), S. 145; PRINZ, ULRICH (Abwehrgesetzgebung 2018), S. 1615.

8 Vgl. PRINZ, ULRICH (Personengesellschaften 2018), S. 973 f.; SCHÜLLER, EVA CAROLIN (Personengesellschaften 2014), S. 1 und vgl. auch BT-Drs. 18/9956 vom 12.10.2016, S. 2.

9 Vgl. BT-Drs. 18/9956 vom 12.10.2016, S. 2; KUDERT, STEPHAN/KAHLENBERG, CHRISTIAN (Sonderbetriebsausgaben 2017), S. 45; KUßMAUL, HEINZ/SCHÄFER, RENÉ/ENGEL, PHILIPP (Sonderbetriebsausgaben 2021), S. 42 und dort Fn. 20; PRINZ, ULRICH (Abwehrgesetzgebung 2018), S. 1615.

10 KUßMAUL, HEINZ/SCHÄFER, RENÉ/ENGEL, PHILIPP (Sonderbetriebsausgaben 2021), S. 42 und dort Fn. 20.

11 Vgl. MÜLLER, MARION/WANGLER, CLEMENS (Qualifikationskonflikte 2003), S. 145; ROSENBERG, OLIVER (Sonderbetriebsbereich 2015), Rn. 11.20.

sog. Sonderbereich nicht in vergleichbarer bzw. allenfalls seltenst in ähnlicher Form in ausländischen Steuerrechtsordnungen finden.[12]

Vor diesem Hintergrund verwundert es kaum, dass die steuerliche Behandlung von Personengesellschaften mit international besetztem Gesellschafterkreis „wohl zu den umstrittensten Themenfeldern im (deutschen) internationalen Steuerrecht" gehört,[13] die das Prädikat einer „äußerst komplexe[n] Materie"[14] redlich verdient hat. Für den Rechtsanwender führt diese hohe Komplexität und die dargelegte Singularität des deutschen Mitunternehmerkonzepts zunehmend zu erheblichen Problemen.[15] Besonders umstritten und friktionsverursachend sind dabei die im Sonderbereich erzielten Einkünfte respektive deren Subsumtion unter die jeweiligen Artikel eines Abkommens zur Vermeidung der Doppelbesteuerung (DBA).[16] In DBA finden sich allenfalls und nur sehr selten ausdrückliche Regelungen für Sondervergütungen.[17] Dies ermöglicht es, dass ausländische Staaten andere Abkommensbestimmungen auf die Einkünfte anwenden können als Deutschland es tut.[18] In der Folge entstehen oder verschärfen sich hinsichtlich der Sonderbetriebseinnahmen und dort speziell bezüglich der Sondervergütungen sowohl Doppelbesteuerungen als auch doppelte Nichtbesteuerungen bzw. Minderbesteuerungen.[19] Darüber hinaus kann die – bereits nach nationalem Recht – oftmals differierende Einkünftequalifikation einen doppelten (Sonder-)Betriebsausgabenabzug und damit einen sog. Double-Dip ermöglichen.[20]

Um die aus deutscher Sicht „richtige" Einordnung von Sondervergütungen auf Abkommensebene streiten sich die Finanzverwaltung, gewichtige Stimmen der Literatur und der BFH seit Jahrzehnten. Der deutsche Gesetzgeber erwies sich in der Debatte und bei der Lösung der zuvor aufgezeigten Konflikte bislang als nur bedingt hilfreich. Zunächst wurde durch § 50d Abs. 10 EStG das vorstehend angesprochene Problem der differierenden Einkünftequalifikation auf Abkommensebene gesetzlich zementiert. Um die Regelung funktionsfähig zu bekommen, benötigte der Gesetzgeber, der die Rechtsansicht der Finanzverwaltung normierte und daher zu Recht als von dieser „ferngesteuert"[21] bezeichnet wird, zunächst einmal zwei Anläufe; heute ist

---

12 Vgl. BERGMANN, MALTE (Einordnung 2017), S. 126; MÜLLER, MICHAEL A. (Double-Dip-Modelle 2005), S. 181; PRINZ, ULRICH (Mitunternehmerbesteuerung 2020), S. 1767. Vgl. auch KOLLRUSS, THOMAS (Sondervergütungskonzept 2015), S. 351 sowie KUDERT, STEPHAN/KAHLENBERG, CHRISTIAN (Sonderbetriebsausgaben 2017), S. 45, die einzig noch Österreich ein ähnliches Konzept attestieren.

13 Vgl. auch wörtlich KUDERT, STEPHAN/KAHLENBERG, CHRISTIAN (Entstrickungsauslöser 2015), S. 918.

14 BRÄHLER, GERNOT/MAYER, MARKUS (Abkommensberechtigung 2010), S. 678.

15 Vgl. PRINZ, ULRICH (Personengesellschaftsbesteuerung 2010), S. 738; PRINZ, ULRICH (Finanzierungsfragen 2016), S. 595.

16 Vgl. BERGMANN, MALTE (Einordnung 2017), S. 126; HEMMELRATH, ALEXANDER (Personengesellschaften 1995), S. 571 f.; ROSENBERG, OLIVER (Sonderbetriebsbereich 2015), Rn. 11.22 und vgl. auch Steuerfachausschuss des IDW (Positionspapier 2019), S. 4.

17 Vgl. z.B. WEGGENMANN, HANS R. (Personengesellschaften 2002), S. 1.

18 Vgl. z.B. LÜDICKE, JÜRGEN (Personengesellschaften 2011), S. 99 f.

19 Vgl. BMF, Schreiben vom 16.04.2010, IV B 2 – S 1300/09/10003, Tz. 5.1.; KRABBE, HELMUT (Personengesellschaft 2001), S. 199; KUDERT, STEPHAN/KAHLENBERG, CHRISTIAN (Sonderbetriebsausgaben 2017), S. 45; WEGGENMANN, HANS R. (Personengesellschaften 2002), S. 1.

20 Vgl. BT-Drs. 18/9956 vom 12.10.2016, S. 2; KUDERT, STEPHAN/KAHLENBERG, CHRISTIAN (Sonderbetriebsausgaben 2017), S. 45; MARTINI, RUBEN (Kommentierung § 4i EStG 2024), Rn. A 1.

21 GOSCH, DIETMAR (Kommentierung § 50d EStG 2024), Rn. 44.

die Frage nach der Verfassungsmäßigkeit der Vorschrift beim BVerfG anhängig. Durch den recht jungen § 4i EStG wird die weiter oben ebenfalls skizzierte Problematik eines doppelten Sonderbetriebsausgabenabzugs zwar grundsätzlich gesetzlich gelöst; die „scheinbar einfache Norm“[22] wirft aber zahlreiche Rechtsfragen auf, die die Finanzverwaltung bedauerlicherweise bis heute nicht im Rahmen einer entsprechenden Verlautbarung zu beantworten versuchte.[23]

Zielsetzung der Untersuchung:

Ausgehend von der zuvor dargestellten Problemstellung ist Zielsetzung der vorliegenden Untersuchung zunächst, die Ursachen der aufgezeigten Besteuerungskonflikte ausführlich zu erörtern. Im Fokus stehen dabei die Sondervergütungen eines Mitunternehmers und damit nach der gesetzlichen Diktion die Vergütungen, die der Gesellschafter von der Gesellschaft für seine Tätigkeit im Dienst der Gesellschaft oder für die Hingabe von Darlehen oder für die Überlassung von Wirtschaftsgütern bezogen hat (§ 15 Abs. 1 Satz 1 Nr. 2 Satz 1 Halbs. 2 EStG). Ebenfalls in den Mittelpunkt der Analysen werden die mit den Sondervergütungen zusammenhängenden Aufwendungen von Mitunternehmern gerückt. Dabei handelt es sich bspw. um Zinsen zur Finanzierung eines an die Personengesellschaft überlassenen Grundstücks. Im Anschluss werden mögliche Lösungsansätze untersucht, d.h. insbesondere erörtert, ob und wie eine doppelte Besteuerung, Nichtbesteuerung oder Minderbesteuerung von Sondervergütungen vermieden werden kann. Zudem wird die gesetzgeberische Lösung für einen zweifachen (Sonder-)Betriebsausgabenabzug und damit vor allem § 4i EStG analysiert. Zielsetzung der Arbeit ist dabei nicht zuletzt, auf Basis einer kritischen Auseinandersetzung mit der Thematik, Verbesserungsvorschläge und Handlungsempfehlungen abzuleiten.

Vorgehen aus Sicht der Betriebswirtschaftlichen Steuerlehre:

Die Betriebswirtschaftliche Steuerlehre ist weithin als Bestandteil der Allgemeinen Betriebswirtschaftslehre anerkannt.[24] Hauptdisziplinen der Betriebswirtschaftlichen Steuerlehre, die auch die Bezeichnung als steuerliche Betriebswirtschaftslehre verdient,[25] sind die Steuerrechtsnormendarstellung, die Steuerwirkungs- und Steuergestaltungslehre sowie die Steuerrechtsgestaltungslehre.[26] Vor allem, aber nicht nur, geprägt von der Steuerrechtsnormendarstellung und der Steuerrechtsgestaltungslehre werden im Rahmen der vorliegenden Untersuchung auf Grundlage eines praktisch-normativen Forschungsansatzes die maßgeblichen Vorschriften für den Sonderbereich im grenzüberschreitenden Kontext sowie deren Zusammenwirken ausführlich analysiert. Zudem erfolgt eine kritische, allerdings stets bemüht konstruktive Würdigung der entsprechenden Normen. Die Arbeit steht daher insbesondere auf dem Fundament der normativen und rechtskritischen Betriebswirtschaftlichen Steuerlehre.[27]

---

22 KUDERT, STEPHAN/KAHLENBERG, CHRISTIAN (Reformierung 2017), S. 344.

23 Ebenso kritisch dazu bereits KUßMAUL, HEINZ/SCHÄFER, RENÉ/ENGEL, PHILIPP (Rechtsnormen 2021), S. 84 f.

24 Vgl. nur FISCHER, LUTZ/SCHNEELOCH, DIETER/SIGLOCH, JOCHEN (Steuerlehre 1980), S. 699; KUßMAUL, HEINZ (Wegbereiter 2011), S. 31; ROSE, GERD (Steuerberatung 1970), S. 57 f.; SCHNEIDER, DIETER (Unternehmensbesteuerung 1967), S. 208; WÖHE, GÜNTER (Steuerlehre 1988), S. 35.

25 Vgl. dazu KUßMAUL, HEINZ (Steuerlehre 1995), S. 11; KUßMAUL, HEINZ (Wegbereiter 2011), S. 31.

26 Vgl. KUßMAUL, HEINZ (Steuerlehre 2020), S. 1 f. Vgl. auch WÖHE, GÜNTER (Steuerlehre 1988), S. 24 ff.

27 Vgl. dazu FISCHER, LUTZ/SCHNEELOCH, DIETER/SIGLOCH, JOCHEN (Steuerlehre 1980), S. 700.

1.2 Gang der Untersuchung sowie Abgrenzung des Untersuchungsgegenstands

Gang der Untersuchung:

Die vorliegende Arbeit gliedert sich in sieben Bereiche. Ausgehend von Kapitel 2, welches die Grundlagen der Thematik erläutert, wird in den Kapiteln 3 bis 5 die Behandlung von Sondervergütungen sowie der damit zusammenhängenden Aufwendungen von Mitunternehmern zunächst nach rein nationalem Recht bzw. im Nicht-DBA-Fall, sodann nach dem Recht der DBA und anschließend unter Beachtung des Treaty Overrides nach § 50d Abs. 10 EStG dargestellt. Auf diese Weise können die Ursachen der Besteuerungskonflikte im grenzüberschreitenden Sonderbereich kristallisiert werden. Dies gibt den Kapiteln 6 und 7 die Möglichkeit, die Entstehung einer Doppelbesteuerung oder einer doppelten Nichtbesteuerung bzw. einer Minderbesteuerung von Sondervergütungen pointiert zu skizzieren, um sodann die Möglichkeiten zu deren jeweiligen Vermeidung intensiv zu diskutieren. Ebenfalls fußend auf den in den Kapiteln 3 bis 5 gelegten Grundlagen stellt Kapitel 8 Double-Dip-Strukturen im Zusammenhang mit Sonderbetriebsausgaben sowie deren potenzielle Vermeidung durch § 4i EStG ebenso ausführlich dar wie die in Bezug auf letztere Norm strittigen Rechtsfragen, zu welchen jeweils Lösungen erarbeitet werden. Sodann wird die Vorschrift in das System der Rechtsordnung eingeordnet.

Konkret werden in Kapitel 2 – nach Erläuterung der für die Arbeit fundamentalen Begrifflichkeiten – die Voraussetzungen einer Mitunternehmerschaft sowie das deutsche System der zweistufigen Gewinnermittlung und der Umfang des Betriebsvermögens bei einer mitunternehmerischen Personengesellschaft dargelegt. Hierbei wird besonderes Augenmerk auf den Sonderbereich respektive auf die Sondervergütungen und die damit zusammenhängenden Aufwendungen von Mitunternehmern gelegt. Anschließend wird die steuerliche Behandlung von Personengesellschaften nach ausländischen Rechtsordnungen überblicksartig skizziert.

Kapitel 3 befasst sich mit der steuerlichen Behandlung von Sondervergütungen und den damit zusammenhängenden Aufwendungen von Mitunternehmern nach nationalem Steuerrecht bzw. im Nicht-DBA-Fall. Grundlegend erfolgt dabei eine Trennung nach dem sog. Inbound-Fall und damit einer Besteuerungssituation, in welcher an einer inländischen bzw. deutschen Personengesellschaft ein ausländischer Mitunternehmer beteiligt ist, und dem umgekehrten, als Outbound-Fall bezeichneten Szenario der Beteiligung eines inländischen Mitunternehmers an einer ausländischen Personengesellschaft. Im Rahmen des Inbound-Falls erfolgt vor allem eine ausführliche Besprechung möglicher Zuordnungspole für die Einkünfte von Mitunternehmern sowie der Zuordnungsprinzipien, die in Bezug auf Sondervergütungen und die damit zusammenhängenden Aufwendungen von Mitunternehmern anzuwenden sind. Dabei wird auch die häufig als selbstverständlich angenommene beschränkte Steuerpflicht von Sondervergütungen kritisch hinterfragt und auf ein theoretisches Fundament gesetzt. Schließlich folgt ein Überblick über die Steuererhebung bei beschränkt steuerpflichtigen Mitunternehmern und es wird erörtert, ob Deutschland eine sich ggf. ergebende Doppelbesteuerung unilateral vermeiden muss. Demgegenüber legen die Ausführungen zum Outbound-Fall zunächst dar, wie Einkünfte, die im Zusammenhang mit einer Gesellschaft ausländischen Rechts erzielt werden, steuerlich zu qualifizieren sind, um im Anschluss das Entstehen und die Vermeidung einer Doppelbesteuerung unter Beachtung von rein nationalem Recht zu besprechen.

In Kapitel 4 wird die steuerliche Behandlung von Sondervergütungen und der zusammenhängenden Aufwendungen von Mitunternehmern nach dem Recht der DBA behandelt. Hierbei werden die DBA zunächst als eine der Maßnahmen zur Vermeidung einer Doppelbesteuerung vorgestellt und deren Aufbau und Funktionsweise erläutert. Sodann werden der in jedem DBA enthaltene, für Sondervergütungen sehr bedeutende Artikel für Unternehmensgewinne und dort besonders Vorschriften, die Art. 7 OECD-MA inhaltlich entsprechen, untersucht. Insbesondere die Anwendbarkeit der entsprechenden Bestimmungen auf Sondervergütungen bzw. auf die damit zusammenhängenden Aufwendungen von Mitunternehmern stehen dabei ebenso im Fokus wie die möglichen Zuordnungspole, das anzuwendende Zuordnungsprinzip und die zu treffenden Zuordnungsentscheidungen auf Abkommensebene. Schließlich werden Vorschriften i.S.d. Art. 6, 11, 12, 14, 15 und 21 OECD-MA (a.F.) als speziellere Verteilungsnormen in DBA dargestellt und analysiert, ob Sondervergütungen bzw. die damit zusammenhängenden Aufwendungen von Mitunternehmern abkommensautonom – d.h. ohne den Treaty Override des § 50d Abs. 10 EStG (s.u.) – vorrangig unter diese zu subsumieren sind. Zudem erfolgt eine Erörterung der in einigen wenigen DBA enthaltenen, speziellen und ausdrücklich für Sondervergütungen geschaffenen Bestimmungen. Auf dem Vorangehenden aufbauend können schließend die Auswirkungen von DBA auf die nationale Besteuerung von Sondervergütungen bzw. auf die damit zusammenhängenden Aufwendungen von Mitunternehmern erläutert werden.

Im Anschluss befasst sich Kapitel 5 mit der Behandlung von Sondervergütungen und der damit zusammenhängenden Aufwendungen von Mitunternehmern unter Beachtung des rechtsprechungsbrechenden Treaty Overrides des § 50d Abs. 10 EStG. Hierbei wird zunächst die ursprüngliche Fassung der Norm aufgezeigt, welcher der BFH – wohl nicht mit einem weinenden Auge – attestierte, dass sie die intendierte Funktionsweise nicht erreicht. Darauf aufbauend lässt sich die im Anschluss zu besprechende, umfangreiche Neufassung der Vorschrift leichter verstehen. In Kapitel 5 wird außerdem das strittige Verhältnis von § 50d Abs. 10 EStG zum Verfassungsrecht thematisiert.

Kapitel 6 kann – aufbauend auf den vorangegangenen Kapiteln – das Entstehen von Doppelbesteuerungen in Bezug auf Sondervergütungen im Inbound-Fall erklären. Im Anschluss werden dort die Möglichkeiten zur Vermeidung dieser Doppelbesteuerungen aufgezeigt und kritisch beurteilt. Im Mittelpunkt der Analysen stehen dabei zum einen die auch von der OECD vorgeschlagene sog. Qualifikationsverkettung, die auf einer bestimmten Auslegung des Methodenartikels des jeweiligen DBA basiert, sowie zum anderen die vom Gesetzgeber – quasi zur Abschwächung seines eigenen Unheils (§ 50d Abs. 10 EStG) – vor allem für beschränkt Steuerpflichtige geschaffene Anrechnungsmöglichkeit des § 50d Abs. 10 Satz 5 EStG. Außerdem wird hinterfragt, inwieweit sich eine Doppelbesteuerung von Sondervergütungen durch sog. Streitbeilegungsverfahren vermeiden lässt.

Spiegelbildlich zu Kapitel 6 stellt Kapitel 7 dar, wie es im Outbound-Fall zu einer doppelten Nichtbesteuerung bzw. zu einer Minderbesteuerung von Sondervergütungen kommen kann und bedient sich dazu ebenfalls der in den Kapiteln 3 bis 5 gelegten Grundlagen. Anschließend werden die Möglichkeiten zur Vermeidung entsprechender Nicht- bzw. Minderbesteuerungen in den Blick genommen. Auch hier wird eine der Möglichkeiten in einer bestimmten und ebenfalls von der OECD vertretenen Auslegung des Methodenartikels gesehen. Diese Sichtweise wird ebenso wie die abkommensrechtlichen Subject-to-tax- und Switch-over-Klauseln sowie die unilaterale gesetzgeberische Lösung des § 50d Abs. 10 Satz 10 i.V.m. § 50d Abs. 9 Satz 1 Nr. 1 EStG kritisch bewertet.

Kapitel 8 geht zunächst und wiederum aufbauend auf den Grundpfeilern, die in den Kapiteln 3 bis 5 gesetzt wurden, auf das Entstehen von Double-Dip-Strukturen im Zusammenhang mit Sonderbetriebsausgaben ein. D.h., es wird beschrieben, woraus Besteuerungssituationen resultieren, in denen derselbe Aufwand in zwei Steuerjurisdiktionen geltend gemacht wird. Sodann wird der Regelungsgehalt von § 4i EStG erörtert, der mit Wirkung ab dem Veranlagungszeitraum 2017 geschaffen wurde, um ungerechtfertigte Double-Dip-Strukturen im Zusammenhang mit Sonderbetriebsausgaben zu vermeiden. Außerdem wird die genannte Vorschrift durch Kapitel 8 in das System der Rechtsordnung eingeordnet und dabei insbesondere deren Verhältnis zu dem später eingeführten, ähnlich gelagerten, aber im Detail doch abweichenden sowie allgemein gehaltenen § 4k Abs. 4 EStG diskutiert.

Kapitel 9 fasst die Ergebnisse der Untersuchung thesenförmig zusammen und äußert eine abschließende, übergreifende Kritik – vor allem am Gesetzgeber. Hierbei wird insbesondere hinterfragt, ob und ggf. in welcher Form die beiden für die Behandlung des Sonderbereichs von Mitunternehmerschaften im grenzüberschreitenden Kontext bedeutendsten Normen des nationalen Rechts – § 50d Abs. 10 EStG und § 4i EStG – in Zukunft Bestand haben sollten.

Die nachstehende *Abbildung 1* veranschaulicht das zuvor Dargelegte und damit den Gang der Untersuchung graphisch.

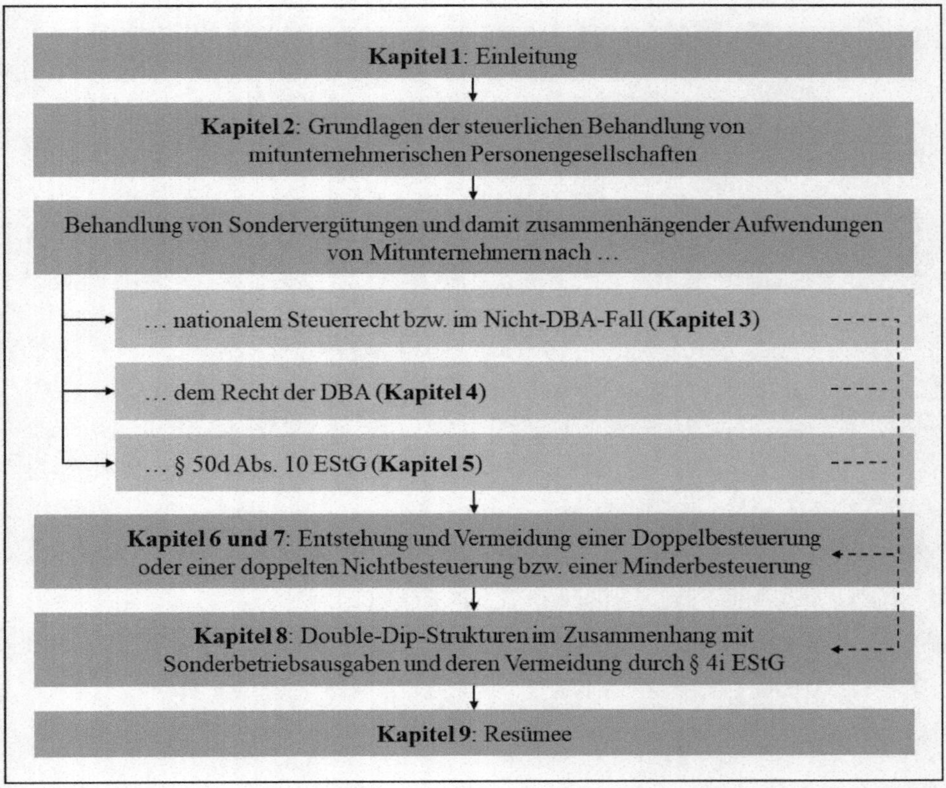

Abbildung 1: Gang der Untersuchung

Abgrenzung des Untersuchungsgegenstands:

Untersuchungsgegenstand der vorliegenden Arbeit sind Sondervergütungen eines Mitunternehmers einer Personengesellschaft und die mit den Sondervergütungen zusammenhängenden, von dem Mitunternehmer getragenen Aufwendungen. Erstere sind Teil der Sonderbetriebseinnahmen, letztere stellen Sonderbetriebsausgaben dar. Mitumfasst sind damit in Teilen auch die Erträge bzw. Aufwendungen aus dem Sonderbetriebsvermögen. In Anbetracht der hohen Komplexität der Thematik werden dabei jedoch speziell die Einkünfte regelmäßig ausgeklammert, die im Zusammenhang mit dem Sonderbetriebsvermögen II stehen, und damit etwa Dividenden aus einer Kapitalgesellschaft, die der Beteiligung des Mitunternehmers an der Personengesellschaft dient.

2 Grundlagen der steuerlichen Behandlung von mitunternehmerischen Personengesellschaften

2.1 Begriffserläuterungen

§ 15 Abs. 1 Satz 1 Nr. 2 Satz 1 Halbs. 1 EStG bestimmt, dass zu den Einkünften aus Gewerbebetrieb auch die Gewinnanteile der Gesellschafter einer OHG, einer KG und einer anderen Gesellschaft gehören, bei der der Gesellschafter als Unternehmer (Mitunternehmer) des Betriebs anzusehen ist. Angesprochen werden damit die Einkünfte aus einer Mitunternehmerschaft,[28] worunter der Zusammenschluss mehrerer Personen mit dem Ziel der gemeinsamen Unterhaltung eines Betriebes und der gemeinschaftlichen Erzielung von gewerblichen Einkünften zu verstehen ist.[29] Von dem Begriff der Mitunternehmerschaft erfasst werden – unter bestimmten weiteren Voraussetzungen –[30] zunächst die Rechtsgebilde, die sich unter den Oberbegriff der Personengesellschaft subsumieren lassen.[31] Zudem kann der Begriff aber auch Gemeinschaftsverhältnisse umfassen, die wirtschaftlich einem zivilrechtlichen Gesellschaftsverhältnis gleichen.[32] Im Folgenden werden beide der zuvor angesprochenen Formen von Rechtsgebilden überblicksartig skizziert und voneinander abgegrenzt. Sodann wird der Unterschied zwischen dem steuerlichen Begriff der Mitunternehmerschaft und dem zivilrechtlichen Begriff der Personengesellschaft herausgearbeitet, um – auf beiden vorgenommenen Abgrenzungen aufbauend – eine thematische Eingrenzung vornehmen zu können.

Über die von § 15 Abs. 1 Satz 1 Nr. 2 Satz 1 Halbs. 1 EStG bereits explizit angesprochenen Personengesellschaften OHG und KG hinaus[33] fallen unter den zivilrechtlichen Begriff der Personengesellschaften insbesondere auch die Gesellschaft des bürgerlichen Rechts, die stille Gesellschaft und die Partnerschaftsgesellschaft.[34] Die Einkünfte aus letzteren können über den in § 15 Abs. 1 Satz 1 Nr. 2 Satz 1 Halbs. 2 EStG enthaltenen Satzteil „und einer anderen Gesellschaft" ebenfalls von der Norm erfasst werden.[35] Gleiches gilt für Personengesellschaften im Sinne einer ausländischen Rechtsordnung, sofern diese wirtschaftlich mit einer deutschen Personengesellschaft vergleichbar sind.[36] Unter einer Gesellschaft im Allgemeinen wird dabei eine auf einem Rechtsgeschäft basierende Personenvereinigung zur Erreichung eines gemeinsamen

---

28 Vgl. NIEHUS, ULRICH/WILKE, HELMUTH (Personengesellschaften 2023), S. 47.

29 Vgl. BODE, WALTER (Kommentierung § 15 EStG 2024), Rn. 222; KLUMPP, PETER (Personengesellschaften 2024), Rn. 232.

30 Vgl. dazu die Ausführungen im folgenden Kapitel.

31 Vgl. BODE, WALTER (Kommentierung § 15 EStG 2024), Rn. 232; NIEHUS, ULRICH/WILKE, HELMUTH (Personengesellschaften 2023), S. 47.

32 Vgl. BFH, Beschluss vom 25.06.1984, GrS 4/82, S. 768; NIEHUS, ULRICH/WILKE, HELMUTH (Personengesellschaften 2023), S. 47.

33 Vgl. KRUMM, MARCEL (Kommentierung § 15 EStG 2024), Rn. 176.

34 Vgl. BODE, WALTER (Kommentierung § 15 EStG 2024), Rn. 232, 315; SCHIFFERS, JOACHIM (Rechtsformwahl 2020), Rn. 1.

35 Vgl. KRUMM, MARCEL (Kommentierung § 15 EStG 2024), Rn. 173; WACKER, ROLAND (Kommentierung § 15 EStG 2024), Rn. 169.

36 Vgl. BODE, WALTER (Kommentierung § 15 EStG 2024), Rn. 232; WACKER, ROLAND (Kommentierung § 15 EStG 2024), Rn. 169.

Zwecks verstanden.[37] Charakteristisch für die Personengesellschaft ist, dass sich hier stets mehrere Personen zusammenschließen.[38] Zudem besitzt die Personengesellschaft selbst – im Unterschied zur Kapitalgesellschaft –[39] keine eigene Rechtspersönlichkeit,[40] sie ist kein Rechtssubjekt und damit keine juristische Person.[41] Gleichwohl kann eine Personengesellschaft rechtsfähig und damit Träger von Rechten und Pflichten sein.[42]

Wie oben erwähnt, können unter den Begriff der Mitunternehmerschaft – neben den Rechtsgebilden, die als Personengesellschaft bezeichnet werden – auch Gemeinschaftsverhältnisse fallen, die wirtschaftlich einem zivilrechtlichen Gesellschaftsverhältnis gleichen. Dass auch letztere Rechtsgebilde von dem Begriff der Mitunternehmerschaft umfasst sein können, basiert ebenfalls darauf, dass das Gesetz in § 15 Abs. 1 Satz 1 Nr. 2 Satz 1 Halbs. 1 EStG auch auf die Gewinnanteile einer „anderen Gesellschaft" rekurriert[43] und der dort verwendete Begriff „Gesellschaft" nach der Rechtsprechung des BFH ggf. nach dem Sinn und Zweck und nicht streng zivilrechtlich ausgelegt werden muss.[44] Als Gemeinschaftsverhältnisse, die wirtschaftlich mit einem zivilrechtlichen Gesellschaftsverhältnis vergleichbar sind, kommen unter bestimmten Voraussetzungen etwa die Bruchteilsgemeinschaft, die Gütergemeinschaft oder die Erbengemeinschaft in Betracht.[45] Ein Gesellschaftsvertrag existiert hier jeweils nicht; so bildet der Ehevertrag die Grundlage für die Gütergemeinschaft und eine Erbengemeinschaft wird überhaupt nicht vertraglich vereinbart, sondern kommt rein faktisch zustande.[46]

Wie oben angesprochen, ist eine Personengesellschaft nur unter bestimmten Voraussetzungen als Mitunternehmerschaft zu werten.[47] Der zivilrechtliche Begriff der Personengesellschaft und der steuerliche Begriff Mitunternehmerschaft stimmen daher nicht bzw. nicht vollständig über-

---

37 Vgl. NIEHUS, ULRICH/WILKE, HELMUTH (Personengesellschaften 2023), S. 1. Vgl. auch KLUMPP, PETER (Personengesellschaften 2024), Rn. 2.

38 Vgl. BODE, WALTER (Kommentierung § 15 EStG 2024), Rn. 232; SCHÜLLER, EVA CAROLIN (Personengesellschaften 2014), S. 7.

39 Vgl. KUẞMAUL, HEINZ (Steuerlehre 2020), S. 229.

40 Vgl. PRINZ, ULRICH (Mitunternehmerbesteuerung 2020), S. 1766.

41 Vgl. BODE, WALTER (Kommentierung § 15 EStG 2024), Rn. 232. Vgl. zu weiteren zivil- bzw. gesellschaftsrechtlichen Unterschieden zwischen Personen- und Kapitalgesellschaften SCHIFFERS, JOACHIM (Rechtsformwahl 2020), Rn. 17 f. Einen Überblick über die wesentlichen Unterschiede in der Besteuerung von Personen- und Kapitalgesellschaften gibt KUẞMAUL, HEINZ (Steuerlehre 2020), S. 229 ff.

42 Vgl. NIEHUS, ULRICH/WILKE, HELMUTH (Personengesellschaften 2023), S. 5 f.; STEMLER, PATRICK (Sondervergütungen 2013), S. 31. Einen Überblick über die zivilrechtlichen Entwicklungen bezüglich Personengesellschaften in jüngerer Zeit aufgrund des Personengesellschaftsrechtsmodernisierungsgesetzes (MoPeG) geben etwa NIEHUS, ULRICH/WILKE, HELMUTH (Personengesellschaften 2023), S. 5 ff.

43 Vgl. BODE, WALTER (Kommentierung § 15 EStG 2024), Rn. 232; WACKER, ROLAND (Kommentierung § 15 EStG 2024), Rn. 169.

44 Vgl. BFH, Beschluss vom 25.06.1984, GrS 4/82, S. 768; KRUMM, MARCEL (Kommentierung § 15 EStG 2024), Rn. 174.

45 Vgl. – auch zu den oben angesprochenen Voraussetzungen – zur Erbengemeinschaft NIEHUS, ULRICH/WILKE, HELMUTH (Personengesellschaften 2023), S. 25, 47 und zur Gütergemeinschaft KLUMPP, PETER (Personengesellschaften 2024), Rn. 566. Vgl. für eine Auflistung weiterer in Betracht kommender Gemeinschaftsverhältnisse WACKER, ROLAND (Kommentierung § 15 EStG 2024), Rn. 171.

46 Vgl. KRUMM, MARCEL (Kommentierung § 15 EStG 2024), Rn. 174.

47 Vgl. dazu ausführlich die Ausführungen im nächsten Kapitel.

ein.[48] Stattdessen muss eine Mitunternehmerschaft, wie die oben dargestellten Gemeinschaftsverhältnisse zeigen, nicht zwangsweise eine Personengesellschaft sein und es existieren Personengesellschaften im zivilrechtlichen Sinne, die keine Mitunternehmerschaften sind, wie etwa die rein vermögensverwaltende Personengesellschaft.[49] Die Rechtsgebilde in der Schnittmenge von Mitunternehmerschaften und Personengesellschaften können – m.E. treffend – als mitunternehmerische Personengesellschaften bezeichnet werden.[50] *Abbildung 2* stellt das Verhältnis der Begriffe „Personengesellschaft" und „Mitunternehmerschaft" graphisch dar.

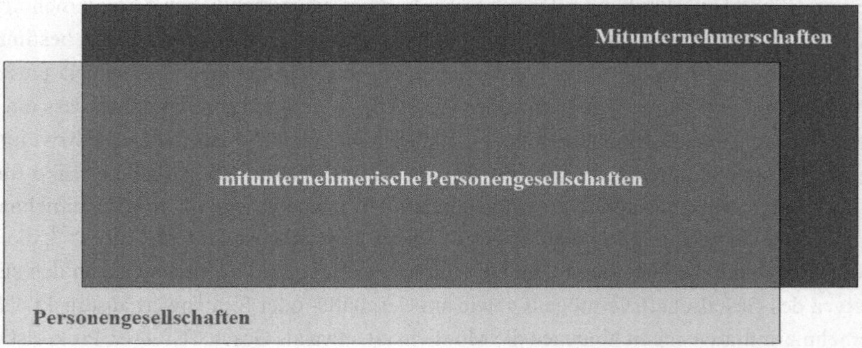

Abbildung 2: Verhältnis der Begriffe „Personengesellschaft" und „Mitunternehmerschaft"[51]

Im Folgenden werden die oben angesprochenen Gemeinschaftsverhältnisse, die wirtschaftlich einem zivilrechtlichen Gesellschaftsverhältnis gleichen und welche neben den Personengesellschaften ebenfalls Mitunternehmerschaft sein können, nicht weiter besprochen; sie dürften nur selten grenzüberschreitend ausgestaltet sein. Ebenfalls nicht betrachtet, da thematisch nicht umfasst, werden die Personengesellschaften, die keine Mitunternehmerschaft sind. Im Fokus der Analysen stehen stattdessen die wirtschaftlich äußerst bedeutenden[52] mitunternehmerischen Personengesellschaften. Im Folgenden wird dabei vereinfachend – und wie in der Literatur üblich –[53] nur von Personengesellschaften die Rede sein, gemeint ist aber jeweils eine mitunternehmerische Personengesellschaft im oben dargestellten Sinne.

2.2 Voraussetzungen einer Mitunternehmerschaft

Wie im vorangegangenen Kapitel angesprochen, müssen, damit eine Personengesellschaft zu einer Mitunternehmerschaft wird, bestimmte Voraussetzungen erfüllt sein. Erste Voraussetzung einer Qualifizierung der Personengesellschaft als Mitunternehmerschaft ist – wie § 15 Abs. 1 Satz 1 Nr. 2 Satz 1 Halbs. 1 EStG durch den Satzteil „bei der der Gesellschafter als

[48] Vgl. BODE, WALTER (Kommentierung § 15 EStG 2024), Rn. 222; KLUMPP, PETER (Personengesellschaften 2024), Rn. 1.

[49] Vgl. KLUMPP, PETER (Personengesellschaften 2024), Rn. 1.

[50] So z.B. STAPPERFEND, THOMAS (Infektion 2006), S. 307.

[51] Eigene Darstellung.

[52] Vgl. z.B. PRINZ, ULRICH (Mitunternehmerbesteuerung 2020), S. 1766.

[53] Vgl. KLUMPP, PETER (Personengesellschaften 2024), Rn. 1.

Unternehmer (Mitunternehmer) des Betriebs anzusehen ist" normiert –, dass die einzelnen Gesellschafter Mitunternehmer der Personengesellschaft sind.[54] Hierbei darf nicht verkannt werden, dass der angesprochene Satzteil in § 15 Abs. 1 Satz 1 Nr. 2 Satz 1 Halbs. 1 EStG dies – nach dessen systematischer und teleologischer Auslegung durch den BFH – auch für die beiden in der Norm zuerst genannten Personengesellschaften OHG und KG verlangt und sich nicht nur auf die zuletzt genannten „anderen Gesellschaft[en]" bezieht, wie es auf Basis des Wortlauts der Norm vermutet werden könnte.[55]

Eine gesetzliche Umschreibung oder gar Definition des steuerrechtlichen Mitunternehmerbegriffs fehlt.[56] Vielmehr stellt dieser einen Typusbegriff dar, sodass nur anhand bestimmter Merkmale bzw. Kriterien bestimmt werden kann, ob ein Rechtsgebilde oder -subjekt unter ihn zu subsumieren und damit Mitunternehmer ist.[57] Allgemein anerkannt ist dabei, dass ein Gesellschafter, um sich als Mitunternehmer zu qualifizieren, gleich ob als natürliche bzw. juristische Person oder in Form einer weiteren Personengesellschaft, Mitunternehmerrisiko tragen und über Mitunternehmerinitiative verfügen muss.[58] Verstanden wird unter Mitunternehmerrisiko die „Teilnahme am Erfolg oder Mißerfolg eines gewerblichen Unternehmens"[59], die sich in der Regel durch die Beteiligung am Gewinn und Verlust des Unternehmens, an den stillen Reserven des Gesellschaftsvermögens sowie am Geschäfts- oder Firmenwert ausdrückt.[60] Mitunternehmerinitiative meint hingegen die Möglichkeit, etwa als Geschäftsführer, Prokurist oder leitender Angestellter, unternehmerische Entscheidungen treffen bzw. beeinflussen zu können.[61] Hierbei ist „die Möglichkeit zur Ausübung von Gesellschafterrechten, die wenigstens den Stimm-, Kontroll- und Widerspruchsrechten angenähert sind, die einem Kommanditisten nach dem Handelsgesetzbuch (HGB) zustehen oder die den gesellschaftsrechtlichen Kontrollrechten nach § 716 Abs. 1 BGB [a.F., d.Verf.] entsprechen", nach der Rechtsprechung des BFH bereits ausreichend.[62]

---

54 Vgl. STEMLER, PATRICK (Sondervergütungen 2013), S. 33; WACKER, ROLAND (Kommentierung § 15 EStG 2024), Rn. 170.

55 Vgl. BFH, Beschluss vom 25.06.1984, GrS 4/82, S. 769 und ausführlich dazu auch KRUSE, HEINRICH WILHELM (Personengesellschaften 1979), S. 43 ff.

56 Vgl. BFH, Beschluss vom 25.06.1984, GrS 4/82, S. 769; JACOBS, OTTO H./SCHEFFLER, WOLFRAM/SPENGEL, CHRISTOPH (Unternehmensbesteuerung 2015), S. 231 f.

57 Vgl. JACOBS, OTTO H./SCHEFFLER, WOLFRAM/SPENGEL, CHRISTOPH (Unternehmensbesteuerung 2015), S. 231 f.; NIEHUS, ULRICH/WILKE, HELMUTH (Personengesellschaften 2023), S. 64.

58 Vgl. KUßMAUL, HEINZ (Steuerlehre 2020), S. 234; NIEHUS, ULRICH/WILKE, HELMUTH (Personengesellschaften 2023), S. 64 f.

59 BFH, Beschluss vom 25.06.1984, GrS 4/82, S. 769.

60 Vgl. KLUMPP, PETER (Personengesellschaften 2024), Rn. 296; KUßMAUL, HEINZ (Steuerlehre 2020), S. 234. Ausführlich bespricht den Begriff des Mitunternehmerrisikos etwa SCHUSTEK, HERIBERT (Mitunternehmerschaft 2017), Rn. 8, 10 ff.

61 Vgl. BFH, Urteil vom 29.04.1992, XI R 58/89, S. 804; KUßMAUL, HEINZ (Steuerlehre 2020), S. 234.

62 Vgl. dazu auch wörtlich BFH, Urteil vom 29.04.1992, XI R 58/89, S. 804. Vgl. auch KLUMPP, PETER (Personengesellschaften 2024), Rn. 286. Ausführlich besprechen den Begriff der Mitunternehmerinitiative etwa NIEHUS, ULRICH/WILKE, HELMUTH (Personengesellschaften 2023), S. 66 f.

Ob sich ein Gesellschafter als Mitunternehmer qualifiziert, ist im Rahmen einer Gesamtschau zu beurteilen.[63] Folglich kann ein Ausgleich einer nur wenig stark ausgeprägten Mitunternehmerinitiative mittels eines sehr deutlich vorhandenen Mitunternehmerrisikos erfolgen – oder umgekehrt.[64] Obwohl die beiden Haupteigenschaften eines Mitunternehmers im Einzelfall verschieden stark ausgeprägt sein können, ist ein kumulatives Vorliegen beider Merkmale stets erforderlich.[65] Insgesamt geht die Mitunternehmerstellung bei einer Personengesellschaft zwar regelmäßig mit der zivilrechtlichen Gesellschafterstellung einher, ausnahmsweise kann die Mitunternehmereigenschaft jedoch auch einer Person zukommen, die nicht Gesellschafter der Personengesellschaft ist.[66]

Weitere Voraussetzung für das Vorliegen einer Mitunternehmerschaft ist, dass es sich bei der jeweiligen Personengesellschaft um einen Gewerbebetrieb handelt.[67] Die Frage, ob die Personengesellschaft ein gewerbliches Unternehmen betreibt, beantwortet sich primär anhand der Tatbestandsmerkmale des § 15 Abs. 2 EStG.[68] Danach ist ein Gewerbebetrieb eine selbständige nachhaltige Betätigung, die mit der Absicht, Gewinn zu erzielen, unternommen wird und sich als Beteiligung am allgemeinen wirtschaftlichen Verkehr darstellt, wenn die Betätigung weder als Ausübung von Land- und Forstwirtschaft noch als Ausübung einer selbständigen Arbeit anzusehen ist (§ 15 Abs. 2 Satz 1 EStG). Zudem darf die Tätigkeit – nach der Rechtsprechung des BFH – als ungeschriebenes Tatbestandsmerkmal keine private Vermögensverwaltung darstellen.[69] Alternativ kann auch eine der Fiktionen des § 15 Abs. 3 EStG zur Annahme eines Gewerbebetriebes führen.[70] Angesprochen sind damit die gewerbliche Infektion nach § 15 Abs. 3 Nr. 1 EStG und die gewerbliche Prägung auf Grundlage von § 15 Abs. 3 Nr. 2 EStG.[71] Die beiden zuletzt angesprochenen Formen des gewerblich infizierten und des gewerblich geprägten Gewerbebetriebes bilden jedoch nicht den Schwerpunkt der vorliegenden Arbeit; betrachtet werden hauptsächlich Personengesellschaften, die eine originäre gewerbliche Tätigkeit i.S.d. § 15 Abs. 2 EStG ausüben.

---

63 Vgl. BFH, Beschluss vom 25.06.1984, GrS 4/82, S. 769. Vgl. auch SCHUSTEK, HERIBERT (Mitunternehmerschaft 2017), Rn. 7.

64 Vgl. BFH, Urteil vom 11.12.1990, VIII R 122/86, S. 339; BFH, Urteil vom 29.04.1992, XI R 58/89, S. 804 und zum diesbezüglichen Musterbeispiel der Komplementär-GmbH etwa KLUMPP, PETER (Personengesellschaften 2024), Rn. 298.

65 Vgl. BFH, Beschluss vom 25.06.1984, GrS 4/82, S. 769; KUßMAUL, HEINZ (Steuerlehre 2020), S. 234.

66 Vgl. auch zu einem entsprechenden Beispiel PRINZ, ULRICH (Mitunternehmerbesteuerung 2020), S. 1766.

67 Vgl. BFH, Beschluss vom 25.06.1984, GrS 4/82, S. 762; BFH, Urteil vom 17.01.1973, I R 191/72, S. 260; JACOBS, OTTO H./SCHEFFLER, WOLFRAM/SPENGEL, CHRISTOPH (Unternehmensbesteuerung 2015), S. 228 f.

68 Vgl. SCHUSTEK, HERIBERT (Mitunternehmerschaft 2017), Rn. 2; STEMLER, PATRICK (Sondervergütungen 2013), S. 33.

69 Vgl. BFH, Urteil vom 01.12.2005, IV R 65/04, S. 261.

70 Vgl. z.B. STEMLER, PATRICK (Sondervergütungen 2013), S. 33.

71 Vgl. z.B. KLUMPP, PETER (Personengesellschaften 2024), Rn. 306.

2.3 Gewinnermittlung und Betriebsvermögen

2.3.1 Zweistufige Gewinnermittlung

Personengesellschaften unterliegen nicht der Einkommensteuerpflicht und – zumindest grundsätzlich –[72] auch nicht der Körperschaftsteuerpflicht.[73] Sie sind folglich regelmäßig hinsichtlich der Einkommen- oder Körperschaftsteuer kein eigenständiges Steuersubjekt, stattdessen erfolgt ihre Besteuerung auf Basis des sog. Transparenzprinzips.[74] Vor diesem Hintergrund erfolgt eine unmittelbare Zurechnung des von der Personengesellschaft erwirtschafteten Gewinns oder Verlusts an die einzelnen Mitunternehmer als deren eigene Einkünfte.[75] Hierzu ist – insbesondere im Unterschied zur Besteuerung der Gesellschafter von Kapitalgesellschaften – keine Ausschüttung erforderlich, die Zurechnung des Gewinns oder auch des Verlusts erfolgt unmittelbar.[76] Bei einer natürlichen Person als (mittelbarer) Mitunternehmer unterliegen die Einkünfte dort der Einkommensteuer, bei einer juristischen Person hingegen der Körperschaftsteuer.[77] Personengesellschaften besitzen indes eine „partielle Steuerrechtsfähigkeit“[78] respektive eine „begrenzte Steuerrechtssubjektivität“[79]. Sie sind (jedenfalls) Gewinnermittlungs- und Einkünftequalifikationssubjekt,[80] sodass auf Ebene der Personengesellschaft die Entscheidung über die Einkunftsart getroffen wird und dort auch die Einkünfte ermittelt werden.[81] Ob die Personengesellschaft zudem auch Einkünfteerzielungssubjekt ist, ist hingegen strittig.[82] M.E. werden die Einkünfte ausschließlich durch die einzelnen Mitunternehmer, nicht hingegen durch die Personengesellschaft „erzielt“ i.S.d. § 2 Abs. 1 Satz 1 EStG.[83]

Ob mit PRINZ unter Hinweis darauf, dass § 5 Abs. 1 Satz 3 GewStG lediglich die Steuerschuldnerschaft der Personengesellschaft anordnet, von einer Geltung des Transparenzprinzips auch

---

72 Eine Ausnahme ergibt sich aus dem jüngst geschaffenen § 1a KStG, der eine Optionsmöglichkeit für Personengesellschaften zur Körperschaftsteuerpflicht vorsieht; vgl. dazu ausführlich z.B. WACKER, ROLAND (Kommentierung § 15 EStG 2024), Rn. 160a ff.

73 Vgl. BIRK, DIETER/DESENS, MARC/TAPPE, HENNING (Steuerrecht 2024), Rn. 1138; WACKER, ROLAND (Kommentierung § 15 EStG 2024), Rn. 160.

74 Vgl. BIRK, DIETER/DESENS, MARC/TAPPE, HENNING (Steuerrecht 2024), Rn. 1138, 1140; HENNRICHS, JOACHIM (Mitunternehmerschaften 2024), Rn. 10.10.

75 Vgl. TIEDE, KAI (Kommentierung § 15 EStG 2024), Rn. 495; WACKER, ROLAND (Kommentierung § 15 EStG 2024), Rn. 160.

76 Vgl. BIRK, DIETER/DESENS, MARC/TAPPE, HENNING (Steuerrecht 2024), Rn. 1180; HENNRICHS, JOACHIM (Mitunternehmerschaften 2024), Rn. 10.10.

77 Vgl. HOTTMANN, JÜRGEN (Personengesellschaft 2017), Rn. 63; PRINZ, ULRICH (Mitunternehmerbesteuerung 2020), S. 1766.

78 BIRK, DIETER/DESENS, MARC/TAPPE, HENNING (Steuerrecht 2024), Rn. 1140 (im Original kursiv gedruckt).

79 PRINZ, ULRICH (Mitunternehmerbesteuerung 2020), S. 1766.

80 Vgl. BFH, Beschluss vom 08.10.2010, IV B 46/10, Ls. 1, Rn. 14.

81 Vgl. BIRK, DIETER/DESENS, MARC/TAPPE, HENNING (Steuerrecht 2024), Rn. 1140; HOTTMANN, JÜRGEN (Personengesellschaft 2017), Rn. 63.

82 Vgl. dazu und ausführlich zum diesbezüglichen Meinungsstreit DESENS, MARC/BLISCHKE, ANDRÉ (Kommentierung § 15 EStG 2024), Rn. C 20 ff.

83 Vgl. m.w.N. ebenso KUßMAUL, HEINZ/SCHÄFER, RENÉ/ENGEL, PHILIPP (Zuzugssperre 2020), S. 649, wo auch auf den Zusammenhang zu dem – ebenfalls umstrittenen – Zeitpunkt der Einkünfteerzielung eingegangen wird. Gl.A. z.B. BFH, Urteil vom 15.11.2011, VIII R 12/09, Rn. 10; a.A. etwa HENNRICHS, JOACHIM (Mitunternehmerschaften 2024), Rn. 10.14.

für Zwecke der Gewerbesteuer auszugehen ist, mag hier dahinstehen; die im Folgenden darzulegenden Gewinnermittelungsgrundsätze – und dabei vor allem das Konstrukt des Sonderbereichs – schlagen jedenfalls auf die Ermittlung des Gewerbeertrages durch.[84]

Die auf Ebene der Personengesellschaft vorzunehmende Gewinnermittlung erfolgt zweistufig.[85] Zunächst ist – auf der ersten Stufe der Gewinnermittlung – der gemeinschaftlich erwirtschaftete steuerbilanzielle Gewinn der Personengesellschaft und damit der Gewinn aus der steuerlichen Gesamthandsbilanz[86] der Mitunternehmerschaft zu ermitteln.[87] Die steuerliche Gesamthandsbilanz der Mitunternehmerschaft wird dabei aus der Handelsbilanz der Gesellschaft abgeleitet, indem letztere auf Grundlage von ggf. abweichenden ertragsteuerlichen Ansatz- und Bewertungsvorschriften angepasst wird.[88] Bereits hier sei erwähnt, dass auf der ersten Stufe der Gewinnermittlung Rechtsbeziehungen zwischen Mitunternehmer und Personengesellschaft auch steuerlich anzuerkennen sind, sodass etwa ein entgeltliches Arbeitsverhältnis zwischen Gesellschafter und Gesellschaft auf Ebene der Personengesellschaft zu Betriebsausgaben führt.[89] Das Ergebnis der gemeinschaftlichen Tätigkeit respektive der steuerbilanzielle Gewinn der Personengesellschaft wird auf die Gesellschafter sodann anteilig nach dem gesetzlich vorgesehenen bzw. nach dem in der Regel vertraglich bestimmten Gewinnverteilungsschlüssel verteilt.[90] Ggf. müssen noch Korrekturen außerhalb der Bilanz (bspw. aufgrund von nicht abziehbaren Betriebsausgaben i.S.d. § 4 Abs. 5 EStG) erfolgen.[91] Ebenfalls im Rahmen der Gewinnermittlung auf der ersten Stufe erfolgt die Addition bzw. Subtraktion von Mehr- oder Minderergebnissen aus ggf. vorhandenen Ergänzungsbilanzen der einzelnen Mitunternehmer.[92] Insgesamt wird auf der ersten Stufe der Gewinnermittlung mittels der oben dargestellten Schritte der Gewinnanteil i.S.d. § 15 Abs. 1 Satz 1 Nr. 2 Satz 1 Halbs. 1 EStG ermittelt.[93]

Die Ermittlung des Gewinns, der durch den einzelnen Mitunternehmer – außerhalb des gesamthänderischen Bereichs im sog. Sonderbereich –[94] erzielt wurde, erfolgt hingegen auf der zwei-

---

84 Vgl. PRINZ, ULRICH (Abwehrgesetzgebung 2018), S. 1615.

85 Vgl. NIEHUS, ULRICH/WILKE, HELMUTH (Personengesellschaften 2023), S. 79; TIEDE, KAI (Kommentierung § 15 EStG 2024), Rn. 450.

86 Durch das MoPeG wurde zwar das Gesamthandsprinzip auf zivilrechtlicher Ebene aufgegeben; vgl. KLUMPP, PETER (Personengesellschaften 2024), Rn. 27. Für Zwecke der Ertragsbesteuerung gelten rechtsfähige Personengesellschaften jedoch weiterhin als Gesamthand und deren Vermögen als Gesamthandsvermögen (§ 39 Abs. 2 Nr. 2 Satz 2 AO). Daher kann m.E. in der Regel weiterhin von der steuerlichen Gesamthandsbilanz einer Mitunternehmerschaft gesprochen werden.

87 Vgl. KUẞMAUL, HEINZ (Steuerlehre 2020), S. 106, 235; NIEHUS, ULRICH/WILKE, HELMUTH (Personengesellschaften 2023), S. 80.

88 Vgl. HOTTMANN, JÜRGEN (Personengesellschaft 2017), Rn. 164; KUẞMAUL, HEINZ (Steuerlehre 2020), S. 106.

89 Vgl. HERBER, DESIREE (Mitunternehmer 2024), Rn. 652; KUẞMAUL, HEINZ (Steuerlehre 2020), S. 235 f. und ausführlich hierzu die Ausführungen im folgenden Kapitel.

90 Vgl. TIEDE, KAI (Kommentierung § 15 EStG 2024), Rn. 450. Vgl. auch BIRK, DIETER/DESENS, MARC/TAPPE, HENNING (Steuerrecht 2024), Rn. 1180.

91 Vgl. HERBER, DESIREE (Mitunternehmer 2024), Rn. 653; KUẞMAUL, HEINZ (Steuerlehre 2020), S. 106.

92 Vgl. HENNRICHS, JOACHIM (Mitunternehmerschaften 2024), Rn. 10.20; NIEHUS, ULRICH/WILKE, HELMUTH (Personengesellschaften 2023), S. 80 und ausführlicher hierzu KUẞMAUL, HEINZ (Steuerlehre 2020), S. 105 f.

93 Vgl. HENNRICHS, JOACHIM (Mitunternehmerschaften 2024), Rn. 10.20, 10.126.

94 Vgl. zum Begriff BIRK, DIETER/DESENS, MARC/TAPPE, HENNING (Steuerrecht 2024), Rn. 1184.

ten Stufe der Gewinnermittlung.[95] Hierzu ist für einen jeden Mitunternehmer getrennt ggf. eine Sonderbilanz einschließlich der dazugehörigen Sonder-GuV aufzustellen,[96] um den Saldo zwischen den Sonderbetriebseinnahmen und den Sonderbetriebsausgaben zu ermitteln.[97] Vor allem die Sondervergütungen und damit die Vergütungen, die der Gesellschafter von der Gesellschaft für seine Tätigkeit im Dienst der Gesellschaft oder für die Hingabe von Darlehen oder für die Überlassung von Wirtschaftsgütern bezogen hat (§ 15 Abs. 1 Satz 1 Nr. 2 Satz 1 Halbs. 2 EStG), sind dabei Teil der Sonderbetriebseinnahmen des jeweiligen Mitunternehmers.[98] Zu den Sonderbetriebsausgaben rechnen mithin in erster Linie die Aufwendungen eines Mitunternehmers, die im Zusammenhang mit seinen Sondervergütungen stehen.[99] Darüber hinaus besteht das Sonderbetriebsergebnis aus weiteren Sonderbetriebseinnahmen und -ausgaben.[100] Auch die Ergebnisse aus den Sonderbilanzen sind (bspw. aufgrund von Steuerbefreiungen) ggf. außerbilanziell zu korrigieren.[101] Zu berücksichtigen ist dabei, dass der Gewinn im Sonderbereich mittels derselben Gewinnermittlungsart zu bestimmen ist, die auch im Gesamthandsbereich zur Anwendung gelangt.[102] Hierbei ist die Personengesellschaft nach Auffassung des BFH und der Finanzverwaltung ggf. auch für den Sonderbereich des einzelnen Mitunternehmers buchführungspflichtig.[103]

Die Summation des Ergebnisses der ersten Stufe (Gewinnanteil des Mitunternehmers) und dem der zweiten Stufte (Ergebnis des Sonderbereichs) ergibt die gewerblichen Einkünfte des jeweiligen Mitunternehmers respektive dessen Einkünfte aus der Mitunternehmerschaft.[104] Dementsprechend wird diese spezielle Art der Gewinnermittlung im Bereich der Mitunternehmerschaften auch als additive Gewinnermittlung bezeichnet.[105] Werden nun die Einkünfte der einzelnen Mitunternehmer aus der Mitunternehmerschaft aufsummiert, resultiert daraus der sog. Gesamtgewinn der Mitunternehmerschaft, welcher die Ausgangsgröße zur Ermittlung der von der Personengesellschaft zu entrichtenden Gewerbesteuer bildet.[106] *Abbildung 3* veranschaulicht die Systematik der zweistufigen Gewinnermittlung am Beispiel einer Personengesellschaft mit

---

95 Vgl. KUßMAUL, HEINZ (Steuerlehre 2020), S. 106.

96 Vgl. HENNRICHS, JOACHIM (Mitunternehmerschaften 2024), Rn. 10.138; NIEHUS, ULRICH/WILKE, HELMUTH (Personengesellschaften 2023), S. 81.

97 Vgl. KUßMAUL, HEINZ (Steuerlehre 2020), S. 236. Die Begriffe Sonderbetriebseinnahmen und -ausgaben werden in den folgenden Kapiteln eingehend erläutert.

98 Vgl. BFH, Beschluss vom 03.05.1993, GrS 3/92, S. 621 f.; KUßMAUL, HEINZ (Steuerlehre 2020), S. 236.

99 Vgl. BÄRSCH, SVEN-ERIC u.a. (Unternehmensbesteuerung 2023), S. 418; TIEDE, KAI (Kommentierung § 15 EStG 2024), Rn. 520.

100 Vgl. BFH, Beschluss vom 03.05.1993, GrS 3/92, S. 621 f.; KRUMM, MARCEL (Kommentierung § 15 EStG 2024), Rn. 340, 342. Vgl. zum Obenstehenden ausführlich die folgenden Kapitel.

101 Vgl. HERBER, DESIREE (Mitunternehmer 2024), Rn. 653.

102 Vgl. BFH, Urteil vom 11.12.1986, IV R 222/84, S. 556; H 4.1 EStH 2023 „Aufzeichnungs- und Buchführungspflichten"; a.A. aber z.B. KRUSE, HEINRICH WILHELM (Personengesellschaften 1979), S. 55.

103 Vgl. BFH, Urteil vom 23.10.1990, VIII R 142/85, Ls. 1, S. 403 f.; H 4.1 EStH 2023 „Aufzeichnungs- und Buchführungspflichten"; a.A. aber z.B. KNOBBE-KEUK, BRIGITTE (Unternehmenssteuerrecht 1993), S. 442 f.

104 Vgl. KUßMAUL, HEINZ (Steuerlehre 2020), S. 106; NIEHUS, ULRICH/WILKE, HELMUTH (Personengesellschaften 2023), S. 82.

105 Vgl. z.B. KUßMAUL, HEINZ (Steuerlehre 2020), S. 236.

106 Vgl. HENNRICHS, JOACHIM (Mitunternehmerschaften 2024), Rn. 10.112; NIEHUS, ULRICH/WILKE, HELMUTH (Personengesellschaften 2023), S. 82 f.

zwei Gesellschaftern (A und B), wobei ggf. vorzunehmende außerbilanzielle Korrekturen auf der ersten oder zweiten Stufe der Gewinnermittlung aus Vereinfachungsgründen nicht dargestellt sind.

Stufe	Gesellschafter A	Gesellschafter B
1. Stufe	Handelsbilanzieller Gewinn der Personengesellschaft	
	+ / ./. Bilanzsteuerrechtliche Modifikationen	
	= Steuerbilanzieller Gewinn der Personengesellschaft	
	Anwendung Gewinnverteilungsschlüssel	
	Anteil am Gewinn des A	Anteil am Gewinn des B
	+ Ergebnis der Ergänzungsbilanz von A	+ Ergebnis der Ergänzungsbilanz von B
	= Gewinnanteil des A	= Gewinnanteil des B
2. Stufe	+ Sondervergütungen des A	+ Sondervergütungen des B
	./. Aufwendungen des A im Zusammenhang mit seinen Sondervergütungen	./. Aufwendungen des B im Zusammenhang mit seinen Sondervergütungen
	+ weitere Sonderbetriebseinnahmen des A	+ weitere Sonderbetriebseinnahmen des B
	./. weitere Sonderbetriebsausgaben des A	./. weitere Sonderbetriebsausgaben des B
	= Einkünfte des A aus der Mitunternehmerschaft	= Einkünfte des B aus der Mitunternehmerschaft
	Σ Einkünfte aus der Mitunternehmerschaft	
	= Gesamtgewinn der Mitunternehmerschaft	

Abbildung 3: Zweistufige Gewinnermittlung bei Personengesellschaften[107]

Aus verfahrensrechtlicher Sicht ist zu beachten, dass Einkünfte aus der Mitunternehmerschaft gemäß §§ 179 Abs. 1, 2 Satz 2, 180 Abs. 1 Satz 1 Nr. 2 Buchst. a) AO gesondert und einheitlich festgestellt werden.[108]

[107] Eigene Darstellung; modifiziert entnommen aus HEIGL, ANTON (Unternehmensbesteuerung 1996), S. 179; KUẞMAUL, HEINZ (Steuerlehre 2020), S. 237.

[108] Vgl. HALLERBACH, DOROTHEE (Mitunternehmer 2005), Rn. 1096; WACKER, ROLAND (Kommentierung § 15 EStG 2024), Rn. 160.

2.3.2 Sonderbereich

2.3.2.1 Sondervergütungen und die damit zusammenhängenden Aufwendungen von Mitunternehmern

2.3.2.1.1 Rechtsgrundlage und Hintergrund der Sondervergütungen

§ 15 Abs. 1 Satz 1 Nr. 2 Satz 1 Halbs. 2 EStG bestimmt, dass zu den Einkünften aus Gewerbebetrieb – neben dem Gewinnanteil des Gesellschafters – auch die Vergütungen gehören, die der Gesellschafter von der Gesellschaft für seine Tätigkeit im Dienst der Gesellschaft oder für die Hingabe von Darlehen oder für die Überlassung von Wirtschaftsgütern bezogen hat. Diese in § 15 Abs. 1 Satz 1 Nr. 2 Satz 1 Halbs. 2 EStG explizit genannten bzw. aufgezählten Vergütungen werden als Sondervergütungen bezeichnet;[109] sie stehen – gemeinsam mit den dazugehörigen Aufwendungen von Mitunternehmern –[110] im Mittelpunkt der vorliegenden Ausarbeitung. Originär wären Sondervergütungen respektive die entsprechenden Einnahmen regelmäßig unter die Einkünfte aus anderen Einkunftsarten zu subsumieren, sie werden aber durch § 15 Abs. 1 Satz 1 Nr. 2 Satz 1 Halbs. 2 EStG in Einkünfte aus Gewerbebetrieb umqualifiziert.[111] So würden etwa die Einnahmen eines Mitunternehmers, die dieser aus der Überlassung eines Grundstücks an die Personengesellschaft erzielt, ohne die Umqualifizierung durch § 15 Abs. 1 Satz 1 Nr. 2 Satz 1 Halbs. 2 EStG zu Einkünften aus Vermietung und Verpachtung i.S.d. § 21 Abs. 1 Satz 1 Nr. 1 Alt. 1 EStG führen, die Einnahmen aus der Gewährung eines Darlehens an die Mitunternehmerschaft und damit die Zinsen wären indes den Einkünften aus Kapitalvermögen i.S.d. § 20 Abs. 1 Nr. 7 Satz 1 EStG zuzuordnen.[112] Damit stellt § 15 Abs. 1 Satz 1 Nr. 2 Satz 1 Halbs. 2 EStG jedenfalls eine Einkünftequalifikationsnorm dar.[113]

Wie im vorangehenden Kapitel bereits angesprochen, sind auf der ersten Stufe der Gewinnermittlung Rechtsbeziehungen zwischen Mitunternehmer und Personengesellschaft auch steuerlich anzuerkennen.[114] D.h., Sondervergütungen führen in der Gesamthandsbilanz zu Aufwand und werden als Betriebsausgabe berücksichtigt.[115] Dementsprechend führt etwa ein entgeltliches Arbeitsverhältnis zwischen Gesellschafter und Gesellschaft zu Betriebsausgaben und damit zunächst zu einer Minderung des Gesamtgewinns der Mitunternehmerschaft.[116] Zugleich

---

[109] Vgl. z.B. KRUMM, MARCEL (Kommentierung § 15 EStG 2024), Rn. 232; LÜDICKE, JÜRGEN (Personengesellschaften 2011), S. 97 f.

[110] Vgl. dazu instruktiv die Ausführungen in Kapitel 2.3.2.1.3.

[111] Vgl. BIRK, DIETER/DESENS, MARC/TAPPE, HENNING (Steuerrecht 2024), Rn. 1187; DESENS, MARC/BLISCHKE, ANDRÉ (Kommentierung § 15 EStG 2024), Rn. F 11.

[112] Vgl. HALLERBACH, DOROTHEE (Mitunternehmer 2005), Rn. 903.

[113] Vgl. BODE, WALTER (Kommentierung § 15 EStG 2024), Rn. 464; BRESGEN, ARIANE (Qualifikationskonflikte 2016), S. 18 und zur Frage, ob es sich bei § 15 Abs. 1 Satz 1 Nr. 2 Satz 1 Halbs. 2 EStG auch um eine Zuordnungsnorm handelt, die Ausführungen in Kapitel 2.3.3.

[114] Vgl. HERBER, DESIREE (Mitunternehmer 2024), Rn. 652; KUßMAUL, HEINZ (Steuerlehre 2020), S. 235.

[115] Vgl. KNOBBE-KEUK, BRIGITTE (Unternehmenssteuerrecht 1993), S. 422 ff.; KRUMM, MARCEL (Kommentierung § 15 EStG 2024), Rn. 229.

[116] Vgl. HERBER, DESIREE (Mitunternehmer 2024), Rn. 652; KNOBBE-KEUK, BRIGITTE (Unternehmenssteuerrecht 1993), S. 423 f.

werden Sondervergütungen aber im Rahmen der zweiten Stufe der Gewinnermittlung den Einkünften des jeweiligen Mitunternehmers und damit letztlich auch dem Gesamtgewinn der Mitunternehmerschaft wieder hinzugerechnet.[117] Dementsprechend kommt es aufgrund von § 15 Abs. 1 Satz 1 Nr. 2 Satz 1 Halbs. 2 EStG trotz der Gewährung von Sondervergütungen nicht zu einer Minderung des Gesamtgewinns der Mitunternehmerschaft.[118]

Der Sinn und Zweck von § 15 Abs. 1 Satz 1 Nr. 2 Satz 1 Halbs. 2 EStG erklärt sich im Anschluss an die obenstehenden Ausführungen primär dadurch, dass ein Mitunternehmer einem Einzelunternehmer hinsichtlich der Besteuerung angenähert werden soll.[119] Einzelunternehmern ist es nicht möglich, einen Vertrag mit ihrem Einzelunternehmen abschließen, bei welchem der daraus resultierende Aufwand zu einer Minderung des Gewinns des Einzelunternehmens führen würde, da sie nicht mit sich selbst kontrahieren können.[120] Der Einzelunternehmer kann folglich mittels seines Einzelunternehmens auch nur Einkünfte aus Gewerbebetrieb erzielen und nicht z.B. Einkünfte aus nichtselbständiger Arbeit durch Abschluss eines entsprechenden Vertrags mit seinem Unternehmen oder Einkünfte aus Kapitalvermögen durch Gewährung eines Darlehens an sein Unternehmen.[121] Demgegenüber bestünde für Mitunternehmer die Möglichkeit, den Gewinn der Personengesellschaft – und dadurch auch ihren Gewinnanteil – durch einen entsprechenden Vertrag mit der Personengesellschaft zu mindern.[122] Die durch § 15 Abs. 1 Satz 1 Nr. 2 Satz 1 Halbs. 2 EStG vorgegebene Hinzurechnung der Sondervergütungen zu den Einkünften des Mitunternehmers zielt daher darauf ab, die angesprochene Minderung zu neutralisieren.[123] Zudem könnte der Mitunternehmer ohne Umqualifizierung der Sondervergütungen in Einkünfte aus Gewerbebetrieb, wie oben bereits dargestellt, mittels der Personengesellschaft – und ebenfalls im Unterschied zum Einzelunternehmer – auch Einkünfte aus anderen Einkunftsarten erzielen.[124]

Die zuvor dargestellte – auf der sog. Gleichstellungsthese basierende –[125] Neutralisation der Sondervergütungen erfolgt vor allem mit Blick auf die Gewerbesteuer.[126] Letzteres belegt auch

---

[117] Vgl. KRUMM, MARCEL (Kommentierung § 15 EStG 2024), Rn. 229; KUßMAUL, HEINZ (Steuerlehre 2020), S. 236.

[118] Vgl. BFH, Urteil vom 06.07.1999, VIII R 46/94, S. 721; BRESGEN, ARIANE (Qualifikationskonflikte 2016), S. 16.

[119] Vgl. BFH, Beschluss vom 25.02.1991, GrS 7/89, S. 698; BFH, Urteil vom 21.11.1989, VIII R 145/85, S. 429; HALLERBACH, DOROTHEE (Mitunternehmer 2005), Rn. 901. Vgl. auch BT-Drs. 16/11108 vom 27.11.2008, S. 23.

[120] Vgl. BFH, Urteil vom 06.07.1999, VIII R 46/94, S. 721; DESENS, MARC/BLISCHKE, ANDRÉ (Kommentierung § 15 EStG 2024), Rn. F 7.

[121] Vgl. HALLERBACH, DOROTHEE (Mitunternehmer 2005), Rn. 901.

[122] Vgl. DESENS, MARC/BLISCHKE, ANDRÉ (Kommentierung § 15 EStG 2024), Rn. F 7.

[123] Vgl. BFH, Urteil vom 10.07.2002, I R 71/01, S. 194; DESENS, MARC/BLISCHKE, ANDRÉ (Kommentierung § 15 EStG 2024), Rn. F 7; ROSENBERG, OLIVER (Sonderbetriebsbereich 2015), Rn. 11.15.

[124] Vgl. auch HALLERBACH, DOROTHEE (Mitunternehmer 2005), Rn. 903.

[125] Vgl. HALLERBACH, DOROTHEE (Mitunternehmer 2005), Rn. 901; POHL, CARSTEN (Sondervergütungsregelungen 2012), S. 121. Vgl. ausführlich zur Gleichstellungsthese z.B. HALLERBACH, DOROTHEE (Gleichstellungsthese 2016), S. 1117 ff.; KAHLE, HOLGER (Gleichstellungsthese 2018), S. 747 ff. und kritisch zur Grundidee der Gleichstellungsthese z.B. KRUSE, HEINRICH WILHELM (Personengesellschaften 1979), S. 40.

[126] Vgl. BIRK, DIETER/DESENS, MARC/TAPPE, HENNING (Steuerrecht 2024), Rn. 1143; HALLERBACH, DOROTHEE (Mitunternehmer 2005), Rn. 903; POHL, CARSTEN (Sondervergütungsregelungen 2012), S. 121; ROSENBERG,

der historische Hintergrund der Norm.[127] In der Gesetzesbegründung zum EStG i.d.F. vom 16.10.1934 heißt es, dass „die Einbeziehung der Vergütungen an Gesellschafter einer offenen Handelsgesellschaft oder einer Kommanditgesellschaft für die Hingabe von Darlehen oder für die Überlassung von Wirtschaftsgütern [...] durch die Rücksichtnahme auf das kommende reichsrechtliche Gewerbesteuergesetz veranlaßt [ist; d.Verf.]. Die auf Grund des § 15 getroffenen Ermittlungen sollen unmittelbar für die Feststellung des gewerbesteuerpflichtigen Gewinns verwendet werden."[128] Und in der Tat: Die Gewährung von Sondervergütungen führt – aufgrund der Hinzurechnung der Sondervergütungen auf der zweiten Stufe der Gewinnermittlung – nicht zu einer Minderung der gewerbesteuerlichen Bemessungsgrundlage.[129] Insgesamt sind damit Rechtsbeziehungen zwischen Mitunternehmer und Personengesellschaft auf der ersten Stufe der Gewinnermittlung auch steuerlich anzuerkennen,[130] durch die Hinzurechnung auf der zweiten Stufe der Gewinnermittlung wird allerdings eine daraus resultierende Auswirkung auf die Höhe der Gewerbesteuer verhindert.[131]

Über die dargestellte Annäherung an die Besteuerung eines Einzelunternehmers hinaus zielt § 15 Abs. 1 Satz 1 Nr. 2 Satz 1 Halbs. 2 EStG nach der ständigen Rechtsprechung des BFH und nach Auffassung der Literatur auch darauf ab, die Besteuerung des Mitunternehmers und der Personengesellschaft unbeeinflusst davon zu gestalten, ob die Leistung eines Mitunternehmers gegenüber der Personengesellschaft durch eine gesonderte Vergütung (Sondervergütung) oder durch ein Gewinnvorab – und damit durch eine höhere Gewinnzuweisung – entlohnt wird.[132] Der Mitunternehmer könnte ansonsten geneigt sein, anstelle der Vereinbarung eines Gewinnvorab eine schuldrechtliche Beziehung mit der Personengesellschaft einzugehen, um so Einkünfte aus anderen Einkunftsarten zu beziehen. Zudem würden Sondervergütungen, wie dargelegt, grundsätzlich zu einer Minderung der Gewerbesteuer führen, durch die Gewährung eines Gewinnvorab – als eine Form der Gewinnverteilung –[133] kann eine solche hingegen nicht erreicht werden.[134] Unter einem Gewinnvorab versteht man die gesellschaftsrechtlich vereinbarte Gewährung eines bestimmten Teils des Gewinns der Personengesellschaft an einen oder mehrere der Gesellschafter zur Abgeltung einer – im Vergleich zu den übrigen Gesellschaftern – zusätzlichen Leistung bzw. eines zusätzlichen Beitrags zur Erreichung des Gesellschafts-

---

OLIVER (Sonderbetriebsbereich 2015), Rn. 11.15. Vgl. auch WASSERMEYER, FRANZ (Unternehmensgewinne 2010), S. 40.

127 Vgl. KNOBBE-KEUK, BRIGITTE (Besteuerung 2008), S. 318 f.

128 Vgl. Begründung zum EStG vom 16.10.1934, S. 42 (im Original mit Hervorhebungen).

129 Vgl. BFH, Urteil vom 06.07.1999, VIII R 46/94, S. 721; BRESGEN, ARIANE (Qualifikationskonflikte 2016), S. 16.

130 Siehe dazu bereits oben und vgl. auch BFH, Beschluss vom 25.02.1991, GrS 7/89, S. 698.

131 Vgl. BFH, Urteil vom 06.07.1999, VIII R 46/94, S. 721; BIRK, DIETER/DESENS, MARC/TAPPE, HENNING (Steuerrecht 2024), Rn. 1143.

132 Vgl. zur ständigen Rechtsprechung des BFH etwa BFH, Urteil vom 30.08.2007, IV R 14/06, S. 944; BFH, Urteil vom 06.02.2020, IV R 5/18, Rn. 28 jeweils m.w.N. und zur Auffassung der Literatur bspw. HALLERBACH, DOROTHEE (Mitunternehmer 2005), Rn. 903; WACKER, ROLAND (Kommentierung § 15 EStG 2024), Rn. 561.

133 Vgl. BODDEN, GUIDO (Kommentierung § 15 EStG 2024), Rn. 489.

134 Vgl. auch WASSERMEYER, FRANZ (Personengesellschaften 2017), Rn. 9.12.

zwecks.[135] Im entscheidenden Unterschied zu Sondervergütungen erfolgt die Verbuchung eines Gewinnvorab handels- und steuerbilanziell nicht als Aufwand.[136] Stattdessen handelt es sich um eine Form der Gewinnverteilung.[137] Zudem erfolgt die Zahlung von Sondervergütungen gewinnunabhängig und damit auch dann, wenn die Personengesellschaft einen Verlust erwirtschaftet.[138] Des Weiteren führen Sondervergütungen zu einem umsatzsteuerbaren Leistungsaustausch, ein Gewinnvorab hingegen nicht.[139]

Grundsatz der korrespondierenden Bilanzierung:

Aus den dargestellten Zielsetzungen von § 15 Abs. 1 Satz 1 Nr. 2 Satz 1 Halbs. 2 EStG wird der sog. Grundsatz der korrespondierenden Bilanzierung abgeleitet.[140] Der Grundsatz verlangt eine Neutralisierung des Aufwandes, der in der Gesamthandsbilanz der Personengesellschaft aufgrund von Sondervergütungen entsteht, durch eine zeit- und betragsgleiche Erfassung eines Ertrages in der Sonderbilanz des Mitunternehmers, der die entsprechenden Sondervergütungen bezogen hat.[141] Auf Basis des Grundsatzes der korrespondierenden Bilanzierung muss z.B. Aufwand, der in der Gesamthandsbilanz aus der Bildung einer Pensionsrückstellung für einen Mitunternehmer entsteht, in dessen Sonderbilanz durch Bildung einer gleich hohen Forderung mit entsprechender Ertragswirkung ausgeglichen werden.[142] Wesentliche Folge des Grundsatzes der korrespondierenden Bilanzierung ist, dass die handelsrechtlichen Grundsätze des Imparitätsprinzips (§ 252 Abs. 1 Nr. 4 Halbs. 1 HGB) und des Realisationsprinzips (§ 252 Abs. 1 Nr. 4 Halbs. 2 HGB) in der Sonderbilanz keine Anwendung finden.[143] Die Geltung des Grundsatzes der korrespondierenden Bilanzierung respektive ein daraus folgendes Gebot der korrespondierenden Bilanzierung ist in der Literatur jedoch nicht unbestritten.[144] So wird ein striktes Gebot der korrespondierenden Bilanzierung von namhaften Vertretern der Literatur, darunter KNOBBE-KEUK[145], KUßMAUL[146] und SÖFFING[147], abgelehnt.

---

135 Vgl. etwa BODDEN, GUIDO (Kommentierung § 15 EStG 2024), Rn. 489.

136 Vgl. BFH, Urteil vom 14.11.1985, IV R 63/83, S. 59; BFH, Urteil vom 13.10.1998, VIII R 4/98, S. 285 f.

137 Vgl. BODDEN, GUIDO (Kommentierung § 15 EStG 2024), Rn. 489.

138 Vgl. BFH, Urteil vom 14.11.1985, IV R 63/83, S. 59; KRUMM, MARCEL (Kommentierung § 15 EStG 2024), Rn. 310.

139 Vgl. HOTTMANN, JÜRGEN (Personengesellschaft 2017), Rn. 302.

140 Siehe z.B. BFH, Urteil vom 21.12.2017, IV R 44/14, Rn. 35; DESENS, MARC/BLISCHKE, ANDRÉ (Kommentierung § 15 EStG 2024), Rn. F 59 und ebenso etwa LIEBCHEN, DANIEL (Personengesellschaften 2008), S. 85.

141 Vgl. BFH, Urteil vom 30.03.2006, IV R 25/04, S. 172; BFH, Urteil vom 05.05.2010, II R 16/08, Rn. 29; KRUMM, MARCEL (Kommentierung § 15 EStG 2024), Rn. 240; LIEBCHEN, DANIEL (Personengesellschaften 2008), S. 85.

142 Vgl. BFH, Urteil vom 30.03.2006, IV R 25/04, Ls. 1, S. 172; BMF, Schreiben vom 29.01.2008, IV B 2 – S 2176/07/0001, Rn. 5.

143 Vgl. TIEDE, KAI (Kommentierung § 15 EStG 2024), Rn. 452. Vgl. auch HENNRICHS, JOACHIM (Mitunternehmerschaften 2024), Rn. 10.144. Beispiele für die sich hieraus ergebenden Rechtsfolgen gibt etwa KRUMM, MARCEL (Kommentierung § 15 EStG 2024), Rn. 240.

144 Vgl. KRUMM, MARCEL (Kommentierung § 15 EStG 2024), Rn. 240; WACKER, ROLAND (Kommentierung § 15 EStG 2024), Rn. 405.

145 Vgl. KNOBBE-KEUK, BRIGITTE (Unternehmenssteuerrecht 1993), S. 481.

146 Vgl. KUßMAUL, HEINZ (Steuerlehre 2020), S. 241 f. m.w.N.

147 Vgl. SÖFFING, GÜNTER (Pensionsrückstellung 1999), S. 99 ff.

Sondervergütungen des mittelbaren Mitunternehmers:

§ 15 Abs. 1 Satz 1 Nr. 2 Satz 2 EStG bestimmt, dass der mittelbar über eine oder mehrere Personengesellschaften beteiligte Gesellschafter dem unmittelbar beteiligten Gesellschafter gleichsteht; er ist als Mitunternehmer des Betriebs der Gesellschaft anzusehen, an der er mittelbar beteiligt ist, wenn er und die Personengesellschaften, die seine Beteiligung vermitteln, jeweils als Mitunternehmer der Betriebe der Personengesellschaften anzusehen sind, an denen sie unmittelbar beteiligt sind. Angesprochen ist damit der Fall einer doppelstöckigen Personengesellschaft und damit die Situation, dass an einer Personengesellschaft (Untergesellschaft) eine weitere Personengesellschaft (Obergesellschaft) beteiligt ist.[148] Hier kann der nur mittelbar an der Untergesellschaft beteiligte Gesellschafter, d.h. der zivilrechtliche Gesellschafter der Obergesellschaft, steuerlich Mitunternehmer der Untergesellschaft sein und aus dieser Sondervergütungen beziehen.[149] Doppelstöckige Personengesellschaften bilden jedoch nicht den Schwerpunkt der vorliegenden Arbeit, betrachtet werden hauptsächlich Personengesellschaften, an denen natürliche oder juristische Personen als Mitunternehmer unmittelbar beteiligt sind.

2.3.2.1.2 Arten von Sondervergütungen

2.3.2.1.2.1 Tätigkeitsvergütungen

Die erste Art der in § 15 Abs. 1 Satz 1 Nr. 2 Satz 1 Halbs. 2 EStG genannten Sondervergütungen stellen die Vergütungen, die der Gesellschafter respektive der Mitunternehmer für seine „Tätigkeit im Dienst der Gesellschaft“ erhält, und damit die sog. Tätigkeitsvergütungen dar. Eine unter die Norm fallende Tätigkeit im Dienst der Gesellschaft kann dabei sowohl nichtselbständig, im Rahmen eines Arbeitsverhältnisses, als auch selbständig gegenüber der Personengesellschaft ausgeübt werden.[150] Unbeachtlich ist daher, ob es sich bei den Vergütungen bereits originär um gewerbliche Einkünfte handelt oder ob diese – ohne die durch § 15 Abs. 1 Satz 1 Nr. 2 Satz 1 Halbs. 2 EStG vorgenommene Umqualifizierung – unter eine andere Einkunftsart – in Betracht kommen Einkünfte aus nichtselbständiger Arbeit oder solche aus selbständiger Arbeit – zu subsumieren wären.[151] Damit können die Sondervergütungen, die für eine Tätigkeit im Dienst der Gesellschaft gewährt werden, insbesondere auf einem Dienst-, Werk- oder Geschäftsbesorgungsvertrag beruhen.[152] Insgesamt muss dabei eine weite Auslegung des Tatbestandsmerkmals „Tätigkeit im Dienst der Gesellschaft“ erfolgen.[153] Beispiele für Tätigkeiten, die zu den in Rede stehenden Vergütungen führen, sind etwa die Tätigkeit eines Mit-

---

148 Vgl. z.B. Klumpp, Peter (Personengesellschaften 2024), Rn. 441 f.

149 Vgl. z.B. Niehus, Ulrich/Wilke, Helmuth (Personengesellschaften 2023), S. 425, 428 f.

150 Vgl. BFH, Urteil vom 23.05.1979, I R 56/77, S. 765; Niehus, Ulrich/Wilke, Helmuth (Personengesellschaften 2023), S. 141, 145.

151 Vgl. BFH, Urteil vom 23.05.1979, I R 56/77, S. 765; Winter, Andreas (Vergütungen 2024), Rn. 1438.

152 Vgl. Hottmann, Jürgen (Personengesellschaft 2017), Rn. 314; Wacker, Roland (Kommentierung § 15 EStG 2024), Rn. 580.

153 Vgl. Sobanski, Sven/Bäuml, Swen Oliver (Kommentierung § 15 EStG 2024), Rn. 269 und anschaulich auch Bode, Walter (Kommentierung § 15 EStG 2024), Rn. 516.

unternehmers als Geschäftsführer der Personengesellschaft, die Beratung der Personengesellschaft durch einen als Anwalt tätigen Mitunternehmer sowie die Errichtung eines Gebäudes für die Personengesellschaft durch einen Mitunternehmer, der Bauunternehmer ist.[154]

Erfasst werden mit dem Begriff „Vergütungen" insbesondere alle laufenden und einmaligen Vergütungen, die dem Mitunternehmer für seine Tätigkeit gewährt werden, wie etwa der „Arbeitslohn", Jubiläumszuwendungen oder Vermittlungsprovisionen.[155] Zudem führt auch die in der Gesamthandsbilanz erfolgte Bildung einer Pensionsrückstellung für den Mitunternehmer korrespondierend zu Sondervergütungen des Mitunternehmers.[156] Einen in der Praxis häufig vorkommenden Fall von Tätigkeitsvergütungen stellen die Zahlungen an den Geschäftsführer einer Komplementär-GmbH dar, der zugleich Kommanditist der GmbH & Co. KG ist. Obwohl die Vergütungen hier ggf. nicht direkt von der Personengesellschaft gezahlt werden, handelt es sich dennoch um Sondervergütungen des Kommanditisten, da letzterer – wirtschaftlich betrachtet – einen Beitrag zur Erreichung des Gesellschaftszwecks erbringt, indem er im Dienst der Personengesellschaft tätig wird.[157] Unerheblich ist dabei, ob der Dienstvertrag des Mitunternehmers mit der Komplementär-GmbH oder mit der Personengesellschaft geschlossen ist.[158]

2.3.2.1.2.2 Darlehensvergütungen

Die zweite Art der in § 15 Abs. 1 Satz 1 Nr. 2 Satz 1 Halbs. 2 EStG genannten Sondervergütungen stellen die Vergütungen dar, die dem Mitunternehmer für die „Hingabe von Darlehen" gewährt werden. Wie bereits das zuvor besprochene Tatbestandsmerkmal „Tätigkeit im Dienst der Gesellschaft" erfordert auch der Satzteil „Hingabe von Darlehen" eine weite Auslegung,[159] wodurch grundsätzlich jede Überlassung von Kapital zur Nutzung als Darlehen i.S.d. Norm zu werten ist.[160] Dementsprechend sind auch die Vergütungen für die Hingabe von Darlehen weit gefächert,[161] sodass – neben den klassischen Darlehenszinsen – etwa auch Avalprovisionen, Erträge aus typisch stillen Beteiligungen oder Stundungszinsen erfasst werden.[162]

---

154 Vgl. NIEHUS, ULRICH/WILKE, HELMUTH (Personengesellschaften 2023), S. 141, 145.

155 Vgl. mit einer Auflistung weiterer in Betracht kommender Vergütungsbestandteile HOTTMANN, JÜRGEN (Personengesellschaft 2017), Rn. 303. Vgl. dazu auch SOBANSKI, SVEN/BÄUML, SWEN OLIVER (Kommentierung § 15 EStG 2024), Rn. 270.

156 Vgl. dazu z.B. SOBANSKI, SVEN/BÄUML, SWEN OLIVER (Kommentierung § 15 EStG 2024), Rn. 270; WINTER, ANDREAS (Vergütungen 2024), Rn. 1452 f. und ausführlich zur Thematik einschließlich deren bilanzieller Abbildung etwa JACOBS, OTTO H./SCHEFFLER, WOLFRAM/SPENGEL, CHRISTOPH (Unternehmensbesteuerung 2015), S. 269 ff.; a.A. vor allem KNOBBE-KEUK, BRIGITTE (Unternehmenssteuerrecht 1993), S. 474.

157 Ständige Rechtsprechung, vgl., mit zahlreichen weiteren Nachweisen aus der Rechtsprechung des BFH, etwa BFH, Urteil vom 06.07.1999, VIII R 46/94, S. 721 sowie BFH, Urteil vom 28.05.2020, IV R 11/18, Rn. 25 f. Vgl. auch HALLERBACH, DOROTHEE (Mitunternehmer 2005), Rn. 926.

158 Vgl. WACKER, ROLAND (Kommentierung § 15 EStG 2024), Rn. 582; WINTER, ANDREAS (Vergütungen 2024), Rn. 1439.

159 Vgl. DESENS, MARC/BLISCHKE, ANDRÉ (Kommentierung § 15 EStG 2024), Rn. F 312; KRUMM, MARCEL (Kommentierung § 15 EStG 2024), Rn. 325.

160 Vgl. BODE, WALTER (Kommentierung § 15 EStG 2024), Rn. 526.

161 Vgl. DESENS, MARC/BLISCHKE, ANDRÉ (Kommentierung § 15 EStG 2024), Rn. F 315.

162 Vgl. auch zu weiteren Vergütungen für die Hingabe von Darlehen HALLERBACH, DOROTHEE (Mitunternehmer 2005), Rn. 964; HOTTMANN, JÜRGEN (Personengesellschaft 2017), Rn. 318.

Führt das überlassene Kapital demgegenüber zu Eigenkapital in der Gesamthandsbilanz der Personengesellschaft, können hieraus keine Sondervergütungen resultieren.[163] Folglich sind insbesondere Vergütungen aus der Verzinsung der Kapitalkonten – als Teil der Gewinnverteilung – nicht unter § 15 Abs. 1 Satz 1 Nr. 2 Satz 1 Halbs. 2 EStG zu subsumieren.[164]

2.3.2.1.2.3 Vergütungen für die Überlassung von Wirtschaftsgütern

Bei der dritten und letzten im Gesetz genannten Art von Sondervergütungen handelt es sich um die Vergütungen, die der Mitunternehmer für die „Überlassung von Wirtschaftsgütern" erhält. Die Vergütungen können dabei sowohl für die Überlassung von materiellen als auch für die Überlassung von immateriellen Wirtschaftsgütern gezahlt werden.[165] Als materielle Wirtschaftsgüter sind etwa ein PKW, eine Maschine oder ein Grundstück zu nennen.[166] Mögliche immaterielle Wirtschaftsgüter sind hingegen bspw. Patente, Urheberrechte und gewerbliche Schutzrechte.[167] Auch der Begriff „Vergütungen für die Überlassung von Wirtschaftsgütern" ist weit auszulegen; gemeint ist alles, was aufgrund der Überlassung als Gegenleistung durch die Personengesellschaft gewährt wird.[168] Dementsprechend handelt es sich bei den in Rede stehenden Vergütungen z.B. um Miet- oder Pachtzinsen oder um Lizenzgebühren.[169]

Bei der Auslegung des hier relevanten Tatbestandsmerkmals von § 15 Abs. 1 Satz 1 Nr. 2 Satz 1 Halbs. 2 EStG muss jedoch unterschieden werden zwischen einer Überlassung und einer Übertragung von Wirtschaftsgütern.[170] Insofern darf – zur Tatbestandserfüllung – das jeweilige Wirtschaftsgut nur zeitlich befristet überlassen, nicht aber zivilrechtlich oder wirtschaftlich auf die Personengesellschaft übertragen und damit insbesondere nicht an diese veräußert werden.[171]

2.3.2.1.3 Mit Sondervergütungen zusammenhängende Aufwendungen von Mitunternehmern

Im Zusammenhang mit den zuvor ausführlich dargestellten Sondervergütungen können einem Mitunternehmer selbstredend auch Aufwendungen zur Erzielung der Sondervergütungen ent-

---

163 Vgl. SOBANSKI, SVEN/BÄUML, SWEN OLIVER (Kommentierung § 15 EStG 2024), Rn. 272; WINTER, ANDREAS (Vergütungen 2024), Rn. 1471.

164 Vgl. WINTER, ANDREAS (Vergütungen 2024), Rn. 1471.

165 Vgl. HOTTMANN, JÜRGEN (Personengesellschaft 2017), Rn. 319; WACKER, ROLAND (Kommentierung § 15 EStG 2024), Rn. 593.

166 Vgl. BODE, WALTER (Kommentierung § 15 EStG 2024), Rn. 527; NIEHUS, ULRICH/WILKE, HELMUTH (Personengesellschaften 2023), S. 147 f.

167 Vgl. WACKER, ROLAND (Kommentierung § 15 EStG 2024), Rn. 593; WINTER, ANDREAS (Vergütungen 2024), Rn. 1478.

168 Vgl. TIEDE, KAI (Kommentierung § 15 EStG 2024), Rn. 542; WACKER, ROLAND (Kommentierung § 15 EStG 2024), Rn. 593.

169 Vgl. TIEDE, KAI (Kommentierung § 15 EStG 2024), Rn. 542; WACKER, ROLAND (Kommentierung § 15 EStG 2024), Rn. 593.

170 Vgl. NIEHUS, ULRICH/WILKE, HELMUTH (Personengesellschaften 2023), S. 148; SOBANSKI, SVEN/BÄUML, SWEN OLIVER (Kommentierung § 15 EStG 2024), Rn. 273.

171 Vgl. NIEHUS, ULRICH/WILKE, HELMUTH (Personengesellschaften 2023), S. 148; WACKER, ROLAND (Kommentierung § 15 EStG 2024), Rn. 593. Gleichwohl werden durch die Veräußerung von Wirtschaftsgütern, deren Überlassung zu Sondervergütungen führt, und damit von Sonderbetriebsvermögen I (dazu später) ebenfalls Einkünfte aus Gewerbebetrieb erzielt; Sondervergütungen liegen insoweit jedoch nicht vor.

stehen.[172] Letztere würden – isoliert betrachtet – häufig Werbungskosten darstellen, etwa dann, wenn ein Zusammenhang mit der Vermietung eines Grundstücks an die Personengesellschaft oder mit einer dieser gegenüber nichtselbständig erbrachten Tätigkeit besteht.[173] Fraglich ist, ob und wenn ja auf welcher Rechtsgrundlage diese Aufwendungen des Mitunternehmers ebenfalls Teil seiner betrieblichen Einkünfte sind und damit den Gesamtgewinn der Mitunternehmerschaft mindern.

§ 15 Abs. 1 Satz 1 Nr. 2 Satz 1 Halbs. 2 EStG kann dabei vorgeworfen werden, dass er sprachlich unpräzise gefasst ist, da der Wortlaut – durch Nennung der Vergütungen für eine Tätigkeit im Dienst der Gesellschaft, die Hingabe von Darlehen oder für die Überlassung von Wirtschaftsgütern – nur die Einnahmenseite anspricht, obwohl eigentlich definiert werden soll, was Einkünfte (Saldogröße) aus Gewerbebetrieb sind.[174] Setzt man die Eingangsformulierung des § 15 Abs. 1 EStG und den hier entscheidenden Satzteil bezüglich der Einkünfte von Mitunternehmern zusammen, würde § 15 Abs. 1 Satz 1 Nr. 2 Satz 1 Halbs. 2 EStG nämlich verkürzt lauten: „Einkünfte aus Gewerbebetrieb sind […] die Vergütungen". Auf Basis dieser Formulierung könnte zunächst vermutet werden, dass Aufwendungen, die von einem Mitunternehmer getragen werden und die mit seinen Sondervergütungen zusammenhängen, nicht Teil der gewerblichen Einkünfte sind. Entgegen RAUPACH könnte als Argument für eine derartige These auch ein Abgleich mit anderen, vergleichbaren Formulierungen des EStG sprechen – etwa der des § 19 Abs. 1 Satz 1 Nr. 1 EStG.[175] Dort ist – im Unterschied zu der Eingangsformulierung des § 15 Abs. 1 EStG (s.o.) – die Rede davon, dass zu den Einkünften aus nichtselbständiger Arbeit u.a. bestimmte Gehälter „gehören", diese also (nur) Teil der dortigen Einkünfte sind und sie nicht in Gänze darstellen. Selbiges gilt für die von RAUPACH angesprochene Formulierung des § 20 Abs. 1 EStG. Der ebenfalls von RAUPACH in Bezug genommene § 21 EStG verwendet in seinem Abs. 1 hingegen eine analoge Eingangsformulierung wie § 15 Abs. 1 EStG, insofern als dort zu lesen ist: „Einkünfte aus Vermietung und Verpachtung sind […]". In den einzelnen Nummern des § 21 Abs. 1 Satz 1 EStG ist dann aber jeweils auch von bestimmten Einkünften und nicht – wie in § 15 Abs. 1 Satz 1 Nr. 2 Satz 1 Halbs. 2 EStG – nur von der jeweiligen Einnahmenseite die Rede (s.o.).[176] Eine systematische Auslegung würde also – ebenso wie der erste Blick auf den Wortlaut der Norm – eher dagegen sprechen, Aufwendungen eines Mitunternehmers, die mit dessen Sondervergütungen zusammenhängen, in die gewerblichen Einkünfte einzubeziehen.[177] Der Einbezug folgt m.E. aber aus folgenden Überlegungen heraus: Die hier in Rede stehenden Aufwendungen eines Mitunternehmers, die mit dessen Sonderver-

172 Vgl. z.B. BIRK, DIETER/DESENS, MARC/TAPPE, HENNING (Steuerrecht 2024), Rn. 1189.

173 Vgl. BIRK, DIETER/DESENS, MARC/TAPPE, HENNING (Steuerrecht 2024), Rn. 1189; DESENS, MARC/BLISCHKE, ANDRÉ (Kommentierung § 15 EStG 2024), Rn. F 12.

174 Vgl. KEUK, BRIGITTE (Sondervergütungen 1974), S. 32. Vgl. auch KURTH, HANS (Bilanzbündeltheorie 1978), S. 17.

175 Vgl. zur Gegenauffassung RAUPACH, ARNDT (Mitunternehmerschaft 1992), S. 696 und ähnlich wie RAUPACH auch DESENS, MARC/BLISCHKE, ANDRÉ (Kommentierung § 15 EStG 2024), Rn. F 12.

176 So bestimmt etwa die Nr. 1 des § 21 Abs. 1 Satz 1 EStG als „*Einkünfte* aus Vermietung und Verpachtung" (Eingangsformulierung) die „*Einkünfte* aus Vermietung und Verpachtung von unbeweglichem Vermögen".

177 Vgl. aber auch KURTH, HANS (Bilanzbündeltheorie 1978), S. 17, der eine systematische Auslegung unter Einbezug des GewStG vornimmt und eine mögliche historische Erklärung für den, auch in seinen Augen, unzulänglichen Wortlaut des § 15 Abs. 1 Satz 1 Nr. 2 Satz 1 Halbs. 2 EStG gibt.

gütungen zusammenhängen, erwachsen diesem aufgrund der Sondervergütungen bzw. müssen von ihm getragen werden, um die Sondervergütungen zu erzielen. Es handelt sich um Aufwendungen, die durch die Sondervergütungen veranlasst sind, also mit diesen in einem Veranlassungszusammenhang stehen.[178] Sondervergütungen werden durch § 15 Abs. 1 Satz 1 Nr. 2 Satz 1 Halbs. 2 EStG in gewerbliche Einkünfte umqualifiziert.[179] Wenn aber die in Rede stehenden Aufwendungen durch die Sondervergütungen veranlasst sind und die Sondervergütungen betriebliche Einkünfte darstellen, dann besteht mittelbar – über die umqualifizierten Sondervergütungen – auch eine betriebliche Veranlassung der mit den Sondervergütungen zusammenhängenden Aufwendungen eines Mitunternehmers.[180] Da nun § 4 Abs. 4 EStG bestimmt, dass Betriebsausgaben alle Aufwendungen sind, die durch den Betrieb veranlasst sind, handelt es sich bei den hier in Rede stehenden Aufwendungen eines Mitunternehmers – qua gesetzlicher Definition – um Betriebsausgaben, die in die Ermittlung der gewerblichen Einkünfte einzubeziehen sind.[181]

Demgegenüber würde ein anderweitiges Ergebnis keinen Sinn ergeben, da dann zwar die Sondervergütungen Teil der betrieblichen Einkünfte wären, die Aufwendungen aber ggf. weiterhin als Werbungskosten zu werten wären, sodass es entweder zu einer „gespaltenen Besteuerung“ käme, wie dies RAUPACH festhält,[182] oder – m.E. eher – oftmals überhaupt kein Abzug der Aufwendungen möglich wäre, da die Werbungskosten dann ggf. nie mit Einnahmen aus derselben Einkunftsart zusammenhängen würden und damit wohl das Fehlen einer Einnahmeerzielungsabsicht unterstellt werden müsste.[183]

Im Ergebnis sind die Aufwendungen eines Mitunternehmers, die mit dessen Sondervergütungen zusammenhängen, daher Teil der gewerblichen Einkünfte des jeweiligen Mitunternehmers und als solche von diesen in Abzug zu bringen.[184] Wie dargelegt, handelt es sich bei den in Rede stehenden Aufwendungen zwar um Betriebsausgaben i.S.d. § 4 Abs. 4 EStG, sie werden aber von nur einem Mitunternehmer – und nicht von der Personengesellschaft selbst – getragen, sodass sich die Bezeichnung als Sonderbetriebsausgaben anbietet.[185] Dass es sich bei den hier in Rede stehenden Aufwendungen eines Mitunternehmers, die mit dessen Sondervergütungen zusammenhängen, um Sonderbetriebsausgaben handelt, entspricht der – soweit ersichtlich –

---

[178] Vgl. BFH, Urteil vom 27.10.1989, III R 38/88, S. 370; BODE, WALTER (Kommentierung § 15 EStG 2024), Rn. 529; DESENS, MARC/BLISCHKE, ANDRÉ (Kommentierung § 15 EStG 2024), Rn. F 12, 229; KNOBBE-KEUK, BRIGITTE (Unternehmenssteuerrecht 1993), S. 439, 453. Vgl. auch HICK, CHRISTIAN (Kommentierung § 4i EStG 2024), Rn. 20; KUDERT, STEPHAN/KAHLENBERG, CHRISTIAN (Mitunternehmerschaften 2013), S. 804.

[179] Vgl. ausführlich dazu Kapitel 2.3.2.1.1.

[180] Im Ergebnis ebenso KRUMM, MARCEL (Kommentierung § 15 EStG 2024), Rn. 232; TIEDE, KAI (Kommentierung § 15 EStG 2024), Rn. 520.

[181] Im Ergebnis ebenso KRUMM, MARCEL (Kommentierung § 15 EStG 2024), Rn. 232 und vgl. auch BIRK, DIETER/DESENS, MARC/TAPPE, HENNING (Steuerrecht 2024), Rn. 1189; TIEDE, KAI (Kommentierung § 15 EStG 2024), Rn. 520.

[182] Vgl. dazu und wörtlich RAUPACH, ARNDT (Mitunternehmerschaft 1992), S. 696.

[183] In diese Richtung auch DESENS, MARC/BLISCHKE, ANDRÉ (Kommentierung § 15 EStG 2024), Rn. F 12.

[184] Vgl. BFH, Urteil vom 27.10.1989, III R 38/88, S. 370; KNOBBE-KEUK, BRIGITTE (Unternehmenssteuerrecht 1993), S. 453; TIEDE, KAI (Kommentierung § 15 EStG 2024), Rn. 520.

[185] Vgl. KRUMM, MARCEL (Kommentierung § 15 EStG 2024), Rn. 232.

einheitlichen, aber oft nur wenig oder überhaupt nicht begründeten Auffassung in Literatur und Rechtsprechung.[186] Die Aufwendungen werden, wie oben ausführlich dargestellt, durch § 15 Abs. 1 Satz 1 Nr. 2 Satz 1 Halbs. 2 EStG i.V.m. § 4 Abs. 4 EStG mittelbar in gewerbliche Einkünfte umqualifiziert.[187] Daher legt § 15 Abs. 1 Satz 1 Nr. 2 Satz 1 Halbs. 2 EStG nicht abschließend fest, dass Einkünfte aus Gewerbebetrieb (nur) die Sondervergütungen „sind“, sondern muss mit RAUPACH so ausgelegt werden, dass er „die Einkünfte aus den dort genannten Vergütungen meint“ und diese als gewerbliche Einkünfte qualifiziert.[188]

Im Rahmen der vorliegenden Arbeit erfolgt eine Bezeichnung der zuvor besprochenen Sonderbetriebsausgaben als Aufwendungen von Mitunternehmern, die mit den Sondervergütungen zusammenhängen, bzw. als mit den Sondervergütungen zusammenhängende Aufwendungen von Mitunternehmern.[189] Als Beispiele für entsprechende Sonderbetriebsausgaben, die mit denen in Kapitel 2.3.2.1.2.1 dargestellten Tätigkeitsvergütungen zusammenhängen, lassen sich etwa Fahrtkosten eines als Geschäftsführer für die Personengesellschaft tätigen Mitunternehmers oder Aufwendungen eines ansonsten freiberuflich tätigen Gesellschafters nennen, die diesem im Zusammenhang mit einer Dienstleistung gegenüber der Personengesellschaft entstehen.[190] Sonderbetriebsausgaben, die mit den im darauffolgenden Kapitel besprochenen Darlehensvergütungen zusammenhängen, sind vor allem etwaige Refinanzierungszinsen für ein Darlehen, das aufgenommen wurde, um ein Darlehen zu finanzieren, das der Mitunternehmer seinerseits an die Personengesellschaft ausgereicht hat.[191] Hier kämen aber z.B. und u.a. auch zu entrichtende Provisionen für die Vermittlung des Refinanzierungsdarlehens in Betracht.[192] Klassisches Beispiel für Sonderbetriebsausgaben, die mit den in Kapitel 2.3.2.1.2.3 dargestellten Vergütungen für die Überlassung von Wirtschaftsgütern in Zusammenhang stehen, sind die Abschreibungen respektive die AfA bezüglich des überlassenen Wirtschaftsguts.[193] Daneben können als diesbezügliche Sonderbetriebsausgaben aber bspw. auch Schuldzinsen für ein Darlehen, das

---

186 Vgl. BÄRSCH, SVEN-ERIC u.a. (Unternehmensbesteuerung 2023), S. 418; BFH, Urteil vom 27.10.1989, III R 38/88, S. 370; BIRK, DIETER/DESENS, MARC/TAPPE, HENNING (Steuerrecht 2024), Rn. 1189; BODDEN, GUIDO (Kommentierung § 15 EStG 2024), Rn. 716; KNOBBE-KEUK, BRIGITTE (Unternehmenssteuerrecht 1993), S. 439, 453; KRUMM, MARCEL (Kommentierung § 15 EStG 2024), Rn. 232; PYSZKA, TILLMANN (Besteuerung 2018), Rn. 564; TIEDE, KAI (Kommentierung § 15 EStG 2024), Rn. 520. Vgl. mit eingehender, aber von den hiesigen Ausführungen größtenteils abweichender Begründung, DESENS, MARC/BLISCHKE, ANDRÉ (Kommentierung § 15 EStG 2024), Rn. F 12, 229; KURTH, HANS (Bilanzbündeltheorie 1978), S. 17; RAUPACH, ARNDT (Mitunternehmerschaft 1992), S. 696.

187 Vgl. auch BIRK, DIETER/DESENS, MARC/TAPPE, HENNING (Steuerrecht 2024), Rn. 1189; RAUPACH, ARNDT (Mitunternehmerschaft 1992), S. 696.

188 Vgl. auch wörtlich RAUPACH, ARNDT (Mitunternehmerschaft 1992), S. 696.

189 Ähnliche Bezeichnungen wählen BODDEN, GUIDO (Kommentierung § 15 EStG 2024), Rn. 716; KRUMM, MARCEL (Kommentierung § 15 EStG 2024), Rn. 232; PYSZKA, TILLMANN (Besteuerung 2018), Rn. 564; TIEDE, KAI (Kommentierung § 15 EStG 2024), Rn. 520.

190 Vgl. zu Ersterem BIRK, DIETER/DESENS, MARC/TAPPE, HENNING (Steuerrecht 2024), Rn. 1189; zu Letzterem TIEDE, KAI (Kommentierung § 15 EStG 2024), Rn. 545.

191 Vgl. KUDERT, STEPHAN/KAHLENBERG, CHRISTIAN (Mitunternehmerschaften 2013), S. 804; TIEDE, KAI (Kommentierung § 15 EStG 2024), Rn. 545.

192 Vgl. BODDEN, GUIDO (Kommentierung § 15 EStG 2024), Rn. 718.

193 Vgl. KRUMM, MARCEL (Kommentierung § 15 EStG 2024), Rn. 342; TIEDE, KAI (Kommentierung § 15 EStG 2024), Rn. 545.

zur Finanzierung des Wirtschaftsguts aufgenommen wurde,[194] oder etwaige Grundbesitzabgaben bzw. Versicherungsprämien zu werten sein.[195]

2.3.2.2 Sonderbetriebsvermögen

Über die in den vorangehenden Kapiteln ausführlich besprochenen Sondervergütungen und die damit zusammenhängenden Aufwendungen hinaus besteht der Sonderbereich eines Mitunternehmers insbesondere auch aus dessen Sonderbetriebsvermögen.[196] Dieses wird im Rahmen der vorliegenden Arbeit nicht ausführlich behandelt, soll jedoch hier – vor allem aufgrund der immensen Bedeutung für die Besteuerung von Mitunternehmerschaften,[197] aber auch zu Abgrenzungszwecken und um Schnittpunkte aufzuzeigen – nicht unerwähnt respektive unerläutert bleiben. Grundlegend kann bezüglich des Sonderbetriebsvermögens eines Mitunternehmers bei einer Personengesellschaft zwischen Wirtschaftsgütern des Sonderbetriebsvermögens I und solchen des Sonderbetriebsvermögens II unterschieden werden.[198]

Um zum Sonderbetriebsvermögen I zu rechnen, muss ein Wirtschaftsgut dem Gesellschafter nach § 39 AO zuzurechnen sein, d.h. in dessen zivilrechtlichem und/oder auch nur wirtschaftlichem Eigentum stehen, und es muss geeignet und bestimmt sein, dem Betrieb der Mitunternehmerschaft zu dienen.[199] Bezüglich des Sonderbetriebsvermögens I ist weiterhin eine Differenzierung zwischen dem notwendigen und dem lediglich gewillkürten Sonderbetriebsvermögen I möglich.[200] „Zum notwendigen Sonderbetriebsvermögen I gehören alle Wirtschaftsgüter, die dem Betrieb der Gesellschaft unmittelbar in der Weise dienen, dass sie objektiv erkennbar zum unmittelbaren Einsatz im Betrieb der Personengesellschaft selbst bestimmt sind“[201]. Unter diese Definition des Sonderbetriebsvermögens I lassen sich vor allem Wirtschaftsgüter subsumieren, die der Personengesellschaft durch den Mitunternehmer überlassen und dort betrieblich genutzt werden.[202] Damit stellen insbesondere die Wirtschaftsgüter einschließlich der Darlehen, bei denen eine entgeltliche Überlassung durch den Mitunternehmer erfolgt und die damit zu Sondervergütungen führen, in der Regel Sonderbetriebsvermögen I dar.[203] Eine entgeltliche

---

194 Vgl. BIRK, DIETER/DESENS, MARC/TAPPE, HENNING (Steuerrecht 2024), Rn. 1189.

195 Vgl. KNOBBE-KEUK, BRIGITTE (Unternehmenssteuerrecht 1993), S. 453.

196 Vgl. z.B. BIRK, DIETER/DESENS, MARC/TAPPE, HENNING (Steuerrecht 2024), Rn. 1184.

197 Vgl. PREIßER, MICHAEL/VON RÖNN, MATTHIAS (GmbH & Co. KG 2022), S. 232 f.

198 Ob Sonderbetriebsvermögen und hier vor allem Sonderbetriebsvermögen II eine ausreichende Rechtsgrundlage hat und falls ja, welche dies ist, ist heftig umstritten. Den Streitstand fasst überblicksartig etwa SCHNEIDER, NORBERT (Kommentierung § 15 EStG 2024), Rn. 712 zusammen.

199 Vgl. BFH, Urteil vom 12.10.2016, I R 92/12, Rn. 12; BIRK, DIETER/DESENS, MARC/TAPPE, HENNING (Steuerrecht 2024), Rn. 1192, 1194.

200 Vgl. KUßMAUL, HEINZ (Steuerlehre 2020), S. 104; NIEHUS, ULRICH/WILKE, HELMUTH (Personengesellschaften 2023), S. 88.

201 Ständige Rechtsprechung des BFH, so wörtlich etwa BFH, Urteil vom 27.06.2006, VIII R 31/04, S. 876 m.w.N. aus der Rechtsprechung. Vergleichbar definiert auch die Finanzverwaltung Sonderbetriebsvermögen I; vgl. R 4.2 Abs. 2 Satz 2 EStR 2012; und ebenso die Literatur; stellvertretend KUßMAUL, HEINZ (Steuerlehre 2020), S. 104, 239.

202 Vgl. BFH, Urteil vom 27.06.2006, VIII R 31/04, S. 876; BIRK, DIETER/DESENS, MARC/TAPPE, HENNING (Steuerrecht 2024), Rn. 1195.

203 Vgl. HOTTMANN, JÜRGEN (Personengesellschaft 2017), Rn. 319; KRUMM, MARCEL (Kommentierung § 15 EStG 2024), Rn. 232.

Überlassung ist aber nicht erforderlich.[204] Damit handelt es sich etwa bei einem Grundstück, das der Personengesellschaft von einem Mitunternehmer entgeltlich oder unentgeltlich zur betrieblichen Nutzung überlassen wird und das dem Mitunternehmer zuzurechnen ist, um notwendiges Sonderbetriebsvermögen I.[205] In Abgrenzung zu dem zuvor skizzierten notwendigen Sonderbetriebsvermögen I lassen sich Wirtschaftsgüter des gewillkürten Sonderbetriebsvermögens I nicht durch ein „unmittelbares Dienen" charakterisieren, stattdessen stehen sie in einem lediglich mittelbaren Zusammenhang zum Betrieb der Personengesellschaft.[206] Außerdem ist eine explizite Widmung, in der Regel durch Aufnahme des Wirtschaftsguts in die Sonderbilanz,[207] erforderlich.[208]

Neben dem oben aufgezeigten Sonderbetriebsvermögen I besteht das Sonderbetriebsvermögen eines Mitunternehmers bei einer Mitunternehmerschaft auch aus dessen Sonderbetriebsvermögen II.[209] Hierbei muss ein Wirtschaftsgut, um zum Sonderbetriebsvermögen II zu rechnen, dem Gesellschafter nach § 39 AO zuzurechnen sein, d.h. in dessen zivilrechtlichem und/oder auch nur wirtschaftlichem Eigentum stehen, und das Wirtschaftsgut muss – im Unterschied zum Sonderbetriebsvermögen I – geeignet und bestimmt sein, der Beteiligung des Mitunternehmers an der Mitunternehmerschaft, und nicht dem Betrieb der Mitunternehmerschaft, zu dienen.[210] Analog zum Sonderbetriebsvermögen I ist auch hierbei eine Differenzierung zwischen notwendigem und gewillkürtem Sonderbetriebsvermögen II möglich.[211] Dabei ist notwendiges Sonderbetriebsvermögen II nach der ständigen Rechtsprechung des BFH dann gegeben, wenn „die dem Mitunternehmer gehörenden Wirtschaftsgüter zur Begründung oder Stärkung seiner Beteiligung eingesetzt werden", wobei eine Stärkung der Beteiligung dadurch möglich ist, dass „das Wirtschaftsgut für das Unternehmen der Personengesellschaft wirtschaftlich vorteilhaft ist, als auch dadurch, dass es der Mitunternehmerstellung des Gesellschafters selbst dient".[212] Hierbei lassen sich Wirtschaftsgüter des notwendigen Sonderbetriebsvermögens II, anlog zu denen des Sonderbetriebsvermögens I, vor allem durch ein unmittelbares Dienen bzw. einen unmittelbaren wirtschaftlichen Zusammenhang charakterisieren.[213] Eines der bekanntesten Beispiele für mögliches Sonderbetriebsvermögen II ist der Anteil an der Komplementär-

---

[204] Vgl. BÄRSCH, SVEN-ERIC u.a. (Unternehmensbesteuerung 2023), S. 754; KNOBBE-KEUK, BRIGITTE (Unternehmenssteuerrecht 1993), S. 443.

[205] Vgl. BIRK, DIETER/DESENS, MARC/TAPPE, HENNING (Steuerrecht 2024), Rn. 1192, 1195; PREIßER, MICHAEL/VON RÖNN, MATTHIAS (GmbH & Co. KG 2022), S. 234.

[206] Vgl. KUßMAUL, HEINZ (Steuerlehre 2020), S. 104, 239. Vgl. auch SCHNEIDER, NORBERT (Kommentierung § 15 EStG 2024), Rn. 750.

[207] Vgl. auch BFH, Urteil vom 06.05.1986, VIII R 160/85, S. 839.

[208] Vgl. KUßMAUL, HEINZ (Steuerlehre 2020), S. 104; PREIßER, MICHAEL/VON RÖNN, MATTHIAS (GmbH & Co. KG 2022), S. 234.

[209] Vgl. z.B. KUßMAUL, HEINZ (Steuerlehre 2020), S. 104.

[210] Vgl. BFH, Urteil vom 12.10.2016, I R 92/12, Rn. 12; BIRK, DIETER/DESENS, MARC/TAPPE, HENNING (Steuerrecht 2024), Rn. 1192, 1194.

[211] Vgl. KUßMAUL, HEINZ (Steuerlehre 2020), S. 104; NIEHUS, ULRICH/WILKE, HELMUTH (Personengesellschaften 2023), S. 88.

[212] Vgl. zu den wörtlichen Zitaten BFH, Urteil vom 12.10.2016, I R 92/12, Rn. 12 m.w.N. zur ständigen Rechtsprechung des BFH. Vgl. auch die Definition der Finanzverwaltung in R 4.2 Abs. 2 Satz 2 EStR 2012.

[213] Vgl. KUßMAUL, HEINZ (Steuerlehre 2020), S. 104, 239; PREIßER, MICHAEL/VON RÖNN, MATTHIAS (GmbH & Co. KG 2022), S. 241. Vgl. auch R 4.2 Abs. 2 Satz 2 EStR 2012.

GmbH, den der mitunternehmerisch beteiligte Kommanditist einer GmbH & Co. KG hält.[214] Beim gewillkürten Sonderbetriebsvermögen II lässt sich indes lediglich ein mittelbarer Zusammenhang zwischen den entsprechenden Wirtschaftsgütern und der Beteiligung des Mitunternehmers an der Mitunternehmerschaft ausmachen, aber keine unmittelbare dienende Wirkung der Wirtschaftsgüter.[215] Wie beim Sonderbetriebsvermögen I ist auch zur Annahme gewillkürten Sonderbetriebsvermögens II eine subjektive Widmung des Wirtschaftsguts als Betriebsvermögen erforderlich.[216] *Abbildung 4* stellt die verschiedenen Arten von Sonderbetriebsvermögen und deren bedeutendste Charakteristika überblicksartig dar.

Arten und Eigenschaften des Sonderbetriebsvermögens			
Sonderbetriebsvermögen I		**Sonderbetriebsvermögen II**	
Dient dem Betrieb der Mitunternehmerschaft		Dient der Beteiligung des Mitunternehmers	
Notwendig	Gewillkürt	Notwendig	Gewillkürt
Unmittelbares Dienen	Mittelbarer Zusammenhang und subjektive Widmung	Unmittelbares Dienen	Mittelbarer Zusammenhang und subjektive Widmung

Abbildung 4: Arten und Eigenschaften des Sonderbetriebsvermögens[217]

Des Weiteren können auch negative Wirtschaftsgüter, und hier insbesondere Verbindlichkeiten, Sonderbetriebsvermögen eines Mitunternehmers bei einer Mitunternehmerschaft sein.[218] Hierbei rechnen Wirtschaftsgüter konsequenterweise dann zum negativen Sonderbetriebsvermögen, wenn sie entweder mit dem Betrieb der Mitunternehmerschaft oder der Beteiligung des Mitunternehmers an derselben in einem Veranlassungszusammenhang stehen.[219] Als Beispiel lässt sich hier etwa ein Darlehen nennen, das aufgenommen wurde, um die Anschaffung einer Immobilie zu finanzieren, welche der Personengesellschaft durch den Mitunternehmer zur betrieblichen Nutzung überlassen wird.[220] Darüber hinaus ist ein beliebtes Beispiel für negative Wirtschaftsgüter des Sonderbetriebsvermögens auch das von einem Mitunternehmer zur Finanzierung des Beteiligungserwerbs aufgenommene Darlehen.[221]

---

214 Vgl. NIEHUS, ULRICH/WILKE, HELMUTH (Personengesellschaften 2023), S. 90 und dazu im Detail auch H 4.2 Abs. 2 EStH 2023 „Anteile an Kapitalgesellschaften", „Keine Stärkung der Mitunternehmerstellung".

215 Vgl. KUßMAUL, HEINZ (Steuerlehre 2020), S. 104, 239 f. Vgl. auch SCHNEIDER, NORBERT (Kommentierung § 15 EStG 2024), Rn. 750, der unter Hinweis auf die Rechtsprechung des BFH Beteiligungen an Kapitalgesellschaften als ein Beispiel für gewillkürtes Sonderbetriebsvermögen II anführt.

216 Vgl. KUßMAUL, HEINZ (Steuerlehre 2020), S. 104; PREIßER, MICHAEL/VON RÖNN, MATTHIAS (GmbH & Co. KG 2022), S. 243.

217 Eigene Darstellung; modifiziert entnommen aus PREIßER, MICHAEL/VON RÖNN, MATTHIAS (GmbH & Co. KG 2022), S. 233; WENZEL, HENNING (Sonderbetriebsvermögen 2009), S. 1074.

218 Vgl. SOBANSKI, SVEN/BÄUML, SWEN OLIVER (Kommentierung § 15 EStG 2024), Rn. 260; SÖFFING, GÜNTER (Mitunternehmer 2005), Rn. 673.

219 Vgl. SCHNEIDER, NORBERT (Kommentierung § 15 EStG 2024), Rn. 751; WACKER, ROLAND (Kommentierung § 15 EStG 2024), Rn. 521.

220 Vgl. BIRK, DIETER/DESENS, MARC/TAPPE, HENNING (Steuerrecht 2024), Rn. 1196.

221 Vgl. u.a. PREIßER, MICHAEL/VON RÖNN, MATTHIAS (GmbH & Co. KG 2022), S. 241.

2.3.2.3 Weitere Sonderbetriebseinnahmen und -ausgaben

Wie bereits in Kapitel 2.3.1 angesprochen, kann das Sonderbetriebsergebnis – neben den Sondervergütungen und den damit zusammenhängenden Aufwendungen eines Mitunternehmers – auch aus weiteren Sonderbetriebseinnahmen und -ausgaben bestehen. Obwohl letztere nicht Thema der vorliegenden Arbeit sind, sollen sie im Folgenden, insbesondere zu Abgrenzungszwecken, überblicksartig skizziert werden.

Ebenfalls Teil der Sonderbetriebseinnahmen sind – neben den Sondervergütungen – vor allem laufende Erträge, die aus Wirtschaftsgütern des Sonderbetriebsvermögens II resultieren.[222] Anschaulich und treffend können Sonderbetriebseinnahmen daher als „Früchte des Sonderbetriebsvermögens"[223] bezeichnet werden. Klassisches Beispiel hierfür ist die Dividende aus einem Anteil an einer Kapitalgesellschaft, der sich im Sonderbetriebsvermögen II befindet.[224] Des Weiteren führt insbesondere die Veräußerung von Wirtschaftsgütern des Sonderbetriebsvermögens zu weiteren Sonderbetriebseinnahmen.[225]

Sonderbetriebsausgaben lassen sich hingegen allgemein als Aufwendungen eines Mitunternehmers definieren, die diesem aufgrund seiner Sondervergütungen, seines Sonderbetriebsvermögens oder seiner Beteiligung an der Personengesellschaft entstanden sind, sodass sie mit diesen in einem Veranlassungszusammenhang stehen.[226] Neben den bereits ausführlich besprochenen Aufwendungen eines Mitunternehmers, die im Zusammenhang mit seinen Sondervergütungen stehen,[227] kommen daher als Sonderbetriebsausgaben etwa Zinsen auf ein Darlehen, das der Mitunternehmer zur Finanzierung des Beteiligungserwerbs aufgenommen hat,[228] ebenso in Betracht wie Aufwendungen, die einem Mitunternehmer entstehen und die durch die Veräußerung eines Wirtschaftsguts seines Sonderbetriebsvermögens veranlasst sind.[229] Darüber hinaus können als Sonderbetriebsausgaben, die (nur) mit der Beteiligung an der Personengesellschaft in einem Veranlassungszusammenhang stehen, etwa von einem Mitunternehmer an die Personengesellschaft zu leistende Schadenersatzzahlungen genannt werden.[230]

---

222 Vgl. PYSZKA, TILLMANN (Besteuerung 2018), Rn. 563; TIEDE, KAI (Kommentierung § 15 EStG 2024), Rn. 544.

223 KUßMAUL, HEINZ (Steuerlehre 2020), S. 240 (im Original mit Hervorhebung).

224 Vgl. etwa HALLERBACH, DOROTHEE (Mitunternehmer 2005), Rn. 1076.

225 Vgl. PYSZKA, TILLMANN (Besteuerung 2018), Rn. 563; SCHÜLLER, EVA CAROLIN (Personengesellschaften 2014), S. 131 und zu weiteren möglichen Sonderbetriebseinnahmen auch NIEHUS, ULRICH/WILKE, HELMUTH (Personengesellschaften 2023), S. 148 sowie TIEDE, KAI (Kommentierung § 15 EStG 2024), Rn. 544.

226 Vgl. BFH, Urteil vom 27.10.1989, III R 38/88, S. 370; KNOBBE-KEUK, BRIGITTE (Unternehmenssteuerrecht 1993), S. 453.

227 Vgl. dazu Kapitel 2.3.2.1.3.

228 Vgl. PREIßER, MICHAEL/VON RÖNN, MATTHIAS (GmbH & Co. KG 2022), S. 241.

229 Vgl. HALLERBACH, DOROTHEE (Mitunternehmer 2005), Rn. 1077.

230 Vgl. dazu BODDEN, GUIDO (Kommentierung § 15 EStG 2024), Rn. 716 und zu einer Auflistung zahlreicher weiterer Beispiele HOTTMANN, JÜRGEN (Personengesellschaft 2017), Rn. 328 f.

2.3.3 Bilanzierungskonkurrenz und § 15 Abs. 1 Satz 1 Nr. 2 Satz 1 Halbs. 2 EStG als Zuordnungsnorm

Wenn ein Mitunternehmer z.B. in Form eines Einzelunternehmens oder einer Kapitalgesellschaft einen eigenen Gewerbebetrieb unterhält, ist fraglich, ob Wirtschaftsgüter, die potenziell Sonderbetriebsvermögen sein könnten, in der Bilanz des eigenen Gewerbebetriebs des Mitunternehmers oder in der Sonderbilanz des Mitunternehmers bei der Mitunternehmerschaft zu bilanzieren sind.[231] In der Literatur wird in einer solchen Situation von dem Vorliegen einer Bilanzierungskonkurrenz gesprochen.[232] Konkret läge eine solche z.B. dann vor, wenn ein Einzelkaufmann ein Grundstück bislang eigenbetrieblich genutzt hat, sodass es sich unstreitig in dessen Betriebsvermögen befand, nun aber der Personengesellschaft, an der er mitunternehmerisch beteiligt ist, das Grundstück entgeltlich überlässt.[233] Wie solche Fälle einer Bilanzierungskonkurrenz zu lösen sind, ist umstritten.

In der Literatur wird die Frage, ob in den zuvor angesprochenen Fallkonstellationen eine Zuordnung zum Gewerbebetrieb des Mitunternehmers oder zu dem der Mitunternehmerschaft zu erfolgen hat, zum Teil mit Hilfe der sog. Subsidiaritätsthese beantwortet.[234] Nach der Subsidiaritätsthese hat § 15 Abs. 1 Satz 1 Nr. 2 Satz 1 Halbs. 2 EStG nur zum Ziel, eine Umqualifizierung von Einkünften anderer Einkunftsarten in solche aus Gewerbebetrieb vorzunehmen, sodass es sich um eine reine Einkünftequalifikationsnorm handelt.[235] Die Norm soll nur sicherstellen, dass bestimmte Einkünfte Teil des gewerblichen Ergebnisses sind.[236] Eine Umqualifizierung und damit eine Anwendung von § 15 Abs. 1 Satz 1 Nr. 2 Satz 1 Halbs. 2 EStG ist jedoch nicht erforderlich, wenn bereits originär gewerbliche Einkünfte vorliegen.[237] Daher müssen auch die Wirtschaftsgüter, mit denen diese gewerblichen Einkünfte erzielt werden, nicht dem Sonderbetriebsvermögen zugeordnet werden.[238]

Demgegenüber vertritt der BFH bereits seit den 1970er-Jahren, dass bei einer Bilanzierungskonkurrenz zwischen dem eigenen Betriebsvermögen eines Mitunternehmers und dessen Sonderbetriebsvermögen die Zuordnungsentscheidung zu Gunsten des Sonderbetriebsvermögens

---

231 Vgl. KAHLE, HOLGER/HILLER, MATTHIAS (Rechnungslegung 2020), Rn. 177; STAHL, CHRISTIAN (Kommentierung § 4i EStG 2024), Rn. 76.

232 Vgl. z.B. HALLERBACH, DOROTHEE (Mitunternehmer 2005), Rn. 991. Synonym werden teilweise auch die Begriffe „Zurechnungskonflikt" und „Zurechnungskollision" verwendet; vgl. z.B. NIEHUS, ULRICH/WILKE, HELMUTH (Personengesellschaften 2023), S. 95 (Zurechnungskonflikt); STAHL, CHRISTIAN (Kommentierung § 4i EStG 2024), Rn. 76 (Zurechnungskollision).

233 Vgl. NIEHUS, ULRICH/WILKE, HELMUTH (Personengesellschaften 2023), S. 96; SÖFFING, GÜNTER (Subsidiaritätsthese 2007), S. 1994.

234 Vgl. u.a. HALLERBACH, DOROTHEE (Mitunternehmer 2005), Rn. 1007 ff.; HENNRICHS, JOACHIM (Mitunternehmerschaften 2024), Rn. 10.133; KNOBBE-KEUK, BRIGITTE (Unternehmenssteuerrecht 1993), S. 449; SÖFFING, GÜNTER (Subsidiaritätsthese 2007), S. 1995 ff.

235 Vgl. GÜNDISCH, STEPHAN G. (Personengesellschaften 2004), S. 191 und dort Fn. 250; STAHL, CHRISTIAN (Kommentierung § 4i EStG 2024), Rn. 77.

236 Vgl. HENNRICHS, JOACHIM (Mitunternehmerschaften 2024), Rn. 10.133. Vgl. auch NIEHUS, ULRICH/WILKE, HELMUTH (Personengesellschaften 2023), S. 96.

237 Vgl. KNOBBE-KEUK, BRIGITTE (Unternehmenssteuerrecht 1993), S. 449; STAHL, CHRISTIAN (Kommentierung § 4i EStG 2024), Rn. 77.

238 Vgl. HENNRICHS, JOACHIM (Mitunternehmerschaften 2024), Rn. 10.133.

bei der Mitunternehmerschaft zu treffen ist.[239] D.h., selbst wenn das in Rede stehende Wirtschaftsgut bereits bei dem jeweiligen Mitunternehmer Betriebsvermögen wäre, muss eine Zuordnung zum Sonderbetriebsvermögen erfolgen.[240] Hieraus folgt auch, dass die Erträge und Aufwendungen aus dem Sonderbetriebsvermögen nicht im Rahmen der eigenen Gewinnermittlung des Mitunternehmers, sondern als Sonderbetriebseinnahmen und Sonderbetriebsausgaben bei der Mitunternehmerschaft zu berücksichtigen sind.[241] Bei § 15 Abs. 1 Satz 1 Nr. 2 Satz 1 Halbs. 2 EStG handelt es sich nach Auffassung des BFH nicht um eine reine Einkünftequalifikationsnorm, sondern auch um eine Zuordnungsnorm.[242] Zur Rechtfertigung seiner Auffassung stellt der BFH u.a. auf eine der Hauptzwecksetzungen von § 15 Abs. 1 Satz 1 Nr. 2 Satz 1 Halbs. 2 EStG ab, das Besteuerungsergebnis unabhängig davon eintreten zu lassen, auf welcher Grundlage der Beitrag eines Mitunternehmers gegenüber der Mitunternehmerschaft vergütet wird.[243] Hierbei geht der BFH von einer festen Verknüpfung zwischen der Zuordnung eines erhöhten Gewinnanteils und der Zuordnung der Wirtschaftsgüter aus, auf deren Überlassung der erhöhte Gewinnanteil basiert. Zudem nimmt er eine solche feste Verknüpfung zwischen der Zuordnung von Sondervergütungen und der Zuordnung der entsprechenden Wirtschaftsgüter an. Der erhöhte Gewinnanteil respektive das Gewinnvorab ist zweifelsfrei dem Betrieb der Mitunternehmerschaft zuzuordnen, sodass auch die Wirtschaftsgüter, auf deren Überlassung der erhöhte Gewinnanteil basiert, diesem zuzuordnen sind. Um der vorgenannten Zwecksetzung von § 15 Abs. 1 Satz 1 Nr. 2 Satz 1 Halbs. 2 EStG gerecht zu werden, muss eine analoge Zuordnung der Sondervergütungen und der Wirtschaftsgüter des Sonderbetriebsvermögens zum Betrieb der Mitunternehmerschaft erfolgen.

Die Finanzverwaltung hatte im sog. Mitunternehmererlass aus dem Jahr 1977 noch eine von der heutigen Rechtsprechung des BFH abweichende Auffassung vertreten.[244] Diese wurde jedoch aufgegeben,[245] sodass die Finanzverwaltung seitdem die Meinung der diesbezüglichen Rechtsprechung teilt.[246] Zudem folgt ein gewichtiger Teil der Literatur der Rechtsansicht des BFH.[247] § 15 Abs. 1 Satz 1 Nr. 2 Satz 1 Halbs. 2 EStG ist daher nach Auffassung der Recht-

---

239 Vgl. erstmals BFH, Urteil vom 18.07.1979, I R 199/75, Ls. 2, S. 753 f. und aus jüngerer Zeit z.B. BFH, Urteil vom 06.03.2002, XI R 9/01, S. 738 m.w.N. zur fortan ständigen Rechtsprechung des BFH. Nicht anwendbar ist diese Rechtsprechung jedoch auf eine entgeltliche Überlassung zwischen Schwesterpersonengesellschaften; vgl. ausführlich dazu BMF, Schreiben vom 28.04.1998, IV B 2 – S 2241 – 42/98, S. 583 ff.; DESENS, MARC/BLISCHKE, ANDRÉ (Kommentierung § 15 EStG 2024), Rn. F 351 ff.

240 Vgl. KERSSENBROCK, OTTO-FERDINAND (Bilanzierungskonkurrenz 2000), S. 763; STAHL, CHRISTIAN (Kommentierung § 4i EStG 2024), Rn. 78.

241 Vgl. KAHLE, HOLGER/HILLER, MATTHIAS (Rechnungslegung 2020), Rn. 178 (mit Verweis auf BFH, Urteil vom 24.03.1999, I R 114/97, S. 889 ff., s.b.S. 890 f.); KERSSENBROCK, OTTO-FERDINAND (Bilanzierungskonkurrenz 2000), S. 763.

242 Vgl. erstmals BFH, Urteil vom 18.07.1979, I R 199/75, S. 753 und vgl. auch BFH, Urteil vom 24.03.1999, I R 114/97, S. 891 m.w.N. zur fortan ständigen Rechtsprechung des BFH.

243 Vgl. auch zum Folgenden BFH, Urteil vom 18.07.1979, I R 199/75, S. 753 und zu dieser Zwecksetzung von § 15 Abs. 1 Satz 1 Nr. 2 Satz 1 Halbs. 2 EStG bereits ausführlich Kapitel 2.3.2.1.1.

244 Vgl. BMF, Schreiben vom 20.12.1977, IV B 2 – S 2241 – 231/77, Rn. 13, 83.

245 Vgl. BMF, Schreiben vom 10.12.1979, IV B 2 – S 2241 – 138/79, S. 683.

246 Vgl. dazu auch NIEHUS, ULRICH/WILKE, HELMUTH (Personengesellschaften 2023), S. 96.

247 Vgl. u.a. KEMPERMANN, MICHAEL (Sonderbetriebsvermögen 1997), S. 449; PRINZ, ULRICH (Dauer-Großbaustelle 2014), S. 729; SCHÜLLER, EVA CAROLIN (Personengesellschaften 2014), S. 27; STEMLER, PATRICK

sprechung, der Finanzverwaltung und eines gewichtigen Teils des Schrifttums nicht nur als Einkünftequalifikationsnorm, sondern auch als Zuordnungsnorm zu verstehen.

Exkurs: Abgrenzung der Begriffe „Zuordnung" und „Zurechnung"

Insbesondere der Begriff der Zuordnung wird im weiteren Verlauf der Arbeit von erheblicher Bedeutung sein. Die Verwendung des Begriffs erfolgt dabei nicht immer einheitlich. So wird oftmals synonym – und ohne weitere Erläuterung – der Begriff der Zurechnung verwendet. Exemplarisch für Letzteres ist die gesetzliche Formulierung von § 50d Abs. 10 Satz 3 EStG: „Die Vergütung des Gesellschafters ist ungeachtet der Vorschriften eines Abkommens zur Vermeidung der Doppelbesteuerung über die *Zuordnung* von Vermögenswerten zu einer Betriebsstätte derjenigen Betriebsstätte der Gesellschaft *zuzurechnen*, der der Aufwand für die der Vergütung zugrunde liegende Leistung *zuzuordnen* ist; die in Satz 2 genannten Erträge und Aufwendungen sind der Betriebsstätte *zuzurechnen*, der die Vergütung *zuzuordnen* ist."[248] Vor diesem Hintergrund soll hier – im Anschluss an differenziertere Literatur – eine Konkretisierung und Abgrenzung der beiden Begrifflichkeiten erfolgen, wobei insbesondere die Erläuterung des Begriffs der Zuordnung den nachfolgenden Ausführungen zugrunde gelegt wird.

Die persönliche Zurechnung beantwortet die Frage, zu wem eine Zurechnung bestimmter Einkünfte oder Wirtschaftsgüter erfolgt.[249] Bei der zeitlichen Zurechnung geht es hingegen darum, wann bzw. in welchem Zeitraum bestimmte Einkünfte zu erfassen sind.[250] Demgegenüber ist die sachliche Zurechnung breiter gefächert. Hier kann zunächst fraglich sein, unter welche Einkunftsart bestimmte Einkünfte zu subsumieren sind.[251] Darüber hinaus entscheidet die sachliche Zurechnung darüber, ob Wirtschaftsgüter zum Privat- oder zum Betriebsvermögen rechnen.[252] Zudem betrifft die sachliche Zurechnung aber insbesondere auch die Frage, ob bestimmte Wirtschaftsgüter dem in- oder ausländischen Vermögen angehören respektive ob es sich bei bestimmten Einkünften um in- oder ausländische Einkünfte handelt.[253] Im Rahmen der sachlichen Zuordnung kann damit insbesondere geklärt werden, ob bestimmte Wirtschaftsgüter oder Einkünfte einer inländischen oder einer ausländischen Betriebsstätte zugehörig sind.[254] Die sachliche Zurechnung wird häufig – und wie hier im Folgenden – als Zuordnung bezeichnet.[255] *Abbildung 5* skizziert die Ausprägungen des Begriffs „Zurechnung" und deren Bedeutungen sowie das Verhältnis des Begriffs der Zurechnung zu dem der Zuordnung.

(Sondervergütungen 2013), S. 40 f.; WACKER, ROLAND (Kommentierung § 15 EStG 2024), Rn. 534; kritisch hingegen TIEDE, KAI (Kommentierung § 15 EStG 2024), Rn. 531.

248 Hervorhebungen d.Verf.

249 Vgl. SCHAUMBURG, HARALD (Zurechnung 2000), S. 56. Vgl. auch FÖRSTER, GUIDO/BENKE, MAXIMILIAN (Bilanzierungskonkurrenz 2020), S. 2274.

250 Vgl. SCHAUMBURG, HARALD (Zurechnung 2000), S. 56.

251 Vgl. SCHAUMBURG, HARALD (Zurechnung 2000), S. 56, 64.

252 Vgl. ROTH, ANDREAS (Zurechnung 2000), S. 88 f.

253 Vgl. ROTH, ANDREAS (Zurechnung 2000), S. 88 f.; SCHAUMBURG, HARALD (Zurechnung 2000), S. 65 und zur Bedeutung der sachlichen Zuordnung für die Abgrenzung von Vermögenssphären außerdem FÖRSTER, GUIDO/BENKE, MAXIMILIAN (Bilanzierungskonkurrenz 2020), S. 2274.

254 Vgl. ROTH, ANDREAS (Zurechnung 2000), S. 88 f.

255 Vgl. SCHAUMBURG, HARALD (Zurechnung 2000), S. 64 und dort Fn. 46.

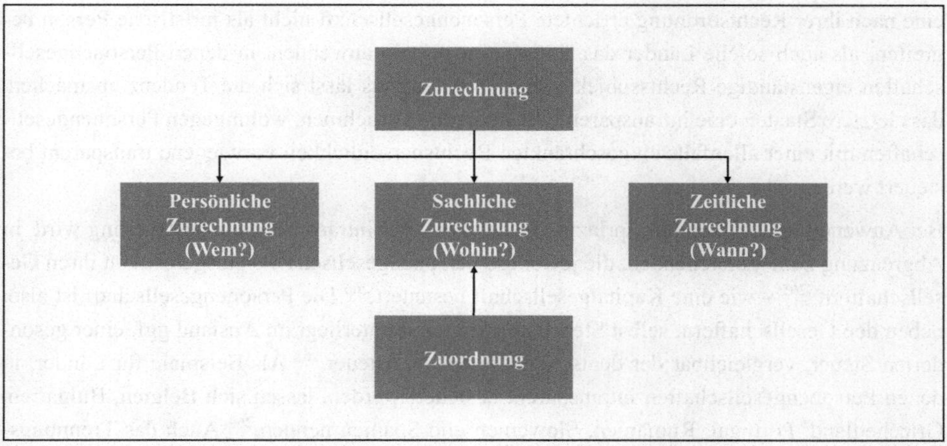

Abbildung 5: Abgrenzung und Bedeutung der Begriffe „Zuordnung" und „Zurechnung"[256]

2.4 Steuerliche Behandlung von Personengesellschaften nach ausländischen Rechtsordnungen

Hinsichtlich der steuerlichen Behandlung von Personengesellschaften ausländischen Rechts im Ausland kann grundlegend zwischen solchen Staaten, die die Gesellschaften auf Basis des Transparenzprinzips besteuern, und denjenigen Ländern differenziert werden, die einen entsprechenden Zusammenschluss von Personen zur Erreichung eines gemeinsamen Zwecks als steuerlich intransparent einordnen und damit das Trennungsprinzip zur Anwendung bringen.[257]

Wird die Personengesellschaft im Ausland nach dem Transparenzprinzip besteuert, dann wird die Gesellschaft dort nicht als ein Steuersubjekt behandelt und ist damit im Ausland nicht selbst steuerpflichtig.[258] Beispiele für Länder, in denen Personengesellschaften transparent besteuert werden, sind etwa Dänemark, Finnland, Großbritannien, Irland, Italien, Luxemburg, Österreich, Polen und Schweden.[259] Die Ausgestaltung des Transparenzprinzips variiert dabei jedoch innerhalb der Gruppe der Länder, die eine transparente Besteuerung von Personengesellschaften vornehmen, insbesondere in Bezug auf den Umfang der steuerlichen Verselbständigung der Personengesellschaft.[260] Ausführlich stellen etwa JACOBS[261] und WEHRßE[262] die verschiedenen Ausprägungen einer transparenten Besteuerung dar. Zu bemerken ist, dass sowohl Staaten, die

---

256 Eigene Darstellung; modifiziert entnommen aus SCHAUMBURG, HARALD (Zurechnung 2000), S. 56.

257 Vgl. BRÄHLER, GERNOT/MAYER, MARKUS (Abkommensberechtigung 2010), S. 679; JACOBS, DIETRICH (Besteuerung 2011), S. 44 f.; PRINZ, ULRICH/BREUNINGER, GOTTFRIED E. (Personengesellschaften 1997), S. 833.

258 Vgl. BRESGEN, ARIANE (Qualifikationskonflikte 2016), S. 39; MACHENS, GABRIELE (Personengesellschaften 2007), S. 104; SCHÜLLER, EVA CAROLIN (Personengesellschaften 2014), S. 54, 59.

259 Vgl. jeweils auch zu weiteren Ländern BÄRSCH, SVEN-ERIC u.a. (Unternehmensbesteuerung 2023), S. 424; WEHRßE, MARTIN (Personengesellschaften 2011), S. 57 f.

260 Vgl. BÄRSCH, SVEN-ERIC u.a. (Unternehmensbesteuerung 2023), S. 424; MACHENS, GABRIELE (Personengesellschaften 2007), S. 42.

261 JACOBS, DIETRICH (Besteuerung 2011), S. 46 f.

262 WEHRßE, MARTIN (Personengesellschaften 2011), S. 56 f.

eine nach ihrer Rechtsordnung errichtete Personengesellschaft nicht als juristische Person begreifen, als auch solche Länder das Transparenzprinzip anwenden, in denen Personengesellschaften eigenständige Rechtssubjekte sind.[263] Allerdings lässt sich die Tendenz ausmachen, dass letztere Staaten eine intransparente Besteuerung vornehmen, wohingegen Personengesellschaften mit einer allenfalls eingeschränkten Rechtspersönlichkeit vorwiegend transparent besteuert werden.[264]

Bei Anwendung des Trennungsprinzips respektive einer intransparenten Besteuerung wird, in Abgrenzung zum Vorstehenden, die jeweilige Personengesellschaft – „losgelöst von ihren Gesellschaftern"[265] – wie eine Kapitalgesellschaft besteuert.[266] Die Personengesellschaft ist also, neben den Gesellschaftern, selbst Steuersubjekt[267] und unterliegt im Ausland ggf. einer gesonderten Steuer, vergleichbar der deutschen Körperschaftsteuer.[268] Als Beispiele für Länder, in denen Personengesellschaften intransparent besteuert werden, lassen sich Belgien, Bulgarien, Griechenland, Portugal, Rumänien, Slowenien und Spanien nennen.[269] Auch das Trennungsprinzip wenden sowohl Staaten an, die nach ihrer Rechtsordnung errichteten Personengesellschaften eine eigene Rechtspersönlichkeit zuschreiben, als auch, aber deutlich seltener, solche Länder, in denen Personengesellschaften keine juristischen Personen sind.[270]

In einigen wenigen Ländern erfolgt außerdem – vergleichbar dem deutschen Konzept bezüglich der Besteuerung einer KGaA –[271] eine „Aufspaltung" der Gesellschaft in Bezug auf deren steuerliche Behandlung.[272] Dabei wird zwischen lediglich beschränkt und unbeschränkt haftenden Gesellschaftern differenziert; der auf erstere entfallende Gewinnanteil wird intransparent, also auf Ebene der Personengesellschaft, besteuert, wohingegen in Bezug auf letztere eine transparente steuerliche Behandlung der Personengesellschaft erfolgt.[273] Als Beispiele für Länder, in denen ein entsprechendes Konzept existiert, nennen SPENGEL/SCHADEN/WEHRßE[274] Frankreich,

---

263 Vgl. auch zu entsprechenden Beispielen MACHENS, GABRIELE (Personengesellschaften 2007), S. 41 sowie PILTZ, DETLEV JÜRGEN (Personengesellschaften 1981), S. 52.

264 Vgl. SPENGEL, CHRISTOPH/SCHADEN, MICHAEL/WEHRßE, MARTIN (Personengesellschaften 2010), S. 46 f.; WEHRßE, MARTIN (Personengesellschaften 2011), S. 60.

265 SPENGEL, CHRISTOPH/SCHADEN, MICHAEL/WEHRßE, MARTIN (Besteuerung 2012), S. 106.

266 Vgl. JACOBS, DIETRICH (Besteuerung 2011), S. 48; KLUGE, VOLKER (Internationales Steuerrecht 2000), Rn. S 71; SCHÜLLER, EVA CAROLIN (Personengesellschaften 2014), S. 132.

267 Vgl. SCHÜLLER, EVA CAROLIN (Personengesellschaften 2014), S. 54, 57; SPENGEL, CHRISTOPH/SCHADEN, MICHAEL/WEHRßE, MARTIN (Besteuerung 2012), S. 106.

268 Vgl. BRÄHLER, GERNOT/MAYER, MARKUS (Abkommensberechtigung 2010), S. 679; LÜDICKE, JÜRGEN (Beteiligung 2011), S. 91.

269 Vgl. jeweils auch zu weiteren Ländern SPENGEL, CHRISTOPH/SCHADEN, MICHAEL/WEHRßE, MARTIN (Personengesellschaften 2010), S. 46 f.; WEHRßE, MARTIN (Personengesellschaften 2011), S. 56.

270 Vgl. MACHENS, GABRIELE (Personengesellschaften 2007), S. 43 f., die als Beispiel für erstere Länder Spanien nennt und bezüglich intransparent besteuernden Ländern, die Personengesellschaften nicht als eigenes Rechtssubjekt sehen, Ungarn anführt; vgl. zudem WEHRßE, MARTIN (Personengesellschaften 2011), S. 55, 58.

271 Vgl. JACOBS, DIETRICH (Besteuerung 2011), S. 45 und dort Fn. 272.

272 Vgl. auch wörtlich PILTZ, DETLEV JÜRGEN (Personengesellschaften 1981), S. 53.

273 Vgl. JACOBS, DIETRICH (Besteuerung 2011), S. 45 und dort Fn. 272; MACHENS, GABRIELE (Personengesellschaften 2007), S. 41 f.; SPENGEL, CHRISTOPH/SCHADEN, MICHAEL/WEHRßE, MARTIN (Besteuerung 2012), S. 106.

274 SPENGEL, CHRISTOPH/SCHADEN, MICHAEL/WEHRßE, MARTIN (Besteuerung 2012), S. 106. Vgl. auch JACOBS, DIETRICH (Besteuerung 2011), S. 45 und dort Fn. 272: „z.B. Frankreich oder Tschechien".

Tschechien und die Slowakei. Als weitere Besonderheit hinsichtlich der Besteuerung von Personengesellschaften ist zu nennen, dass Frankreich und daneben auch die USA ein Optionsmodell kennen.[275] In diesen Staaten wird in Bezug auf die Besteuerung der Gesellschaft ein Wahlrecht dahingehend gewährt, entweder das Transparenzprinzip oder Trennungsprinzip zur Anwendung zu bringen.[276] Auch Deutschland hat jüngst mit der Schaffung von § 1a KStG, der erstmals für nach dem 31.12.2021 beginnende Wirtschaftsjahre Wirkung entfalten kann (§ 34 Abs. 1a KStG), ein Optionsmodell etabliert.[277]

Die Besteuerung *der Gesellschafter* einer Personengesellschaft ausländischen Rechts im Ausland hängt maßgeblich davon ab, ob die Gesellschaft dort steuerlich transparent oder intransparent behandelt wird.[278] Ein dem deutschen Sonderbereich vergleichbares Besteuerungskonstrukt ist den Steuerrechtsordnungen der allermeisten ausländischen Staaten fremd.[279] Im Detail wird die Frage, wie die Gesellschafter einer ausländischen Personengesellschaft – und dabei vor allem die Leistungen eines Gesellschafters gegenüber der Personengesellschaft – im Ausland steuerlich behandelt werden, in den Kapiteln 3.2.3.1.1 und 3.2.3.1.2 besprochen.

---

275 Vgl. JACOBS, DIETRICH (Besteuerung 2011), S. 49; KLOSTER, FLORIAN/LICHT, DANIEL/ENGEL, PHILIPP (Unternehmensbesteuerung 2022), S. 743.

276 Vgl. JACOBS, DIETRICH (Besteuerung 2011), S. 49; MACHENS, GABRIELE (Personengesellschaften 2007), S. 44; PILTZ, DETLEV JÜRGEN (Personengesellschaften 1981), S. 53.

277 Vgl. zum deutschen Optionsmodell ausführlich GOTTFREUND, MANUEL (Rechtsformentscheidungen 2024), S. 287 ff. und zum entsprechenden Wahlrecht nach den Steuerrechtsordnungen von Frankreich und den USA instruktiv etwa HEY, JOHANNA/BAUERSFELD, HEIDE (Besteuerung 2005), S. 651 f.; KLOSTER, FLORIAN/LICHT, DANIEL/ENGEL, PHILIPP (Unternehmensbesteuerung 2022), S. 743 f.

278 Vgl. z.B. BÄRSCH, SVEN-ERIC u.a. (Unternehmensbesteuerung 2023), S. 424 ff.

279 Vgl. BERGMANN, MALTE (Einordnung 2017), S. 126; MÜLLER, MICHAEL A. (Double-Dip-Modelle 2005), S. 181; PRINZ, ULRICH (Mitunternehmerbesteuerung 2020), S. 1767. Vgl. auch KOLLRUSS, THOMAS (Sondervergütungskonzept 2015), S. 351 sowie KUDERT, STEPHAN/KAHLENBERG, CHRISTIAN (Sonderbetriebsausgaben 2017), S. 45, die einzig noch Österreich ein ähnliches Konzept attestieren.

3 Behandlung von Sondervergütungen und damit zusammenhängender Aufwendungen nach nationalem Steuerrecht bzw. im Nicht-DBA-Fall

3.1 Inbound-Fall

3.1.1 Grundlagen der beschränkten Steuerpflicht und Definition des Inbound-Falls

Gemäß § 1 Abs. 4 EStG sind natürliche Personen, die im Inland weder einen Wohnsitz (§ 8 AO) noch ihren gewöhnlichen Aufenthalt (§ 9 AO) haben,[280] vorbehaltlich des § 1 Abs. 2, 3 EStG und des § 1a EStG, beschränkt einkommensteuerpflichtig,[281] wenn sie inländische Einkünfte i.S.d. § 49 EStG erzielen. Im Unterschied zur unbeschränkten Einkommensteuerpflicht nach § 1 Abs. 1 EStG wird im Rahmen der beschränkten Einkommensteuerpflicht nach § 1 Abs. 4 EStG nicht das gesamte Welteinkommen besteuert.[282] Stattdessen unterliegen hier nur die sog. inländischen Einkünfte der Besteuerung.[283] Diese sind in § 49 Abs. 1 EStG abschließend aufgezählt.[284] Neben den zuvor angesprochenen natürlichen Personen sind auch Körperschaften, Personenvereinigungen und Vermögensmassen, die weder ihre Geschäftsleitung (§ 10 AO) noch ihren Sitz (§ 11 AO) im Inland haben,[285] mit ihren inländischen Einkünften beschränkt körperschaftsteuerpflichtig (§ 2 Nr. 1 KStG). Der Einkünftekatalog des § 49 Abs. 1 EStG, der über die Verweisung in § 8 Abs. 1 KStG auch für beschränkt Körperschaftsteuerpflichtige gilt,[286] knüpft dabei an den des § 2 Abs. 1 EStG i.V.m. §§ 13 ff. EStG an, sodass – um das Vorliegen inländischer Einkünfte bejahen zu können – zunächst die Tatbestandsvoraussetzungen einer der sieben Einkunftsarten erfüllt sein müssen.[287] Darüber hinaus ist – damit

---

280 Vgl. zu den Begriffen Wohnsitz i.S.d. § 8 AO und gewöhnlicher Aufenthalt i.S.d. § 9 AO die Ausführungen in Kapitel 3.2.1.

281 Hinsichtlich der sog. erweiterten unbeschränkten Steuerpflicht nach § 1 Abs. 2 EStG bzw. hinsichtlich der fiktiven unbeschränkten Steuerpflicht gemäß §§ 1 Abs. 3, 1a EStG bestehen in Bezug auf Sondervergütungen bzw. hinsichtlich der damit zusammenhängenden Aufwendungen von Mitunternehmern keine Besonderheiten, sodass hierauf im Rahmen der vorliegenden Arbeit nicht weiter eingegangen wird. Letztlich besteht die materielle Rechtswirkung des § 1 Abs. 2, Abs. 3 bzw. des § 1a EStG darin, dass ggf. ergänzend die Regelungen anzuwenden sind, die auch für die nach § 1 Abs. 1 EStG unbeschränkt Steuerpflichtigen zur Anwendung gelangen; vgl. SCHAUMBURG, HARALD (Einkommensteuer 2023), Rn. 6.37, 6.46.

282 Vgl. RAUCH, GREGOR (Kommentierung § 1 EStG 2024), Rn. 275; VALTA, MATTHIAS (Einkommensteuer 2023), Rn. 6.127 und zur unbeschränkten Steuerpflicht nach § 1 Abs. 1 EStG die Ausführungen in Kapitel 3.2.1.

283 Vgl. FROTSCHER, GERRIT (Internationales Steuerrecht 2020), Rn. 193; WILKE, KAY-MICHAEL (Internationales Steuerrecht 2024), Rn. 1800.

284 Vgl. BFH, Beschluss vom 03.11.1982, I R 3/79, S. 260; OSTENDORF, CLAUDIA (Sondervergütungen 1994), S. 81.

285 Vgl. zu den Begriffen Geschäftsleitung i.S.d. § 10 AO und Sitz i.S.d. § 11 AO die Ausführungen in Kapitel 3.2.1.

286 Vgl. VON FREEDEN, ARNE (Körperschaftsteuer 2023), Rn. 7.26 m.w.N.

287 Vgl. CLAUSEN, UWE (Kommentierung § 49 EStG 2024), Rn. 1230; LOSCHELDER, FRIEDRICH (Kommentierung § 49 EStG 2024), Rn. 11; REIMER, EKKEHART (Kommentierung § 49 EStG 2024), Rn. 21.

inländische Einkünfte i.S.d. beschränkten Steuerpflicht schlussendlich vorliegen – jedoch erforderlich, dass einer der in § 49 Abs. 1 EStG normierten inlandsbezogenen Anknüpfungspunkte gegeben ist.[288] Solche Anknüpfungspunkte sind bspw. das Unterhalten einer inländischen Betriebsstätte (§ 49 Abs. 1 Nr. 2 Buchst. a) EStG) oder das Ausüben einer (nicht-)selbständigen Arbeit (§ 49 Abs. 1 Nr. 3 bzw. Nr. 4 Buchst. a) EStG) im Inland.[289] Somit bezieht sich § 49 Abs. 1 EStG auf die Einkunftsarten des § 2 Abs. 1 EStG i.V.m. §§ 13 ff. EStG, allerdings ist der Katalog der inländischen Einkünfte i.S.d. beschränkten Steuerpflicht reduziert auf solche Einkünfte, die aus Quellen mit Inlandsbezug stammen.[290]

Bei Einkünften, die über eine Personengesellschaft erzielt werden, ist bezüglich der beschränkten Steuerpflicht auf die jeweiligen Gesellschafter abzustellen.[291] Liegen die jeweiligen Voraussetzungen vor, sind diese beschränkt steuerpflichtig.[292] Hierbei hat sich im Zusammenhang mit der beschränkten Steuerpflicht von Gesellschaftern einer Personengesellschaft in der Literatur der Begriff „Inbound-Fall“ etabliert.[293] Dieser wird als der Fall beschrieben, in dem „ausländische Gesellschafter“ an einer „inländischen Personengesellschaft“ beteiligt sind.[294] Hierbei lässt sich zwar erahnen, bleibt aber oftmals unklar, was genau unter einem ausländischen Gesellschafter zu verstehen ist bzw. welche Bedeutung dem Begriff der inländischen Personengesellschaft zukommt. In starker Anlehnung an die Ausführungen von KUßMAUL/SCHÄFER/ENGEL wird der Inbound-Fall für Zwecke der vorliegenden Arbeit daher wie folgt definiert: Unter dem Inbound-Fall wird der Fall verstanden, in dem ein Mitunternehmer an einer Personengesellschaft beteiligt ist, deren (einziger) Ort der Geschäftsleitung sich im Inland befindet, der Mitunternehmer selbst aber – als natürliche Person – weder einen Wohnsitz i.S.d. § 8 AO noch seinen gewöhnlichen Aufenthalt i.S.d. § 9 AO bzw. – als Personen- oder Kapitalgesellschaft – weder die Geschäftsleitung i.S.d. § 10 AO noch den Sitz i.S.d. § 11 AO im Inland hat.[295] Verkürzt, und damit schließt sich der Kreis hin zur oben zitierten Literatur, wird im Folgenden der zuvor beschriebene Mitunternehmer als ausländischer Mitunternehmer und die entsprechende Personengesellschaft als inländische bzw. deutsche Personengesellschaft bezeichnet.

Ein Inbound-Fall mit Zahlung von Sondervergütungen ist bspw. dann gegeben, wenn ein ausländischer Mitunternehmer von der inländischen Personengesellschaft, an der er beteiligt ist,

---

288 Vgl. CLAUSEN, UWE (Kommentierung § 49 EStG 2024), Rn. 1230; LOSCHELDER, FRIEDRICH (Kommentierung § 49 EStG 2024), Rn. 12 m.w.N.; REIMER, EKKEHART (Kommentierung § 49 EStG 2024), Rn. 21.

289 Vgl. auch LOSCHELDER, FRIEDRICH (Kommentierung § 49 EStG 2024), Rn. 12.

290 Vgl. OSTENDORF, CLAUDIA (Sondervergütungen 1994), S. 81 m.w.N.; WILKE, KAY-MICHAEL (Internationales Steuerrecht 2024), Rn. 1800.

291 Vgl. PINKERNELL, REIMAR/SCHLOTTER, CARSTEN (Steuerabzug 2018), Rn. 4.

292 Vgl. BÄRSCH, SVEN-ERIC (Kommentierung § 49 EStG 2024), Rn. 20; REIMER, EKKEHART (Kommentierung § 49 EStG 2024), Rn. 16.

293 Vgl. bspw. BODDEN, GUIDO (Kommentierung § 4i EStG 2024), Rn. 7 sowie MAYER, GEORG (Sonderbetriebsvermögen 2017), S. 27. Daneben wird auch von „Inbound-Konstellationen“ oder von „Inbound-Sachverhalten“ gesprochen; so etwa MARTINI, RUBEN (Kommentierung § 4i EStG 2024), Rn. B 11 [Schreibweise im Original abweichend].

294 Vgl. auch wörtlich MÜLLER, MARION (Sondervergütungen 2009), S. 752. Vgl. ähnlich z.B. auch HAGEMANN, TOBIAS/KAHLENBERG, CHRISTIAN (§ 50d Abs. 10 EStG 2015), S. 735; KEMPERMANN, MICHAEL (Sondervergütungen 2015), Rn. 2.71; KUDERT, STEPHAN/KAHLENBERG, CHRISTIAN (Reformierung 2017), S. 345 und dort Fn. 15.

295 Vgl. KUßMAUL, HEINZ/SCHÄFER, RENÉ/ENGEL, PHILIPP (Inbound-Fall 2020), S. 877.

Zinsen für ein der Personengesellschaft gewährtes Darlehen erhält.[296] Einen solchen Fall illustriert *Abbildung 6*.

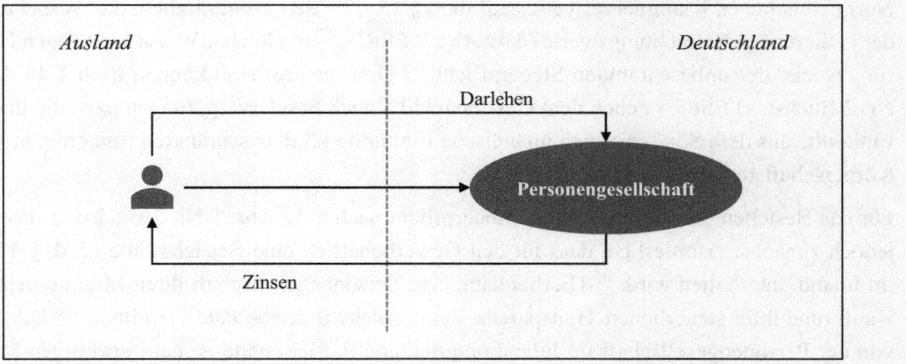

Abbildung 6: Sondervergütungen im Inbound-Fall[297]

Für den ausländischen Mitunternehmer kommt eine unbeschränkte Steuerpflicht gemäß § 1 Abs. 1 EStG bzw. gemäß § 1 Abs. 1 Nr. 1 KStG nicht in Frage, zu prüfen ist aber, ob eine beschränkte Steuerpflicht gemäß § 1 Abs. 4 EStG bzw. gemäß § 2 Nr. 1 KStG besteht.[298] Bezüglich Sondervergütungen und den übrigen Einkünften aus dem Sonderbereich kann dabei der im Folgenden ausführlich zu besprechende § 49 Abs. 1 Nr. 2 Buchst. a) EStG (i.V.m. § 8 Abs. 1 KStG)[299] einschlägig sein.[300]

3.1.2 Beschränkte Steuerpflicht von Mitunternehmern nach § 49 Abs. 1 Nr. 2 Buchst. a) EStG

3.1.2.1 § 49 Abs. 1 Nr. 2 Buchst. a) EStG

3.1.2.1.1 Tatbestand der Norm

Gemäß § 49 Abs. 1 Nr. 2 Buchst. a) EStG sind inländische Einkünfte i.S.d. beschränkten Einkommensteuerpflicht (§ 1 Abs. 4 EStG) Einkünfte aus Gewerbebetrieb (§§ 15–17 EStG), für den im Inland eine Betriebsstätte unterhalten wird oder ein ständiger Vertreter bestellt ist. Bei § 49 Abs. 1 Nr. 2 Buchst. a) EStG handelt es sich um den „Grundtatbestand" hinsichtlich der Besteuerung beschränkt steuerpflichtiger gewerblicher Einkünfte, der den anderen Tatbestän-

---

296 Vgl. KRAMER, JÖRG-DIETRICH (floating income 2011), S. 1884; LÜDICKE, JÜRGEN (Personengesellschaften 2011), S. 97.

297 Eigene Darstellung; modifiziert entnommen aus PRINZ, ULRICH (Anwendungsfragen 2018), S. 653.

298 Vgl. auch BRESGEN, ARIANE (Qualifikationskonflikte 2016), S. 25, 66; STEMLER, PATRICK (Sondervergütungen 2013), S. 51.

299 Im Folgenden wird auf die ergänzende Angabe von § 8 Abs. 1 KStG verzichtet.

300 Vgl. STEMLER, PATRICK (Sondervergütungen 2013), S. 51 und zudem BRESGEN, ARIANE (Qualifikationskonflikte 2016), S. 25; PILTZ, DETLEV JÜRGEN (Sondervergütungen 2003), S. 144.

den des § 49 Abs. 1 Nr. 2 EStG vorgeht.[301] Generell gilt hierbei, dass der zu Beginn der Nr. 2 des § 49 Abs. 1 EStG genannte Begriff „Einkünfte aus Gewerbebetrieb" aufgrund des in der Norm enthaltenen Klammerverweises auf die §§ 15–17 EStG grundsätzlich, d.h. vorbehaltlich der isolierenden Betrachtungsweise (§ 49 Abs. 2 EStG),[302] in gleicher Weise auszulegen ist wie für Zwecke der unbeschränkten Steuerpflicht.[303] Dementsprechend können nach § 49 Abs. 1 Nr. 2 Buchst. a) EStG – neben dem Gewinnanteil – auch Sondervergütungen bzw. die übrigen Einkünfte aus dem Sonderbereich inländische Einkünfte i.S.d. beschränkten Einkommen- bzw. Körperschaftsteuerpflicht sein.[304]

Für das Bestehen einer beschränkten Steuerpflicht nach § 49 Abs. 1 Nr. 2 Buchst. a) EStG ist jedoch zunächst erforderlich, dass für den Gewerbebetrieb eine Betriebsstätte i.S.d. § 12 AO im Inland unterhalten wird.[305] Hierbei kann eine Personengesellschaft ihren Mitunternehmern – aufgrund ihrer steuerlichen Transparenz – eine solche Betriebsstätte vermitteln.[306] D.h., eine von der Personengesellschaft im Inland unterhaltene Betriebsstätte ist dem jeweiligen Mitunternehmer wie eine eigene zuzurechnen.[307] Ursprünglich ließ sich dies mit Hilfe der vom BFH begründeten Bilanzbündeltheorie[308] rechtfertigen.[309] So führte der BFH im Urteil vom 29.01.1964 (I 153/61 S) aus: „Diese Betriebstätte ist zugleich eine solche der Beschwerdegegnerin, weil sie als Mitunternehmerin anzusehen ist. Sind die Gesellschafter Mitunternehmer [...], so führt nach der Bilanzbündeltheorie jeder von ihnen seinen eigenen Gewerbebetrieb unter Benutzung der Betriebstätten des Gesamtunternehmens."[310] Heute sollte, wie oben ange-

[301] Vgl. auch wörtlich BÄRSCH, SVEN-ERIC (Kommentierung § 49 EStG 2024), Rn. 140. Vgl. zudem BFH, Urteil vom 07.12.2016, I R 76/14, Rn. 18.

[302] Vgl. dazu ausführlich etwa CLAUSEN, UWE (Kommentierung § 49 EStG 2024), Rn. 1200 ff.

[303] Vgl. REIMER, EKKEHART (Kommentierung § 49 EStG 2024), Rn. 81. Vgl. auch SCHÜLLER, EVA CAROLIN (Personengesellschaften 2014), S. 63 f. sowie BFH, Urteil vom 29.11.2017, I R 58/15, Rn. 18 („Der Begriff des Gewerbebetriebs (§ 49 Abs. 1 Nr. 2 EStG) bezieht sich mit dem Verweis auf (ua) § 15 EStG auf alle dort angeführten Einzeltatbestände.").

[304] Vgl. PILTZ, DETLEV JÜRGEN (Sondervergütungen 2003), S. 144 sowie SCHÜLLER, EVA CAROLIN (Personengesellschaften 2014), S. 64, die jedoch nicht von der Möglichkeit des Vorliegens inländischer Einkünfte i.S.d. beschränkten Steuerpflicht sprechen, sondern das Vorliegen dieser als gesichert ansehen. Vgl. hierzu außerdem LÜDICKE, JÜRGEN (Personengesellschaften 2011), S. 98 sowie MAYER, GEORG (Sonderbetriebsvermögen 2017), S. 28, 117. Ausführlich wird die Frage, ob diesbezüglich (stets) inländische Einkünfte i.S.d. beschränkten Steuerpflicht gegeben sind, in Kapitel 3.1.2.1.2.2.2 behandelt.

[305] Vgl. MAYER, GEORG (Sonderbetriebsvermögen 2017), S. 27 m.w.N.; STEMLER, PATRICK (Sondervergütungen 2013), S. 51. Der in § 49 Abs. 1 Nr. 2 Buchst. a) EStG alternativ enthaltene Anknüpfungspunkt des ständigen Vertreters im Inland wird im Rahmen der Arbeit nicht weiter behandelt. Diesem kommt (praktisch) nur dann Bedeutung zu, wenn es an einer Betriebsstätte im Inland fehlt; vgl. BÄRSCH, SVEN-ERIC (Kommentierung § 49 EStG 2024), Rn. 230 m.w.N.; REIMER, EKKEHART (Kommentierung § 49 EStG 2024), Rn. 97. In dem hier betrachteten Inbound-Fall ist jedoch stets eine Betriebsstätte im Inland vorhanden (s.u.).

[306] Vgl. GAH, MAXIMILIAN/WANGLER, CLEMENS (Inbound-Fall 2018), S. 817; MACHENS, GABRIELE (Personengesellschaften 2007), S. 83. Vgl. auch VALTA, MATTHIAS (Einkommensteuer 2023), Rn. 6.173.

[307] Vgl. LIEBCHEN, DANIEL (Personengesellschaften 2008), S. 39 f.; PILTZ, DETLEV JÜRGEN (Personengesellschaften 1981), S. 81 f.; SCHAUMBURG, HARALD (Personengesellschaften 1999), S. 104; WASSERMEYER, FRANZ (Doppelbesteuerungsabkommen 2008), S. 340. Vgl. außerdem WASSERMEYER, FRANZ (Personengesellschaften 2017), Rn. 9.4 u.a. mit Verweis auf BFH, Urteil vom 18.12.2002, I R 92/01, S. 809 (zum Abkommensrecht).

[308] Instruktiv zur Bilanzbündeltheorie etwa HELMERT, FRIEDRICH (Sonderbetriebsvermögen 2016), S. 125 f.; Wissenschaftlicher Arbeitskreis Steuerrecht des DWS-Instituts e.V. (Sonderbetriebsvermögen 2023), S. 21 f.

[309] Vgl. SCHÜLLER, EVA CAROLIN (Personengesellschaften 2014), S. 60.

[310] BFH, Urteil vom 29.01.1964, I 153/61 S, S. 166 (Beschwerdegegnerin im Original abgekürzt).

sprochen, auf die steuerliche Transparenz der Personengesellschaft bzw. auf die damit einhergehende Zurechnungssystematik abgestellt werden, die über die Zurechnung der (Betriebsstätten-)Einkünfte hinausgeht.[311] WASSERMEYER führt hierzu aus, dass „nach Aufgabe der Bilanzbündeltheorie das Konzept einer erweiterten Transparenz [gilt; d.Verf.], d.h. die Personengesellschaft vermittelt ihren Mitunternehmern nicht nur Einkünfte, sondern auch den ggf. gewerblichen Charakter der Einkünfte. *In diesem Sinne* muss sich jeder Mitunternehmer auch eine Betriebsstätte der Personengesellschaft wie eine eigene zurechnen lassen“[312].

Erforderlich ist nach dem Obenstehenden aber, dass die Personengesellschaft selbst eine Betriebsstätte im Inland unterhält, die sie sodann vermitteln kann.[313] Demgegenüber stellt die bloße Beteiligung an einer Personengesellschaft keine Betriebsstätte dar.[314] Um zu bestimmen, ob die Personengesellschaft eine Betriebsstätte im Inland unterhält, müssen die Voraussetzungen des § 12 AO geprüft werden.[315] Gemäß § 12 Satz 1 AO ist eine Betriebsstätte jede feste Geschäftseinrichtung oder Anlage, die der Tätigkeit eines Unternehmens dient.[316] Zudem bestimmt § 12 Satz 2 Nr. 1 AO, dass als Betriebsstätte insbesondere die Stätte der Geschäftsleitung anzusehen ist. Hierbei erweitert § 12 Satz 2 AO nach der Rechtsprechung des BFH „grundsätzlich“ die Betriebsstättendefinition des § 12 Satz 1 AO,[317] wobei es u.a. und insbesondere zur Annahme einer Geschäftsleitungsbetriebsstätte i.S.d. § 12 Satz 2 Nr. 1 AO nicht einer von Satz 1 der Norm geforderten festen Geschäftseinrichtung oder Anlage, die der Tätigkeit eines Unternehmens dient, bedarf.[318] In dem hier betrachteten Inbound-Fall befindet sich der Ort der Geschäftsleitung der Personengesellschaft im Inland,[319] sodass, der Rechtsprechung des BFH folgend, dort auch stets eine Betriebsstätte – in Form der Geschäftsleitungsbetriebsstätte – vorhanden ist.[320]

Hierbei spielt es bei Personengesellschaften bezüglich der für die Annahme einer Betriebsstätte erforderlichen Verfügungsmacht[321] auch keine Rolle, ob die Personengesellschaft selbst oder

---

311 Vgl. MACHENS, GABRIELE (Personengesellschaften 2007), S. 82 f., 96; WASSERMEYER, FRANZ (Doppelbesteuerungsabkommen 2008), S. 340 und vgl. hierzu auch PILTZ, DETLEV JÜRGEN (Personengesellschaften 1981), S. 81.

312 WASSERMEYER, FRANZ (Doppelbesteuerungsabkommen 2008), S. 340 [Hervorhebung d.Verf.].

313 Vgl. STEMLER, PATRICK (Sondervergütungen 2013), S. 52; WASSERMEYER, FRANZ (Doppelbesteuerungsabkommen 2008), S. 340.

314 Vgl. MACHENS, GABRIELE (Personengesellschaften 2007), S. 96; WASSERMEYER, FRANZ (Doppelbesteuerungsabkommen 2008), S. 340.

315 Vgl. BRESGEN, ARIANE (Qualifikationskonflikte 2016), S. 25; MACHENS, GABRIELE (Personengesellschaften 2007), S. 83. Vgl. auch BFH, Urteil vom 04.06.2008, I R 30/07, S. 923.

316 Vgl. zu den einzelnen Tatbestandsmerkmalen ausführlich die Ausführungen in Kapitel 3.1.2.1.2.1.2.

317 Vgl. auch wörtlich BFH, Urteil vom 29.11.2017, I R 58/15, Rn. 23.

318 Vgl. BFH, Urteil vom 28.07.1993, I R 15/93, Ls. 2, S. 149 (dort auch zu Bauausführungen i.S.d. § 12 Satz 2 Nr. 8 AO). Vgl. auch BMF, Schreiben vom 24.12.1999, IV B 4 – S 1300 – 111/99, Tz. 1.1.1.1.; a.A. z.B. KRAMER, JÖRG-DIETRICH (floating income 2011), S. 1883. Vgl. ausführlich zur Thematik die Ausführungen in Kapitel 3.1.2.1.2.1.3.

319 Vgl. dazu die Ausführungen in Kapitel 3.1.1.

320 Vgl. ähnlich PILTZ, DETLEV JÜRGEN (Personengesellschaften 1981), S. 82.

321 Vgl. hierzu die Ausführungen in Kapitel 3.1.2.1.2.1.2 und ausführlich etwa auch BFH, Urteil vom 04.06.2008, I R 30/07, S. 923 f. sowie MUSIL, ANDREAS (Kommentierung § 12 AO 2024), Rn. 16 ff.

ein Mitunternehmer diese innehat.[322] Ausreichend ist bereits die Verfügungsmacht nur eines Gesellschafters.[323] Weitere Voraussetzung, damit Einkünfte aus Gewerbebetrieb, für den im Inland eine Betriebsstätte unterhalten wird, nach § 49 Abs. 1 Nr. 2 Buchst. a) EStG als inländische Einkünfte i.S.d. beschränkten Steuerpflicht zu werten sind, ist jedoch, dass die Einkünfte der inländischen Betriebsstätte zuzuordnen sind.[324] Dies gilt auch bezüglich Sondervergütungen und den übrigen Einkünften aus dem Sonderbereich.[325] Nicht falsch verstanden werden darf die Formulierung in § 49 Abs. 1 Nr. 2 Buchst. a) EStG „Einkünfte aus Gewerbebetrieb […], für den im Inland eine Betriebsstätte unterhalten wird“ in der Weise, dass eine „Attraktivkraft“ der Betriebsstätte bestünde, sodass – sofern für den Gewerbebetrieb eine Betriebsstätte im Inland unterhalten wird – sämtliche in Deutschland erzielten Einkünfte aus Gewerbebetrieb stets auch inländische Betriebsstätteneinkünfte sind.[326] Noch weiter und ebenfalls falsch darf der Wortlaut der Norm auch nicht so verstanden werden, dass – wenn für einen Gewerbebetrieb, der grundsätzlich im Ausland betrieben wird, neben der ausländischen Betriebsstätte auch eine Betriebsstätte im Inland unterhalten wird – sämtliche und damit auch die im Ausland erzielten Einkünfte inländische Einkünfte i.S.d. beschränkten Steuerpflicht sind.[327]

Auf den Punkt gebracht ist nach dem oben Dargelegten eine Zuordnung der Sonderbetriebseinkünfte zu der inländischen Betriebsstätte der Personengesellschaft erforderlich, damit eine beschränkte Steuerpflicht des ausländischen Mitunternehmers (mit dessen Sondervergütungen) nach § 49 Abs. 1 Nr. 2 Buchst. a) EStG besteht. Im Folgenden wird daher zunächst untersucht, welche Zuordnungsmöglichkeiten – neben der inländischen Betriebsstätte – überhaupt existieren; anschließend (Kapitel 3.1.2.1.2.2) wird diskutiert, aufgrund welches Zuordnungsprinzips allgemein und insbesondere bei Sondervergütungen sowie den damit zusammenhängenden Aufwendungen eine Zuordnungsentscheidung zu treffen ist.

---

322 Vgl. BFH, Urteil vom 26.02.1992, I R 85/91, S. 938; GERSCH, EVA-MARIA (Kommentierung § 12 AO 2024), Rn. 5.

323 Vgl. BFH, Urteil vom 26.02.1992, I R 85/91, S. 938; BFH, Urteil vom 02.12.1992, I R 165/90, S. 579.

324 Vgl. BFH, Urteil vom 24.02.1988, I R 95/84, S. 665; BMF, Schreiben vom 24.12.1999, IV B 4 – S 1300 – 111/99, Tz. 1.1.5.5.; BRESGEN, ARIANE (Qualifikationskonflikte 2016), S. 26; HAASE, FLORIAN/BRÄNDEL, KATRIN (Überlegungen 2011), S. 53; HRUSCHKA, FRANZ/LÜDEMANN, PETER (Veranlassungsprinzip 2005), S. 77.

325 Vgl. zu Sondervergütungen BRESGEN, ARIANE (Qualifikationskonflikte 2016), S. 26; LIEBCHEN, DANIEL (Personengesellschaften 2008), S. 95 sowie WASSERMEYER, FRANZ (Sondervergütungen 2010), S. 242 und zu Sonderbetriebseinkünften allgemein ROSENBERG, OLIVER (Sonderbetriebsbereich 2015), Rn. 11.15. Vgl. auch BFH, Beschluss vom 11.12.2013, I R 4/13, Rn. 10. A.A. VIEBROCK, BJÖRN (Kommentierung § 49 EStG 2024), Rn. 56: „Sondervergütungen fallen grds unter § 49 Abs 1 Nr 2 Buchst a EStG, ohne dass eine Zuordnung zur inländischen Betriebsstätte erfolgt“ [Hervorhebung im Original] (mit Verweis auf BFH, Urteil vom 08.09.2010, I R 74/09, S. 788 ff. (und dort wohl auf Rn. 11)). Vgl. eingehend zur diesbezüglichen Rechtsprechung des BFH die Ausführungen in Kapitel 3.1.2.1.2.2.2.

326 Vgl. jeweils auch wörtlich BÄRSCH, SVEN-ERIC (Kommentierung § 49 EStG 2024), Rn. 242; KRAMER, JÖRG-DIETRICH (Sondervergütungen 2011), S. 2467.

327 Vgl. BFH, Urteil vom 24.02.1988, I R 95/84, S. 665.

3.1.2.1.2 Zuordnung

3.1.2.1.2.1 Zuordnungsmöglichkeiten

3.1.2.1.2.1.1 Überblick

Je nach konkretem Sachverhalt bestehen jedenfalls drei „Zuordnungspol[e]“[328], denen die Einkünfte von Mitunternehmern im Inbound-Fall zugeordnet werden können: Neben der (intuitiv wohl am naheliegendsten) Zuordnung zur Geschäftsleitungsbetriebsstätte der inländischen Personengesellschaft, die dem ausländischen Mitunternehmer vermittelt wird,[329] ist außerdem die Zuordnung zu einer weiteren in- oder ausländischen Betriebsstätte der Personengesellschaft denkbar, sofern eine solche von der Personengesellschaft unterhalten wird.[330] Darüber hinaus könnten die Einkünfte einer eigenen Betriebsstätte des Mitunternehmers zuzuordnen sein, sofern der Mitunternehmer eine solche (außerhalb von Deutschland) unterhält.[331] In Betracht kommt hierbei insbesondere die Geschäftsleitungsbetriebsstätte eines Mitunternehmers, der selbst gewerblich tätig ist und die Beteiligung an der Personengesellschaft im Betriebsvermögen hält.[332] Außerdem wird die Zuordnung der Einkünfte zu einer sog. Mitunternehmerbetriebsstätte (dazu sogleich) diskutiert bzw. in Frage gestellt, ob eine Zuordnung zu einer Betriebsstätte überhaupt zwingend notwendig ist oder nicht etwa die Möglichkeit von „frei schwebenden“[333] betriebsstättenlosen Einkünften aus Gewerbebetrieb (sog. floating income) besteht.[334]

Abbildung 7 stellt beispielhaft die – je nach Sachverhalt – sicher existierenden sowie die beiden in Frage stehenden Zuordnungsmöglichkeiten (Mitunternehmerbetriebsstätte und floating income) graphisch dar:

---

328 BFH, Urteil vom 19.12.2007, I R 19/06, S. 402.

329 Vgl. GAH, MAXIMILIAN/WANGLER, CLEMENS (Inbound-Fall 2018), S. 817; MACHENS, GABRIELE (Personengesellschaften 2007), S. 83. Vgl. auch VALTA, MATTHIAS (Einkommensteuer 2023), Rn. 6.173 und ausführlich hierzu bereits die Ausführungen in Kapitel 3.1.2.1.1.

330 Vgl. BFH, Urteil vom 24.02.1988, I R 95/84, S. 665; PRINZ, ULRICH (Personengesellschaften 2019), S. 598. Die Ausführungen von PRINZ und von Teilen der im Folgenden genannten Literatur beziehen sich auf die Zuordnung von Wirtschaftsgütern. Aus der Zuordnung von Wirtschaftsgütern folgt in der Regel jedoch die Zuordnung der mit den Wirtschaftsgütern zusammenhängenden Einkünfte; vgl. dort auch zu teilweise bestehenden Ausnahmen ROTH, ANDREAS (Zurechnung 2000), S. 110.

331 Vgl. FROTSCHER, GERRIT (Kommentierung § 49 EStG 2024), Rn. 77; PRINZ, ULRICH (Personengesellschaften 2019), S. 598. Vgl. zum Abkommensrecht auch BFH, Urteil vom 08.09.2010, I R 74/09, Rn. 21; BFH, Urteil vom 12.06.2013, I R 47/12, Rn. 16.

332 Vgl. BFH, Urteil vom 08.09.2010, I R 74/09, Rn. 21; BFH, Urteil vom 12.06.2013, I R 47/12, Rn. 16; FROTSCHER, GERRIT (Kommentierung § 49 EStG 2024), Rn. 77; PRINZ, ULRICH (Personengesellschaften 2019), S. 598.

333 SCHAUHOFF, STEPHAN (Einkommensteuerpflicht 1995), S. 111.

334 Vgl. insbesondere BRESGEN, ARIANE (Qualifikationskonflikte 2016), S. 26 ff. sowie STEMLER, PATRICK (Sondervergütungen 2013), S. 53 ff.

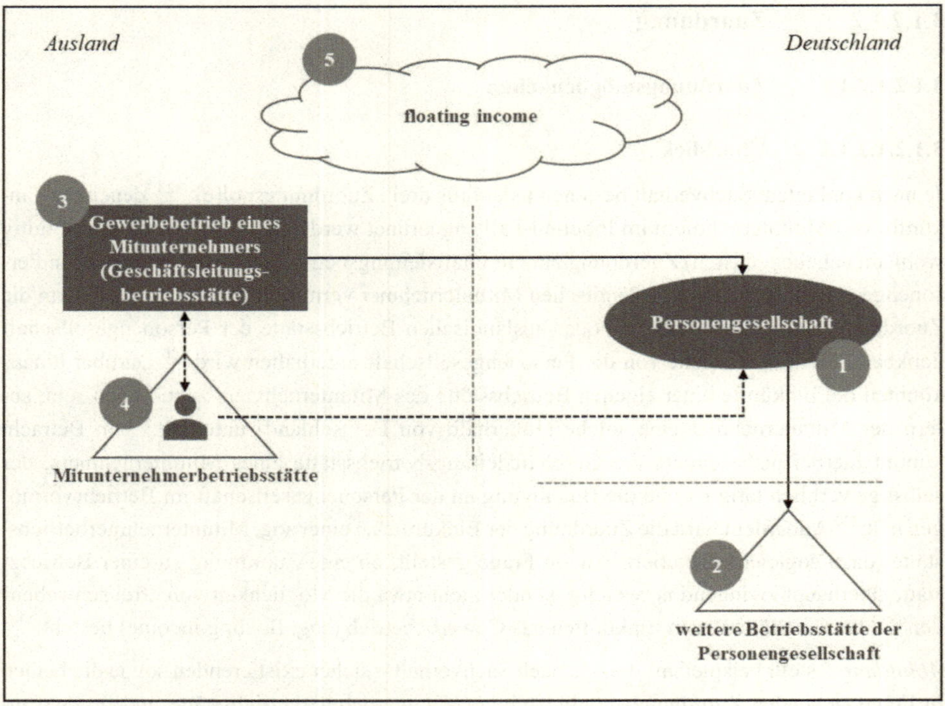

Abbildung 7: Zuordnungsmöglichkeiten[335]

Im Folgenden wird dargelegt, was genau unter dem Begriff der Mitunternehmerbetriebsstätte (Kapitel 3.1.2.1.2.1.2) bzw. dem des „floating income" (Kapitel 3.1.2.1.2.1.3) verstanden wird, und untersucht, ob eine diesbezügliche Zuordnung in Betracht kommt.

3.1.2.1.2.1.2 Mitunternehmerbetriebsstätte

Der wohl überwiegende Teil der Literatur und der BFH fassen unter den Begriff „Mitunternehmerbetriebsstätte" eine Betriebsstätte, in der ein Mitunternehmer sein Sonderbetriebsvermögen verwaltet.[336] Dieses Begriffsverständnis wird den hiesigen Untersuchungen zugrunde gelegt.[337]

---

335 Eigene Darstellung; in Anlehnung an die Ausführungen von BRESGEN, ARIANE (Qualifikationskonflikte 2016), S. 26; FROTSCHER, GERRIT (Kommentierung § 49 EStG 2024), Rn. 77; PRINZ, ULRICH (Personengesellschaften 2019), S. 598; STEMLER, PATRICK (Sondervergütungen 2013), S. 53.

336 Vgl. aus der Literatur z.B. HAGEMANN, TOBIAS/KAHLENBERG, CHRISTIAN/KUDERT, STEPHAN (Sonderbetriebseinnahmen 2014), S. 84; KAHLENBERG, CHRISTIAN/HAGEMANN, TOBIAS (Sonderbetriebsvermögen 2014), S. 216; WASSERMEYER, FRANZ (Anmerkung 2007), S. 335; WASSERMEYER, FRANZ/KAESER, CHRISTIAN (Kommentierung Art. 5 OECD-MA 2024), Rn. 34 und aus der Rechtsprechung des BFH z.B. BFH, Urteil vom 12.06.2013, I R 47/12, Rn. 16 (zur Begriffserklärung u.a. mit Hinweis auf WASSERMEYER, FRANZ (Anmerkung 2007), S. 335).

337 Ein anderes Begriffsverständnis findet sich hingegen im BMF-Schreiben vom 22.12.2016, IV B 5 – S 1341/12/10001-03, Rn. 13, wo es heißt: „Betriebsstätten, die angenommen werden, weil einem Mitunternehmer steuerlich Einkünfte einer einfachen Betriebsstätte der Mitunternehmerschaft nach § 49 Abs. 1 Nr. 2 Buchst. a bzw. § 34 d Nr. 2 Buchst. a EStG anteilig zuzurechnen sind (sog. Mitunternehmerbetriebsstätte)". Vgl. zu diesem Begriffsverständnis z.B. auch BÄRSCH, SVEN-ERIC (Kommentierung § 49 EStG 2024),

Teilweise findet sich in der Literatur für den hier verwendeten Begriff „Mitunternehmerbetriebsstätte" auch der inhaltlich gleichbedeutende Begriff „Sonderbetrieb-Betriebsstätte"[338].[339] Gemeint ist jedenfalls weder eine Betriebsstätte des Mitunternehmers, in der dieser einer anderweitigen unternehmerischen respektive gewerblichen Tätigkeit nachgeht, noch eine Betriebsstätte, die dem Mitunternehmer durch die Personengesellschaft vermittelt wird, sondern eine eigene, originäre Betriebsstätte des Mitunternehmers, die ausschließlich aufgrund des Sonderbetriebsvermögens besteht.[340] Soweit ersichtlich wurde das Konzept der Mitunternehmerbetriebsstätte ursprünglich von WASSERMEYER[341] entwickelt.[342]

Eine Mitunternehmerbetriebsstätte soll sich dabei an dem Ort befinden, an welchem das Sonderbetriebsvermögen verwaltet wird.[343] Dementsprechend wäre auch denkbar, dass die Orte, an denen die Mitunternehmerbetriebsstätte und die Betriebsstätte der Personengesellschaft betrieben werden, zusammenfallen.[344] Mit Blick auf die Frage, ob die Einkünfte aus dem Sonderbereich nach § 49 Abs. 1 Nr. 2 Buchst. a) EStG inländische Einkünfte i.S.d. beschränkten Steuerpflicht sind, ist jedoch vor allem der oben in *Abbildung 7* dargestellte Fall interessant, in welchem die Mitunternehmerbetriebsstätte außerhalb von Deutschland belegen ist.[345] Fraglich und im Folgenden zu diskutieren ist jedoch, ob eine Mitunternehmerbetriebsstätte in dem oben dargestellten Sinne überhaupt existieren kann.[346]

Rn. 241; HAASE, FLORIAN/BRÄNDEL, KATRIN (Überlegungen 2011), S. 56. Die Zweifel von TÖBEN, THOMAS (Missverständnisse 2017), S. 946 darüber, wie diese Aussage im BMF-Schreiben vom 22.12.2016, IV B 5 – S 1341/12/10001-03, Rn. 13 zu verstehen ist („Jedoch kann dem S. 2 in Rn. 13 iVm Rn. 14 des BMF-Schreibens v. 22.12.2016 nicht sicher entnommen werden, ob das BMF-Schreiben mit *„Mitunternehmer-Betriebsstätte"* die Betriebsstätte der Personengesellschaft meint, die dem Gesellschafter nur anteilig zugerechnet wird, oder diejenige, die der Gesellschafter selbst – neben jener der Personengesellschaft – in seinem Ansässigkeitsstaat unterhält."), sind m.E. unbegründet. Vgl. auch HRUSCHKA, FRANZ (Kommentierung Art. 5 OECD-MA 2019), Rn. 82.

338 HAASE, FLORIAN/BRÄNDEL, KATRIN (Überlegungen 2011), S. 56; HAASE, FLORIAN/DORN, KATRIN (Erwiderung 2011), S. 2116. Vgl. auch HRUSCHKA, FRANZ (Kommentierung Art. 5 OECD-MA 2019), Rn. 82 sowie KRAMER, JÖRG-DIETRICH (floating income 2011), S. 1884 und dort Fn. 19, die von einer „Sonderbetriebsstätte" sprechen.

339 Vgl. auch BRESGEN, ARIANE (Qualifikationskonflikte 2016), S. 27; KAHLENBERG, CHRISTIAN/HAGEMANN, TOBIAS (Sonderbetriebsvermögen 2014), S. 216.

340 Vgl. HAGEMANN, TOBIAS/KAHLENBERG, CHRISTIAN/KUDERT, STEPHAN (Sonderbetriebseinnahmen 2014), S. 84; KAHLENBERG, CHRISTIAN/HAGEMANN, TOBIAS (Sonderbetriebsvermögen 2014), S. 216 jeweils mit Verweis auf MERETZKI, AYK (Mitunternehmer-Betriebsstätten 2009), S. 219. Vgl. zudem HAASE, FLORIAN/BRÄNDEL, KATRIN (Überlegungen 2011), S. 56 f.; WASSERMEYER, FRANZ (Personengesellschaften 2017), Rn. 9.5.

341 Vgl. WASSERMEYER, FRANZ (Anmerkung 2007), S. 335; WASSERMEYER, FRANZ (Doppelbesteuerungsabkommen 2007), S. 417.

342 Vgl. HAASE, FLORIAN/BRÄNDEL, KATRIN (Überlegungen 2011), S. 56 und dort Fn. 51.

343 Vgl. HAASE, FLORIAN/DORN, KATRIN (Erwiderung 2011), S. 2118.

344 Vgl. HAASE, FLORIAN/BRÄNDEL, KATRIN (Überlegungen 2011), S. 56.

345 Vgl. auch WASSERMEYER, FRANZ (Sondervergütungen 2010), S. 242.

346 Vgl. auch STEMLER, PATRICK (Sondervergütungen 2013), S. 54.

Ein Teil der Literatur bejaht – in Abhängigkeit von der konkreten Situation –[347] die Existenz einer Mitunternehmerbetriebsstätte nach nationalem Steuerrecht[348] bzw. sieht eine solche, sofern Sonderbetriebseinkünfte vorhanden sind, wohl stets als gegeben an.[349] Daneben steht ein Teil der Literatur dem Konzept der Mitunternehmerbetriebsstätte jedenfalls nicht ablehnend gegenüber.[350] Zudem wird in der Literatur zum Abkommensrecht davon ausgegangen, dass – je nach Umständen des Einzelfalls – eine Mitunternehmerbetriebsstätte vorliegen kann bzw. dass eine solche, sofern Sonderbetriebseinkünfte vorhanden sind, zumindest regelmäßig gegeben ist.[351] Auch der BFH hält eine Mitunternehmerbetriebsstätte auf Abkommensebene zumindest grundsätzlich für möglich.[352] Explizit gegen die Möglichkeit der Existenz einer Mitunternehmerbetriebsstätte – nach nationalem Steuerrecht – spricht sich hingegen nur eine Mindermeinung aus.[353]

Die Frage nach der Existenz einer Mitunternehmerbetriebsstätte beantwortet sich für das nationale Recht anhand des Betriebsstättenbegriffs des § 12 AO.[354] § 12 Satz 1 AO sieht – wie oben bereits dargelegt –[355] vor, dass eine Betriebsstätte jede feste Geschäftseinrichtung oder Anlage ist, die der Tätigkeit eines Unternehmens dient.

Geschäftseinrichtung i.S.d. der Norm ist dabei „jeder körperliche Gegenstand bzw. jede Zusammenfassung körperlicher Gegenstände […], die geeignet sind, Grundlage einer Unternehmenstätigkeit zu sein“[356]. Dementsprechend können Gebäude, aber auch nur einzelne Räume, eine Geschäftseinrichtung sein.[357] In Betracht kommt hierbei auch die Wohnung des Unternehmers.[358] Die Begriffe „Geschäftseinrichtung“ und „Anlage“ des § 12 Satz 1 AO exakt vonein-

347 So führt etwa WASSERMEYER zum Abkommensrecht aus: „Nach der hier vertretenen Auffassung ist eine eigene Betriebsstätte des Mitunternehmers jedenfalls denkbar. Ob sie besteht, ist eine Frage tatsächlicher Art.“; WASSERMEYER, FRANZ (Sondervergütungen 2007), S. 692.

348 Vgl. KRAMER, JÖRG-DIETRICH (floating income 2011), S. 1884, 1887, Fn. 19; STEMLER, PATRICK (Sondervergütungen 2013), S. 54; WASSERMEYER, FRANZ (Sondervergütungen 2010), S. 242 und wohl auch BRESGEN, ARIANE (Qualifikationskonflikte 2016), S. 27 ff. Vgl. auch REINHOLD, MARTIN (Betriebsstätten 2018), Rn. 436.

349 Vgl. HAASE, FLORIAN/BRÄNDEL, KATRIN (Überlegungen 2011), S. 55, 57. Vgl. auch HAASE, FLORIAN/DORN, KATRIN (Erwiderung 2011), S. 2116 f.

350 Vgl. HEINSEN, OLIVER (Kommentierung § 12 AO 2024), Rn. 48; ROTH, ANDREAS (Zurechnung 2000), S. 109.

351 Vgl. dazu die Ausführungen in Kapitel 4.3.1.3.1.2 und die dortigen Nachweise.

352 Vgl. insbesondere BFH, Urteil vom 12.06.2013, I R 47/12, Rn. 16.

353 Vgl. FROTSCHER, GERRIT (Kommentierung § 49 EStG 2024), Rn. 77 („unzulässige Fiktion“). FROTSCHER spricht dabei zwar von einer „eigenständigen Geschäftsleitungs-Betriebsstätte des Gesellschafters“, meint damit aber letztlich wohl nichts anderes als das, was hier unter den Begriff der Mitunternehmerbetriebsstätte gefasst wird.

354 Vgl. STEMLER, PATRICK (Sondervergütungen 2013), S. 54.

355 Vgl. die Ausführungen in Kapitel 3.1.2.1.1.

356 BFH, Urteil vom 30.10.1996, II R 12/92, S. 14 (mit Verweis auf BFH, Urteil vom 03.02.1993, I R 80-81/91, S. 465).

357 Vgl. FG Düsseldorf, Urteil vom 23.10.2008, 14 K 4841/05 G, Rn. 33.

358 Vgl. BFH, Urteil vom 18.10.1962, IV 319/60 U, S. 38; BFH, Urteil vom 18.12.1986, I R 130/83, Rn. 16 (jeweils zu § 16 StAnpG); GERSCH, EVA-MARIA (Kommentierung § 12 AO 2024), Rn. 3.

ander abzugrenzen, gestaltet sich schwierig,[359] ist jedoch auch nicht notwendig.[360] Der Begriff der Geschäftseinrichtung umfasst den der Anlage.[361]

„Fest" ist eine Geschäftseinrichtung prinzipiell dann, wenn zur Erdoberfläche eine feste Verbindung besteht.[362] Ausreichend ist aber bereits, wenn sich die Geschäftseinrichtung an einem bestimmten Ort über einen gewissen Zeitraum befindet.[363]

Darüber hinaus ist zu fordern, dass der Unternehmer eine „nicht nur vorübergehende Verfügungsmacht" hinsichtlich der Geschäftseinrichtung innehat,[364] die sich insbesondere aus der jeweiligen Rechtsstellung hinsichtlich der Einrichtung (z.B. Eigentum) ergeben kann.[365] Bei einer Nutzungsüberlassung muss dem „Nutzenden […] mit der Überlassung eine Rechtsposition eingeräumt werden, die ihm ohne seine Mitwirkung nicht mehr ohne weiteres entzogen werden kann oder die ohne seine Mitwirkung nicht ohne weiteres verändert werden kann"[366]. Außerdem muss die feste Geschäftseinrichtung der Tätigkeit eines Unternehmens dienen (§ 12 Satz 1 AO). Die geforderte dem Unternehmen dienende Funktion ist dabei durch das – einen gewissen Zeitraum umfassende –[367] Nutzen der Einrichtung für Zwecke des Unternehmens und damit durch die eine gewisse Dauer umfassende Ausübung einer auf das Unternehmen bezogenen Tätigkeit in oder durch die Geschäftseinrichtung gegeben.[368]

Zudem – und für die Diskussion um die Möglichkeit der Existenz von Mitunternehmerbetriebsstätten entscheidend – muss der Unternehmer in der festen Geschäftseinrichtung eine „eigene gewerbliche Tätigkeit" ausüben.[369] Ein Gewerbebetrieb respektive eine gewerbliche Tätigkeit ist, wie bereits dargelegt,[370] eine selbständige nachhaltige Betätigung, die mit der Absicht, Gewinn zu erzielen, unternommen wird und sich als Beteiligung am allgemeinen wirtschaftlichen

---

359 Vgl. BFH, Urteil vom 03.02.1993, I R 80-81/91, S. 465; KUMPF, WOLFGANG (Betriebsstätten 1982), S. 30 und dort Fn. 10.

360 Vgl. FG Düsseldorf, Urteil vom 10.09.1991, 9 K 524/86 BB, S. 717 (aus anderen Gründen aufgehoben durch BFH, Urteil vom 30.10.1996, II R 12/92, S. 12 ff.).

361 Vgl. SCHOLTZ, ROLF-DETLEV (Kommentierung § 12 AO 1996), Rn. 4. Vgl. auch FG Düsseldorf, Urteil vom 10.09.1991, 9 K 524/86 BB, S. 717 (aus anderen Gründen aufgehoben durch BFH, Urteil vom 30.10.1996, II R 12/92, S. 12 ff.).

362 Vgl. BFH, Urteil vom 03.02.1993, I R 80-81/91, S. 465.

363 Vgl. BFH, Urteil vom 09.10.1974, I R 128/73, S. 204; BFH, Urteil vom 08.03.1988, VIII R 270/81, S. 736 (jeweils zu § 16 StAnpG); BFH, Urteil vom 30.10.1996, II R 12/92, S. 14.

364 Vgl. jeweils auch wörtlich BFH, Urteil vom 03.02.1993, I R 80-81/91, S. 464 f.; BFH, Urteil vom 30.10.1996, II R 12/92, S. 14 und vgl. aus der jüngeren Zeit auch das Judikat des BFH vom 07.06.2023, I R 47/20, Rn. 21 m.w.N. zur ständigen Rechtsprechung.

365 Vgl. BFH, Urteil vom 08.03.1988, VIII R 270/81, S. 736.

366 So wörtlich BFH, Urteil vom 08.03.1988, VIII R 270/81, S. 736. Vgl. außerdem aber bspw. auch BFH, Urteil vom 05.11.2014, IV R 30/11, Rn. 28; BFH, Urteil vom 07.06.2023, I R 47/20, Rn. 21.

367 Vgl. dazu auch BFH, Urteil vom 28.08.1986, V R 20/79, S. 163.

368 Vgl. insbesondere BFH, Urteil vom 30.10.1996, II R 12/92, S. 14.

369 Vgl. allgemein hierzu und wörtlich BFH, Urteil vom 10.02.1988, VIII R 159/84, S. 654 sowie BMF, Schreiben vom 24.12.1999, IV B 4 – S 1300 – 111/99, Tz. 1.1.1.1. Vgl. zudem HEINSEN, OLIVER (Kommentierung § 12 AO 2024), Rn. 20 und speziell in Bezug auf Mitunternehmerbetriebsstätten BRESGEN, ARIANE (Qualifikationskonflikte 2016), S. 27; STEMLER, PATRICK (Sondervergütungen 2013), S. 54 sowie WASSERMEYER, FRANZ (Betriebsstätte 2015), Rn. 2.32, 2.36 („Im Grundsatz ist jedoch zu fordern, dass der Mitunternehmer bezogen auf sein Sonderbetriebsvermögen eine eigenständige unternehmerische Tätigkeit ausübt.").

370 Vgl. die Ausführungen in Kapitel 2.2.

Verkehr darstellt, wenn die Betätigung weder als Ausübung von Land- und Forstwirtschaft noch als Ausübung einer selbständigen Arbeit anzusehen ist (§ 15 Abs. 2 Satz 1 EStG). Zudem darf es sich bei der Tätigkeit – nach der ständigen Rechtsprechung des BFH – nicht um private Vermögensverwaltung handeln.[371] Problematisch hierbei ist, dass es sich bei den in § 15 Abs. 1 Satz 1 Nr. 2 Satz 1 Halbs. 2 EStG genannten Tätigkeiten der Hingabe von Darlehen bzw. der Überlassung von Wirtschaftsgütern um Tätigkeiten handelt, die der Vermögensverwaltung zuzuordnen sind.[372] Gemäß § 14 Satz 3 AO liegt Vermögensverwaltung in der Regel vor, wenn Vermögen genutzt, z.B. Kapitalvermögen verzinslich angelegt oder unbewegliches Vermögen vermietet oder verpachtet wird. Dementsprechend entsteht durch die Überlassung von Kapital bzw. von Wirtschaftsgütern noch kein Gewebebetrieb.[373]

Überwunden wird die zuvor dargestellte „Hürde“ durch die Literatur zum Abkommensrecht mit Hilfe einer Argumentation, die auf MERETZKI zurückzuführen ist.[374] Dieser führt wörtlich aus: „Den Sondervergütungen liegen Unternehmenstätigkeiten zugrunde. Denn mit der Qualifikation von Sondervergütungen als Unternehmensgewinn geht grundsätzlich auch die Qualifikation der Tätigkeiten als unternehmerisch einher.“[375] BRESGEN ergänzt hierzu: „Demzufolge können auch vermögensverwaltende Tätigkeiten des Sonderbetriebsbereichs unter den weiteren Betriebsstättenvoraussetzungen […] zu einer Mitunternehmerbetriebsstätte führen.“[376]

Übertragen auf das nationale Recht geht diese Argumentation dahin, dass aufgrund der Umqualifizierung von Einkünften aus einer Darlehensgewährung oder der Überlassung von Wirtschaftsgütern in Einkünfte aus Gewerbebetrieb durch § 15 Abs. 1 Satz 1 Nr. 2 Satz 1 EStG[377] auch die Tätigkeit der Verwaltung der Wirtschaftsgüter, die zu den Einkünften aus Gewerbebetrieb führen, gewerblich – und nicht vermögensverwaltend – sein muss und damit der erforderliche Gewerbebetrieb unterhalten wird.[378] Anders ausgedrückt: Wenn durch Sondervergütungen Einkünfte aus Gewerbebetrieb erzielt werden, dann muss auch jede Tätigkeit, die mit der Einkünfteerzielung zusammenhängt, eine gewerbliche sein. So äußert sich BRESGEN in Bezug auf das nationale Recht wie folgt: „Für eine Existenz einer Mitunternehmerbetriebsstätte

---

371 Vgl. z.B. BFH, Urteil vom 01.12.2005, IV R 65/04, S. 261.

372 Vgl. HAGEMANN, TOBIAS/KAHLENBERG, CHRISTIAN (Zuordnung 2013), S. 771; KAHLENBERG, CHRISTIAN/HAGEMANN, TOBIAS (Sonderbetriebsvermögen 2014), S. 216. Vgl. auch HÄCK, NILS/KORFF, MATTHIAS (Kommentierung Art. 5 DBA-Schweiz 2024), Rn. 45 und dort Fn. 6.

373 Vgl. BFH, Urteil vom 05.12.1990, I R 94/88, Ls. 2, 3, S. 288 ff.; KOENIG, ULRICH (Kommentierung § 12 AO 2024), Rn. 17. Vgl. auch BFH, Urteil vom 10.02.1988, VIII R 159/84, S. 654.

374 Vgl. MERETZKI, AYK (Mitunternehmer-Betriebsstätten 2009), S. 219 sowie BRESGEN, ARIANE (Qualifikationskonflikte 2016), S. 28; HAGEMANN, TOBIAS/KAHLENBERG, CHRISTIAN/KUDERT, STEPHAN (Sonderbetriebseinnahmen 2014), S. 84; KAHLENBERG, CHRISTIAN/HAGEMANN, TOBIAS (Sonderbetriebsvermögen 2014), S. 216 jeweils mit Verweis auf MERETZKI, AYK (Mitunternehmer-Betriebsstätten 2009), S. 219. Vgl. auch HÄCK, NILS/KORFF, MATTHIAS (Kommentierung Art. 5 DBA-Schweiz 2024), Rn. 45 und dort Fn. 6.

375 MERETZKI, AYK (Mitunternehmer-Betriebsstätten 2009), S. 219.

376 BRESGEN, ARIANE (Qualifikationskonflikte 2016), S. 28. Ähnlich KAHLENBERG, CHRISTIAN/HAGEMANN, TOBIAS (Sonderbetriebsvermögen 2014), S. 216.

377 Vgl. dazu BODE, WALTER (Kommentierung § 15 EStG 2024), Rn. 486; STEMLER, PATRICK (Sondervergütungen 2013), S. 36 und die Ausführungen in Kapitel 2.3.2.1.1.

378 Vgl. auch FROTSCHER, GERRIT (Kommentierung § 49 EStG 2024), Rn. 77 („Diese Ansicht könnte eine Grundlage in der Vorstellung haben, dass jeder Gesellschafter sein eigenes Unternehmen betreibt.“). Vgl. zudem ROSENBERG, OLIVER (Sonderbetriebsbereich 2015), Rn. 11.14.

spricht vor allem, dass der Mitunternehmer gewerbliche Einkünfte gem. § 15 Abs. 1 S. 1 Nr. 2 EStG erwirtschaftet."[379] Ähnlich führt STEMLER aus: „Der Mitunternehmer erzielt nach § 15 Abs. 1 S. 1 Nr. 2 EStG gewerbliche Einkünfte. Verwaltet er die Wirtschaftsgüter, die zu Sondervergütungen führen, in der betreffenden Geschäftseinrichtung, so kann eine unternehmerische Nutzung nur schwerlich verneint werden"[380]. Zudem sprechen HAASE/BRÄNDEL sogar explizit davon, dass Mitunternehmer, die Sondervergütungen erzielen, kraft „gesetzlicher Fiktion des § 15 Abs. 1 Satz 1 Nr. 2 Satz 1 Halbs. 2 EStG […] einen Sonderbetrieb" unterhalten.[381]

Der oben dargestellten, auf MERETZKI zurückzuführenden Argumentation zum Abkommensrecht hat der BFH im Urteil vom 12.06.2013 (I R 47/12) sowie im Beschluss vom 11.12.2013 (I R 4/13) bereits (explizit) widersprochen.[382] In dem zuletzt genannten Judikat heißt es, dass es sich bei der bloßen Verwaltung eines Darlehens „bei der abkommensrechtlich gebotenen isolierten Betrachtung um Vermögensverwaltung handelt, nicht aber um eine unternehmerische Betätigung, welche allein eine Betriebsstätte im Abkommenssinne […] begründen könnte".[383] Bezüglich des nationalen Rechts greift eine derartige Argumentation m.E. ebenfalls nicht.[384] Die Argumentation läuft, wie aufgezeigt, im Kern darauf hinaus, dass das Erzielen von Einkünften aus Gewerbebetrieb mit dem Betreiben eines eigenen Gewerbebetriebs einhergeht bzw. das Vorhandensein eines solchen impliziert. Dieser Schluss ist jedoch nicht zwingend.[385] Wie WASSERMEYER in einem anderen Zusammenhang unter Verweis auf die gesetzliche Regelung des § 5 Abs. 1 Satz 3 GewStG zutreffend darlegt, unterscheidet das Gesetz „zwischen dem Erzielen von Einkünften aus Gewerbebetrieb und dem Ausüben der gewerblichen Tätigkeit".[386] Es ist vorliegend aber die Personengesellschaft, die die gewerbliche Tätigkeit ausübt, nicht der einzelne Mitunternehmer.[387] Darüber hinaus zeigt auch die gesetzliche Regelung des § 17 EStG, dass ein Steuerpflichtiger – qua gesetzlicher Fiktion – Einkünfte aus Gewerbebetrieb erzielen kann, ohne selbst einen Gewerbebetrieb zu unterhalten.[388] § 15 Abs. 1 Satz 1 Nr. 2 Satz 1 EStG bewirkt zwar eine Umqualifizierung von Einkünften aus der Hingabe von Darlehen oder der Überlassung von Wirtschaftsgütern in Einkünfte aus Gewerbebetrieb,[389] dadurch werden aber nicht auch die Nutzungsüberlassung bzw. die Verwaltung der Wirtschaftsgüter, die zu den ent-

379 BRESGEN, ARIANE (Qualifikationskonflikte 2016), S. 27.

380 STEMLER, PATRICK (Sondervergütungen 2013), S. 54.

381 Vgl. auch wörtlich HAASE, FLORIAN/BRÄNDEL, KATRIN (Überlegungen 2011), S. 55.

382 Vgl. BFH, Beschluss vom 11.12.2013, I R 4/13, Rn. 24; BFH, Urteil vom 12.06.2013, I R 47/12, Rn. 16.

383 Vgl. auch wörtlich BFH, Beschluss vom 11.12.2013, I R 4/13, Rn. 24. Vgl. zudem BFH, Urteil vom 12.06.2013, I R 47/12, Rn. 16 und zum Begriff der „abkommensrechtlich gebotenen isolierten Betrachtung" z.B. GOSCH, DIETMAR (Zuordnung 2003), S. 93; SCHAUMBURG, HARALD (Zurechnung 2000), S. 75 f.

384 Vgl. im Ergebnis ebenso FROTSCHER, GERRIT (Kommentierung § 49 EStG 2024), Rn. 77.

385 Vgl. KEUK, BRIGITTE (Sondervergütungen 1974), S. 34 ff.

386 Vgl. auch wörtlich WASSERMEYER, FRANZ (Steuerpflichten 2015), Rn. 2.6.

387 Vgl. DESENS, MARC/BLISCHKE, ANDRÉ (Kommentierung § 15 EStG 2024), Rn. F 272; WASSERMEYER, FRANZ (Steuerpflichten 2015), Rn. 2.6; implizit a.A. wohl STEMLER, PATRICK (Sondervergütungen 2013), S. 54.

388 Vgl. KEUK, BRIGITTE (Sondervergütungen 1974), S. 34 und dort Fn. 189a; VOGT, GABRIELE (Kommentierung § 17 EStG 2024), Rn. 120; a.A. HAASE, FLORIAN/BRÄNDEL, KATRIN (Überlegungen 2011), S. 54 und dort Fn. 39.

389 Vgl. BODE, WALTER (Kommentierung § 15 EStG 2024), Rn. 486; STEMLER, PATRICK (Sondervergütungen 2013), S. 36.

sprechenden Einkünften führen, in eine gewerbliche Tätigkeit umqualifiziert.[390] Dementsprechend unterhalten nicht anderweitig gewerblich tätige Mitunternehmer keinen eigenen Gewerbebetrieb neben dem der Personengesellschaft.[391] Dies gilt grundsätzlich auch bezüglich des Sonderbetriebsvermögens.[392] Ein „Sonderbetrieb" – wie ihn HAASE/BRÄNDEL (s.o.) explizit annehmen – existiert daher in der Regel nicht[393] und die Existenz einer Mitunternehmerbetriebsstätte im oben dargestellten Sinn ist nach nationalem Steuerrecht grundsätzlich abzulehnen.[394] Eine Ausnahme wäre m.E. dann respektive nur dann zu machen, wenn der Rahmen der privaten Vermögensverwaltung verlassen und „die Grenze zur Gewerblichkeit überschritten" wird.[395] Diese wird nach der Rechtsprechung „überschritten, wenn nach dem Gesamtbild der Betätigung und unter Berücksichtigung der Verkehrsauffassung die Ausnutzung substantieller Vermögenswerte durch Umschichtung gegenüber der Nutzung […] im Sinne einer Fruchtziehung […] entscheidend in den Vordergrund tritt"[396]. Dies dürfte jedoch in Bezug auf Sonderbetriebsvermögen in aller Regel nicht der Fall sein.

Darüber hinaus besteht am Ort der Verwaltung des Sonderbetriebsvermögens auch keine weitere Betriebsstätte der Personengesellschaft, denn hier fehlt es wiederum an der geforderten „eigene[n] gewerbliche[n] Tätigkeit"[397]. Die Verwaltung von Sonderbetriebsvermögen dient zwar mittelbar der Personengesellschaft,[398] erforderlich ist aber, dass die in einer festen Geschäftseinrichtung ausgeübten Tätigkeiten „dem Gewerbebetrieb unmittelbar dienen".[399]

---

390 Vgl. KEUK, BRIGITTE (Sondervergütungen 1974), S. 34 (zur Nutzungsüberlassung); a.A. VON ZEZSCHWITZ, FRIEDRICH (Bilanzbündeltheorie 1970), S. 137.

391 Vgl. BFH, Urteil vom 23.10.1990, VIII R 142/85, S. 403; BFH, Urteil vom 07.04.1992, VIII R 86/87, S. 22; BFH, Urteil vom 25.11.1997, VIII R 4/94, S. 463; SCHNEIDER, NORBERT (Kommentierung § 15 EStG 2024), Rn. 714; a.A. HALLERBACH, DOROTHEE (Personengesellschaft 1999), S. 139.

392 Vgl. BFH, Urteil vom 11.03.1992, XI R 38/89, S. 798 („regelmäßig"); DESENS, MARC/BLISCHKE, ANDRÉ (Kommentierung § 15 EStG 2024), Rn. F 272; KEUK, BRIGITTE (Sondervergütungen 1974), S. 34 ff.; TIEDE, KAI (Kommentierung § 15 EStG 2024), Rn. 520; a.A. VON ZEZSCHWITZ, FRIEDRICH (Bilanzbündeltheorie 1970), S. 137.

393 Vgl. BFH, Urteil vom 11.03.1992, XI R 38/89, S. 798 („regelmäßig"); DESENS, MARC/BLISCHKE, ANDRÉ (Kommentierung § 15 EStG 2024), Rn. F 272; KEUK, BRIGITTE (Sondervergütungen 1974), S. 34 ff.; TIEDE, KAI (Kommentierung § 15 EStG 2024), Rn. 520; a.A. VON ZEZSCHWITZ, FRIEDRICH (Bilanzbündeltheorie 1970), S. 137.

394 Vgl. auch REINHOLD, MARTIN (Betriebsstätten 2018), Rn. 436; ROSENBERG, OLIVER (Sonderbetriebsbereich 2015), Rn. 11.14; WASSERMEYER, FRANZ (Betriebsstätten 2008), Rn. 361; wohl auch WASSERMEYER, FRANZ (Betriebsstätte 2015), Rn. 2.32, 2.36 und hinsichtlich des Abkommensrechts u.a. BFH, Urteil vom 12.06.2013, I R 47/12, Rn. 16; ROTH, ANDREAS (Zurechnung 2000), S. 110. Vgl. zum Abkommensrecht die Ausführungen in Kapitel 4.3.1.3.1.2.

395 Vgl. auch wörtlich, aber in einem anderen Zusammenhang, HAASE, FLORIAN/BRÄNDEL, KATRIN (Überlegungen 2011), S. 50, Fn. 17. In diese Richtung könnten auch REINHOLD, MARTIN (Betriebsstätten 2018), Rn. 436 und WASSERMEYER, FRANZ (Betriebsstätten 2008), Rn. 361 verstanden werden („Umgekehrt wird nicht allein jede Darlehensgewährung eine Betriebsstätte des Darlehensgebers begründen. Es müssen zusätzliche Umstände hinzutreten.").

396 BFH, Beschluss vom 03.07.1995, GrS 1/93, S. 619 (in Bezug auf Grundstücke) m.w.N. aus der Rechtsprechung. Dieser Rechtsprechung des BFH folgt auch die Finanzverwaltung; vgl. dazu BMF, Schreiben vom 16.12.2003, IV A 6 – S 2240 – 153/03, Rn. 6.

397 BFH, Urteil vom 10.02.1988, VIII R 159/84, S. 654; BMF, Schreiben vom 24.12.1999, IV B 4 – S 1300 – 111/99, Tz. 1.1.1.1.

398 Ähnlich KAHLENBERG, CHRISTIAN/HAGEMANN, TOBIAS (Sonderbetriebsvermögen 2014), S. 216 f.

399 Vgl. auch wörtlich BFH, Urteil vom 07.06.1966, I B 124/64, S. 549 m.w.N. (zu § 16 StAnpG). Vgl. auch BFH, Urteil vom 10.02.1988, VIII R 159/84, S. 654.

Demgegenüber könnte eine weitere Betriebsstätte der Personengesellschaft dort angenommen werden, wo ein Mitunternehmer „im Dienst der Gesellschaft" i.S.d. § 15 Abs. 1 Satz 1 Nr. 2 Satz 1 EStG zum Teil die Geschäftsführung der Personengesellschaft ausübt.[400] Eine solche Betriebsstätte der Personengesellschaft hätte aber mit der hier in Rede stehenden Mitunternehmerbetriebsstätte nichts zu tun.[401]

3.1.2.1.2.1.3 Betriebsstättenlose Einkünfte aus Gewerbebetrieb (floating income)

Bei floating income handelt es sich um betriebsstättenlose Einkünfte aus Gewerbebetrieb und damit um gewerbliche Einkünfte, die keiner (inländischen oder ausländischen) Betriebsstätte zuzuordnen sind.[402] Die Frage, ob solche „frei schwebenden"[403], keiner Betriebsstätte zugehörigen Einkünfte aus Gewerbebetrieb möglich sind, d.h. ob floating income existiert, wird in der Literatur und Rechtsprechung sowie durch die Finanzverwaltung unterschiedlich beantwortet; es besteht folgender Meinungsstand:
Ein Teil der Literatur hält floating income – nach nationalem Steuerrecht – für möglich.[404] Entsprechendes gilt für einen gewichtigen Teil der Literatur zum Abkommensrecht.[405] Zudem wird die voranstehende Auffassung hinsichtlich des nationalen Rechts in den Gesetzesmaterialien zum JStG 2009 vertreten.[406] Darüber hinaus geht die Finanzverwaltung im BMF-Schreiben vom 14.05.2004, dem sog. Außensteuererlass, davon aus, dass floating income nach nationalem Steuerrecht möglich ist.[407] Allerdings wurde die dieser Auffassung explizit widersprechende Rechtsprechung des BFH im Bundessteuerblatt veröffentlicht,[408] sodass WASSERMEYER vertritt, dass die Finanzverwaltung ihre diesbezügliche Auffassung aufgegeben hat.[409] Die Mehrheit der Literaturstimmen teilt letztere Meinung jedoch nicht.[410]

Die wohl h.L. spricht sich demgegenüber (grundsätzlich, s.u.) gegen die Existenz von floating income nach nationalem Steuerrecht aus.[411] Zudem lehnt der wohl überwiegende Teil der

---

400 Vgl. KAHLENBERG, CHRISTIAN/HAGEMANN, TOBIAS (Sonderbetriebsvermögen 2014), S. 216 und dazu auch die Ausführungen im folgenden Kapitel.

401 Vgl. KAHLENBERG, CHRISTIAN/HAGEMANN, TOBIAS (Sonderbetriebsvermögen 2014), S. 216.

402 Vgl. BFH, Urteil vom 19.12.2007, I R 19/06, S. 402; MERETZKI, AYK (Mitunternehmer-Betriebsstätten 2009), S. 220; STEMLER, PATRICK (Sondervergütungen 2013), S. 61; WASSERMEYER, FRANZ (Sondervergütungen 2010), S. 241.

403 SCHAUHOFF, STEPHAN (Einkommensteuerpflicht 1995), S. 111.

404 Vgl. ENNEKING, FELIX/DENK, CORNELIA (Sportler 1997), S. 1916; HRUSCHKA, FRANZ (Kommentierung Art. 5 OECD-MA 2019), Rn. 95; KRAMER, JÖRG-DIETRICH (Darlehen 2010), S. 241; KRAMER, JÖRG-DIETRICH (floating income 2011), S. 1887; LAMPERT, STEFFEN (Kommentierung § 2 AStG 2024), Rn. 40.

405 Vgl. dazu die Ausführungen in Kapitel 4.3.1.3.1.3 und die dortigen Nachweise.

406 Vgl. BR-Drs. 545/08 (Beschluss) vom 19.09.2008, S. 66.

407 Vgl. BMF, Schreiben vom 14.05.2004, IV B 4 – S 1340 – 11/04, Tz. 2.5.0.1. unter Nr. 1 Buchst. a). Vgl. zu den bisherigen Ausführungen dieses Abschnitts auch STEMLER, PATRICK (Sondervergütungen 2013), S. 61.

408 Vgl. BFH, Urteil vom 19.12.2007, I R 19/06, S. 402.

409 Vgl. WASSERMEYER, FRANZ (Geschäftsleitungsbetriebsstätte 2017), Rn. 11.7.

410 Vgl. (implizit) BAßLER, JOHANNES (Kommentierung § 2 AStG 2024), Rn. 141; KRAFT, GERHARD (Kommentierung § 2 AStG 2019), Rn. 47; KRAMER, JÖRG-DIETRICH (floating income 2011), S. 1882; STEMLER, PATRICK (Sondervergütungen 2013), S. 61.

411 Vgl. GOSCH, DIETMAR (Kommentierung § 34d EStG 2024), Rn. 8; HAASE, FLORIAN/BRÄNDEL, KATRIN (Überlegungen 2011), S. 49, 51, 54; MERETZKI, AYK (Mitunternehmer-Betriebsstätten 2009), S. 220;

Literatur floating income auf Abkommensebene ab.[412] Der BFH hat die Existenz von floating income nach nationalem Steuerrecht erstmals im Urteil vom 19.12.2007 (I R 19/06) explizit verneint.[413] Hierbei datieren HAASE/BRÄNDEL den Ursprung dieser Rechtsprechung jedoch – nicht zu Unrecht – bereits auf das Jahr 1961.[414] Darüber hinaus kann dem sog. „Gemüsehändler-Urteil"[415] vom 28.07.1993 (I R 15/93)[416] entnommen werden, dass der BFH betriebsstättenlose Einkünfte aus Gewerbebetrieb nach nationalem Steuerrecht nicht für möglich hält.[417] Des Weiteren lehnt auch der BFH die Existenz von floating income auf Abkommensebene ab.[418]

KRAMER, der (hinsichtlich des nationalen Steuerrechts) als Hauptvertreter der Auffassung, betriebsstättenlose Einkünfte aus Gewerbebetrieb seien möglich, zu sehen ist,[419] vertritt diesbezüglich vor allem Folgendes:[420]

1. Nicht jeder Gewerbebetrieb hat eine Betriebsstätte.[421]
2. Selbst wenn eine (Geschäftsleitungs-)Betriebsstätte existiert und diese die einzige Betriebsstätte des Gewerbebetriebs ist, sind dieser Betriebsstätte nicht zwangsläufig sämtliche Einkünfte des Gewerbebetriebs zuzuordnen.[422]

Diese beiden Hypothesen[423] werden im Folgenden eingehend untersucht. Anschließend werden weitere für bzw. gegen die Existenz von floating income sprechende Argumente diskutiert.

SCHAUHOFF, STEPHAN (Einkommensteuerpflicht 1995), S. 111; SCHAUHOFF, STEPHAN/IDLER, JESCO (BFH-Rechtsprechung 2008), S. 342; STEMLER, PATRICK (Sondervergütungen 2013), S. 74; WASSERMEYER, FRANZ (Stellungnahme 2004), S. 676; WASSERMEYER, FRANZ (Sondervergütungen 2010), S. 241.

412 Vgl. dazu die Ausführungen in Kapitel 4.3.1.3.1.3 und die dortigen Nachweise.

413 Vgl. BFH, Urteil vom 19.12.2007, I R 19/06, S. 402 und ebenso TÖBEN, THOMAS (Missverständnisse 2017), S. 944.

414 Vgl. HAASE, FLORIAN/BRÄNDEL, KATRIN (Überlegungen 2011), S. 50 mit Verweis auf BFH, Urteil vom 10.05.1961, IV 155/60 U, S. 317 ff. In dem Urteil hat der BFH entschieden, dass dann, wenn nur eine Betriebsstätte im Inland und keine weitere Betriebsstätte im Ausland existiert, der gesamte – auch durch Tätigkeiten im Ausland erzielte – Gewerbeertrag der Festsetzung des Gewerbesteuermessbetrages zugrunde zu legen ist; vgl. BFH, Urteil vom 10.05.1961, IV 155/60 U, S. 318 f.

415 TÖBEN, THOMAS (Missverständnisse 2017), S. 944.

416 Vgl. BFH, Urteil vom 28.07.1993, I R 15/93, S. 148 ff.

417 Vgl. KRAMER, JÖRG-DIETRICH (Darlehen 2010), S. 240; STEMLER, PATRICK (Sondervergütungen 2013), S. 62, Fn. 214; WASSERMEYER, FRANZ (Sondervergütungen 2010), S. 241. In dem Urteil geht der BFH davon aus, dass bei Vorhandensein von inländischen und einer ausländischen Betriebsstätte „der insgesamt erzielte Gewinn zwischen den inländischen Betriebsstätten und der ausländischen Betriebsstätte aufzuteilen" ist, wobei er die Möglichkeit von floating income nicht in Betracht zieht; vgl. dazu und wörtlich BFH, Urteil vom 28.07.1993, I R 15/93, S. 149 sowie TÖBEN, THOMAS (Missverständnisse 2017), S. 944.

418 Vgl. insbesondere BFH, Urteil vom 12.06.2013, I R 47/12, Rn. 15 sowie BFH, Urteil vom 19.01.2017, IV R 50/14, Rn. 48.

419 Vgl. ähnlich TÖBEN, THOMAS (Missverständnisse 2017), S. 944; WASSERMEYER, FRANZ (Geschäftsleitungsbetriebsstätte 2017), Rn. 11.7.

420 Vgl. zum Folgenden auch STEMLER, PATRICK (Sondervergütungen 2013), S. 61.

421 Vgl. KRAMER, JÖRG-DIETRICH (Relevanz 2004), S. 674; KRAMER, JÖRG-DIETRICH (floating income 2011), S. 1887; KRAMER, JÖRG-DIETRICH (floating income 2017), S. 784. Vgl. auch KRAMER, JÖRG-DIETRICH (Ungereimtheiten 2016), S. 499; KRAMER, JÖRG-DIETRICH (Fehlleistungen 2019), S. 98.

422 Vgl. KRAMER, JÖRG-DIETRICH (floating income 2011), S. 1882, 1887; KRAMER, JÖRG-DIETRICH (floating income 2017), S. 784; KRAMER, JÖRG-DIETRICH (Fehlleistungen 2019), S. 98 f. Vgl. auch KRAMER, JÖRG-DIETRICH (Relevanz 2004), S. 674; KRAMER, JÖRG-DIETRICH (Ungereimtheiten 2016), S. 499.

423 Der Begriff wurde in Anlehnung an HAGEMANN, TOBIAS (Abkommensrecht 2016), S. 174 gewählt, der die Existenz von floating income auf Abkommensebene ausführlich betrachtet.

Zunächst ist der ersten Hypothese von KRAMER hinzuzufügen, dass sie – sollte sie richtig sein – bereits ein Beweis für die Existenz von betriebsstättenlosen Einkünften aus Gewerbebetrieb wäre, denn wenn es einen Gewerbebetrieb gibt, der keine Betriebsstätte hat, mit welchem aber Einkünfte aus Gewebebetrieb erzielt werden, dann müssen diese gewerblichen Einkünfte betriebsstättenlos sein und floating income würde existieren.[424]

Entgegen der ersten Hypothese von KRAMER vertritt die h.M. die Auffassung, dass jeder Gewerbebetrieb mindestens eine Betriebsstätte hat – und zwar in Form der Geschäftsleitungsbetriebsstätte i.S.d. § 12 Satz 2 Nr. 1 AO.[425] Ausgeführt wird hierbei, dass jedes Unternehmen einen Ort der Geschäftsleitung hat und der Ort der Geschäftsleitung eine Betriebsstätte i.S.d. § 12 AO ist.[426] Hierzu ist zunächst – und entgegen der Auffassung von KRAMER –[427] festzuhalten, dass jeder Gewerbebetrieb eine Geschäftsleitung hat.[428] „Die Geschäftsleitung ist notwendiger Teil jeder gewerblichen Aktivität."[429] Zuzugeben ist KRAMER jedoch, dass geschäftsleitende Entscheidungen nicht stets an der gleichen Stelle getroffen werden.[430] Sollte dies der Fall sein, sind die an den unterschiedlichen Orten ausgeübten Geschäftsführungstätigkeiten in der Regel zu gewichten, um den Ort der Geschäftsleitung zu bestimmen.[431] Es können auch mehrere Orte der Geschäftsleitung bestehen.[432] Dies jedoch nur dann, wenn eine derartige Gewichtung in „seltenen Fällen" nicht zu bewerkstelligen ist.[433] TÖBEN spricht in diesem Zusammenhang von „extremen und recht exotischen Ausnahmefällen"[434]. Insgesamt gesehen haben Unternehmen damit aber zumindest einen Ort der Geschäftsleitung.[435] Fraglich ist jedoch, ob sich am Ort der Geschäftsleitung stets auch eine Betriebsstätte befindet und damit jeder Gewerbebetrieb zumindest eine Betriebsstätte hat.[436]

---

424 Vgl. hierzu auch HAASE, FLORIAN/BRÄNDEL, KATRIN (Überlegungen 2011), S. 51.

425 Vgl. BFH, Urteil vom 19.12.2007, I R 19/06, S. 402; MACHENS, GABRIELE (Personengesellschaften 2007), S. 88 f.; SCHAUHOFF, STEPHAN (Einkommensteuerpflicht 1995), S. 111; STEMLER, PATRICK (Sondervergütungen 2013), S. 67 f.; TÖBEN, THOMAS (Missverständnisse 2017), S. 945. Vgl. auch BRESGEN, ARIANE (Qualifikationskonflikte 2016), S. 31 f.; HAASE, FLORIAN/BRÄNDEL, KATRIN (Überlegungen 2011), S. 51; HAASE, FLORIAN/DORN, KATRIN (Erwiderung 2011), S. 2115. Wie KRAMER a.A. hingegen LAMPERT, STEFFEN (Kommentierung § 2 AStG 2024), Rn. 40 und wohl auch MICKER, LARS (Kommentierung § 2 AStG 2024), Rn. 46.

426 Vgl. TÖBEN, THOMAS (Missverständnisse 2017), S. 945.

427 Vgl. KRAMER, JÖRG-DIETRICH (floating income 2017), S. 783 („Viele Gewerbetreibende haben nicht einmal eine eigene Geschäftsleitung").

428 Vgl. GEILS, MALTE (Geschäftsleitung 2018), S. 383; STEMLER, PATRICK (Sondervergütungen 2013), S. 63, 151. Vgl. auch TÖBEN, THOMAS (Missverständnisse 2017), S. 944.

429 BFH, Urteil vom 19.12.2007, I R 19/06, S. 402; BFH, Urteil vom 20.12.2017, I R 98/15, Rn. 30. Vgl. dazu auch STEMLER, PATRICK (Sondervergütungen 2013), S. 63, 151.

430 So KRAMER, JÖRG-DIETRICH (floating income 2011), S. 1883. Vgl. dazu auch GEILS, MALTE (Geschäftsleitung 2018), S. 383.

431 Vgl. BFH, Urteil vom 05.11.2014, IV R 30/11, Rn. 29; TÖBEN, THOMAS (Missverständnisse 2017), S. 945.

432 Vgl. BFH, Urteil vom 15.10.1997, I R 76/95, S. 234; BFH, Urteil vom 16.12.1998, I R 138/97, S. 439; BFH, Urteil vom 05.11.2014, IV R 30/11, Rn. 29 f.

433 Vgl. auch wörtlich BFH, Urteil vom 05.11.2014, IV R 30/11, Rn. 30.

434 TÖBEN, THOMAS (Missverständnisse 2017), S. 945 und dort Fn. 43. Vgl. zur diesbezüglichen Rechtsprechung ausführlich TÖBEN, THOMAS (Geschäftsleitung 2015), S. 65 f.

435 Vgl. TÖBEN, THOMAS (Geschäftsleitung 2015), S. 66. Vgl. auch BFH, Urteil vom 28.07.1993, I R 15/93, S. 149; BFH, Urteil vom 15.10.1997, I R 76/95, S. 234; BFH, Urteil vom 16.12.1998, I R 138/97, S. 438.

436 Vgl. auch BRESGEN, ARIANE (Qualifikationskonflikte 2016), S. 30; STEMLER, PATRICK (Sondervergütungen 2013), S. 63, 66.

Wie oben (Kapitel 3.1.2.1.1) bereits dargelegt, erweitert § 12 Satz 2 AO nach der Rechtsprechung des BFH „grundsätzlich" die Betriebsstättendefinition des § 12 Satz 1 AO,[437] wobei es u.a. und insbesondere zur Annahme einer Geschäftsleitungsbetriebsstätte i.S.d. § 12 Satz 2 Nr. 1 AO nicht der von Satz 1 der Norm geforderten festen Geschäftseinrichtung oder Anlage, die der Tätigkeit eines Unternehmens dient, bedarf.[438] Nach Auffassung des BFH befindet sich also am Ort der Geschäftsleitung stets eine Betriebsstätte.[439] Hierbei heißt es zwar in der diesbezüglich relevanten Vorschrift des § 12 Satz 2 Nr. 1 AO wörtlich „Stätte der Geschäftsleitung", der BFH sieht aber (sprachlich) m.E. zu Recht zwischen „Ort" und „Stätte" der Geschäftsleitung keinen Unterschied.[440] Stätte bedeutet insbesondere Stelle oder Ort.[441]

Der zuvor dargelegten Auffassung des BFH, dass es zur Annahme einer Geschäftsleitungsbetriebsstätte i.S.d. § 12 Satz 2 Nr. 1 AO nicht der von Satz 1 der Norm geforderten festen Geschäftseinrichtung oder Anlage bedarf, folgt (wohl) auch die Finanzverwaltung.[442] Zudem vertreten weite Teile der Literatur diese Auffassung bzw. folgen der diesbezüglichen Rechtsprechung des BFH.[443] KRAMER meint hingegen, der BFH würde den Wortlaut des § 12 AO missachten.[444] „Nach den Regeln der deutschen Sprache […] [enthalte; d.Verf.] § 12 AO in seinem 2. Satz einige den Satz 1 illustrierende Beispiele, darunter die Stätte der Geschäftsleitung."[445] Eine feste Geschäftseinrichtung oder Anlage, die der Tätigkeit eines Unternehmens dient, sei zur Begründung einer Betriebsstätte, so KRAMER, stets erforderlich.[446] Diese Auffassung wird von namhaften Vertretern der Literatur geteilt.[447]

---

437 Vgl. auch wörtlich BFH, Urteil vom 29.11.2017, I R 58/15, Rn. 23.

438 Vgl. BFH, Urteil vom 28.07.1993, I R 15/93, Ls. 2, S. 149 (dort auch zu Bauausführungen i.S.d. § 12 Satz 2 Nr. 8 AO). Anders hingegen zur Verkaufsstelle i.S.d. § 12 Satz 2 Nr. 6 AO der BFH im Urteil vom 17.09.2003, I R 12/02, Ls. 1.: „Eine Verkaufsstelle […] ist nur dann eine Betriebsstätte, wenn sie eine i. S. des § 12 Satz 1 AO […] feste Geschäftseinrichtung oder Anlage ist.".

439 Vgl. BFH, Urteil vom 19.12.2007, I R 19/06, S. 402; BFH, Urteil vom 20.12.2017, I R 98/15, Rn. 30.

440 Vgl. dazu BFH, Urteil vom 28.07.1993, I R 15/93, S. 149, wo der BFH von dem „Ort der Geschäftsleitung i. S. des § 12 Satz 2 Nr. 1 AO" spricht, sowie BFH, Urteil vom 19.12.2007, I R 19/06, S. 402; a.A. hingegen HRUSCHKA, FRANZ (Kommentierung Art. 5 OECD-MA 2019), Rn. 95.

441 Vgl. Duden (Bedeutungswörterbuch 2023), S. 1717.

442 Vgl. dazu BMF, Schreiben vom 24.12.1999, IV B 4 – S 1300 – 111/99, Tz. 1.1.1.1., wo auch auf das im BStBl. veröffentlichte Urteil des BFH vom 28.07.1993, I R 15/93, S. 148 ff. verwiesen wird. Wohl mit Blick auf BMF, Schreiben vom 14.05.2004, IV B 4 – S 1340 – 11/04, Tz. 2.5.0.1., Nr. 1 Buchst. a) a.A. jedoch HRUSCHKA, FRANZ (Kommentierung Art. 5 OECD-MA 2019), Rn. 95, Fn. 10.

443 Vgl. DRÜEN, KLAUS-DIETER (Kommentierung § 12 AO 2024), Rn. 23; LOSCHELDER, FRIEDRICH (Kommentierung § 49 EStG 2024), Rn. 22; MERETZKI, AYK (Mitunternehmer-Betriebsstätten 2009), S. 220; MUSIL, ANDREAS (Kommentierung § 12 AO 2024), Rn. 26 f.; WASSERMEYER, FRANZ (Sondervergütungen 2010), S. 241 und wohl auch REHFELD, LARS (Kommentierung Art. 5 OECD-MA 2024), Rn. 107.

444 Vgl. KRAMER, JÖRG-DIETRICH (Darlehen 2010), S. 240; KRAMER, JÖRG-DIETRICH (floating income 2011), S. 1883.

445 KRAMER, JÖRG-DIETRICH (Fehlleistungen 2019), S. 98.

446 Vgl. KRAMER, JÖRG-DIETRICH (Fehlleistungen 2019), S. 98. Vgl. auch KRAMER, JÖRG-DIETRICH (floating income 2011), S. 1883.

447 Vgl. BÄRSCH, SVEN-ERIC (Kommentierung § 49 EStG 2024), Rn. 205; BÄRSCH, SVEN-ERIC u.a. (Unternehmensbesteuerung 2023), S. 266, 276 f., wobei jedoch die zuvor genannten Autoren eine Ausnahme bezüglich der in § 12 Satz 2 Nr. 8 AO genannten Bauausführungen bzw. Montagen machen. Vgl. auch HRUSCHKA, FRANZ (Kommentierung Art. 5 OECD-MA 2019), Rn. 95 (zu § 12 Satz 2 Nr. 1 AO).

Die zuvor angesprochenen Vertreter der Literatur, die die Auffassung von KRAMER teilen, stellen dabei vor allem auf das im Einleitungssatz von § 12 Satz 2 AO enthaltene Wort „insbesondere" ab.[448] Hieran ließe sich erkennen, dass in § 12 Satz 2 AO nur Beispiele für mögliche Betriebsstätten aufgelistet werden.[449] Demgegenüber wird dem Wort „insbesondere" von anderen Teilen der Literatur die Funktion zugeschrieben, kenntlich zu machen, dass die Aufzählung in § 12 Satz 2 AO keine abschließende ist.[450] Außerdem könne – so DRÜEN – die gesamte Formulierung im Einleitungssatz von § 12 Satz 2 AO („Als Betriebstätten sind insbesondere anzusehen") auch in dem Sinne verstanden werden, dass „die in Satz 2 aufgezählten Beispielsfälle immer und nicht nur indiziell, regelmäßig und widerlegbar als „Betriebstätten anzusehen sind"'"[451].

Insgesamt kann m.E. aus der einleitenden Formulierung des § 12 Satz 2 AO kein eindeutiges Auslegungsergebnis gewonnen werden.[452] Sofern jedoch in der Formulierung eine Fiktion erkannt werden sollte, ist dies abzulehnen,[453] da dann aufgrund des Wortes „insbesondere" offenbleiben würde, was neben dem Aufgelisteten noch fingiert werden soll.[454] Gegen die Auffassung, bei dem in § 12 Satz 2 AO Genannten handele es sich insgesamt nur um „einige den Satz 1 illustrierende Beispiele"[455], spricht jedoch § 12 Satz 2 Nr. 8 AO.[456] Die dort genannten „Bauausführungen oder Montagen" beschreiben bestimmte Arbeiten bzw. Tätigkeiten.[457] Die beiden Begriffe sind also „rein tätigkeitsbezogen".[458] Bestimmte Arbeiten bzw. Tätigkeiten müssten somit – würde man der Auffassung von KRAMER folgen – „illustrierende Beispiele"[459] für eine feste Geschäftseinrichtung oder Anlage sein. Des Weiteren lassen sich – auch m.E. – die Ausdrücke „fest" in § 12 Satz 1 AO und „örtlich fortschreitend" in § 12 Satz 2 Nr. 7 und Nr. 8 AO nicht miteinander in Einklang bringen.[460]

---

448 Vgl. BÄRSCH, SVEN-ERIC (Kommentierung § 49 EStG 2024), Rn. 205; BÄRSCH, SVEN-ERIC u.a. (Unternehmensbesteuerung 2023), S. 266.

449 Vgl. BÄRSCH, SVEN-ERIC (Kommentierung § 49 EStG 2024), Rn. 205; BÄRSCH, SVEN-ERIC u.a. (Unternehmensbesteuerung 2023), S. 266. Vgl. auch KRAMER, JÖRG-DIETRICH (Fehlleistungen 2019), S. 98.

450 Vgl. MUSIL, ANDREAS (Kommentierung § 12 AO 2024), Rn. 25; PAHLKE, ARMIN (Kommentierung § 12 AO 2024), Rn. 3.

451 DRÜEN, KLAUS-DIETER (Kommentierung § 12 AO 2024), Rn. 23.

452 Vgl. auch GEILS, MALTE (Geschäftsleitung 2018), S. 382. Im Ergebnis gl.A. der BFH, der ansonsten nicht zu folgenden gegensätzlichen Auffassungen gelangen würde: „So ist z. B. eine mehr als sechsmonatige Bauausführung auch dann Betriebsstätte i. S. des § 12 Satz 2 Nr. 8 AO […], wenn es an einer festen Geschäftseinrichtung oder Anlage fehlt."; BFH, Urteil vom 28.07.1993, I R 15/93, S. 149; und demgegenüber: „Eine Verkaufsstelle (§ 12 Satz 2 Nr. 6 AO […]) ist nur dann eine Betriebsstätte, wenn sie eine i. S. des § 12 Satz 1 AO […] feste Geschäftseinrichtung oder Anlage ist."; BFH, Urteil vom 17.09.2003, I R 12/02, Ls. 1.

453 DRÜEN, KLAUS-DIETER (Kommentierung § 12 AO 2024), Rn. 23 geht selbst nicht von einer Fiktion aus. Vgl. auch BÄRSCH, SVEN-ERIC u.a. (Unternehmensbesteuerung 2023), S. 266.

454 Die einleitende Formulierung würde letztlich „Als Betriebsstätten fingiert werden insbesondere" bedeuten.

455 KRAMER, JÖRG-DIETRICH (Fehlleistungen 2019), S. 98.

456 Vgl. BÄRSCH, SVEN-ERIC (Kommentierung § 49 EStG 2024), Rn. 205; BÄRSCH, SVEN-ERIC u.a. (Unternehmensbesteuerung 2023), S. 266, 276 f.; DRÜEN, KLAUS-DIETER (Kommentierung § 12 AO 2024), Rn. 23; STEMLER, PATRICK (Sondervergütungen 2013), S. 67.

457 Vgl. dazu und ausführlich PAHLKE, ARMIN (Kommentierung § 12 AO 2024), Rn. 74 f.

458 Vgl. auch wörtlich BÄRSCH, SVEN-ERIC (Kommentierung § 49 EStG 2024), Rn. 205.

459 KRAMER, JÖRG-DIETRICH (Fehlleistungen 2019), S. 98.

460 Vgl. dazu MUSIL, ANDREAS (Kommentierung § 12 AO 2024), Rn. 25 („Die Gegenansicht […] gerät in erhebliche Schwierigkeiten, wenn sie die Betriebstätteneigenschaft von frei beweglichen […] Anlagen begründen

Im Ergebnis handelt es sich daher bei § 12 Satz 2 AO nicht, wie KRAMER meint, um eine reine Aufzählung illustrierender Beispiele, sondern – mit dem BFH – um eine Erweiterung der Betriebsstättendefinition des § 12 Satz 1 AO,[461] wobei jedoch gefordert werden darf, dass im Einzelfall zu entscheiden ist, ob nicht doch eine feste Geschäftseinrichtung oder Anlage erforderlich ist, um die Anzahl der Betriebsstätten eines Unternehmens nicht ausufern zu lassen.[462] Hinsichtlich des Orts der Geschäftsleitung muss aber – ohne das Erreichen letzterer Zielsetzung zu gefährden – keine feste Geschäftseinrichtung oder Anlage als notwendig erachtet werden.[463]

Insgesamt lässt sich hinsichtlich der ersten Hypothese von KRAMER, wonach nicht jeder Gewerbebetrieb eine Betriebsstätte hat (s.o.), Folgendes festhalten: Da jeder Gewerbebetrieb zumindest einen Ort der Geschäftsleitung hat[464] und § 12 Satz 2 Nr. 1 AO diesen konstitutiv zur Betriebsstätte erklärt,[465] hat – der oben dargelegten h.M. folgend – auch jeder Gewerbebetrieb mindestens eine Betriebsstätte – und zwar in Form der Geschäftsleitungsbetriebsstätte i.S.d. § 12 Satz 2 Nr. 1 AO.[466] Hinsichtlich seiner zweiten Hypothese, wonach selbst wenn eine (Geschäftsleitungs-)Betriebsstätte existiert und diese die einzige Betriebsstätte des Gewerbebetriebes ist, dieser Betriebsstätte nicht zwangsläufig sämtliche Einkünfte des Gewerbebetriebes zuzuordnen sind (s.o.), argumentiert KRAMER insbesondere wie folgt: Einkünfte aus Gewerbebetrieb sind einer Betriebsstätte nur dann zuzuordnen, wenn sie dort erwirtschaftet werden.[467] Gewerbliche Einkünfte, die nicht in, sondern außerhalb einer Betriebsstätte erwirtschaftet werden, gibt es.[468] Somit sind nicht sämtliche Einkünfte aus Gewerbebetrieb einer Betriebsstätte zuzuordnen.[469] Dasselbe gilt für Wirtschaftsgüter des Betriebsvermögens.[470] Eine Attraktivkraft von Betriebsstätten gibt es nicht.[471]

---

will.“) und ausführlich STEMLER, PATRICK (Sondervergütungen 2013), S. 67; a.A. BÄRSCH, SVEN-ERIC (Kommentierung § 49 EStG 2024), Rn. 205; BÄRSCH, SVEN-ERIC u.a. (Unternehmensbesteuerung 2023), S. 268. Vgl. auch DRÜEN, KLAUS-DIETER (Kommentierung § 12 AO 2024), Rn. 34.

461 Vgl. BFH, Urteil vom 28.07.1993, I R 15/93, S. 149; BFH, Urteil vom 29.11.2017, I R 58/15, Rn. 23.

462 Vgl. dazu BFH, Urteil vom 17.09.2003, I R 12/02, S. 397 f. (zu Verkaufsstellen). Vgl. auch MUSIL, ANDREAS (Kommentierung § 12 AO 2024), Rn. 25. In der Regel sind allerdings bei den in § 12 Satz 2 AO genannten Sachverhalten bereits die von Satz 1 der Norm geforderten Voraussetzungen gegeben; vgl. BÄRSCH, SVEN-ERIC u.a. (Unternehmensbesteuerung 2023), S. 266.

463 Vgl. BFH, Urteil vom 28.07.1993, I R 15/93, S. 149; BFH, Urteil vom 17.09.2003, I R 12/02, S. 397.

464 Vgl. TÖBEN, THOMAS (Geschäftsleitung 2015), S. 66. Vgl. auch BFH, Urteil vom 28.07.1993, I R 15/93, S. 149; BFH, Urteil vom 15.10.1997, I R 76/95, S. 234; BFH, Urteil vom 16.12.1998, I R 138/97, S. 438.

465 Vgl. PAHLKE, ARMIN (Kommentierung § 12 AO 2024), Rn. 3.

466 Vgl. ebenso STEMLER, PATRICK (Sondervergütungen 2013), S. 67 f.

467 Vgl. KRAMER, JÖRG-DIETRICH (Relevanz 2004), S. 673 f.; KRAMER, JÖRG-DIETRICH (Sondervergütungen 2011), S. 2467 f. Vgl. auch KRAMER, JÖRG-DIETRICH (floating income 2011), S. 1884; KRAMER, JÖRG-DIETRICH (Steuerpflicht 2014), S. 22.

468 Vgl. KRAMER, JÖRG-DIETRICH (Relevanz 2004), S. 674 f.; KRAMER, JÖRG-DIETRICH (floating income 2011), S. 1887. Vgl. auch KRAMER, JÖRG-DIETRICH (Darlehen 2010), S. 239.

469 Vgl. KRAMER, JÖRG-DIETRICH (Relevanz 2004), S. 674; KRAMER, JÖRG-DIETRICH (floating income 2011), S. 1882, 1887; KRAMER, JÖRG-DIETRICH (Fehlleistungen 2019), S. 98. Vgl. auch KRAMER, JÖRG-DIETRICH (floating income 2017), S. 784.

470 Vgl. KRAMER, JÖRG-DIETRICH (Relevanz 2004), S. 675; KRAMER, JÖRG-DIETRICH (floating income 2011), S. 1882, 1887.

471 Vgl. KRAMER, JÖRG-DIETRICH (Darlehen 2010), S. 240; KRAMER, JÖRG-DIETRICH (floating income 2011), S. 1887; KRAMER, JÖRG-DIETRICH (floating income 2017), S. 784.

Bezüglich dieser Argumentation ist Folgendes zu beachten: Hinsichtlich der Zuordnung von Einkünften zu einer Betriebsstätte wird auf das Veranlassungsprinzip abgestellt.[472] Hierbei kann davon gesprochen werden, dass sich das Veranlassungsprinzip bezüglich der „Zuordnung von Einnahmen im *Erwirtschaftungsprinzip* konkretisiert"[473]. Auch der BFH geht u.a. davon aus, dass „der Teil des Gesamtergebnisses des Unternehmens als Gewinn der Betriebsstätte zu ermitteln ist, der sowohl durch ihre Tätigkeit als auch durch ihre Existenz erwirtschaftet wurde"[474].[475] Selbst wenn dementsprechend der Argumentation von KRAMER hinsichtlich seiner zweiten Hypothese insoweit nicht widersprochen wird, wie KRAMER meint, dass Einkünfte aus Gewerbebetrieb einer Betriebsstätte nur dann zuzuordnen sind, wenn sie dort erwirtschaftet werden (s.o.), sind einer Betriebsstätte gleichwohl – und entgegen der Auffassung von KRAMER –[476] sämtliche Einkünfte des Gewerbebetriebes zuzuordnen, wenn sie die einzige Betriebsstätte des Gewerbebetriebes ist.[477] GOSCH spricht in diesem Zusammenhang von einer „Art ‚Attraktivkraft'" der einzig existenten Betriebsstätte.[478] Konkret kommt das Veranlassungsprinzip auch dann zur Anwendung, wenn nur eine Betriebsstätte des Gewerbebetriebes existiert.[479] Die sodann entscheidende Frage, ob eine Zuordnung der in Rede stehenden Einkünften aus Gewerbebetrieb zu der einzig existenten Betriebsstätte des Gewerbebetriebes anhand des Veranlassungsprinzips vorzunehmen ist, wurde – implizit – schon beantwortet.[480] Damit Einkünfte solche aus Gewerbebetrieb sind, müssen sie durch den Gewerbebetrieb veranlasst sein.[481] Ein Gewerbebetrieb kann auch aus nur einer Betriebsstätte bestehen.[482] In diesem Fall

---

472 Vgl. BMF, Schreiben vom 24.12.1999, IV B 4 – S 1300 – 111/99, Tz. 2.1. f.; REINHOLD, MARTIN (Betriebsstätten 2018), Rn. 357; WASSERMEYER, FRANZ (Betriebsstätten 2008), Rn. 302. Vgl. auch REIMER, EKKEHART (Kommentierung § 49 EStG 2024), Rn. 117. Vgl. zu der Frage, ob sich an diesem Zuordnungsmaßstab durch die Umsetzung des AOA in § 1 Abs. 5 AStG etwas geändert hat, auch die Ausführungen in Kapitel 3.1.2.1.2.2.4.

473 SCHAUMBURG, HARALD (Zurechnung 2000), S. 75.

474 BFH, Urteil vom 20.07.1988, I R 49/84, S. 142.

475 Vgl. ausführlich hierzu die Ausführungen in Kapitel 3.1.2.1.2.2.1.

476 Vgl. KRAMER, JÖRG-DIETRICH (floating income 2011), S. 1882, 1887; KRAMER, JÖRG-DIETRICH (floating income 2017), S. 784; KRAMER, JÖRG-DIETRICH (Fehlleistungen 2019), S. 98 f. Vgl. auch KRAMER, JÖRG-DIETRICH (Relevanz 2004), S. 674; KRAMER, JÖRG-DIETRICH (Ungereimtheiten 2016), S. 499.

477 Vgl. BFH, Urteil vom 19.12.2007, I R 19/06, S. 402; BFH, Urteil vom 20.12.2017, I R 98/15, Rn. 30; SCHAUHOFF, STEPHAN (Einkommensteuerpflicht 1995), S. 111; WASSERMEYER, FRANZ (Betriebsstättengewinnermittlung 2015), Rn. 2.14. Vgl. auch WASSERMEYER, FRANZ (Stellungnahme 2004), S. 676.

478 Vgl. auch wörtlich GOSCH, DIETMAR (Kommentierung § 34d EStG 2024), Rn. 8; ähnlich HAASE, FLORIAN/DORN, KATRIN (Erwiderung 2011), S. 2115.

479 Vgl. BFH, Urteil vom 20.07.1988, I R 49/84, S. 142; HAASE, FLORIAN/BRÄNDEL, KATRIN (Überlegungen 2011), S. 49, 51; KUẞMAUL, HEINZ/SCHÄFER, RENÉ/ENGEL, PHILIPP (Inbound-Fall 2020), S. 878 und wohl auch MERETZKI, AYK (Mitunternehmer-Betriebsstätten 2009), S. 220. Vgl. zum Abkommensrecht auch KOLLRUSS, THOMAS (Trugschluss 2017), S. 200; a.A. DÖTSCH, EWALD/PUNG, ALEXANDRA (Kapitalbeteiligungen 2019), S. 147; HAGEMANN, TOBIAS (Abkommensrecht 2016), S. 173 (m.E. zu Unrecht mit Verweis auf GOSCH, DIETMAR (Kommentierung § 50d EStG 2015), Rn. 45).

480 Vgl. zur Zuordnung von Kapitalgesellschaftsanteilen anhand des Veranlassungsprinzips im Fall von nur einer (im Inland) vorhandenen Betriebsstätte KUẞMAUL, HEINZ/SCHÄFER, RENÉ/ENGEL, PHILIPP (Inbound-Fall 2020), S. 878. Vgl. auch WACKER, ROLAND (Betriebsstättenzurechnung 2019), S. 845.

481 Vgl. HRUSCHKA, FRANZ/LÜDEMANN, PETER (Veranlassungsprinzip 2005), S. 76; WACKER, ROLAND (Veranlassungsprinzip 2018), S. 2522.

482 Vgl. BFH, Urteil vom 20.07.1988, I R 49/84, S. 142.

bildet die Betriebsstätte den gesamten Gewerbebetrieb.[483] Folglich müssen, wenn nur eine Betriebsstätte existiert, die Einkünfte aus Gewerbebetrieb durch die einzig existente Betriebsstätte veranlasst sein,[484] sodass sie dieser Betriebsstätte zuzuordnen sind.[485] Damit ist auch die zweite Hypothese von KRAMER abzulehnen.

Weitere Argumente in der Diskussion um floating income:

Ein weiteres Argument gegen die Existenz von floating income nach nationalem Steuerrecht kann – mit WASSERMEYER – dem Gewerbesteuergesetz und dort speziell der Wirkungssystematik der §§ 2 Abs. 1, 7 Satz 1 und 9 Nr. 3 GewStG entnommen werden.[486] § 2 Abs. 1 Satz 1 GewStG bestimmt, dass der Gewerbesteuer jeder stehende Gewerbebetrieb unterliegt, soweit er im Inland betrieben wird. Im Inland betrieben wird ein Gewerbebetrieb insbesondere, soweit für ihn im Inland eine Betriebsstätte unterhalten wird (§ 2 Abs. 1 Satz 3 GewStG). Gewerbesteuer wird damit nur auf den Teil des Gewerbeertrages erhoben, der auf eine inländische Betriebsstätte entfällt.[487] Es kann hierbei von einer nur beschränkten Gewerbesteuerpflicht gesprochen werden.[488] Gleichwohl wird in § 7 Satz 1 GewStG bestimmt, dass in den Gewerbeertrag der gesamte nach den Vorschriften des EStG oder des KStG zu ermittelnde Gewinn aus dem Gewerbebetrieb einfließt, und erst durch § 9 Nr. 3 GewStG wird die Summe des Gewinns und der Hinzurechnungen (§ 8 GewStG) gekürzt um den Teil des Gewinns eines inländischen Unternehmens, der auf eine nicht im Inland belegene Betriebsstätte dieses Unternehmens entfällt.[489] D.h. aber gerade, dass der Gewinn stets einer Betriebsstätte zugeordnet ist und somit floating income jedenfalls im Gewerbesteuerrecht nicht existiert.[490]

Dem Voranstehenden könnte zwar – mit STEMLER – die Rechtsprechung des BFH im Urteil vom 09.07.2003 (I R 4/02)[491] entgegengehalten werden.[492] Unter Verweis auf diese Entscheidung führt STEMLER – explizit entgegen der Auffassung von WASSERMEYER – aus, dass „nach der Rechtsprechung des BFH nur diejenigen Einkünfte der Kürzungsvorschrift des § 9 Nr. 3 GewStG unterfallen, die der ausländischen Betriebsstätte zugerechnet werden können, die nicht einer ausländischen Betriebsstätte zuzurechnenden Einkünfte sind [hingegen „automatisch";

483 Vgl. HAASE, FLORIAN/BRÄNDEL, KATRIN (Überlegungen 2011), S. 51. Vgl. auch LINK, MATHIAS (Kommentierung § 34d EStG 2024), Rn. 28.

484 Vgl. BFH, Urteil vom 20.07.1988, I R 49/84, S. 142 (zu Aufwendungen).

485 Vgl. HAASE, FLORIAN/BRÄNDEL, KATRIN (Überlegungen 2011), S. 49, 51; MACHENS, GABRIELE (Personengesellschaften 2007), S. 108. Vgl. auch KUßMAUL, HEINZ/SCHÄFER, RENÉ/ENGEL, PHILIPP (Inbound-Fall 2020), S. 878 (zur Zuordnung von Kapitalgesellschaftsanteilen).

486 Vgl. WASSERMEYER, FRANZ (Sondervergütungen 2010), S. 241. Vgl. auch WASSERMEYER, FRANZ (Betriebsstättengewinnermittlung 2015), Rn. 2.14; WASSERMEYER, FRANZ (Geschäftsleitungsbetriebsstätte 2017), Rn. 11.7.

487 Vgl. GÜROFF, GEORG (Kommentierung § 2 GewStG 2023), Rn. 13 (mit Verweis auf BFH, Urteil vom 02.12.1992, I R 165/90, S. 580); WASSERMEYER, FRANZ (Sondervergütungen 2010), S. 241; WASSERMEYER, FRANZ (Betriebsstättengewinnermittlung 2015), Rn. 2.14.

488 So GÜROFF, GEORG (Kommentierung § 2 GewStG 2023), Rn. 13.

489 Vgl. WASSERMEYER, FRANZ (Sondervergütungen 2010), S. 241; WASSERMEYER, FRANZ (Betriebsstättengewinnermittlung 2015), Rn. 2.14.

490 Vgl. WASSERMEYER, FRANZ (Sondervergütungen 2010), S. 241; WASSERMEYER, FRANZ (Betriebsstättengewinnermittlung 2015), Rn. 2.14.

491 Vgl. BFH, Urteil vom 09.07.2003, I R 4/02, S. 710 f.

492 Vgl. STEMLER, PATRICK (Sondervergütungen 2013), S. 69.

d. Verf.] gewerbesteuerpflichtig“[493]. Zuzugeben ist STEMLER, dass die Ausführungen des BFH in seiner Entscheidung vom 09.07.2003 (I R 4/02) dahingehend verstanden werden können. In dem Judikat heißt es, „dass bei Bestehen einer ausländischen Betriebsstätte nur derjenige Gewerbeertrag von der Gewerbesteuerpflicht ausgenommen ist, der auf die betreffende Betriebsstätte entfällt [...]. Der darüber hinausgehende Ertrag unterliegt [...] der Gewerbesteuer.“[494] Anhand der neueren Rechtsprechung des BFH wird jedoch deutlich, dass der BFH zur Annahme einer Gewerbesteuerpflicht zwar keine „*gesonderte* Zuordnung“ der Einkünfte zu einer im Inland unterhaltenen Betriebsstätte fordert, gleichwohl sieht er im Fall von gewerbesteuerpflichtigen Einkünften eine Zuordnung dieser zu einer inländischen Betriebsstätte als gegeben an.[495] Anders ausgedrückt: Für die Gewerbesteuerpflicht von Einkünften ist stets erforderlich, dass die Einkünfte einer inländischen Betriebsstätte zuzuordnen sind.[496] Dementsprechend ist WASSERMEYER auch darin zuzustimmen, dass es – wenn die Existenz von floating income entgegen den obenstehenden Ausführungen akzeptiert wird – zu Steuerausfällen bei der Gewerbesteuer kommen würde.[497] Hierauf aufbauend könnte gefragt werden, ob dies aus fiskalischer Sicht gewollt ist.[498]

Nach den voranstehenden Ausführungen spricht also das Gewerbesteuerrecht gegen die Existenz von floating income. Demgegenüber kann als Argument für die Existenz von floating income nicht angebracht werden, dass „§ 15 Abs. 2 EStG, der definiert, welche Einkünfte gewerblich sind, mit keinem Wort das Vorhandensein einer Betriebsstätte als Tatbestandsvoraussetzung“ verlangt.[499] Vieles bleibt in § 15 EStG unerwähnt.[500] Bspw. findet sich der Begriff „Sonderbetriebsvermögen“ in § 15 EStG nicht und dennoch wird die Existenz von Sonderbetriebsvermögen – jedenfalls von der h.M. – nicht bestritten.[501]

Des Weiteren können auch die Regelungen in § 49 Abs. 1 Nr. 2 Buchst. b) ff. EStG nicht als Argument für die Existenz von floating income herangezogen werden,[502] denn durch die dortigen Bestimmungen werden nur besondere Anknüpfungspunkte normiert, die – unabhängig von

---

493 STEMLER, PATRICK (Sondervergütungen 2013), S. 69.

494 BFH, Urteil vom 09.07.2003, I R 4/02, S. 711. Vgl. ähnlich bereits BFH, Urteil vom 18.12.1986, I R 130/83, Rn. 17.

495 Vgl. auch wörtlich BFH, Urteil vom 20.12.2017, I R 98/15, Rn. 27, 30, 31 [Hervorhebung d. Verf.]. Vgl. auch GÜROFF, GEORG (Kommentierung § 2 GewStG 2023), Rn. 13.

496 Vgl. WASSERMEYER, FRANZ (Sondervergütungen 2010), S. 241; a.A. STEMLER, PATRICK (Sondervergütungen 2013), S. 69.

497 Vgl. WASSERMEYER, FRANZ (Sondervergütungen 2010), S. 241 f.; WASSERMEYER, FRANZ (Geschäftsleitungsbetriebsstätte 2017), Rn. 11.7. Vgl. auch KARLA, BENEDIKT (Gesetzesauslegung 2012), S. 56. A.A. hingegen STEMLER, PATRICK (Sondervergütungen 2013), S. 69.

498 Vgl. ähnlich WASSERMEYER, FRANZ (Betriebsstättengewinnermittlung 2015), Rn. 2.14.

499 So aber und wörtlich HRUSCHKA, FRANZ (Kommentierung Art. 5 OECD-MA 2019), Rn. 95; vergleichbar auch KRAMER, JÖRG-DIETRICH (Relevanz 2004), S. 674; KRAMER, JÖRG-DIETRICH (floating income 2011), S. 1882; KRAMER, JÖRG-DIETRICH (Steuerpflicht 2014), S. 22 (dort m.E. zu Unrecht mit Verweis auf WASSERMEYER, FRANZ (Sondervergütungen 2010), S. 242 a.E.); wie hier HAASE, FLORIAN/DORN, KATRIN (Erwiderung 2011), S. 2115; TÖBEN, THOMAS (Missverständnisse 2017), S. 945.

500 Vgl. TÖBEN, THOMAS (Missverständnisse 2017), S. 945.

501 Vgl. dazu die Ausführungen in Kapitel 2.3.2.2.

502 So aber BRESGEN, ARIANE (Qualifikationskonflikte 2016), S. 30 f.; STEMLER, PATRICK (Sondervergütungen 2013), S. 64, 74 (m.E. jeweils zu Unrecht mit Verweis auf HAASE, FLORIAN/BRÄNDEL, KATRIN (Überlegungen 2011), S. 54); in diese Richtung auch KRAMER, JÖRG-DIETRICH (Darlehen 2010), S. 240.

der Existenz einer Betriebsstätte im Inland – zu inländischen Einkünften i.S.d. beschränkten Steuerpflicht führen.[503] Die Einkünfte sind dabei aber gleichwohl einer im Ausland unterhaltenen Betriebsstätte – bspw. der im Ausland belegenen Geschäftsleitungsbetriebsstätte des Steuerpflichtigen – zuzuordnen, sodass die Einkünfte nicht betriebsstättenlos sind.[504]

Allerdings wird m.E. in § 2 Abs. 1 Satz 2 AStG davon ausgegangen, dass betriebsstättenlose Einkünfte aus Gewerbebetrieb existieren.[505] § 2 Abs. 1 Satz 2 AStG bestimmt, dass für Einkünfte einer natürlichen Person, die weder durch deren ausländische Betriebsstätte noch durch deren in einem ausländischen Staat tätigen ständigen Vertreter erzielt werden, für die Anwendung des § 2 Abs. 1 AStG[506] das Bestehen einer inländischen Geschäftsleitungsbetriebsstätte der natürlichen Person anzunehmen ist, der solche Einkünfte zuzuordnen sind. Tatbestandsvoraussetzung der Norm ist somit, dass Einkünfte insbesondere nicht durch eine ausländische Betriebsstätte erzielt werden.[507] Vorausgesetzt wird damit aber vor allem auch, dass die Einkünfte keiner Betriebsstätte im Ausland zuzuordnen sind.[508] Die Rechtsfolge der Norm ist die Fiktion einer inländischen Betriebsstätte, der die jeweiligen Einkünfte zuzuordnen sind.[509] Eine solche Fiktion wäre aber dann nicht notwendig, wenn im Inland bereits eine Betriebsstätte, der die Einkünfte zuzuordnen sind, bestehen würde.[510] Insgesamt wird in § 2 Abs. 1 Satz 2 AStG also davon ausgegangen, dass weder im Ausland noch im Inland eine Betriebsstätte existiert, der die Einkünfte zuzuordnen sind, und somit davon, dass floating income existiert.[511] Hierfür spricht auch die Aussage in den Gesetzesmaterialien zu § 2 Abs. 1 Satz 2 AStG: „Gewerbliche Einkünfte müssen nicht in jedem Fall einer Betriebsstätte zugeordnet werden."[512] Gesondert sollte jedoch die Frage beantwortet werden, ob § 2 Abs. 1 Satz 2 AStG – aufgrund der Rechtsprechung des BFH –[513] überhaupt Wirkung entfalten kann.[514]

Im Ergebnis lässt sich festhalten, dass sich anhand konkreter Normen des deutschen Steuerrechts jedenfalls nicht sicher ausmachen lässt, ob das Gesetz von der Existenz von floating

---

503 Vgl. BFH, Urteil vom 19.12.2007, I R 19/06, S. 402 f. Vgl. auch HAASE, FLORIAN/BRÄNDEL, KATRIN (Überlegungen 2011), S. 53.

504 Vgl. BFH, Urteil vom 19.12.2007, I R 19/06, S. 402 f.; HAASE, FLORIAN/BRÄNDEL, KATRIN (Überlegungen 2011), S. 52 f.

505 Vgl. insbesondere auch KRAFT, GERHARD (Kommentierung § 2 AStG 2019), Rn. 48 sowie ZIMMERMANN, HEINZ/KÖNEMANN, RAGNAR W. (Kommentierung § 2 AStG 2024), Rn. 90.1.

506 Vgl. dazu BAßLER, JOHANNES (Kommentierung § 2 AStG 2024), Rn. 143.

507 Vgl. STAHL, CHRISTIAN (Reichweite 2013), S. 126.

508 Vgl. LAMPERT, STEFFEN (Kommentierung § 2 AStG 2024), Rn. 40; STEMLER, PATRICK (Sondervergütungen 2013), S. 74.

509 Vgl. LAMPERT, STEFFEN (Kommentierung § 2 AStG 2024), Rn. 40; STEMLER, PATRICK (Sondervergütungen 2013), S. 74.

510 Vgl. STAHL, CHRISTIAN (Reichweite 2013), S. 127.

511 Vgl. insbesondere auch KRAFT, GERHARD (Kommentierung § 2 AStG 2019), Rn. 48 sowie ZIMMERMANN, HEINZ/KÖNEMANN, RAGNAR W. (Kommentierung § 2 AStG 2024), Rn. 90.1; a.A. BRESGEN, ARIANE (Qualifikationskonflikte 2016), S. 33 f.; STEMLER, PATRICK (Sondervergütungen 2013), S. 74 und wohl auch BAßLER, JOHANNES (Kommentierung § 2 AStG 2024), Rn. 144.

512 BR-Drs. 545/08 (Beschluss) vom 19.09.2008, S. 66. Vgl. auch BRESGEN, ARIANE (Qualifikationskonflikte 2016), S. 33; STEMLER, PATRICK (Sondervergütungen 2013), S. 73.

513 Vgl. insbesondere BFH, Urteil vom 19.12.2007, I R 19/06, S. 402.

514 Vgl. dazu BAßLER, JOHANNES (Kommentierung § 2 AStG 2024), Rn. 144.

income ausgeht oder nicht.[515] Weiterhin hilft in der Diskussion auch nicht der Hinweis, die Rechtsprechung des BFH[516] führe dazu, dass der Betriebsstättenbegriff „konturenlos und beliebig geworden“[517] wäre.[518] Denn wenn man hierauf aufbauend die Existenz von floating income bejahen würde, könnte vergleichbar argumentiert werden, dass die Abgrenzung zwischen floating income und den Einkünften, die einer Betriebsstätte zuzuordnen sind, „nur mit Hilfe einer äußerst groben Schätzung […], die auf willkürlichen Annahmen aufbaut“, erfolgen kann.[519] Entscheidend ist daher darauf abzustellen, dass, wie oben dargelegt, jeder Gewerbebetrieb über mindestens eine Betriebsstätte verfügt, der bei Fehlen anderer Betriebsstätten sämtliche Einkünfte des Gewerbebetriebs – aufgrund des Veranlassungsprinzips – zuzuordnen sind.[520] Tritt eine weitere Betriebsstätte hinzu, ist zu prüfen, welcher Teil der Einkünfte dieser Betriebsstätte zuzuordnen ist.[521] Der oben aufgezeigte Veranlassungszusammenhang zwischen den Einkünften aus Gewerbebetrieb und der einzig existenten Betriebsstätte kann also nur durch eine weitere Betriebsstätte gelöst werden.[522] Damit ist aber denklogisch ausgeschlossen, dass Einkünfte keiner Betriebsstätte zuzuordnen sind.

Insgesamt wird damit hier der Auffassung von WASSERMEYER gefolgt und damit die Existenz von floating income nach nationalem Steuerrecht grundsätzlich abgelehnt.[523] Wie WASSERMEYER zutreffend ausführt, sind von diesem Grundsatz jedoch – insbesondere mit Blick auf § 17 EStG – Ausnahmen zu machen.[524] Durch die Vorschrift des § 17 EStG werden, wie oben in Kapitel 3.1.2.1.2.1.2 bereits dargelegt, Einkünfte aus Gewerbebetrieb besteuert, ohne dass für diese Einkünfte ein Gewerbebetrieb unterhalten wird.[525]

---

515 Siehe dazu die obigen Ausführungen zu §§ 2 Abs. 1, 7 Satz 1 und 9 Nr. 3 GewStG und im Gegensatz dazu die voranstehenden Ausführungen zu § 2 Abs. 1 Satz 2 AStG und vgl. im Ergebnis ebenso HRUSCHKA, FRANZ (Kommentierung Art. 5 OECD-MA 2019), Rn. 95. Vgl. für eine entsprechende Untersuchung in Bezug auf weitere Gesetzesnormen BRESGEN, ARIANE (Qualifikationskonflikte 2016), S. 32 f.; STEMLER, PATRICK (Sondervergütungen 2013), S. 69 ff.

516 Vgl. BFH, Urteil vom 28.07.1993, I R 15/93, S. 149 (zur Erweiterung der Betriebsstättendefinition des § 12 Satz 1 AO durch Satz 2 der Norm).

517 KRAMER, JÖRG-DIETRICH (Darlehen 2010), S. 240; ähnlich KRAMER, JÖRG-DIETRICH (Relevanz 2004), S. 675 sowie BÄRSCH, SVEN-ERIC (Kommentierung § 49 EStG 2024), Rn. 205.

518 Ähnlich bereits WASSERMEYER, FRANZ (Stellungnahme 2004), S. 677 und vgl. kritisch dazu auch TÖBEN, THOMAS (Missverständnisse 2017), S. 944.

519 Vgl. dazu und wörtlich WASSERMEYER, FRANZ (Sondervergütungen 2010), S. 242; ähnlich WASSERMEYER, FRANZ (Geschäftsleitungsbetriebsstätte 2017), Rn. 11.7. Vgl. dazu auch SCHAUHOFF, STEPHAN/IDLER, JESCO (BFH-Rechtsprechung 2008), S. 342; STEMLER, PATRICK (Sondervergütungen 2013), S. 72 f.

520 Vgl. dazu BFH, Urteil vom 19.12.2007, I R 19/06, S. 402 sowie HAASE, FLORIAN/BRÄNDEL, KATRIN (Überlegungen 2011), S. 49, 51, die hierbei ebenfalls auf das Veranlassungsprinzip abstellen.

521 Vgl. BFH, Urteil vom 28.07.1993, I R 15/93, S. 149, wo bei Hinzutreten einer weiteren Betriebsstätte eine Aufteilung der Einkünfte zwischen den Betriebsstätten gefordert wird.

522 Vgl. auch KOLLRUSS, THOMAS (Unternehmensgewinne 2017), S. 83 (zum Abkommensrecht).

523 Vgl. WASSERMEYER, FRANZ (Sondervergütungen 2010), S. 241; WASSERMEYER, FRANZ (Geschäftsleitungsbetriebsstätte 2017), Rn. 11.7. Zu diesem Ergebnis kommen *insoweit* auch BRESGEN, ARIANE (Qualifikationskonflikte 2016), S. 36 sowie STEMLER, PATRICK (Sondervergütungen 2013), S. 74.

524 Vgl. WASSERMEYER, FRANZ (Sondervergütungen 2010), S. 241; WASSERMEYER, FRANZ (Geschäftsleitungsbetriebsstätte 2017), Rn. 11.7 (dort auch zu weiteren Ausnahmen); anders BRESGEN, ARIANE (Qualifikationskonflikte 2016), S. 36 sowie STEMLER, PATRICK (Sondervergütungen 2013), S. 74.

525 Vgl. KEUK, BRIGITTE (Sondervergütungen 1974), S. 34 und dort Fn. 189a; VOGT, GABRIELE (Kommentierung § 17 EStG 2024), Rn. 120; a.A. HAASE, FLORIAN/BRÄNDEL, KATRIN (Überlegungen 2011), S. 54 und dort Fn. 39.

3.1.2.1.2.2 Zuordnungsprinzipien

3.1.2.1.2.2.1 Allgemeines Zuordnungsprinzip

Wie bereits in Kapitel 3.1.2.1.1 angesprochen, ist Voraussetzung, damit Einkünfte aus Gewerbebetrieb, für den im Inland eine Betriebsstätte unterhalten wird, nach § 49 Abs. 1 Nr. 2 Buchst. a) EStG inländische Einkünfte i.S.d. beschränkten Steuerpflicht sind, dass die Einkünfte der inländischen Betriebsstätte zuzuordnen sind.[526] Eine ausdrückliche und klare gesetzliche Regelung, nach der diese Zuordnung zu erfolgen hat, besteht jedoch nicht.[527] Im Folgenden werden die diesbezüglichen Auffassungen des BFH, der Finanzverwaltung sowie der Literatur dargestellt und ermittelt, ob sich ein Konsens ausmachen lässt.

Der BFH führt zur Thematik u.a. aus, dass die erforderliche „Zuordnung nach Maßgabe eines wirtschaftlichen Zusammenhangs" zu erfolgen hat.[528] Hierbei sind Wirtschaftsgüter einer inländischen Betriebsstätte nach dem „Veranlassungsprinzip" zuzuordnen;[529] vergleichbar wird in Bezug auf die Zuordnung von Einkünften zu einer Betriebsstätte, die im Inland unterhalten wird, auf die Veranlassung der Einkünfte durch die Betriebsstätte (bzw. einer dieser zuzuordnenden Tätigkeit) abgestellt.[530] Außerdem formuliert der BFH, dass die einer Betriebsstätte zuzuordnenden Einkünfte der Teil der gesamten Einkünfte des Gewerbebetriebes sind, „der sowohl durch ihre Tätigkeit als auch durch ihre Existenz erwirtschaftet wurde".[531] Weiterhin hält der BFH fest, dass Einkünfte stets nur einer i.S.v. nur einer einzigen Betriebsstätte zuzuordnen sind.[532] Ähnlich wie der BFH äußert sich die Finanzverwaltung und führt konkret aus, dass einer „Betriebsstätte die Wirtschaftsgüter nach dem Prinzip der wirtschaftlichen Zugehörigkeit und die mit den Wirtschaftsgütern im Zusammenhang stehenden Betriebseinnahmen und -ausgaben nach dem Veranlassungsprinzip zuzuordnen" sind.[533] In der Literatur wird als Prinzip für die Zuordnung von Einkünften zu einer Betriebsstätte ebenfalls das Veranlassungsprinzip

---

526 Vgl. BFH, Urteil vom 24.02.1988, I R 95/84, S. 665; BMF, Schreiben vom 24.12.1999, IV B 4 – S 1300 – 111/99, Tz. 1.1.5.5.; BRESGEN, ARIANE (Qualifikationskonflikte 2016), S. 26; HAASE, FLORIAN/BRÄNDEL, KATRIN (Überlegungen 2011), S. 53; HRUSCHKA, FRANZ/LÜDEMANN, PETER (Veranlassungsprinzip 2005), S. 77.

527 Vgl. HRUSCHKA, FRANZ/LÜDEMANN, PETER (Veranlassungsprinzip 2005), S. 76 f.; JUNKERS, LARS (Sonderbetriebsvermögen 2019), S. 365; WASSERMEYER, FRANZ (BFH-Rechtsprechung 2015), S. 37 f. und zur Frage, ob sich hieran durch die Umsetzung des Authorized OECD Approach (AOA) in § 1 Abs. 5 AStG und dem Erlass der dazugehörigen Betriebsstättengewinnaufteilungsverordnung (BsGaV) etwas geändert hat, die Ausführungen in Kapitel 3.1.2.1.2.2.4.

528 Vgl. auch wörtlich BFH, Urteil vom 18.09.1996, I R 59/95, S. 203 (in Bezug auf Einkünfte) mit Verweis auf BFH, Urteil vom 20.07.1988, I R 49/84, S. 142 (zu Aufwendungen) sowie BFH, Urteil vom 16.02.1996, I R 43/95, S. 129 f. (zum Abkommensrecht). Vgl. auch BFH, Urteil vom 17.11.1999, I R 7/99, S. 607; BFH, Urteil vom 29.11.2017, I R 58/15, Rn. 27 (jeweils in Bezug auf Wirtschaftsgüter).

529 Vgl. auch wörtlich BFH, Urteil vom 29.11.2017, I R 58/15, Rn. 27. Vgl. zudem BFH, Urteil vom 17.11.1999, I R 7/99, S. 607, wo von einem „wirtschaftlichen Veranlassungszusammenhang" die Rede ist.

530 Vgl. dazu BFH, Urteil vom 24.02.1988, I R 95/84, S. 665 („ausgelöst") sowie BFH, Urteil vom 02.12.1992, I R 165/90, S. 579 („veranlaßt").

531 Vgl. jeweils auch wörtlich BFH, Urteil vom 20.07.1988, I R 49/84, S. 142; BFH, Urteil vom 18.09.1996, I R 59/95, S. 203.

532 Vgl. BFH, Urteil vom 24.02.1988, I R 95/84, S. 665.

533 Vgl. auch wörtlich BMF, Schreiben vom 24.12.1999, IV B 4 – S 1300 – 111/99, Tz. 2.1. f. (originär zur Zuordnung im Abkommensrecht, die aber „nach den Grundsätzen des deutschen Steuerrechts" erfolgt).

genannt.[534] Daneben wird bezüglich der Zuordnung von Einkünften auch auf das sog. „Erwirtschaftungsprinzip“ abgestellt.[535] Eine Verbindung zwischen beiden Prinzipien wird hergestellt, indem davon ausgegangen wird, dass sich das Veranlassungsprinzip bezüglich der „Zuordnung von Einnahmen im Erwirtschaftungsprinzip konkretisiert“.[536]

Im Ergebnis kann hier – jedenfalls nicht im Widerspruch zu den oben dargelegten Äußerungen von Rechtsprechung, Finanzverwaltung und Literatur – das Veranlassungsprinzip als das grundsätzlich (s.u.) anzuwendende Prinzip bezüglich der Zuordnung von Einkünften zu einer Betriebsstätte genannt werden. Es handelt sich um den „tragenden Grundsatz im deutschen Ertragsteuerrecht hinsichtlich der Zuordnung und Abgrenzung von Wirtschaftsgütern, Aufwendungen und Erträgen“[537]. Die Rechtsgrundlage des Veranlassungsprinzips bilden die §§ 4 Abs. 4 EStG und 50 Abs. 1 Satz 1 EStG.[538] Für eine Zuordnung anhand des Veranlassungsprinzips bedarf es einer wertenden Beurteilung des die Betriebseinnahmen und -ausgaben „auslösenden Moments“.[539] Auch WACKER sieht das Veranlassungsprinzip als „*die* Zuordnungslehre“[540] des Ertragsteuerrechts an, konstatiert jedoch, dass die „Zuordnungsentscheidungen […] – soweit möglich – den Vorgaben des Ertragsteuerrechts zu entnehmen [sind; d.Verf.], und zwar sowohl den unmittelbaren Wortlautvorgaben des Gesetzes als auch den erkennbaren systematischen Grundentscheidungen“[541]. Im Folgenden soll daher untersucht werden, ob speziell für Sondervergütungen bzw. für die damit zusammenhängenden Aufwendungen von Mitunternehmern ein anderes, spezielleres Zuordnungsprinzip existiert, welches diesbezüglich vorrangig zur Anwendung gelangt.

3.1.2.1.2.2.2 Zuordnungsprinzip für Sondervergütungen von Mitunternehmern

In Teilen der Literatur und der Rechtsprechung wird oftmals eher selbstverständlich davon ausgegangen, dass Sondervergütungen, die ein Mitunternehmer im Inbound-Fall erzielt, der inländischen Betriebsstätte der Personengesellschaft zuzuordnen sind, respektive davon, dass eine

---

534 Vgl. HRUSCHKA, FRANZ/LÜDEMANN, PETER (Veranlassungsprinzip 2005), S. 84; MERETZKI, AYK (Mitunternehmer-Betriebsstätten 2009), S. 220; REINHOLD, MARTIN (Betriebsstätten 2018), Rn. 357; WASSERMEYER, FRANZ (Betriebsstätten 2008), Rn. 302.

535 So und jeweils auch wörtlich, mit Hervorhebung im Original GOSCH, DIETMAR (Kommentierung § 49 EStG 2024), Rn. 15 sowie LOSCHELDER, FRIEDRICH (Kommentierung § 49 EStG 2024), Rn. 28 (mit Verweis auf BFH, Beschluss vom 20.12.2006, I B 47/05, S. 769).

536 So und wörtlich mit Hervorhebung im Original SCHAUMBURG, HARALD (Zurechnung 2000), S. 75; ähnlich auch HAGEMANN, TOBIAS (Abkommensrecht 2016), S. 172 f.

537 LIEBCHEN, DANIEL (Personengesellschaften 2008), S. 70 f. m.w.N. Vgl. ähnlich WACKER, ROLAND (Veranlassungsprinzip 2018), S. 2523; WACKER, ROLAND (Betriebsstättenzurechnung 2019), S. 838.

538 Vgl. JUNKERS, LARS (Sonderbetriebsvermögen 2019), S. 365 (zu § 50 Abs. 1 Satz 1 EStG); WACKER, ROLAND (Veranlassungsprinzip 2018), S. 2521 (zu § 4 Abs. 4 EStG). Vgl. auch LIEBCHEN, DANIEL (Personengesellschaften 2008), S. 87.

539 Vgl. auch wörtlich BÄRSCH, SVEN-ERIC (Kommentierung § 49 EStG 2024), Rn. 242 mit Verweis auf BFH, Urteil vom 06.04.2016, I R 61/14, Rn. 18 (zur Zuordnung von Aufwendungen). Vgl. hierzu auch WACKER, ROLAND (Veranlassungsprinzip 2018), S. 2519.

540 WACKER, ROLAND (Veranlassungsprinzip 2018), S. 2523 [Hervorhebung d.Verf.]. Vgl. auch WACKER, ROLAND (Betriebsstättenzurechnung 2019), S. 838.

541 WACKER, ROLAND (Veranlassungsprinzip 2018), S. 2523.

beschränkte Steuerpflicht des Mitunternehmers hinsichtlich der Sondervergütungen besteht.[542] Letzteres erscheint m.E. jedoch zumindest fraglich[543] und bedarf einer eingehenden Analyse.[544] Dies gilt insbesondere vor dem Hintergrund, dass eine beschränkte Steuerpflicht hinsichtlich bestimmter Sondervergütungen im Inbound-Fall entfallen könnte je nachdem auf welches Zuordnungsprinzip man abstellt.[545] So rekurriert etwa KRAMER auf das Erwirtschaftungsprinzip und kommt zu dem Ergebnis, dass Sondervergütungen, die aus einer Darlehensgewährung oder aus der Überlassung von Wirtschaftsgütern stammen, nicht in der Betriebsstätte der Personengesellschaft erwirtschaftet und daher nicht nach § 49 Abs. 1 Nr. 2 Buchst. a) EStG inländische Einkünfte i.S.d. beschränkten Steuerpflicht sind.[546] Vergleichbar sieht STEMLER insbesondere das Veranlassungsprinzip einschlägig und will Sondervergütungen, die ein Mitunternehmer im Inbound-Fall erzielt, regelmäßig einer von diesem unterhaltenen Mitunternehmerbetriebsstätte[547], die sich nicht im Inland befinden muss, zuordnen, wodurch seines Erachtens – je nach konkreter Situation – keine inländischen Einkünfte gegeben seien.[548] Bei der erforderlichen Untersuchung, welches Zuordnungsprinzip zwecks Zuordnung von Sondervergütungen zu einer Betriebsstätte zur Anwendung gelangt, muss zunächst konstatiert werden, dass die Frage nach dem einschlägigen Prinzip in der Literatur und der Rechtsprechung sowie von der Finanzverwaltung höchst unterschiedlich beantwortet wird. Dies sollen die folgenden Ausführungen verdeutlichen.

Auffassungen in der Literatur:

Ein Teil der Literatur ist der Auffassung, dass sich die Zuordnung von Sondervergütungen im nationalen Steuerrecht nach § 15 Abs. 1 Satz 1 Nr. 2 Satz 1 (Halbs. 2) EStG richtet.[549] Die Norm bewirke, dass die Sondervergütungen stets einer Betriebsstätte der Personengesellschaft

---

542 Vgl. (ähnlich) KRAMER, JÖRG-DIETRICH (Sondervergütungen 2011), S. 2467; KRAMER, JÖRG-DIETRICH (Steuerpflicht 2014), S. 22 und für ein Beispiel aus der Literatur PRINZ, ULRICH (Sondervergütungen 2011), S. 1416, für ein Beispiel aus der Rechtsprechung hingegen BFH, Urteil vom 08.09.2010, I R 74/09, Rn. 11.

543 Vgl. ebenso STEMLER, PATRICK (Sondervergütungen 2013), S. 53.

544 Vgl. ebenso KRAMER, JÖRG-DIETRICH (Sondervergütungen 2011), S. 2467.

545 KRAMER geht davon aus, dass hinsichtlich Sondervergütungen, die aus einer Darlehensgewährung oder aus der Überlassung von Wirtschaftsgütern stammen und die ein Mitunternehmer im Inbound-Fall erzielt, keine beschränkte Steuerpflicht nach § 49 Abs. 1 Nr. 2 Buchst. a) EStG besteht; vgl. KRAMER, JÖRG-DIETRICH (Darlehen 2010), S. 241; KRAMER, JÖRG-DIETRICH (Sondervergütungen 2011), S. 2468. Zudem lehnen u.a. BRESGEN, LIEBCHEN, STEMLER und WEGGENMANN – in Abhängigkeit von den konkreten Gegebenheiten – eine beschränkte Steuerpflicht hinsichtlich Sondervergütungen im Inbound-Fall ab; vgl. BRESGEN, ARIANE (Qualifikationskonflikte 2016), S. 36; LIEBCHEN, DANIEL (Personengesellschaften 2008), S. 95 f.; STEMLER, PATRICK (Sondervergütungen 2013), S. 74 f.; WEGGENMANN, HANS R. (Personengesellschaften 2015), Rn. 6.91 f.

546 Vgl. KRAMER, JÖRG-DIETRICH (Sondervergütungen 2011), S. 2467 f. Speziell bezüglich Sondervergütungen, die aus der Überlassung von Lizenzen stammen, nimmt er im Inbound-Fall eine beschränkte Steuerpflicht des Mitunternehmers nach § 49 Abs. 1 Nr. 2 Buchst. f) EStG an; vgl. KRAMER, JÖRG-DIETRICH (Sondervergütungen 2011), S. 2468.

547 Vgl. dazu bereits die Ausführungen in Kapital 3.1.2.1.2.1.2.

548 Vgl. STEMLER, PATRICK (Sondervergütungen 2013), S. 53, 57, 74 f.

549 Vgl. FROTSCHER, GERRIT (Treaty Override 2009), S. 596; KOLLRUSS, THOMAS (Sondervergütungen 2014), S. 589; POHL, CARSTEN (Sondervergütungsregelungen 2012), S. 122; ROSENBERG, OLIVER (Sonderbetriebsbereich 2015), Rn. 11.15; WACKER, ROLAND (Personengesellschaften 2016), Tz. C.III.1. Vgl. auch KUDERT, STEPHAN/KAHLENBERG, CHRISTIAN (Reformierung 2017), S. 344; WASSERMEYER, FRANZ (Stellungnahme 2004), S. 676.

zuzuordnen sind.[550] Unter Verweis auf die Rechtsprechung des BFH wird dabei angeführt, dass es sich bei § 15 Abs. 1 Satz 1 Nr. 2 Satz 1 EStG nicht nur um eine Qualifikationsnorm, sondern auch um eine Zuordnungsnorm handelt.[551] Außerdem nehmen manche Autoren an, dass Sondervergütungen, die ein Mitunternehmer im Inbound-Fall erzielt, zu den inländischen Einkünften i.S.d. beschränkten Steuerpflicht nach § 49 Abs. 1 Nr. 2 Buchst. a) EStG gehören, da letztere Norm auf § 15 EStG verweist.[552]

Demgegenüber sprechen sich andere Autoren explizit dagegen aus, bezüglich der Zuordnung von Sondervergütungen zu einer Betriebsstätte der Personengesellschaft auf § 15 Abs. 1 Satz 1 Nr. 2 Satz 1 EStG abzustellen.[553] Die Frage danach, ob Wirtschaftsgüter oder Einkünfte einer Betriebsstätte der Personengesellschaft zuzuordnen sind, sei in § 15 Abs. 1 Satz 1 Nr. 2 Satz 1 EStG nicht geregelt.[554] Stattdessen wird, wie oben bereits angedeutet, durch einen weiteren, kleineren Teil der Literatur bezüglich der Zuordnung von Sondervergütungen auf das Veranlassungsprinzip[555] bzw. auf das Erwirtschaftungsprinzip abgestellt.[556] Daneben lassen sich Literaturstimmen ausmachen, die hinsichtlich der Zuordnung von Sonderbetriebsvermögen das Veranlassungsprinzip für einschlägig erachten.[557]

Ferner nehmen manche Autoren – ohne nähere Begründung – an, dass es sich bei Sondervergütungen, die ein Mitunternehmer im Inbound-Fall erzielt, grundsätzlich um inländische Einkünfte i.S.d. beschränkten Steuerpflicht nach § 49 Abs. 1 Nr. 2 Buchst. a) EStG handelt.[558] Eine

550 Vgl. FROTSCHER, GERRIT (Treaty Override 2009), S. 596; KOLLRUSS, THOMAS (Sondervergütungen 2014), S. 589 f.; POHL, CARSTEN (Sondervergütungsregelungen 2012), S. 122; ROSENBERG, OLIVER (Sonderbetriebsbereich 2015), Rn. 11.15.

551 Vgl. POHL, CARSTEN (Sondervergütungsregelungen 2012), S. 122 mit Verweis auf BFH, Urteil vom 18.07.1979, I R 199/75, S. 753 sowie KOLLRUSS, THOMAS (Sondervergütungen 2014), S. 589 mit zahlreichen weiteren Nachweisen aus der Rechtsprechung. Vgl. zur Rechtsprechung des BFH aber die untenstehenden Ausführungen.

552 Vgl. OSTENDORF, CLAUDIA (Sondervergütungen 1994), S. 82; PILTZ, DETLEV JÜRGEN (Sondervergütungen 2003), S. 144; SCHÜLLER, EVA CAROLIN (Personengesellschaften 2014), S. 63 f.

553 Vgl. BRESGEN, ARIANE (Qualifikationskonflikte 2016), S. 34 f.; REINHOLD, MARTIN (Betriebsstätten 2018), Rn. 436; STEMLER, PATRICK (Sondervergütungen 2013), S. 56 f.; WASSERMEYER, FRANZ (Sondervergütungen 2010), S. 242; anders noch WASSERMEYER, FRANZ (Stellungnahme 2004), S. 676. Vgl. auch KRAMER, JÖRG-DIETRICH (floating income 2011), S. 1885 (zu sonstigen Sonderbetriebseinnahmen); WASSERMEYER, FRANZ (Unternehmensgewinne 2010), S. 41 (zu Sonderbetriebsvermögen).

554 Vgl. BRESGEN, ARIANE (Qualifikationskonflikte 2016), S. 35 (mit Verweis auf BFH, Urteil vom 08.09.2010, I R 74/09, Rn. 19); KRAMER, JÖRG-DIETRICH (floating income 2011), S. 1885; STEMLER, PATRICK (Sondervergütungen 2013), S. 57 (mit Verweis auf BFH, Urteil vom 08.09.2010, I R 74/09, Rn. 19); WASSERMEYER, FRANZ (Unternehmensgewinne 2010), S. 41; WASSERMEYER, FRANZ (Geschäftsleitungsbetriebsstätte 2017), Rn. 11.6.

555 Vgl. BRESGEN, ARIANE (Qualifikationskonflikte 2016), S. 34 f.; STEMLER, PATRICK (Sondervergütungen 2013), S. 53, 57 und wohl auch PRINZ, ULRICH (Dauer-Großbaustelle 2014), S. 729 („Die wirtschaftliche Veranlassung durch die Mitunternehmerstellung reicht aus.“). Vgl. zu sonstigen Sonderbetriebseinnahmen auch STAHMANN, FRANZISKA (Abkommensrecht 2017), S. 86.

556 Vgl. KRAMER, JÖRG-DIETRICH (floating income 2011), S. 1884; KRAMER, JÖRG-DIETRICH (Sondervergütungen 2011), S. 2467 f.; KRAMER, JÖRG-DIETRICH (Steuerpflicht 2014), S. 22; KRAMER, JÖRG-DIETRICH (Fehlleistungen 2019), S. 99.

557 Vgl. JUNKERS, LARS (Sonderbetriebsvermögen 2019), S. 365 f. und wohl auch WASSERMEYER, FRANZ (Geschäftsleitungsbetriebsstätte 2017), Rn. 11.6 („nach allgemeinen Grundsätzen zu beantworten“).

558 Vgl. LÜDICKE, JÜRGEN (Personengesellschaften 2011), S. 98 (mit Verweis auf BFH, Urteil vom 17.10.2007, I R 5/06, S. 357); PRINZ, ULRICH (Sondervergütungen 2011), S. 1416; VIEBROCK, BJÖRN (Kommentierung § 49 EStG 2024), Rn. 56 (mit Verweis auf BFH, Urteil vom 08.09.2010, I R 74/09, S. 788 ff. (und dort wohl

Ausnahme wird dann gemacht, wenn eine Zuordnung der Sondervergütungen zu einer Betriebsstätte, welche die Personengesellschaft im Ausland unterhält, vorzunehmen ist.[559] Demgegenüber halten es manche Literaturstimmen – ohne dabei explizit auf ein bestimmtes Zuordnungsprinzip abzustellen – für möglich, Sondervergütungen einer nicht von der Personengesellschaft unterhaltenen Betriebsstätte zuzuordnen.[560]

Auffassung der Finanzverwaltung:

Im BMF-Schreiben vom 22.12.2016 äußert sich die Finanzverwaltung recht deutlich und meint, dass Sondervergütungen nach § 15 Abs. 1 Satz 1 Nr. 2 Satz 1 EStG bzw. nach § 49 Abs. 1 Nr. 2 Buchst. a) EStG einer Betriebsstätte zuzuordnen sind.[561] Zudem geht sie in Tz. 5.1.2. des BMF-Schreibens vom 26.09.2014 davon aus, dass der Zuordnungsmaßstab des § 50d Abs. 10 Satz 3 EStG „den Grundsätzen des § 15 Abs. 1 Satz 1 Nr. 2 EStG (Zurechnung nach wirtschaftlichen Maßstäben)" folge.[562] § 50d Abs. 10 Satz 3 EStG sieht in Bezug auf DBA insbesondere vor, dass Sondervergütungen derjenigen Betriebsstätte der Personengesellschaft zuzuordnen sind, der der von der Personengesellschaft getragene Aufwand zuzuordnen ist, der aus den Vergütungen resultiert.[563] In den sich ebenfalls in Tz. 5.1.2. des Schreibens vom 26.09.2014 befindlichen Beispielfällen zur abkommensrechtlichen Behandlung von Sondervergütungen im Inbound-Fall wird eine beschränkte Steuerpflicht bezüglich der jeweiligen Sondervergütungen zwar nicht explizit thematisiert, aber wohl stets unterstellt.[564]

Auffassung des BFH:

In manchen Urteilen äußert sich der BFH denkbar knapp in Bezug auf die beschränkte Steuerpflicht von Mitunternehmern mit den von ihnen erzielten Sondervergütungen und unterstellt diese mehr, als er sie begründet.[565] Allerdings lassen sich auch Entscheidungen des BFH ausmachen, in denen sich ausführliche Äußerungen hinsichtlich der beschränkten Steuerpflicht von Mitunternehmern in Bezug auf Sondervergütungen finden und die somit Aufschluss über die diesbezügliche Auffassung des BFH geben:

Im Urteil vom 18.05.1983 (I R 5/82) hielt der BFH bezüglich der beschränkten Steuerpflicht einer niederländischen Kapitalgesellschaft ohne Sitz oder Geschäftsleitung im Inland, die an

auf Rn. 11)). Vgl. (ähnlich) wie hier KRAMER, JÖRG-DIETRICH (Sondervergütungen 2011), S. 2467; KRAMER, JÖRG-DIETRICH (Steuerpflicht 2014), S. 22.

559 Vgl. LÜDICKE, JÜRGEN (Personengesellschaften 2011), S. 98; unklar, aber im Ergebnis womöglich gl.A., VIEBROCK, BJÖRN (Kommentierung § 49 EStG 2024), Rn. 56 (mit Verweis auf BFH, Urteil vom 24.02.1988, I R 95/84, S. 663).

560 Vgl. REIMER, EKKEHART (Kommentierung § 49 EStG 2024), Rn. 136 (mit Verweis auf BFH, Urteil vom 08.09.2010, I R 74/09, S. 788 ff.); REINHOLD, MARTIN (Betriebsstätten 2018), Rn. 436; WASSERMEYER, FRANZ (Betriebsstätten 2008), Rn. 361; WASSERMEYER, FRANZ (Sondervergütungen 2010), S. 242.

561 Vgl. BMF, Schreiben vom 22.12.2016, IV B 5 – S 1341/12/10001-03, Rn. 18.

562 Vgl. auch wörtlich BMF, Schreiben vom 26.09.2014, IV B 5 – S 1300/09/10003, Tz. 5.1.2.

563 Vgl. ausführlich hierzu die Ausführungen in Kapitel 5.2.

564 Vgl. dazu BMF, Schreiben vom 26.09.2014, IV B 5 – S 1300/09/10003, Tz. 5.1.2. und dort die Beispiele 1 bis 3.

565 Vgl. dazu BFH, Urteil vom 10.07.2002, I R 71/01, S. 191 ff.; BFH, Urteil vom 17.10.2007, I R 5/06, S. 356 f. und ähnlich wie hier KRAMER, JÖRG-DIETRICH (Sondervergütungen 2011), S. 2467; KRAMER, JÖRG-DIETRICH (Steuerpflicht 2014), S. 22.

einer KG mit Betriebsstätte in Deutschland beteiligt war, zunächst fest, dass von § 49 Abs. 1 Nr. 2 EStG auch Einkünfte erfasst werden, die aus dem Sonderbetriebsvermögen eines Mitunternehmers stammen.[566] In die Einkünfteermittlung des Mitunternehmers sei das Sonderbetriebsvermögen gemäß § 15 Abs. 1 Satz 1 Nr. 2 EStG auch dann einzubeziehen, wenn der Mitunternehmer einen eigenen Gewerbebetrieb im Ausland unterhält.[567] Bei § 15 Abs. 1 Satz 1 Nr. 2 handele es sich um eine „alle Mitunternehmerschaften betreffende Zuordnungsregelung".[568] Eine beschränkte Steuerpflicht der niederländischen Kapitalgesellschaft wurde angenommen und festgehalten, dass das nationale Steuerrecht das Sonderbetriebsvermögen „der inländischen Betriebsstätte der KG zuordnet".[569]

Demgegenüber ist das Urteil vom 08.09.2010 (I R 74/09)[570] zu beachten. In dieser Entscheidung ging es um eine US-amerikanische Inc., welche in den USA ansässig und ebenfalls an einer KG mit Betriebsstätte in Deutschland beteiligt war.[571] Die Inc. räumte der KG (genauer gesagt der Rechtsvorgängerin der KG) bestimmte Rechte ein und erhielt dafür Lizenzgebühren.[572] In dem Judikat äußerte sich der BFH im Rahmen seiner Urteilsbegründung in Bezug auf das nationale Steuerrecht zunächst nur dahingehend, dass Sondervergütungen zwar nach § 15 Abs. 1 Satz 1 Nr. 2 EStG i.V.m. § 49 Abs. 1 Nr. 2 Buchst. a) EStG „den Einkünften aus Gewerbebetrieb zuzuordnen sind", die im Urteil in Rede stehenden Sondervergütungen aber – aufgrund der Regelungen des einschlägigen DBA – nicht in Deutschland besteuert werden können.[573] Später im Urteil formulierte der BFH jedoch zudem, dass „die (nationale) Einkünftequalifikation und Zurechnungsfiktion des § 15 Abs. 1 Satz 1 Nr. 2 EStG […] *nichts zur* (abkommensrechtlichen) *Betriebsstättenzurechnung aussagt*"[574]. Diese Äußerung kann dahingehend verstanden werden, dass der BFH die oben dargestellte Rechtsprechung aus dem Urteil vom 18.05.1983 (I R 5/82) aufgegeben hat.[575]

Weiterhin hielt der BFH im Urteil vom 08.09.2010 (I R 74/09) hinsichtlich der Zuordnung von Sondervergütungen im Abkommensrecht fest, dass, sofern Vorschriften i.S.d. Art. 7 OECD-MA diesbezüglich einschlägig sind, auf das Veranlassungsprinzip abzustellen ist.[576] Eine

---

566 Vgl. BFH, Urteil vom 18.05.1983, I R 5/82, S. 771 f.

567 Vgl. BFH, Urteil vom 18.05.1983, I R 5/82, S. 772 f. [Der BFH stellt dabei auf „§ 15 Nr. 2 EStG" ab].

568 Vgl. auch wörtlich BFH, Urteil vom 18.05.1983, I R 5/82, S. 773 (mit Verweis auf BFH, Urteil vom 18.07.1979, I R 199/75, S. 753 f.)

569 Vgl. auch wörtlich BFH, Urteil vom 18.05.1983, I R 5/82, S. 774 f.

570 Vgl. BFH, Urteil vom 08.09.2010, I R 74/09, S. 788 ff.

571 Vgl. BFH, Urteil vom 08.09.2010, I R 74/09, Rn. 1, 12, 14.

572 Vgl. BFH, Urteil vom 08.09.2010, I R 74/09, Rn. 1 f.

573 Vgl. auch wörtlich BFH, Urteil vom 08.09.2010, I R 74/09, Rn. 11.

574 BFH, Urteil vom 08.09.2010, I R 74/09, Rn. 19 (u.a. mit Verweis auf WASSERMEYER, FRANZ (Unternehmensgewinne 2010), S. 41 (s.o.)) [Hervorhebung d.Verf.]; dem folgend FG Hamburg, Urteil vom 15.09.2016, 2 K 223/13, Rn. 88: „Zum anderen handelt es sich bei § 15 Abs. 1 Satz 1 Nr. 2 EStG um eine reine Einkünftequalifikation und Fiktion der Zurechnung zu bestimmten Einkünften, die jedoch grundsätzlich keine Aussage über die Zuordnung zu einer (ausländischen) Betriebsstätte trifft (BFH-Urteil vom 8. 9. 2010 I R 74/09, BFHE 231, 84, BStBl II 2014, 788, m. w. N.).".

575 In diese Richtung STEMLER, PATRICK (Sondervergütungen 2013), S. 57 und dort Fn. 191: „Ebenso jetzt auch der BFH" (mit Verweis auf BFH, Urteil vom 08.09.2010, I R 74/09, Rn. 19).

576 Vgl. BFH, Urteil vom 08.09.2010, I R 74/09, Rn. 19 („allgemeine Verursachungs- und Veranlassungsgesichtspunkte").

Zuordnung der Sondervergütungen zur Betriebsstätte der Personengesellschaft in Deutschland lehnte der BFH schließlich mit der Begründung ab, dass die Vergütungen nach Art. 7 Abs. 1 Satz 2, Abs. 2 DBA-USA 1989 der Betriebsstätte der Inc. in den USA zuzuordnen sind.[577] Damit bleibt aber unklar, auf welches Zuordnungsprinzip der BFH im Urteil vom 08.09.2010 (I R 74/09) bezüglich der beschränkten Steuerpflicht abgestellt hat: Die „Einkünftequalifikation und Zurechnungsfiktion des § 15 Abs. 1 Satz 1 Nr. 2 EStG" hat er als Rechtsgrundlage für die Zuordnungsfrage – auch hinsichtlich des nationalen Steuerrechts –[578] explizit abgelehnt.[579] Sofern er – wie bei der Zuordnung auf Abkommensebene – bezüglich der Zuordnungsentscheidung im Rahmen der beschränkten Steuerpflicht das Veranlassungsprinzip zur Anwendung gebracht hat, hätte er eigentlich bereits zu Beginn der Urteilsbegründung zu dem Ergebnis kommen können bzw. kommen müssen, dass eine beschränkte Steuerpflicht der Beigeladenen hinsichtlich der Sondervergütungen nicht besteht;[580] eine Zuordnungsentscheidung anhand des Veranlassungsprinzips einmal auf Ebene des nationalen Rechts und einmal auf Abkommensebene kann wohl kaum zu einem anderen Ergebnis führen.[581]

Dafür, dass der BFH hinsichtlich der Zuordnung von Sondervergütungen zu einer Betriebsstätte auf das Veranlassungsprinzip abstellt, spricht jedoch das Urteil vom 17.11.1999 (I R 7/99)[582].[583] In der Entscheidung ging es um einen unbeschränkt steuerpflichtigen Gesellschafter einer Personengesellschaft US-amerikanischen Rechts, die im Ausland eine Betriebsstätte unterhielt.[584] Der Gesellschafter gewährte der Gesellschaft mehrere Darlehen. Der BFH stellte in dem Urteil bezüglich der Zuordnung der Darlehen und der damit zusammenhängenden Einkünfte zu der im Ausland befindlichen Betriebsstätte der Personengesellschaft für Zwecke des § 2a EStG unter Rückgriff „auf die Grundsätze […], die Rechtsprechung und Literatur zu der vergleichbaren Abgrenzungsproblematik bei § 49 Abs. 1 Nr. 2a EStG […] entwickelt haben", auf den „wirtschaftlichen Veranlassungszusammenhang" ab.[585] Darüber hinaus hält der BFH im Urteil vom 12.10.2016 (I R 92/12) hinsichtlich der Zuordnung eines Darlehens des negativen Sonderbetriebsvermögens II zu einer inländischen Betriebsstätte das Veranlassungsprinzip für einschlägig.[586]

Wichtige Erkenntnisse darüber, wie der BFH Zuordnungsentscheidungen in Bezug auf Sondervergütungen im Rahmen der beschränkten Steuerpflicht trifft, ergeben sich außerdem aus dem

---

577 Vgl. BFH, Urteil vom 08.09.2010, I R 74/09, Rn. 21.

578 Vgl. auch STEMLER, PATRICK (Sondervergütungen 2013), S. 57, Fn. 191.

579 Vgl. dazu und wörtlich BFH, Urteil vom 08.09.2010, I R 74/09, Rn. 19.

580 In diese Richtung womöglich auch REIMER, EKKEHART (Kommentierung § 49 EStG 2024), Rn. 136. Unter Verweis auf das BFH-Urteil vom 08.09.2010, I R 74/09, S. 788 ff. lehnt REIMER im Inbound-Fall wohl eine beschränkte Steuerpflicht von Mitunternehmern nach § 49 Abs. 1 Nr. 2 Buchst. a) EStG hinsichtlich Sondervergütungen in der Regel ab; vgl. REIMER, EKKEHART (Kommentierung § 49 EStG 2024), Rn. 136.

581 Vgl. auch GOSCH, DIETMAR (Kommentierung § 50d EStG 2024), Rn. 45d.

582 Vgl. BFH, Urteil vom 17.11.1999, I R 7/99, S. 605 ff.

583 Vgl. auf dieses Urteil abstellend BRESGEN, ARIANE (Qualifikationskonflikte 2016), S. 34 sowie STEMLER, PATRICK (Sondervergütungen 2013), S. 53, 56.

584 Vgl. auch zum folgenden Satz BFH, Urteil vom 17.11.1999, I R 7/99, S. 605 ff.

585 Vgl. dazu und wörtlich BFH, Urteil vom 17.11.1999, I R 7/99, S. 607.

586 Vgl. BFH, Urteil vom 12.10.2016, I R 92/12, Rn. 25, 34 (bezüglich der „maßgeblichen Veranlassungsgesichtspunkte" mit Verweis auf BFH, Urteil vom 20.07.1988, I R 49/84, S. 142).

Beschluss des BFH vom 11.12.2013 (I R 4/13)[587]. Die Entscheidung befasste sich mit einer natürlichen Person ohne Wohnsitz oder gewöhnlichen Aufenthalt im Inland, die atypisch still an einer GmbH & Co. KG mit Betriebsstätte in Deutschland beteiligt war und dieser ein verzinsliches Darlehen gewährte.[588] Der BFH hielt in seiner Entscheidungsbegründung fest, dass hinsichtlich der entsprechenden Sondervergütungen eine beschränkte Steuerpflicht für die natürliche Person respektive den Beigeladenen gemäß § 49 Abs. 1 Nr. 2 Buchst. a) EStG besteht.[589] Zur Begründung führte er an, dass die Darlehensforderung, die den Sondervergütungen zugrunde liegt, der inländischen Betriebsstätte „wirtschaftlich schon deswegen zuzurechnen ist, weil es – einerseits – an einer anderweitigen Betriebsstätte des Beigeladenen mangelt, es – andererseits – aber prinzipiell einer Betriebsstättenzuordnung bedarf".[590] Fest steht damit, dass der BFH im Inbound-Fall mit nur einer Betriebsstätte in Deutschland eine beschränkte Steuerpflicht hinsichtlich Sondervergütungen nach § 49 Abs. 1 Nr. 2 Buchst. a) EStG aufgrund der Betriebsstätte der Personengesellschaft zumindest dann annimmt, wenn durch den jeweiligen Mitunternehmer keine eigene Betriebsstätte unterhalten wird.[591] Außerdem konstatierte der BFH in der Entscheidung, dass sich die hinsichtlich Vorschriften i.S.d. Art. 7 OECD-MA gebotene Zuordnung „nach allgemeinen Verursachungs- und Veranlassungsgesichtspunkten [...] *im Ergebnis* mit der Zurechnung nach wirtschaftlichen Maßstäben, wie sie nach der innerstaatlichen Regelungslage des § 15 Abs. 1 Satz 1 Nr. 2 EStG [...] geboten ist", deckt.[592]

Im Ergebnis könnte zwar davon ausgegangen werden, dass der BFH bezüglich der Zuordnung von Sondervergütungen zu einer Betriebsstätte auf das Veranlassungsprinzip abstellt,[593] allerdings lässt sich dann – wie oben dargelegt – nicht so recht erklären, warum der BFH im Urteil vom 08.09.2010 (I R 74/09) nicht von Anfang an eine beschränkte Steuerpflicht hinsichtlich der im Urteil in Rede stehenden Sondervergütungen abgelehnt hat. Es kann (nur) vermutet werden, dass der BFH auch in dem zuletzt genannten Urteil auf den im Beschluss vom 11.12.2013 (I R 4/13) angesprochenen wirtschaftlichen Maßstab des § 15 Abs. 1 Satz 1 Nr. 2 Satz 1 EStG[594] (s.o.) abgestellt hat.[595]

---

587 Vgl. BFH, Beschluss vom 11.12.2013, I R 4/13, S. 791 ff.

588 Vgl. BFH, Beschluss vom 11.12.2013, I R 4/13, Rn. 1, 10, 18.

589 Vgl. BFH, Beschluss vom 11.12.2013, I R 4/13, Rn. 10.

590 Vgl. dazu und wörtlich BFH, Beschluss vom 11.12.2013, I R 4/13, Rn. 10.

591 Vgl. dazu GOSCH, DIETMAR (Kommentierung § 50d EStG 2024), Rn. 45c (mit Verweis auf BFH, Beschluss vom 11.12.2013, I R 4/13, S. 791 ff.).

592 Vgl. auch wörtlich BFH, Beschluss vom 11.12.2013, I R 4/13, Rn. 23 [Hervorhebung d.Verf.]. Vgl. ähnlich GOSCH, DIETMAR (Kommentierung § 50d EStG 2024), Rn. 45d.

593 Unter Verweis auf das BFH-Urteil vom 17.11.1999, I R 7/99, S. 605 ff. stellen BRESGEN und STEMLER bezüglich der Zuordnung von Sondervergütungen auf das Veranlassungsprinzip ab; vgl. BRESGEN, ARIANE (Qualifikationskonflikte 2016), S. 34; STEMLER, PATRICK (Sondervergütungen 2013), S. 53, 56.

594 Vgl. BFH, Beschluss vom 11.12.2013, I R 4/13, Rn. 23. Vgl. dazu auch GOSCH, DIETMAR (Kommentierung § 50d EStG 2024), Rn. 45d.

595 Auch GOSCH scheint das BFH-Urteil vom 08.09.2010, I R 74/09, S. 788 ff. nicht so recht einordnen zu können. Er kommentiert – nachdem er unter Verweis auf den BFH-Beschluss vom 11.12.2013, I R 4/13, S. 791 ff. festgestellt hat, dass eine beschränkte Steuerpflicht hinsichtlich Sondervergütungen nach § 49 Abs. 1 Nr. 2 Buchst. a) EStG aufgrund der Betriebsstätte der Personengesellschaft im Inbound-Fall zumindest dann besteht, wenn durch den jeweiligen Mitunternehmer keine eigene Betriebsstätte unterhalten wird – lediglich:

Hier geteilte Auffassung der Literatur:

Eine weitere Auffassung in der Literatur rechtfertigt die Zuordnung von Sondervergütungen zu einer Betriebsstätte der Personengesellschaft (auch) durch den Sinn und Zweck von § 15 Abs. 1 Satz 1 Nr. 2 Satz 1 Halbs. 2 EStG.[596] Konkret sind danach die Sondervergütungen eines Mitunternehmers der Betriebsstätte der Personengesellschaft zuzuordnen, die den Aufwand aus den Sondervergütungen trägt bzw. zu welcher eine Zuordnung des durch die entsprechende Leistungsbeziehung zwischen Mitunternehmer und Personengesellschaft entstandenen Aufwandes erfolgt.[597]

Sinn und Zweck von § 15 Abs. 1 Satz 1 Nr. 2 Satz 1 Halbs. 2 EStG ist insbesondere, eine durch die Zahlung von Sondervergütungen bedingte Minderung des Gesamtgewinns der Personengesellschaft und damit der gewerbesteuerlichen Bemessungsgrundlage zu verhindern.[598] Würde man die Sondervergütungen im Inbound-Fall mit nur einer Betriebsstätte in Deutschland nicht der im Inland belegenen Betriebsstätte der Personengesellschaft zuordnen, könnte diese Zwecksetzung von § 15 Abs. 1 Satz 1 Nr. 2 Satz 1 Halbs. 2 EStG offenkundig nicht erreicht werden.[599] Sinn und Zweck von § 15 Abs. 1 Satz 1 Nr. 2 Satz 1 Halbs. 2 EStG ist außerdem, eine annähernd gleiche steuerliche Behandlung von Einzelunternehmern und Mitunternehmern zu erreichen.[600] Fordert man derivativ, dass im Vergleich zwischen einem Einzelunternehmer und einem Mitunternehmer auch eine vergleichbare steuerliche Belastung bestehen soll,[601] muss dann, wenn Betriebsstätten der Personengesellschaft im Inland und im Ausland bestehen, die Zuordnung der Sondervergütungen zu der Betriebsstätte erfolgen, die den entsprechenden Aufwand trägt.[602] Die steuerliche Belastung hinsichtlich der Betriebsstättengewinne wird in aller Regel im In- und Ausland unterschiedlich sein.[603] Daher würde regelmäßig keine vergleichbare steuerliche Belastung eintreten, wenn man die Sondervergütungen einer Betriebsstätte zuordnet, die nicht auch den entsprechenden Aufwand getragen hat. Der Aufwand aus den Sonder-

---

„insoweit uU weiter gehend BFH v. 8.9.2010 - I R 74/09, BStBl. II 2014, 788"; GOSCH, DIETMAR (Kommentierung § 50d EStG 2024), Rn. 45c und dort Fn. 3.

596 Vgl. POHL, CARSTEN (Sondervergütungsregelungen 2012), S. 122; ROSENBERG, OLIVER (Sonderbetriebsbereich 2015), Rn. 11.15 sowie LIEBCHEN, DANIEL (Personengesellschaften 2008), S. 85 ff. (LIEBCHEN stellt zwar auf das Prinzip der korrespondierenden Bilanzierung ab, dieses leitet sich aber aus dem Sinn und Zweck von § 15 Abs. 1 Satz 1 Nr. 2 Satz 1 Halbs. 2 EStG ab; vgl. LIEBCHEN, DANIEL (Personengesellschaften 2008), S. 85). Vgl. zum Abkommensrecht auch DEBATIN, HELMUT (Personengesellschaften 1992), S. 1184; POHL, CARSTEN (Sondervergütungen 2013), S. 1573.

597 Vgl. LIEBCHEN, DANIEL (Personengesellschaften 2008), S. 95 und so im Ergebnis KOLLRUSS, THOMAS (Sondervergütungen 2014), S. 597; MAYER, GEORG (Sonderbetriebsvermögen 2017), S. 117 und (wohl) auch GOSCH, DIETMAR (Kommentierung § 50d EStG 2024), Rn. 45d; WACKER, ROLAND (Personengesellschaften 2016), Tz. C.III.1.

598 Vgl. DESENS, MARC/BLISCHKE, ANDRÉ (Kommentierung § 15 EStG 2024), Rn. F 7 m.w.N.; ROSENBERG, OLIVER (Sonderbetriebsbereich 2015), Rn. 11.15 und dazu bereits die Ausführungen in Kapitel 2.3.2.1.1.

599 Vgl. ROSENBERG, OLIVER (Sonderbetriebsbereich 2015), Rn. 11.15 und dazu auch POHL, CARSTEN (Sondervergütungsregelungen 2012), S. 122 i.V.m. S. 121 sowie ergänzend POHL, CARSTEN (Sondervergütungen 2013), S. 1573 (dort zum Abkommensrecht).

600 Vgl. LIEBCHEN, DANIEL (Personengesellschaften 2008), S. 85 m.w.N.; ROSENBERG, OLIVER (Sonderbetriebsbereich 2015), Rn. 11.15 und dazu bereits die Ausführungen in Kapitel 2.3.2.1.1.

601 Vgl. auch PINKERNELL, REIMAR (Personengesellschaften 2001), S. 198.

602 Vgl. LIEBCHEN, DANIEL (Personengesellschaften 2008), S. 86, 95.

603 Vgl. auch zum Folgenden LIEBCHEN, DANIEL (Personengesellschaften 2008), S. 86.

vergütungen würde in einem Staat die Bemessungsgrundlage mindern, wohingegen der korrespondierende Ertrag in einem anderen Staat einer ggf. abweichenden Besteuerung unterläge. Bei einem Einzelunternehmer scheidet Voranstehendes aus, da es diesem nicht möglich ist, Rechtsbeziehungen mit seinem Unternehmen einzugehen, sodass entsprechende Leistungsbeziehungen von vornherein nicht existieren.[604] Dementsprechend muss – um durchgängig eine vergleichbare steuerliche Belastung zwischen einem Einzel- und einem Mitunternehmer zu gewährleisten – die Zuordnung der Sondervergütungen eines Mitunternehmers stets zu der Betriebsstätte erfolgen, die den Aufwand aus den Sondervergütungen trägt.[605]

Eine vergleichbare Auffassung hinsichtlich der Zuordnung von Sondervergütungen (im Abkommensrecht) vertrat früher auch explizit die Finanzverwaltung; im BMF-Schreiben vom 16.04.2010 hieß es, dass einer Betriebsstätte aufgrund von Sondervergütungen, die an einen Mitunternehmer geleistet werden, zwar Aufwendungen entstehen, diese allerdings nach nationalem Steuerrecht den Gewinn der Betriebsstätte nicht mindern dürfen, sodass die Sondervergütungen zum Betriebsstättengewinn gehören.[606]

Konsequenz der hier geteilten Auffassung:

Vorliegend wird – mit obenstehender Begründung – die Auffassung geteilt, dass Sondervergütungen eines Mitunternehmers der Betriebsstätte der Personengesellschaft zuzuordnen sind, die den Aufwand aus den Sondervergütungen trägt bzw. zu welcher eine Zuordnung des durch die entsprechende Leistungsbeziehung zwischen Mitunternehmer und Personengesellschaft entstandenen Aufwandes erfolgt. Die Zuordnung des in Rede stehenden Aufwandes aus den Sondervergütungen zu einer Betriebsstätte der Personengesellschaft erfolgt anhand des Veranlassungsprinzips.[607] Bei der Zuordnung des Aufwands ist darauf abzustellen, welche Betriebsstätte die Leistung nutzt, die den Sondervergütungen zugrunde liegt.[608] Wenn also die jeweilige Leistung von einer Betriebsstätte, die die Personengesellschaft im Inland unterhält, genutzt wird, erfolgt eine Zuordnung des Aufwands der Personengesellschaft aus den Sondervergütungen – und damit auch eine Zuordnung der Sondervergütungen des Mitunternehmers selbst – zu der inländischen Betriebsstätte, sodass der Mitunternehmer im Inbound-Fall mit den Sondervergütungen gemäß § 49 Abs. 1 Nr. 2 Buchst. a) EStG der beschränkten Steuerpflicht unterliegt.[609] Eine beschränkte Steuerpflicht des Mitunternehmers hinsichtlich der Sondervergütungen besteht jedoch dann nicht, wenn die Sondervergütungen einer Betriebsstätte, die die Personengesellschaft im Ausland unterhält, zuzuordnen sind.[610]

---

604 Vgl. dazu die Ausführungen in Kapitel 2.3.2.1.1.

605 Vgl. LIEBCHEN, DANIEL (Personengesellschaften 2008), S. 86, 95.

606 Vgl. BMF, Schreiben vom 16.04.2010, IV B 2 – S 1300/09/10003, Tz. 5.1. Die zuvor genannte Verwaltungsverlautbarung wurde zwar durch das BMF-Schreiben vom 26.09.2014, IV B 5 – S 1300/09/10003 aufgehoben, eine inhaltliche Abkehr von der oben dargelegten Auffassung dürfte damit m.E. aber nicht verbunden sein.

607 Vgl. LIEBCHEN, DANIEL (Personengesellschaften 2008), S. 95 und allgemein zur Zuordnung von Betriebsausgaben zu einer Betriebsstätte auch BFH, Urteil vom 20.07.1988, I R 49/84, Ls. 1, S. 142; REINHOLD, MARTIN (Betriebsstätten 2018), Rn. 357; WASSERMEYER, FRANZ (Betriebsstätten 2008), Rn. 302.

608 Vgl. insbesondere REINHOLD, MARTIN (Betriebsstätten 2018), Rn. 436.

609 Vgl. KOLLRUSS, THOMAS (Sondervergütungen 2014), S. 593.

610 Vgl. KOLLRUSS, THOMAS (Sondervergütungen 2014), S. 593; LIEBCHEN, DANIEL (Personengesellschaften 2008), S. 95 f. Obenstehendes wäre bspw. dann der Fall, wenn ein verzinsliches Darlehen des Mitunter-

Weiteres:

Die hier befürwortete Zuordnung von Sondervergütungen zu der Betriebsstätte der Personengesellschaft, die den Aufwand aus den Sondervergütungen trägt, deckt sich mit der – später noch ausführlich zu besprechenden – durch § 50d Abs. 10 Satz 3 EStG für die Anwendung von (bestimmten) DBA angeordneten Zuordnung von Sondervergütungen im Abkommensrecht.[611] Darüber hinaus deckt sich die hier befürwortete Zuordnungssystematik bezüglich Sondervergütungen jedenfalls dann mit der diesbezüglichen Rechtsprechung des BFH (s.o.), wenn – mit dem BFH und wie hier – die Existenz von floating income nach nationalem Steuerrecht (grundsätzlich) abgelehnt wird[612] und durch den Mitunternehmer im Inbound-Fall mit nur einer Betriebsstätte in Deutschland keine eigene Betriebsstätte[613] unterhalten wird, da in diesem Fall, wie oben dargelegt, die Zuordnung der Sondervergütungen auch nach der Rechtsprechung des BFH zu der inländischen Betriebsstätte der Personengesellschaft erfolgt.[614]

3.1.2.1.2.2.3 Zuordnungsprinzip für die mit Sondervergütungen zusammenhängenden Aufwendungen von Mitunternehmern

Wie in Kapitel 3.1.2.1.2.2.1 dargelegt, wird hinsichtlich der Zuordnung von Einkünften zu einer Betriebsstätte auf das Veranlassungsprinzip abgestellt.[615] Insbesondere werden daher einer Betriebsstätte die Betriebsausgaben zugeordnet, die durch die Betriebsstätte veranlasst sind.[616] Hierbei gelangt das Veranlassungsprinzip – da es sich bei Sonderbetriebsausgaben lediglich um einen im Zusammenhang mit Mitunternehmerschaften bestehenden Spezialfall von Betriebsausgaben handelt –[617] auch bei einer Zuordnung von Sonderbetriebsausgaben zu einer Betriebsstätte zur Anwendung.[618] Für eine Zuordnung anhand des Veranlassungsprinzips bedarf es, wie dargelegt (Kapitel 3.1.2.1.2.2.1), einer wertenden Beurteilung des die Betriebsausgaben

nehmers von einer im Ausland gelegenen Betriebsstätte der inländischen Personengesellschaft für eine dortige Investition genutzt wird. Das Beispiel wurde in Anlehnung an die Ausführungen von FROTSCHER, GERRIT (Treaty Override 2009), S. 596 und dort Fn. 25 sowie KOLLRUSS, THOMAS (Sondervergütungen 2014), S. 593 gebildet.

611 Vgl. GOSCH, DIETMAR (Kommentierung § 50d EStG 2024), Rn. 45d; KOLLRUSS, THOMAS (Sondervergütungen 2014), S. 593, 597, Fn. 78 und eingehend zu § 50d Abs. 10 Satz 3 EStG die Ausführungen in Kapitel 5.2.

612 Vgl. dazu die Ausführungen in Kapitel 3.1.2.1.2.1.3.

613 Auch die Existenz einer Mitunternehmerbetriebsstätte ist nach nationalem Steuerrecht grundsätzlich abzulehnen; vgl. dazu die Ausführungen in Kapitel 3.1.2.1.2.1.2.

614 Vgl. dazu BFH, Beschluss vom 11.12.2013, I R 4/13, Rn. 10, 25 (zur Zuordnung des entsprechenden Sonderbetriebsvermögens) sowie GOSCH, DIETMAR (Kommentierung § 50d EStG 2024), Rn. 45c (mit Verweis auf BFH, Beschluss vom 11.12.2013, I R 4/13, S. 791 ff.).

615 Vgl. u.a. BMF, Schreiben vom 24.12.1999, IV B 4 – S 1300 – 111/99, Tz. 2.1. f.; REINHOLD, MARTIN (Betriebsstätten 2018), Rn. 357; WASSERMEYER, FRANZ (Betriebsstätten 2008), Rn. 302.

616 Vgl. BFH, Urteil vom 20.07.1988, I R 49/84, Ls. 1, S. 142; REINHOLD, MARTIN (Betriebsstätten 2018), Rn. 357; WASSERMEYER, FRANZ (Betriebsstätten 2008), Rn. 302.

617 Vgl. DYCKMANS, JAN/KLEIN, CHRISTOPH (Personengesellschaften 2023), Rn. 9.150.

618 Vgl. DYCKMANS, JAN/KLEIN, CHRISTOPH (Personengesellschaften 2023), Rn. 9.150; HRUSCHKA, FRANZ (Personengesellschaften 2014), S. 2426; KRAFT, GERHARD (Kommentierung § 49 EStG 2024), Rn. 29; KUẞMAUL, HEINZ/SCHÄFER, RENÉ/ENGEL, PHILIPP (Sonderbetriebsausgaben 2021), S. 41. Vgl. auch BFH, Urteil vom 12.10.2016, I R 92/12, Rn. 34 (zur Zuordnung von Sonderbetriebsausgaben zugrunde liegendem Sonderbetriebsvermögen II) und zur Frage, ob sich hieran durch die Umsetzung des Authorized OECD Approach (AOA) in § 1 Abs. 5 AStG und dem Erlass der dazugehörigen Betriebsstättengewinnaufteilungsverordnung (BsGaV) etwas geändert hat, die Ausführungen in Kapitel 3.1.2.1.2.2.4.

„auslösenden Moments".[619] Bei den hier in Rede stehenden Aufwendungen von Mitunternehmern, die mit Sondervergütungen zusammenhängen, handelt es sich gerade um solche Sonderbetriebsausgaben, die durch die Sondervergütungen des Mitunternehmers veranlasst sind.[620] Folglich sind sie der Betriebsstätte zuzuordnen, zu der eine Zuordnung der jeweiligen Sondervergütung des Mitunternehmers erfolgt,[621] und damit der Betriebsstätte der Personengesellschaft, die den Aufwand aus der Sondervergütung trägt bzw. zu welcher eine Zuordnung des durch die Leistungsbeziehung zwischen Mitunternehmer und Personengesellschaft entstandenen Aufwands erfolgt.[622] Die Zuordnung von Sonderbetriebsausgaben zu einer Betriebsstätte erfolgt dabei unabhängig davon, wo die Sonderbetriebsausgaben angefallen sind.[623] *Beispiel 1* verdeutlicht das zuvor Dargelegte.

Beispiel 1: Darlehensbezogene Finanzierungsaufwendungen im Inbound-Fall[624]

M, der weder einen Wohnsitz (§ 8 AO) noch seinen gewöhnlichen Aufenthalt (§ 9 AO) im Inland hat, ist an der gewerblich tätigen D-KG, die ihre einzige Betriebsstätte in Deutschland unterhält, als Mitunternehmer beteiligt und hat der D-KG ein verzinsliches Darlehen gewährt, welches er bei seiner Hausbank refinanziert hat. *Abbildung 8* stellt den Sachverhalt graphisch dar:

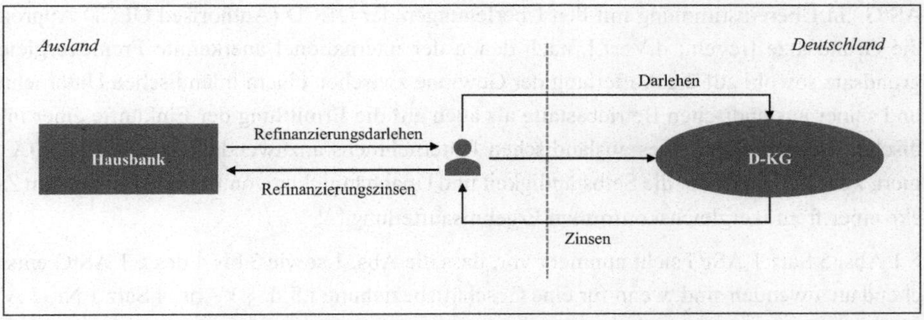

Abbildung 8: Darlehensbezogene Finanzierungsaufwendungen im Inbound-Fall[625]

[619] Vgl. auch wörtlich BÄRSCH, SVEN-ERIC (Kommentierung § 49 EStG 2024), Rn. 242 (mit Verweis auf BFH, Urteil vom 06.04.2016, I R 61/14, Rn. 18).

[620] Vgl. dazu DESENS, MARC/BLISCHKE, ANDRÉ (Kommentierung § 15 EStG 2024), Rn. F 12, 229; KNOBBE-KEUK, BRIGITTE (Unternehmenssteuerrecht 1993), S. 439 und ausführlich die Ausführungen in Kapitel 2.3.2.1.3.

[621] Vgl. im Ergebnis ebenso DYCKMANS, JAN/KLEIN, CHRISTOPH (Personengesellschaften 2023), Rn. 9.151; LIEBCHEN, DANIEL (Personengesellschaften 2008), S. 87 f.; PILTZ, DETLEV JÜRGEN (Sondervergütungen 2003), S. 145.

[622] Vgl. dazu KOLLRUSS, THOMAS (Sondervergütungen 2014), S. 597; LIEBCHEN, DANIEL (Personengesellschaften 2008), S. 95; MAYER, GEORG (Sonderbetriebsvermögen 2017), S. 117 und ausführlich die Ausführungen in Kapitel 3.1.2.1.2.2.2.

[623] Vgl. BFH, Urteil vom 20.07.1988, I R 49/84, S. 142 (allgemein zu Betriebsausgaben); DYCKMANS, JAN/KLEIN, CHRISTOPH (Personengesellschaften 2023), Rn. 9.150.

[624] Beispiel modifiziert entnommen aus DYCKMANS, JAN/KLEIN, CHRISTOPH (Personengesellschaften 2023), Rn. 9.151; PILTZ, DETLEV JÜRGEN (Sondervergütungen 2003), S. 145 und in Anlehnung an KUßMAUL, HEINZ/SCHÄFER, RENÉ/ENGEL, PHILIPP (Sonderbetriebsausgaben 2021), S. 41.

[625] Eigene Darstellung; modifiziert entnommen aus PRINZ, ULRICH (Anwendungsfragen 2018), S. 653.

Die D-KG vermittelt M eine Betriebsstätte in Deutschland. Mit den Einkünften, die dieser Betriebsstätte zuzuordnen sind und die auf M entfallen, unterliegt M der beschränkten Steuerpflicht nach den §§ 1 Abs. 4, 49 Abs. 1 Nr. 2 Buchst. a) EStG. Die D-KG zahlt die Zinsen für das von M gegebene Darlehen. Da die D-KG nur eine Betriebsstätte unterhält, sind dieser Betriebsstätte die entsprechenden Aufwendungen zuzuordnen.[626] Da die Betriebsstätte den Aufwand aus den an M gezahlten Sondervergütungen trägt bzw. zu ihr eine Zuordnung des durch die entsprechende Leistungsbeziehung zwischen Mitunternehmer und Personengesellschaft entstandenen Aufwands erfolgt, sind auch die Sondervergütungen des M der Betriebsstätte in Deutschland zuzuordnen.[627] Darüber hinaus muss auch eine Zuordnung der Refinanzierungszinsen zur Betriebsstätte der D-KG erfolgen.[628] Sie gehören daher ebenfalls zu den inländischen Einkünften. U.U. kann M die Refinanzierungszinsen auch in seinem Wohnsitzstaat geltend machen, sodass ein doppelter Abzug der Aufwendungen in Betracht kommt.[629]

3.1.2.1.2.2.4 Änderung der Zuordnungsprinzipien durch § 1 Abs. 5 AStG bzw. die BsGaV?

Durch das Amtshilferichtlinie-Umsetzungsgesetz (AmtshilfeRLUmsG) vom 26.06.2013 wurde insbesondere der 5. Abs. des § 1 AStG neu gefasst.[630] Durch § 1 Abs. 5 AStG erfolgte eine Umsetzung des sog. AOA (Authorized OECD Approach), welcher von der OECD entwickelt wurde,[631] in nationales Steuerrecht.[632] Ausweislich der Gesetzesbegründung soll § 1 Abs. 5 AStG „in Übereinstimmung mit den Überlegungen der OECD (Authorised OECD Approach) die Grundsätze [regeln; d.Verf.], nach denen der international anerkannte Fremdvergleichsgrundsatz sowohl auf die Aufteilung der Gewinne zwischen einem inländischen Unternehmen und seiner ausländischen Betriebsstätte als auch auf die Ermittlung der Einkünfte einer inländischen Betriebsstätte eines ausländischen Unternehmens anzuwenden ist“[633]. Der AOA fingiert, kurz umschrieben, die Selbständigkeit und Unabhängigkeit von Betriebsstätten zum Zwecke einer fremdvergleichskonformen Ergebnisaufteilung.[634]

§ 1 Abs. 5 Satz 1 AStG sieht nunmehr vor, dass die Abs. 1 sowie 3 bis 4 des § 1 AStG entsprechend anzuwenden sind, wenn für eine Geschäftsbeziehung i.S.d. § 1 Abs. 4 Satz 1 Nr. 2 AStG die Bedingungen, insbesondere die Verrechnungspreise, die der Aufteilung der Einkünfte zwischen einem inländischen Unternehmen und seiner ausländischen Betriebsstätte oder der Ermittlung der Einkünfte der inländischen Betriebsstätte eines ausländischen Unternehmens steuerlich zugrunde gelegt werden, nicht dem Fremdvergleichsgrundsatz entsprechen und dadurch

626 Vgl. dazu BFH, Urteil vom 20.07.1988, I R 49/84, S. 142; MACHENS, GABRIELE (Personengesellschaften 2007), S. 108.

627 Vgl. dazu KOLLRUSS, THOMAS (Sondervergütungen 2014), S. 597; LIEBCHEN, DANIEL (Personengesellschaften 2008), S. 95; MAYER, GEORG (Sonderbetriebsvermögen 2017), S. 117.

628 Vgl. dazu LIEBCHEN, DANIEL (Personengesellschaften 2008), S. 88.

629 Hierauf wird in Kapitel 8 noch ausführlich einzugehen sein.

630 Vgl. AmtshilfeRLUmsG vom 26.06.2013, S. 1827; KUßMAUL, HEINZ/SCHÄFER, RENÉ/ENGEL, PHILIPP (Inbound-Fall 2020), S. 879.

631 Vgl. zur Entstehungsgeschichte des AOA ausführlich KAHLE, HOLGER/KINDICH, AARON (Betriebsstätten 2019), Rn. 4.27 ff.

632 Vgl. LEONHARDT, ANDREAS (Gewinnabgrenzungsmaßstab 2019), S. 677; WASSERMEYER, FRANZ (BFH-Rechtsprechung 2015), S. 37.

633 BT-Drs. 17/10000 vom 19.06.2012, S. 63.

634 Vgl. WACKER, ROLAND (Betriebsstättenzurechnung 2019), S. 839 und ausführlich hierzu HAUN, JÜRGEN/KLUMPP, SIMON (Zuordnung 2018), S. 665.

die inländischen Einkünfte eines beschränkt Steuerpflichtigen gemindert oder die ausländischen Einkünfte eines unbeschränkt Steuerpflichtigen erhöht werden. Zur Anwendung des Fremdvergleichsgrundsatzes ist eine Betriebsstätte dabei gemäß § 1 Abs. 5 Satz 2 AStG grundsätzlich wie ein eigenständiges und unabhängiges Unternehmen zu behandeln. Dies wiederum erfolgt nach Maßgabe von § 1 Abs. 5 Satz 3 und 4 AStG.

§ 1 Abs. 5 AStG i.d.F. des AmtshilfeRLUmsG vom 26.06.2013 ist erstmals für Wirtschaftsjahre anzuwenden, die nach dem 31.12.2012 beginnen (§ 21 Abs. 20 Satz 3 AStG). In Ergänzung zu § 1 Abs. 5 AStG erließ die Finanzverwaltung die Betriebsstättengewinnaufteilungsverordnung vom 13.10.2014 (BsGaV),[635] die gemäß § 40 Satz 1 BsGaV erstmals für Wirtschaftsjahre zur Anwendung kommt, die nach dem 31.12.2014 beginnen. Als Rechtsgrundlage für den Erlass der BsGaV diente § 1 Abs. 6 AStG.[636] Darüber hinaus veröffentlichte die Finanzverwaltung am 22.12.2016 ergänzend zur BsGaV die Verwaltungsgrundsätze Betriebsstättengewinnaufteilung (VWG BsGa)[637].[638]

Umstritten ist, ob § 1 Abs. 5 AStG eine reine Einkünftekorrekturvorschrift ist[639] oder ob es sich um eine Norm handelt, die bezüglich der beschränkten Steuerpflicht Zuordnungsentscheidungen ermöglicht[640].[641] Letzteres dürfte insbesondere aufgrund des Wortlauts von § 1 Abs. 5 Satz 1 AStG, der zudem auf die Einkünftekorrekturvorschrift des § 1 Abs. 1 AStG[642] rekurriert (s.o.), abzulehnen sein.[643] Auch die Finanzverwaltung scheint aufgrund der in § 1 Abs. 5 Satz 1 AStG angeordneten entsprechenden Anwendung von § 1 Abs. 1 AStG in § 1 Abs. 5 AStG und der BsGaV reine Einkünftekorrekturnormen zu sehen.[644] Speziell bezüglich Sondervergütungen von Mitunternehmern ist darüber hinaus § 1 Abs. 5 Satz 7 AStG zu beachten.[645] Danach sind auf Geschäftsbeziehungen zwischen einem Gesellschafter und seiner Personengesellschaft oder zwischen einem Mitunternehmer und seiner Mitunternehmerschaft die oben dargestellten Sätze 1 bis 4 des § 1 Abs. 5 AStG nicht anzuwenden. Auch auf Grundlage dieser Norm geht die ganz

---

635 Vgl. KUßMAUL, HEINZ/SCHÄFER, RENÉ/ENGEL, PHILIPP (Inbound-Fall 2020), S. 879.

636 Vgl. KUßMAUL, HEINZ/SCHÄFER, RENÉ/ENGEL, PHILIPP (Inbound-Fall 2020), S. 879 sowie GOSCH, DIETMAR (BsGaV 2020), S. 120 ff., der in § 1 Abs. 6 AStG keine ausreichende Ermächtigungsgrundlage für den Erlass der BsGaV sieht.

637 Vgl. BMF, Schreiben vom 22.12.2016, IV B 5 – S 1341/12/10001-03, S. 182 ff.

638 Vgl. KUßMAUL, HEINZ/SCHÄFER, RENÉ/ENGEL, PHILIPP (Inbound-Fall 2020), S. 879.

639 So GEBHARDT, RONALD (Sonderbetriebsvermögen 2015), S. 811; KUßMAUL, HEINZ/SCHÄFER, RENÉ/ENGEL, PHILIPP (Sonderbetriebsausgaben 2021), S. 41 und dort Fn. 7 sowie mit zahlreichen weiteren Nachweisen GOSCH, DIETMAR (AOA 2018), S. 407; JUNKERS, LARS (Sonderbetriebsvermögen 2019), S. 365; SCHAUMBURG, HARALD/PULS, MICHAEL (Einkünftezuordnung 2023), Rn. 21.22.

640 So HAUN, JÜRGEN/KLUMPP, SIMON (Zuordnung 2018), S. 667; HRUSCHKA, FRANZ (Zuordnung 2016), S. 440; MIDDENDORF, OLIVER/EBERHARDT, DAVID (Betriebsstätte 2018), S. 391 f.; WACKER, ROLAND (Veranlassungsprinzip 2018), S. 2527; WACKER, ROLAND (Betriebsstättenzurechnung 2019), S. 839 f., 846.

641 Vgl. KUßMAUL, HEINZ/SCHÄFER, RENÉ/ENGEL, PHILIPP (Inbound-Fall 2020), S. 879.

642 Vgl. KRAFT, GERHARD (Kommentierung § 1 AStG 2019), Rn. 150.

643 Vgl. dazu GOSCH, DIETMAR (AOA 2018), S. 407; KUßMAUL, HEINZ/SCHÄFER, RENÉ/ENGEL, PHILIPP (Inbound-Fall 2020), S. 879.

644 Vgl. dazu BMF, Schreiben vom 22.12.2016, IV B 5 – S 1341/12/10001-03, Rn. 10 und ähnlich wie hier KUßMAUL, HEINZ/SCHÄFER, RENÉ/ENGEL, PHILIPP (Inbound-Fall 2020), S. 879. Vgl. dazu auch LEONHARDT, ANDREAS/TCHERVENIACHKI, VASSIL (Kommentierung § 1 AStG 2024), Rn. 2826.

645 Vgl. z.B. SCHMIDT, CHRISTIAN (Sondervergütungen 2013), S. 1710.

h.M. davon aus, dass § 1 Abs. 5 AStG bezüglich Sondervergütungen von Mitunternehmern nicht einschlägig ist.[646] Dies deckt sich im Ergebnis auch mit der Auffassung der Finanzverwaltung, die § 1 Abs. 5 AStG explizit bezüglich Sondervergütungen nicht angewendet wissen will.[647] Eine Mindermeinung sieht § 1 Abs. 5 AStG hingegen – allerdings ohne auf Satz 7 der Vorschrift einzugehen – auch bezüglich Sondervergütungen einschlägig.[648]

Der h.M. ist m.E. zuzustimmen: § 1 Abs. 5 Satz 1 AStG beschränkt den Anwendungsbereich von § 1 Abs. 5 AStG auf Geschäftsbeziehungen i.S.d. § 1 Abs. 4 Satz 1 Nr. 2 AStG.[649] Dies sind ausweislich der Norm „Geschäftsvorfälle zwischen einem Unternehmen eines Steuerpflichtigen und seiner in einem anderen Staat gelegenen Betriebsstätte (anzunehmende schuldrechtliche Beziehungen)“. Gemeint sind damit fiktive Geschäftsbeziehungen, nicht jedoch schuldrechtliche Beziehungen, wie sie Sondervergütungen zugrunde liegen.[650] Bezweifelt wird insoweit m.E. zu Recht, ob es § 1 Abs. 5 Satz 7 AStG zwingend bedurfte.[651]

Die mit den Sondervergütungen zusammenhängenden Aufwendungen von Mitunternehmern basieren ebenfalls nicht auf „anzunehmenden schuldrechtlichen Beziehungen“ i.S.d. § 1 Abs. 4 Satz 1 Nr. 2 AStG – und die Aufwendungen stehen insbesondere auch nicht mittelbar im Zusammenhang mit solchen –[652], sodass eine diesbezügliche Anwendung von § 1 Abs. 5 AStG m.E. mit dem gleichen Argument abgelehnt werden muss.[653] Somit richtet sich die Zuordnung der Aufwendungen weiterhin nach dem Veranlassungsprinzip.[654] Dieses Ergebnis ist auch mit der Auffassung der Finanzverwaltung in Einklang zu bringen, die § 1 Abs. 5 AStG von vornherein nicht auf Betriebsstätten anwenden will, die eine Personengesellschaft einem Mitunter-

---

646 Vgl. BRESGEN, ARIANE (Qualifikationskonflikte 2016), S. 133; FROTSCHER, GERRIT (Kommentierung § 50d EStG 2024), Rn. 196; MAYER, GEORG (Sonderbetriebsvermögen 2017), S. 119; SCHMIDT, CHRISTIAN (Sondervergütungen 2013), S. 1710; WASSERMEYER, FRANZ (Aufteilung 2012), S. 281. Vgl. auch GEBHARDT, RONALD (Sonderbetriebsvermögen 2015), S. 811; KUẞMAUL, HEINZ/DELARBER, CHRISTIAN/MÜLLER, FLORIAN (Betriebsstättengewinnaufteilungsverordnung 2014), S. 469.

647 Vgl. dazu BMF, Schreiben vom 22.12.2016, IV B 5 – S 1341/12/10001-03, Rn. 18.

648 Vgl. HAASE, FLORIAN/STEIERBERG, DANIELA (Personengesellschaften 2014), S. 8 f.

649 Vgl. BRESGEN, ARIANE (Qualifikationskonflikte 2016), S. 133; FROTSCHER, GERRIT (Kommentierung § 50d EStG 2024), Rn. 196.

650 Vgl. BRESGEN, ARIANE (Qualifikationskonflikte 2016), S. 133; FROTSCHER, GERRIT (Kommentierung § 50d EStG 2024), Rn. 196.

651 Vgl. LEONHARDT, ANDREAS/TCHERVENIACHKI, VASSIL (Kommentierung § 1 AStG 2024), Rn. 2889.

652 So wohl auch VAN LISHAUT, INGO (Dotationskapital 2018), S. 793.

653 Vgl. so zu Sonderbetriebsausgaben in Form von Darlehenszinsen, die mit Sonderbetriebsvermögen II zusammenhängen, NITZSCHKE, DIRK (Sonderbetriebsausgaben 2015), Tz. 3.3.3. Vgl. auch GEBHARDT, RONALD (Sonderbetriebsvermögen 2015), S. 811. Gl.A. wie hier wohl VAN LISHAUT, INGO (Dotationskapital 2018), S. 793, der aber hinsichtlich Sonderbetriebsausgaben in Form von Darlehenszinsen, die mit Sonderbetriebsvermögen II zusammenhängen, a.A. ist. Gl.A. wie VAN LISHAUT hinsichtlich Sonderbetriebsausgaben in Form von Darlehenszinsen, die mit Sonderbetriebsvermögen II zusammenhängen, WACKER, ROLAND (Veranlassungsprinzip 2018), S. 2527 f.; im Ergebnis gl.A. wie hier jedoch zu Sonderbetriebsausgaben, die mit Sonderbetriebsvermögen I zusammenhängen, WACKER, ROLAND (Personengesellschaften 2016), Tz. C.III.3.

654 Vgl. so zu Sonderbetriebsausgaben, die mit Sonderbetriebsvermögen II zusammenhängen, KUẞMAUL, HEINZ/SCHÄFER, RENÉ/ENGEL, PHILIPP (Sonderbetriebsausgaben 2021), S. 41, Fn. 7 und so zum Abkommensrecht WACKER, ROLAND (Personengesellschaften 2016), Tz. C.III.3.

nehmer vermittelt, sondern nur auf sog. „einfache Betriebsstätten“, d.h. auf Betriebsstätten, die zu einem Unternehmen gehören.[655]

3.1.2.2 Steuererhebung

Gemäß § 50a Abs. 1 Nr. 1 und Nr. 3 EStG wird bei beschränkt Steuerpflichtigen die Einkommensteuer bei Vorliegen folgender Einkünfte im Wege des Steuerabzugs erhoben:

- Einkünfte, die durch im Inland ausgeübte künstlerische, sportliche, artistische, unterhaltende oder ähnliche Darbietungen erzielt werden, sowie
- Einkünfte, die aus Vergütungen für die Überlassung der Nutzung oder des Rechts auf Nutzung von Rechten, insbesondere von Urheberrechten und gewerblichen Schutzrechten, von gewerblichen, technischen, wissenschaftlichen und ähnlichen Erfahrungen, Kenntnissen und Fertigkeiten, zum Beispiel Plänen, Mustern und Verfahren, herrühren.

Gemäß § 8 Abs. 1 Satz 1 KStG und § 31 Abs. 1 Satz 1 KStG gilt § 50a EStG grundsätzlich auch für beschränkt Körperschaftsteuerpflichtige.[656] Der Steuerabzug beträgt bei den oben aufgeführten Einkünften grundsätzlich 15 % der gesamten Einnahmen (§ 50a Abs. 2 Satz 1 EStG).[657] Hierbei hat der Schuldner der Vergütung den Steuerabzug für Rechnung des Gläubigers (Steuerschuldner) vorzunehmen (§ 50a Abs. 5 Satz 2 EStG). Der Steuerabzug ist auch dann vorzunehmen, wenn Einkünfte aus Gewerbebetrieb i.S.d. § 49 Abs. 1 Nr. 2 Buchst. a) EStG (i.V.m. § 8 Abs. 1 Satz 1 KStG) vorliegen, die einer inländischen Betriebsstätte zuzuordnen sind.[658] Zum Steuerabzug nach § 50a Abs. 5 Satz 2 EStG verpflichteter Vergütungsschuldner kann dabei – trotz fehlender Steuersubjekteigenschaft –[659] auch eine Personengesellschaft sein.[660]

Insgesamt folgt hieraus, dass eine inländische Personengesellschaft bei Vorliegen bestimmter Sondervergütungen, namentlich Sondervergütungen, bei denen es sich um Einkünfte aus Darbietungen oder um Lizenzeinkünfte handelt, einen Steuerabzug i.H.v. grundsätzlich 15 % auf

655 Vgl. dazu und wörtlich BMF, Schreiben vom 22.12.2016, IV B 5 – S 1341/12/10001-03, Rn. 13 und ähnlich wie hier zur Auffassung der Finanzverwaltung KUßMAUL, HEINZ/SCHÄFER, RENÉ/ENGEL, PHILIPP (Inbound-Fall 2020), S. 879. Gegen diese Auffassung der Finanzverwaltung spricht sich WACKER, ROLAND (Veranlassungsprinzip 2018), S. 2527 f. aus.

656 Vgl. dazu und ausführlich QUENZEL, STEFAN/WEDEMEIER, ANNA KATHARINA (Kommentierung § 50a EStG 2024), Rn. 6. Auf ein Hinzuzitieren der obengenannten Normen des KStG wir im Folgenden verzichtet.

657 Vgl. zur Möglichkeit eines (Sonder-)Betriebsausgabenabzugs und der dann anzuwendenden Steuersätze gemäß § 50a Abs. 3 EStG ausführlich QUENZEL, STEFAN/WEDEMEIER, ANNA KATHARINA (Kommentierung § 50a EStG 2024), Rn. 105 ff.

658 Vgl. BFH, Beschluss vom 07.11.2011, I B 157/10, Rn. 22; BMF, Schreiben vom 25.11.2010, IV C 3 – S 2303/09/10002, Rn. 3; PILTZ, DETLEV JÜRGEN (Sondervergütungen 2003), S. 145. Enger STRUNK, GÜNTHER (Kommentierung § 50a EStG 2024), Rn. 49, der nur bei Einkünften „i.S.d. § 49 Abs. 1 Nr. 2 Buchst. f Doppelbuchst. aa EStG, also Einkünfte[n], bei denen explizit keine Betriebsstätte oder ein ständiger Vertreter im Inland gegeben ist“, eine Steuerabzugsverpflichtung gegeben sieht.

659 Vgl. dazu bereits die Ausführungen in Kapitel 2.3.1.

660 Vgl. BMF, Schreiben vom 25.11.2010, IV C 3 – S 2303/09/10002, Rn. 93; PILTZ, DETLEV JÜRGEN (Sondervergütungen 2003), S. 145.

die Einnahmen vornehmen muss.[661] Demgegenüber sieht die ab dem Veranlagungszeitraum 2009 gültige Fassung des § 50a EStG die bis dahin bestehende und wohl des Öfteren einschlägige Steuerabzugsverpflichtung bei „Einkünften, die aus Vergütungen für die Nutzung beweglicher Sachen […] herrühren", nicht mehr vor.[662]

Weiterhin könnte bei Sondervergütungen in Form von Zinszahlungen einer inländischen Personengesellschaft an einen ausländischen Mitunternehmer zwar darüber nachgedacht werden, ob auf die Sondervergütungen bzw. Zinsen Kapitalertragsteuer einzubehalten ist,[663] die Kapitalertragsteuerpflicht der Einkünfte scheitert m.E. in aller Regel jedoch daran, dass die Voraussetzungen des § 43 Abs. 1 EStG nicht vorliegen; insbesondere die Tatbestandsmerkmale der in § 43 Abs. 1 Satz 1 Nr. 7 EStG normierten Tatbestände (z.B. Eintragung in ein öffentliches Schuldbuch oder Schuldner ist ein inländisches Kreditinstitut bzw. Finanzdienstleistungsinstitut) werden im Regelfall bei Zinszahlungen einer Personengesellschaft an einen ihrer Gesellschafter nicht gegeben sein.[664]

Im Übrigen vollzieht sich in den meisten Fällen die Steuererhebung bezüglich der beschränkt steuerpflichtigen Sondervergütungen von Anfang an durch Veranlagung, sodass ein Einbezug in die gesonderte und einheitliche Feststellung gemäß §§ 179 Abs. 1, Abs. 2 Satz 2, 180 Abs. 1 Satz 1 Nr. 2 Buchst. a) AO erforderlich ist.[665] Die Besteuerung erfolgt dabei – je nach Mitunternehmer – mit dem persönlichen Einkommensteuersatz nach § 50 Abs. 1 Satz 2 Halbs. 1, Satz 4 EStG i.V.m. § 32a Abs. 1 EStG oder mit dem Körperschaftsteuersatz i.H.v. 15 %.[666]

Selbst wenn ausnahmsweise ein Steuerabzug nach § 50a EStG durch die inländische Personengesellschaft vorgenommen wurde, entfaltet der Steuerabzug bezüglich der beschränkt steuerpflichtigen Sondervergütungen keine Abgeltungswirkung, sodass letztlich ebenfalls ein Einbezug der Einkünfte in die gesonderte und einheitliche Feststellung erforderlich ist:[667] Die Einkommensteuer für Einkünfte, die dem Steuerabzug auf Grundlage des § 50a EStG unterliegen, gilt bei beschränkt Steuerpflichtigen durch den Steuerabzug gemäß § 50 Abs. 2 Satz 1 EStG zwar grundsätzlich als abgegolten, dies gilt jedoch insbesondere nicht „für Einkünfte eines in-

---

661 Vgl. Piltz, Detlev Jürgen (Sondervergütungen 2003), S. 145. Piltzs Ausführungen beziehen sich zwar nicht auf die aktuelle Fassung von § 50a EStG, sollten jedoch m.E. auf die aktuelle Rechtslage übertragbar sein.

662 Vgl. dazu Lemaitre, Claus/Lüdemann, Lars (Personengesellschaften 2015), Rn. 5.61; Strunk, Günther (Kommentierung § 50a EStG 2024), Rn. 51.

663 Ein Kapitalertragsteuerabzug kommt insbesondere auch dann in Betracht, wenn die Kapitalerträge beim Gläubiger zu den Einkünften aus Gewerbebetrieb gehören (§ 43 Abs. 4 EStG).

664 Im Ergebnis gl.A. Haug, Felix (Kommentierung § 43 EStG 2024), Rn. 25a; Jachmann-Michel, Monika (Kommentierung § 43 EStG 2024), Rn. 79.

665 Vgl. BFH, Urteil vom 23.10.1991, I R 86/89, Ls. 1, S. 186; Loschelder, Friedrich (Kommentierung § 49 EStG 2024), Rn. 32; Piltz, Detlev Jürgen (Sondervergütungen 2003), S. 146; Reimer, Ekkehart (Kommentierung § 49 EStG 2024), Rn. 84.
Ein Einbezug in die gesonderte und einheitliche Feststellung würde jedoch dann nicht erfolgen, wenn das Besteuerungsrecht bezüglich der Sondervergütungen durch ein DBA dem Ansässigkeitsstaat des ausländischen Mitunternehmers zugewiesen werden würde; vgl. Dremel, Ralf (Verfahrensrecht 2015), Rn. 24.32 und ausführlich dazu die Ausführungen in Kapitel 4 sowie Kapitel 5.

666 Vgl. Schüller, Eva Carolin (Personengesellschaften 2014), S. 61.

667 Vgl. BFH, Urteil vom 23.10.1991, I R 86/89, Ls. 1, S. 186 f.; Piltz, Detlev Jürgen (Sondervergütungen 2003), S. 146.

ländischen Betriebs“ (§ 50 Abs. 2 Satz 2 Nr. 1 EStG). Danach sind Einkünfte, die einer inländischen Betriebsstätte zuzuordnen sind, von der Abgeltungswirkung des Steuerabzugs ausgenommen und in die Veranlagung einzubeziehen.[668] Die Zuordnung der Einkünfte zur inländischen Betriebsstätte muss hierbei analog zur Zuordnung im Rahmen des § 49 Abs. 1 Nr. 2 Buchst. a) EStG erfolgen.[669] Sofern also Sondervergütungen beschränkt steuerpflichtige Einkünfte i.S.d. § 49 Abs. 1 Nr. 2 Buchst. a) EStG (i.V.m. § 8 Abs. 1 Satz 1 KStG) darstellen, handelt es sich auch um „Einkünfte eines inländischen Betriebs“ i.S.d. § 50 Abs. 2 Satz 2 Nr. 1 EStG, sodass die durch § 50 Abs. 2 Satz 1 EStG angeordnete grundsätzliche Abgeltungswirkung des § 50a EStG bei beschränkt steuerpflichtigen Sondervergütungen stets entfällt.[670] Vergleichbar ist die Körperschaftsteuer für Einkünfte, die dem Steuerabzug unterliegen, durch den Steuerabzug insbesondere abgegolten, wenn der Bezieher der Einkünfte beschränkt steuerpflichtig ist und die Einkünfte nicht in einem inländischen gewerblichen Betrieb angefallen sind (§ 32 Abs. 1 Nr. 2 KStG). D.h., eine Abgeltungswirkung tritt auch bezüglich eines beschränkt körperschaftsteuerpflichtigen Mitunternehmers dann nicht ein, wenn die Einkünfte einer inländischen Betriebsstätte zuzuordnen sind.[671] Sofern ein Steuerabzug nach § 50a EStG vorgenommen wurde, erfolgt eine Anrechnung der entsprechenden Einkommen- oder Körperschaftsteuerbeträge im Rahmen der Veranlagung gemäß § 36 Abs. 2 Satz 1 Nr. 2 Buchst. a) EStG (i.V.m. § 31 Abs. 1 Satz 1 KStG).[672]

3.1.3 Entstehung und Vermeidung einer Doppelbesteuerung

Unter einer (rechtlichen) Doppelbesteuerung versteht man einen Sachverhalt, bei welchem auf denselben Steuergegenstand in mehreren Staaten für denselben Zeitraum von demselben Steuerpflichtigen vergleichbare Steuern erhoben werden.[673] Sofern Sondervergütungen von Mitunternehmern im Inbound-Fall in Deutschland besteuert werden, droht eine Doppelbesteuerung des Mitunternehmers hinsichtlich der Sondervergütungen.[674] Der ausländische Mitunternehmer unterliegt mit den Sondervergütungen in dem jeweiligen ausländischen Staat der dortigen un-

---

668 Vgl. Herkenroth, Klaus E./Striegel, Andreas (Kommentierung § 50 EStG 2024), Rn. 222; Weggenmann, Hans R. (Personengesellschaften 2015), Rn. 6.87.

669 Vgl. explizit Loschelder, Friedrich (Kommentierung § 50 EStG 2024), Rn. 28 und implizit, da auf die dortigen Ausführungen zur Zuordnung im Rahmen des § 49 Abs. 1 Nr. 2 Buchst. a) EStG verweisend, Gosch, Dietmar (Kommentierung § 50 EStG 2024), Rn. 19a sowie Herkenroth, Klaus E./Striegel, Andreas (Kommentierung § 50 EStG 2024), Rn. 222. Siehe ausführlich zur Zuordnung im Rahmen des § 49 Abs. 1 Nr. 2 Buchst. a) EStG die Ausführungen in Kapitel 3.1.2.1.2.2.

670 Vgl. Piltz, Detlev Jürgen (Sondervergütungen 2003), S. 145 f.

671 Vgl. Link, Mathias (Kommentierung § 32 KStG 2024), Rn. 24; Werning, Ulrich (Kommentierung § 32 KStG 2024), Rn. 8 f.

672 Vgl. Loschelder, Friedrich (Kommentierung § 50 EStG 2024), Rn. 28; Reimer, Ekkehart (Kommentierung § 50 EStG 2024), Rn. 68.

673 Vgl. Fey, Achim (Doppelbesteuerung 2024), Rn. 1; Frotscher, Gerrit (Internationales Steuerrecht 2020), Rn. 7; OECD (Introduction 2017), S. 9; Vogel, Klaus (Internationales Steuerrecht 1997), S. 276. Daneben lassen sich die virtuelle und die zum Teil auch als Doppelbelastung bezeichnete wirtschaftliche Doppelbesteuerung unterscheiden; vgl. dazu und ausführlich Lehner, Moris (Grundlagen 2021), Rn. 8 ff.; Wilke, Kay-Michael (Internationales Steuerrecht 2024), Rn. 60, 63, 594 f. und zur virtuellen Doppelbesteuerung auch die Ausführungen in Kapitel 7.2.

674 Vgl. Bresgen, Ariane (Qualifikationskonflikte 2016), S. 65 f.; Franz, Einiko B./Voulon, Marcel (Sondervergütungen 2011), S. 1112.

beschränkten Steuerpflicht.[675] Das Aufeinandertreffen dieser unbeschränkten Steuerpflicht mit der beschränkten Steuerpflicht des Mitunternehmers in Deutschland würde zu einer Doppelbesteuerung des Mitunternehmers hinsichtlich der Sondervergütungen führen.[676] Vermieden bzw. abgemildert werden kann die Doppelbesteuerung – sofern kein DBA zwischen Deutschland und dem jeweiligen ausländischen Staat besteht – nur durch sog. unilaterale Maßnahmen.[677] Im Rahmen von unilateralen Maßnahmen verzichtet ein Staat durch Regelungen in seinem nationalen Steuerrecht einseitig, d.h. ohne Abstimmung mit ausländischen Staaten, zumeist durch Anwendung der Anrechnungsmethode[678], vollständig oder zum Teil auf das ihm zustehende Steueraufkommen.[679] Die Vermeidung bzw. Minderung der Doppelbesteuerung des Mitunternehmers hinsichtlich der Sondervergütungen durch unilaterale Maßnahmen ist hierbei nach einhelliger Auffassung in der Literatur Aufgabe des ausländischen Staates, in welchem der Mitunternehmer der unbeschränkten Steuerpflicht unterliegt.[680] Das nationale deutsche Steuerrecht vermeidet bzw. mildert eine Doppelbesteuerung im Inbound-Fall hingegen grundsätzlich nicht.[681]

3.2 Outbound-Fall

3.2.1 Grundlagen der unbeschränkten Steuerpflicht und Definition des Outbound-Falls

Gemäß § 1 Abs. 1 Satz 1 EStG sind natürliche Personen, die im Inland einen Wohnsitz oder ihren gewöhnlichen Aufenthalt haben, unbeschränkt einkommensteuerpflichtig. Zudem unterliegen die in § 1 Abs. 1 KStG genannten Körperschaften, Personenvereinigungen und Vermögensmassen, die ihre Geschäftsleitung oder ihren Sitz im Inland haben, der unbeschränkten Körperschaftsteuerpflicht (§ 1 Abs. 1 KStG). Zu nennen sind diesbezüglich insbesondere Kapitalgesellschaften mit Sitz oder Geschäftsleitung im Inland (§ 1 Abs. 1 Nr. 1 KStG).

---

675 Vgl. Bresgen, Ariane (Qualifikationskonflikte 2016), S. 65; Franz, Einiko B./Voulon, Marcel (Sondervergütungen 2011), S. 1112; Piltz, Detlev Jürgen (Personengesellschaften 1981), S. 217.

676 Vgl. Bresgen, Ariane (Qualifikationskonflikte 2016), S. 65 f.; Franz, Einiko B./Voulon, Marcel (Sondervergütungen 2011), S. 1112.

677 Vgl. Bresgen, Ariane (Qualifikationskonflikte 2016), S. 65; Franz, Einiko B./Voulon, Marcel (Sondervergütungen 2011), S. 1112; Rosenberg, Oliver (Sonderbetriebsbereich 2015), Rn. 11.10.

678 Vgl. zur Anrechnungsmethode die Ausführungen in Kapitel 3.2.3.2.

679 Vgl. Brähler, Gernot (Internationales Steuerrecht 2014), S. 21; Franz, Einiko B./Voulon, Marcel (Sondervergütungen 2011), S. 1112; Schaumburg, Harald/Häck, Nils (Bilaterale Maßnahmen 2023), Rn. 19.1.

680 Vgl. Bresgen, Ariane (Qualifikationskonflikte 2016), S. 66 f.; Piltz, Detlev Jürgen (Personengesellschaften 1981), S. 218; Schüller, Eva Carolin (Personengesellschaften 2014), S. 61. Vgl. auch Franz, Einiko B./Voulon, Marcel (Sondervergütungen 2011), S. 1112 und allgemein dazu etwa Frotscher, Gerrit (Internationales Steuerrecht 2020), Rn. 14.

681 Vgl. Bresgen, Ariane (Qualifikationskonflikte 2016), S. 66 f.; Franz, Einiko B./Voulon, Marcel (Sondervergütungen 2011), S. 1112; Piltz, Detlev Jürgen (Personengesellschaften 1981), S. 218. Vgl. jedoch zu der im Fall des Bestehens eines DBA zu beachtenden nationalen Regelung des § 50d Abs. 10 Satz 5 EStG die Ausführungen in Kapitel 6.3.

In § 8 AO findet sich die Definition des Wohnsitzbegriffs.[682] Nach § 8 AO hat jemand einen Wohnsitz dort, wo er eine Wohnung unter Umständen innehat, die darauf schließen lassen, dass er die Wohnung beibehalten und benutzen wird.[683] Der Begriff des gewöhnlichen Aufenthalts hingegen wird in § 9 Satz 1 AO definiert.[684] Danach hat jemand den gewöhnlichen Aufenthalt dort, wo er sich unter Umständen aufhält, die erkennen lassen, dass er an diesem Ort oder in diesem Gebiet nicht nur vorübergehend verweilt. Als gewöhnlicher Aufenthalt ist dabei stets und von Beginn an ein zeitlich zusammenhängender Aufenthalt von mehr als sechs Monaten Dauer anzusehen, wobei kurzfristige Unterbrechungen unberücksichtigt bleiben (§ 9 Satz 2 AO).[685]

Hinsichtlich der unbeschränkten Körperschaftsteuerpflicht normiert § 10 AO den Begriff der Geschäftsleitung.[686] Es handelt sich danach bei der Geschäftsleitung um den Mittelpunkt der geschäftlichen Oberleitung. Dies wiederum ist der Ort, an welchem der maßgebende Wille hinsichtlich der Geschäftsleitung gebildet wird.[687] Hierbei ist jedoch nicht auf übergeordnete strategische Entscheidungen, sondern auf solche des gewöhnlichen Geschäftsverkehrs bzw. des unternehmerischen Tagesgeschäfts abzustellen.[688] Den Sitz, der für Zwecke der unbeschränkten Körperschaftsteuerpflicht durch § 11 AO definiert wird,[689] hat eine Körperschaft, Personenvereinigung oder Vermögensmasse hingegen an dem Ort, der durch Gesetz, Gesellschaftsvertrag, Satzung, Stiftungsgeschäft oder dergleichen bestimmt ist (§ 11 AO). Entscheidend sind hier also die rechtlichen Gegebenheiten.[690]

Im Zusammenhang mit der unbeschränkten Steuerpflicht von Mitunternehmern hat sich in der Literatur der Begriff „Outbound-Fall" etabliert.[691] Der Outbound-Fall wird etwa als der Fall beschrieben, in dem „inländische Gesellschafter" eine Beteiligung an einer „ausländischen Personengesellschaft" halten.[692] Selbstredend lässt sich auch dabei erahnen, was genau unter einem inländischen Gesellschafter oder einer ausländischen Personengesellschaft zu verstehen ist, eindeutig bestimmt werden die Begrifflichkeiten jedoch selten. In Anlehnung an die Ausführungen

---

682 Vgl. KUßMAUL, HEINZ (Steuerlehre 2020), S. 463.

683 Vgl. zu Einzelheiten etwa WILKE, KAY-MICHAEL (Internationales Steuerrecht 2024), Rn. 23 ff.

684 Vgl. HAASE, FLORIAN (Internationales Steuerrecht 2023), Rn. 125.

685 Vgl. zu Einzelheiten etwa FROTSCHER, GERRIT (Internationales Steuerrecht 2020), Rn. 165 f.; HAASE, FLORIAN (Internationales Steuerrecht 2023), Rn. 129 f.

686 Vgl. BIRK, DIETER/DESENS, MARC/TAPPE, HENNING (Steuerrecht 2024), Rn. 1226, 1230.

687 Vgl. BFH, Urteil vom 12.02.2004, IV R 29/02, S. 604; WILKE, KAY-MICHAEL (Internationales Steuerrecht 2024), Rn. 41.

688 Vgl. FROTSCHER, GERRIT (Internationales Steuerrecht 2020), Rn. 167; HAASE, FLORIAN (Internationales Steuerrecht 2023), Rn. 153.

689 Vgl. BIRK, DIETER/DESENS, MARC/TAPPE, HENNING (Steuerrecht 2024), Rn. 1226, 1230.

690 Vgl. KUßMAUL, HEINZ (Steuerlehre 2020), S. 463.

691 Vgl. bspw. BODDEN, GUIDO (Kommentierung § 4i EStG 2024), Rn. 7 sowie ROSENBERG, OLIVER (Sonderbetriebsbereich 2015), Rn. 11.10. Vergleichbar ist auch von Outbound-Strukturen bzw. von Outbound-Konstellationen die Rede; so PRINZ, ULRICH (Personengesellschaften 2018), S. 974 bzw. MARTINI, RUBEN (Kommentierung § 4i EStG 2024), Rn. B 11.

692 Vgl. auch wörtlich MÜLLER, MARION (Sondervergütungen 2009), S. 752. Vgl. ähnlich z.B. auch KEMPERMANN, MICHAEL (Sondervergütungen 2015), Rn. 2.71.

von KUßMAUL/SCHÄFER/ENGEL[693] und spiegelbildlich zur Definition des Inbound-Falls[694] wird der Outbound-Fall für Zwecke der vorliegenden Arbeit wie folgt definiert: Unter dem Outbound-Fall wird der Fall verstanden, in dem an einer Gesellschaft ausländischen Rechts, die nach den Wertungen eines Rechtstypenvergleichs als Personengesellschaft einzustufen ist[695] und deren (einziger) Ort der Geschäftsleitung sich im Ausland befindet, ein Mitunternehmer beteiligt ist, der – als natürliche Person – entweder einen Wohnsitz i.S.d. § 8 AO oder seinen gewöhnlichen Aufenthalt i.S.d. § 9 AO bzw. – als Gesellschaft – entweder die Geschäftsleitung i.S.d. § 10 AO oder den Sitz i.S.d. § 11 AO im Inland hat. Verkürzt wird im Folgenden der zuvor beschriebene Mitunternehmer als inländischer Mitunternehmer und die entsprechende Gesellschaft als ausländische Personengesellschaft bezeichnet.

Ein Outbound-Fall mit Zahlung von Sondervergütungen ist – wie *Abbildung 9* illustriert – bspw. dann gegeben, wenn ein inländischer Mitunternehmer von der ausländischen Personengesellschaft, an der er beteiligt ist, Zinsen für ein der Personengesellschaft gewährtes Darlehen erhält.[696]

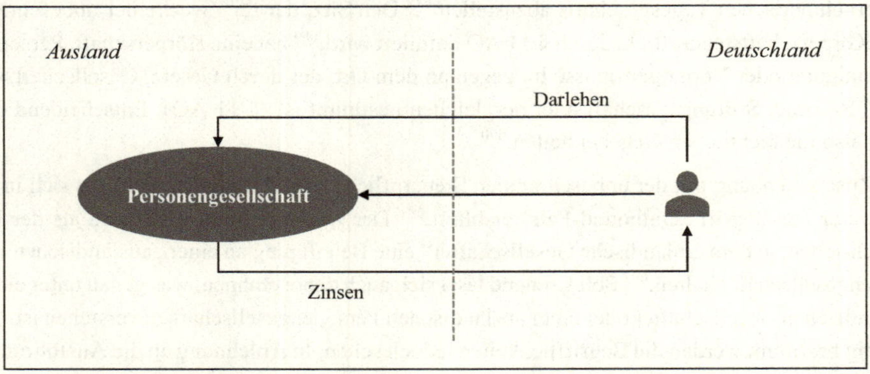

Abbildung 9: Sondervergütungen im Outbound-Fall[697]

Im Rahmen der im Outbound-Fall per obenstehender Definition bei einer natürlichen Person als Mitunternehmer gegebenen unbeschränkten Einkommensteuerpflicht wird grundsätzlich das gesamte Welteinkommen besteuert.[698] Erfasst werden also zunächst sämtliche Einkünfte,[699] wobei die Herkunft der Einkünfte (Inland bzw. Ausland) nicht entscheidend ist (Welteinkommensprinzip).[700] Darüber hinaus erstreckt sich auch die unbeschränkte Körperschaftsteuer-

693 Vgl. KUßMAUL, HEINZ/SCHÄFER, RENÉ/ENGEL, PHILIPP (Inbound-Fall 2020), S. 877, die den Inbound-Fall ausführlich definieren.

694 Vgl. dazu die Ausführungen in Kapitel 3.1.1.

695 Vgl. dazu die Ausführungen in Kapitel 3.2.2.

696 Vgl. KRAMER, JÖRG-DIETRICH (floating income 2011), S. 1883; LÜDICKE, JÜRGEN (Personengesellschaften 2011), S. 97. Vgl. auch PRINZ, ULRICH (Sondervergütungen 2011), S. 1416.

697 Eigene Darstellung; modifiziert entnommen aus PRINZ, ULRICH (Sondervergütungen 2011), S. 1416.

698 Vgl. zu Letzterem BFH, Beschluss vom 03.11.1982, I R 3/79, S. 260; KUßMAUL, HEINZ (Steuern 2023), S. 25.

699 Vgl. BFH, Beschluss vom 03.11.1982, I R 3/79, S. 260.

700 Vgl. FROTSCHER, GERRIT (Internationales Steuerrecht 2020), Rn. 169; PILTZ, DETLEV JÜRGEN (Sondervergütungen 2003), S. 140.

pflicht auf sämtliche Einkünfte (§ 1 Abs. 2 KStG), sodass Einkünfte, die aus dem Ausland stammen, hier grundsätzlich ebenfalls einzubeziehen sind.[701] Im Ausland erzielte Einkünfte, die auf Basis der Vorschriften eines DBA steuerfrei sind,[702] werden jedoch in die einkommen- bzw. körperschaftsteuerliche Bemessungsgrundlage nicht einbezogen.[703] Im Ergebnis werden daher in dem hier betrachteten Nicht-DBA-Fall Sondervergütungen, die ein unbeschränkt steuerpflichtiger Mitunternehmer im Outbound-Fall erzielt, ebenso wie die übrigen Einkünfte aus dem Sonderbereich – auf Grundlage des Welteinkommensprinzips – grundsätzlich, d.h. vorbehaltlich etwaiger anderer Steuerbefreiungen, ohne Weiteres, d.h. vor allem ohne das Erfordernis einer Zuordnung der Einkünfte zu einer Betriebsstätte, in Deutschland besteuert.[704] Im Outbound-Fall muss jedoch ergänzend geprüft werden, ob es sich bei der ausländischen Gesellschaft, an der der inländische Gesellschafter beteiligt ist, – aus deutscher Sicht – tatsächlich um eine gewerblich tätige Personengesellschaft handelt und der Gesellschafter als Mitunternehmer der Personengesellschaft anzusehen ist, nur dann kann der inländische Gesellschafter Sondervergütungen i.S.d. § 15 Abs. 1 Satz 1 Nr. 2 Satz 1 Halbs. 2 EStG von der entsprechenden Gesellschaft beziehen. Letzteres wird im Folgenden ausführlich dargelegt.

3.2.2 Qualifikation von Einkünften im Zusammenhang mit einer Gesellschaft ausländischen Rechts

Werden im Zusammenhang mit einer Gesellschaft ausländischen Rechts Einkünfte erzielt, ist darüber zu entscheiden, unter welche Einkunftsart die Einkünfte zu subsumieren sind.[705] Erforderlich ist hierzu die Einordnung der Gesellschaft anhand eines Rechtstypenvergleichs.[706] Dabei wird überprüft, ob ein ausländisches Rechtsgebilde aufgrund seiner wirtschaftlichen Stellung und rechtlichen Beschaffenheit bzw. eines ggf. vorhandenen Gesellschaftsvertrages im Rahmen einer Gesamtbetrachtung eher mit einer deutschen Personen- oder eher mit einer deutschen Kapitalgesellschaft vergleichbar ist.[707] Die Einordnung der Gesellschaft auf Basis des jeweiligen ausländischen Rechts als juristische Person, nicht rechtsfähiges Gebilde, eigenstän-

---

701 Vgl. BFH, Urteil vom 16.02.1996, I R 43/95, S. 131.

702 Vgl. zum Recht der DBA ausführlich die Ausführungen in Kapitel 4.

703 Vgl. BFH, Urteil vom 16.02.1996, I R 43/95, S. 131; KUßMAUL, HEINZ (Steuern 2023), S. 25 f.

704 Vgl. ECKARDT, JAN-EIKE (Personengesellschaften 2024), Rn. 7101, 7105; FROTSCHER, GERRIT (Treaty Override 2009), S. 593 und dort Fn. 4.; MAYER, GEORG (Sonderbetriebsvermögen 2017), S. 118; PILTZ, DETLEV JÜRGEN (Sondervergütungen 2003), S. 140, 147; ROSENBERG, OLIVER (Sonderbetriebsbereich 2015), Rn. 11.10, 11.16; SCHÜLLER, EVA CAROLIN (Personengesellschaften 2014), S. 56 f.

705 Vgl. SCHÜLLER, EVA CAROLIN (Personengesellschaften 2014), S. 48; STEMLER, PATRICK (Sondervergütungen 2013), S. 75. Die Ausführungen eines Teils der in diesem Kapitel zitierten Literatur beziehen sich auf Personengesellschaften ausländischen Rechts. Die hier beschriebenen Rechtsfolgen, die aus der Einordnung einer Gesellschaft ausländischen Rechts für Zwecke der Besteuerung nach nationalem Steuerrecht resultieren, gelten jedoch allgemein für ausländische Rechtsgebilde, unabhängig davon, ob diese nach ausländischem Recht eine Personen- oder eine Kapitalgesellschaft sind; vgl. dazu MACHENS, GABRIELE (Personengesellschaften 2007), S. 50. Somit kann verallgemeinernd auch auf die Quellen zurückgegriffen werden, die sich (primär) zu Personengesellschaften ausländischen Rechts äußern.

706 Vgl. BRESGEN, ARIANE (Qualifikationskonflikte 2016), S. 36 f.; SCHÜLLER, EVA CAROLIN (Personengesellschaften 2014), S. 48.

707 Vgl. FROTSCHER, GERRIT (Internationales Steuerrecht 2020), Rn. 515; SCHNITTKER, HELDER (Qualifikation 2015), Rn. 3.9.

diges Steuersubjekt oder nur begrenzt steuerlich relevante Einheit und dergleichen ist hierbei für die deutsche Wertung nicht entscheidend.[708] Äußerst hilfreich kann in der Praxis ein Blick in den sog. Betriebsstättenerlass[709] und dort in die sich in dessen Anhang befindlichen Tabellen sein, da die Finanzverwaltung dort hinsichtlich zahlreicher Rechtsgebilde ausländischen Rechts eine Einordnung in Bezug auf deren Vergleichbarkeit mit einer der deutschen Rechtsformen vorgenommen hat.[710] Zudem hat die Finanzverwaltung die ihres Erachtens bei einem Rechtstypenvergleich anzulegenden Kriterien (in Bezug auf eine US-amerikanische LLC) im BMF-Schreiben vom 19.03.2004 festgehalten.[711] Der BFH erachtet die dortige Zusammenstellung als zutreffende Wiedergabe der ständigen finanzgerichtlichen Rechtsprechung.[712]

Erfolgt die Einordnung der Gesellschaft – auf Basis des zuvor beschriebenen Rechtstypenvergleichs – als eine Gesellschaft, die mit einer Kapitalgesellschaft vergleichbar ist, kommt aus deutscher Sicht das Trennungsprinzip zur Anwendung.[713] D.h., die Gesellschaft wird aus deutscher Sicht – ggf. neben ihren Gesellschaftern – selbständig als eigener Rechtsträger erachtet.[714] Die Gesellschafter werden in Deutschland hierbei vor allem dann besteuert, wenn Ausschüttungen i.S.d. § 20 Abs. 1 Nr. 1 EStG durch sie erzielt werden.[715] Zudem werden zwischen den Gesellschaftern und der Gesellschaft bestehende schuldrechtliche Beziehungen steuerlich grundsätzlich anerkannt.[716] Daraus entstehende Vergütungen, welche die Gesellschaft an den jeweiligen Gesellschafter leistet, sind unter die sie jeweils betreffende Einkunftsart zu subsumieren.[717] Vergütungen, die potenziell unter § 15 Abs. 1 Satz 1 Nr. 2 Satz 1 Halbs. 2 EStG zu fassen wären, und damit solche Vergütungen, die der Gesellschafter von der Gesellschaft für seine Tätigkeit im Dienst der Gesellschaft oder für die Hingabe von Darlehen oder für die Überlassung von Wirtschaftsgütern bezogen hat, führen damit insbesondere zu Einkünften aus (nicht-)selbständiger Arbeit (§§ 18, 19 EStG), Einkünften aus Kapitalvermögen (§ 20 EStG) oder zu Einkünften aus Vermietung und Verpachtung (§ 21 EStG).[718] Ergänzend ist bei unbeschränkt Körperschaftsteuerpflichtigen i.S.d. § 1 Abs. 1 Nr. 1–3 KStG jedoch § 8 Abs. 2 KStG

---

708 Vgl. PILTZ, DETLEV JÜRGEN (Sondervergütungen 2003), S. 138; PYSZKA, TILLMANN/BRAUER, MICHAEL (Personengesellschaften 2004), Rn. 22.

709 Vgl. BMF, Schreiben vom 24.12.1999, IV B 4 – S 1300 – 111/99, S. 1076 ff.

710 Vgl. auch zu weiteren Verlautbarungen SCHNITTKER, HELDER (Qualifikation 2015), Rn. 3.6.

711 Vgl. BMF, Schreiben vom 19.03.2004, IV B 4 – S 1301 USA – 22/04, Tz. IV f.

712 Vgl. BFH, Urteil vom 20.08.2008, I R 34/08, S. 266. Vgl. auch LÜDICKE, JÜRGEN (Personengesellschaften 2011), S. 110.

713 Vgl. BRESGEN, ARIANE (Qualifikationskonflikte 2016), S. 38; FROTSCHER, GERRIT (Internationales Steuerrecht 2020), Rn. 515; STEMLER, PATRICK (Sondervergütungen 2013), S. 76.

714 Vgl. FROTSCHER, GERRIT (Internationales Steuerrecht 2020), Rn. 595.

715 Vgl. BMF, Schreiben vom 26.09.2014, IV B 5 – S 1300/09/10003, Tz. 4.1.4.2. Vgl. auch STEMLER, PATRICK (Sondervergütungen 2013), S. 76 f.

716 Vgl. BRESGEN, ARIANE (Qualifikationskonflikte 2016), S. 38; SCHÜLLER, EVA CAROLIN (Personengesellschaften 2014), S. 51.

717 Vgl. BRESGEN, ARIANE (Qualifikationskonflikte 2016), S. 38.

718 Vgl. DEBATIN, HELMUT (Behandlung 1977), S. 7; DIEHL, WOLFRAM (Qualifikationskonflikte 1978), S. 524 (zu Einkünften nach §§ 20, 21 EStG); PILTZ, DETLEV JÜRGEN (Personengesellschaften 1981), S. 60 f. (zu Einkünften nach §§ 19, 20, 21 EStG); STEMLER, PATRICK (Sondervergütungen 2013), S. 77.

zu beachten, sodass vor allem dann, wenn der Gesellschafter eine Kapitalgesellschaft ist, gemäß § 8 Abs. 2 KStG stets Einkünfte aus Gewerbebetrieb vorliegen.[719]

Kommt der Rechtstypenvergleich demgegenüber zu dem Ergebnis, dass die Gesellschaft mit einer Personengesellschaft vergleichbar ist, kommt das Transparenzprinzip zur Anwendung.[720] Bei der ausländischen Gesellschaft handelt es sich in diesem Fall aus deutscher Sicht nicht um ein eigenständiges Steuersubjekt.[721] Hinsichtlich der Besteuerung der Gesellschafter ist Folgendes zu beachten:

Einkünfte aus Gewerbebetrieb sind auch die Gewinnanteile der Gesellschafter *einer anderen Gesellschaft*, bei welcher der Gesellschafter als Mitunternehmer des Betriebs anzusehen ist, und die Vergütungen, die der Gesellschafter von der Gesellschaft für seine Tätigkeit im Dienst der Gesellschaft oder für die Hingabe von Darlehen oder für die Überlassung von Wirtschaftsgütern bezogen hat (§ 15 Abs. 1 Satz 1 Nr. 2 Satz 1 EStG). Wie bereits ausgeführt,[722] sind unter den Begriff der „anderen Gesellschaft" insbesondere auch Gesellschaften ausländischen Rechts zu subsumieren, wenn sie nach einem Rechtstypenvergleich mit einer Personengesellschaft deutschen Rechts vergleichbar sind.[723] Nach der Rechtsprechung des BFH enthält § 15 Abs. 1 Satz 1 Nr. 2 Satz 1 EStG „keine Beschränkung auf Einkünfte aus inländischen Personengesellschaften" und „ist deshalb auch auf Beteiligungen an ausländischen Mitunternehmerschaften anwendbar".[724] Voraussetzungen für die Anwendung von § 15 Abs. 1 Satz 1 Nr. 2 Satz 1 EStG ist jedoch, dass die Gesellschaft ausländischen Rechts einen Gewerbebetrieb unterhält.[725] Zudem müssen die Gesellschafter auch hier Mitunternehmer sein.[726] Dies liegt darin begründet, dass im Zuge des Rechtstypenvergleichs lediglich die zivilrechtlichen Eigenschaften der jeweiligen Gesellschaft ausländischen Rechts mit den zivilrechtlichen Eigenschaften von Gesellschaften deutschen Rechts verglichen werden.[727] Besteht das Ergebnis des Rechtstypenvergleichs darin, dass die Gesellschaft ausländischen Rechts mit einer deutschen Personengesellschaft vergleichbar ist, so ist die steuerliche Behandlung der Gesellschaft bzw. von deren

---

719 Vgl. auch BRESGEN, ARIANE (Qualifikationskonflikte 2016), S. 38 f.; SCHÜLLER, EVA CAROLIN (Personengesellschaften 2014), S. 52.

720 Vgl. BRESGEN, ARIANE (Qualifikationskonflikte 2016), S. 37; FROTSCHER, GERRIT (Internationales Steuerrecht 2020), Rn. 515; SCHÜLLER, EVA CAROLIN (Personengesellschaften 2014), S. 56.

721 Vgl. BECKER, JAN DIERK/LOOSE, THOMAS (Besteuerung 2011), S. 1559; BRESGEN, ARIANE (Qualifikationskonflikte 2016), S. 37; STEMLER, PATRICK (Sondervergütungen 2013), S. 76.

722 Siehe dazu Kapitel 2.1.

723 Vgl. MACHENS, GABRIELE (Personengesellschaften 2007), S. 79 (mit Verweis auf BFH, Urteil vom 27.02.1991, I R 15/89, S. 446; BFH, Urteil vom 31.05.1995, I R 74/93, S. 684 (s.u.)); WACKER, ROLAND (Kommentierung § 15 EStG 2024), Rn. 169.

724 Vgl. dazu und wörtlich BFH, Urteil vom 31.05.1995, I R 74/93, S. 684; ähnlich BFH, Urteil vom 27.02.1991, I R 15/89, S. 446 (jeweils mit Verweis auf BFH, Urteil vom 13.09.1989, I R 117/87, S. 58).

725 Vgl. BÄRSCH, SVEN-ERIC u.a. (Unternehmensbesteuerung 2023), S. 407; PILTZ, DETLEV JÜRGEN (Personengesellschaften 1981), S. 78 sowie BFH, Urteil vom 27.02.1991, I R 15/89, S. 445 f.; MACHENS, GABRIELE (Personengesellschaften 2007), S. 79 f. (letztere beide jeweils mit Verweis auf BFH, Urteil vom 17.01.1973, I R 191/72, S. 260 (zum reinen Inlandsfall)).

726 Vgl. BRESGEN, ARIANE (Qualifikationskonflikte 2016), S. 37; MACHENS, GABRIELE (Personengesellschaften 2007), S. 80 m.w.N.; PILTZ, DETLEV JÜRGEN (Personengesellschaften 1981), S. 78.

727 Vgl. MACHENS, GABRIELE (Personengesellschaften 2007), S. 79; PILTZ, DETLEV JÜRGEN (Personengesellschaften 1981), S. 78.

Gesellschaftern noch nicht abschließend festgelegt, sondern muss wie bei einer Personengesellschaft deutschen Rechts bestimmt werden.[728]

Wenn § 15 Abs. 1 Satz 1 Nr. 2 Satz 1 EStG anzuwenden ist, erfolgt eine Zurechnung des Gewinns der Gesellschaft gemäß der jeweiligen Beteiligungsquote zu den unbeschränkt steuerpflichtigen Mitunternehmern, wobei der Gewinnanteil zu den Einkünften aus Gewerbebetrieb rechnet.[729] Zudem kommt insbesondere auch § 15 Abs. 1 Satz 1 Nr. 2 Satz 1 Halbs. 2 EStG zur Anwendung.[730] Sondervergütungen, die der jeweilige Mitunternehmer erzielt, führen daher ebenfalls zu Einkünften aus Gewerbebetrieb.[731] Außerdem werden die mit den Sondervergütungen zusammenhängenden Aufwendungen des jeweiligen Mitunternehmers als Sonderbetriebsausgaben qualifiziert.[732]

3.2.3 Entstehung und Vermeidung einer Doppelbesteuerung

3.2.3.1 Entstehung einer Doppelbesteuerung

3.2.3.1.1 Besteuerung im Ausland nach dem Trennungsprinzip

Die ausländische Personengesellschaft ist selbst Steuersubjekt im Ausland, wenn die Besteuerung dort anhand des Trennungsprinzips erfolgt.[733] Auch im Ausland wird regelmäßig im Rahmen der unbeschränkten Steuerpflicht das Welteinkommen besteuert,[734] sofern sich nicht aus den DBA, die der ausländische Staat abgeschlossen hat, Einschränkungen ergeben.[735] Für den inländischen Mitunternehmer hingegen kann eine beschränkte Steuerpflicht im Ausland zunächst bestehen, wenn Ausschüttungen an ihn erfolgen.[736] Oftmals erfolgt dabei eine Besteuerung durch Quellensteuerabzug.[737] Außerdem werden zwischen den Gesellschaftern und der Gesellschaft bestehende schuldrechtliche Beziehungen steuerlich anerkannt.[738] Auf Ebene der Gesellschaft führen hierbei an den Gesellschafter geleistete Vergütungen zu Betriebsaus-

---

[728] Vgl. MACHENS, GABRIELE (Personengesellschaften 2007), S. 79; PILTZ, DETLEV JÜRGEN (Personengesellschaften 1981), S. 78.

[729] Vgl. BRESGEN, ARIANE (Qualifikationskonflikte 2016), S. 37; SCHÜLLER, EVA CAROLIN (Personengesellschaften 2014), S. 56 f.

[730] Vgl. BFH, Urteil vom 27.02.1991, I R 15/89, S. 445 f.; BFH, Urteil vom 31.05.1995, I R 74/93, S. 684; PILTZ, DETLEV JÜRGEN (Sondervergütungen 2003), S. 140; STEMLER, PATRICK (Sondervergütungen 2013), S. 76.

[731] Vgl. BFH, Urteil vom 27.02.1991, I R 15/89, S. 445 f.; BFH, Urteil vom 31.05.1995, I R 74/93, S. 684.

[732] Vgl. BÄRSCH, SVEN-ERIC u.a. (Unternehmensbesteuerung 2023), S. 418; SCHÜLLER, EVA CAROLIN (Personengesellschaften 2014), S. 57. Vgl. auch PILTZ, DETLEV JÜRGEN (Sondervergütungen 2003), S. 141.

[733] Vgl. SCHÜLLER, EVA CAROLIN (Personengesellschaften 2014), S. 54, 57.

[734] Vgl. BÄRSCH, SVEN-ERIC u.a. (Unternehmensbesteuerung 2023), S. 426; SCHÜLLER, EVA CAROLIN (Personengesellschaften 2014), S. 54.

[735] Vgl. LÜDICKE, JÜRGEN (Beteiligung 2011), S. 91.

[736] Vgl. dazu PYSZKA, TILLMANN/BRAUER, MICHAEL (Personengesellschaften 2004), Rn. 34: „je nach Ausgestaltung des dortigen Steuerrechts" sowie MACHENS, GABRIELE (Personengesellschaften 2007), S. 123 und SCHÜLLER, EVA CAROLIN (Personengesellschaften 2014), S. 58, die jedoch ohne Weiteres vom Bestehen einer beschränkten Steuerpflicht ausgehen.

[737] Vgl. PYSZKA, TILLMANN/BRAUER, MICHAEL (Personengesellschaften 2004), Rn. 34. Vgl. auch BMF, Schreiben vom 26.09.2014, IV B 5 – S 1300/09/10003, Tz. 4.1.4.1.

[738] Vgl. SPENGEL, CHRISTOPH/SCHADEN, MICHAEL/WEHRßE, MARTIN (Personengesellschaften 2010), S. 54.

gaben.[739] Aus Sicht des inländischen Mitunternehmers ist zu ihrer Besteuerung im Ausland erforderlich, dass der Anknüpfungspunkt, der im Ausland eine beschränkte Steuerpflicht auslöst, erfüllt ist.[740] Die Einordnung der Vergütungen erfolgt dabei unter die sie jeweils betreffende Einkunftsart.[741] Ist der Anknüpfungspunkt erfüllt, erfolgt eine Besteuerung der Vergütungen aufgrund der beschränkten Steuerpflicht im Ausland[742] etwa als Arbeitslohn, Zinsen, Mieten oder Lizenzgebühren.[743] Hierbei kann die Besteuerung ebenfalls durch Quellensteuerabzug erfolgen.[744]

Wie dargelegt, werden Sondervergütungen, die ein unbeschränkt steuerpflichtiger Mitunternehmer erzielt, im Outbound-Fall grundsätzlich in Deutschland besteuert.[745] Besteht neben der unbeschränkten Steuerpflicht des Mitunternehmers hinsichtlich seiner Sondervergütungen in Deutschland auch eine diesbezügliche beschränkte Steuerpflicht im Ausland, droht eine Doppelbesteuerung des Mitunternehmers.[746]

3.2.3.1.2 Besteuerung im Ausland nach dem Transparenzprinzip

Wird die ausländische Personengesellschaft im Ausland nach dem Transparenzprinzip besteuert, dann wird die Gesellschaft dort nicht als ein Steuersubjekt behandelt und ist damit im Ausland nicht selbst steuerpflichtig.[747] Allerdings kann der jeweilige inländische Mitunternehmer im Ausland beschränkt steuerpflichtig sein.[748] Anknüpfungspunkt der beschränkten Steuerpflicht im Ausland wird oftmals das Unterhalten einer Betriebsstätte sein.[749] Darüber hinaus

---

[739] Vgl. MACHENS, GABRIELE (Personengesellschaften 2007), S. 123.

[740] Vgl. dazu BÄRSCH, SVEN-ERIC u.a. (Unternehmensbesteuerung 2023), S. 425, welche dies bezüglich der Länder festhalten, die Personengesellschaften zwar transparent besteuern, aber die Vergütungen, die der Gesellschafter von der Gesellschaft bezieht, entsprechend der Einkunftsart, die ihnen zugrunde liegt, behandeln. Die Aussage gilt hier m.E. entsprechend. Vgl. auch LIEBCHEN, DANIEL (Personengesellschaften 2008), S. 99, Fn. 356.

[741] Vgl. BRESGEN, ARIANE (Qualifikationskonflikte 2016), S. 21; MACHENS, GABRIELE (Personengesellschaften 2007), S. 123.

[742] Vgl. BÄRSCH, SVEN-ERIC u.a. (Unternehmensbesteuerung 2023), S. 425. Vgl. auch SCHÜLLER, EVA CAROLIN (Personengesellschaften 2014), S. 58, die jedoch ohne Weiteres vom Bestehen einer beschränkten Steuerpflicht ausgeht.

[743] Vgl. PILTZ, DETLEV JÜRGEN (Sondervergütungen 2003), S. 143, der jedoch ohne Weiteres vom Bestehen einer beschränkten Steuerpflicht ausgeht.

[744] Vgl. BÄRSCH, SVEN-ERIC u.a. (Unternehmensbesteuerung 2023), S. 426; PYSZKA, TILLMANN/BRAUER, MICHAEL (Personengesellschaften 2004), Rn. 35.

[745] Vgl. ROSENBERG, OLIVER (Sonderbetriebsbereich 2015), Rn. 11.10, 11.16 und die Ausführungen in Kapitel 3.2.1.

[746] Vgl. MACHENS, GABRIELE (Personengesellschaften 2007), S. 105, 119, 124; PILTZ, DETLEV JÜRGEN (Sondervergütungen 2003), S. 143; ROSENBERG, OLIVER (Sonderbetriebsbereich 2015), Rn. 11.16.

[747] Vgl. BRESGEN, ARIANE (Qualifikationskonflikte 2016), S. 39; MACHENS, GABRIELE (Personengesellschaften 2007), S. 104; SCHÜLLER, EVA CAROLIN (Personengesellschaften 2014), S. 54, 59.

[748] Vgl. BÄRSCH, SVEN-ERIC u.a. (Unternehmensbesteuerung 2023), S. 424 f.; MACHENS, GABRIELE (Personengesellschaften 2007), S. 104 f. Vgl. auch BRESGEN, ARIANE (Qualifikationskonflikte 2016), S. 39 sowie SCHÜLLER, EVA CAROLIN (Personengesellschaften 2014), S. 55, 59, die fest vom Bestehen einer beschränkten Steuerpflicht ausgehen.

[749] Vgl. BÄRSCH, SVEN-ERIC u.a. (Unternehmensbesteuerung 2023), S. 424; MACHENS, GABRIELE (Personengesellschaften 2007), S. 105.

genügt in manchen Staaten schon die Beteiligung an einer Personengesellschaft zur Annahme einer beschränkten Steuerpflicht.[750]

Wird durch die ausländische Personengesellschaft eine Betriebsstätte im Ausland unterhalten, ist der inländische Mitunternehmer dort bezüglich seines Gewinnanteils beschränkt steuerpflichtig.[751] Gewinnentnahmen lösen im Ausland dann in der Regel keine Steuerpflicht mehr aus.[752] Hinsichtlich der Besteuerung von Sondervergütungen im Ausland ist demgegenüber wie folgt zu unterscheiden: Sondervergütungen gehören in manchen Ländern zum Gewinn aus der Personengesellschaft.[753] In diesen Ländern werden die Sondervergütungen wie der Gewinnanteil der beschränkten Steuerpflicht unterworfen.[754] In anderen Ländern werden die Sondervergütungen hingegen gemäß der Einkunftsart, die ihnen zugrunde liegt, steuerlich erfasst.[755] Werden die Sondervergütungen gemäß der Einkunftsart, die ihnen zugrunde liegt, steuerlich erfasst, ist zu ihrer Besteuerung im Ausland erforderlich, dass der Anknüpfungspunkt, der im Ausland eine beschränkte Steuerpflicht auslöst, erfüllt ist.[756] Ist dieser erfüllt, erfolgt eine Besteuerung der Sondervergütungen im Ausland im Rahmen der dortigen beschränkten Steuerpflicht.[757] In Betracht kommt dabei etwa eine Besteuerung als Arbeitslohn, Zinsen, Mieten oder Lizenzgebühren.[758] Hierbei erfolgt die Besteuerung häufig ebenfalls durch Quellensteuerabzug.[759]

Wie dargelegt (Kapitel 3.2.1), werden Sondervergütungen, die ein unbeschränkt steuerpflichtiger Mitunternehmer erzielt, im Outbound-Fall grundsätzlich auch in Deutschland besteuert.[760] Besteht neben der unbeschränkten Steuerpflicht des Mitunternehmers in Deutschland entsprechend dem zuvor Dargelegten eine beschränkte Steuerpflicht im Ausland, droht auch im Fall der Einordnung der Gesellschaft als transparente Einheit durch den ausländischen Staat eine Doppelbesteuerung des Mitunternehmers bezüglich der Sondervergütungen.[761]

---

750 Vgl. BÄRSCH, SVEN-ERIC u.a. (Unternehmensbesteuerung 2023), S. 424 (dort findet sich auch eine Aufzählung der betreffenden Staaten); MACHENS, GABRIELE (Personengesellschaften 2007), S. 105.

751 Vgl. MACHENS, GABRIELE (Personengesellschaften 2007), S. 105, 119. Vgl. auch BMF, Schreiben vom 26.09.2014, IV B 5 – S 1300/09/10003, Tz. 4.1.4.2.

752 Vgl. BMF, Schreiben vom 26.09.2014, IV B 5 – S 1300/09/10003, Tz. 4.1.4.2.; SCHÜLLER, EVA CAROLIN (Personengesellschaften 2014), S. 55.

753 Vgl. BÄRSCH, SVEN-ERIC u.a. (Unternehmensbesteuerung 2023), S. 425. Vgl. auch KUDERT, STEPHAN/ KAHLENBERG, CHRISTIAN (Sonderbetriebsausgaben 2017), S. 45.

754 Vgl. BÄRSCH, SVEN-ERIC u.a. (Unternehmensbesteuerung 2023), S. 425; MACHENS, GABRIELE (Personengesellschaften 2007), S. 105. Vgl. auch PILTZ, DETLEV JÜRGEN (Sondervergütungen 2003), S. 143; SCHÜLLER, EVA CAROLIN (Personengesellschaften 2014), S. 59.

755 Vgl. BÄRSCH, SVEN-ERIC u.a. (Unternehmensbesteuerung 2023), S. 425; LÜDICKE, JÜRGEN (Personengesellschaften 2011), S. 99; MACHENS, GABRIELE (Personengesellschaften 2007), S. 119.

756 Vgl. BÄRSCH, SVEN-ERIC u.a. (Unternehmensbesteuerung 2023), S. 425. Vgl. auch LIEBCHEN, DANIEL (Personengesellschaften 2008), S. 99, Fn. 356.

757 Vgl. BÄRSCH, SVEN-ERIC u.a. (Unternehmensbesteuerung 2023), S. 425. Vgl. auch PILTZ, DETLEV JÜRGEN (Sondervergütungen 2003), S. 143 sowie SCHÜLLER, EVA CAROLIN (Personengesellschaften 2014), S. 59, die jedoch beide ohne Weiteres vom Bestehen einer beschränkten Steuerpflicht ausgehen.

758 Vgl. PILTZ, DETLEV JÜRGEN (Sondervergütungen 2003), S. 143.

759 Vgl. BÄRSCH, SVEN-ERIC u.a. (Unternehmensbesteuerung 2023), S. 425. Vgl. auch MACHENS, GABRIELE (Personengesellschaften 2007), S. 119.

760 Vgl. auch ROSENBERG, OLIVER (Sonderbetriebsbereich 2015), Rn. 11.10, 11.16.

761 Vgl. MACHENS, GABRIELE (Personengesellschaften 2007), S. 105, 119; PILTZ, DETLEV JÜRGEN (Sondervergütungen 2003), S. 143; ROSENBERG, OLIVER (Sonderbetriebsbereich 2015), Rn. 11.16.

3.2.3.2 Vermeidung einer Doppelbesteuerung

Wie aufgezeigt, kann eine Doppelbesteuerung – sofern kein DBA zwischen Deutschland und dem jeweiligen ausländischen Staat besteht – nur durch unilaterale Maßnahmen vermieden oder abgemildert werden.[762] Hierbei kommt § 34c EStG hinsichtlich des deutschen Steuerrechts entscheidende Bedeutung zu.[763] Sofern die Voraussetzungen der Norm erfüllt sind, erfolgt eine Vermeidung bzw. Milderung der Doppelbesteuerung entweder durch die Anrechnungsmethode gemäß § 34c Abs. 1 EStG oder durch die in § 34c Abs. 2, 3 EStG geregelte Abzugsmethode.[764] Bei unbeschränkt Körperschaftsteuerpflichtigen gelten die Abs. 1–3 des § 34c EStG grundsätzlich entsprechend (§ 26 Abs. 1 Satz 1 Nr. 1 KStG).

Gemäß § 34c Abs. 1 Satz 1 Halbs. 1 EStG ist bei unbeschränkt Steuerpflichtigen, die mit *ausländischen Einkünften* in dem Staat, aus dem die Einkünfte stammen, zu einer der deutschen Einkommensteuer entsprechenden Steuer herangezogen werden, die festgesetzte und gezahlte und um einen entstandenen Ermäßigungsanspruch gekürzte ausländische Steuer auf die deutsche Einkommensteuer anzurechnen, die auf die Einkünfte aus diesem Staat entfällt. Im Kern erfolgt bei der Anrechnungsmethode des § 34c Abs. 1 EStG also eine Anrechnung der im Ausland gezahlten Steuer.[765] Grundvoraussetzung für diese Anrechnung ist aber das Vorhandensein von ausländischen Einkünften.[766] Hierbei legt § 34d EStG für Zwecke des § 34c Abs. 1 EStG fest, was ausländische Einkünfte sind.[767] Bezüglich des Körperschaftsteuerrechts ist § 34d EStG entsprechend anzuwenden.[768] Im Folgenden wird untersucht, ob die Sondervergütungen eines Mitunternehmers im Outbound-Fall ausländische Einkünfte i.S.d. § 34d EStG darstellen, sodass eine Anrechnung (oder ein Abzug) ausländischer Steuern zur Vermeidung oder zumindest zur Abmilderung einer Doppelbesteuerung möglich ist.

§ 34d Nr. 2 Buchst. a) Halbs. 1 EStG bestimmt, dass ausländische Einkünfte i.S.d. § 34c Abs. 1 EStG Einkünfte aus Gewerbebetrieb (§§ 15 und 16 EStG) sind, die durch eine in einem ausländischen Staat belegene Betriebsstätte erzielt werden. Hinsichtlich des Betriebsstättenbegriffs in § 34d Nr. 2 Buchst. a) Halbs. 1 EStG ist die Definition der Betriebsstätte in § 12 AO maßgeblich.[769] Dementsprechend befindet sich auch hier – gemäß der Rechtsprechung des BFH – am

---

762 Vgl. BRESGEN, ARIANE (Qualifikationskonflikte 2016), S. 65; FRANZ, EINIKO B./VOULON, MARCEL (Sondervergütungen 2011), S. 1112; ROSENBERG, OLIVER (Sonderbetriebsbereich 2015), Rn. 11.10 und die Ausführungen in Kapitel 3.1.3, wo auch auf den Begriff der unilateralen Maßnahmen eingegangen wird.

763 Vgl. MACHENS, GABRIELE (Personengesellschaften 2007), S. 105.

764 Vgl. BRESGEN, ARIANE (Qualifikationskonflikte 2016), S. 39; ROSENBERG, OLIVER (Sonderbetriebsbereich 2015), Rn. 11.16.

765 Vgl. FROTSCHER, GERRIT (Internationales Steuerrecht 2020), Rn. 322; MACHENS, GABRIELE (Personengesellschaften 2007), S. 106.

766 Vgl. WASSERMEYER, FRANZ (Anrechnung 2016), S. 825.

767 Vgl. MACHENS, GABRIELE (Personengesellschaften 2007), S. 107; WILKE, KAY-MICHAEL (Internationales Steuerrecht 2024), Rn. 193.

768 Vgl. R 8.1 Abs. 1 Nr. 1 KStR 2022; RASCH, STEPHAN (Kommentierung § 34d EStG 2024), Rn. 6a.

769 Vgl. GEURTS, MATTHIAS (Kommentierung § 34d EStG 2024), Rn. 7 sowie LINK, MATHIAS (Kommentierung § 34d EStG 2024), Rn. 28 (m.E. nur bedingt zu Recht mit Verweis auf BFH, Urteil vom 30.06.2005, III R 76/03, S. 87; vgl. dazu und ausführlich zu dem Urteil STRUNK, GÜNTHER/KAMINSKI, BERT (Kommentierung § 34d EStG 2024), Rn. 35.1). Vgl. weitergehend STRUNK, GÜNTHER/KAMINSKI, BERT (Kommentierung § 34d

Ort der Geschäftsleitung stets eine Betriebsstätte.[770] In dem vorliegend betrachteten Outbound-Fall befindet sich der Ort der Geschäftsleitung der Personengesellschaft im Ausland,[771] sodass dort zwangsläufig eine Betriebsstätte – in Form der Geschäftsleitungsbetriebsstätte – vorhanden sein muss.[772] Damit ist die erste Voraussetzung zur Anrechnung oder zum Abzug ausländischer Steuern hier unproblematisch erfüllt, gefordert wird durch § 34d Nr. 2 Buchst. a) Halbs. 1 EStG zur Annahme ausländischer Einkünfte und damit zur Anrechnung oder zum Abzug von ausländischen Steuern aber zudem, dass die Einkünfte „durch eine in einem ausländischen Staat belegene Betriebsstätte […] erzielt werden", sodass auch im Outbound-Fall[773] eine entsprechende Zuordnung der Einkünfte erforderlich ist.[774] Dabei sind – nach hier geteilter, aber nicht unumstrittener Auffassung – Sondervergütungen im Outbound-Fall jedoch einer im Ausland unterhaltenen Betriebsstätte der Personengesellschaft zuzuordnen.[775] Letzteres ergibt sich m.E. aus folgender Überlegung:

Der Sinn und Zweck von § 15 Abs. 1 Satz 1 Nr. 2 Satz 1 Halbs. 2 EStG besteht auch darin, unabhängig davon, ob Leistungen eines Mitunternehmers durch ein gesondertes Entgelt oder durch einen Gewinnvorab bzw. durch einen erhöhten Gewinnanteil abgegolten werden, zu demselben Besteuerungsergebnis zu kommen.[776] Der Gewinnanteil aus der Personengesellschaft wird im Outbound-Fall definitiv i.S.d. § 34d Nr. 2 Buchst. a) Halbs. 1 EStG „durch eine in einem ausländischen Staat belegene Betriebsstätte […] erzielt", sodass diesbezüglich ausländische Einkünfte i.S.d. Vorschrift gegeben sind.[777] Entsprechend des zuvor dargelegten Sinns und Zwecks von § 15 Abs. 1 Satz 1 Nr. 2 Satz 1 Halbs. 2 EStG ist daher auch hinsichtlich der Sondervergütungen eine Zuordnung zu einer ausländischen Betriebsstätte der Personengesellschaft

---

EStG 2024), Rn. 35.1, wonach insbesondere auf die Betriebsstättendefinition des jeweiligen ausländischen Staates abgestellt werden kann, sofern diese weiterreichend ist.

770 Vgl. dazu BFH, Urteil vom 19.12.2007, I R 19/06, S. 402; BFH, Urteil vom 20.12.2017, I R 98/15, Rn. 30 und ausführlich die Ausführungen in Kapitel 3.1.2.1.2.1.3.

771 Vgl. dazu die Ausführungen in Kapitel 3.2.1.

772 Vgl. ähnlich MACHENS, GABRIELE (Personengesellschaften 2007), S. 107; PILTZ, DETLEV JÜRGEN (Personengesellschaften 1981), S. 82. Im Folgenden wird davon ausgegangen, dass dies auch die einzige Betriebsstätte der Personengesellschaft ist.

773 Vgl. hinsichtlich des Inbound-Falls und dort speziell zu inländischen Einkünften i.S.d. beschränkten Steuerpflicht nach § 49 Abs. 1 Nr. 2 Buchst. a) EStG die Ausführungen in Kapitel 3.1.2.1.1.

774 Vgl. GOSCH, DIETMAR (Kommentierung § 34d EStG 2024), Rn. 8 und dazu auch PROKISCH, RAINER (Kommentierung § 34d EStG 2024), Rn. B 15.

775 Vgl. ROSENBERG, OLIVER (Sonderbetriebsbereich 2015), Rn. 11.16, der dies aus „der sich aus § 15 Abs. 1 Satz 1 Nr. 2 Satz 1 Halbs. 2 EStG ergebenden rechtlichen Wertung" ableitet, sowie WAGNER, KLAUS J. (Kommentierung § 34d EStG 2024), Rn. 38, der hierbei wohl auf den „wirtschaftl. Zusammenhang" abstellt, und LIEBCHEN, DANIEL (Personengesellschaften 2008), S. 99 i.V.m. S. 85 f., der dies aus dem Prinzip der korrespondierenden Bilanzierung ableitet. Vgl. im Ergebnis ebenso MACHENS, GABRIELE (Personengesellschaften 2007), S. 107, 120; PILTZ, DETLEV JÜRGEN (Sondervergütungen 2003), S. 143. A.A. STEMLER, PATRICK (Sondervergütungen 2013), S. 76, der die Sondervergütungen einer Mitunternehmerbetriebsstätte (vgl. dazu bereits Kapitel 3.1.2.1.2.1.2) zuordnen will. Wie STEMLER auch BRESGEN, ARIANE (Qualifikationskonflikte 2016), S. 38 und ebenfalls a.A. KRAMER, JÖRG-DIETRICH (floating income 2011), S. 1883 f.

776 Ständige Rechtsprechung des BFH, vgl. z.B. BFH, Urteil vom 30.08.2007, IV R 14/06, S. 944; BFH, Urteil vom 06.02.2020, IV R 5/18, Rn. 28 jeweils m.w.N. Vgl. zudem POHL, CARSTEN (Sondervergütungsregelungen 2012), S. 121; WACKER, ROLAND (Kommentierung § 15 EStG 2024), Rn. 561.

777 Vgl. MACHENS, GABRIELE (Personengesellschaften 2007), S. 107, 119 f., die mit demselben Argument auch hinsichtlich der Sondervergütungen ausländische Einkünfte gegeben sieht. Begründet wird die erforderliche Zuordnung der Sondervergütungen zu einer ausländischen Betriebsstätte dort jedoch nicht weiter.

vorzunehmen.[778] Ansonsten wäre ein unterschiedliches Besteuerungsergebnis in Abhängigkeit davon, ob Leistungen eines Mitunternehmers durch ein gesondertes Entgelt oder durch einen Gewinnvorab bzw. durch einen erhöhten Gewinnanteil abgegolten werden, möglich und die zuvor dargestellte Zwecksetzung von § 15 Abs. 1 Satz 1 Nr. 2 Satz 1 Halbs. 2 EStG würde nicht erreicht werden.[779] Dementsprechend sind auch die Sondervergütungen von Mitunternehmern im Outbound-Fall ausländische Einkünfte.[780]

Auch BRESGEN und FRANZ/VOULON gehen davon aus, dass es sich bei Sondervergütungen von Mitunternehmern im Outbound-Fall um ausländische Einkünfte handelt, stellen hierbei jedoch auf § 34d Nr. 2 Buchst. a) Halbs. 2 EStG ab.[781] Nach § 34d Nr. 2 Buchst. a) Halbs. 2 EStG sind ausländische Einkünfte i.S.d. § 34c Abs. 1 EStG auch Einkünfte der in § 34d Nr. 3, 4, 6, 7 und 8 Buchst. c) EStG genannten Art, soweit sie zu den Einkünften aus Gewerbebetrieb gehören. In § 34d Nr. 3, 4, 6, 7 und 8 Buchst. c) EStG werden insbesondere Einkünfte aus Kapitalvermögen, sofern der Schuldner die Geschäftsleitung in einem ausländischen Staat hat (§ 34d Nr. 6 EStG), sowie Einkünfte aus Vermietung und Verpachtung genannt, soweit das unbewegliche Vermögen oder die Sachinbegriffe in einem ausländischen Staat belegen bzw. die Rechte zur Nutzung in einem ausländischen Staat überlassen worden sind (§ 34d Nr. 7 Satz 1 EStG). § 34d Nr. 5 EStG, der sich mit Einkünften aus nichtselbständiger Arbeit befasst, fehlt jedoch in der Auflistung des § 34d Nr. 2 Buchst. a) Halbs. 2 EStG. Insofern wäre diesbezüglich keine Anrechnung ausländischer Steuern möglich.

WEGGENMANN kommt ebenfalls zu dem Ergebnis, dass Sondervergütungen von Mitunternehmern im Outbound-Fall ausländische Einkünfte sind, stellt dabei aber auf die „isolierende Betrachtungsweise" ab, die bezüglich § 34d EStG Anwendung findet und „wonach inländische Besteuerungsmerkmale außer Betracht bleiben, soweit sie die Annahme ausländischer Einkünfte ausschließen".[782] Außer Betracht lassen will WEGGENMANN dabei wohl das Vorhandensein eines Gewerbebetriebs, sodass es ihm etwa im Fall eines der Personengesellschaft gewährten Darlehens möglich ist, ausländische Einkünfte i.S.d. § 34d Nr. 6 EStG anzunehmen.[783] § 34d Nr. 6 EStG bestimmt als ausländische Einkünfte i.S.d. § 34c Abs. 1 bis 5 EStG insbesondere Einkünfte aus Kapitalvermögen (§ 20 EStG), wenn der Schuldner Wohnsitz, Geschäfts-

---

778 Vgl. dazu POHL, CARSTEN (Sondervergütungsregelungen 2012), S. 122 i.V.m. S. 121 und ergänzend POHL, CARSTEN (Sondervergütungen 2013), S. 1573 (dort zum Abkommensrecht) sowie LIEBCHEN, DANIEL (Personengesellschaften 2008), S. 99 i.V.m. S. 85 f.

779 Vgl. auch LIEBCHEN, DANIEL (Personengesellschaften 2008), S. 99 i.V.m. S. 85 f.; POHL, CARSTEN (Sondervergütungsregelungen 2012), S. 122 i.V.m. S. 121.

780 Vgl. im Ergebnis ebenso z.B. MACHENS, GABRIELE (Personengesellschaften 2007), S. 120; ROSENBERG, OLIVER (Sonderbetriebsbereich 2015), Rn. 11.16.

781 Vgl. BRESGEN, ARIANE (Qualifikationskonflikte 2016), S. 66; FRANZ, EINIKO B./VOULON, MARCEL (Sondervergütungen 2011), S. 1112.

782 Vgl. dazu und wörtlich WEGGENMANN, HANS R. (Personengesellschaften 2015), Rn. 6.40 (hinsichtlich der isolierenden Bertachtungsweise mit Verweis auf BFH, Urteil vom 09.04.1997, I R 178/94, S. 659; BFH, Urteil vom 29.03.2000, I R 15/99, S. 578; GOSCH, DIETMAR (Kommentierung § 34d EStG 2024), Rn. 2). Ähnlich wie WEGGENMANN auch KRAMER, JÖRG-DIETRICH (floating income 2011), S. 1884 und dort Fn. 13.

783 Vgl. WEGGENMANN, HANS R. (Personengesellschaften 2015), Rn. 6.40. Vgl. auch KRAMER, JÖRG-DIETRICH (floating income 2011), S. 1884 und dort Fn. 13: „In Betracht kommt allerdings bei Anwendung einer isolierenden Betrachtungsweise die Qualifizierung der Zinsen als ausländische Einkünfte aus Kapitalvermögen nach § 34d Nr. 6 EStG".

leitung oder Sitz in einem ausländischen Staat hat. Vergleichbar geht er im Fall eines der Personengesellschaft überlassenen Grundstücks von ausländischen Einkünften nach § 34d Nr. 7 EStG aus.[784] Satz 1 dieser Norm ordnet an, dass ausländische Einkünfte i.S.d. § 34c Abs. 1 bis 5 EStG auch Einkünfte aus Vermietung und Verpachtung (§ 21 EStG) sind, soweit das unbewegliche Vermögen in einem ausländischen Staat belegen ist.

Stellen die Sondervergütungen von Mitunternehmern im Outbound-Fall ausländische Einkünfte dar, kann auf die deutsche Einkommen- bzw. Körperschaftsteuer eine im Ausland aufgrund der Sondervergütungen entrichtete (Quellen-)Steuer grundsätzlich nach § 34c Abs. 1 EStG angerechnet werden.[785] Das gilt auch, wenn die Sondervergütungen zu Betriebsausgaben bei der ausländischen Personengesellschaft führen.[786] Insbesondere kann eine Anrechnung auch dann erfolgen, wenn die jeweilige Gesellschaft als Steuersubjekt im Ausland behandelt wird.[787] Einschränkungen hinsichtlich der Anrechenbarkeit können sich jedoch insbesondere aus dem Anrechnungshöchstbetrag ergeben, der für Zwecke der Anrechnung nach § 34c Abs. 1 EStG ermittelt werden muss.[788] Im Folgenden wird zunächst dargestellt, wie der Anrechnungshöchstbetrag allgemein und speziell unter Einbezug von Sondervergütungen sowie den damit zusammenhängenden Aufwendungen von Mitunternehmern zu ermitteln ist. Anschließend wird aufgezeigt, in welchen Besteuerungssituationen Probleme aus dem Anrechnungshöchstbetrag erwachsen.

Ermittlung des Anrechnungshöchstbetrags:

Nach § 34c Abs. 1 Satz 1 Halbs. 1 EStG ist die festgesetzte und gezahlte und um einen entstandenen Ermäßigungsanspruch gekürzte ausländische Steuer auf die deutsche Einkommensteuer anzurechnen, *die auf die Einkünfte aus diesem Staat entfällt*. Hierbei ist auf alle ausländischen Einkünfte „aus diesem Staat" abzustellen (sog. per-country limitation).[789] Die auf die ausländischen Einkünfte nach § 34c Abs. 1 Satz 1 Halbs. 1 EStG entfallende deutsche Einkommensteuer ist in der Weise zu ermitteln, dass der sich bei der Veranlagung des zu versteuernden Einkommens, einschließlich der ausländischen Einkünfte, nach den §§ 32a, 32b, 34, 34a und 34b EStG

---

784 Vgl. WEGGENMANN, HANS R. (Personengesellschaften 2015), Rn. 6.40.

785 Vgl. FRANZ, EINIKO B./VOULON, MARCEL (Sondervergütungen 2011), S. 1112; LÜDICKE, JOCHEN (Kommentierung § 34c EStG 2024), Rn. 130; MACHENS, GABRIELE (Personengesellschaften 2007), S. 120; PILTZ, DETLEV JÜRGEN (Sondervergütungen 2003), S. 143; PILTZ, DETLEV JÜRGEN (Sondervergütungen 2005), S. 747 f.; ROSENBERG, OLIVER (Sonderbetriebsbereich 2015), Rn. 11.16; WAGNER, KLAUS J. (Kommentierung § 34c EStG 2024), Rn. 35; WEGGENMANN, HANS R. (Personengesellschaften 2015), Rn. 6.40.

786 Vgl. LÜDICKE, JOCHEN (Kommentierung § 34c EStG 2024), Rn. 130; WAGNER, KLAUS J. (Kommentierung § 34c EStG 2024), Rn. 35. Vgl. auch PILTZ, DETLEV JÜRGEN (Sondervergütungen 2005), S. 747 f.

787 Vgl. MACHENS, GABRIELE (Personengesellschaften 2007), S. 127 i.V.m. S. 120 und vgl. dazu auch PILTZ, DETLEV JÜRGEN (Sondervergütungen 2003), S. 143 f.

788 Vgl. BRESGEN, ARIANE (Qualifikationskonflikte 2016), S. 66; FRANZ, EINIKO B./VOULON, MARCEL (Sondervergütungen 2011), S. 1112; PYSZKA, TILLMANN/BRAUER, MICHAEL (Personengesellschaften 2004), Rn. 35; ROSENBERG, OLIVER (Sonderbetriebsbereich 2015), Rn. 11.16. Zudem müssen die sonstigen Voraussetzungen von § 34c Abs. 1 EStG erfüllt sein; vgl. LÜDICKE, JOCHEN (Kommentierung § 34c EStG 2024), Rn. 130 und ausführlich dazu z.B. MACHENS, GABRIELE (Personengesellschaften 2007), S. 106 ff.

789 Vgl. BÄRSCH, SVEN-ERIC u.a. (Unternehmensbesteuerung 2023), S. 38 f.; MACHENS, GABRIELE (Personengesellschaften 2007), S. 113.

ergebende durchschnittliche Steuersatz auf die ausländischen Einkünfte anzuwenden ist (§ 34c Abs. 1 Satz 2 EStG). Zu ermitteln ist der Anrechnungshöchstbetrag damit wie folgt:

Anrechnungshöchstbetrag = durchschnittlicher Steuersatz · ausländische Einkünfte[790]

Bestimmt werden die ausländischen Einkünfte dabei allein auf Basis des deutschen Steuerrechts.[791] Fraglich erscheint hierbei, ob die mit den Sondervergütungen zusammenhängenden Aufwendungen von Mitunternehmern bei der Ermittlung der ausländischen Einkünfte in Abzug gebracht werden müssen. Betriebsausgaben im Allgemeinen werden in die Ermittlung der ausländischen Einkünfte einbezogen, wenn sie mit den ausländischen Einkünften respektive den ausländischen Einnahmen zusammenhängen.[792] „Ein „unmittelbarer" Zusammenhang ist […] nicht erforderlich."[793] Abzustellen ist auf das Veranlassungsprinzip.[794] Bei den Aufwendungen von Mitunternehmern, die mit den Sondervergütungen zusammenhängen, handelt es sich um Sonderbetriebsausgaben, die durch die Sondervergütungen veranlasst sind.[795] Da Sondervergütungen von Mitunternehmern im Outbound-Fall ausländische Einkünfte sind,[796] sollten m.E. auch die mit den Sondervergütungen zusammenhängenden Aufwendungen von Mitunternehmern bei der Ermittlung der ausländischen Einkünfte berücksichtigt respektive von den Sondervergütungen in Abzug gebracht werden.[797]

Problematische Besteuerungssituationen:

Wegen des zuvor besprochenen Anrechnungshöchstbetrages ist u.U. eine Anrechnung der (Quellen-)Steuer, die auf die Sondervergütungen erhoben wurde, nicht (vollständig) möglich.[798] Bei einer (teilweisen) Doppelbesteuerung verbleibt es immer dann, wenn der Anrechnungshöchstbetrag geringer ist als die im Ausland erhobene Steuer.[799] Erzielt z.B. die ausländische Personengesellschaft Verluste und wird dem inländischen Mitunternehmer ein Verlustanteil mindestens in Höhe der Sondervergütungen, die er erzielt, zugewiesen, scheidet die Anrechnung einer (Quellen-)Steuer, die auf die Sondervergütungen erhoben wurde, vollständig

---

790 Formel modifiziert entnommen aus BÄRSCH, SVEN-ERIC u.a. (Unternehmensbesteuerung 2023), S. 39; KUßMAUL, HEINZ (Steuerlehre 2020), S. 470.

791 Vgl. BÄRSCH, SVEN-ERIC u.a. (Unternehmensbesteuerung 2023), S. 39; FROTSCHER, GERRIT (Internationales Steuerrecht 2020), Rn. 336; R 34c Abs. 3 Satz 3 EStR 2012.

792 Vgl. BÄRSCH, SVEN-ERIC u.a. (Unternehmensbesteuerung 2023), S. 41; FROTSCHER, GERRIT (Internationales Steuerrecht 2020), Rn. 336; R 34c Abs. 3 Satz 4 EStR 2012.

793 FROTSCHER, GERRIT (Internationales Steuerrecht 2020), Rn. 336 und dort Fn. 62. Vgl. auch BÄRSCH, SVEN-ERIC u.a. (Unternehmensbesteuerung 2023), S. 41 und wohl auch R 34c Abs. 3 Satz 4 EStR 2012; anders HEINICKE, WOLFGANG (Kommentierung § 34c EStG 2024), Rn. 11.

794 Vgl. BFH, Urteil vom 29.03.2000, I R 15/99, S. 578; GOSCH, DIETMAR (Kommentierung § 34d EStG 2024), Rn. 5.

795 Vgl. dazu DESENS, MARC/BLISCHKE, ANDRÉ (Kommentierung § 15 EStG 2024), Rn. F 12, 229; KNOBBE-KEUK, BRIGITTE (Unternehmenssteuerrecht 1993), S. 439 und ausführlich die Ausführungen in Kapitel 2.3.2.1.3.

796 Vgl. MACHENS, GABRIELE (Personengesellschaften 2007), S. 120; ROSENBERG, OLIVER (Sonderbetriebsbereich 2015), Rn. 11.16.

797 In diese Richtung auch WAGNER, KLAUS J. (Kommentierung § 34d EStG 2024), Rn. 38.

798 Vgl. BRESGEN, ARIANE (Qualifikationskonflikte 2016), S. 66; FRANZ, EINIKO B./VOULON, MARCEL (Sondervergütungen 2011), S. 1112; PYSZKA, TILLMANN/BRAUER, MICHAEL (Personengesellschaften 2004), Rn. 35; ROSENBERG, OLIVER (Sonderbetriebsbereich 2015), Rn. 11.16.

799 Vgl. allgemein SCHAUMBURG, HARALD (Unilaterale Maßnahmen 2023), Rn. 18.108.

aus.[800] In diesem Fall wären die ausländischen Einkünfte und damit auch der Anrechnungshöchstbetrag mit 0 EUR zu ermitteln.[801]

Darüber hinaus ergeben sich Probleme hinsichtlich der Anrechnung einer Quellensteuer – wie *Beispiel 2* veranschaulicht – insbesondere, wenn die Erhebung der Steuer im Ausland von den Bruttoeinnahmen erfolgt.[802] „Hierdurch betroffen sind insbesondere Lizenzgebühren und Zinsen aus dem Ausland, denen im Inland entsprechende Entwicklungs- und Forschungsaufwendungen sowie Refinanzierungskosten gegenüberstehen."[803]

Beispiel 2: Quellensteueranrechnung bei refinanzierten Darlehen[804]

Der inländische Mitunternehmer M gewährt der ausländischen Personengesellschaft, an der er beteiligt ist, ein verzinsliches Darlehen und refinanziert dieses – zu den gleichen Zinskonditionen – bei seiner Hausbank. Die Personengesellschaft erzielt nach deutschem Steuerrecht keinen Gewinn. *Abbildung 10* stellt den Sachverhalt graphisch dar:

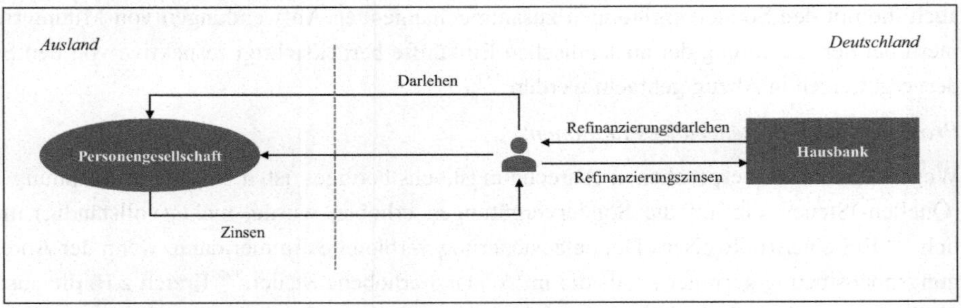

Abbildung 10: Darlehensbezogene Finanzierungsaufwendungen im Outbound-Fall[805]

Die ausländischen Einkünfte von M und damit auch der Anrechnungshöchstbetrag sind hier mit 0 EUR zu ermitteln (Zinsen aus dem Darlehen an die Personengesellschaft ./. Zinsen für das Refinanzierungsdarlehen). In Deutschland ist eine im Ausland von den Zinseinnahmen erhobene Quellensteuer daher nicht anrechenbar.

Ergänzende Überlegungen:

Weiterhin kann statt der Anrechnung nach § 34c Abs. 1 EStG die ausländische Steuer grundsätzlich auf Antrag bei der Ermittlung der Einkünfte abgezogen werden (§ 34c Abs. 2 EStG). Sinnvoll kann ein solcher Abzug der ausländischen Steuer insbesondere sein, sofern die in Deutschland erhobene Steuer, etwa aufgrund von Verlustabzügen, nur gering ist, aber eben auch, falls im Ausland die Erhebung einer Quellensteuer von den Bruttoeinnahmen erfolgt.[806]

---

800 Vgl. PYSZKA, TILLMANN/BRAUER, MICHAEL (Personengesellschaften 2004), Rn. 35.

801 Vgl. implizit PYSZKA, TILLMANN/BRAUER, MICHAEL (Personengesellschaften 2004), Rn. 35.

802 Vgl. BÄRSCH, SVEN-ERIC u.a. (Unternehmensbesteuerung 2023), S. 41; SCHAUMBURG, HARALD (Unilaterale Maßnahmen 2023), Rn. 18.112.

803 SCHAUMBURG, HARALD (Unilaterale Maßnahmen 2023), Rn. 18.112.

804 Beispiel modifiziert entnommen aus BÄRSCH, SVEN-ERIC u.a. (Unternehmensbesteuerung 2023), S. 41.

805 Eigene Darstellung; modifiziert entnommen aus PRINZ, ULRICH (Anwendungsfragen 2018), S. 653.

806 Vgl. HEINICKE, WOLFGANG (Kommentierung § 34c EStG 2024), Rn. 16; WAGNER, KLAUS J. (Kommentierung § 34c EStG 2024), Rn. 76.

Ob ein Abzug der ausländischen Steuer nach § 34c Abs. 2 EStG vorteilhaft ist, muss jedoch im Einzelfall entschieden werden.[807]

Sollten Sondervergütungen – entgegen dem oben Dargelegten – keine ausländischen Einkünfte sein, ist des Weiteren zu beachten, dass zumindest ein Abzug der ausländischen Steuern nach Maßgabe des § 34c Abs. 3 EStG erfolgen kann.[808] § 34c Abs. 3 EStG sieht vor, dass bei unbeschränkt Steuerpflichtigen, bei denen – insbesondere mangels ausländischer Einkünfte – eine ausländische Steuer vom Einkommen nicht nach § 34c Abs. 1 EStG angerechnet werden kann, gleichwohl ein Abzug der festgesetzten und gezahlten sowie um einen entstandenen Ermäßigungsanspruch gekürzten ausländischen Steuer bei der Ermittlung der Einkünfte möglich ist, soweit die ausländische Steuer auf Einkünfte entfällt, die der deutschen Einkommensteuer unterliegen.

---

807 Vgl. WAGNER, KLAUS J. (Kommentierung § 34c EStG 2024), Rn. 76.

808 Vgl. BRESGEN, ARIANE (Qualifikationskonflikte 2016), S. 38; KRAMER, JÖRG-DIETRICH (floating income 2011), S. 1884; STEMLER, PATRICK (Sondervergütungen 2013), S. 76.

4 Behandlung von Sondervergütungen und damit zusammenhängender Aufwendungen nach dem Recht der DBA

4.1 DBA als Maßnahme zur Vermeidung einer Doppelbesteuerung

Neben den unilateralen Maßnahmen[809] bestehen zwischenstaatliche bi- und multilaterale sowie supranationale Maßnahmen zur Vermeidung einer Doppelbesteuerung.[810] Zwischenstaatliche Maßnahmen zur Vermeidung einer Doppelbesteuerung bestehen dabei insbesondere in den Abkommen zur Vermeidung der Doppelbesteuerung (DBA).[811] Hier wurden DBA durch Deutschland vor allem auf dem Gebiet der Steuern vom Einkommen und Vermögen abgeschlossen.[812] Die folgenden Untersuchungen beziehen sich daher – und entsprechend der Thematik der vorliegenden Arbeit – ausschließlich auf diese Abkommen.

Bei DBA handelt es sich um völkerrechtliche Verträge,[813] in welchen „die beteiligten Staaten vereinbaren, welches der bestehenden Besteuerungsrechte der beteiligten Staaten aufrechterhalten wird und welcher Staat sein Besteuerungsrecht zurücknimmt".[814] DBA beschränken somit die Besteuerungsrechte der jeweiligen Staaten.[815] Hierbei sind DBA – nach dem Grundsatz lex specialis derogat legi generali – vorrangig vor dem allgemeinen deutschen Steuerrecht anzuwenden.[816] Indes wird durch DBA keine Steuerpflicht begründet, die nach nationalem Steuerrecht nicht besteht.[817] Aus deutscher Sicht bestehen DBA mit den wichtigsten Handelspartnern.[818] Hierbei entsprechen die deutschen DBA weitgehend dem von der OECD heraus-

---

809 Vgl. dazu die Ausführungen in Kapitel 3.1.3 und 3.2.3.2.

810 Vgl. BRÄHLER, GERNOT (Internationales Steuerrecht 2014), S. 21 f.; HAASE, FLORIAN (Internationales Steuerrecht 2023), Rn. 40. Einen Überblick über die einzelnen Maßnahmen gibt z.B. WILKE, KAY-MICHAEL (Internationales Steuerrecht 2024), Rn. 64 ff. Die wohl bekannteste multilaterale Maßnahme stellt das sog. Multilaterale Instrument (MLI) dar; vgl. dazu instruktiv BERENS, BELA (Instrument 2020), S. 82 ff. Entgegen den ursprünglichen Erwartungen sind die Auswirkungen des MLI auf das deutsche Internationale Steuerrecht jedoch gering. Zudem finden sich im MLI keine in Bezug auf das vorliegend behandelte Thema spezifischen Regelungen. Auf eine eingehende Behandlung des MLI wird daher hier verzichtet.

811 Vgl. BRÄHLER, GERNOT (Internationales Steuerrecht 2014), S. 54; KUßMAUL, HEINZ/BERENS, BELA (Doppelbesteuerung 2016), S. 140.

812 Vgl. HAASE, FLORIAN (Internationales Steuerrecht 2023), Rn. 562. Einen Überblick über weitere zwischenstaatliche Abkommen mit steuerlichem Bezug gibt WILKE, KAY-MICHAEL (Internationales Steuerrecht 2024), Rn. 552.

813 Vgl. KUßMAUL, HEINZ (Steuerlehre 2020), S. 477.

814 Vgl. auch wörtlich FROTSCHER, GERRIT (Internationales Steuerrecht 2020), Rn. 234.

815 Vgl. FROTSCHER, GERRIT (Internationales Steuerrecht 2020), Rn. 234. Vgl. auch BRÄHLER, GERNOT (Internationales Steuerrecht 2014), S. 105.

816 Vgl. FROTSCHER, GERRIT (Internationales Steuerrecht 2020), Rn. 244; KUßMAUL, HEINZ (Steuerlehre 2020), S. 477.

817 Vgl. nur LEHNER, MORIS (Grundlagen 2021), Rn. 70.

818 Vgl. HAASE, FLORIAN (Internationales Steuerrecht 2023), Rn. 562; LAMPERT, STEFFEN/MÖSSNER, JÖRG MANFRED (Staatsverträge 2023), Rn. 2.417. Eine Übersicht über die von Deutschland abgeschlossenen DBA findet sich im BMF-Schreiben vom 15.01.2024, IV B 2 – S 1301/21/10048:003, S. 195 ff.

gegebenen Musterabkommen (OECD-MA).[819] Dementsprechend bildet das OECD-MA zunächst die Basis der folgenden Ausführungen. Darüber hinaus werden jedoch auch themenrelevante Besonderheiten in konkreten DBA aufgezeigt und besprochen.

4.2 Zum Aufbau und zur Funktionsweise von DBA

Durch Art. 1 OECD-MA wird bestimmt, wer abkommensberechtigt ist.[820] „Unter der Abkommensberechtigung ist […] das Recht zu verstehen, die in einem DBA geregelten Steuerbefreiungen und Steuerermäßigungen in Anspruch nehmen zu dürfen.“[821] Art. 1 Abs. 1 OECD-MA sieht dabei vor, dass das Abkommen für Personen gilt, die in einem Vertragsstaat oder in beiden Vertragsstaaten ansässig sind. Abkommensberechtigung besteht folglich dann, wenn jedenfalls in einem der Vertragsstaaten die Ansässigkeit einer Person i.S.d. Abkommens gegeben ist.[822]

Allgemein bestimmt hierbei Art. 3 Abs. 1 Buchst. a) OECD-MA, dass der Ausdruck „Person” i.S.d. Abkommens natürliche Personen, Gesellschaften und alle anderen Personenvereinigungen umfasst, wenn der Zusammenhang nichts anderes erfordert. Ergänzend sieht Art. 3 Abs. 1 Buchst. b) OECD-MA vor, dass, wenn der Zusammenhang nichts anderes erfordert, der Ausdruck „Gesellschaft” i.S.d. Abkommens juristische Personen oder Rechtsträger, die für die Besteuerung wie juristische Personen behandelt werden, bedeutet. Nach Art. 4 Abs. 1 Satz 1 Halbs. 1 OECD-MA meint der Ausdruck „eine in einem Vertragsstaat ansässige Person” i.S.d. Abkommens eine Person, die nach dem Recht dieses Staates dort aufgrund ihres Wohnsitzes, ihres ständigen Aufenthalts, des Ortes ihrer Geschäftsleitung oder eines anderen ähnlichen Merkmals steuerpflichtig ist. Der Ausdruck umfasst jedoch nicht eine Person, die in diesem Staat nur mit Einkünften aus Quellen in diesem Staat oder mit in diesem Staat gelegenem Vermögen steuerpflichtig ist (Art. 4 Abs. 1 Satz 2 OECD-MA). Durch Art. 4 Abs. 1 OECD-MA wird damit zur Bestimmung der Ansässigkeit letztlich auf das Bestehen einer unbeschränkten Steuerpflicht der Person in einem der Vertragsstaaten abgestellt.[823]

Für natürliche oder juristische Personen, die Mitunternehmer einer Personengesellschaft sind, besteht entsprechend den obenstehenden Ausführungen Abkommensberechtigung, wenn sie in einem Vertragsstaat unbeschränkt steuerpflichtig sind.[824] Für die Fälle, in denen eine Ansässigkeit in beiden Vertragsstaaten besteht (z.B. bei unbeschränkter Steuerpflicht aufgrund eines Wohnsitzes in dem einen und aufgrund des gewöhnlichen Aufenthalts in dem anderen Vertrags-

---

819 Vgl. LAMPERT, STEFFEN/MÖSSNER, JÖRG MANFRED (Staatsverträge 2023), Rn. 2.417; LEHNER, MORIS/REIMER, EKKEHART (Verteilungsprinzipien 2005), S. 550. Vgl. auch HAASE, FLORIAN (Internationales Steuerrecht 2023), Rn. 563.

820 Vgl. FROTSCHER, GERRIT (Internationales Steuerrecht 2020), Rn. 288; SCHÜLLER, EVA CAROLIN (Personengesellschaften 2014), S. 85 f. Im Folgenden werden einige auch für Mitunternehmer von Personengesellschaften besonders relevante Artikel des OECD-MA dargestellt. Einen Überblick über sämtliche Artikel des Musterabkommens gibt bspw. WILKE, KAY-MICHAEL (Internationales Steuerrecht 2024), Rn. 573 ff.

821 WASSERMEYER, FRANZ (Abkommensrecht 2010), S. 538.

822 Vgl. BRÄHLER, GERNOT/MAYER, MARKUS (Abkommensberechtigung 2010), S. 680; FROTSCHER, GERRIT (Internationales Steuerrecht 2020), Rn. 288; SCHÜLLER, EVA CAROLIN (Personengesellschaften 2014), S. 86.

823 Vgl. FROTSCHER, GERRIT (Internationales Steuerrecht 2020), Rn. 290; WASSERMEYER, FRANZ/KAESER, CHRISTIAN (Kommentierung Art. 4 OECD-MA 2024), Rn. 2.

824 Vgl. SCHÜLLER, EVA CAROLIN (Personengesellschaften 2014), S. 130.

staat), sind in Art. 4 Abs. 2 und 3 OECD-MA sog. tie-breaker-rules vorgesehen.[825] Durch diese wird die Ansässigkeit eindeutig festgelegt.[826]

Abkommensberechtigt kann auch eine Personengesellschaft sein.[827] Hierbei sind allerdings die zuvor besprochene Abkommensberechtigung der Mitunternehmer und die ggf. bestehende Abkommensberechtigung der Personengesellschaft, an der diese beteiligt sind, „strikt auseinanderzuhalten".[828] Sie „bestehen und wirken unabhängig voneinander".[829] Dementsprechend wird auch die Zuordnung von Besteuerungsrechten hinsichtlich der Einkünfte, die nur die Mitunternehmer erzielen, durch eine ggf. bestehende Abkommensberechtigung der Personengesellschaft nicht berührt.[830]

Vermeidung einer Doppelbesteuerung:

Das OECD-MA beinhaltet in Abschnitt III. (Art. 6–21 OECD-MA) und Abschnitt IV. (Art. 22 OECD-MA) sog. Verteilungsnormen.[831] Die Art. 6–21 OECD-MA beziehen sich dabei auf die Einkommensbesteuerung, Art. 22 OECD-MA hingegen auf die Vermögensbesteuerung.[832] In Abschnitt V. des OECD-MA (Art. 23A, 23B OECD-MA) finden sich hingegen die sog. Vermeidungsnormen.[833] Bezeichnet wird Art. 23 (A bzw. B) OECD-MA als Methodenartikel.[834] Durch diese beiden Regelungsebenen (Abschnitt III bzw. IV und Abschnitt V.) soll eine Doppelbesteuerung vermieden werden.[835] Grundlegend zu differenzieren ist hierbei zunächst zwischen Verteilungsnormen, die die Rechtsfolge abschließend bestimmen, und Verteilungsnormen, welche die Rechtsfolge offenlassen.[836] Bei Verteilungsnormen, die die Rechtsfolge abschließend bestimmen, wird das Besteuerungsrecht exklusiv entweder dem Ansässigkeits- oder

---

825 Vgl. HAASE, FLORIAN (Internationales Steuerrecht 2023), Rn. 609 und ausführlich dazu WILKE, KAY-MICHAEL (Internationales Steuerrecht 2024), Rn. 630 ff.

826 Vgl. FROTSCHER, GERRIT (Internationales Steuerrecht 2020), Rn. 292.

827 Vgl. dazu und ausführlich HAASE, FLORIAN (Internationales Steuerrecht 2023), Rn. 611 ff. Vgl. ergänzend dazu z.B. BRÄHLER, GERNOT/MAYER, MARKUS (Abkommensberechtigung 2010), S. 678 ff.; SCHAUMBURG, HARALD/HÄCK, NILS (Bilaterale Maßnahmen 2023), Rn. 19.177 ff.

828 Vgl. auch wörtlich BFH, Beschluss vom 13.11.2013, I R 67/12, Rn. 14.

829 Vgl. auch wörtlich HAASE, FLORIAN/BRÄNDEL, KATRIN (Personengesellschaften 2011), S. 258. Vgl. zudem SCHÜLLER, EVA CAROLIN (Personengesellschaften 2014), S. 130.

830 Vgl. BFH, Beschluss vom 13.11.2013, I R 67/12, Rn. 13; BFH, Urteil vom 17.10.2007, I R 96/06, S. 955.

831 Vgl. BIRK, DIETER/DESENS, MARC/TAPPE, HENNING (Steuerrecht 2024), Rn. 1474; VOGEL, KLAUS (Internationales Steuerrecht 1997), S. 279. Synonym verwendet werden auch die Begriffe „Zuteilungsnormen"; KUẞMAUL, HEINZ (Steuerlehre 2020), S. 478; „Schrankennormen"; BRÄHLER, GERNOT (Internationales Steuerrecht 2014), S. 113; „Einkunftsartikel"; HAASE, FLORIAN (Internationales Steuerrecht 2023), Rn. 591; sowie „Verteilungsartikel"; FROTSCHER, GERRIT (Internationales Steuerrecht 2020), Rn. 260.

832 Vgl. VOGEL, KLAUS (Internationales Steuerrecht 1997), S. 279; WILKE, KAY-MICHAEL (Internationales Steuerrecht 2024), Rn. 576 f.

833 Vgl. KUẞMAUL, HEINZ (Steuerlehre 2020), S. 478.

834 Vgl. FROTSCHER, GERRIT (Internationales Steuerrecht 2020), Rn. 260; WILKE, KAY-MICHAEL (Internationales Steuerrecht 2024), Rn. 578.

835 Vgl. BRÄHLER, GERNOT (Internationales Steuerrecht 2014), S. 116.

836 Vgl. KUẞMAUL, HEINZ (Steuerlehre 2020), S. 478; LEHNER, MORIS (Grundlagen 2021), Rn. 82; VOGEL, KLAUS (Internationales Steuerrecht 1997), S. 280.

dem Quellenstaat belassen.[837] „Der jeweils andere Staat muss dann Freistellung gewähren."[838] Demgegenüber wird bei Verteilungsnormen, welche die Rechtsfolge offenlassen, das Besteuerungsrecht bei beiden Staaten belassen.[839] Anschließend kommt Art. 23 (A bzw. B) OECD-MA ergänzend zur Anwendung, wobei der Ansässigkeitsstaat zwecks Vermeidung einer Doppelbesteuerung zur Durchführung der Freistellungs- oder der Anrechnungsmethode[840] verpflichtet wird.[841] Zu erkennen sind Verteilungsnormen, die die Rechtsfolge abschließend bestimmen, an der Formulierung „können […] nur in […] besteuert werden"[842], wohingegen Verteilungsnormen, welche die Rechtsfolge offenlassen, die Formulierung „können […] besteuert werden"[843] verwenden.[844]

Im Folgenden werden zunächst die themenrelevanten Verteilungsnormen dargestellt. Anschließend (Kapitel 4.4) wird beschrieben, durch welche Methode der Ansässigkeitsstaat eine ggf. verbleibende Doppelbesteuerung vermeidet.

4.3 Themenrelevante Verteilungsnormen

4.3.1 Vorschriften i.S.d. Art. 7 OECD-MA

4.3.1.1 Tatbestand von Vorschriften i.S.d. Art. 7 OECD-MA

Nach Vorschriften i.S.d. Art. 7 Abs. 1 Satz 1 OECD-MA[845] können Gewinne eines Unternehmens eines Vertragsstaates nur in diesem Staat besteuert werden, es sei denn, das Unternehmen übt seine Geschäftstätigkeit im anderen Staat durch eine dort belegene Betriebsstätte aus. Übt das Unternehmen seine Geschäftstätigkeit auf diese Weise aus, so können die Gewinne, die der Betriebsstätte nach Vorschriften i.S.d. Art. 7 Abs. 2 OECD-MA zuzurechnen sind,[846] im anderen Staat besteuert werden (Art. 7 Abs. 1 Satz 2 OECD-MA).

Hierbei bezieht sich, wenn der Zusammenhang nichts anderes erfordert, der Ausdruck „Unternehmen" auf die Ausübung einer Geschäftstätigkeit (Art. 3 Abs. 1 Buchst. c) OECD-MA) und der Ausdruck „Unternehmen eines Vertragsstaats" meint ein Unternehmen, das von einer in

---

837 Vgl. KUßMAUL, HEINZ (Steuerlehre 2020), S. 478; VOGEL, KLAUS (Internationales Steuerrecht 1997), S. 280.

838 KUßMAUL, HEINZ (Steuerlehre 2020), S. 478. Vgl. auch VOGEL, KLAUS (Internationales Steuerrecht 1997), S. 280.

839 Vgl. KUßMAUL, HEINZ (Steuerlehre 2020), S. 478; VOGEL, KLAUS (Internationales Steuerrecht 1997), S. 280.

840 Vgl. zur Freistellungs- bzw. zur Anrechnungsmethode ausführlich die Ausführungen in Kapitel 4.4.1.

841 Vgl. KUßMAUL, HEINZ (Steuerlehre 2020), S. 478; LEHNER, MORIS (Grundlagen 2021), Rn. 82 f.; VOGEL, KLAUS (Internationales Steuerrecht 1997), S. 280.

842 Etwa Art. 15 Abs. 1 Satz 1 OECD-MA.

843 Etwa Art. 15 Abs. 1 Satz 2 OECD-MA.

844 Vgl. BRÄHLER, GERNOT (Internationales Steuerrecht 2014), S. 120 f.; LEHNER, MORIS (Grundlagen 2021), Rn. 82; VOGEL, KLAUS (Internationales Steuerrecht 1997), S. 280.

845 Sofern hier und im Folgenden die Formulierung „Vorschriften i.S.d. Art. […] OECD-MA" verwendet wird, ist damit eine Vorschrift in dem jeweils einschlägigen DBA gemeint, welche dem jeweiligen Art. des OECD-MA entspricht. Auf themenrelevante Abweichungen vom OECD-MA, die sich in konkreten DBA finden, wird insbesondere in Kapitel 4.3.3 eingegangen.

846 Vgl. hierzu die Ausführungen in Kapitel 4.3.1.3.2.

einem Vertragsstaat ansässigen Person betrieben wird (Art. 3 Abs. 1 Buchst. d) OECD-MA). Betrieben wird das Unternehmen zwar von der Personengesellschaft,[847] aus Sicht des deutschen Steuerrechts erfolgt jedoch eine Zurechnung dieses Unternehmens zu den einzelnen Mitunternehmern der Personengesellschaft.[848] Dies gilt auch dann, wenn die Personengesellschaft in dem jeweils anderen Staat steuerlich intransparent behandelt wird.[849] „Anders ausgedrückt wird das Unternehmen der Personengesellschaft anteilig auf die Vertragsstaaten aufgeteilt, in denen die Mitunternehmer i.S.d. Art. 4 Abs. 1 OECD-MA ansässig sind."[850] Letztlich wird also durch die Mitunternehmer einer Personengesellschaft in ihrem Ansässigkeitsstaat ein Unternehmen i.S.v. Vorschriften i.S.d. Art. 7 Abs. 1 OECD-MA betrieben.[851] Darüber hinaus wird dem jeweiligen Mitunternehmer eine von der Personengesellschaft unterhaltene Betriebsstätte durch die Personengesellschaft vermittelt.[852]

Bezüglich Letzterem entscheidet sich anhand von Vorschriften i.S.d. Art. 5 OECD-MA, ob eine Betriebsstätte durch die jeweilige Personengesellschaft unterhalten wird.[853] Eine Betriebsstätte besteht für den Mitunternehmer hingegen nicht bereits aufgrund der Beteiligung an der Personengesellschaft.[854] Nach Vorschriften i.S.d. Art. 5 Abs. 1 OECD-MA bedeutet der Ausdruck „Betriebsstätte" i.S.d. Abkommens eine feste Geschäftseinrichtung, durch die die Geschäftstätigkeit eines Unternehmens ganz oder teilweise ausgeübt wird. Zudem bestimmen Vorschriften i.S.d. Art. 5 Abs. 2 Buchst. a) OECD-MA, dass der Ausdruck „Betriebsstätte" insbesondere einen Ort der Leitung umfasst. Von Teilen der Literatur wird hierbei die Meinung vertreten, dass ein solcher „Ort der Leitung" stets eine Betriebsstätte darstellt.[855] Demgegenüber wird durch die OECD die Auffassung vertreten, dass Art. 5 Abs. 2 OECD-MA lediglich eine beispielhafte Aufzählung enthält, sodass nur dann, wenn die Voraussetzungen des Art. 5 Abs. 1 OECD-MA (s.o.) gegeben sind, ein Ort der Leitung auch eine Betriebsstätte ist.[856] Die deutsche Finanzver-

---

847 Vgl. PILTZ, DETLEV JÜRGEN (Sondervergütungen 2003), S. 148; WASSERMEYER, FRANZ (Betriebsstätte 2015), Rn. 2.32.

848 Vgl. BFH, Beschluss vom 19.05.2010, I B 191/09, Rn. 20 f. (mit Verweis auf BFH, Urteil vom 18.12.2002, I R 92/01, S. 809; BFH, Urteil vom 17.10.2007, I R 96/06, S. 955; BFH, Urteil vom 20.08.2008, I R 34/08, S. 265) sowie WASSERMEYER, FRANZ (Betriebsstätte 2015), Rn. 2.34 (mit Verweis auf BFH, Urteil vom 16.10.2002, I R 17/01, S. 635).

849 Vgl. WASSERMEYER, FRANZ (Kommentierung Art. 7 OECD-MA 2024), Rn. 19.

850 WASSERMEYER, FRANZ (Betriebsstätte 2015), Rn. 2.33.

851 Vgl. BFH, Urteil vom 26.02.1992, I R 85/91, S. 939; MÜLLER, MARION (Sondervergütungen 2009), S. 752; PILTZ, DETLEV JÜRGEN (Sondervergütungen 2003), S. 148. Vgl. auch BMF, Schreiben vom 26.09.2014, IV B 5 – S 1300/09/10003, Tz. 2.2.2.

852 Vgl. BFH, Urteil vom 16.10.2002, I R 17/01, S. 634 f.; BFH, Urteil vom 08.09.2010, I R 74/09, Rn. 21; MÜLLER, MARION (Sondervergütungen 2009), S. 752.

853 Vgl. WASSERMEYER, FRANZ (Kommentierung Art. 7 OECD-MA 2024), Rn. 68.

854 Vgl. WASSERMEYER, FRANZ (Kommentierung Art. 7 OECD-MA 2024), Rn. 68.

855 Vgl. HAASE, FLORIAN (Kommentierung Art. 5 OECD-MA 2024), Rn. 86; KOLLRUSS, THOMAS (Unternehmensgewinne 2017), S. 83; TOIFL, GERALD (Personengesellschaften 2003), S. 135. Vgl. auch KAESER, CHRISTIAN (Kommentierung Art. 5 OECD-MA 2024), Rn. 4; WASSERMEYER, FRANZ (Doppelbesteuerungsabkommen 2007), S. 416; WASSERMEYER, FRANZ/KAESER, CHRISTIAN (Kommentierung Art. 5 OECD-MA 2024), Rn. 29; anders aber WASSERMEYER, FRANZ/KAESER, CHRISTIAN (Kommentierung Art. 5 OECD-MA 2024), Rn. 61, 65.

856 Vgl. OECD-MK zu Art. 5 OECD-MA, Tz. 45.

waltung teilt letztere Auffassung.[857] Außerdem vertritt die mittlerweile wohl h.L. Entsprechendes.[858] Der BFH hat diese Frage, soweit ersichtlich, noch nicht entschieden.[859] Allerdings positionierte sich das FG München im Urteil vom 31.05.2017 (9 K 3041/15) dahingehend, dass es seines Erachtens nach Vorschriften i.S.d. Art. 5 Abs. 2 Buchst. a) OECD-MA zur Annahme einer Geschäftsleitungsbetriebsstätte einer festen Geschäftseinrichtung nicht bedarf.[860]

Fest steht jedenfalls, dass die Voraussetzungen von Vorschriften i.S.d. Art. 5 Abs. 1 OECD-MA regelmäßig bei dem, was in Vorschriften i.S.d. Art. 5 Abs. 2 OECD-MA genannt wird, vorliegen.[861] Erwähnung findet dort – neben dem Ort der Leitung – z.B. die Zweigniederlassung eines Unternehmens sowie eine Geschäftsstelle oder eine Fabrikationsstätte. Dementsprechend dürfte sich am Ort der Geschäftsleitung einer Personengesellschaft – jedenfalls zumeist – eine Betriebsstätte befinden.[862] Im Folgenden wird daher davon ausgegangen, dass durch die Personengesellschaft am Ort der Geschäftsleitung eine Betriebsstätte i.S.v. Vorschriften i.S.d. Art. 5 OECD-MA unterhalten wird, sodass im Inbound-Fall eine entsprechende Betriebsstätte in Deutschland und im Outbound-Fall eine entsprechende Betriebsstätte im Ausland besteht.[863] Insgesamt wird somit im Inbound-Fall durch einen ausländischen Mitunternehmer in dessen Ansässigkeitsstaat ein Unternehmen betrieben und in Deutschland eine Betriebsstätte unterhalten.[864] Im Outbound-Fall hingegen betreibt der inländische Mitunternehmer ein Unternehmen in Deutschland und verfügt über eine Betriebsstätte im Ausland.[865]

Eine Regelung explizit für Sondervergütungen findet sich in Vorschriften i.S.d. Art. 7 OECD-MA jedoch nicht.[866] Zum Teil wird vertreten, dass Sondervergütungen unter Vorschriften i.S.d.

---

857 Vgl. BMF, Schreiben vom 24.12.1999, IV B 4 – S 1300 – 111/99, Tz. 1.2.1.1. (mit Verweis auf OECD-MK 1992 zu Art. 5 OECD-MA, Tz. 12).

858 Vgl. GÖRL, MAXIMILIAN/GRADL, CHRISTOPH (Kommentierung Art. 5 OECD-MA 2021), Rn. 78; HRUSCHKA, FRANZ (Kommentierung Art. 5 OECD-MA 2019), Rn. 90; KRAMER, JÖRG-DIETRICH (Relevanz 2004), S. 675; MERETZKI, AYK (Mitunternehmer-Betriebsstätten 2009), S. 220; REHFELD, LARS (Kommentierung Art. 5 OECD-MA 2024), Rn. 106; STEMLER, PATRICK (Sondervergütungen 2013), S. 152. Vgl. auch WASSERMEYER, FRANZ/KAESER, CHRISTIAN (Kommentierung Art. 5 OECD-MA 2024), Rn. 65.

859 Vgl. HAGEMANN, TOBIAS (Floating Income 2017), S. 850 f.; a.A. HAASE, FLORIAN (Kommentierung Art. 5 OECD-MA 2024), Rn. 86 und wohl auch WASSERMEYER, FRANZ/KAESER, CHRISTIAN (Kommentierung Art. 5 OECD-MA 2024), Rn. 61 jeweils mit Verweis auf BFH, Urteil vom 28.07.1993, I R 15/93, S. 149. Ergangen ist das Urteil jedoch zum nationalen Steuerrecht „und lässt keine Rückschlüsse auf die Auslegung von Art. 5 OECD-MA im Kontext eines konkreten DBA zu"; vgl. auch wörtlich REHFELD, LARS (Kommentierung Art. 5 OECD-MA 2024), Rn. 107 und vgl. auch HAGEMANN, TOBIAS (Floating Income 2017), S. 851.

860 Vgl. FG München, Urteil vom 31.05.2017, 9 K 3041/15, S. 751. Hierbei verweist das FG München m.E. nicht zu Unrecht auf KAESER, CHRISTIAN (Kommentierung Art. 5 OECD-MA 2024), Rn. 4. An anderer Stelle – im selben Kommentar – heißt es allerdings: „Jedoch müssen aufgrund des Beispielcharakters des Abs. 2 auch für die Leitungsbetriebsstätte die Voraussetzungen des Abs. 1 erfüllt sein."; WASSERMEYER, FRANZ/KAESER, CHRISTIAN (Kommentierung Art. 5 OECD-MA 2024), Rn. 65.

861 Vgl. HAASE, FLORIAN (Kommentierung Art. 5 OECD-MA 2024), Rn. 86; WASSERMEYER, FRANZ/KAESER, CHRISTIAN (Kommentierung Art. 5 OECD-MA 2024), Rn. 61.

862 Vgl. auch SCHÜLLER, EVA CAROLIN (Personengesellschaften 2014), S. 138; STEMLER, PATRICK (Sondervergütungen 2013), S. 124 und ausführlich hierzu die Ausführungen in Kapitel 4.3.1.3.1.3.

863 Vgl. zur Definition des Inbound- bzw. Outbound-Falls die Ausführungen in Kapitel 3.1.1 bzw. 3.2.1.

864 Vgl. KUßMAUL, HEINZ/SCHÄFER, RENÉ/ENGEL, PHILIPP (Inbound-Fall 2020), S. 880 f. Vgl. auch PILTZ, DETLEV JÜRGEN (Sondervergütungen 2003), S. 148.

865 Vgl. KAHLE, HOLGER (Steuergestaltung 2005), S. 65.

866 Vgl. GOSCH, DIETMAR (Zuordnung 2003), S. 92 f.; WASSERMEYER, FRANZ (Kommentierung Art. 7 OECD-MA 2024), Rn. 99. Vgl. zu speziellen Regelungen in manchen DBA aber die Ausführungen in Kapitel 4.3.3.

Art. 7 OECD-MA zu subsumieren sind.[867] Darüber hinaus existiert im Schrifttum die Auffassung, dass Vorschriften i.S.d. Art. 7 OECD-MA auch auf die mit Sondervergütungen zusammenhängenden Aufwendungen von Mitunternehmern Anwendung finden.[868] Im Folgenden wird untersucht, ob und inwieweit diese Auffassungen zutreffen. Überlegt werden könnte zwar, ob eine Erörterung dessen vor dem Hintergrund des später noch zu besprechenden § 50d Abs. 10 EStG[869] überhaupt notwendig ist; die Norm bewirkt schließlich, sofern das jeweils einschlägige Abkommen keine diesbezüglich ausdrückliche Regelung enthält, dass Sondervergütungen und die damit zusammenhängenden Aufwendungen von Mitunternehmern „für Zwecke der Anwendung des Abkommens" unter Vorschriften i.S.d. Art. 7 OECD-MA zu subsumieren sind (§ 50d Abs. 10 Satz 1, 2 EStG). Bedeutend ist die Untersuchung aber zunächst deshalb, da nur so festgestellt werden kann, inwieweit § 50d Abs. 10 EStG einen Treaty Override[870] darstellt.[871] Letzteres ist nämlich insoweit nicht der Fall, wie Vorschriften i.S.d Art. 7 OECD-MA auf Sondervergütungen bzw. auf die mit Sondervergütungen zusammenhängenden Aufwendungen von Mitunternehmern bereits nach originärem Abkommensrecht anzuwenden sind. Darüber hinaus ist der Fortbestand von § 50d Abs. 10 EStG ungewiss, da derzeit ein Verfahren vor dem BVerfG anhängig ist (Az. 2 BvL 15/14), in welchem die Verfassungsmäßigkeit der Norm überprüft wird und welches dazu führen könnte, dass § 50d Abs. 10 EStG als nicht verfassungsgemäß verworfen wird.[872]

4.3.1.2 Anwendbarkeit von Vorschriften i.S.d. Art. 7 OECD-MA auf Sondervergütungen und die damit zusammenhängenden Aufwendungen

4.3.1.2.1 Anwendbarkeit auf Sondervergütungen

Die Frage, welche Verteilungsnormen auf Sondervergütungen anzuwenden sind, ist stark umstritten,[873] wobei insbesondere fraglich ist, ob die Vergütungen (allein) unter Vorschriften i.S.d. Art. 7 OECD-MA zu subsumieren sind oder (nur) die speziellen Einkünfteartikel – wie etwa Vorschriften i.S.d. Art. 6 OECD-MA für unbewegliches Vermögen oder Vorschriften i.S.d. Art. 11 OECD-MA für Zinsen – zur Anwendung gelangen.[874] Der Beantwortung dieser Frage kommt jedoch vor dem Hintergrund, dass die in Rede stehenden Verteilungsnormen das Besteuerungsrecht zwischen den beteiligten Staaten stark unterschiedlich aufrecht erhalten bzw. einschränken, erhebliche Bedeutung zu.[875] Nachfolgend werden daher zunächst die unter-

---

867 Vgl. bspw. RIEMENSCHNEIDER, SVEN (Personengesellschaften 1995), S. 128.
868 Vgl. bspw. MÜLLER, MARION (Sondervergütungen 2009), S. 756 f.
869 Vgl. dazu Kapitel 5.
870 Vgl. zum Begriff die Ausführungen in Kapitel 5.3.1.
871 Vgl. auch BFH, Urteil vom 21.01.2016, I R 49/14, Rn. 24 f.
872 Vgl. KEMPERMANN, MICHAEL (Sondervergütungen 2015), Rn. 2.67.
873 Vgl. STEMLER, PATRICK (Sondervergütungen 2013), S. 81.
874 Vgl. LÜDICKE, JÜRGEN (Personengesellschaften 2011), S. 99; PILTZ, DETLEV JÜRGEN (Sondervergütungen 2003), S. 148.
875 Vgl. PILTZ, DETLEV JÜRGEN (Sondervergütungen 2003), S. 148.

schiedlichen Auffassungen aus Literatur, Finanzverwaltung und Rechtsprechung dargestellt. Sodann wird untersucht, inwieweit die differierenden Auffassungen zu voneinander abweichenden Ergebnissen führen. Abschließend wird die m.E. vorzugswürdige Antwort auf die zuvor dargestellte Frage – vor allem durch Widerlegen der übrigen Auffassungen – herausgearbeitet.

Auffassungen in der Literatur:

Ein (älterer) Teil der Literatur vertritt die Auffassung, Sondervergütungen seien ausschließlich unter Vorschriften i.S.d. Art. 7 OECD-MA zu subsumieren; sie seien abkommensrechtlich Teil des Unternehmensgewinns.[876] Hieran würden auch Vorschriften i.S.d. Art. 7 Abs. 4 OECD-MA (dazu sogleich) nichts ändern.[877] Völlig konträr meint ein anderer Teil der Literatur, Sondervergütungen unterfielen in der Regel von vornherein nicht dem Artikel für Unternehmensgewinne respektive Vorschriften i.S.d. Art. 7 OECD-MA, sondern, sofern einschlägig, ausschließlich den spezielleren Einkünfteartikeln der DBA wie etwa Vorschriften nach dem Vorbild von Art. 11 OECD-MA im Fall von Zinszahlungen der Personengesellschaft an einen ihrer Mitunternehmer oder Vorschriften i.S.d. Art. 15 OECD-MA im Fall von Vergütungen für eine unselbständige Tätigkeit des Mitunternehmers im Dienste der Personengesellschaft.[878]

Ein weiterer, gewichtiger Teil der Literatur ist indes der Auffassung, Sondervergütungen unterfielen grundsätzlich Vorschriften i.S.d. Art. 7 OECD-MA und damit der Vorschrift für Unternehmensgewinne in dem jeweiligen DBA, sofern sie aber auch unter eine speziellere Verteilungsnorm – wie etwa dem Artikel für Zinsen – subsumierbar sind, sei die speziellere Norm hinsichtlich ihrer Anwendung zu prüfen.[879] Wohl im Rahmen bzw. aufbauend auf letzterer Auffassung kommen ISMER/KOST in Bezug auf Sondervergütungen in Form von Darlehenszinsen zu dem Ergebnis, dass selbst wenn der speziellere Einkünfteartikel des jeweiligen DBA und damit eine Vorschrift i.S.d. Art. 11 OECD-MA diesbezüglich grundsätzlich zur Anwendung gelangt, letztlich doch wieder Vorschriften i.S.d. Art. 7 OECD-MA einschlägig sind, da die sog. Betriebsstättenvorbehalte der DBA und damit vorliegend Vorschriften i.S.d. Art. 11 Abs. 4

---

876 Vgl. u.a. DEBATIN, HELMUT (Personengesellschaften 1992), S. 1184; HEMMELRATH, ALEXANDER (Personengesellschaften 1995), S. 572; KAPPE, KLAUS (US-Personengesellschaften 1987), S. 481 f.; KÖHLER, FRANZ (Betriebsstättenprinzip 1991), S. 1030, 1033, 1038; KRABBE, HELMUT (Personengesellschaft 2001), S. 199; KRABBE, HELMUT (Sondervergütungen 2001), S. 130; MITSCHKE, WOLFGANG (Streitpunkt 2010), S. 304; RIEMENSCHNEIDER, SVEN (Personengesellschaften 1995), S. 126 ff., 149 f. Vgl. auch SCHMIDT, CHRISTIAN (Abkommensrecht 2008), S. 292.

877 Vgl. DEBATIN, HELMUT (Personengesellschaften 1992), S. 1187; KÖHLER, FRANZ (Betriebsstättenprinzip 1991), S. 1038; KRABBE, HELMUT (Sondervergütungen 2001), S. 130; MITSCHKE, WOLFGANG (Streitpunkt 2010), S. 304.

878 Vgl. LÜDEMANN, PETER/HRUSCHKA, FRANZ (Personengesellschaften 2010), S. 27; OSTENDORF, CLAUDIA (Sondervergütungen 1994), S. 145 ff.; SCHMIDT, CHRISTIAN (Doppelbesteuerungsabkommen 2010), S. 419 und wohl auch GÜNKEL, MANFRED/LIEBER, BETTINA (Sondervergütungen 2000), S. 854, 858.

879 Vgl. u.a. KOLLRUSS, THOMAS (Unternehmensgewinne 2017), S. 86; LANG, MICHAEL (Personengesellschaften 1999), S. 724 ff.; MERETZKI, AYK (Mitunternehmer-Betriebsstätten 2009), S. 221; MÜLLER, MARION (Sondervergütungen 2009), S. 753; PILTZ, DETLEV JÜRGEN (Sondervergütungen 2003), S. 150 f.; STEMLER, PATRICK (Sondervergütungen 2013), S. 88; WASSERMEYER, FRANZ (Kommentierung Art. 7 OECD-MA 2024), Rn. 124 (siehe das Beispiel). Vgl. auch SCHÜLLER, EVA CAROLIN (Personengesellschaften 2014), S. 168 f.

OECD-MA[880] greifen würden.[881] Schließlich findet sich im Schrifttum die Rechtsansicht, dass der Ansässigkeitsstaat des Mitunternehmers auf Abkommensebene hinsichtlich der Qualifikation von Sondervergütungen an die diesbezügliche Einkünftequalifikation durch den jeweiligen Quellenstaat gebunden sei. Folglich wäre etwa dann, wenn durch den Staat, in dem sich die (Geschäftsleitungs-)Betriebsstätte der Personengesellschaft befindet, und damit durch den ausländischen Staat eine Subsumtion von Sondervergütungen in Form von Zinsen unter Vorschriften i.S.d. Art. 11 OECD-MA erfolgt, Deutschland als Ansässigkeitsstaat des Mitunternehmers an diese Qualifikation gebunden und die Subsumtion unter Vorschriften i.S.d. Art. 7 OECD-MA sei daher ausgeschlossen (= Qualifikationsverkettung[882] bei Anwendung der Verteilungsnormen).[883]

Auffassung der Rechtsprechung:

Vom RFH wurde durchgehend geurteilt, Sondervergütungen (in Form von Zinsen) unterfielen auf Abkommensebene ausschließlich dem Artikel für Unternehmensgewinne.[884] Der vierte Senat des BFH kam in einem älteren Urteil vom 10.11.1983 (IV R 62/82) – jedenfalls in Bezug auf Sondervergütungen in Form von Zinsen – ebenfalls (s.o. zur Auffassung von ISMER/KOST) zu dem Ergebnis, dass die Betriebsstättenvorbehalte der DBA und damit Vorschriften i.S.d. Art. 11 Abs. 4 OECD-MA eingreifen würden, sodass letztlich Vorschriften i.S.d. Art. 7 OECD-MA (Artikel für Unternehmensgewinne) anzuwenden seien.[885] In der Literatur findet sich (daher) häufig die Aussage, der BFH hätte die Auffassung vertreten, Sondervergütungen seien stets unter Vorschriften i.S.d. Art. 7 OECD-MA zu subsumieren.[886] Die entsprechenden Literaturstimmen verweisen zum Beleg ihrer Aussagen aber – wenn überhaupt – nur auf die oben angesprochene Entscheidung des BFH vom 10.11.1983 (IV R 62/82). M.E. muss hier aber beachtet werden, dass der BFH in dem Urteil, in dem es insbesondere um die Zuordnung des Besteuerungsrechts in Bezug auf Sondervergütungen *in Form von Zinsen* ging, wohl nur deshalb zu dem Ergebnis kam, dass der Artikel für Unternehmensgewinne in dem in Rede stehenden DBA

---

880 Art. 11 Abs. 4 OECD-MA sieht Folgendes vor: Die Abs. 1 und 2 des Art. 11 OECD-MA sind nicht anzuwenden, wenn der in einem Vertragsstaat ansässige Nutzungsberechtigte im anderen Vertragsstaat, aus dem die Zinsen stammen, eine Geschäftstätigkeit durch eine dort gelegene Betriebsstätte ausübt und die Forderung, für die die Zinsen gezahlt werden, tatsächlich zu dieser Betriebsstätte gehört. In diesem Fall ist Art. 7 OECD-MA anzuwenden.

881 Vgl. ISMER, ROLAND/KOST, SEBASTIAN (Sondervergütungen 2007), S. 124 und ausführlich zur Frage, ob die Betriebsstättenvorbehalte der DBA tatsächlich bezüglich Sondervergütungen greifen, die Ausführungen in Kapitel 4.3.2.8.

882 Vgl. zum Begriff etwa ROSENBERG, OLIVER (Sonderbetriebsbereich 2015), Rn. 11.31.

883 Vgl. zu Obigem insgesamt MÜLLER, MARION/WANGLER, CLEMENS (Qualifikationskonflikte 2003), S. 151 sowie WEGGENMANN, HANS R./NEHLS, DANIELA (Kommentierung Art. 1 OECD-MA 2021), Rn. 69a und ausführlich PILTZ, DETLEV JÜRGEN (Personengesellschaften 1981), S. 137 ff., 173, 182, 185. Neben einer Qualifikationsverkettung bei Anwendung der Verteilungsnormen wird eine solche auch bei Anwendung der Vermeidungsnorm des jeweiligen DBA gefordert; vgl. dazu bspw. KRABBE, HELMUT (Doppelbesteuerungsabkommen 1998), S. 129 f. und ausführlich die Ausführungen in Kapitel 6.2 und 7.2.

884 Vgl. RFH, Urteil vom 28.07.1937, VI A 432/37, Ls., S. 852; RFH, Urteil vom 30.11.1938, I 42/38, S. 544 f. und ebenso PILTZ, DETLEV JÜRGEN (Personengesellschaften 1981), S. 159.

885 Vgl. BFH, Urteil vom 10.11.1983, IV R 62/82, S. 606.

886 So bspw. GOSCH, DIETMAR (Zuordnung 2003), S. 93; KEMPERMANN, MICHAEL (Sondervergütungen 2015), Rn. 2.68; LÜDICKE, JÜRGEN (Personengesellschaften 2011), S. 100; WASSERMEYER, FRANZ (Kommentierung Art. 7 OECD-MA 2024), Rn. 101.

Anwendung findet, da seines Erachtens der Betriebsstättenvorbehalt des Zinsartikels des DBA einschlägig war.[887] Unklar ist damit aber, wie der BFH bezüglich solcher Verteilungsnormen entschieden hätte, die keinen Betriebsstättenvorbehalt aufweisen (vgl. z.B. Art. 6 OECD-MA).

In den für die neuere Rechtsprechung bezüglich der abkommensrechtlichen Behandlung von Sondervergütungen „grundlegenden Urteilen“[888] vom 27.02.1991 (I R 15/89 und I R 96/89)[889] hat der erste Senat des BFH – ohne Bezugnahme auf das Urteil des vierten Senats vom 10.11.1983 (IV R 62/82) –[890] eine abweichende Auffassung vertreten:[891] In den Streitfällen ging es jeweils um Zinszahlungen einer US-amerikanischen Limited Partnership, die nach deutschem Recht als Personengesellschaft zu werten und mit einer deutschen KG vergleichbar ist,[892] an ihren bzw. ihre in Deutschland ansässigen Gesellschafter.[893] Der BFH entschied in den Judikaten, dass die Zinsen unter Art. 7 des DBA-USA 1954 und somit unter den Zinsartikel des in Rede stehenden DBA zu subsumieren sind, wobei der Betriebsstättenvorbehalt des Zinsartikels gerade nicht eingreift, sodass keine Anwendung des Artikels für Unternehmensgewinne (Art. 3 DBA-USA 1954) erfolgt.[894]

Die zuvor dargelegte bis dahin nur zum Outbound-Fall ergangene Rechtsprechung wendete der BFH mit Urteil vom 17.10.2007 (I R 5/06)[895] auch auf den Inbound-Fall an.[896] Heute sind Sondervergütungen nach nunmehr ständiger BFH-Rechtsprechung[897] regelmäßig unter die spezielleren Verteilungsnormen des jeweiligen DBA und damit insbesondere unter Vorschriften i.S.d. Art. 6, 11, 12, 14, 15 und 21 OECD-MA (a.F.) zu subsumieren.[898] Diese Sichtweise des BFH wird auch als „spezifische abkommensrechtliche isolierende Betrachtungsweise“[899] oder als „isolierende Betrachtungsweise des Abkommensrechts“[900] bezeichnet. Hierbei hat der BFH im Urteil vom 17.10.2007 (I R 5/06) explizit offengelassen, ob Sondervergütungen (in Form von Zinsen) zunächst unter Vorschriften i.S.d. Art. 7 OECD-MA fallen und sodann, sofern einschlägig, die spezielleren Einkünfteartikel vorgehen, wie dies von einem gewichtigen Teil der Literatur vertreten wird (s.o.), oder ob Sondervergütungen in der Regel von vornherein nicht Vor-

---

887 Vgl. BFH, Urteil vom 10.11.1983, IV R 62/82, S. 606.

888 WASSERMEYER, FRANZ (Kommentierung Art. 7 OECD-MA 2024), Rn. 101.

889 Vgl. BFH, Urteil vom 27.02.1991, I R 15/89, S. 444 ff. und BFH, Urteil vom 27.02.1991, I R 96/89, S. 385 ff.

890 Vgl. auch LÜDICKE, JÜRGEN (Personengesellschaften 2011), S. 101.

891 Vgl. auch GOSCH, DIETMAR (Zuordnung 2003), S. 93 sowie WASSERMEYER, FRANZ (Kommentierung Art. 7 OECD-MA 2024), Rn. 101.

892 Vgl. auch BMF, Schreiben vom 24.12.1999, IV B 4 – S 1300 – 111/99, Anhang, Tabelle 1.

893 Vgl. BFH, Urteil vom 27.02.1991, I R 15/89, S. 444 f.; BFH, Urteil vom 27.02.1991, I R 96/89, S. 385.

894 Vgl. BFH, Urteil vom 27.02.1991, I R 15/89, S. 446 f.; BFH, Urteil vom 27.02.1991, I R 96/89, S. 386 f. und ebenso LÜDICKE, JÜRGEN (Personengesellschaften 2011), S. 101 f.

895 Vgl. BFH, Urteil vom 17.10.2007, I R 5/06, S. 356 ff.

896 Vgl. LÜDICKE, JÜRGEN (Personengesellschaften 2011), S. 101; SCHÜLLER, EVA CAROLIN (Personengesellschaften 2014), S. 2.

897 Vgl. z.B. auch BFH, Beschluss vom 08.11.2010, I R 106/09, Rn. 11; BFH, Beschluss vom 11.12.2013, I R 4/13, Rn. 11 ff.; BFH, Urteil vom 08.09.2010, I R 74/09, Rn. 12 ff.

898 Vgl. STEMLER, PATRICK (Sondervergütungen 2013), S. 82; WASSERMEYER, FRANZ (Kommentierung Art. 7 OECD-MA 2024), Rn. 101.

899 So GOSCH, DIETMAR (Zuordnung 2003), S. 93.

900 So KEMPERMANN, MICHAEL (Sondervergütungen 2015), Rn. 2.69.

schriften i.S.d. Art. 7 OECD-MA unterfallen, sondern, sofern einschlägig, ausschließlich den spezielleren Einkünfteartikeln der DBA, wie dies von einem anderen Teil der Literatur vertreten wird (s.o.).[901] Der BFH pflichtet jedoch in anderen Entscheidungen (wohl) letzterer Auffassung bei.[902]

Auffassung der Finanzverwaltung:

Im BMF-Schreiben vom 24.12.1999 vertrat die Finanzverwaltung in Tz. 1.2.3., welche bis heute in Kraft ist,[903] folgende Auffassung: „Sondervergütungen eines inländischen Gesellschafters einer ausländischen Personengesellschaft und eines ausländischen Gesellschafters einer inländischen Personengesellschaft sind als Unternehmensgewinne im Sinne der DBA (vgl. Art. 7 OECD-MA 92) zu behandeln, auch wenn das DBA keine ausdrückliche Regelung in diesem Sinne enthält."[904] Somit widersprach die Finanzverwaltung den zuvor dargestellten diesbezüglich „grundlegenden Urteilen" des BFH vom 27.02.1991 (I R 15/89 und I R 96/89).[905] Wie oben dargelegt, hielt der BFH indes an seiner Auffassung fest und übertrug die bis dahin nur zum Outbound-Fall ergangene Rechtsprechung im Jahr 2007 auch auf den – bezüglich des deutschen Steueraufkommens problematischen – Inbound-Fall.[906] Schließlich wurde durch das JStG 2009 erstmals versucht, die Auffassung der Finanzverwaltung zu kodifizieren, und § 50d Abs. 10 EStG a.F. eingeführt.[907] In dem kurz darauf ergangenen und zwischenzeitlich überholten BMF-Schreiben vom 16.04.2010 stützte die Finanzverwaltung ihre Auffassung zumeist[908] explizit auf § 50d Abs. 10 EStG a.F.[909] Im Rahmen des heute gültigen BMF-Schreibens vom 26.09.2014 kommt die Finanzverwaltung einzig auf Basis des zwischenzeitlich überarbeiteten § 50d Abs. 10 EStG[910] zu dem Ergebnis, dass Sondervergütungen unter Vorschriften i.S.d. Art. 7 OECD-MA zu subsumieren sind,[911] und erkannte daher spätestens mit diesem Schreiben die

---

901 Vgl. BFH, Urteil vom 17.10.2007, I R 5/06, S. 358 und ebenso LÜDICKE, JÜRGEN (Personengesellschaften 2011), S. 102.

902 Vgl. BFH, Beschluss vom 11.12.2013, I R 4/13, Rn. 14 („ausschließliche Einkunftskategorien") und zu diesem Urteil auch ROSENBERG, OLIVER (Sonderbetriebsbereich 2015), Rn. 11.25, Fn. 2. Vgl. zudem BFH, Urteil vom 10.08.2006, II R 59/05, S. 764 („*unmittelbar* der spezielleren abkommensrechtlichen Einkunftsart zuzurechnen").

903 Teile des oben angesprochenen BMF-Schreibens sind nicht mehr anwendbar, Tz. 1.2.3. ist es jedoch weiterhin.

904 BMF, Schreiben vom 24.12.1999, IV B 4 – S 1300 – 111/99, Tz. 1.2.3. Vgl. zuvor u.a. schon Finanzministerium NRW, Erlass vom 01.12.1986, S 1301 – USA 60 – V C 1, S. 24. Nach FROTSCHER, GERRIT (Treaty Override 2009), S. 593 f. vertrat die Finanzverwaltung die oben dargestellte Auffassung „von jeher".

905 Vgl. KEMPERMANN, MICHAEL (Sondervergütungen 2015), Rn. 2.71.

906 Gerade in Bezug auf die häufig in Rede stehenden Sondervergütungen in Form von Zinsen sieht Art. 11 OECD-MA ein der Höhe nach nur begrenztes und viele konkrete DBA gar kein Besteuerungsrecht für den Quellenstaat vor; vgl. auch FROTSCHER, GERRIT (Treaty Override 2009), S. 594.

907 Vgl. KEMPERMANN, MICHAEL (Sondervergütungen 2015), Rn. 2.71 und die Ausführungen in Kapitel 5.1, in welchem auch ausführlich auf § 50d Abs. 10 EStG a.F. eingegangen wird.

908 Vgl. BMF, Schreiben vom 16.04.2010, IV B 2 – S 1300/09/10003, Tz. 5.1. und dort Beispiel 3: „vgl. *auch* § 50 d Absatz 10 Satz 1 EStG [Hervorhebung d.Verf.]".

909 Vgl. BMF, Schreiben vom 16.04.2010, IV B 2 – S 1300/09/10003, Tz. 2.2.1., 5.1. und dort Abs. 1 und Beispiel 2. Vgl. auch LÜDICKE, JÜRGEN (Personengesellschaften 2011), S. 100.

910 Vgl. zum Regelungsgehalt von § 50d Abs. 10 EStG in der überarbeiteten Fassung ausführlich die Ausführungen in Kapitel 5.2.

911 Vgl. BMF, Schreiben vom 26.09.2014, IV B 5 – S 1300/09/10003, Tz. 5.1.1.

oben dargestellte Rechtsprechung des BFH an.[912] Konkret würde die Finanzverwaltung in einer Welt ohne § 50d Abs. 10 EStG (wohl) eine Subsumtion von Sondervergütungen unter die spezielleren Verteilungsnormen des jeweiligen DBA vornehmen.[913]

Systematisierung und ergebnisorientierte Reduktion der Auffassungen:

Auf Basis der vorstehenden Ausführungen lassen sich im Ergebnis drei Auffassungen unterscheiden, die mit *Abbildung 11* graphisch wie folgt dargestellt werden können:[914]

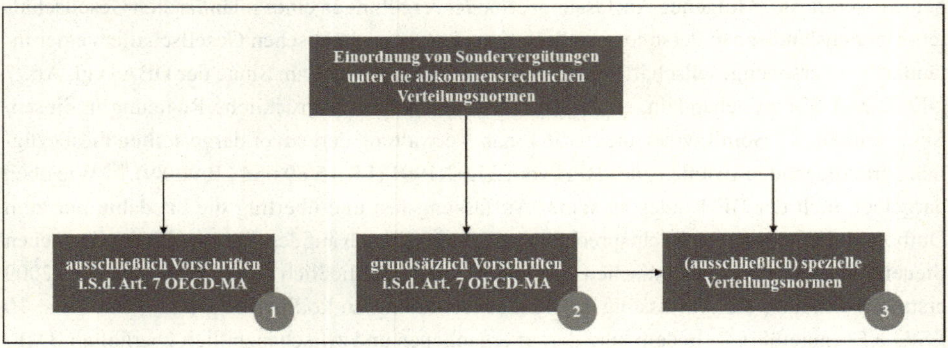

Abbildung 11: Einordnung von Sondervergütungen auf Abkommensebene[915]

Die dritte Auffassung sieht – sofern tatbestandlich erfüllt – unmittelbar die speziellen Verteilungsnormen für Sondervergütungen einschlägig. Nach der zweiten Auffassung gehören Sondervergütungen zwar grundsätzlich zu den Unternehmensgewinnen i.S.d. Art. 7 OECD-MA, sie sind aber letztlich ggf. ebenfalls unter die spezielleren Verteilungsnormen zu subsumieren, da diese dem Artikel für Unternehmensgewinne vorgehen. Beide Auffassung führen damit zum selben Ergebnis: Es ist zu prüfen, ob die spezielleren Verteilungsnormen einschlägig sind.[916] Mit WASSERMEYER handelt es sich daher bei der Diskussion, ob der zweiten oder der dritten Auffassung der Vorzug gebührt, um einen „Streit um Worte, der nichts bringt“[917]. Dieser soll hier nicht geführt werden. Aber: Der Unterschied zwischen der ersten Auffassung, wonach Sondervergütungen ausschließlich unter Vorschriften i.S.d. Art. 7 OECD-MA zu subsumieren sind, und den Auffassungen zwei und drei, die, wie dargelegt, beide zu dem Ergebnis gelangen,

---

912 Vgl. auch GOSCH, DIETMAR (Kommentierung § 50d EStG 2024), Rn. 45a; HRUSCHKA, FRANZ (Zuordnung 2016), S. 442 f.; PRINZ, ULRICH (Finanzierungsfragen 2016), S. 593.

913 Vgl. dazu BMF, Schreiben vom 26.09.2014, IV B 5 – S 1300/09/10003, Tz. 5.1.1., 5.1.2. und dort Beispiel 2. Vgl. auch HRUSCHKA, FRANZ (Zuordnung 2016), S. 443.

914 Auf die oben ebenfalls dargestellte Auffassung von ISMER/KOST, wonach *letztlich* Vorschriften i.S.d. Art. 7 OECD-MA Anwendung finden können, da ggf. die sog. Betriebsstättenvorbehalte der DBA greifen würden, wird in Kapitel 4.3.2.8 noch ausführlich einzugehen sein, sodass diese Auffassung an dieser Stelle nicht betrachtet werden soll.

915 Eigene Darstellung; in Anlehnung an die obenstehenden Ausführungen zu den verschiedenen Auffassungen aus Literatur, Rechtsprechung und Finanzverwaltung bezüglich der Einordnung von Sondervergütungen auf Abkommensebene.

916 Vgl. BFH, Urteil vom 17.10.2007, I R 5/06, S. 358; GOSCH, DIETMAR (Zuordnung 2003), S. 93; SCHÜLLER, EVA CAROLIN (Personengesellschaften 2014), S. 157 f.; WASSERMEYER, FRANZ (Doppelbesteuerungsabkommen 2007), S. 415; a.A. SCHMIDT, CHRISTIAN (Doppelbesteuerungsabkommen 2010), S. 419.

917 WASSERMEYER, FRANZ (Doppelbesteuerungsabkommen 2007), S. 415.

dass, sofern einschlägig, die speziellen Verteilungsnormen der DBA Anwendung finden, ist beachtlich.[918] Vorschriften i.S.d. Art. 7 OECD-MA können das Besteuerungsrecht ausschließlich beim Ansässigkeitsstaat belassen oder ein solches dem Betriebsstättenstaat einräumen, sofern eine Zuordnung der Sondervergütungen zu der jeweiligen Betriebsstätte gelingt.[919] Die Rechtsfolgen der spezielleren Verteilungsnormen reichen indes von einer ausschließlichen Besteuerung im Ansässigkeitsstaat über ein eingeschränktes Quellenbesteuerungsrecht bis hin zu einem vollen Besteuerungsrecht des Quellenstaates.[920] Es gilt daher zu untersuchen, ob die erste Auffassung oder das Ergebnis der zweiten bzw. dritten Auffassung zutreffend ist.

Analyse der Auffassungen und eigene Auffassung:

Vertreter der ersten Auffassung, wonach ausschließlich Vorschriften i.S.d. Art. 7 OECD-MA auf Sondervergütungen Anwendung finden, sehen sich in ihrer Meinung zum Teil durch den Bericht der OECD aus dem Jahr 1999 mit dem Titel „The Application of the OECD Model Tax Convention to Partnerships", welcher als OECD-Partnership-Report bekannt ist,[921] bestätigt.[922] So führt etwa MITSCHKE aus, dass „Sondervergütungen nach der Entscheidung des deutschen Steuerrechts (originär) Teil der gewerblichen Einkünfte und damit auch „gewerbliche Gewinne" i. S. des Art. 7 […] sind" und dass dies „durch den OECD Partnership Bericht ausdrücklich bestätigt" wird.[923] In dem diesbezüglich – auch von KRABBE[924] und SCHMIDT[925] – in Bezug genommenen Beispiel 13 des Reports[926] positioniert sich die OECD aber nicht dahingehend, dass Sondervergütungen (nach deutschem Recht) stets unter den Artikel für Unternehmensgewinne zu subsumieren sind, sondern beschreibt lediglich, dass dies aus der Sichtweise eines der Vertragsstaaten aufgrund des nationalen Steuerrechts dieses Staates der Fall sein kann.[927] STEMLER weist hierbei zu Recht darauf hin, dass nach „der im Partnership Report geäußerten Auffassung der OECD […] Sondervergütungen sowohl unter Art. 7 OECD-MA als auch unter die spezielleren Einkunftskategorien subsumiert werden [können; d.Verf.]", und rekurriert hierbei auch auf die Erläuterungen zu Beispiel 15 des Reports[928].[929] Dementsprechend kann aus dem OECD-Partnership-Report „nicht abgeleitet werden, dass die OECD gerade für

---

918 Vgl. GOSCH, DIETMAR (Zuordnung 2003), S. 93.

919 Vgl. dazu die Ausführungen in Kapitel 4.3.1.1.

920 Vgl. dazu die Ausführungen in Kapitel 4.3.2 sowie GOSCH, DIETMAR (Zuordnung 2003), S. 93.

921 Vgl. OECD (Partnership-Report 1999) und instruktiv zum OECD-Partnership-Report SCHWENKE, MICHAEL (Kommentierung Art. 1 OECD-MA 2024), Rn. 27b.

922 Vgl. KRABBE, HELMUT (Personengesellschaft 2001), S. 198; MITSCHKE, WOLFGANG (Streitpunkt 2010), S. 304 f.; SCHMIDT, CHRISTIAN (Abkommensrecht 2008), S. 291 f. Vgl. auch KRABBE, HELMUT (Betriebsstätten-Verwaltungsgrundsätze 2000), S. 172. Auch die Finanzverwaltung konstatierte in Tz. 5.1. des zwischenzeitlich aufgehobenen BMF-Schreibens vom 16.04.2010, IV B 2 – S 1300/09/10003, dass die dort vertretene Auffassung, wonach Sondervergütungen „Teil des Betriebsstättengewinns sind", im Ergebnis dem OECD-Partnership-Report entspricht.

923 Vgl. dazu und wörtlich MITSCHKE, WOLFGANG (Streitpunkt 2010), S. 304.

924 Vgl. KRABBE, HELMUT (Personengesellschaft 2001), S. 198.

925 Vgl. SCHMIDT, CHRISTIAN (Abkommensrecht 2008), S. 291.

926 Vgl. OECD (Partnership-Report 1999), Tz. 94 ff.

927 Vgl. GÜNKEL, MANFRED/LIEBER, BETTINA (Sondervergütungen 2000), S. 855; MÜLLER, MARION (Sondervergütungen 2009), S. 754. Vgl. auch BT-Drs. 16/11108 vom 27.11.2008, S. 23.

928 Vgl. OECD (Partnership-Report 1999), Tz. 121.

929 Vgl. dazu und wörtlich mit Hervorhebung im Original STEMLER, PATRICK (Sondervergütungen 2013), S. 84.

Deutschland eine bestimmte DBA-Auslegung „absegnet"'"[930]; vielmehr kann nur davon gesprochen werden, dass die OECD eine Subsumtion der Sondervergütungen unter Vorschriften i.S.d. Art. 7 OECD-MA jedenfalls nicht ablehnt.[931]

KRABBE als einer der Hauptvertreter der ersten Auffassung, wonach ausschließlich Vorschriften i.S.d. Art. 7 OECD-MA auf Sondervergütungen Anwendung finden würden, argumentiert – über das zuvor Dargelegte, aber auch Widerlegte hinaus – damit, dass ein Vertragsverhältnis zwischen Gesellschafter und Personengesellschaft als Grundlage für die jeweilige Sondervergütung zwar zivilrechtlich, nicht aber steuerlich vorhanden sei, sodass die spezielleren Verteilungsnormen nicht zur Anwendung kommen könnten und es daher bei der Anwendung von Vorschriften i.S.d. Art. 7 OECD-MA verbleibe.[932] Ohne es direkt zu äußern, geht KRABBE hierbei wohl – und insoweit zu Recht –[933] davon aus, dass Anwendungsvoraussetzung der spezielleren Verteilungsnormen ein auch steuerlich anzuerkennendes Vertragsverhältnis zwischen dem Mitunternehmer und der jeweiligen Personengesellschaft ist.[934] Anderen Vertretern der ersten Auffassung zufolge sei das (zivilrechtlich) vorhandene Vertragsverhältnis auf der Abkommensebene zu ignorieren, da Mitunternehmer und Personengesellschaft ein einheitliches Unternehmen i.S.d. Abkommensrechts bildeten und damit Vertragsbeziehungen zwischen Stammhaus (Mitunternehmer) und Betriebsstätte (Personengesellschaft) nicht anzuerkennen seien.[935] Zum Teil wird hierbei auch ein Vergleich mit dem Fall eines im Ausland eine Betriebsstätte betreibenden Einzelunternehmers gesucht und argumentiert, dass auch der Betriebsstättengewinn des Einzelunternehmers aufgrund von Leistungsbeziehungen zwischen dem Einzelunternehmer und der Betriebsstätte nicht gemindert werden würde.[936] Weitergehend wird dabei explizit auf einen andernfalls bestehenden Widerspruch zu einer der Zielsetzungen von § 15 Abs. 1 Satz 1 Nr. 2 Satz 1 Halbs. 2 EStG – einer möglichst weitgehenden Gleichstellung zwischen einem Einzel- und einem Mitunternehmer (Gleichstellungsthese) –[937] hingewiesen[938] bzw. ganz konkret aus dem Sinn und Zweck von § 15 Abs. 1 Satz 1 Nr. 2 Satz 1 Halbs. 2 EStG abgeleitet, dass Sondervergütungen unter Vorschriften i.S.d. Art. 7 OECD-MA subsumiert werden müssen.[939]

---

930 LÜDICKE, JÜRGEN (Personengesellschaften 2011), S. 103 (mit Hervorhebung im Original).

931 Vgl. STEMLER, PATRICK (Sondervergütungen 2013), S. 85. Vgl. auch STARINGER, CLAUS (Leistungsbeziehungen 2000), S. 114, der festhält, dass durch den OECD-Partnership-Report „der zwischen den Vertragsstaaten bestehende Qualifikationskonflikt über die abkommensrechtliche Einordnung der Sondervergütungen eigentlich *gar nicht gelöst* wird".

932 Vgl. KRABBE, HELMUT (Sondervergütungen 2001), S. 130. Vgl. auch MITSCHKE, WOLFGANG (Streitpunkt 2010), S. 304.

933 Vgl. dazu auch die Ausführungen in Kapitel 4.3.2.

934 So explizit bspw. auch RIEMENSCHNEIDER, SVEN (Personengesellschaften 1995), S. 149.

935 Vgl. DEBATIN, HELMUT (Personengesellschaften 1992), S. 1184; HEMMELRATH, ALEXANDER (Personengesellschaften 1995), S. 572; ISMER, ROLAND/KOST, SEBASTIAN (Sondervergütungen 2007), S. 123; RIEMENSCHNEIDER, SVEN (Personengesellschaften 1995), S. 126 f., 150. Vgl. auch SCHMIDT, CHRISTIAN (Abkommensrecht 2008), S. 292.

936 Vgl. DEBATIN, HELMUT (Personengesellschaften 1992), S. 1184. Vgl. auch KRABBE, HELMUT (Personengesellschaft 2001), S. 198 f.; KRABBE, HELMUT (Sondervergütungen 2001), S. 130.

937 Vgl. dazu bereits die Ausführungen in Kapitel 2.3.2.1.1.

938 Vgl. ISMER, ROLAND/KOST, SEBASTIAN (Sondervergütungen 2007), S. 123.

939 Vgl. POHL, CARSTEN (Sondervergütungen 2013), S. 1573.

Die im voranstehenden Absatz zuerst dargelegte Auffassung, wonach ein Vertragsverhältnis zwischen dem Gesellschafter und der jeweiligen Personengesellschaft als Grundlage für die jeweilige Sondervergütung zwar zivilrechtlich, nicht aber steuerlich vorhanden sei und es deshalb bei der Anwendung von Vorschriften i.S.d. Art. 7 OECD-MA verbleiben müsse, lässt sich bereits dadurch widerlegen, dass das deutsche Steuerrecht und hier gerade § 15 Abs. 1 Satz 1 Nr. 2 Satz 1 EStG die von KRABBE als „nicht vorhanden" unterstellten vertraglichen Beziehungen zwischen Personengesellschaft und Mitunternehmer ausdrücklich anerkennt.[940] Nur weil § 15 Abs. 1 Satz 1 Nr. 2 Satz 1 EStG – durch die Differenzierung zwischen Gewinnanteil und Sondervergütungen – Vertragsverhältnisse zwischen einem Mitunternehmer und der Personengesellschaft explizit auch steuerlich anerkennt, kann der einzelne Mitunternehmer – neben seinem Gewinnanteil – weitere gewerbliche Einkünfte in Form der Sondervergütungen erzielen. Würden die Vertragsverhältnisse, die den Sondervergütungen zugrunde liegen, steuerlich nicht anerkannt werden, könnte sich der Gewinn auf Ebene der Mitunternehmerschaft nicht durch die Sondervergütungen mindern und könnten sich die Einkünfte des *einzelnen* Mitunternehmers nicht entsprechend erhöhen.[941] Stattdessen müsste der gesamte Gewinn auf Basis des Gewinnverteilungsschlüssels (ggf. unter Vereinbarung eines Gewinnvorab)[942] verteilt werden. Ein Grund, warum die zuvor dargelegte, im deutschen Steuerrecht klar verankerte Trennung zwischen Gewinnanteil und Sondervergütungen aus deutscher Sicht nicht auch auf Abkommensebene anerkannt werden sollte, ist nicht ersichtlich.[943] Im Gegenteil: Der den Vorschriften i.S.d. Art. 7 OECD-MA immanente Fremdvergleichsgrundsatz,[944] welcher die Selbständigkeit von Stammhaus und Betriebsstätte fingiert und dabei spätestens seit dem Update des OECD-MA im Jahr 2010 auch umfassend Leistungsbeziehungen zwischen diesen anerkennt,[945] geht in dieselbe Richtung.[946]

Betrachtet man das Abkommensrecht genauer, ist der oben außerdem dargelegten Auffassung, wonach das (zivilrechtlich) vorhandene Vertragsverhältnis auf der Abkommensebene zu ignorieren sei, da Mitunternehmer und Personengesellschaft ein einheitliches Unternehmen i.S.d. Abkommensrechts bildeten und damit Vertragsbeziehungen zwischen Stammhaus (Mitunternehmer) und Betriebsstätte (Personengesellschaft) nicht anzuerkennen seien, zuzugeben, dass auch der BFH davon ausgeht, dass die Mitunternehmer einer Personengesellschaft in ihrem

---

940 Vgl. dazu die h.M., z.B. BFH, Beschluss vom 25.02.1991, GrS 7/89, S. 698; GÜNKEL, MANFRED/LIEBER, BETTINA (Sondervergütungen 2001), S. 132; ISMER, ROLAND/KOST, SEBASTIAN (Sondervergütungen 2007), S. 123; WASSERMEYER, FRANZ (Kommentierung Art. 7 OECD-MA 2024), Rn. 102.

941 Vgl. dazu insgesamt BFH, Beschluss vom 25.02.1991, GrS 7/89, S. 697 f.; GÜNKEL, MANFRED/LIEBER, BETTINA (Sondervergütungen 2001), S. 132; WASSERMEYER, FRANZ (Kommentierung Art. 7 OECD-MA 2024), Rn. 102.

942 Vgl. dazu bereits die Ausführungen in Kapitel 2.3.2.1.1.

943 Vgl. BFH, Urteil vom 17.10.2007, I R 5/06, S. 357; WASSERMEYER, FRANZ (Kommentierung Art. 7 OECD-MA 2024), Rn. 102.

944 Vgl. bspw. auch RIEMENSCHNEIDER, SVEN (Personengesellschaften 1995), S. 127.

945 Vgl. dazu und ausführlich VAN DER HAM, SUSANN (Kommentierung Art. 7 OECD-MA 2024), Rn. 233, 257 ff., 573.

946 Gl.A. wohl WASSERMEYER, FRANZ (Kommentierung Art. 7 OECD-MA 2024), Rn. 102. Vgl. auch GOSCH, DIETMAR (Kommentierung Art. 13 OECD-MA 2024), Rn. 69.

Ansässigkeitsstaat ein Unternehmen betreiben[947] und dem jeweiligen Mitunternehmer eine von der Personengesellschaft unterhaltene Betriebsstätte vermittelt wird.[948] Aber, als entscheidender Unterschied zwischen dem Fall eines „gewöhnlichen" Unternehmens mit einer rechtlich unselbständigen Betriebsstätte im anderen Staat sowie dem Fall eines als Unternehmen i.S.d. Abkommensrechts zu wertenden Mitunternehmers und dessen Betriebsstätte, die ihm durch die Personengesellschaft vermittelt wird, ist auch hier zu sehen, dass die Personengesellschaft gerade nicht rechtlich unselbständig ist, sondern – und in Abweichung zur „normalen" Betriebsstätte – Verträge zwischen ihr und dem Mitunternehmer möglich sind.[949] Nur so erklärt sich auch, dass der umgekehrte Fall, in welchem die Personengesellschaft eine Leistung an einen ihrer Mitunternehmer erbringt, wohl unbestritten zu Einkünften auf Ebene der Personengesellschaft führt; wäre die Argumentation, dass Leistungsbeziehungen zwischen Mitunternehmer und Personengesellschaft auf Abkommensebene nicht anzuerkennen sind, da beide ein einheitliches Unternehmen bilden, tatsächlich zutreffend, wären diese Leistungsbeziehungen ebenfalls zu ignorieren, was aber – soweit ersichtlich – von niemandem vertreten wird.[950]

Zudem greift auch der Hinweis auf die ansonsten bestehende mangelnde Vergleichbarkeit mit dem Fall eines Einzelunternehmers bzw. ein Abstellen auf den andernfalls bestehenden Widerspruch zum Sinn und Zweck von § 15 Abs. 1 Satz 1 Nr. 2 Satz 1 Halbs. 2 EStG nicht Platz, da DBA nicht anhand des Sinn und Zwecks einer rein nationalen Vorschrift wie § 15 Abs. 1 Satz 1 Nr. 2 Satz 1 Halbs. 2 EStG auszulegen sind.[951] Pointiert formuliert hält WASSERMEYER zutreffend fest, dass § 15 Abs. 1 Satz 1 Nr. 2 Satz 1 Halbs. 2 EStG (selbstverständlich) „keinen abkommensrechtlichen Hintergrund"[952] hat.

Schließlich ist der insbesondere von PILTZ vertretenen Ansicht, der Ansässigkeitsstaat des Mitunternehmers sei auf Abkommensebene hinsichtlich der Einkünftequalifikation von Sondervergütungen an die diesbezügliche Qualifikation durch den Quellenstaat gebunden, Folgendes entgegenzuhalten: PILTZ leitet diese Auffassung aus einer Auslegung des Methodenartikels und damit aus Vorschriften i.S.d. Art. 23 (A bzw. B) OECD-MA ab.[953] Das Ergebnis einer solchen Auslegung sollte m.E. aber allenfalls sein, dass der Ansässigkeitsstaat bei der Anwendung eben des Methodenartikels an die Einkünftequalifikation durch den Quellenstaat gebunden ist und nicht bereits, da zu weitgehend, bei Anwendung der Verteilungsnormen, wie dies PILTZ meint. Bezüglich der Konsequenzen mag das zwar keinen Unterschied machen, dennoch und gerade

---

947 Vgl. BFH, Urteil vom 26.02.1992, I R 85/91, S. 939. Vgl. außerdem z.B. PILTZ, DETLEV JÜRGEN (Sondervergütungen 2003), S. 148; BMF, Schreiben vom 26.09.2014, IV B 5 – S 1300/09/10003, Tz. 2.2.2.

948 Vgl. BFH, Urteil vom 16.10.2002, I R 17/01, S. 634 f.; BFH, Urteil vom 08.09.2010, I R 74/09, Rn. 21. Vgl. außerdem bspw. MÜLLER, MARION (Sondervergütungen 2009), S. 752.

949 Vgl. DITZ, XAVER (Kommentierung Art. 7 (2008) OECD-MA 2019), Rn. 92 (bzgl. Letzterem u.a. mit Verweis auf BFH, Urteil vom 28.01.1976, I R 84/74, BStBl. II 1976, S. 744 ff.). Vgl. auch GÜNKEL, MANFRED/LIEBER, BETTINA (Sondervergütungen 2001), S. 132.

950 Vgl. LÜDICKE, JÜRGEN (Personengesellschaften 1998), S. 474; LÜDICKE, JÜRGEN (Personengesellschaften 2011), S. 102, Fn. 40.

951 Vgl. WASSERMEYER, FRANZ (Unternehmensgewinne 2010), S. 40. Vgl. GOSCH, DIETMAR (Kommentierung Art. 13 OECD-MA 2024), Rn. 69; LÜDICKE, JÜRGEN (Personengesellschaften 2011), S. 103.

952 WASSERMEYER, FRANZ (Unternehmensgewinne 2010), S. 40.

953 Vgl. PILTZ, DETLEV JÜRGEN (Personengesellschaften 1981), S. 137 ff., 173, 182, 185 und so wohl auch WEGGENMANN, HANS R./NEHLS, DANIELA (Kommentierung Art. 1 OECD-MA 2021), Rn. 69a.

um sich in der komplexen Diskussion nicht zu verlieren, sollten die entsprechenden Überlegungen aber an der richtigen Stelle – der Besprechung des Methodenartikels –[954] verortet werden. MÜLLER/WANGLER, als weitere Befürworter der Einkünftequalifikation von Sondervergütungen aufgrund einer Qualifikationsverkettung, stellen zur Begründung ihrer Auffassung nicht wie PILTZ auf eine bestimmte Auslegung des Methodenartikels, sondern allein auf den Sinn und Zweck des Abkommens und dort speziell auf die Vermeidung einer doppelten Nichtbesteuerung ab.[955] M.E. kann der Sinn und Zweck des Abkommens aber allenfalls die von PILTZ geforderte Auslegung des Methodenartikels tragen.[956] Die Auffassung von MÜLLER/WANGLER sollte daher ebenfalls nicht zu einer Bindung des Ansässigkeitsstaats an die Einkünftequalifikation des Quellenstaats und damit zu einer Änderung bezüglich der Anwendung der Verteilungsnormen durch den Ansässigkeitsstaat führen.

Insofern sind alle dargestellten Argumente, die für eine ausschließliche Subsumtion von Sondervergütungen unter Vorschriften i.S.d. Art. 7 OECD-MA sprechen, m.E. abzulehnen und dem Ergebnis der zweiten bzw. dritten Auffassung (s.o. S. 110) zuzustimmen, wonach (letztlich) zu prüfen ist, ob die spezielleren Verteilungsnormen einschlägig sind. Bestätigt wird dies durch Vorschriften i.S.d. Art. 7 Abs. 4 OECD-MA: Festgehalten wird dort, dass dann, wenn zu den Unternehmensgewinnen Einkünfte gehören, die in anderen Artikeln des Abkommens behandelt werden, die Bestimmungen jener Artikel durch die Bestimmungen des Art. 7 OECD-MA nicht berührt werden. Damit wird der auf Abkommensebene geltende Auslegungsgrundsatz lex specialis derogat legi generali verkörpert, wonach der spezielleren Norm grundsätzlich Vorrang vor der allgemeineren Norm gebührt.[957] Sondervergütungen von diesem Grundsatz von vornherein auszunehmen, lässt sich nicht überzeugend begründen.[958]

Vorschriften i.S.d. Art. 7 Abs. 4 OECD-MA verkörpern aber nur den auf Abkommensebene geltenden lex-specialis Grundsatz, sodass dieser nach der Rechtsprechung des BFH auch dann zur Anwendung kommt, wenn in dem im konkreten Fall anzuwendenden DBA eine mit Art. 7 Abs. 4 OECD-MA vergleichbare Vorschrift fehlt.[959] Der BFH hält Vorschriften i.S.d. Art. 7 Abs. 4 OECD-MA somit für rein deklaratorisch.[960] Zur Begründung führt er m.E. zu Recht an, dass anderenfalls die in den spezielleren Verteilungsnormen häufig verankerten Betriebsstättenvorbehalte, welche eine Rückverweisung auf Vorschriften i.S.d. Art. 7 OECD-MA für den

---

954 Vgl. daher ausführlich die Ausführungen in Kapitel 6.2 und 7.2.

955 Vgl. MÜLLER, MARION/WANGLER, CLEMENS (Qualifikationskonflikte 2003), S. 151.

956 So auch PILTZ selbst; vgl. PILTZ, DETLEV JÜRGEN (Personengesellschaften 1981), S. 146 f.

957 Vgl. GÜNKEL, MANFRED/LIEBER, BETTINA (Sondervergütungen 2000), S. 854; WASSERMEYER, FRANZ (Sondervergütungen 2007), S. 682. Vgl. auch BFH, Urteil vom 10.08.2006, II R 59/05, S. 764; ROGALL, MATTHIAS/SCHWAN, TOBIAS (Inbound-Akquisitionen 2015), S. 2637.

958 Vgl. auch MÜLLER, MARION (Sondervergütungen 2009), S. 753 sowie PILTZ, DETLEV JÜRGEN (Sondervergütungen 2003), S. 150.

959 Vgl. dazu BFH, Urteil vom 10.08.2006, II R 59/05, S. 764 (bestätigt durch BFH, Beschluss vom 20.12.2006, I B 47/05, S. 770); anders noch BFH, Urteil vom 24.03.1999, I R 114/97, S. 891. Vgl. zu letzterem Urteil aber WEGGENMANN, HANS R./NEHLS, DANIELA (Kommentierung Art. 1 OECD-MA 2021), Rn. 41: „dürfte inzwischen überholt sein“. Vgl. zum BFH-Urteil vom 10.08.2006, II R 59/05, S. 764 ebenso STEMLER, PATRICK (Sondervergütungen 2013), S. 82.

960 Vgl. STEMLER, PATRICK (Sondervergütungen 2013), S. 82.

Fall vorsehen, dass eine tatsächliche Zugehörigkeit zu einer Betriebsstätte gegeben ist,[961] überflüssig wären, da sie niemals zur Anwendung kommen könnten, wenn die spezielleren Verteilungsnormen nicht im Grundsatz einer Vorschrift i.S.d. Art. 7 OECD-MA vorgehen würden. Lehnte man nämlich Letzteres ab, würde es von Anfang an bei der Anwendung des Artikels für Unternehmensgewinne verbleiben.[962] Folglich können die spezielleren Verteilungsnormen auch ohne eine Vorschrift i.S.d. Art. 7 Abs. 4 OECD-MA vorrangig Anwendung auf Sondervergütungen finden.[963] Eine Ausnahme ist jedoch für Tätigkeiten des Mitunternehmers gegenüber der Personengesellschaft zu machen, die sich nicht unter die spezielleren Verteilungsnormen subsumieren lassen.[964] Gemeint sind hiermit originär gewerbliche Tätigkeiten des Mitunternehmers, wie bspw. das Erbringen von Geschäftsführungsaufgaben durch eine Kapitalgesellschaft, für die Sondervergütungen gezahlt werden.[965]

Als speziellere Verteilungsnormen, die auf Sondervergütungen vorrangig Anwendung finden können, kommen vor allem die Art. 6, 11, 12, 14, 15 und 21 OECD-MA (a.F.) in Betracht.[966] Die genauen Tatbestandsvoraussetzungen dieser Normen werden in den Kapiteln 4.3.2.2 bis 4.3.2.7 besprochen. Weiterhin wird in Kapitel 4.3.2.8 die Frage behandelt, ob es bei der Anwendung der einschlägigen Norm bleibt oder ob nicht ein in der jeweiligen Norm verankerter Betriebsstättenvorbehalt greift und deshalb schlussendlich doch Vorschriften i.S.d. Art. 7 OECD-MA zur Anwendung gelangen.

4.3.1.2.2 Anwendbarkeit auf die mit Sondervergütungen zusammenhängenden Aufwendungen von Mitunternehmern

Auch zu der Frage, ob in Bezug auf Sonderbetriebsausgaben respektive in Bezug auf die mit Sondervergütungen zusammenhängenden Aufwendungen eines Mitunternehmers eine Verteilungsnorm Anwendung findet und falls ja, welche diese ist, werden die unterschiedlichsten Auffassungen vertreten.[967] Auch hier gilt, dass der Antwort entscheidende Bedeutung zukommt. Letztlich steht nämlich die Frage im Raum, ob die betreffenden Aufwendungen von den Erträgen, die in einem Staat zu versteuern sind, in Abzug gebracht werden können oder nicht. Nur weil festgestellt wird, dass einem Staat das Besteuerungsrecht für die entsprechenden Sondervergütungen zugewiesen wird, ist damit noch nicht geklärt, ob auch die mit den Sondervergütungen zusammenhängenden Aufwendungen des jeweiligen Mitunternehmers in diesem Staat zu berücksichtigen sind.[968] Analog zu den Ausführungen in Bezug auf Sondervergütungen

---

961 Vgl. Vorschriften i.S.d. Art. 11 Abs. 4 OECD-MA bzw. i.S.d. Art. 12 Abs. 3 OECD-MA und ausführlich hierzu die Ausführungen in Kapitel 4.3.2.8.

962 Vgl. auch zum vorangehenden Satz BFH, Urteil vom 10.08.2006, II R 59/05, S. 764.

963 Vgl. BFH, Urteil vom 10.08.2006, II R 59/05, S. 764 f.

964 Vgl. STEMLER, PATRICK (Sondervergütungen 2013), S. 96.

965 Vgl. BFH, Urteil vom 10.07.2002, I R 71/01, S. 194; FG Hamburg, Urteil vom 15.09.2016, 2 K 223/13, Rn. 61 ff.; STEMLER, PATRICK (Sondervergütungen 2013), S. 80, 96.

966 Vgl. LÜDEMANN, PETER/HRUSCHKA, FRANZ (Personengesellschaften 2010), S. 27; RIEMENSCHNEIDER, SVEN (Personengesellschaften 1995), S. 149.

967 Vgl. bereits GREIF, MARTIN (Steuergestaltung 1996), S. 110: „letztlich derzeit noch ungeklärt“ und zur analogen Fragestellung bezüglich Sondervergütungen die Ausführungen im vorherigen Kapitel.

968 Vgl. GOSCH, DIETMAR (Zuordnung 2003), S. 95.

eines Mitunternehmers im vorangegangenen Kapitel werden im Folgenden zunächst die unterschiedlichen Auffassungen dargestellt und die m.E. vorzugswürdige Antwort auf die zuvor dargestellte Fragestellung herausgearbeitet.

Die wohl h.M. in der Literatur vertritt die Auffassung, DBA würden in Bezug auf Sondervergütungen nicht regeln, welche Aufwendungen des entsprechenden Mitunternehmers und damit welche Sonderbetriebsausgaben von diesen abzugsfähig sind, sodass die Regelung dessen allein dem nationalen Recht des jeweiligen Staates überantwortet wäre.[969] So hält etwa NITZSCHKE diesbezüglich ausdrücklich fest, „dass die DBA regelmäßig keine Aussage zu den Sonderbetriebsausgaben enthalten"[970]. Auch PILTZ äußert sich dahingehend und ergänzt, es „gelten […] die Rechtsgrundsätze, welche auch anwendbar wären, wenn zwischen den beiden Staaten überhaupt kein Doppelbesteuerungsabkommen bestände"[971]. Demgegenüber wird in der Literatur auch vertreten, dass die mit Sondervergütungen zusammenhängenden Aufwendungen von Mitunternehmern generell unter Vorschriften i.S.d. Art. 7 OECD-MA zu subsumieren wären.[972] In die gleiche Richtung geht ein anderer Teil der Literatur für Sonderbetriebsausgaben, die zwar nicht mit Sondervergütungen, aber mit bestimmten Wirtschaftsgütern des negativen Sonderbetriebsvermögens I bzw. II zusammenhängen (insbesondere Zinsen für ein Darlehen zur Finanzierung eines der jeweiligen Personengesellschaft unentgeltlich gewährten Darlehens oder Zinsen für ein Darlehen zur Finanzierung einer Einlage in die jeweilige Personengesellschaft), davon aus, dass hinsichtlich dieser Sonderbetriebsausgaben Vorschriften i.S.d. Art. 7 OECD-MA einschlägig sind.[973] Schließlich findet sich in der Literatur bezüglich Sonderbetriebsausgaben,

---

969 Vgl. MACHENS, GABRIELE (Personengesellschaften 2007), S. 290 f.; MARTINI, RUBEN (Kommentierung § 4i EStG 2024), Rn. A 15 f.; PILTZ, DETLEV JÜRGEN (Sondervergütungen 2003), S. 161 und wohl auch BODDEN, GUIDO (Kommentierung § 4i EStG 2024), Rn. 45; HICK, CHRISTIAN (Kommentierung § 4i EStG 2024), Rn. 13; KUDERT, STEPHAN/KAHLENBERG, CHRISTIAN (Sonderbetriebsausgaben 2017), S. 51. Vgl. zu Sonderbetriebsausgaben, die zwar nicht mit Sondervergütungen, aber mit (bestimmten) Wirtschaftsgütern des negativen Sonderbetriebsvermögens I bzw. II zusammenhängen ((insbesondere) Zinsen für ein Darlehen zur Finanzierung eines der jeweiligen Personengesellschaft unentgeltlich gewährten Darlehens oder Zinsen für ein Darlehen zur Finanzierung einer Einlage in die jeweilige Personengesellschaft), auch GEBHARDT, RONALD (Sonderbetriebsvermögen 2015), S. 809 ff.; GEBHARDT, RONALD (Kommentierung § 50d EStG 2024), Rn. 100; LÜDICKE, JÜRGEN (Personengesellschaften 1998), S. 477; MÜLLER, MICHAEL A. (Europa-Holding 2004), S. 270; MÜLLER, MICHAEL A. (Double-Dip-Modelle 2005), S. 182 ff.; NITZSCHKE, DIRK (Sonderbetriebsausgaben 2015), Tz. 3.1. Vgl. auch SCHADEN, MICHAEL/FRANZ, MATTHIAS (Qualifikationskonflikte 2008), Tz. 4.2.2.2.

970 NITZSCHKE, DIRK (Sonderbetriebsausgaben 2015), Tz. 3.1.

971 PILTZ, DETLEV JÜRGEN (Sondervergütungen 2003), S. 161.

972 So wohl MÜLLER, MARION (Sondervergütungen 2009), S. 756 f.

973 Vgl. zu Sonderbetriebsausgaben in Form von Zinsen für ein Darlehen zur Finanzierung eines der jeweiligen Personengesellschaft unentgeltlich gewährten Darlehens GAH, MAXIMILIAN/WANGLER, CLEMENS (Inbound-Fall 2018), S. 820; GOSCH, DIETMAR (Kommentierung § 50d EStG 2024), Rn. 45a. Vgl. zu Sonderbetriebsausgaben in Form von Zinsen für ein Darlehen zur Finanzierung einer Einlage in die jeweilige Personengesellschaft DITZ, XAVER (Kommentierung Art. 7 (2008) OECD-MA 2019), Rn. 84; DITZ, XAVER/QUILITZSCH, CARSTEN (Umsetzungsgesetz 2017), S. 288; PYSZKA, TILLMANN (Personengesellschaften 2018), Rn. 493.
Die Behandlung von Sonderbetriebsausgaben, die im Zusammenhang mit bestimmten Wirtschaftsgütern des negativen Sonderbetriebsvermögens I stehen, erfuhr deshalb in der Literatur besondere Aufmerksamkeit, da sich die Finanzverwaltung hierzu im BMF-Schreiben vom 26.09.2014, IV B 5 – S 1300/09/10003, Tz. 5.1.2. (Beispiel 2) explizit positionierte (dazu sogleich). Die Behandlung von Sonderbetriebsausgaben, die im Zusammenhang mit bestimmten Wirtschaftsgütern des negativen Sonderbetriebsvermögens II stehen, erfuhr hingegen deshalb in der Literatur besondere Aufmerksamkeit, da sich der BFH dazu im Urteil vom 12.10.2016, I R 92/12, Rn. 35 ff. explizit positionierte (dazu sogleich).

die mit Wirtschaftsgütern des negativen Sonderbetriebsvermögens I bzw. II zusammenhängen, auch die Auffassung, dass diese (vergleichbar mit Sondervergütungen) nur dann unter Vorschriften i.S.d. Art. 7 OECD-MA zu subsumieren sind, wenn keine der spezielleren Verteilungsnormen vorrangig auf sie Anwendung findet.[974]

Auch der BFH muss im Urteil vom 12.10.2016 (I R 92/12) m.E. dahingehend verstanden werden, dass Sonderbetriebsausgaben, die mit Wirtschaftsgütern des negativen Sonderbetriebsvermögens zusammenhängen, grundsätzlich unter Vorschriften i.S.d. Art. 7 OECD-MA fallen und, sofern eine der spezielleren Verteilungsnormen tatbestandlich einschlägig ist, diese auf die Sonderbetriebsausgaben anzuwenden ist.[975] In dem Urteil fasst der BFH Schuldzinsen, die durch den ausländischen Mitunternehmer für ein Darlehen gezahlt wurden, das zur Finanzierung einer Einlage in die inländische Personengesellschaft diente (Sonderbetriebsausgaben im Inbound-Fall), zunächst unter die Vorschrift für Unternehmensgewinne des in Rede stehenden DBA und prüft sodann, ob abweichend von dem grundsätzlich einschlägigen Artikel für Unternehmensgewinne derjenige für Dividenden (Vorschriften i.S.d. Art. 10 OECD-MA) anwendbar ist.[976]

Die Finanzverwaltung hat sich – soweit ersichtlich – bezüglich der abkommensrechtlichen Behandlung von Sonderbetriebsausgaben, die mit Sondervergütungen zusammenhängen, noch nicht explizit positioniert. Im BMF-Schreiben vom 26.09.2014 wird lediglich für einen Inbound-Fall, in dem ein Mitunternehmer der Personengesellschaft unentgeltlich ein Darlehen gewährt, festgehalten, dass die Darlehensforderung des Mitunternehmers aufgrund von Art. 11 OECD-MA nicht der inländischen Betriebsstätte der Personengesellschaft zuzuordnen ist und dies zur Folge hat, „dass ein etwaiger Refinanzierungsaufwand bei der Betriebsstätte […] nicht zu berücksichtigen ist".[977] GOSCH versteht diese Aussage der Finanzverwaltung so, dass letztere davon ausgeht, dass der Refinanzierungsaufwand respektive die Sonderbetriebsausgaben aufgrund von § 3c Abs. 1 EStG nicht im Inland zu berücksichtigen sind.[978] § 3c Abs. 1 Halbs. 1 EStG sieht vor, dass Ausgaben nicht als Betriebsausgaben oder Werbungskosten abgezogen werden dürfen, soweit sie mit steuerfreien Einnahmen in unmittelbarem wirtschaftlichen Zusammenhang stehen. Insofern geht GOSCH wohl davon aus, dass die Finanzverwaltung den Refinanzierungsaufwand deshalb nicht im Rahmen des inländischen Betriebsstättenergebnisses berücksichtigen will, da auch Zinserträge und damit Sondervergütungen des ausländischen Mitunternehmers, sofern sie denn vorliegen würden, nicht im Inland besteuert werden könnten; die Sondervergütungen würden durch das jeweilige DBA steuerfrei gestellt werden. Aus Sicht der Finanzverwaltung könnte hierauf aufbauend argumentiert werden, dass der Zinsaufwand mit

---

974 Vgl. HRUSCHKA, FRANZ (BMF-Schreiben 2014), S. 791; WACKER, ROLAND (Personengesellschaften 2016), Tz. C.III.3. Vgl. auch WACKER, ROLAND (Betriebsstättenzurechnung 2019), S. 840.

975 Vgl. BFH, Urteil vom 12.10.2016, I R 92/12, Rn. 35, 37.

976 Vgl. BFH, Urteil vom 12.10.2016, I R 92/12, Rn. 33 ff., insbesondere Rn. 37. In Betracht zog der BFH den Artikel für Dividenden wohl deshalb, da die inländische Personengesellschaft nach den Wertungen des ausländischen Rechts ggf. als intransparent einzustufen ist und damit Entnahmen aus dieser nach der u.U. ausschlaggebenden ausländischen Sichtweise zu Dividenden führen können; vgl. auch VAN LISHAUT, INGO (Dotationskapital 2018), S. 792 und dort Fn. 3.

977 Vgl. auch wörtlich BMF, Schreiben vom 26.09.2014, IV B 5 – S 1300/09/10003, Tz. 5.1.2. und dort Beispiel 2.

978 Vgl. GOSCH, DIETMAR (Kommentierung § 50d EStG 2024), Rn. 45a.

– potenziell vorliegenden – steuerfreien Einnahmen zusammenhängt, wodurch er gemäß § 3c Abs. 1 Halbs. 1 EStG nicht als Betriebsausgabe abgezogen werden darf.[979] M.E. bleibt letztlich unklar, woraus die Finanzverwaltung ableitet, dass die Sonderbetriebsausgaben nicht im Betriebsstättenergebnis zu berücksichtigen sind. Mit der wohl überwiegenden Auffassung der Literatur kann die Aussage der Finanzverwaltung auch so interpretiert werden, dass die Finanzverwaltung auch Zinsaufwendungen (und nicht nur Zinserträge) unter Art. 11 OECD-MA subsumiert wissen möchte.[980]

M.E. gilt für Sonderbetriebsausgaben und hier speziell für solche Sonderbetriebsausgaben, die mit Sondervergütungen zusammenhängen, Folgendes: Sofern keine der spezielleren Verteilungsnormen vorrangig Anwendung findet, sind die in Rede stehenden Sonderbetriebsausgaben unter Vorschriften i.S.d. Art. 7 OECD-MA zu subsumieren. Die hier vertretene Auffassung stimmt insbesondere mit der m.E. vom BFH im Urteil vom 12.10.2016 (I R 92/12) zugrunde gelegten Systematik in Bezug auf Sonderbetriebsausgaben, die mit Wirtschaftsgütern des negativen Sonderbetriebsvermögens II zusammenhängen, überein.[981] In dem Urteil kommt der BFH letztlich zu dem Ergebnis, dass der Artikel für Unternehmensgewinne auf die in dem Judikat zur Entscheidung stehenden Sonderbetriebsausgaben anzuwenden ist, und trifft eine Zuordnungsentscheidung auf Basis dieser Verteilungsnorm.[982] Zudem wird, wie oben dargelegt, Vergleichbares wie das hier Geforderte auch durch einen Teil der Literatur in Bezug auf Sonderbetriebsausgaben vertreten, die mit Wirtschaftsgütern des negativen Sonderbetriebsvermögens I bzw. II in Zusammenhang stehen. Schließlich lässt sich die hier vertretene Auffassung womöglich auch mit der Auffassung in der Literatur in Einklang bringen, die meint, Sonderbetriebsausgaben, die mit Wirtschaftsgütern des negativen Sonderbetriebsvermögens I bzw. II zusammenhängen, seien (ausschließlich) unter Vorschriften i.S.d. Art. 7 OECD-MA zu subsumieren, da diese Auffassung womöglich nur deshalb so vertreten wird, weil in den dort jeweils angesprochenen Fällen keine speziellere Norm greift.

Begründen lässt sich die hier vertretene Auffassung wie folgt: Wie dargelegt, vertritt die wohl h.M. in der Literatur die Auffassung, DBA würden in Bezug auf Sondervergütungen nicht regeln, welche Aufwendungen des entsprechenden Mitunternehmers und damit welche Sonderbetriebsausgaben von diesen abzugsfähig sind, sodass die Regelung dessen allein dem nationalen Recht des jeweiligen Staates überantwortet wäre; zur Begründung wird dabei vor allem darauf abgestellt, dass die Gewinnermittlung auch für Zwecke der Anwendung eines DBA

---

979 Falls GOSCH die Aussage der Finanzverwaltung tatsächlich wie oben dargelegt versteht, muss m.E. aber weiterhin beachtet werden, dass Art. 11 Abs. 2 OECD-MA ein beschränktes Besteuerungsrecht des Quellenstaates vorsieht und daher die potenziell vorliegenden Zinserträge im Quellenstaat Deutschland nicht vollständig steuerfrei gestellt wären, sodass die Finanzverwaltung einen Abzug der Refinanzierungszinsen auf Grundlage von § 3c Abs. 1 EStG nicht vollständig versagen kann, sondern nur „soweit" die Refinanzierungszinsen mit potenziell vorliegenden steuerfreien Einnahmen zusammenhängen.

980 Vgl. BERGMANN, MALTE (Einordnung 2017), S. 128; FROTSCHER, GERRIT (Kommentierung § 50d EStG 2024), Rn. 219; GAH, MAXIMILIAN/WANGLER, CLEMENS (Inbound-Fall 2018), S. 820 und wohl auch GEBHARDT, RONALD (Sonderbetriebsvermögen 2015), S. 811.

981 Vgl. BFH, Urteil vom 12.10.2016, I R 92/12, Rn. 35 ff., 41 ff.

982 Vgl. BFH, Urteil vom 12.10.2016, I R 92/12, Rn. 41 ff.

allein Sache des jeweiligen nationalen Steuerrechts sei.[983] Letzteres trifft zwar zu,[984] auf Abkommensebene müssen aber – um das Prinzip der Betriebsstättenbesteuerung zu verwirklichen und wie von Art. 7 Abs. 1 S. 2, Abs. 2 OECD-MA gefordert – Unternehmensgewinne zugeordnet werden.[985] Es gilt, die beiden Ebenen der Gewinnermittlung einerseits und der Gewinnabgrenzung[986] andererseits zu unterscheiden.[987] Während sich die Gewinnermittlung auch für Zwecke der Anwendung eines DBA allein nach nationalem Recht richtet (s.o.), erfolgt die Gewinnabgrenzung auf Abkommensebene nur anhand des Abkommensrechts.[988] Mit DITZ lässt sich Letzteres m.E. unmittelbar einleuchtend mit dem Sinn und Zweck von DBA begründen, eine Doppelbesteuerung zu vermeiden. Vollständig verwirklichen lässt sich diese Zielsetzung nur dann, wenn der Gewinn, der im Staat der Betriebsstätte auf Grundlagen von Vorschriften i.S.d. Art. 7 Abs. 1 Satz 2, Abs. 2 OECD-MA besteuert wird, mit dem Gewinn übereinstimmt, der im Ansässigkeitsstaat gemäß Vorschriften i.S.d. Art. 23A OECD-MA freigestellt wird.[989] „Vor diesem Hintergrund kann die Gewinnabgrenzung nicht den innerstaatlichen Vorschriften der Vertragsstaaten überlassen werden“[990]. Wenn man zudem berücksichtigt, dass die im Rahmen der Gewinnabgrenzung erforderliche Zuordnung von Einkünften[991] nicht zwangsläufig eine Zuordnung des Gewinns als solchen (im Sinne einer Nettogröße) meint, sondern zuvörderst, da genauer, die Zuordnung einzelner Erträge und Aufwendungen,[992] wird klar, warum der BFH im Urteil vom 12.10.2016 (I R 92/12) einzelne Sonderbetriebsausgaben anhand von Vorschriften i.S.d. Art. 7 OECD-MA zuordnet.[993]

Auch der deutsche Gesetzgeber geht implizit davon aus, dass Sonderbetriebsausgaben unter verschiedene Normen eines DBA subsumiert werden können; anders lässt sich nicht erklären,

---

983 Vgl. MACHENS, GABRIELE (Personengesellschaften 2007), S. 290 f.; MARTINI, RUBEN (Kommentierung § 4i EStG 2024), Rn. A 15 f.; PILTZ, DETLEV JÜRGEN (Sondervergütungen 2003), S. 161. Vgl. zu Sonderbetriebsausgaben, die zwar nicht mit Sondervergütungen, aber mit Wirtschaftsgütern des negativen Sonderbetriebsvermögens zusammenhängen, auch GEBHARDT, RONALD (Sonderbetriebsvermögen 2015), S. 809 ff.; GEBHARDT, RONALD (Kommentierung § 50d EStG 2024), Rn. 100; LÜDICKE, JÜRGEN (Personengesellschaften 1998), S. 477.

984 Vgl. BFH, Urteil vom 22.05.1991, I R 32/90, S. 94; BFH, Urteil vom 16.02.1996, I R 43/95, S. 129 ff.; BFH, Urteil vom 24.03.1999, I R 114/97, S. 891.

985 Vgl. DITZ, XAVER (Kommentierung Art. 7 (2008) OECD-MA 2019), Rn. 86; HEMMELRATH, ALEXANDER (Kommentierung Art. 7 OECD-MA 2021), Rn. 42a; WASSERMEYER, FRANZ (Kommentierung Art. 7 OECD-MA 2024), Rn. 175.

986 ANDRESEN legt m.E. zutreffend dar, dass in der Literatur „die Gewinnabgrenzung auch als Gewinnzurechnung, Gewinnzuordnung, Gewinnaufteilung, Einkünftezurechnung, Einkünfteabgrenzung, Erfolgsabgrenzung u.a.m. bezeichnet“ wird, letztlich aber dasselbe gemeint ist; vgl. auch wörtlich ANDRESEN, ULF (Betriebsstättengewinnermittlung 2017), Rn. 4.6 und dort Fn. 2.

987 Vgl. ANDRESEN, ULF (Betriebsstättengewinnermittlung 2017), Rn. 4.2 ff.; DITZ, XAVER (Kommentierung Art. 7 (2008) OECD-MA 2019), Rn. 38; KLEINEIDAM, HANS-JOCHEN (Steuerentstrickung 2000), S. 577 f.

988 Vgl. DITZ, XAVER (Kommentierung Art. 7 (2008) OECD-MA 2019), Rn. 39; a.A. WASSERMEYER, FRANZ (Kommentierung Art. 7 OECD-MA 2024), Rn. 175.

989 So und mit ausführlicher weiterreichender Begründung DITZ, XAVER (Kommentierung Art. 7 (2008) OECD-MA 2019), Rn. 39.

990 DITZ, XAVER (Kommentierung Art. 7 (2008) OECD-MA 2019), Rn. 39.

991 KLEINEIDAM bezeichnet das, was andere Autoren unter der Gewinnabgrenzung verstehen, von vornherein als Einkünftezuordnung; vgl. KLEINEIDAM, HANS-JOCHEN (Steuerentstrickung 2000), S. 577 f.

992 Vgl. ANDRESEN, ULF (Betriebsstättengewinnermittlung 2017), Rn. 4.7.

993 Vgl. dazu BFH, Urteil vom 12.10.2016, I R 92/12, Rn. 41 ff.

warum der Gesetzgeber durch § 50d Abs. 10 Satz 2 i.V.m. Satz 1 EStG anordnet, dass „die durch das Sonderbetriebsvermögen veranlassten […] Aufwendungen" – neben den entsprechenden Erträgen – „ausschließlich als Teil des Unternehmensgewinns des vergütungsberechtigten Gesellschafters" gelten. Zudem hält auch der Gesetzgeber – das zeigt § 50d Abs. 10 Satz 3 Halbs. 2 EStG – eine explizite Zuordnung der Sonderbetriebsausgaben für Zwecke der Anwendung des jeweiligen DBA für erforderlich.[994]

Damit ist m.E. – entgegen der bislang wohl h.M. der Literatur – auch anhand des DBA zu prüfen, wie die mit Sondervergütungen zusammenhängenden Aufwendungen von Mitunternehmern zu behandeln sind. Wie oben dargestellt vertritt die wohl h.L. die Auffassung, DBA würden in Bezug auf Sondervergütungen nicht regeln, welche Aufwendungen des entsprechenden Mitunternehmers von diesen abzugsfähig sind, sodass die Regelung dessen allein dem nationalen Recht des jeweiligen Staates überantwortet wäre. Selbstredend müssen die Aufwendungen nach dem jeweiligen nationalen Recht abzugsfähig sein,[995] dennoch – und wie oben eingehend begründet – ist zudem das einschlägige DBA zu prüfen. Danach gilt – wie bei Sondervergütungen –, dass vorrangig die spezielleren Verteilungsnormen auf Sonderbetriebsausgaben Anwendung finden und falls diese nicht einschlägig sind, eine Subsumtion unter Vorschriften i.S.d. Art. 7 OECD-MA zu erfolgen hat.[996] Als speziellere Verteilungsnormen kommen auch hier vor allem die Art. 6, 11, 12, 14, 15 und 21 OECD-MA (a.F.) in Betracht,[997] deren Tatbestandsvoraussetzungen in den Kapiteln 4.3.2.2 ff. besprochen werden.

Als Zwischenergebnis ist somit festzuhalten, dass Vorschriften i.S.d. Art. 7 OECD-MA, sofern nicht vorrangig speziellere Verteilungsnormen greifen, sowohl auf Sondervergütungen als auch die mit den Sondervergütungen zusammenhängen Aufwendungen von Mitunternehmern anzuwenden sind. Sofern der Artikel für Unternehmensgewinne einschlägig ist, bedarf es aber für ein Besteuerungsrecht des Betriebsstättenstaates hinsichtlich der Sondervergütungen insbesondere auch einer Zuordnung der Sondervergütungen zu der jeweiligen Betriebsstätte.[998] Zudem ist bei Anwendbarkeit von Vorschriften i.S.d. Art. 7 OECD-MA auf Sonderbetriebsausgaben ein Abzug der Sonderbetriebsausgaben vom Betriebsstättenergebnis nur möglich, wenn die Sonderbetriebsausgaben der Betriebsstätte zuzuordnen sind.[999] Daher sollen im Folgenden die bei Vorschriften i.S.d. Art. 7 OECD-MA gegebenen Zuordnungsmöglichkeiten sowie das anzuwendende Zuordnungsprinzip und die daraus folgenden Zuordnungsentscheidungen eingehend besprochen werden. Überlegt werden könnte zwar auch hier,[1000] ob eine Erörterung dessen vor dem Hintergrund des später noch zu besprechenden § 50d Abs. 10 EStG[1001] überhaupt

---

[994] Ausführlich wird der Regelungsgehalt von § 50d Abs. 10 EStG in Kapitel 5.2 besprochen.

[995] Vgl. z.B. MACHENS, GABRIELE (Personengesellschaften 2007), S. 290 f.

[996] Vgl. zur Rechtslage bei Sondervergütungen die Ausführungen im vorangehenden Kapitel.

[997] Vgl. zur Rechtslage bei Sondervergütungen LÜDEMANN, PETER/HRUSCHKA, FRANZ (Personengesellschaften 2010), S. 27; RIEMENSCHNEIDER, SVEN (Personengesellschaften 1995), S. 149.

[998] Vgl. BFH, Urteil vom 08.09.2010, I R 74/09, Rn. 17; DYCKMANS, JAN/KLEIN, CHRISTOPH (Personengesellschaften 2023), Rn. 9.148; FROTSCHER, GERRIT (Treaty Override 2009), S. 596.

[999] Vgl. BFH, Urteil vom 12.10.2016, I R 92/12, Rn. 41 ff.

[1000] Vgl. auch die Ausführungen in Kapitel 4.3.1.1 a.E.

[1001] Vgl. dazu Kapitel 5.

notwendig ist; die Norm trifft schließlich eine Zuordnungsentscheidung für Sondervergütungen bzw. für einen Teil der damit zusammenhängenden Aufwendungen von Mitunternehmern und ordnet deren Geltung „ungeachtet der Vorschriften eines Abkommens zur Vermeidung der Doppelbesteuerung“ an (§ 50d Abs. 10 Satz 3 EStG). Eine Beurteilung, inwieweit dies einen Treaty Override[1002] darstellt, ist aber nur möglich, wenn die durch das originäre Abkommensrecht vorgegebene Zuordnung bekannt ist. Darüber hinaus wurde § 50d Abs. 10 EStG durch das AmtshilfeRLUmsG vom 26.06.2013 umfassend überarbeitet.[1003] Ohne die durch Vorschriften i.S.d. Art. 7 OECD-MA vorgenommene Zuordnung zu kennen, kann der Grund für diese Überarbeitung nicht nachvollzogen werden.

4.3.1.3 Zuordnung

4.3.1.3.1 Mögliche Zuordnungspole

4.3.1.3.1.1 Überblick

Auch im Abkommensrecht bestehen – je nach konkretem Sachverhalt – jedenfalls drei mögliche Zuordnungspole, denen die Sondervergütungen und die damit zusammenhängenden Aufwendungen von Mitunternehmern ggf. zugeordnet werden können.[1004] Neben der Geschäftsleitungsbetriebsstätte der Personengesellschaft, die dem jeweiligen Mitunternehmer vermittelt wird, kommt eine ggf. vorhandene weitere in- oder ausländische Betriebsstätte der Personengesellschaft in Betracht, sofern eine solche von der Personengesellschaft unterhalten wird. Zudem könnten die Einkünfte einer eigenen Betriebsstätte des jeweiligen Mitunternehmers zuzuordnen sein, falls der Mitunternehmer eine solche unterhält; zu denken ist hierbei vor allem an die Geschäftsleitungsbetriebsstätte eines Mitunternehmers, der selbst gewerblich tätig ist und die Beteiligung an der Personengesellschaft in seinem Betriebsvermögen hält.

Über die zuvor erwähnten – je nach Sachverhalt – sicher existierenden Zuordnungsmöglichkeiten hinaus erscheint, wie bereits im rein nationalen Recht (siehe Kapitel 3.1.2.1.2.1.1), auch auf Abkommensebene die Existenz von zwei weiteren und – wie sich sogleich zeigen wird – auch auf Abkommensebene stark umstrittenen Zuordnungspolen klärungsbedürftig. Die Rede ist dabei von dem Zuordnungspol der sog. Mitunternehmerbetriebsstätte und dem des floating income. Allerdings gilt es hier nicht, erneut die beiden Begrifflichkeiten an sich ausführlich zu erläutern – insofern sei auf die Ausführungen in Kapitel 3.1.2.1.2.1.2 und 3.1.2.1.2.1.3 verwiesen. Stattdessen soll im Folgenden dargelegt werden, ob sich auf Abkommensebene Unterschiede im Vergleich zu den diesbezüglich für das nationale Recht getroffenen Feststellungen ausmachen lassen. Konkret gilt es daher, das in der Literatur und der Rechtsprechung auszumachende diesbezügliche Meinungsbild zu beleuchten sowie, soweit vorhanden, die einschlä-

1002 Vgl. zum Begriff die Ausführungen in Kapitel 5.3.1.

1003 Vgl. SCHMIDT, CHRISTIAN (Sondervergütungen 2013), S. 1705.

1004 Vgl. auch zum Folgenden die bereits in Kapitel 3.1.2.1.2.1.1 gemachten Ausführungen und die dortigen Nachweise.

gige Auffassung der Finanzverwaltung darzulegen, um sich darauf aufbauend eine eigene Meinung hinsichtlich der Existenz dieser Zuordnungspole bilden zu können.

4.3.1.3.1.2 Mitunternehmerbetriebsstätte

Ein sehr gewichtiger Teil der Literatur geht davon aus, dass – in Abhängigkeit von der konkreten Situation – auf Abkommensebene eine Mitunternehmerbetriebsstätte und damit eine eigene, originäre Betriebsstätte des Mitunternehmers, die rein aufgrund des Sonderbetriebsvermögens besteht,[1005] vorliegen kann[1006] oder sieht eine solche bei – Vorhandensein von Sonderbetriebseinkünften – regelmäßig[1007] bzw. wohl stets[1008] als gegeben an. Der BFH hält die Existenz einer Mitunternehmerbetriebsstätte auf Abkommensebene zumindest grundsätzlich für möglich.[1009] Eine Mindermeinung in der Literatur spricht sich hingegen explizit gegen die Existenz einer Mitunternehmerbetriebsstätte auf Abkommensebene aus[1010] oder vertritt, dass diese regelmäßig abzulehnen sei.[1011]

Die Fragestellung, ob eine Mitunternehmerbetriebsstätte auf Abkommensebene möglich ist oder eine solche bei Vorliegen von Sonderbetriebsvermögen regelmäßig bzw. stets angenommen werden kann, beantwortet sich anhand des abkommensrechtlichen Betriebsstättenbegriffs.[1012] Das OECD-MA definiert diesen in seinem Art. 5 und sieht hier vor, dass der Ausdruck „Betriebstätte“ im Sinne des jeweiligen Abkommens eine feste Geschäftseinrichtung meint, durch welche die Geschäftstätigkeit eines Unternehmens ganz oder teilweise ausgeübt wird. Erforderlich ist danach jedenfalls, dass in der jeweiligen Betriebsstätte eine unternehmerische Tätigkeit ausgeübt wird.[1013] Argumentiert wird diesbezüglich zwar von Vertretern der Literatur, der Mitunternehmer würde eine entsprechende unternehmerische Tätigkeit – unabhängig von der Unternehmenstätigkeit der Personengesellschaft – ausüben; da die Sonderver-

---

1005 Vgl. HAGEMANN, TOBIAS/KAHLENBERG, CHRISTIAN/KUDERT, STEPHAN (Sonderbetriebseinnahmen 2014), S. 84; KAHLENBERG, CHRISTIAN/HAGEMANN, TOBIAS (Sonderbetriebsvermögen 2014), S. 216 jeweils mit Verweis auf MERETZKI, AYK (Mitunternehmer-Betriebsstätten 2009), S. 219.

1006 Vgl. u.a. BRESGEN, ARIANE (Qualifikationskonflikte 2016), S. 26 ff., 138 f.; HÄCK, NILS (Auslegung 2011), S. 73; KAHLENBERG, CHRISTIAN/HAGEMANN, TOBIAS (Sonderbetriebsvermögen 2014), S. 216; KRAMER, JÖRG-DIETRICH (floating income 2011), S. 1887; MERETZKI, AYK (Mitunternehmer-Betriebsstätten 2009), S. 219 und insbesondere auch WASSERMEYER, vgl. z.B. WASSERMEYER, FRANZ (Sondervergütungen 2007), S. 692; WASSERMEYER, FRANZ (Unternehmensgewinne 2010), S. 41; WASSERMEYER, FRANZ (Betriebsstätte 2015), Rn. 2.33.

1007 Vgl. STEMLER, PATRICK (Sondervergütungen 2013), S. 142 ff., s.b.S. 144.

1008 Vgl. HAASE, FLORIAN/BRÄNDEL, KATRIN (Überlegungen 2011), S. 55, 57. Vgl. auch HAASE, FLORIAN/DORN, KATRIN (Erwiderung 2011), S. 2116 f.

1009 Vgl. BFH, Beschluss vom 11.12.2013, I R 4/13, Rn. 24; BFH, Urteil vom 17.10.2007, I R 5/06, S. 359; BFH, Urteil vom 12.06.2013, I R 47/12, Rn. 16.

1010 Vgl. FROTSCHER, GERRIT (Internationales Steuerrecht 2020), Rn. 546 sowie FROTSCHER, GERRIT (Kommentierung § 49 EStG 2024), Rn. 77 (wohl auch zum Abkommensrecht). FROTSCHER spricht dabei zwar von einer „eigenständigen Geschäftsleitungs-Betriebsstätte des Gesellschafters“, meint damit aber letztlich wohl nichts anderes als das, was hier unter den Begriff der Mitunternehmerbetriebsstätte gefasst wird.

1011 So wohl ROTH, ANDREAS (Zurechnung 2000), S. 110.

1012 Vgl. STEMLER, PATRICK (Sondervergütungen 2013), S. 143.

1013 Vgl. HÄCK, NILS/KORFF, MATTHIAS (Kommentierung Art. 5 DBA-Schweiz 2024), Rn. 45 und dort Fn. 6; KAHLENBERG, CHRISTIAN/HAGEMANN, TOBIAS (Sonderbetriebsvermögen 2014), S. 216; STEMLER, PATRICK (Sondervergütungen 2013), S. 144. Vgl. auch WASSERMEYER, FRANZ (Betriebsstätte 2015), Rn. 2.36.

gütungen grundsätzlich bzw. auf Basis von § 50d Abs. 10 EStG zu den Unternehmensgewinnen gehören, wäre auch die Tätigkeit, die zu den Sondervergütungen führt, und damit bspw. die Überlassung bzw. die Verwaltung eines Darlehens des Sonderbetriebsvermögens eine unternehmerische Tätigkeit.[1014] M.E. überzeugt diese Argumentation nicht. Die Umqualifikation von Sondervergütungen für die Überlassung von Grundvermögen, Darlehen oder Lizenzen in Unternehmensgewinne (sei es auf der Grundlage des nationalen Rechts, welches auf die Abkommensebene durchschlägt, oder auf Grundlage von § 50d Abs. 10 Satz 1 EStG) führt nicht dazu, dass auch die entsprechende Nutzungsüberlassung bzw. die Verwaltung der Wirtschaftsgüter, die zu den Einkünften führen, und damit die Verwaltung des Sonderbetriebsvermögens eine unternehmerische Tätigkeit ist.[1015] Letzteres gilt – nach hier vertretener Auffassung – auf Abkommensebene ebenso wie es im rein nationalen Recht mit Blick auf die dort durch § 15 Abs. 1 Satz 1 Nr. 2 Satz 1 Halbs. 2 EStG vorgenommene Umqualifizierung gilt.[1016]

Auch der BFH lehnt es ab, eine Mitunternehmerbetriebsstätte anzunehmen, wenn sich die Tätigkeit des jeweiligen Mitunternehmers darauf beschränkt, an der Personengesellschaft beteiligt zu sein und das der Personengesellschaft überlassene Sonderbetriebsvermögen zu verwalten; eine unternehmerische Tätigkeit, die zur Begründung einer abkommensrechtlichen Betriebsstätte erforderlich ist, wäre hier nicht gegeben.[1017] Letztlich hält der BFH somit zwar die Existenz einer Mitunternehmerbetriebsstätte auf Abkommensebene grundsätzlich für möglich, im Ergebnis lehnt er sie aber, wie hier, mit der Begründung ab, dass eine reine Vermögensverwaltung, wie sie im Fall der Verwaltung von Sonderbetriebsvermögen gegeben ist, nicht ausreicht, um eine unternehmerische Tätigkeit zu begründen, und zwar auch dann nicht, wenn die aus der Verwaltung resultierenden Einkünfte durch nationales Recht, das auf die Abkommensebene durchschlägt, oder auf Grundlage von § 50d Abs. 10 Satz 1 EStG in Unternehmensgewinne umqualifiziert werden.[1018]

Insgesamt ist somit auch m.E. die Existenz einer Mitunternehmerbetriebsstätte auf Abkommensebene in der Regel abzulehnen, allerdings könnte die in Kapitel 3.1.2.1.2.1.2 beschriebene Ausnahme, die dann zu machen ist, wenn bezüglich der Verwaltung des Sonderbetriebsvermögens der Rahmen der privaten Vermögensverwaltung verlassen und die Grenze zur Gewerblichkeit überschritten wird, (theoretisch) auch auf Abkommensebene greifen.

4.3.1.3.1.3 Betriebsstättenlose Einkünfte (floating income)

Auch für das Abkommensrecht ist die Frage zu beantworten, ob Einkünfte zwingend einer Betriebsstätte zugeordnet werden müssen oder ob die Existenz von floating income – d.h. von

---

1014 Vgl. BRESGEN, ARIANE (Qualifikationskonflikte 2016), S. 28; KAHLENBERG, CHRISTIAN/HAGEMANN, TOBIAS (Sonderbetriebsvermögen 2014), S. 216; MERETZKI, AYK (Mitunternehmer-Betriebsstätten 2009), S. 219; STEMLER, PATRICK (Sondervergütungen 2013), S. 144.

1015 Vgl. im Ergebnis ebenso FROTSCHER, GERRIT (Internationales Steuerrecht 2020), Rn. 546 und vgl. auch WASSERMEYER, FRANZ (Betriebsstätte 2015), Rn. 2.36 a.E.

1016 Vgl. zum rein nationalen Recht die Ausführungen in Kapitel 3.1.2.1.2.1.2 und insbesondere KEUK, BRIGITTE (Sondervergütungen 1974), S. 34.

1017 Vgl. BFH, Beschluss vom 11.12.2013, I R 4/13, Rn. 24; BFH, Urteil vom 12.06.2013, I R 47/12, Rn. 16.

1018 Vgl. auch KAHLENBERG, CHRISTIAN/HAGEMANN, TOBIAS (Sonderbetriebsvermögen 2014), S. 216.

betriebsstättenlosen und damit „frei schwebenden“[1019] gewerblichen Einkünften –[1020] möglich ist.[1021] Dies soll im Folgenden untersucht werden, indem zunächst das diesbezüglich auszumachende Meinungsbild in der Literatur und Rechtsprechung sowie die Meinung der Finanzverwaltung beleuchtet werden. Anschließend wird eine eigene Auffassung erarbeitet, indem dargelegt wird, dass sich die bereits zum nationalen Recht und dort zum Betriebsstättenbegriff des § 12 AO angestellten Überlegungen – und damit auch das dort gefundene Ergebnis – auf die Situation im Abkommensrecht übertragen lassen.

Ein gewichtiger Teil der Literatur geht davon aus, dass floating income auf Abkommensebene möglich ist, es also betriebsstättenlose Einkünfte geben kann.[1022] Darüber hinaus entnehmen Teile der Literatur den Ausführungen in Tz. 2.2.2. des BMF-Schreibens vom 26.09.2014[1023], dass die Finanzverwaltung floating income – auf Abkommensebene – für möglich hält.[1024] Entsprechendes kann (!) m.E. auch aus einer anderen Stelle im BMF-Schreiben vom 26.09.2014 abgeleitet werden, namentlich aus Tz. 5.1.2. Die Abwandlung des dortigen Beispiels 2 kann so verstanden werden, dass die Finanzverwaltung Refinanzierungsaufwendungen – und damit Einkünfte – einer inländischen Betriebsstätte nicht zuordnet, obwohl sie offenbar annimmt, dass im Ausland keine Betriebsstätte unterhalten wird.[1025] Voraussetzung dafür, dass die Zuordnung der Einkünfte zur inländischen Betriebsstätte abgelehnt werden kann, wäre aber gerade – da nur eine Betriebsstätte in dem Beispiel existiert –, dass betriebsstättenlose Einkünfte gegeben sind. Entgegen dem Vorangehenden spricht sich ein – im Vergleich zu der Menge an Befürwortern (s.o.) – wohl noch gewichtigerer Teil der Literatur gegen die Möglichkeit von betriebsstättenlosen Einkünften im Abkommensrecht aus.[1026] Zudem lehnt die Rechtsprechung floating income auf Abkommensebene ab.[1027]

Um zu einer eigenen Auffassung zu gelangen, wird im Folgenden geprüft, ob die hier in Bezug auf das nationale Recht gefundenen Erkenntnisse, die zeigten, dass es floating income nach nationalem Recht grundsätzlich nicht geben kann, auf das Abkommensrecht übertragbar sind bzw. dort ebenso gelten. Im nationalen Recht wurde nachgewiesen, dass jeder Gewerbebetrieb

---

1019 SCHAUHOFF, STEPHAN (Einkommensteuerpflicht 1995), S. 111.

1020 Vgl. BFH, Urteil vom 19.12.2007, I R 19/06, S. 402.

1021 Vgl. auch STEMLER, PATRICK (Sondervergütungen 2013), S. 149 f.

1022 Vgl. BEHRENZ, FRANK (Anmerkung 2017), S. 753; HAGEMANN, TOBIAS (Abkommensrecht 2016), S. 186; MERETZKI, AYK (Mitunternehmer-Betriebsstätten 2009), S. 221; STEMLER, PATRICK (Sondervergütungen 2013), S. 152 und vor allem auch KRAMER; vgl. insbesondere KRAMER, JÖRG-DIETRICH (Relevanz 2004), S. 674 f. sowie KRAMER, JÖRG-DIETRICH (floating income 2011), S. 1887.

1023 Vgl. BMF, Schreiben vom 26.09.2014, IV B 5 – S 1300/09/10003.

1024 Vgl. HAGEMANN, TOBIAS (Abkommensrecht 2016), S. 177 sowie HRUSCHKA, FRANZ (BMF-Schreiben 2014), S. 788 (jeweils mit Verweis auf BMF, Schreiben vom 26.09.2014, IV B 5 – S 1300/09/10003, Tz. 2.2.2.).

1025 Vgl. zu weiteren Interpretationsmöglichkeiten der unklar formulierten Abwandlung von Beispiel 2 im BMF-Schreiben vom 26.09.2014, IV B 5 – S 1300/09/10003, Tz. 5.1.2. auch die Ausführungen in Kapitel 4.3.1.2.2.

1026 Vgl. z.B. GOSCH, DIETMAR (Steueroase 2008), S. 236; HAASE, FLORIAN/BRÄNDEL, KATRIN (Überlegungen 2011), S. 55; HAASE, FLORIAN/DORN, KATRIN (Erwiderung 2011), S. 2116; KOLLRUSS, THOMAS (Unternehmensgewinne 2017), S. 85 sowie WASSERMEYER, FRANZ (Kommentierung Art. 7 OECD-MA 2024), Rn. 56. Vgl. zudem die ausführliche Quellensammlung in HAGEMANN, TOBIAS (Abkommensrecht 2016), S. 177 und dort Fn. 78.

1027 Vgl. z.B. BFH, Beschluss vom 11.12.2013, I R 4/13, Rn. 25; BFH, Urteil vom 12.06.2013, I R 47/12, Rn. 15; BFH, Urteil vom 19.01.2017, IV R 50/14, Rn. 48; FG München, Urteil vom 31.05.2017, 9 K 3041/15, S. 752.

über mindestens eine Betriebsstätte verfügt, welcher bei Fehlen anderer Betriebsstätten sämtliche Einkünfte des Gewerbebetriebs – aufgrund des Veranlassungsprinzips – zuzuordnen sind. Auf Basis dieser Ausgangslage wurde die Existenz von floating income für das nationale Recht grundsätzlich widerlegt.[1028]

Fraglich ist zunächst, ob auch auf Abkommensebene jedes Unternehmen stets mindestens eine Betriebsstätte hat.[1029] Jeder Gewerbebetrieb respektive jedes Unternehmen verfügt – nach wie vor – über mindestens einen Ort der Geschäftsleitung.[1030] Vorschriften i.S.d. Art. 5 Abs. 2 Buchst. a) OECD-MA bestimmen, dass der Ausdruck „Betriebstätte" insbesondere einen Ort der Leitung umfasst. Wie dargelegt,[1031] wird von Teilen der Literatur hierbei die Auffassung vertreten, dass ein solcher „Ort der Leitung" stets eine Betriebsstätte darstellt.[1032] So führt z.B. KOLLRUSS aus: „Nach Art. 5 Abs. 2 lit. a) DBA OECD-MA gilt der Ort der Leitung als Betriebsstätte. Jedes Unternehmen i.S.d. Art. 7 DBA hat somit zumindest eine Geschäftsleitungsbetriebsstätte"[1033]. Demgegenüber wird durch die OECD die Auffassung vertreten, dass Art. 5 Abs. 2 OECD-MA lediglich eine beispielhafte Aufzählung enthält, sodass nur dann, wenn zusätzlich die Voraussetzungen des Art. 5 Abs. 1 OECD-MA – und damit insbesondere eine „feste Geschäftseinrichtung" – gegeben sind, ein Ort der Leitung eine Betriebsstätte ist.[1034] Die deutsche Finanzverwaltung teilt diese Auffassung.[1035] Außerdem vertritt die mittlerweile wohl h.L. Entsprechendes.[1036] Der BFH hat diese Frage, soweit ersichtlich, noch nicht entschieden.[1037] Allerdings vertritt das FG München in seinem Urteil vom 31.05.2017 (9 K 3041/15) die Auffassung, dass es nach Vorschriften i.S.d. Art. 5 Abs. 2 Buchst. a) OECD-MA zur Annahme ei-

---

1028 Vgl. dazu die Ausführungen in Kapitel 3.1.2.1.2.1.3.

1029 Vgl. ebenso STEMLER, PATRICK (Sondervergütungen 2013), S. 151.

1030 Vgl. KOLLRUSS, THOMAS (Unternehmensgewinne 2017), S. 83; TÖBEN, THOMAS (Geschäftsleitung 2015), S. 66; WASSERMEYER, FRANZ (Doppelbesteuerungsabkommen 2007), S. 416; a.A. KRAMER, JÖRG-DIETRICH (floating income 2017), S. 783 („Viele Gewerbetreibende haben nicht einmal eine eigene Geschäftsleitung").

1031 Vgl. Kapitel 4.3.1.1.

1032 Vgl. HAASE, FLORIAN (Kommentierung Art. 5 OECD-MA 2024), Rn. 86; KOLLRUSS, THOMAS (Unternehmensgewinne 2017), S. 83; TOIFL, GERALD (Personengesellschaften 2003), S. 135. Vgl. auch KAESER, CHRISTIAN (Kommentierung Art. 5 OECD-MA 2024), Rn. 4; WASSERMEYER, FRANZ (Doppelbesteuerungsabkommen 2007), S. 416; WASSERMEYER, FRANZ/KAESER, CHRISTIAN (Kommentierung Art. 5 OECD-MA 2024), Rn. 29; anders aber WASSERMEYER, FRANZ/KAESER, CHRISTIAN (Kommentierung Art. 5 OECD-MA 2024), Rn. 61, 65.

1033 KOLLRUSS, THOMAS (Unternehmensgewinne 2017), S. 83.

1034 Vgl. OECD-MK zu Art. 5 OECD-MA, Tz. 45.

1035 Vgl. BMF, Schreiben vom 24.12.1999, IV B 4 – S 1300 – 111/99, Tz. 1.2.1.1. (mit Verweis auf OECD-MK 1992 zu Art. 5 OECD-MA, Tz. 12).

1036 Vgl. GÖRL, MAXIMILIAN/GRADL, CHRISTOPH (Kommentierung Art. 5 OECD-MA 2021), Rn. 78; HRUSCHKA, FRANZ (Kommentierung Art. 5 OECD-MA 2019), Rn. 90; KRAMER, JÖRG-DIETRICH (Relevanz 2004), S. 675; MERETZKI, AYK (Mitunternehmer-Betriebsstätten 2009), S. 220; REHFELD, LARS (Kommentierung Art. 5 OECD-MA 2024), Rn. 106; STEMLER, PATRICK (Sondervergütungen 2013), S. 152. Vgl. auch WASSERMEYER, FRANZ/KAESER, CHRISTIAN (Kommentierung Art. 5 OECD-MA 2024), Rn. 65.

1037 Vgl. HAGEMANN, TOBIAS (Floating Income 2017), S. 850 f.; a.A. HAASE, FLORIAN (Kommentierung Art. 5 OECD-MA 2024), Rn. 86 und wohl auch WASSERMEYER, FRANZ/KAESER, CHRISTIAN (Kommentierung Art. 5 OECD-MA 2024), Rn. 61 jeweils mit Verweis auf BFH, Urteil vom 28.07.1993, I R 15/93, S. 149. Ergangen ist das Urteil jedoch zum nationalen Steuerrecht „und lässt keine Rückschlüsse auf die Auslegung von Art. 5 OECD-MA im Kontext eines konkreten DBA zu"; vgl. auch wörtlich REHFELD, LARS (Kommentierung Art. 5 OECD-MA 2024), Rn. 107 und vgl. auch HAGEMANN, TOBIAS (Floating Income 2017), S. 851.

ner Geschäftsleitungsbetriebsstätte einer festen Geschäftseinrichtung nicht bedarf.[1038] Konkret hält das FG dabei fest: „Die Regelbeispiele des Art. 5 Abs. 2 MA bilden eo ipso eine Betriebsstätte iSd Art. 5 Abs. 1 MA."[1039]

Auch m.E. ist bei Vorliegen eines der in Art. 5 Abs. 2 OECD-MA genannten Beispiele respektive Tatbestandsmerkmale stets eine Betriebsstätte i.S.d. jeweiligen Abkommens gegeben. Zum einen könnte hier auf den Wortlaut von Art. 5 Abs. 2 Buchst. a) OECD-MA abgestellt werden, wonach eine Betriebsstätte „insbesondere" einen Ort der Leitung darstellt.[1040] Zudem kann vertreten werden, dass die zu § 12 AO und damit zu einem vergleichbaren Problem ergangene Rechtsprechung des BFH respektive die dort entwickelten Grundsätze auf Vorschriften i.S.d. Art. 5 OECD-MA übertragen werden können.[1041] M.E. ergibt sich die Richtigkeit der auch hier vertretenen Auffassung jedoch vor allem aus folgender Überlegung heraus: Wenn das in Art. 5 Abs. 2 OECD-MA Aufgezählte nicht stets eine Betriebsstätte darstellen würde, müsste die Funktion von Art. 5 Abs. 2 OECD-MA darin gesehen werden, dass er lediglich einige Beispiele für das in Art. 5 Abs. 1 OECD-MA Geforderte gibt.[1042] Das würde aber bedeuten, dass bspw. ein Gasvorkommen (Art. 5 Abs. 2 Buchst. f) OECD-MA) bzw. dessen Ausbeutung[1043] ein Beispiel für eine „feste Geschäftseinrichtung" i.S.d. Art. 5 Abs. 1 OECD-MA ist.[1044] Letzteres ist m.E. höchst widersprüchlich und folglich abzulehnen. In Art. 5 Abs. 2 OECD-MA werden daher keine „Regelbeispiel[e]"[1045] aufgezählt, sondern es wird – wie in § 12 Satz 2 AO – regelmäßig konstitutiv festgelegt, wann definitiv eine Betriebsstätte gegeben ist.[1046]

Genauer muss m.E. unter den Beispielen respektive den Tatbestandsmerkmalen des Art. 5 Abs. 2 OECD-MA zumindest Art. 5 Abs. 2 Buchst. a) OECD-MA („Ort der Leitung") als konstitutiv angesehen werden, da ansonsten der Ort, an dem sich die Geschäftsführung eines Unternehmens regelmäßig trifft, um Entscheidungen bezüglich des Unternehmens zu fällen, nicht zwangsläufig eine Betriebsstätte des Unternehmens wäre, *jede* Form einer festen Geschäftseinrichtung, durch die die Geschäftstätigkeit eines Unternehmens ganz oder teilweise ausgeübt wird, hingegen schon. Über die im nationalen Recht zu machende Ausnahme, wonach im Einzelfall zu prüfen ist, ob nicht doch eine feste Geschäftseinrichtung oder Anlage i.S.d. § 12

[1038] Vgl. FG München, Urteil vom 31.05.2017, 9 K 3041/15, S. 751. Hierbei verweist das FG München m.E. nicht zu Unrecht auf KAESER, CHRISTIAN (Kommentierung Art. 5 OECD-MA 2024), Rn. 4. An anderer Stelle – im selben Kommentar – heißt es allerdings: „Jedoch müssen aufgrund des Beispielcharakters des Abs. 2 auch für die Leitungsbetriebsstätte die Voraussetzungen des Abs. 1 erfüllt sein."; WASSERMEYER, FRANZ/KAESER, CHRISTIAN (Kommentierung Art. 5 OECD-MA 2024), Rn. 65.

[1039] FG München, Urteil vom 31.05.2017, 9 K 3041/15, S. 751.

[1040] So HAASE, FLORIAN (Kommentierung Art. 5 OECD-MA 2024), Rn. 86. M.E. ist eine entsprechende Wortlautauslegung aber nicht zwingend; vgl. dazu die Ausführungen in Kapitel 3.1.2.1.2.1.3 zu dem auch in § 12 Satz 2 AO verwendeten Wort „insbesondere".

[1041] So KAESER, CHRISTIAN (Kommentierung Art. 5 OECD-MA 2024), Rn. 4.

[1042] So OECD-MK zu Art. 5 OECD-MA, Tz. 45.

[1043] Vgl. OECD-MK zu Art. 5 OECD-MA, Tz. 48; WASSERMEYER, FRANZ/KAESER, CHRISTIAN (Kommentierung Art. 5 OECD-MA 2024), Rn. 83.

[1044] Vgl. zu einer analogen Argumentation für den Bereich des nationalen Rechts respektive zum Verhältnis von § 12 Satz 2 AO zu § 12 Satz 1 AO die Ausführungen in Kapitel 3.1.2.1.2.1.3.

[1045] STEMLER, PATRICK (Sondervergütungen 2013), S. 151.

[1046] Im Ergebnis ebenso KAESER, CHRISTIAN (Kommentierung Art. 5 OECD-MA 2024), Rn. 4. Vgl. auch HAASE, FLORIAN (Kommentierung Art. 5 OECD-MA 2024), Rn. 86.

Satz 1 AO zu fordern ist, um die Anzahl der Betriebsstätten eines Unternehmens nicht ausufern zu lassen,[1047] wäre m.E. auch hier analog nachzudenken, d.h. in Bezug auf die übrigen Beispiele bzw. Tatbestandsmerkmale des Art. 5 Abs. 2 OECD-MA.[1048]

Da, wie weiter oben aufgezeigt, jedes Unternehmen einen Ort der Leitung hat und Art. 5 Abs. 2 Buchst. a) OECD-MA diesen, wie zuvor dargelegt, konstitutiv zur Betriebsstätte erklärt, muss jedes Unternehmen auch mindestens über eine Betriebsstätte verfügen.[1049] Fraglich ist somit nur noch, ob sich auch die in den Ausführungen zum rein nationalen Recht gefundene Erkenntnis, dass dieser Betriebsstätte eines Unternehmens – bei Fehlen anderer Betriebsstätten – sämtliche Einkünfte des Unternehmens zuzuordnen sind, auf die Abkommensebene übertragen lässt. Wie im rein nationalen Recht erfolgt auch bei Anwendung von Vorschriften i.S.d. Art. 7 OECD-MA die Zuordnung von Einkünften bzw. von Unternehmensgewinnen zu einer Betriebsstätte, ggf. konkretisiert durch den AOA, auf Basis des Veranlassungsprinzips.[1050] Wie dargelegt[1051] gilt, dass Einkünfte, um solche aus Gewerbebetrieb zu sein, durch den jeweiligen Gewerbebetrieb veranlasst sein müssen.[1052] Da die Einkünfte aus Gewerbebetrieb im Kern mit den Unternehmensgewinnen übereinstimmen,[1053] können auch Unternehmensgewinne i.S.d. Art. 7 OECD-MA nur dann vorliegen, wenn die Gewinne durch das jeweilige Unternehmen veranlasst sind.[1054] Wenn das Unternehmen aus nur einer Betriebsstätte besteht, muss daher zwangsläufig ein Veranlassungszusammenhang zwischen den Gewinnen und dieser einen, einzig existenten Betriebsstätte gegeben sein;[1055] die Unternehmensgewinne sind ihr daher in Gänze zuzuordnen.[1056]

Bei Hinzutreten einer weiteren Betriebsstätte – neben die entsprechend den voranstehenden Ausführungen stets vorhandene Geschäftsleitungsbetriebsstätte – ist auch auf Abkommensebene zu prüfen, ob und wenn ja, welcher Teil der Einkünfte dieser hinzutretenden Betriebsstätte zuzuordnen ist.[1057] Der oben aufgezeigte Veranlassungszusammenhang zwischen den Unternehmenseinkünften und der einzig existenten Betriebsstätte kann also nur durch eine weitere Betriebsstätte gelöst werden.[1058] Mithin ist – auch auf Abkommensebene – denklogisch ausge-

---

[1047] Vgl. dazu die Ausführungen in Kapitel 3.1.2.1.2.1.3.

[1048] Vgl. auch WASSERMEYER, FRANZ/KAESER, CHRISTIAN (Kommentierung Art. 5 OECD-MA 2024), Rn. 29.

[1049] Vgl. KOLLRUSS, THOMAS (Unternehmensgewinne 2017), S. 83.

[1050] Vgl. dazu ausführlich Kapitel 3.1.2.1.2.2.1, 3.1.2.1.2.2.4 und 4.3.1.3.2.

[1051] Vgl. Kapitel 3.1.2.1.2.1.3.

[1052] Vgl. HRUSCHKA, FRANZ/LÜDEMANN, PETER (Veranlassungsprinzip 2005), S. 76; WACKER, ROLAND (Veranlassungsprinzip 2018), S. 2522.

[1053] Vgl. DITZ, XAVER (Kommentierung Art. 7 (2008) OECD-MA 2019), Rn. 1; WASSERMEYER, FRANZ (Kommentierung Art. 7 OECD-MA 2024), Rn. 73.

[1054] Vgl. auch KOLLRUSS, THOMAS (Unternehmensgewinne 2017), S. 83.

[1055] Vgl. BFH, Urteil vom 20.07.1988, I R 49/84, S. 142 (zu Aufwendungen).

[1056] Vgl. BFH, Urteil vom 19.01.2017, IV R 50/14, Rn. 48; WASSERMEYER, FRANZ (Kommentierung Art. 7 OECD-MA 2024), Rn. 56.

[1057] Vgl. auch HAASE, FLORIAN/DORN, KATRIN (Erwiderung 2011), S. 2116 und zum nationalen Recht BFH, Urteil vom 28.07.1993, I R 15/93, S. 149.

[1058] Vgl. auch KOLLRUSS, THOMAS (Unternehmensgewinne 2017), S. 83.

schlossen, dass Einkünfte keiner Betriebsstätte zuzuordnen sind; floating income kann es daher im Abkommensrecht auch m.E. nicht geben.

Häufig wird als Argument für die Existenz von betriebsstättenlosen Einkünften auf Abkommensebene vorgebracht, dass Art. 7 Abs. 1 OECD-MA das Besteuerungsrecht ausschließlich beim Ansässigkeitsstaat belässt, sofern im Quellenstaat keine Betriebsstätte vorhanden ist; eine Betriebsstätte im Ansässigkeitsstaat wäre daher keine Voraussetzung für die Besteuerung und demnach seien betriebsstättenlose Einkünfte respektive floating income im Ansässigkeitsstaat möglich.[1059] Auch dieses Argument überzeugt m.E. nicht.[1060] Die Formulierung von Art. 7 Abs. 1 OECD-MA ließe sich genauso gut als Beleg dafür heranziehen, dass floating income auf Abkommensebene nicht möglich ist. Argumentiert werden könnte nämlich auch wie folgt: Art. 7 Abs. 1 Satz 1 Halbs. 2, Satz 2 OECD-MA verlangt für eine Besteuerung im anderen Staat eine dortige Betriebsstätte. Wenn eine solche nicht vorhanden ist, verbleibt es bei dem ausschließlichen Besteuerungsrecht des Ansässigkeitsstaates, da sich dort die einzige Betriebsstätte des Unternehmens befindet.[1061] Mit anderen Worten: Betriebsstättenlose Einkünfte gibt es nach Art. 7 Abs. 1 OECD-MA nicht, da nur eine Betriebsstätte eine Besteuerung in einem (anderen) Staat bewirken kann. Der Wortlaut von Vorschriften i.S.d. Art. 7 OECD-MA hilft daher m.E. in der Diskussion nicht weiter.[1062]

4.3.1.3.2 Zuordnungsprinzip

Hinsichtlich des im Rahmen von Vorschriften i.S.d. Art. 7 OECD-MA anzuwendenden Zuordnungsprinzips ist zunächst grundsätzlich zu differenzieren zwischen den Artikeln für Unternehmensgewinne, die Art. 7 des OECD-MA aus dem Jahr 2008 entsprechen, und solchen Vorschriften, bei welchen der Artikel für Unternehmensgewinne dem Art. 7 OECD-MA 2010 nachgebildet ist.[1063]

Zuordnungsprinzip nach Vorschriften i.S.d. Art. 7 OECD-MA 2008:

Bei Vorschriften i.S.d. Art. 7 OECD-MA 2008 richten sich Zuordnungsentscheidungen nach dem Veranlassungsprinzip.[1064] Dies gilt nach der Rechtsprechung des BFH – sofern Vorschrif-

---

1059 Vgl. BEHRENZ, FRANK (Anmerkung 2017), S. 753; HAGEMANN, TOBIAS (Abkommensrecht 2016), S. 178 f.; KRAMER, JÖRG-DIETRICH (Relevanz 2004), S. 674 und letzterem folgend auch STEMLER, PATRICK (Sondervergütungen 2013), S. 152. Vgl. zudem GOSCH, DIETMAR (Kommentierung § 49 EStG 2024), Rn. 15 und dort Fn. 5.

1060 Vgl. in Bezug auf die entsprechenden Ausführungen von HAGEMANN, TOBIAS (Abkommensrecht 2016), S. 178 f. auch KOLLRUSS, THOMAS (Trugschluss 2017), S. 203: „Bei Licht betrachtet ist diese Argumentation nicht schlüssig."

1061 So HAASE, FLORIAN/DORN, KATRIN (Erwiderung 2011), S. 2116 und womöglich auch KOLLRUSS, THOMAS (Trugschluss 2017), S. 203. Vgl. wohl auch, letztlich aber unklar, DITZ, XAVER (Kommentierung Art. 7 (2008) OECD-MA 2019), Rn. 65.

1062 Vgl. auch KOLLRUSS, THOMAS (Trugschluss 2017), S. 203.

1063 Vgl. KUßMAUL, HEINZ/SCHÄFER, RENÉ/ENGEL, PHILIPP (Inbound-Fall 2020), S. 882 f.

1064 Vgl. BFH, Urteil vom 08.09.2010, I R 74/09, Rn. 19 („allgemeine Verursachungs- und Veranlassungsgesichtspunkte"); BFH, Urteil vom 12.06.2013, I R 47/12, Rn. 15 („Maßstab des Veranlassungszusammenhangs"); JUNKERS, LARS (Sonderbetriebsvermögen 2019), S. 365; KUßMAUL, HEINZ/SCHÄFER, RENÉ/ENGEL, PHILIPP (Inbound-Fall 2020), S. 882; KUßMAUL, HEINZ/SCHÄFER, RENÉ/ENGEL, PHILIPP (Sonderbetriebsausgaben 2021), S. 42. Vgl. auch BMF, Schreiben vom 24.12.1999, IV B 4 – S 1300 – 111/99, Tz. 2.2.

ten i.S.d. Art. 7 OECD-MA 2008 für diese überhaupt anwendbar sind –[1065] insbesondere hinsichtlich Sondervergütungen.[1066] Auch WASSERMEYER stellt bezüglich Zuordnungsentscheidungen bei Sondervergütungen im Rahmen von Vorschriften i.S.d. Art. 7 OECD-MA auf das Veranlassungsprinzip ab.[1067] Die Finanzverwaltung vertrat hinsichtlich der Zuordnung von Sondervergütungen (im Abkommensrecht) hingegen Folgendes: „Zwar entstehen der Betriebsstätte für die überlassenen Wirtschaftsgüter Aufwendungen (Sondervergütungen); diese dürfen jedoch nach innerstaatlichem Recht nicht den Gewinn der Personengesellschaft (Betriebsstätte) mindern. Damit korrespondiert, dass diese Vergütungen Teil des Betriebsstättengewinns sind."[1068] Die Finanzverwaltung stellte damit hinsichtlich der Zuordnung von Sondervergütungen auf Abkommensebene auf eine der Zielsetzungen von § 15 Abs. 1 Satz 1 Nr. 2 Satz 1 Halbs. 2 EStG (keine Minderung des Gewinns der Personengesellschaft durch Sondervergütungen)[1069] ab.[1070] Auch Vertreter der Literatur rekurrieren bezüglich der Zuordnung von Sondervergütungen auf Abkommensebene auf den Sinn und Zweck von § 15 Abs. 1 Satz 1 Nr. 2 Satz 1 Halbs. 2 EStG und schlussfolgern hieraus ebenfalls, dass eine Zuordnung zur Betriebsstätte der Personengesellschaft erfolgen muss.[1071]

Wie dargelegt, beruht die Auffassung der Finanzverwaltung und der zuvor angesprochenen Vertreter der Literatur auf den Zielsetzungen von § 15 Abs. 1 Satz 1 Nr. 2 Satz 1 Halbs. 2 EStG. Der Sinn und Zweck einer rein nationalen Norm wie § 15 Abs. 1 Satz 1 Nr. 2 Satz 1 Halbs. 2 EStG kann aber nicht zur Auslegung der DBA herangezogen werden; vielmehr ist nach ganz h.M. eine autonome Abkommensauslegung zur Beantwortung von Zuordnungsfragen erforderlich.[1072] Danach ist bezüglich Sondervergütungen letztlich das Veranlassungsprinzip das maßgebende Zuordnungsprinzip.[1073] Dementsprechend wird hier der oben dargestellten Auffassung des BFH bzw. der Meinung von WASSERMEYER gefolgt, wonach Zuordnungsentscheidungen bezüglich Sondervergütungen auf Basis des Veranlassungsprinzips zu treffen sind.

1065 Vgl. dazu die Ausführungen in Kapitel 4.3.1.2.1.

1066 Vgl. BFH, Beschluss vom 11.12.2013, I R 4/13, Rn. 23; BFH, Urteil vom 08.09.2010, I R 74/09, Rn. 19, 21.

1067 Vgl. WASSERMEYER, FRANZ (Personengesellschaften 2017), Rn. 9.13.

1068 BMF, Schreiben vom 16.04.2010, IV B 2 – S 1300/09/10003, Tz. 5.1. (aufgehoben durch BMF, Schreiben vom 26.09.2014, IV B 5 – S 1300/09/10003, Tz. 8.). In dem dieses BMF-Schreiben ersetzenden BMF-Schreiben vom 26.09.2014, IV B 5 – S 1300/09/10003 ist eine vergleichbare Aussage nicht mehr enthalten.

1069 Vgl. dazu die Ausführungen in Kapitel 2.3.2.1.1 und 3.1.2.1.2.2.2.

1070 Vgl. WASSERMEYER, FRANZ (Unternehmensgewinne 2010), S. 41.

1071 Vgl. DEBATIN, HELMUT (Personengesellschaften 1992), S. 1184; POHL, CARSTEN (Sondervergütungen 2013), S. 1573. DEBATIN stellt dabei auf die Gleichstellung von Einzelunternehmern und Mitunternehmern ab, POHL darüber hinaus auf die Gleichstellung von Sondervergütungen und Gewinnvorab.

1072 Vgl. zum Obenstehenden insgesamt BFH, Urteil vom 08.09.2010, I R 74/09, Rn. 20 mit Hinweisen auf die diesbezüglich h.M. sowie FG Hamburg, Urteil vom 15.09.2016, 2 K 223/13, Rn. 87 f. Vgl. dazu auch GOSCH, DIETMAR (Kommentierung Art. 13 OECD-MA 2024), Rn. 69 und LÜDICKE, JÜRGEN (Personengesellschaften 2011), S. 103: „Die Gleichstellungsthese findet in den DBA-rechtlichen Einkunftsabgrenzungsregelungen keine Stütze." Vgl. außerdem WASSERMEYER, FRANZ (Unternehmensgewinne 2010), S. 40, der zutreffend darauf hinweist, dass § 15 Abs. 1 Satz 1 Nr. 2 Satz 1 Halbs. 2 EStG „einen gewerbesteuerlichen und keinen abkommensrechtlichen Hintergrund" hat.

1073 Vgl. BFH, Beschluss vom 11.12.2013, I R 4/13, Rn. 23; BFH, Urteil vom 08.09.2010, I R 74/09, Rn. 19, 21.

Zuordnungsprinzip nach Vorschriften i.S.d. Art. 7 OECD-MA 2010:

Durch Vorschriften i.S.d. Art. 7 OECD-MA 2010 erfolgt zwar eine Umsetzung des AOA[1074] auf Abkommensebene,[1075] sodass sich potenziell auch die Zuordnungskriterien bezüglich Sondervergütungen geändert haben könnten; hinsichtlich der Zuordnung von Sondervergütungen ist jedoch Folgendes zu beachten: Die Finanzverwaltung führt im BMF-Schreiben vom 26.09.2014 aus, dass für „die Ermittlung des Gewinns, der einer ausländischen Betriebsstätte einer inländischen Personengesellschaft oder einer inländischen Betriebsstätte einer ausländischen Personengesellschaft nach Art. 7 Abs. 2 OECD-MA zuzurechnen ist, […] die Grundsätze des § 1 Abs. 5 AStG" gelten.[1076] Unmittelbar danach wird jedoch festgehalten, dass auf „Geschäftsbeziehungen zwischen einem Mitunternehmer und der ausländischen Personengesellschaft […] § 1 Abs. 5 AStG nicht anzuwenden" ist.[1077] Bezüglich Letzterem stellt die Finanzverwaltung auf § 1 Abs. 5 Satz 7 AStG ab.[1078] Unklar bleibt hierbei lediglich, warum die Finanzverwaltung dies nur für Mitunternehmer einer „ausländischen Personengesellschaft"[1079] festhält und nicht auch für den „eigentlich identisch zu behandelnden […] Inbound-Fall".[1080] Auch in der Literatur wird davon ausgegangen, dass auf § 1 Abs. 5 AStG zur Auslegung von Vorschriften i.S.d. Art. 7 Abs. 2 OECD-MA 2010 abgestellt werden kann.[1081] Dementsprechend wird durch einen Teil der Literatur – unter Verweis auf § 1 Abs. 5 Satz 7 AStG – die Anwendbarkeit des AOA auf Sondervergütungen abgelehnt.[1082]

M.E. ist der Meinung der Finanzverwaltung und der Auffassung dieses Teils der Literatur – jedenfalls im Ergebnis – zuzustimmen. Selbst wenn zur Auslegung von Vorschriften i.S.d. Art. 7 OECD-MA 2010 nicht auf § 1 Abs. 5 AStG und dort insbesondere auf dessen Satz 7 abgestellt wird, würde eine autonome, also eine vom nationalen Recht unabhängige Abkommensauslegung zu keinem anderen Ergebnis führen; auch hiernach wäre die Anwendbarkeit der in Art. 7 OECD-MA 2010 verankerten Zuordnungsmaßstäbe des AOA auf Sondervergütungen abzulehnen, wie folgende Überlegung zeigt: Das Konzept des AOA stammt maßgeblich aus dem

---

1074 Vgl. dazu bereits die Ausführungen in Kapitel 3.1.2.1.2.2.4.

1075 Vgl. DITZ, XAVER (Kommentierung Art. 7 (2017) OECD-MA 2019), Rn. 6 f.; JUNKERS, LARS (Sonderbetriebsvermögen 2019), S. 365; KUßMAUL, HEINZ/SCHÄFER, RENÉ/ENGEL, PHILIPP (Inbound-Fall 2020), S. 883.

1076 Vgl. auch wörtlich BMF, Schreiben vom 26.09.2014, IV B 5 – S 1300/09/10003, Tz. 2.2.3.

1077 Vgl. auch wörtlich BMF, Schreiben vom 26.09.2014, IV B 5 – S 1300/09/10003, Tz. 2.2.3.

1078 Vgl. BMF, Schreiben vom 26.09.2014, IV B 5 – S 1300/09/10003, Tz. 2.2.3.

1079 BMF, Schreiben vom 26.09.2014, IV B 5 – S 1300/09/10003, Tz. 2.2.3.

1080 Vgl. auch wörtlich ROGALL, MATTHIAS/SCHWAN, TOBIAS (Inbound-Akquisitionen 2015), S. 2635.

1081 Vgl. KUßMAUL, HEINZ/SCHÄFER, RENÉ/ENGEL, PHILIPP (Sonderbetriebsausgaben 2021), S. 42 und dort Fn. 9 (diesbezüglich mit Verweis auf BMF, Schreiben vom 26.09.2014, IV B 5 – S 1300/09/10003, Tz. 2.2.3.); NEUMANN-TOMM, AXEL (Einkünftekorrekturfunktion 2015), S. 908.

1082 Vgl. DITZ, XAVER (Kommentierung Art. 7 (2008) OECD-MA 2019), Rn. 85; JUNKERS, LARS (Sonderbetriebsvermögen 2019), S. 367 f.; SCHMIDT, CHRISTIAN (Sondervergütungen 2013), S. 1710. Vgl. auch WASSERMEYER, FRANZ (Aufteilung 2012), S. 281. A.A. HAASE, FLORIAN/STEIERBERG, DANIELA (Personengesellschaften 2014), S. 8 f.; ROSENBERG, OLIVER/PLACKE, KIRSTEN (Personengesellschaften 2014), S. 2436. Siehe zudem BRESGEN, ARIANE (Qualifikationskonflikte 2016), S. 133 f., die zwar ebenfalls unter Verweis auf § 1 Abs. 5 S. 7 AStG „die auf den AOA-Grundsätzen basierende Betriebsstättengewinnermittlung nach § 1 Abs. 5 AStG" nicht auf Sondervergütungen angewendet wissen will, hiervon jedoch bezüglich der Zuordnungsgrundsätze (auch der BsGaV) eine Ausnahme gegeben sieht.

OECD-Betriebsstättenbericht aus dem Jahr 2008[1083].[1084] Bei dem OECD-Betriebsstättenbericht aus dem Jahr 2010[1085] handelt es sich nur um eine redaktionelle Aktualisierung des OECD-Betriebsstättenberichts aus dem Jahr 2008.[1086] In den genannten Betriebsstättenberichten wird die Anwendung des AOA detailliert dargestellt.[1087] Inhaltlich geht es in den Berichten indes nur um anzunehmende schuldrechtliche Beziehungen, sog. „dealings", nicht hingegen um zivilrechtlich anerkannte Rechtsbeziehungen zwischen einem Mitunternehmer und einer Personengesellschaft.[1088] Demnach können mangels Anwendbarkeit der Zuordnungsmaßstäbe des AOA – sei es auf Basis von § 1 Abs. 5 Satz 7 AStG oder auf Grundlage einer abkommensautonomen Auslegung – Zuordnungsentscheidungen bezüglich Sondervergütungen bei Anwendung von Vorschriften i.S.d. Art. 7 OECD-MA 2010 – ebenso wie bei Anwendung von Vorschriften i.S.d. Art. 7 OECD-MA 2008 – nur auf Basis des Veranlassungsprinzips getroffen werden.

Aufwendungen eines Mitunternehmers im Zusammenhang mit dessen Sondervergütungen:

Bei Vorschriften i.S.d. Art. 7 OECD-MA 2008 richten sich die Zuordnungsentscheidungen bezüglich Aufwendungen im Allgemeinen ebenfalls nach dem Veranlassungsprinzip.[1089] Auch bezüglich Sonderbetriebsausgaben, bei denen es sich lediglich um einen im Zusammenhang mit Mitunternehmerschaften bestehenden Spezialfall von Betriebsausgaben handelt,[1090] kommt – sofern Vorschriften i.S.d. Art. 7 OECD-MA 2008 für diese überhaupt anwendbar sind –[1091] das Veranlassungsprinzip als Zuordnungsprinzip zur Anwendung.[1092]

Fraglich ist auch hier, ob dies ebenso unter Vorschriften gilt, die auf Art. 7 OECD-MA 2010 basieren. Im Rahmen der Überarbeitung des OECD-MA 2008 wurde mit dem OECD-MA 2010 der bisherige Abs. 3 des Art. 7 OECD-MA 2008 gestrichen.[1093] HRUSCHKA ist der Auffassung, dass aufgrund der Streichung des Art. 7 Abs. 3 OECD-MA 2008 das Veranlassungsprinzip nicht mehr als Zuordnungsprinzip (bezüglich Sonderbetriebsausgaben) zur Anwendung kommen kann.[1094] Art. 7 Abs. 3 OECD-MA 2008 lautet wörtlich: „Bei der Ermittlung der Gewinne

---

1083 Vgl. OECD (Report 2008).

1084 Vgl. BT-Drs. 17/10000 vom 19.06.2012, S. 61; DITZ, XAVER (Kommentierung Art. 7 (2008) OECD-MA 2019), Rn. 99; DITZ, XAVER (Kommentierung Art. 7 (2017) OECD-MA 2019), Rn. 6 f.

1085 Vgl. OECD (Report 2010).

1086 Vgl. BT-Drs. 17/10000 vom 19.06.2012, S. 61; DITZ, XAVER (Kommentierung Art. 7 (2017) OECD-MA 2019), Rn. 7.

1087 Vgl. DITZ, XAVER (Kommentierung Art. 7 (2017) OECD-MA 2019), Rn. 7; LEONHARDT, ANDREAS/TCHERVENIACHKI, VASSIL (Kommentierung § 1 AStG 2024), Rn. 2815.

1088 Vgl. BT-Drs. 17/10000 vom 19.06.2012, S. 65; LEONHARDT, ANDREAS/TCHERVENIACHKI, VASSIL (Kommentierung § 1 AStG 2024), Rn. 2889 auch mit Verweis auf OECD (Report 2010), Part 1, Tz. 34.

1089 Vgl. BMF, Schreiben vom 24.12.1999, IV B 4 – S 1300 – 111/99, Tz. 2.2., 2.7.; WASSERMEYER, FRANZ (Kommentierung Art. 7 OECD-MA 2024), Rn. 271 jeweils mit Verweis auf BFH, Urteil vom 20.07.1988, I R 49/84, Ls. 1, S. 142 (zum rein nationalen Recht).

1090 Vgl. DYCKMANS, JAN/KLEIN, CHRISTOPH (Personengesellschaften 2023), Rn. 9.150.

1091 Vgl. dazu die Ausführungen in Kapitel 4.3.1.2.2.

1092 Vgl. GOSCH, DIETMAR (Kommentierung § 50d EStG 2024), Rn. 45a; WACKER, ROLAND (Personengesellschaften 2016), Tz. C.III.3. (mit Verweis auf Quellen zur Zuordnung von Aufwendungen im Allgemeinen).

1093 Vgl. DITZ, XAVER (Kommentierung Art. 7 (2008) OECD-MA 2019), Rn. 16, 225.

1094 Vgl. HRUSCHKA, FRANZ (BMF-Schreiben 2014), S. 792. Vgl. zur Auffassung von HRUSCHKA ebenso DITZ, XAVER (Kommentierung Art. 7 (2008) OECD-MA 2019), Rn. 84.

einer Betriebstätte werden die für diese Betriebstätte entstandenen Aufwendungen, einschließlich der Geschäftsführungs- und allgemeinen Verwaltungskosten, zum Abzug zugelassen, gleichgültig, ob sie in dem Staat, in dem die Betriebstätte liegt, oder anderswo entstanden sind." Aus der in der Vorschrift enthaltenen Formulierung „für diese Betriebstätte entstandenen Aufwendungen" kann zwar auf das Gebot der Zuordnung von Aufwendungen zu einer Betriebsstätte nach dem Veranlassungsprinzip geschlossen werden,[1095] nach h.M. wirkt Art. 7 Abs. 3 OECD-MA 2008 aber nicht konstitutiv, sondern nur klarstellend,[1096] sodass aus der Aufhebung der Vorschrift keine Abkehr vom Veranlassungsprinzip abgeleitet werden kann.[1097]

Wie oben dargelegt kann zur Auslegung von Vorschriften i.S.d. Art. 7 OECD-MA 2010 entweder auf § 1 Abs. 5 AStG oder – im Rahmen einer abkommensautonomen, sprich einer vom nationalen Recht unabhängigen Auslegung – auf die OECD-Betriebsstättenberichte aus den Jahren 2008 und 2010 abgestellt werden. Wie in Kapitel 3.1.2.1.2.2.4 aufgezeigt, beschränkt § 1 Abs. 5 Satz 1 AStG den Anwendungsbereich von § 1 Abs. 5 AStG auf Geschäftsbeziehungen i.S.d. § 1 Abs. 4 Satz 1 Nr. 2 AStG.[1098] Dies sind ausweislich der Norm „Geschäftsvorfälle zwischen einem Unternehmen eines Steuerpflichtigen und seiner in einem anderen Staat gelegenen Betriebsstätte (anzunehmende schuldrechtliche Beziehungen)". Daneben geht es auch in den Betriebsstättenberichten inhaltlich nur um eben diese anzunehmenden schuldrechtlichen Beziehungen.[1099] Bei den mit Sondervergütungen zusammenhängenden Aufwendungen von Mitunternehmern handelt es sich aber gerade nicht um Aufwendungen aus anzunehmenden schuldrechtlichen Beziehungen[1100] und die Aufwendungen stehen auch nicht mittelbar im Zusammenhang mit solchen.[1101] Die Umsetzung des AOA in Art. 7 OECD-MA kann daher auf die Zuordnung der mit Sondervergütungen zusammenhängenden Aufwendungen von Mitunternehmern, ebenso wie auf die Zuordnung der Sondervergütungen selbst (s.o.), keinen Einfluss genommen haben.[1102]

1095 Vgl. dazu WASSERMEYER, FRANZ (Kommentierung Art. 7 OECD-MA 2024), Rn. 331.

1096 Vgl. NITZSCHKE, DIRK (Sonderbetriebsausgaben 2015), Tz. 3.3.1.; NÜRNBERG, PHILIP (Kommentierung Art. 7 OECD-MA 2024), Rn. 193; WASSERMEYER, FRANZ (Kommentierung Art. 7 OECD-MA 2024), Rn. 331. Vgl. (wohl) auch BENDLINGER, STEFAN (DBA-Betriebsstätten 1997), S. 107 f.; DITZ, XAVER (Kommentierung Art. 7 (2008) OECD-MA 2019), Rn. 225; SIEKER, KLAUS (Betriebsstättengewinn 1996), S. 113.

1097 Vgl. NITZSCHKE, DIRK (Sonderbetriebsausgaben 2015), Tz. 3.3.1.

1098 Vgl. BRESGEN, ARIANE (Qualifikationskonflikte 2016), S. 133; FROTSCHER, GERRIT (Kommentierung § 50d EStG 2024), Rn. 196.

1099 Vgl. BT-Drs. 17/10000 vom 19.06.2012, S. 65; LEONHARDT, ANDREAS/TCHERVENIACHKI, VASSIL (Kommentierung § 1 AStG 2024), Rn. 2889 auch mit Verweis auf OECD (Report 2010), Part 1, Tz. 34.

1100 Vgl. so zu Sonderbetriebsausgaben in Form von Darlehenszinsen, die mit Sonderbetriebsvermögen II zusammenhängen, GEBHARDT, RONALD (Sonderbetriebsvermögen 2015), S. 811 sowie NITZSCHKE, DIRK (Sonderbetriebsausgaben 2015), Tz. 3.3.3.

1101 So wohl auch VAN LISHAUT, INGO (Dotationskapital 2018), S. 793.

1102 Gl.A. wie hier wohl VAN LISHAUT, INGO (Dotationskapital 2018), S. 793, der aber hinsichtlich Sonderbetriebsausgaben in Form von Darlehenszinsen, die mit Sonderbetriebsvermögen II zusammenhängen, a.A. ist. Gl.A. wie VAN LISHAUT hinsichtlich Sonderbetriebsausgaben in Form von Darlehenszinsen, die mit Sonderbetriebsvermögen II zusammenhängen, WACKER, ROLAND (Veranlassungsprinzip 2018), S. 2527 f. Dafür aber im Ergebnis gl.A. wie hier zu Sonderbetriebsausgaben, die mit Sonderbetriebsvermögen I zusammenhängen, WACKER, ROLAND (Personengesellschaften 2016), Tz. C.III.3. Vgl. ebenso GOSCH, DIETMAR (Kommentierung § 50d EStG 2024), Rn. 45a und zu Sonderbetriebsausgaben im Zusammenhang mit Sonderbetriebs-

4.3.1.3.3 Konkrete Zuordnungsentscheidungen

Zuordnung von Sondervergütungen:

Wie zuvor dargelegt sind nach auch hier vertretener Auffassung Zuordnungsentscheidungen bezüglich Sondervergütungen auf Basis des Veranlassungsprinzips zu treffen. Auf Basis des Veranlassungsprinzips kommt der BFH im Urteil vom 08.09.2010 (I R 74/09) zu einer Zuordnung von Sondervergütungen zur Betriebsstätte des Mitunternehmers mit der Begründung, dass das zugrundeliegende Sonderbetriebsvermögen (Lizenzrechte) dort verwaltet und vermarktet worden ist.[1103] Auch WASSERMEYER schlussfolgert aus der Anwendung des Veranlassungsprinzips, dass die Zuordnung der Sondervergütungen nicht zwingend zur Betriebsstätte der Personengesellschaft erfolgen müsse, sondern vielmehr und in der Regel eine Zuordnung zur Betriebsstätte des Mitunternehmers vorzunehmen sei, sofern eine solche vorhanden ist.[1104] M.E. ist eine Zuordnung zu einer Betriebsstätte des Mitunternehmers nicht zwingend; stattdessen könnte auch eine Zuordnung zur Betriebsstätte der Personengesellschaft vorgenommen werden, und zwar mit der Begründung, dass die Vergütungen nur aufgrund der Existenz der Personengesellschaft erzielt werden und daher durch diese veranlasst sind. Insoweit ist CREZELIUS´ Auffassung wohl nicht gänzlich von der Hand zu weisen, wenn er meint, mit dem Veranlassungsprinzip könne man „Alles und Jedes rechtfertigen“[1105]. Nur dann, wenn man – wie hier und mit dem BFH – die Existenz von floating income auch im Abkommensrecht ablehnt[1106] und keine andere Betriebsstätte des Mitunternehmers vorhanden ist, sind die Sondervergütungen zwingend der Betriebsstätte der Personengesellschaft zuzuordnen.[1107]

Zuordnung der mit den Sondervergütungen zusammenhängenden Aufwendungen:

Wie im Kapitel zuvor dargelegt, sind nach hier vertretener Auffassung auch Zuordnungsentscheidungen bezüglich der mit Sondervergütungen zusammenhängenden Aufwendungen von Mitunternehmern auf Basis des Veranlassungsprinzips zu treffen. Bei den hier in Rede stehenden Aufwendungen von Mitunternehmern, die mit Sondervergütungen zusammenhängen, handelt es sich um Sonderbetriebsausgaben, die durch die Sondervergütungen veranlasst sind.[1108] Folglich sind die in Rede stehenden Sonderbetriebsausgaben – wie bei den Zuordnungsentscheidungen im Rahmen von § 49 Abs. 1 Nr. 2 Buchst. a) EStG, die bezüglich Sonderbetriebs-

vermögen II (im Ergebnis) gl.A. wie hier GEBHARDT, RONALD (Sonderbetriebsvermögen 2015), S. 811 sowie NITZSCHKE, DIRK (Sonderbetriebsausgaben 2015), Tz. 3.3.2. und 3.3.3.

[1103] Vgl. BFH, Urteil vom 08.09.2010, I R 74/09, Rn. 19, 21.

[1104] Vgl. WASSERMEYER, FRANZ (Personengesellschaften 2017), Rn. 9.13, 9.50. Vgl. auch WASSERMEYER, FRANZ (Qualifikationskonflikt 2006), S. 273 f.

[1105] CREZELIUS, GEORG (Diskussion 2018), S. 645.

[1106] Vgl. dazu die Ausführungen in Kapitel 4.3.1.3.1.3.

[1107] Vgl. BFH, Beschluss vom 11.12.2013, I R 4/13, Rn. 10, 23 ff.

[1108] Vgl. dazu DESENS, MARC/BLISCHKE, ANDRÉ (Kommentierung § 15 EStG 2024), Rn. F 12, 229; KNOBBE-KEUK, BRIGITTE (Unternehmenssteuerrecht 1993), S. 439 und ausführlich die Ausführungen in Kapitel 2.3.2.1.3.

ausgaben ebenfalls auf Basis des Veranlassungsprinzips erfolgen –[1109] der Betriebsstätte zuzuordnen, zu der eine Zuordnung der jeweiligen Sondervergütung erfolgt.[1110]

4.3.2 Speziellere Verteilungsnormen

4.3.2.1 Ausgangslage

In Kapitel 4.3.1.2 wurde ausführlich dargelegt, dass sowohl auf Sondervergütungen als auch auf die damit zusammenhängenden Aufwendungen von Mitunternehmern der Artikel für Unternehmensgewinne in dem jeweiligen DBA respektive Vorschriften i.S.d. Art. 7 OECD-MA anwendbar sein können. Letzteres gilt allerdings – wie in dem genannten Kapitel ebenfalls aufgezeigt – nur dann, wenn nicht vorrangig eine der spezielleren Verteilungsnormen für diese Einkünfte einschlägig ist. Als speziellere Verteilungsnormen, die hierbei vorrangig Anwendung finden könnten, kommen vor allem Vorschriften i.S.d. Art. 6, 11, 12, 15 oder 21 OECD-MA sowie i.S.d. Art. 14 OECD-MA a.F. in Betracht.[1111] Die Tatbestandsvoraussetzungen dieser Normen werden in den folgenden Kapiteln besprochen und damit untersucht, inwieweit es bei der Anwendung von Vorschriften i.S.d. Art. 7 OECD-MA in Bezug auf die hier in Rede stehenden Einkünfte von Mitunternehmern verbleiben kann. Hierbei wird jeweils der später noch zu besprechende § 50d Abs. 10 EStG[1112] außer Betracht gelassen.

4.3.2.2 Vorschriften i.S.d. Art. 6 OECD-MA

Vorschriften i.S.d. Art. 6 Abs. 1 OECD-MA bestimmen, dass Einkünfte, die eine in einem Vertragsstaat ansässige Person aus unbeweglichem Vermögen bezieht, das im anderen Vertragsstaat liegt, in diesem anderen Staat besteuert werden können. Dementsprechend ordnen Vorschriften i.S.d. Art. 6 Abs. 1 OECD-MA für Einkünfte aus unbeweglichem Vermögen die Geltung des sog. Belegenheitsprinzips an.[1113] Im Unterschied vor allem zu den später noch zu behandelnden Vorschriften i.S.d. Art. 11 OECD-MA[1114] bestimmen Vorschriften i.S.d. Art. 6 OECD-MA nicht näher, wer Schuldner der entsprechenden Vergütungen sein kann.[1115] Insbesondere werden abweichend von Vorschriften i.S.d. Art. 11 OECD-MA keine Voraussetzungen hinsichtlich der Ansässigkeit des Schuldners der Vergütungen formuliert, sodass Schuldner der

---

1109 Vgl. dazu die Ausführungen in Kapitel 3.1.2.1.2.2.3.

1110 Vgl. auch KUDERT, STEPHAN/KAHLENBERG, CHRISTIAN (Reformierung 2017), S. 349; womöglich auch, aber letztlich nicht ganz klar, DÖLKER, ANGELIKA (Personengesellschaften 2012), S. 222; a.A. KEMPERMANN, MICHAEL (Sondervergütungen 2015), Rn. 2.83, der eine Zuordnung zur Betriebsstätte der Personengesellschaft konsequent, aber ohne Begründung, ablehnt. Vgl. zur Zuordnung im Rahmen des § 49 Abs. 1 Nr. 2 Buchst. a) EStG im Ergebnis ebenso wie hier DYCKMANS, JAN/KLEIN, CHRISTOPH (Personengesellschaften 2023), Rn. 9.151; LIEBCHEN, DANIEL (Personengesellschaften 2008), S. 87 f.; PILTZ, DETLEV JÜRGEN (Sondervergütungen 2003), S. 145.

1111 Vgl. LÜDEMANN, PETER/HRUSCHKA, FRANZ (Personengesellschaften 2010), S. 27; RIEMENSCHNEIDER, SVEN (Personengesellschaften 1995), S. 149.

1112 Vgl. dazu vor allem die Ausführungen in Kapitel 5.2.

1113 Vgl. z.B. SCHÜLLER, EVA CAROLIN (Personengesellschaften 2014), S. 95.

1114 Vgl. dazu Kapitel 4.3.2.3.

1115 Vgl. REIMER, EKKEHART (Kommentierung Art. 6 OECD-MA 2021), Rn. 16; STEMLER, PATRICK (Sondervergütungen 2013), S. 90.

Vergütungen ohne Weiteres auch eine Personengesellschaft sein kann.[1116] Der Ausdruck „unbewegliches Vermögen" wird durch Vorschriften i.S.d. Art. 6 Abs. 2 OECD-MA definiert.[1117] Danach hat der Ausdruck zunächst die Bedeutung, die ihm nach dem Recht des Vertragsstaats zukommt, in dem das Vermögen liegt (Art. 6 Abs. 2 Satz 1 OECD-MA). Somit ist die Einstufung eines Vermögenswerts als unbewegliches Vermögen durch das innerstaatliche Recht des Belegenheitsstaats auch für den Ansässigkeitsstaat des Mitunternehmers verbindlich.[1118] Darüber hinaus definieren Vorschriften i.S.d. Art. 6 Abs. 2 S. 2 OECD-MA den Ausdruck aber zum Teil auch abkommensautonom durch die Nennung von Vermögenswerten, die stets (z.B. Nutzungsrechte an unbeweglichem Vermögen) oder von Anfang an nicht (Schiffe und Luftfahrzeuge) unter den Ausdruck zu subsumieren sind.[1119] Anzuwenden sind Vorschriften i.S.d. Art. 6 OECD-MA auf Einkünfte aus der unmittelbaren Nutzung, der Vermietung oder Verpachtung sowie jeder anderen Art der Nutzung unbeweglichen Vermögens (Art. 6 Abs. 3 OECD-MA).

Zum Teil wird in der Literatur vertreten, dass aus den zuvor angesprochenen Vorschriften i.S.d. Art. 6 Abs. 2 OECD-MA und dem dort zu findenden Verweis auf das innerstaatliche Recht des Belegenheitsstaates folgt, dass der Ansässigkeitsstaat auch bei der Feststellung, ob *Einkünfte* aus unbeweglichem Vermögen gegeben sind, an das innerstaatliche Recht des Belegenheitsstaates gebunden sei.[1120] In der Folge würde die durch den Quellenstaat vorgenommene Qualifikation der Einkünfte als solche Einkünfte, die aus unbeweglichem Vermögen stammen, den Ansässigkeitsstaat verpflichten, die Einkünfte ebenfalls unter Vorschriften i.S.d. Art. 6 OECD-MA zu subsumieren. Daher sei zum Beispiel dann, wenn der jeweils andere Staat die Einkünfte entsprechend einordnet, Deutschland im Outbound-Fall an diese Einkünftequalifikation gebunden und müsse ebenfalls von einer Anwendbarkeit von Vorschriften i.S.d. Art. 6 OECD-MA auf die entsprechenden Sondervergütungen ausgehen. Vorschriften i.S.d. Art. 6 Abs. 2 OECD-MA bestimmen jedoch nur, was unter dem Ausdruck „unbewegliches Vermögen" zu verstehen ist, nicht hingegen, was Einkünfte aus unbeweglichem Vermögen sind, sodass sich die Inbezugnahme des nationalen Rechts des Belegenheitsstaates nur auf ersteres bezieht, nicht hingegen die Sichtweise des Belegenheitsstaates in Bezug auf die Einkünftequalifikation als für beide Vertragsstaaten verbindlich erklärt.[1121] Stattdessen gilt auch hier die „abkommensrechtliche isolierende Betrachtungsweise"[1122], wonach Sondervergütungen vorrangig unter die Verteilungsnorm zu subsumieren sind, deren Tatbestand die Sondervergütungen originär erfüllen, d.h. ohne Beachtung der im nationalen Steuerrecht vorgenommenen Umqualifizierung in gewerb-

---

1116 Vgl. REIMER, EKKEHART (Kommentierung Art. 6 OECD-MA 2021), Rn. 16; STEMLER, PATRICK (Sondervergütungen 2013), S. 90 f.

1117 Vgl. z.B. OSTENDORF, CLAUDIA (Sondervergütungen 1994), S. 151.

1118 Vgl. z.B. MACHENS, GABRIELE (Personengesellschaften 2007), S. 294.

1119 Vgl. MACHENS, GABRIELE (Personengesellschaften 2007), S. 294 f.; REIMER, EKKEHART (Kommentierung Art. 6 OECD-MA 2021), Rn. 64.

1120 Vgl. auch zum Folgenden PILTZ, DETLEV JÜRGEN (Personengesellschaften 1981), S. 138 f.; RIEMENSCHNEIDER, SVEN (Personengesellschaften 1995), S. 161 f.

1121 Vgl. MACHENS, GABRIELE (Personengesellschaften 2007), S. 295 und dort Fn. 553; WASSERMEYER, FRANZ (Kommentierung Art. 6 OECD-MA 2024), Rn. 15.

1122 GOSCH, DIETMAR (Zuordnung 2003), S. 93.

liche Einkünfte durch § 15 Abs. 1 Satz 1 Nr. 2 Satz 1 Halbs. 2 EStG.[1123] Speziell bezüglich Einkünften aus unbeweglichem Vermögen wird Letzteres durch Art. 6 Abs. 4 OECD-MA bestätigt bzw. explizit vorgegeben – insofern als es dort heißt, dass die Abs. 1 und 3 des Art. 6 OECD-MA auch für Einkünfte aus unbeweglichem Vermögen eines Unternehmens gelten.

Insgesamt sind – nach h.M. – Vorschriften i.S.d. Art. 6 OECD-MA bei der Überlassung von unbeweglichem Vermögen durch einen inländischen bzw. ausländischen Mitunternehmer an die ausländische respektive inländische Personengesellschaft, an der er beteiligt ist, regelmäßig einschlägig.[1124] Abweichendes würde jedoch dann gelten, wenn das überlassene unbewegliche Vermögen nicht „im anderen Vertragsstaat liegt", d.h. in dem Staat, in dem die Personengesellschaft ihre Betriebsstätte unterhält; hier wären die Anwendungsvoraussetzungen der entsprechenden Normen nicht gegeben (Art. 6 Abs. 1 OECD-MA).[1125] Ein Betriebsstättenvorbehalt, wie er in Vorschriften i.S.d. Art. 11 Abs. 4 OECD-MA oder in solchen wie Art. 12 Abs. 3 OECD-MA enthalten ist,[1126] findet sich in Vorschriften i.S.d. Art. 6 OECD-MA aber nicht.[1127] Stattdessen ist, wie zuvor bereits erwähnt, explizit vorgegeben, dass Vorschriften i.S.d. Art. 6 OECD-MA auch für Einkünfte aus unbeweglichem Vermögen eines Unternehmens gelten (Art. 6 Abs. 4 OECD-MA). Eine Subsumtion der hier in Rede stehenden Sondervergütungen unter den Artikel für Unternehmensgewinne (Vorschriften i.S.d. Art. 7 OECD-MA) scheidet folglich definitiv aus.[1128]

Fraglich ist, ob auch Sonderbetriebsausgaben und hier insbesondere die mit Sondervergütungen zusammenhängenden Aufwendungen von Mitunternehmern unter Vorschriften i.S.d. Art. 6 OECD-MA fallen, wenn sie mit Sondervergütungen für die Überlassung von unbeweglichem Vermögen in Zusammenhang stehen. Soweit ersichtlich wurde diese Fragestellung in der Literatur bislang nicht ausführlich beleuchtet.[1129] Zur Beantwortung der Fragestellung kommt es m.E. entscheidend darauf an, ob unter dem in Vorschriften i.S.d. Art. 6 OECD-MA verwendeten Ausdruck „Einkünfte aus unbeweglichem Vermögen" ein Brutto- oder ein Nettobetrag zu

---

[1123] Vgl. z.B. BFH, Beschluss vom 11.12.2013, I R 4/13, Rn. 14; GOSCH, DIETMAR (Zuordnung 2003), S. 93 und ausführlich Kapitel 4.3.1.2.1.

[1124] Vgl. z.B. BFH, Urteil vom 14.07.1993, I R 71/92, S. 92; KEMPERMANN, MICHAEL (Sondervergütungen 2015), Rn. 2.75; OSTENDORF, CLAUDIA (Sondervergütungen 1994), S. 151; SCHÜLLER, EVA CAROLIN (Personengesellschaften 2014), S. 174.

[1125] Vgl. LIEBCHEN, DANIEL (Personengesellschaften 2008), S. 296; SCHÜLLER, EVA CAROLIN (Personengesellschaften 2014), S. 174. In solchen Fällen kommen vorrangig Vorschriften i.S.d. Art. 21 OECD-MA (vgl. zu diesen die Ausführungen in Kapitel 4.3.2.7) zur Anwendung; vgl. LIEBCHEN, DANIEL (Personengesellschaften 2008), S. 296; SCHÜLLER, EVA CAROLIN (Personengesellschaften 2014), S. 174.

[1126] Vgl. dazu die Ausführungen in Kapitel 4.3.2.8.

[1127] Vgl. KEMPERMANN, MICHAEL (Sondervergütungen 2015), Rn. 2.75; SCHÜLLER, EVA CAROLIN (Personengesellschaften 2014), S. 174 f.

[1128] Treffend SCHÜLLER, EVA CAROLIN (Personengesellschaften 2014), S. 175.

[1129] Im Gegensatz zu der Fragestellung, ob sich Sonderbetriebsausgaben in Form von Refinanzierungszinsen unter Vorschriften i.S.d. Art. 11 OECD-MA subsumieren lassen. Diese Fragestellung erfuhr in der Literatur besondere Aufmerksamkeit, da sich die Finanzverwaltung hierzu im BMF-Schreiben vom 26.09.2014, IV B 5 – S 1300/09/10003, Tz. 5.1.2. (Beispiel 2) explizit positionierte. Vgl. zur Thematik insgesamt die Ausführungen in Kapitel 4.3.2.3.

verstehen ist.[1130] Ob es sich bei dem in einer Verteilungsnorm verwendeten Einkünftebegriff um einen Nettobetrag i.S.v. Einkünften oder um einem Bruttobetrag i.S.v. Einnahmen handelt, ist für jede Verteilungsnorm bzw. Einkunftsart gesondert zu entscheiden.[1131] Der BFH hält diesbezüglich fest, dass der „abkommensrechtliche Einkünftebegriff [...] Oberbegriff zu den Einkünften (Nettobetrag) und den Einnahmen (Bruttobetrag) im Sinne des deutschen innerstaatlichen Steuerrechts" ist.[1132] Aus den hier in Rede stehenden Vorschriften i.S.d. Art. 6 OECD-MA selbst ergibt sich jedoch diesbezüglich keine Erkenntnis, da die entsprechenden Normen keine Vorgabe zur Ermittlung der Einkünfte (aus unbeweglichem Vermögen) beinhalten und sich auch keine sonstige Aussage in den Vorschriften dahingehend findet, ob der Ausdruck „Einkünfte aus unbeweglichem Vermögen" einen Brutto- oder einen Nettobetrag meint.[1133] Dementsprechend ist gemäß Vorschriften i.S.d. Art. 3 Abs. 2 OECD-MA ein Rückgriff auf das nationale Steuerrecht des Anwenderstaates erforderlich.[1134] Anhand diesem muss zur Anwendung von Vorschriften i.S.d. Art. 6 OECD-MA bestimmt werden, ob der Einkünftebegriff aus Sicht des Anwenderstaates einen Nettobetrag i.S.v. Einkünften oder einen Bruttobetrag i.S.v. Einnahmen beschreibt.[1135] Aus deutscher Sicht meint der Ausdruck „Einkünfte" einen Nettobetrag, sodass Vorschriften i.S.d. Art. 6 OECD-MA die Zuweisung des Besteuerungsrechts bezüglich bestimmter Einnahmen aus unbeweglichem Vermögen abzüglich der damit zusammenhängenden Aufwendungen regeln.[1136] Von letzteren umfasst sind insbesondere auch Sonderbetriebsausgaben, sodass von den Sondervergütungen, die aus der Überlassung von im anderen Vertragsstaat belegenem unbeweglichem Vermögen resultieren, die damit zusammenhängenden Aufwendungen von Mitunternehmern in Abzug zu bringen sind und sich Vorschriften i.S.d. Art. 6 OECD-MA auf den Differenzbetrag beziehen.[1137] Da Vorschriften i.S.d. Art. 6 OECD-MA auch auf Sonderbetriebsausgaben und hier insbesondere auf die mit Sondervergütungen zusammenhängenden Aufwendungen von Mitunternehmern Anwendung finden, sofern diese mit Einnahmen respektive Sondervergütungen aus bestimmtem unbeweglichem Vermögen in Zusammenhang stehen, und sich – wie dargelegt – in den entsprechenden Vorschriften kein Betriebsstättenvorbehalt findet, verbleibt für die Anwendung von Vorschriften i.S.d. Art. 7 OECD-MA auch insoweit kein Raum.[1138]

1130 So implizit zu Vorschriften i.S.d. Art. 11 OECD-MA bspw. auch BERGMANN, MALTE (Einordnung 2017), S. 128.

1131 Vgl. BFH, Urteil vom 29.05.1996, I R 167/94, S. 61; BFH, Urteil vom 09.04.1997, I R 178/94, S. 658.

1132 Vgl. auch wörtlich BFH, Urteil vom 09.04.1997, I R 178/94, S. 658.

1133 Vgl. REIMER, EKKEHART (Kommentierung Art. 6 OECD-MA 2021), Rn. 15; WASSERMEYER, FRANZ (Kommentierung Art. 6 OECD-MA 2024), Rn. 11, 15.

1134 Vgl. KERSSENBROCK, OTTO-FERDINAND/WAGNER, MARIO (Kommentierung Art. 6 OECD-MA 2024), Rn. 35; LIEBER, BETTINA (Kommentierung Art. 6 OECD-MA 2019), Rn. 31; WASSERMEYER, FRANZ (Kommentierung Art. 6 OECD-MA 2024), Rn. 12.

1135 Vgl. LIEBER, BETTINA (Kommentierung Art. 6 OECD-MA 2019), Rn. 32; WASSERMEYER, FRANZ (Kommentierung Art. 6 OECD-MA 2024), Rn. 15.

1136 Vgl. KERSSENBROCK, OTTO-FERDINAND/WAGNER, MARIO (Kommentierung Art. 6 OECD-MA 2024), Rn. 38; LIEBER, BETTINA (Kommentierung Art. 6 OECD-MA 2019), Rn. 32.

1137 Ebenso MACHENS, GABRIELE (Personengesellschaften 2007), S. 296.

1138 So zu Sondervergütungen bereits SCHÜLLER, EVA CAROLIN (Personengesellschaften 2014), S. 174 f.

Auf Rechtsfolgenseite bestimmen Vorschriften i.S.d. Art. 6 OECD-MA, dass der Belegenheitsstaat des Grundstücks die Einkünfte aus diesem vorrangig besteuern darf.[1139] Es handelt sich bei Vorschriften i.S.d. Art. 6 OECD-MA um Verteilungsnormen mit offener Rechtsfolge, sodass der Vermeidungsnorm respektive dem Methodenartikel (Art. 23A, 23B OECD-MA) des jeweiligen DBA zu entnehmen ist, ob der Ansässigkeitsstaat die Doppelbesteuerung durch Freistellungs- oder Anrechnungsmethode vermeiden muss.[1140] Die von Deutschland abgeschlossenen DBA verpflichten Deutschland als Ansässigkeitsstaat in der Regel zur Anwendung der Freistellungsmethode mit Progressionsvorbehalt.[1141] Für den Outbound-Fall bedeutet dies, dass Sondervergütungen, die aus der Überlassung von im anderen Vertragsstaat belegenem unbeweglichem Vermögen resultieren, abzüglich der zugehörigen Sonderbetriebsausgaben, in der Regel unter Progressionsvorbehalt freizustellen sind.[1142] Im Inbound-Fall hingegen steht Deutschland ein Besteuerungsrecht bezüglich der entsprechenden Sondervergütungen abzüglich der mit diesen in Zusammenhang stehenden Aufwendungen von Mitunternehmern zu.[1143]

4.3.2.3 Vorschriften i.S.d. Art. 11 OECD-MA

Art. 11 Abs. 1 OECD-MA sieht vor, dass Zinsen, die aus einem Vertragsstaat stammen und die an eine im anderen Vertragsstaat ansässige Person gezahlt werden, im zuletzt genannten Staat besteuert werden können. Hierbei gelten Zinsen dann als aus einem Vertragsstaat stammend, wenn der Schuldner eine in diesem Staat ansässige Person ist (Art. 11 Abs. 5 Satz 1 OECD-MA). Da Personengesellschaften ggf. – aufgrund der je nach nationalem Recht fehlenden persönlichen Steuerpflicht – keine in einem Staat ansässige Person sind, könnte hierin zunächst ein Problem hinsichtlich der Subsumtion von Sondervergütungen unter Vorschriften i.S.d. Art. 11 OECD-MA erkannt werden.[1144] Hat aber der Schuldner der Zinsen – ohne Rücksicht darauf, ob er in einem Vertragsstaat ansässig ist oder nicht – in einem Vertragsstaat eine Betriebsstätte und ist die Schuld, für die die Zinsen gezahlt werden, für Zwecke der Betriebsstätte, die die Zinsen trägt, eingegangen worden, dann gelten die Zinsen als aus dem Vertragsstaat stammend, in dem die Betriebsstätte liegt (Art. 11 Abs. 5 Satz 2 OECD-MA).

Der Ausdruck „Zinsen" bedeutet Einkünfte aus Forderungen jeder Art (Art. 11 Abs. 3 Satz 1 Halbs. 1 OECD-MA). Hierbei umfasst der Ausdruck „Forderungen" auch Forderungen eines Mitunternehmers gegenüber einer Personengesellschaft.[1145] Folglich erfassen Vorschriften

---

[1139] Vgl. REIMER, EKKEHART (Kommentierung Art. 6 OECD-MA 2021), Rn. 61.

[1140] Vgl. REIMER, EKKEHART (Kommentierung Art. 6 OECD-MA 2021), Rn. 4.

[1141] Vgl. REIMER, EKKEHART (Kommentierung Art. 6 OECD-MA 2021), Rn. 61; SCHÜLLER, EVA CAROLIN (Personengesellschaften 2014), S. 95. Die Einschränkung des Progressionsvorbehalts gemäß § 32b Abs. 1 Satz 2 Nr. 3 EStG kommt bezüglich Sondervergütungen, die aus der Überlassung von unbeweglichem Vermögen stammen, nicht zur Anwendung, da es sich nicht um „Einkünfte aus der Vermietung oder der Verpachtung von unbeweglichem Vermögen" handelt; zu prüfen ist aber die Anwendung von § 32b Abs. 1 Satz 2 Nr. 2 EStG.

[1142] Vgl. MACHENS, GABRIELE (Personengesellschaften 2007), S. 296.

[1143] Vgl. auch FROTSCHER, GERRIT (Kommentierung § 50d EStG 2024), Rn. 220.

[1144] Vgl. auch MÜLLER, MARION (Sondervergütungen 2009), S. 754.

[1145] Ganz h.M., vgl. nur für die Rechtsprechung BFH, Urteil vom 17.10.2007, I R 5/06, S. 357; zur Auffassung der Finanzverwaltung BMF, Schreiben vom 26.09.2014, IV B 5 – S 1300/09/10003, Tz. 5.1.2. (Beispiel 2) und für die Literatur WASSERMEYER, FRANZ (Doppelbesteuerungsabkommen 2008), S. 339 f.

i.S.d. Art. 11 OECD-MA auch Sondervergütungen in Form von Zinsen.[1146] ISMER/KOST sowie SCHMIDT lehnen es hingegen ab, entsprechende Forderungen unter Vorschriften i.S.d. Art. 11 OECD-MA zu subsumieren, da ihres Erachtens die erforderliche Personenverschiedenheit zwischen Mitunternehmer und Personengesellschaft nicht gegeben wäre. Die zu Vorschriften i.S.d. Art. 7 OECD-MA entwickelten Rechtsgrundsätze, wonach der in einem Staat ansässige Mitunternehmer als Stammhaus und die im anderen Staat belegene Betriebsstätte der Personengesellschaft als Betriebsstätte des Mitunternehmers zu sehen ist,[1147] sind ihres Erachtens auf Vorschriften i.S.d. Art. 11 OECD-MA zu übertragen.[1148] Vergleichbar lehnt LANG – mangels der seines Erachtens erforderlichen Steuersubjektverschiedenheit – eine Subsumtion entsprechender Forderungen unter Vorschriften i.S.d. Art. 11 OECD-MA ab; ersatzweise will er aber auf die hinter der Personengesellschaft stehenden Gesellschafter abstellen und damit u.U. zumindest zu einer teilweisen Anwendung von Vorschriften i.S.d. Art. 11 OECD-MA kommen.[1149] Die vorstehend dargelegten Auffassungen können jedoch im Ergebnis nicht überzeugen: Anhand von Art. 11 OECD-MA kann nicht abschließend bestimmt werden, was unter dem Ausdruck „Forderung" zu verstehen ist, sodass letztlich ein Rückgriff auf das jeweilige nationale Steuerrecht erforderlich ist.[1150] Das deutsche Steuerrecht erkennt aber gerade vertragliche Beziehungen und damit auch Forderungen zwischen Mitunternehmer und Personengesellschaft – durch § 15 Abs. 1 Satz 1 Nr. 2 Satz 1 EStG – ausdrücklich an.[1151] Auch ISMER/KOST (s.o.) konstatieren Letzteres, gehen jedoch davon aus, dass sich nach Vorschriften i.S.d. Art. 3 Abs. 2 OECD-MA ein Rückgriff auf das nationale deutsche Steuerrecht verbiete, da „aus dem Zusammenhang des Abkommens eine andere Auslegung erforderlich ist".[1152] Wie oben dargelegt, führen die Autoren zur Begründung ihrer Auffassung die zu Vorschriften i.S.d. Art. 7 OECD-MA entwickelten Rechtsgrundsätze ins Feld, wonach der in einem Staat ansässige Mitunternehmer als Stammhaus und die im anderen Staat belegene Betriebsstätte der Personengesellschaft als Betriebsstätte des Mitunternehmers zu sehen ist; m.E. ist eine solche Verallgemeinerung respektive die Ausdehnung der entsprechenden Wertungen aus dem Bereich des Artikels für Unternehmensgewinne auf Vorschriften i.S.d. Art. 11 OECD-MA jedoch zu weitgehend.[1153]

Fraglich ist, ob auch Sonderbetriebsausgaben und hier insbesondere die mit Sondervergütungen zusammenhängenden Aufwendungen von Mitunternehmern unter Vorschriften i.S.d. Art. 11 OECD-MA fallen. Wie in Kapitel 4.3.1.2.2 dargelegt, vertritt die Finanzverwaltung im BMF-

---

1146 Ebenfalls ganz h.M., vgl. z.B. BFH, Urteil vom 17.10.2007, I R 5/06, S. 357; WASSERMEYER, FRANZ (Doppelbesteuerungsabkommen 2008), S. 339 f.

1147 Vgl. dazu auch die Ausführungen in Kapitel 4.3.1.1.

1148 Vgl. ISMER, ROLAND/KOST, SEBASTIAN (Sondervergütungen 2007), S. 122 f.; SCHMIDT, CHRISTIAN (Abkommensrecht 2008), S. 292.

1149 Vgl. LANG, MICHAEL (Finanzierungen 1991), S. 97 f. sowie LANG, MICHAEL (Personengesellschaften 1999), S. 724 f.

1150 Vgl. BFH, Urteil vom 17.10.2007, I R 5/06, S. 357; WASSERMEYER, FRANZ (Kommentierung Art. 7 OECD-MA 2024), Rn. 103.

1151 Vgl. dazu die h.M., z.B. BFH, Beschluss vom 25.02.1991, GrS 7/89, S. 698; GÜNKEL, MANFRED/LIEBER, BETTINA (Sondervergütungen 2001), S. 132; WASSERMEYER, FRANZ (Kommentierung Art. 7 OECD-MA 2024), Rn. 102.

1152 Vgl. auch wörtlich ISMER, ROLAND/KOST, SEBASTIAN (Sondervergütungen 2007), S. 123.

1153 Vgl. ausführlich dazu auch WASSERMEYER, FRANZ (Steuerpflichten 2015), Rn. 2.34.

Schreiben vom 26.09.2014 für einen Inbound-Fall, in dem ein Mitunternehmer der Personengesellschaft unentgeltlich ein Darlehen gewährt, die Meinung, dass die Darlehensforderung des Mitunternehmers aufgrund von Art. 11 OECD-MA nicht der inländischen Betriebsstätte der Personengesellschaft zuzuordnen ist und dies zur Folge hat, „dass ein etwaiger Refinanzierungsaufwand bei der Betriebsstätte […] nicht zu berücksichtigen ist".[1154] Wie dort ebenfalls aufgezeigt, kann mit der wohl überwiegenden Auffassung der Literatur diese Aussage der Finanzverwaltung so interpretiert werden, dass die Finanzverwaltung auch Zinsaufwendungen (und nicht nur Zinserträge) unter Art. 11 OECD-MA subsumiert wissen möchte.[1155] Jedenfalls vertreten Teile der Literatur die Auffassung, dass auch die Zuordnung von Sonderbetriebsausgaben und damit auch die Zuordnung von den mit Sondervergütungen zusammenhängenden Aufwendungen von Mitunternehmern durch Vorschriften i.S.d. Art. 11 OECD-MA geregelt wird.[1156] Die (vermeintliche) Auffassung der Finanzverwaltung und des zuvor angesprochenen Teils der Literatur ist – mit der h.M. – jedoch abzulehnen: Der in Vorschriften i.S.d. Art. 11 OECD-MA verwendete Ausdruck „Zinsen" meint einen Bruttobetrag.[1157] Dies lässt sich vor allem – schlicht, aber m.E. zutreffend – aus dem allgemein üblichen Sprachgebrauch ableiten.[1158] Wer von Zinsen spricht, stellt damit wohl kaum auf einen Zinsertrag abzüglich etwaiger Aufwendungen ab. Vorschriften i.S.d. Art. 11 OECD-MA beziehen sich daher nur auf Zinserträge, nicht auf (damit zusammenhängende) Zinsaufwendungen.[1159]

Auf Rechtsfolgenseite sieht Art. 11 Abs. 1, 2 OECD-MA als Verteilungsnorm mit offener Rechtsfolge ein uneingeschränktes Besteuerungsrecht für den Ansässigkeitsstaat und ein ggf. der Höhe nach begrenztes Besteuerungsrecht des Quellenstaates i.H.v. maximal 10 % vor.[1160] DBA mit deutscher Beteiligung unterscheiden sich vom OECD-MA häufig hinsichtlich der Höhe des zulässigen Quellensteuersatzes (vollständiger Verzicht bis zu einem Steuersatz i.H.v.

1154 Vgl. auch wörtlich BMF, Schreiben vom 26.09.2014, IV B 5 – S 1300/09/10003, Tz. 5.1.2. (Beispiel 2).

1155 Vgl. BERGMANN, MALTE (Einordnung 2017), S. 128; FROTSCHER, GERRIT (Kommentierung § 50d EStG 2024), Rn. 219; GAH, MAXIMILIAN/WANGLER, CLEMENS (Inbound-Fall 2018), S. 820 und wohl auch GEBHARDT, RONALD (Sonderbetriebsvermögen 2015), S. 811.

1156 Vgl. FROTSCHER, GERRIT (Kommentierung § 50d EStG 2024), Rn. 219 und wohl auch BURMESTER, GABRIELE (Unternehmensfinanzierung 2003), Rn. 90 sowie GREIF, MARTIN (Steuergestaltung 1996), S. 110. Vgl. außerdem HRUSCHKA, FRANZ (BMF-Schreiben 2014), S. 791 (zu Vorschriften i.S.d. Art. 12 OECD-MA, die diesbezüglich aber mit solchen i.S.d. Art. 11 OECD-MA vergleichbar sind; vgl. dazu BFH, Urteil vom 29.05.1996, I R 15/94, S. 59; BFH, Urteil vom 29.05.1996, I R 167/94, S. 61: abkommensrechtliche Gleichbehandlung von Dividenden, Zinsen und Lizenzgebühren).

1157 Vgl. BFH, Urteil vom 29.05.1996, I R 15/94, S. 59; BFH, Urteil vom 29.05.1996, I R 167/94, S. 61.

1158 Vgl. dazu die Rechtsprechung des BFH im Urteil vom 29.05.1996, I R 15/94, S. 59 und im Urteil vom 29.05.1996, I R 167/94, S. 61 zum Ausdruck „Dividenden", den der BFH diesbezüglich mit dem Ausdruck „Zinsen" (und dem Ausdruck „Lizenzgebühren") für gleich auszulegen hält.

1159 Vgl. BERGMANN, MALTE (Einordnung 2017), S. 128; BFH, Urteil vom 29.05.1996, I R 15/94, S. 59; BFH, Urteil vom 29.05.1996, I R 167/94, S. 61; GAH, MAXIMILIAN/WANGLER, CLEMENS (Inbound-Fall 2018), S. 820; GEBHARDT, RONALD (Sonderbetriebsvermögen 2015), S. 811; HICK, CHRISTIAN (Kommentierung § 4i EStG 2024), Rn. 21; SCHAUMBURG, HARALD/HÄCK, NILS (Bilaterale Maßnahmen 2023), Rn. 19.356 und dort Fn. 5; WASSERMEYER, FRANZ (Kommentierung Art. 11 OECD-MA 2024), Rn. 72.

1160 Vgl. LOHBECK, ALLIT/RUß, JULIA (Kommentierung Art. 11 OECD-MA 2021), Rn. 6.

maximal 25 %).[1161] Die Vermeidung einer Doppelbesteuerung erfolgt ggf. mit Hilfe der Anrechnungsmethode.[1162]

4.3.2.4 Vorschriften i.S.d. Art. 12 OECD-MA

Art. 12 Abs. 1 OECD-MA sieht vor, dass Lizenzgebühren, die aus einem Vertragsstaat stammen und deren Nutzungsberechtigter eine im anderen Vertragsstaat ansässige Person ist, nur im letztgenannten (Ansässigkeits-)Staat besteuert werden können. Dabei bedeutet der in diesem Artikel verwendete Ausdruck „Lizenzgebühren" Vergütungen jeder Art, die für die Benutzung oder für das Recht auf Benutzung von Urheberrechten an literarischen, künstlerischen oder wissenschaftlichen Werken, einschließlich kinematographischer Filme, von Patenten, Marken, Mustern oder Modellen, Plänen, geheimen Formeln oder Verfahren oder für die Mitteilung gewerblicher, kaufmännischer oder wissenschaftlicher Erfahrungen gezahlt werden (Art. 12 Abs. 2 OECD-MA). Vorschriften i.S.d. Art. 12 OECD-MA sind nach herrschender Auffassung in der Literatur uneingeschränkt auch auf entsprechende Rechtsverhältnisse zwischen Mitunternehmer und Personengesellschaft anwendbar.[1163] Von einer Norm in einem konkreten DBA, die Art. 12 OECD-MA exakt entspricht, wäre damit z.B. der Fall erfasst, dass ein Mitunternehmer der Personengesellschaft ein von ihm entwickeltes Patent überlässt.[1164] Unter den jeweiligen Artikel für Lizenzgebühren kann jedoch auf DBA-Ebene auch der in der Praxis wohl etwas häufiger vorkommende Sachverhalt fallen, dass der Personengesellschaft bewegliche Wirtschaftsgüter durch den Mitunternehmer überlassen werden.[1165] Das OECD-MA aus dem Jahr 1977 sah nämlich vor, dass auch Vergütungen für die Benutzung oder das Recht zur Benutzung von gewerblichen, kaufmännischen oder wissenschaftlichen Ausrüstungen – und damit bewegliche Gegenstände wie bspw. Maschinen –[1166] unter den Lizenzbegriff fallen. Obwohl in den jüngeren Musterabkommen eine entsprechende Formulierung nicht mehr enthalten ist, sehen noch zahlreiche intakte DBA mit deutscher Beteiligung eine vergleichbare Formulierung vor.[1167]

Fraglich ist auch hier, ob Sonderbetriebsausgaben und damit insbesondere die mit Sondervergütungen zusammenhängenden Aufwendungen von Mitunternehmern ebenfalls unter Vorschriften i.S.d. Art. 12 OECD-MA zu subsumieren sind. Vergleichbar zur teilweise vertretenen Auffassung in der Literatur in Bezug auf Zinserträge von Mitunternehmern respektive in Bezug auf die mit den entsprechenden Zinsen zusammenhängenden Aufwendungen der Gesellschafter (siehe dazu die Ausführung im vorangehenden Kapitel) wird durch eine Literaturstimme, und

---

1161 Vgl. LOHBECK, ALLIT/RUß, JULIA (Kommentierung Art. 11 OECD-MA 2021), Rn. 49.

1162 Vgl. SCHÜLLER, EVA CAROLIN (Personengesellschaften 2014), S. 98.

1163 Vgl. z.B. MACHENS, GABRIELE (Personengesellschaften 2007), S. 291 f.; MÜLLER, MARION (Sondervergütungen 2009), S. 754; OSTENDORF, CLAUDIA (Sondervergütungen 1994), S. 173; a.A. ROTTGARDT, FLORIAN (Sondervergütungen 2001), S. 172 f.

1164 Vgl. auch MACHENS, GABRIELE (Personengesellschaften 2007), S. 291.

1165 Vgl. auch KUDERT, STEPHAN/KAHLENBERG, CHRISTIAN (Sonderbetriebsausgaben 2017), S. 51.

1166 Vgl. LOHBECK, ALLIT/SCHWARZ, MAGDALENA (Kommentierung Art. 12 OECD-MA 2021), Rn. 108.

1167 Vgl. KUDERT, STEPHAN/KAHLENBERG, CHRISTIAN (Sonderbetriebsausgaben 2017), S. 51; LOHBECK, ALLIT/SCHWARZ, MAGDALENA (Kommentierung Art. 12 OECD-MA 2021), Rn. 108.

zwar durch HRUSCHKA, vertreten, dass Vorschriften i.S.d. Art. 12 OECD-MA auch Regelungen bezüglich der Zuordnung von Sonderbetriebsausgaben treffen, die mit Lizenzen zusammenhängen, die der Personengesellschaft überlassen wurden.[1168] Wie der Ausdruck „Zinsen" in Vorschriften i.S.d. Art. 11 OECD-MA (s.o.) meint aber auch der Ausdruck „Lizenzgebühren" in Vorschriften i.S.d. Art. 12 OECD-MA einen Bruttobetrag.[1169] Die entsprechenden Vorschriften sind diesbezüglich gleich auszulegen.[1170] Auch Vorschriften i.S.d. Art. 12 OECD-MA treffen daher keine Zuordnungsentscheidung hinsichtlich Aufwendungen im Allgemeinen und dementsprechend auch keine Zuordnungsentscheidung in Bezug auf Sonderbetriebsausgaben von Mitunternehmern im Speziellen.[1171]

Auf Rechtsfolgenseite sieht das OECD-MA bezüglich der hier in Rede stehenden Vorschrift ein ausschließliches Besteuerungsrecht des Ansässigkeitsstaates vor.[1172] Dementsprechend handelt es sich bei Vorschriften, die Art. 12 OECD-MA exakt entsprechen, um Verteilungsnormen mit abschließender Rechtsfolge. Allerdings enthalten zahlreiche DBA mit deutscher Beteiligung – abweichend vom OECD-MA – ein der Höhe nach begrenztes Besteuerungsrecht für den Quellenstaat.[1173] Eine Doppelbesteuerung wird in diesen Fällen mit Hilfe der Anrechnungsmethode vermieden.[1174]

4.3.2.5 Vorschriften i.S.d. Art. 14 OECD-MA a.F.

Art. 14 OECD-MA a.F., der sich auf Einkünfte aus selbständiger Arbeit bezog, ist seit dem Jahr 2000 nicht mehr Teil des Musterabkommens der OECD.[1175] Anstatt einer Vorschrift i.S.d. Art. 14 OECD-MA a.F. ist in (jüngeren) DBA ohne eine entsprechende Vorschrift auf die Einkünfte aus selbständiger Arbeit – wie in Bezug auf gewerbliche Einkünfte – der Artikel für Unternehmensgewinne (Art. 7 OECD-MA) anzuwenden.[1176] Ein Artikel speziell für Einkünfte aus selbständiger Arbeit findet sich jedoch weiterhin in etlichen von Deutschland abgeschlossenen DBA.[1177] Daher wird Art. 14 OECD-MA a.F., obwohl er in der aktuellen Fassung des OECD-MA nicht mehr enthalten ist, im Folgenden behandelt:

[1168] Vgl. HRUSCHKA, FRANZ (BMF-Schreiben 2014), S. 791.

[1169] Vgl. BFH, Urteil vom 29.05.1996, I R 15/94, S. 59; BFH, Urteil vom 29.05.1996, I R 167/94, S. 61; KÄBISCH, VOLKER/STRUNK, GÜNTHER (Kommentierung Art. 12 OECD-MA 2024), Rn. 28; WASSERMEYER, FRANZ (Kommentierung Art. 12 OECD-MA 2024), Rn. 56.

[1170] Vgl. BFH, Urteil vom 29.05.1996, I R 15/94, S. 59; BFH, Urteil vom 29.05.1996, I R 167/94, S. 61: abkommensrechtliche Gleichbehandlung von Dividenden, Zinsen und Lizenzgebühren.

[1171] Vgl. zu Vorschriften i.S.d. Art. 11 OECD-MA die Ausführungen in Kapitel 4.3.2.3 und die dortigen Nachweise zur h.M.

[1172] Vgl. SCHÜLLER, EVA CAROLIN (Personengesellschaften 2014), S. 99.

[1173] Vgl. BOZZA, NADYA (Kommentierung Art. 12 OECD-MA 2019), Rn. 62 und für eine Übersicht bezüglich der deutschen DBA LOHBECK, ALLIT/SCHWARZ, MAGDALENA (Kommentierung Art. 12 OECD-MA 2021), Rn. 39.

[1174] Vgl. BOZZA, NADYA (Kommentierung Art. 12 OECD-MA 2019), Rn. 62; SCHÜLLER, EVA CAROLIN (Personengesellschaften 2014), S. 99.

[1175] Vgl. HEMMELRATH, ALEXANDER (Kommentierung Art. 14 OECD-MA a.F. 2021), Rn. 2.

[1176] Vgl. SCHÜLLER, EVA CAROLIN (Personengesellschaften 2014), S. 101.

[1177] Vgl. auch für eine Abkommensübersicht bezüglich der deutschen DBA HEMMELRATH, ALEXANDER (Kommentierung Art. 14 OECD-MA a.F. 2021), Rn. 2, 37.

Vorschriften i.S.d. Art. 14 Abs. 1 Satz 1 OECD-MA a.F. bestimmen, dass Einkünfte, die eine in einem Vertragsstaat ansässige Person aus einem freien Beruf oder aus sonstiger selbständiger Tätigkeit bezieht, nur in diesem Staat besteuert werden können, es sei denn, dass der Person im anderen Vertragsstaat für die Ausübung ihrer Tätigkeit gewöhnlich eine feste Einrichtung zur Verfügung steht. Steht ihr eine solche feste Einrichtung zur Verfügung, so können die Einkünfte im anderen Staat besteuert werden, jedoch nur insoweit, als sie dieser festen Einrichtung zugerechnet werden können (Art. 14 Abs. 1 Satz 2 OECD-MA a.F.). Einige von Deutschland abgeschlossene DBA stellen in Vorschriften, die Art. 14 OECD-MA a.F. ähneln, bezüglich der Zuweisung eines Besteuerungsrechts an den Quellenstaat alternativ auf eine bestimmte Aufenthaltsdauer (in der Regel mehr als 183 Tage im Steuerjahr oder während eines zwölfmonatigen Zeitraums) im Quellenstaat ab.[1178] Art. 14 Abs. 2 OECD-MA sieht zwar vor, dass der Ausdruck „freier Beruf" insbesondere die selbständig ausgeübte wissenschaftliche, literarische, künstlerische, erzieherische oder unterrichtende Tätigkeit sowie die selbständige Tätigkeit der Ärzte, Rechtsanwälte, Ingenieure, Architekten, Zahnärzte und Buchsachverständigen umfasst; letztlich beantwortet sich die Frage, ob eine gewerbliche oder eine selbständige Tätigkeit bzw. Einkünfte aus nichtselbständiger oder aus selbständiger Arbeit gegeben sind, jedoch anhand des jeweiligen nationalen Steuerrechts der Vertragsstaaten.[1179] Speziell aus deutscher Sicht ist dabei aber zu beachten, dass § 15 Abs. 1 Satz 1 Nr. 2 Satz 1 Halbs. 2 EStG insoweit nicht auf die Abkommensebene durchschlägt.[1180] Überträgt man diese allgemeine Feststellung auf den Bereich der Sondervergütungen und gilt es, die Tätigkeit eines Mitunternehmers für die Personengesellschaft zu beurteilen, die selbständig oder nichtselbständig bzw. gewerblich oder etwa freiberuflich sein kann, so ist eine Qualifikation der Tätigkeit anhand der Kriterien des rein nationalen Steuerrechts – ohne Beachtung von § 15 Abs. 1 Satz 1 Nr. 2 Satz 1 Halbs. 2 EStG – vorzunehmen. Anhand dieser Kriterien ist folglich zu bestimmen, ob die aus der Tätigkeit resultierenden Einkünfte des Mitunternehmers unter Vorschriften i.S.d. Art. 7, 14 oder 15 OECD-MA (a.F.) zu subsumieren sind. Anzuwenden sind dabei Vorschriften i.S.d. Art. 14 OECD-MA a.F. insbesondere dann, wenn die Tätigkeit des Mitunternehmers selbständig i.S.d. § 18 EStG ausgeübt wird; in Betracht käme hier etwa die rechts- oder steuerberatende Tätigkeit eines entsprechend qualifizierten Gesellschafters.[1181]

Wie dargestellt, sieht Art. 14 Abs. 1 Satz 2 OECD-MA a.F. ein Besteuerungsrecht für den Quellenstaat nur dann vor, wenn die entsprechenden Einkünfte einer festen Einrichtung im Quellenstaat „zugerechnet werden können". Zwischen dem durch Vorschriften i.S.d. Art. 14 OECD-MA a.F. verwendeten Ausdruck „feste Einrichtung" und dem Begriff „Betriebsstätte" in Art. 7 OECD-MA sollen keine (beabsichtigten) Unterschiede bestehen.[1182] Darüber hinaus

---

[1178] Vgl. SCHAUMBURG, HARALD/HÄCK, NILS (Bilaterale Maßnahmen 2023), Rn. 19.413 und für eine diesbezügliche Übersicht HEMMELRATH, ALEXANDER (Kommentierung Art. 14 OECD-MA a.F. 2021), Rn. 37.

[1179] Vgl. ausführlich hierzu und auch zu Gegenauffassungen WASSERMEYER, FRANZ (Kommentierung Art. 14 OECD-MA a.F. 2024), Rn. 12 f.

[1180] Vgl. BFH, Urteil vom 21.07.1999, I R 71/98, S. 337 und ausführlich hierzu bereits die Ausführungen in Kapitel 4.3.1.2.1.

[1181] Vgl. dazu insgesamt BFH, Urteil vom 21.07.1999, I R 71/98, S. 336 f.

[1182] Vgl. OECD-MK zu Art. 14 OECD-MA a.F., Satz 2; SCHÜLLER, EVA CAROLIN (Personengesellschaften 2014), S. 101.

basieren Vorschriften i.S.d. Art. 7 und solche i.S.d. Art. 14 OECD-MA (a.F.) auf „denselben Grundregeln“,[1183] was insbesondere für die Gewinnabgrenzung gilt.[1184] Daher ist m.E. auch die Zuordnung von Sondervergütungen sowie der damit zusammenhängenden Aufwendungen von Mitunternehmern bei Anwendung von Vorschriften i.S.d. Art. 14 OECD-MA a.F. analog zu Vorschriften i.S.d. Art. 7 OECD-MA vorzunehmen, sodass diesbezüglich auf die Ausführungen in Kapitel 4.3.1.3.2 und Kapitel 4.3.1.3.3 verwiesen werden kann.

Sind Vorschriften i.S.d. Art. 14 OECD-MA a.F. einschlägig und lassen sich die Sondervergütungen bzw. die damit zusammenhängenden Aufwendungen der „festen Einrichtung“ zuordnen, belassen die Vorschriften auf Rechtsfolgenseite das Besteuerungsrecht beim Ansässigkeits- und beim Quellenstaat,[1185] sodass der Vermeidungsnorm des jeweils einschlägigen DBA zu entnehmen ist, ob der Ansässigkeitsstaat eine Doppelbesteuerung mit Hilfe der Freistellungs- oder mit Hilfe der Anrechnungsmethode zu vermeiden hat.[1186] Hierbei kommt regelmäßig die Methode zur Anwendung, mit welcher auch eine drohende Doppelbesteuerung bezüglich der Einkünfte vermieden wird, die unter den Artikel für Unternehmensgewinne (Vorschriften i.S.d. Art. 7 OECD-MA) fallen.[1187] Die von Deutschland abgeschlossenen DBA verpflichten folglich Deutschland als Ansässigkeitsstaat – wie in Bezug auf Vorschriften i.S.d. Art. 7 OECD-MA –[1188] regelmäßig zur Anwendung der Freistellungsmethode mit Progressionsvorbehalt.[1189]

4.3.2.6 Vorschriften i.S.d. Art. 15 OECD-MA

Vorschriften i.S.d. Art. 15 OECD-MA regeln die Verteilung der Besteuerungsrechte in Bezug auf Einkünfte aus unselbständiger Arbeit. Der Ausdruck „unselbständige Arbeit“ ist im OECD-MA nicht definiert.[1190] Zu den Einkünften aus unselbständiger Arbeit rechnen nach dem Musterabkommen zwar Gehälter, Löhne und ähnliche Vergütungen (Art. 15 Abs. 1 Satz 1 OECD-MA),[1191] aber auch diese Begriffe sind im OECD-MA nicht definiert, sodass letztlich ein Rückgriff auf das jeweilige nationale Steuerrecht der Vertragsstaaten notwendig ist, um zu bestimmen, was Einkünfte aus unselbständiger Arbeit sind.[1192] Speziell aus deutscher Sicht ist dabei aber zu beachten, dass § 15 Abs. 1 Satz 1 Nr. 2 Satz 1 Halbs. 2 EStG insoweit nicht auf die

1183 Vgl. jeweils auch wörtlich HEMMELRATH, ALEXANDER (Kommentierung Art. 14 OECD-MA a.F. 2021), Rn. 6; TCHERVENIACHKI, VASSIL (Kommentierung Art. 14 OECD-MA a.F. 2019), Rn. 14.

1184 Vgl. HEMMELRATH, ALEXANDER (Kommentierung Art. 14 OECD-MA a.F. 2021), Rn. 34. Vgl. auch OECD-MK zu Art. 14 OECD-MA a.F., Satz 2.

1185 Vgl. dazu allgemein HEMMELRATH, ALEXANDER (Kommentierung Art. 14 OECD-MA a.F. 2021), Rn. 5; TCHERVENIACHKI, VASSIL (Kommentierung Art. 14 OECD-MA a.F. 2019), Rn. 62 f.

1186 Vgl. KUßMAUL, HEINZ (Steuerlehre 2020), S. 478; VOGEL, KLAUS (Internationales Steuerrecht 1997), S. 280.

1187 Vgl. SCHÜLLER, EVA CAROLIN (Personengesellschaften 2014), S. 101 f.

1188 Vgl. SCHAUMBURG, HARALD/HÄCK, NILS (Bilaterale Maßnahmen 2023), Rn. 19.230.

1189 Vgl. SCHAUMBURG, HARALD/HÄCK, NILS (Bilaterale Maßnahmen 2023), Rn. 19.405; TCHERVENIACHKI, VASSIL (Kommentierung Art. 14 OECD-MA a.F. 2019), Rn. 63.

1190 Vgl. PROKISCH, RAINER (Kommentierung Art. 15 OECD-MA 2021), Rn. 57; SCHÜLLER, EVA CAROLIN (Personengesellschaften 2014), S. 176.

1191 Vgl. auch SCHAUMBURG, HARALD/HÄCK, NILS (Bilaterale Maßnahmen 2023), Rn. 19.422.

1192 Vgl. jeweils m.w.N. zur allgemeinen Auffassung SCHAUMBURG, HARALD/HÄCK, NILS (Bilaterale Maßnahmen 2023), Rn. 19.422; SCHWENKE, MICHAEL (Kommentierung Art. 15 OECD-MA 2024), Rn. 53 f., 63.

Abkommensebene durchschlägt.[1193] Dementsprechend sind Sondervergütungen, die ein Mitunternehmer für eine unselbständige Tätigkeit gegenüber der Personengesellschaft erhält, nach heute ganz herrschender Auffassung unter Vorschriften i.S.d. Art. 15 OECD-MA zu subsumieren.[1194]

Art. 15 Abs. 1 Satz 1 Halbs. 1 OECD-MA sieht zunächst ein ausschließliches Besteuerungsrecht des Ansässigkeitsstaates für die Vergütungen vor, die aus der unselbständigen Arbeit bezogen werden.[1195] Abweichend hierzu bestimmen Vorschriften i.S.d. Art. 15 Abs. 1 Satz 1 Halbs. 2, Satz 2 OECD-MA, dass die Vergütungen, die für die Ausübung einer unselbständigen Arbeit im anderen Vertragsstaat bezogen werden, dort besteuert werden können. Grundsätzlich findet somit das Arbeitsortprinzip Anwendung.[1196] Wiederum konträr dazu und als Rückausnahme normieren Vorschriften nach dem Vorbild von Art. 15 Abs. 2 OECD-MA, dass es – trotz Ausübung der Tätigkeit im anderen Vertragsstaat – bei dem ausschließlichen Besteuerungsrecht des Ansässigkeitsstaates verbleibt, wenn folgende Voraussetzungen erfüllt sind:

a) Der Empfänger der Vergütungen darf sich im anderen Vertragsstaat insgesamt nicht länger als 183 Tage innerhalb eines Zeitraums von zwölf Monaten, der während des betreffenden Steuerjahres beginnt oder endet, aufhalten.
b) Die Vergütungen müssen von einem *Arbeitgeber* oder für einen Arbeitgeber gezahlt werden, der nicht im anderen Staat ansässig ist.
c) Die Vergütungen dürfen nicht von einer Betriebsstätte (Art. 5 OECD-MA) getragen werden, die der *Arbeitgeber* im anderen Staat hat.

Folglich enthält Art. 15 Abs. 2 OECD-MA eine entscheidende Ausnahme vom grundsätzlich geltenden Arbeitsortprinzip.[1197] Damit Vorschriften i.S.d. Art. 15 Abs. 2 OECD-MA greifen, müssen aber alle drei der oben dargestellten Voraussetzungen kumulativ gegeben sein.[1198] Das Besteuerungsrecht verbleibt daher beim Quellen- respektive Tätigkeitsstaat, wenn lediglich eine der Voraussetzungen nicht gegeben ist.[1199]

Im Schrifttum besteht hinsichtlich der Rückausnahme des Art. 15 Abs. 2 OECD-MA in Bezug auf Personengesellschaften erheblicher Streit, und zwar vor allem darüber, ob es sich bei einer in beiden Staaten transparent besteuerten Personengesellschaft um einen (ansässigen) Arbeit-

---

1193 Vgl. BFH, Urteil vom 21.07.1999, I R 71/98, S. 337; PROKISCH, RAINER (Kommentierung Art. 15 OECD-MA 2021), Rn. 60; SCHAUMBURG, HARALD/HÄCK, NILS (Bilaterale Maßnahmen 2023), Rn. 19.422 und dort Fn. 9. Vgl. ausführlich hierzu bereits die Ausführungen in Kapitel 4.3.1.2.1.

1194 Vgl. BFH, Urteil vom 21.07.1999, I R 71/98, S. 337; KEMPERMANN, MICHAEL (Sondervergütungen 2015), Rn. 2.76; OSTENDORF, CLAUDIA (Sondervergütungen 1994), S. 155; PROKISCH, RAINER (Kommentierung Art. 15 OECD-MA 2021), Rn. 60; SCHÜLLER, EVA CAROLIN (Personengesellschaften 2014), S. 176; a.A. noch FG Münster, Urteil vom 18.01.1989, XII 4874/86 F, S. 295.

1195 Vgl. MACHENS, GABRIELE (Personengesellschaften 2007), S. 298; SCHWENKE, MICHAEL (Kommentierung Art. 15 OECD-MA 2024), Rn. 4.

1196 Vgl. MACHENS, GABRIELE (Personengesellschaften 2007), S. 298; ZEHETNER, ULF (Partnerships 2001), S. 103.

1197 Vgl. MACHENS, GABRIELE (Personengesellschaften 2007), S. 299; ZEHETNER, ULF (Partnerships 2001), S. 103.

1198 Vgl. SCHÜLLER, EVA CAROLIN (Personengesellschaften 2014), S. 102; ZEHETNER, ULF (Partnerships 2001), S. 104.

1199 Vgl. ZEHETNER, ULF (Partnerships 2001), S. 104.

geber i.S.d. Art. 15 Abs. 2 Buchst. b) bzw. c) OECD-MA handeln kann.[1200] Nach Auffassung eines Teils der Literatur kann eine entsprechende Personengesellschaft kein (ansässiger) Arbeitgeber i.S.d. Art. 15 Abs. 2 Buchst. b) OECD-MA sein; stattdessen sei zur Bestimmung des Arbeitgebers (bzw. dessen Ansässigkeit) auf die hinter der Personengesellschaft stehenden Gesellschafter abzustellen.[1201] Dabei führt etwa GÜNDISCH zur Begründung dieser These an, der Sinn und Zweck von Vorschriften i.S.d. Art. 15 Abs. 2 Buchst. b) und c) OECD-MA bestünde darin, zu verhindern, dass der Arbeitslohn in einem Staat als Betriebsausgabe abgezogen werden kann, gleichzeitig aber gerade diesem Staat kein Besteuerungsrecht für den entsprechenden Arbeitslohn zusteht.[1202] Daher müsse es sich bei dem Arbeitgeber um ein „eigenständiges Besteuerungssubjekt" handeln, da nur ein solches „die Vergütung des Arbeitnehmers als Betriebsausgabe von ihrem zu versteuernden Einkommen abziehen kann".[1203] Auch die OECD stellt im Partnership-Report sowie im OECD-MK bezüglich der Begriffe „Arbeitgeber" und „Ansässigkeit" für Zwecke des Art. 15 Abs. 2 OECD-MA nicht auf die Personengesellschaft selbst, sondern auf die hinter der Personengesellschaft stehenden Gesellschafter ab.[1204]

Andere Vertreter der Literatur, die Rechtsprechung und die Finanzverwaltung gehen hingegen davon aus, dass auch (in beiden Staaten transparent besteuerte) Personengesellschaften Arbeitgeber i.S.d. Art. 15 Abs. 2 Buchst. b) bzw. c) OECD-MA sein können.[1205] Darüber hinaus will ein Teil der Literatur und auch die Finanzverwaltung zwecks Bestimmung der Ansässigkeit einer transparent besteuerten Personengesellschaft speziell bei Anwendung von Vorschriften i.S.d. Art. 15 Abs. 2 OECD-MA nicht – wie sonst – auf Vorschriften i.S.d. Art. 4 OECD-MA abstellen, sondern die Ansässigkeit i.S.v. Vorschriften nach dem Vorbild von Art. 15 Abs. 2 OECD-MA normspezifisch (anhand des Orts der Geschäftsleitung der Personengesellschaft) bestimmen.[1206] Auch Deutschland als Staat will Personengesellschaften als Arbeitgeber i.S.d. Art. 15 Abs. 2 Buchst. b) bzw. c) OECD-MA werten; zur Bestimmung der Ansässigkeit sei so zu tun, als wären auch transparent besteuerte Personengesellschaften Steuersubjekte und die Kriterien des Art. 4 Abs. 1 OECD-MA anzuwenden. Dies ergibt sich aus einem Vorbehalt, den

---

1200 Ebenso SCHÜLLER, EVA CAROLIN (Personengesellschaften 2014), S. 141. Vgl. außerdem auch SCHWENKE, MICHAEL (Kommentierung Art. 15 OECD-MA 2024), Rn. 114a sowie STEMLER, PATRICK (Sondervergütungen 2013), S. 93 ff.

1201 Vgl. GÜNDISCH, STEPHAN G. (Personengesellschaften 2004), S. 174; ZEHETNER, ULF (Personengesellschaften 2000), S. 168 ff.; ZEHETNER, ULF (Partnerships 2001), S. 107 und wohl auch LANG, MICHAEL (Partnerships 2000), S. 77.

1202 Vgl. GÜNDISCH, STEPHAN G. (Personengesellschaften 2004), S. 175.

1203 Vgl. auch wörtlich GÜNDISCH, STEPHAN G. (Personengesellschaften 2004), S. 175 und ähnlich ZEHETNER, ULF (Personengesellschaften 2000), S. 170 f.

1204 Vgl. OECD (Partnership-Report 1999), Tz. 91; OECD-MK zu Art. 15 OECD-MA, Tz. 6.2.

1205 Vgl. für die Literatur z.B. MÜLLER, MARION (Sondervergütungen 2009), S. 755; PYSZKA, TILLMANN/BRAUER, MICHAEL (Personengesellschaften 2004), Rn. 105; SCHÜLLER, EVA CAROLIN (Personengesellschaften 2014), S. 142; SCHWENKE, MICHAEL (Kommentierung Art. 15 OECD-MA 2024), Rn. 114a; für die Rechtsprechung BFH, Urteil vom 21.07.1999, I R 71/98, S. 338 und zur Auffassung der Finanzverwaltung BMF, Schreiben vom 12.12.2023, IV B 2 – S 1300/21/10024:005, Rn. 143.

1206 Vgl. PYSZKA, TILLMANN/BRAUER, MICHAEL (Personengesellschaften 2004), Rn. 105; SCHAUMBURG, HARALD/HÄCK, NILS (Bilaterale Maßnahmen 2023), Rn. 19.436; SCHWENKE, MICHAEL (Kommentierung Art. 15 OECD-MA 2024), Rn. 114a; SELENT, ALEXANDER/ENDRES, DIETER (Auslandsdienstreisen 1984), S. 87 f. sowie BMF, Schreiben vom 12.12.2023, IV B 2 – S 1300/21/10024:005, Rn. 143. Vgl. auch KEMPERMANN, MICHAEL (Kommentierung Art. 15 DBA-Schweiz 2024), Rn. 63.

Deutschland sowohl im Partnership-Report als auch im OECD-MK bezüglich der dort von der OECD vertretenen Auffassung (s.o.) hat anbringen lassen.[1207]

Auch m.E. kann eine Personengesellschaft Arbeitgeber i.S.d. Art. 15 Abs. 2 Buchst. b) bzw. c) OECD-MA sein. Eine Definition des Ausdrucks „Arbeitgeber" findet sich im OECD-MA zwar nicht.[1208] Es kann aber vertreten werden, der Zusammenhang des Abkommens erfordere ein besonderes Begriffsverständnis (Art. 3 Abs. 2 OECD-MA), sodass eine abkommensautonome Auslegung vorzunehmen und dementsprechend grundsätzlich kein Rückgriff auf das nationale Steuerrecht notwendig ist.[1209] Auch der BFH teilt diese Auffassung und sieht als Arbeitgeber denjenigen an, „der die Vergütungen für die ihm geleistete unselbständige Arbeit wirtschaftlich trägt".[1210] Da die Vergütungen, die eine Personengesellschaft für die ihr geleistete unselbständige Arbeit zahlt, in erster Linie ihren Gewinn – und nicht den des Mitunternehmers – mindert, ist die Personengesellschaft aber gerade diejenige, die die Vergütung wirtschaftlich trägt.[1211] Damit kann, sofern man der Auffassung folgt, der Abkommenszusammenhang erfordere hier ein besonderes Begriffsverständnis, der oben dargestellten h.M. insoweit gefolgt werden, als sie Personengesellschaften als Arbeitgeber i.S.d. Art. 15 Abs. 2 Buchst. b) bzw. c) OECD-MA anerkennt. Lehnt man alternativ die Auffassung ab, der Abkommenszusammenhang erfordere hier ein besonderes Begriffsverständnis, ist nach Vorschriften i.S.d. Art. 3 Abs. 2 OECD-MA (sofern die zuständigen Behörden der Vertragsstaaten nicht eine andere Bedeutung nach Vorschriften i.S.d. Art. 25 OECD-MA vereinbaren) vorrangig darauf abzustellen, welche Bedeutung dem Ausdruck nach dem Steuerrecht des jeweiligen Anwenderstaates zukommt. Nach nationalem deutschen Steuerrecht können aber – neben natürlichen und juristischen Personen – gerade auch Personengesellschaften Arbeitgeber sein.[1212] Damit kann auch insoweit der oben dargestellten h.M. gefolgt werden und damit können Personengesellschaften nach beiden zuvor dargestellten Auslegungsalternativen als Arbeitgeber i.S.d. Art. 15 Abs. 2 Buchst. b) bzw. c) OECD-MA angesehen werden.

M.E. kann eine in beiden Staaten transparent besteuerte Personengesellschaft jedoch nicht ein Arbeitgeber sein, der „im anderen Staat ansässig ist". Auch in Bezug auf Vorschriften i.S.d. Art. 15 Abs. 2 OECD-MA sollte die Ansässigkeit anhand von Vorschriften i.S.d. Art. 4 OECD-MA bestimmt werden.[1213] Dies ergibt sich m.E. schon daraus, dass Art. 4 OECD-MA (Ansässige Person) als Teil von Abschnitt II. des Musterabkommens unter der Überschrift „Begriffsbestimmungen" – genauso wie auch Art. 3 OECD-MA (Allgemeine Begriffsbestimmungen) und Art. 5 OECD-MA (Betriebsstätte) – Vorgaben machen will, die für das gesamte DBA

1207 Vgl. OECD (Partnership-Report 1999), Anhang II, Tz. 19; OECD-MK zu Art. 15 OECD-MA, Tz. 13.1.

1208 Vgl. SCHÜLLER, EVA CAROLIN (Personengesellschaften 2014), S. 141. Vgl. auch BFH, Beschluss vom 08.09.1982, I B 9/82, S. 72 (zu mehreren konkreten DBA).

1209 So z.B. PROKISCH, RAINER (Kommentierung Art. 15 OECD-MA 2021), Rn. 94.

1210 Vgl. auch wörtlich BFH, Urteil vom 21.08.1985, I R 63/80, S. 5 f.

1211 Vgl. BFH, Urteil vom 21.07.1999, I R 71/98, S. 338; a.A. ZEHETNER, ULF (Personengesellschaften 2000), S. 171.

1212 Vgl. z.B. TRZASKALIK, CHRISTOPH (Kommentierung § 38 EStG 2024), Rn. B 7.

1213 Vgl. KEMPERMANN, MICHAEL (Ansässigkeit 1982), S. 144; MACHENS, GABRIELE (Personengesellschaften 2007), S. 301 und dort Fn. 569; SCHÜLLER, EVA CAROLIN (Personengesellschaften 2014), S. 142; ZEHETNER, ULF (Personengesellschaften 2000), S. 170; ZEHETNER, ULF (Partnerships 2001), S. 106.

Gültigkeit beanspruchen. Wendet man Vorschriften i.S.d. Art. 4 OECD-MA zur Bestimmung der Ansässigkeit auch auf Personengesellschaften und im Rahmen von Vorschriften i.S.d. Art. 15 Abs. 2 OECD-MA an, kann eine in beiden Staaten transparent besteuerte Personengesellschaft – mangels persönlicher Steuerpflicht – keine ansässige Person und damit auch kein ansässiger Arbeitgeber sein.[1214]

Die auch hier vertretene Auffassung bewirkt damit jedoch in Bezug auf transparent besteuerte Personengesellschaften, dass die in Art. 15 Abs. 2 Buchst. b) OECD-MA vorgesehene Voraussetzung, damit dem Ansässigkeitsstaat das alleinige Besteuerungsrecht zukommt, immer gegeben ist, da die Vergütungen somit stets von einem Arbeitgeber gezahlt werden, der nicht im anderen Staat ansässig ist.[1215] Argumentiert werden könnte daher, dass dieses Resultat nicht dem Sinn und Zweck von Vorschriften i.S.d. Art. 15 Abs. 2 Buchst. b) OECD-MA entspricht.[1216] Dieser besteht, wie oben bereits dargestellt, darin, zu verhindern, dass der Arbeitslohn im Tätigkeitsstaat als Betriebsausgabe abgezogen werden kann, gleichzeitig aber gerade diesem Staat kein Besteuerungsrecht für den Arbeitslohn zusteht.[1217] Außer Acht gelassen wird bei einer dahingehenden Argumentation jedoch, dass die Voraussetzungen von Vorschriften i.S.d. Art. 15 Abs. 2 Buchst. c) OECD-MA ebenfalls vorliegen müssen, damit dem Ansässigkeitsstaat aufgrund von Vorschriften i.S.d. Art. 15 Abs. 2 OECD-MA tatsächlich das alleinige Besteuerungsrecht zukommt.[1218] Wie oben dargelegt, dürfen nach Vorschriften i.S.d. Art. 15 Abs. 2 Buchst. c) OECD-MA die Vergütungen nicht von einer Betriebsstätte getragen werden, die der Arbeitgeber im anderen Vertragsstaat hat. Eine gewerblich tätige Personengesellschaft unterhält am Ort der Geschäftsleitung aber (in der Regel) eine Betriebsstätte,[1219] sodass dann, wenn ein Mitunternehmer gegenüber dieser Betriebsstätte der Personengesellschaft eine nichtselbständige Arbeit erbringt, die Voraussetzung von Vorschriften i.S.d. Art. 15 Abs. 2 Buchst. c) OECD-MA, die bewirkt, dass dem Ansässigkeitsstaat das alleinige Besteuerungsrecht zukommt, nicht gegeben ist.[1220] Dem Quellenstaat steht bei einer dortigen Tätigkeit also doch ein Besteuerungsrecht zu und die auch hier vertretene Auffassung, dass eine in beiden Vertragsstaaten transparent besteuerte Personengesellschaft zwar ein Arbeitgeber, aber nicht ein ansässiger Arbeitgeber sein kann, führt vor diesem Hintergrund zu einer Verteilung der Besteuerungsrechte, die der Teleologie von Vorschriften i.S.d. Art. 15 Abs. 2 OECD-MA

1214 Vgl. MACHENS, GABRIELE (Personengesellschaften 2007), S. 300 f.; SCHWENKE, MICHAEL (Kommentierung Art. 15 OECD-MA 2024), Rn. 114a.

1215 Vgl. MACHENS, GABRIELE (Personengesellschaften 2007), S. 300 f.; ZEHETNER, ULF (Partnerships 2001), S. 104.

1216 So ZEHETNER, ULF (Partnerships 2001), S. 104, der aber beiläufig konstatiert, dass dem Ansässigkeitsstaat das alleinige Besteuerungsrecht nur „unter den übrigen Voraussetzungen des Art. 15 Abs 2 OECD-MA" zukommt.

1217 Vgl. GÜNDISCH, STEPHAN G. (Personengesellschaften 2004), S. 175.

1218 Ebenso SCHÜLLER, EVA CAROLIN (Personengesellschaften 2014), S. 143. Vgl. auch MACHENS, GABRIELE (Personengesellschaften 2007), S. 302.

1219 Vgl. die Ausführungen in Kapitel 4.3.1.1.

1220 Vgl. MACHENS, GABRIELE (Personengesellschaften 2007), S. 302; PROKISCH, RAINER (Kommentierung Art. 15 OECD-MA 2021), Rn. 111; SCHÜLLER, EVA CAROLIN (Personengesellschaften 2014), S. 143; SCHWENKE, MICHAEL (Kommentierung Art. 15 OECD-MA 2024), Rn. 114a. Vgl. auch ZEHETNER, ULF (Personengesellschaften 2000), S. 174 f.

entspricht.[1221] Festzuhalten bleibt jedoch, dass bei der hier vertretenen Auffassung im Ergebnis kein Unterschied zu der oben dargestellten Auffassung besteht, eine Personengesellschaft könne kein Arbeitgeber sein und es sei auf die hinter der Personengesellschaft stehenden Gesellschafter abzustellen, solange man davon ausgeht, dass die Betriebsstätte der Personengesellschaft die Vergütungen für die nichtselbständige Tätigkeit trägt.[1222] Letzteres verdeutlicht das folgende *Beispiel 3*.

Beispiel 3: Grenzüberschreitende unselbständige Tätigkeit – Personengesellschaften als Arbeitgeber

Der im Staat A ansässige M ist mitunternehmerisch an der gewerblich tätigen Personengesellschaft P, die ihre einzige Betriebsstätte in Deutschland hat, beteiligt und erhält von dieser für seine unselbständig in Deutschland ausgeübte Tätigkeit im Dienste der Gesellschaft eine Vergütung. Zwischen dem Staat A und Deutschland besteht ein DBA, das dem OECD-MA entspricht.

Nach Art. 15 Abs. 1 Satz 1 Halbs. 1 des DBA hat grundsätzlich Staat A das ausschließliche Besteuerungsrecht für die Vergütung. Allerdings wird M in Deutschland tätig, sodass nach Art. 15 Abs. 1 Satz 1 Halbs. 2, Satz 2 des DBA auch Deutschland ein Besteuerungsrecht zugewiesen wird.

Sieht man die Personengesellschaft P als den Arbeitgeber von M an, ist die Voraussetzung des Art. 15 Abs. 2 Buchst. c) des DBA nicht erfüllt, da die Vergütungen von einer Betriebsstätte getragen werden, die der Arbeitgeber (die Personengesellschaft) im anderen Staat (Deutschland) hat. Die Rückausnahme des Art. 15 Abs. 2 des DBA greift daher nicht und Deutschland als Tätigkeitsstaat steht ein Besteuerungsrecht zu.

Gleiches gilt dann, wenn man zur Bestimmung des Arbeitgebers statt auf die Personengesellschaft auf die hinter ihr stehenden Gesellschafter abstellt. Diesen wird die Betriebsstätte der Personengesellschaft zugerechnet,[1223] sodass auch hier der bzw. die Arbeitgeber eine Betriebsstätte in Deutschland unterhalten würden, welche die Vergütung trägt. Folglich wäre auch in diesem Fall Art. 15 Abs. 2 Buchst. c) des DBA nicht erfüllt und Deutschland stünde als Tätigkeitsstaat ein Besteuerungsrecht zu.

Das hier dargestellte Ergebnis, dass in Bezug auf Vergütungen aus einer nichtselbständigen Tätigkeit eines Mitunternehmers gegenüber der Betriebsstätte einer in beiden Staaten transparent besteuerten Personengesellschaft auch dem Betriebsstättenstaat nach Vorschriften i.S.d. Art. 15 Abs. 1, 2 OECD-MA ein Besteuerungsrecht zukommt, da die in Art. 15 Abs. 2 Buchst. c) OECD-MA vorgesehene Voraussetzung nicht erfüllt ist, gilt auch im Verhältnis zu Staaten, die Personengesellschaften als eigenes Steuersubjekt besteuern: Hält man hier zur Beurteilung der Arbeitgebereigenschaft und der Ansässigkeit der Personengesellschaft die deutsche Sichtweise für maßgeblich, gilt das oben bereits Dargestellte. Befindet man dagegen diesbezüglich die Sichtweise des ausländischen Staates, der die Personengesellschaft als eigenes Steuersubjekt besteuert, für ausschlaggebend,[1224] greift die Rückausnahme von Vorschriften

---

1221 Ebenso MACHENS, GABRIELE (Personengesellschaften 2007), S. 302; SCHWENKE, MICHAEL (Kommentierung Art. 15 OECD-MA 2024), Rn. 114a.

1222 Ebenso SCHÜLLER, EVA CAROLIN (Personengesellschaften 2014), S. 143; widersprüchlich hingegen ZEHETNER, ULF (Personengesellschaften 2000), S. 171 sowie 174 f. Vgl. dazu, dass die Betriebsstätte der Personengesellschaft die Vergütungen für die nichtselbständige Tätigkeit trägt, z.B. MACHENS, GABRIELE (Personengesellschaften 2007), S. 302; PROKISCH, RAINER (Kommentierung Art. 15 OECD-MA 2021), Rn. 111.

1223 Vgl. z.B. BFH, Urteil vom 08.09.2010, I R 74/09, Rn. 21.

1224 Bezüglich Personengesellschaften, die „im anderen Staat" als eigenes Steuersubjekt besteuert werden, folgt ein Teil der Literatur und die Finanzverwaltung der Sichtweise des anderen Vertragsstaates und sieht daher die jeweils in Rede stehende Personengesellschaft als ansässigen Arbeitgeber an; vgl. zur Auffassung des ani.S.d. Art. 15 Abs. 2 OECD-MA aufgrund von Vorschriften i.S.d. Art. 15 Abs. 2 Buchst. b) OECD-MA nicht; hier würden die Vergütungen nicht von einem Arbeitgeber oder für einen Arbeitgeber gezahlt werden, der nicht im anderen Staat ansässig ist.[1225]

Fraglich ist, ob auch Sonderbetriebsausgaben unter Vorschriften i.S.d. Art. 15 OECD-MA fallen. Auch hier gilt, dass bezüglich jeder Verteilungsnorm gesondert zu entscheiden ist, ob es sich bei dem durch sie verwendeten Einkünftebegriff um einen Nettobetrag i.S.v. Einkünften oder um einen Bruttobetrag i.S.v. Einnahmen handelt.[1226] Zu den Einkünften aus unselbständiger Arbeit rechnen „Gehälter, Löhne und ähnliche Vergütungen“[1227]. Gemeint ist damit ein Bruttobetrag i.S.v. Einnahmen.[1228] Im Ergebnis lassen sich unter Vorschriften i.S.d. Art. 15 OECD-MA daher zwar Sondervergütungen als Einnahmen subsumieren, die Normen treffen aber mit dem Voranstehenden keine Bestimmungen in Bezug auf Sonderbetriebsausgaben.[1229]

Steht nach Vorschriften i.S.d. Art. 15 Abs. 1 Satz 1 Halbs. 2, Satz 2 OECD-MA auch dem Tätigkeitsstaat ein Besteuerungsrecht zu, ist der Vermeidungsnorm des jeweils einschlägigen DBA zu entnehmen, ob der Ansässigkeitsstaat eine Doppelbesteuerung mit Hilfe der Freistellungs- oder mit Hilfe der Anrechnungsmethode zu vermeiden hat.[1230] Die von Deutschland abgeschlossenen DBA verpflichten Deutschland als Ansässigkeitsstaat regelmäßig zur Anwendung der Freistellungsmethode mit Progressionsvorbehalt.[1231]

4.3.2.7 Vorschriften i.S.d. Art. 21 OECD-MA

Art. 21 Abs. 1 OECD-MA sieht vor, dass Einkünfte einer in einem Vertragsstaat ansässigen Person, die in den vorstehenden Artikeln nicht behandelt wurden, ohne Rücksicht auf ihre Herkunft nur in diesem Staat besteuert werden können. Es handelt sich daher um eine Auffangvorschrift für Einkünfte, die in den anderen Artikeln respektive Verteilungsnormen des jeweiligen DBA nicht behandelt werden.[1232] Unter eine Vorschrift i.S.d. Art. 21 OECD-MA können damit z.B. – sofern nicht bereits von dem Artikel für Lizenzen des jeweiligen DBA erfasst –[1233] Einkünfte aus der Überlassung von beweglichem Vermögen (bspw. eines PKWs) fallen.[1234] Des Weiteren können Einkünfte, die aus dem Ansässigkeitsstaat stammen, und sog. Drittstaaten-

---

gesprochenen Teils der Literatur PROKISCH, RAINER (Kommentierung Art. 15 OECD-MA 2021), Rn. 111 sowie ZEHETNER, ULF (Partnerships 2001), S. 110 und zur Auffassung der Finanzverwaltung BMF, Schreiben vom 12.12.2023, IV B 2 – S 1300/21/10024:005, Rn. 143.

1225 Vgl. auch ZEHETNER, ULF (Partnerships 2001), S. 110.

1226 Vgl. BFH, Urteil vom 29.05.1996, I R 167/94, S. 61; BFH, Urteil vom 09.04.1997, I R 178/94, S. 658.

1227 Art. 15 Abs. 1 Satz 1 OECD-MA.

1228 Vgl. SCHAUMBURG, HARALD/HÄCK, NILS (Bilaterale Maßnahmen 2023), Rn. 19.422 und dort Fn. 5; SCHWENKE, MICHAEL (Kommentierung Art. 15 OECD-MA 2024), Rn. 54.

1229 Die Konsequenzen hieraus werden in Kapitel 4.4 eingehend erörtert.

1230 Vgl. MACHENS, GABRIELE (Personengesellschaften 2007), S. 298 und allgemein KUßMAUL, HEINZ (Steuerlehre 2020), S. 478; VOGEL, KLAUS (Internationales Steuerrecht 1997), S. 280.

1231 Vgl. SCHÜLLER, EVA CAROLIN (Personengesellschaften 2014), S. 103.

1232 Vgl. SCHAUMBURG, HARALD/HÄCK, NILS (Bilaterale Maßnahmen 2023), Rn. 19.473; SCHÜLLER, EVA CAROLIN (Personengesellschaften 2014), S. 103.

1233 Vgl. dazu Kapitel 4.3.2.4.

1234 Vgl. SCHÜLLER, EVA CAROLIN (Personengesellschaften 2014), S. 103 f.

einkünfte und damit Einkünfte, die nicht aus einem der beiden Vertragsstaaten stammen, unter Vorschriften i.S.d. Art. 21 OECD-MA zu subsumieren sein.[1235] Anwendung findet eine Vorschrift i.S.d Art. 21 OECD-MA damit bspw., wenn ein Mitunternehmer der Personengesellschaft grenzüberschreitend ein Grundstück überlässt, das nicht im Betriebsstättenstaat der Personengesellschaft belegen ist, da dann die Anwendungsvoraussetzungen von Vorschriften i.S.d. Art. 6 OECD-MA („unbeweglichem Vermögen […], das im anderen Vertragsstaat liegt") nicht erfüllt sind.[1236]

Grundsätzlich geht eine Vorschrift i.S.d. Art. 21 OECD-MA zwar nicht dem Artikel für Unternehmensgewinne vor.[1237] Wäre dies der Fall, würden etwa Sondervergütungen, die ein Mitunternehmer aus einer gewerblichen respektive unternehmerischen Tätigkeit gegenüber der Personengesellschaft erzielt, vorrangig unter Vorschriften i.S.d. Art. 21 OECD-MA fallen und könnten nur mit Hilfe von Vorschriften i.S.d. Art. 21 Abs. 2 OECD-MA (dazu sogleich) unter den Artikel für Unternehmensgewinne subsumiert werden. Eine Ausnahme ist jedoch bezüglich Einkünften aus dem Ansässigkeitsstaat und für Drittstaateneinkünfte zu machen.[1238] Zur Begründung führen WASSERMEYER/KAESER [1239] sowie RUST[1240] m.E. zutreffend an, dass sich ansonsten die Existenz von Art. 21 Abs. 2 OECD-MA nicht erklären ließe. Ginge der Artikel für Unternehmensgewinne immer einer Vorschrift i.S.d. Art. 21 OECD-MA vor, wäre der Abs. 2 des Art. 21 OECD-MA nicht erforderlich. Dieser sieht vor, dass Abs. 1 der Vorschrift auf andere Einkünfte als solche aus unbeweglichem Vermögen nicht anzuwenden ist, wenn der in einem Vertragsstaat ansässige Empfänger im anderen Vertragsstaat eine Geschäftstätigkeit durch eine dort gelegene Betriebsstätte ausübt und die Rechte oder Vermögenswerte, für die die Einkünfte gezahlt werden, tatsächlich zu dieser Betriebsstätte gehören. Ergänzend wird für den zuvor beschriebenen Fall die Anwendung des Artikels für Unternehmensgewinne und damit von Vorschriften i.S.d. Art. 7 OECD-MA angeordnet. Wenn man von einer generellen Vorrangigkeit von Art. 7 OECD-MA ausgeht, kommt man aber gar nicht in die Situation, Art. 21 Abs. 2 OECD-MA anwenden zu müssen, um eine u.U. bestehende Vorrangigkeit von Art. 7 OECD-MA ausmachen zu können.

Vorschriften i.S.d. Art. 21 OECD-MA sehen als Verteilungsnorm mit abschließender Rechtsfolge ein ausschließliches Besteuerungsrecht des Ansässigkeitsstaates vor, sodass ein Rückgriff

---

1235 Vgl. OECD-MK zu Art. 21 OECD-MA, Tz. 1; RUST, ALEXANDER (Kommentierung Art. 21 OECD-MA 2021), Rn. 3.

1236 Vgl. LIEBCHEN, DANIEL (Personengesellschaften 2008), S. 296. Vgl. auch SCHÜLLER, EVA CAROLIN (Personengesellschaften 2014), S. 174.

1237 Vgl. BÄRSCH, SVEN-ERIC/QUILITZSCH, CARSTEN (Kommentierung Art. 7 DBA-Schweiz 2024), Rn. 803, 864; BFH, Beschluss vom 19.12.2007, I R 66/06, S. 512; DÖTSCH, EWALD/PUNG, ALEXANDRA (Kapitalbeteiligungen 2019), S. 146 f.; WASSERMEYER, FRANZ/KAESER, CHRISTIAN (Kommentierung Art. 21 OECD-MA 2024), Rn. 62.

1238 Vgl. RUST, ALEXANDER (Kommentierung Art. 21 OECD-MA 2021), Rn. 53 f.; WASSERMEYER, FRANZ/KAESER, CHRISTIAN (Kommentierung Art. 21 OECD-MA 2024), Rn. 61 und speziell zu Drittstaateneinkünften BFH, Urteil vom 30.08.1995, I R 112/94, Ls. 2, S. 564; WASSERMEYER, FRANZ (Kommentierung Art. 7 OECD-MA 2024), Rn. 117. Zu allgemein daher bspw. SCHAUMBURG, HARALD/HÄCK, NILS (Bilaterale Maßnahmen 2023), Rn. 19.233 und dort Fn. 2 (genereller Vorrang von Vorschriften i.S.d. Art. 21 OECD-MA).

1239 Vgl. WASSERMEYER, FRANZ/KAESER, CHRISTIAN (Kommentierung Art. 21 OECD-MA 2024), Rn. 61.

1240 Vgl. RUST, ALEXANDER (Kommentierung Art. 21 OECD-MA 2021), Rn. 53.

auf die Vermeidungsnorm des jeweiligen DBA nicht erforderlich ist.[1241] Fraglich ist hier grundsätzlich, ob – ebenso wie bei den zuvor besprochenen spezielleren Verteilungsnormen – auch Sonderbetriebsausgaben und dabei insbesondere die mit Sondervergütungen zusammenhängenden Aufwendungen von Mitunternehmern unter Vorschriften i.S.d. Art. 21 Abs. 1 OECD-MA fallen. Auch hier gilt zwar, dass bezüglich jeder Verteilungsnorm gesondert zu entscheiden ist, ob es sich bei dem durch sie verwendeten Einkünftebegriff um einen Nettobetrag i.S.v. Einkünften oder um einen Bruttobetrag i.S.v. Einnahmen handelt.[1242] Der Quellenstaat darf aber – aufgrund des ausschließlichen Besteuerungsrechts des Ansässigkeitsstaates – weder einen Nettobetrag i.S.v. Einkünften noch einen Bruttobetrag i.S.v. Einnahmen besteuern.[1243] Letztlich kommt es daher allein auf das nationale Steuerrecht des Ansässigkeitsstaates bezüglich der Frage an, ob und wenn ja, welche Aufwendungen von den Erträgen in Abzug zu bringen sind.[1244] Wenn aber allein das nationale Recht des Ansässigkeitsstaates hinsichtlich der Berücksichtigung von Aufwendungen ausschlaggebend ist, braucht nicht erörtert zu werden, ob Sonderbetriebsausgaben auf Abkommensebene unter Vorschriften i.S.d. Art. 21 OECD-MA fallen. Dem Ansässigkeitsstaat wird durch Vorschriften i.S.d. Art. 21 OECD-MA schließlich sowohl eine Besteuerung von Einnahmen als auch eine Besteuerung von Einkünften erlaubt.[1245]

4.3.2.8 Betriebsstättenvorbehalte

Wie in Kapitel 4.3.1.2.1 dargestellt, ist bei der DBA-rechtlichen Einordnung von Sondervergütungen zunächst zu prüfen, ob auf die Vergütungen – vorrangig vor dem Artikel für Unternehmensgewinne – eine der spezielleren Verteilungsnormen des DBA und damit insbesondere Vorschriften i.S.d. Art. 6, 11, 12, 14, 15 oder 21 OECD-MA (a.F.) anwendbar sind. Zudem wurde dort aufgezeigt, dass dieses Vorgehen durch Art. 7 Abs. 4 OECD-MA bestätigt wird. Sofern eine der spezielleren Verteilungsnormen anwendbar ist, gilt es jedoch weiterhin zu prüfen, ob die Norm einen Betriebsstättenvorbehalt enthält und dieser zur Anwendung kommt.[1246] Greift ein Betriebsstättenvorbehalt, erfolgt die Verteilung der Besteuerungsrechte wiederum nach dem Artikel für Unternehmensgewinne.[1247] Derartige Betriebsstättenvorbehalte finden sich in den Art. 10 Abs. 4, 11 Abs. 4, 12 Abs. 3, 13 Abs. 2 und 21 Abs. 2 OECD-MA[1248] – insbesondere jedoch nicht in Vorschriften i.S.d. Art. 6, 14 und 15 OECD-MA.[1249] Lassen sich Sondervergütungen unter letztere Vorschriften subsumieren, verbleibt es daher definitiv bei

---

1241 Vgl. LIEBCHEN, DANIEL (Personengesellschaften 2008), S. 296; RUST, ALEXANDER (Kommentierung Art. 21 OECD-MA 2021), Rn. 24.

1242 Vgl. BFH, Urteil vom 29.05.1996, I R 167/94, S. 61; BFH, Urteil vom 09.04.1997, I R 178/94, S. 658.

1243 Vgl. WASSERMEYER, FRANZ/KAESER, CHRISTIAN (Kommentierung Art. 21 OECD-MA 2024), Rn. 16.

1244 Vgl. SCHAUMBURG, HARALD/HÄCK, NILS (Bilaterale Maßnahmen 2023), Rn. 19.473 und dort Fn. 2; WASSERMEYER, FRANZ/KAESER, CHRISTIAN (Kommentierung Art. 21 OECD-MA 2024), Rn. 16.

1245 Vgl. WASSERMEYER, FRANZ/KAESER, CHRISTIAN (Kommentierung Art. 21 OECD-MA 2024), Rn. 16.

1246 Vgl. auch GAH, MAXIMILIAN/WANGLER, CLEMENS (Inbound-Fall 2018), S. 818.

1247 Vgl. BMF, Schreiben vom 26.09.2014, IV B 5 – S 1300/09/10003, Tz. 2.2.1.; ECKARDT, JAN-EIKE (Personengesellschaften 2024), Rn. 7161, 7181; GAH, MAXIMILIAN/WANGLER, CLEMENS (Inbound-Fall 2018), S. 818.

1248 Vgl. BMF, Schreiben vom 26.09.2014, IV B 5 – S 1300/09/10003, Tz. 2.2.4.1.; ECKARDT, JAN-EIKE (Personengesellschaften 2024), Rn. 7181.

1249 Vgl. KEMPERMANN, MICHAEL (Sondervergütungen 2015), Rn. 2.75 f.

deren Anwendung.[1250] Dementsprechend sind bspw. Vergütungen, die eine Personengesellschaft ihrem mitunternehmerisch beteiligten Gesellschafter für eine nichtselbständige Tätigkeit grenzüberschreitend zahlt, stets vorrangig unter Vorschriften i.S.d. Art. 15 OECD-MA und damit unter den Artikel für eine unselbständige Tätigkeit des jeweiligen DBA zu fassen.[1251]

Die für Sondervergütungen relevanten Betriebsstättenvorbehalte der Art. 11 Abs. 4, 12 Abs. 3 und 21 Abs. 2 OECD-MA sehen Folgendes vor: Nach einer Vorschrift i.S.d. Art. 11 Abs. 4 OECD-MA sind die Abs. 1 und 2 der Vorschrift nicht anzuwenden, wenn der in einem Vertragsstaat ansässige Nutzungsberechtigte im anderen Vertragsstaat, aus dem die Zinsen stammen, eine Geschäftstätigkeit durch eine dort gelegene Betriebsstätte ausübt und die *Forderung*, für die die Zinsen gezahlt werden, *tatsächlich zu dieser Betriebstätte gehört*. In diesem Fall sind Vorschriften i.S.d. Art. 7 OECD-MA (Artikel für Unternehmensgewinne) anzuwenden. Eine Vorschrift i.S.d. Art. 12 Abs. 3 OECD-MA ordnet analog an, dass Abs. 1 der Vorschrift keine Anwendung findet, wenn der in einem Vertragsstaat ansässige Nutzungsberechtigte im anderen Vertragsstaat, aus dem die Lizenzgebühren stammen, eine Geschäftstätigkeit durch eine dort gelegene Betriebstätte ausübt und die *Rechte oder Vermögenswerte*, für die die Lizenzgebühren gezahlt werden, *tatsächlich zu dieser Betriebstätte gehören*. In diesem Fall ist ebenfalls der Artikel für Unternehmensgewinne (Art. 7 OECD-MA) anzuwenden. Weiterhin bestimmt, wie oben bereits dargestellt, eine Vorschrift i.S.d. Art. 21 Abs. 2 OECD-MA, dass Abs. 1 der Vorschrift bezüglich anderer Einkünfte als solchen aus unbeweglichem Vermögen nicht einschlägig ist, wenn der in einem Vertragsstaat ansässige Empfänger im anderen Vertragsstaat eine Geschäftstätigkeit durch eine dort gelegene Betriebstätte ausübt und die *Rechte oder Vermögenswerte*, für die die Einkünfte gezahlt werden, *tatsächlich zu dieser Betriebsstätte gehören*. Auch in diesem Fall ist der Artikel für Unternehmensgewinne (Art. 7 OECD-MA) anzuwenden.

Die Betriebsstättenvorbehalte fordern damit zur Anwendung des Artikels für Unternehmensgewinne einheitlich eine tatsächliche Zugehörigkeit des jeweiligen ertragsbringenden Vermögenswerts zu einer im anderen Vertragsstaat gelegenen Betriebsstätte, durch welche der Nutzungsberechtigte bzw. der Empfänger der entsprechenden Vergütungen eine Geschäftstätigkeit ausübt.[1252] Fraglich ist damit vor allem, wann eine derartige „tatsächliche Zugehörigkeit“ gegeben ist. Hierbei ist mit REINHOLD zunächst zu konstatieren, dass Letzteres bislang nur „wenig geklärt“ ist.[1253] Klar dürfte aber zunächst sein, dass der Begriff der tatsächlichen Zugehörigkeit,

---

1250 Vgl. GAH, MAXIMILIAN/WANGLER, CLEMENS (Inbound-Fall 2018), S. 818.

1251 Vgl. auch STEMLER, PATRICK (Sondervergütungen 2013), S. 95 f.; im Ergebnis ebenso BADETZ, BENJAMIN J.-F. (Tochterkapitalgesellschaften 2019), S. 318, der aber davon ausgeht, dass es von vornherein kein Konkurrenzverhältnis zwischen Vorschriften i.S.d. Art. 7 OECD-MA und solchen i.S.d. Art. 15 OECD-MA gibt, mit der Begründung, „dass die Artikel sich gegenseitig ausschließen, da die Tätigkeit nicht gleichzeitig unselbständig und selbständig sein kann“.

1252 Vgl. GAH, MAXIMILIAN/WANGLER, CLEMENS (Inbound-Fall 2018), S. 818; SCHÜLLER, EVA CAROLIN (Personengesellschaften 2014), S. 105.

1253 Vgl. auch wörtlich REINHOLD, MARTIN (Betriebsstätten 2018), Rn. 387 und ebenso HAGEMANN, TOBIAS/KAHLENBERG, CHRISTIAN (§ 50d Abs. 10 EStG 2015), S. 735.

der sich in den meisten Betriebsstättenvorbehalten findet, stets gleich auszulegen ist.[1254] Zudem ist durch die Rechtsprechung geklärt, dass zur Beurteilung, ob ein Vermögenswert tatsächlich zu einer Betriebsstätte gehört, nicht auf § 15 Abs. 1 Satz 1 Nr. 2 Satz 1 Halbs. 2 EStG und das dort enthaltene Zuordnungsprinzip[1255] abgestellt werden kann.[1256]

Aus der Zwecksetzung der Betriebsstättenvorbehalte lässt sich in Bezug auf Obenstehendes jedoch Folgendes ableiten: Diese besteht darin, dem Betriebsstättenstaat das Besteuerungsrecht für die Erträge zuzuweisen, die aus Vermögenswerten stammen, die einen Beitrag zu dem Ergebnis der Betriebsstätte geleistet haben.[1257] Daher ist ein funktionaler Zusammenhang zwischen dem jeweiligen Vermögenswert und der unternehmerischen Tätigkeit, die in der Betriebsstätte ausgeübt wird, erforderlich.[1258] Dementsprechend müssen die Erträge aus dem Vermögenswert Nebenerträge zu der Haupttätigkeit der Betriebsstätte darstellen, „die nach der Verkehrsauffassung zu der Tätigkeit gehören, bei der das Schwergewicht der in der Betriebsstätte ausgeübten Unternehmenstätigkeit liegt".[1259] Gegen einen funktionalen Zusammenhang spricht hingegen, dass die in Rede stehenden Erträge keinen (positiven) Einfluss auf die Einkünfte aus der in der Betriebsstätte ausgeübten unternehmerischen Tätigkeit haben.[1260] Grundvoraussetzung für den funktionalen Zusammenhang ist mithin, dass die jeweiligen Vermögenswerte bei der Betriebsstätte zu einem Aktivposten führen und nicht bei dieser passiviert werden;[1261] andernfalls leisten die Vermögenswerte keinen Beitrag zu dem Ergebnis der Betriebsstätte und die Betriebsstättenvorbehalte greifen – entsprechend ihrer Zwecksetzung (s.o.) – nicht ein.[1262] Einen Aktivposten stellen aber Vermögenswerte, die zu Sondervergütungen führen, also bspw. ein Darlehen, das der Mitunternehmer der Personengesellschaft verzinslich gewährt hat, nicht dar.[1263] In der Konsequenz führen Sondervergütungen aus Sicht der Personengesellschaft respektive der Betriebsstätte zu Aufwendungen und nicht zu Erträgen.[1264] Eine tatsächliche Zugehörigkeit von Sondervergütungen zur Betriebsstätte der Personengesellschaft scheidet damit aus und die Betriebsstättenvorbehalte greifen insoweit nicht.[1265]

1254 Vgl. WASSERMEYER, FRANZ/KAESER, CHRISTIAN (Kommentierung Art. 21 OECD-MA 2024), Rn. 82 und implizit auch KEMPERMANN, MICHAEL (Kommentierung Art. 21 DBA-Schweiz 2024), Rn. 18 sowie RUST, ALEXANDER (Kommentierung Art. 21 OECD-MA 2021), Rn. 58.

1255 Vgl. dazu ausführlich die Ausführungen in Kapitel 3.1.2.1.2.2.2.

1256 Ständige Rechtsprechung des BFH, vgl. z.B. BFH, Urteil vom 27.02.1991, I R 15/89, S. 447; BFH, Urteil vom 17.10.2007, I R 5/06, S. 358. Vgl. bspw. auch GÜNKEL, MANFRED/LIEBER, BETTINA (Sondervergütungen 2000), S. 854; anders z.B. KRAMER, JÖRG-DIETRICH (Steuerpflicht 2014), S. 22: „Für die Zuordnung nach innerstaatlichem Gesetzesrecht gelten dieselben Kriterien wie nach Abkommensrecht".

1257 Vgl. BFH, Urteil vom 27.02.1991, I R 15/89, S. 446; BFH, Urteil vom 27.02.1991, I R 96/89, S. 386.

1258 Vgl. BFH, Urteil vom 30.08.1995, I R 112/94, S. 565.

1259 Vgl. auch wörtlich BFH, Urteil vom 30.08.1995, I R 112/94, S. 565.

1260 Vgl. BFH, Urteil vom 30.08.1995, I R 112/94, S. 565.

1261 Ebenfalls ständige Rechtsprechung des BFH, vgl. z.B. BFH, Urteil vom 26.02.1992, I R 85/91, S. 939.

1262 Vgl. BFH, Urteil vom 27.02.1991, I R 15/89, S. 446 f.; BFH, Urteil vom 27.02.1991, I R 96/89, S. 386 f.

1263 Vgl. BFH, Urteil vom 27.02.1991, I R 15/89, S. 446 f.

1264 Vgl. BFH, Urteil vom 31.05.1995, I R 74/93, S. 685.

1265 Vgl. z.B. BFH, Urteil vom 27.02.1991, I R 15/89, S. 447; BFH, Urteil vom 27.02.1991, I R 96/89, S. 387; BFH, Urteil vom 17.10.2007, I R 5/06, S. 359; GÜNKEL, MANFRED/LIEBER, BETTINA (Sondervergütungen 2000), S. 854, 858. Vgl. auch PILTZ, DETLEV JÜRGEN (Sondervergütungen 2003), S. 151 f. A.A. ISMER, ROLAND/KOST, SEBASTIAN (Sondervergütungen 2007), S. 124.

In einzelnen DBA sind die Betriebsstättenvorbehalte abweichend vom OECD-MA formuliert und fordern zum Teil nicht explizit eine „*tatsächliche* Zugehörigkeit“.[1266] Bspw. bestimmt Art. 10 Abs. 2 Satz 1 DBA-Frankreich, dass der Artikel für Zinsen nicht anzuwenden ist, wenn der Bezugsberechtigte der Zinsen oder der sonstigen Einkünfte im anderen Vertragsstaat eine Betriebsstätte hat und die Forderung *zum Vermögen dieser Betriebsstätte gehört*. Nach grundsätzlicher Auffassung des BFH[1267], der Meinung von Teilen der Literatur[1268] und wohl auch der Finanzverwaltung[1269] sind entsprechende Betriebsstättenvorbehalte dennoch in gleicher Weise auszulegen wie diejenigen Betriebsstättenvorbehalte, die dem OECD-MA wörtlich entsprechen, sodass auch hiernach Sondervergütungen nicht aufgrund des Betriebsstättenvorbehalts unter den jeweiligen Artikel für Unternehmensgewinne zu subsumieren sind. Dem ist m.E. zuzustimmen, da es nicht auf einen – im Ergebnis nichtssagenden – Formulierungsunterschied, sondern auf den mit den Betriebsstättenvorbehalten verfolgten und oben dargelegten Zweck ankommt.[1270]

4.3.3 Spezielle Vorschriften für Sondervergütungen in bestimmten DBA

Eine ausdrückliche Regelung in Bezug auf Sondervergütungen ist, wie dargelegt,[1271] in Vorschriften, die Art. 7 OECD-MA entsprechen, nicht enthalten.[1272] Bestimmte DBA (z.B. das DBA-Schweiz oder das DBA-Österreich) sehen hingegen explizit eine Sonderregelung für Sondervergütungen vor.[1273] So bestimmt bspw. Art. 7 Abs. 7 DBA-Schweiz, dass Art. 7 und damit der Artikel für Unternehmensgewinne des DBA auch für Einkünfte aus der Beteiligung an einer Personengesellschaft gilt und sich auf Vergütungen erstreckt, die ein Gesellschafter einer Personengesellschaft von der Gesellschaft für seine Tätigkeit im Dienst der Gesellschaft, für die Gewährung von Darlehen oder für die Überlassung von Wirtschaftsgütern bezieht, wenn diese

---

[1266] Vgl. auch BMF, Schreiben vom 16.04.2010, IV B 2 – S 1300/09/10003, Tz. 2.2.4.1.

[1267] Vgl. BFH, Urteil vom 10.08.2006, II R 59/05, S. 765 f.; BFH, Urteil vom 17.10.2007, I R 5/06, S. 358. M.E. widersprüchlich dazu aber BFH, Urteil vom 13.02.2008, I R 63/06, S. 420. In dem Judikat entschied der BFH, dass Vorschriften i.S.d. Art. 13 Abs. 2 OECD-MA nicht wie die übrigen Betriebsstättenvorbehalte auszulegen sind, da in Vorschriften i.S.d. Art. 13 Abs. 2 OECD-MA gerade keine *tatsächliche* Zugehörigkeit gefordert wird, sondern die (einfache) Zugehörigkeit zum Betriebsvermögen der Betriebsstätte ausreichend ist.

[1268] Vgl. bspw. HANSEN, CHRISTIAN (Personengesellschaftsbeteiligungen 2009), S. 135; a.A. z.B. STEMLER, PATRICK (Sondervergütungen 2013), S. 127.

[1269] Zuvor explizit BMF, Schreiben vom 16.04.2010, IV B 2 – S 1300/09/10003, Tz. 2.2.4.1.: „Ein von den funktionalen Zuordnungskriterien abweichendes Verständnis ist aus diesen Formulierungen jedoch nicht herzuleiten.“; heute nur noch implizit BMF, Schreiben vom 26.09.2014, IV B 5 – S 1300/09/10003, Tz. 2.2.4.1., wo – im Unterschied zur Rechtsprechung des BFH – konsistent bezüglich aller Betriebsstättenvorbehalte und damit auch in Bezug auf Vorschriften i.S.d. Art. 13 Abs. 2 OECD-MA eine einheitliche Auslegung gefordert wird. Wie in Fn. 1267 dargestellt, verlangen letztere Vorschriften keine tatsächliche, sondern nur eine (einfache) Zugehörigkeit zum Betriebsvermögen der Betriebsstätte. Daher ist m.E. davon auszugehen, dass die Finanzverwaltung aufgrund von Formulierungsunterschieden in einzelnen Betriebsstättenvorbehalten auch weiterhin keine unterschiedliche Auslegung vornehmen wird.

[1270] Ebenso HANSEN, CHRISTIAN (Personengesellschaftsbeteiligungen 2009), S. 135.

[1271] Vgl. Kapitel 4.3.1.1.

[1272] Vgl. z.B. GOSCH, DIETMAR (Zuordnung 2003), S. 92 f.

[1273] Vgl. auch BMF, Schreiben vom 26.09.2014, IV B 5 – S 1300/09/10003, Tz. 5.2.; ROSENBERG, OLIVER (Sonderbetriebsbereich 2015), Rn. 11.77.

Vergütungen nach dem Steuerrecht des Vertragsstaates, in dem die Betriebsstätte gelegen ist, den Einkünften des Gesellschafters aus dieser Betriebsstätte zugerechnet werden. Von einer solchen Vorschrift sind nach Auffassung der Finanzverwaltung und des BFH neben Sondervergütungen auch die durch das Sonderbetriebsvermögen veranlassten Erträge und Aufwendungen erfasst,[1274] sodass danach (wohl) auch die mit den Sondervergütungen zusammenhängenden Aufwendungen von Mitunternehmern eingeschlossen wären. Mehrere Vertreter der Literatur lehnen die zuvor dargestellte Auffassung indes ab.[1275]

Eine Übersicht über die Abkommen, die eine entsprechende Sonderregelung aufweisen, enthält das BMF-Schreiben vom 26.09.2014.[1276] Sonstige Bestimmungen in Bezug auf Einkünfte aus Personengesellschaften, die sich in manchen anderen DBA – wie bspw. dem DBA-Frankreich und dort in Art. 4 Abs. 3 – finden und welche nicht speziell auf Sondervergütungen eingehen, sind dabei nach KUDERT/KAHLENBERG nicht als Sonderregelungen zu werten, die auch Sondervergütungen betreffen.[1277] Dem ist m.E. zuzustimmen; ansonsten wäre die explizite Formulierung von Bestimmungen speziell für Sondervergütungen in den oben angesprochenen DBA obsolet.

Der Wortlaut der meisten Sonderregelungen für Sondervergütungen in den DBA stimmt mit dem des zuvor dargestellten Art. 7 Abs. 7 DBA-Schweiz überein; insbesondere enthalten diese DBA an der entsprechenden Stelle die Bezugnahme auf das innerstaatliche Steuerrecht des Betriebsstättenstaates, etwa in der Form: „wenn diese Vergütungen *nach dem Steuerrecht des Vertragsstaates, in dem die Betriebsstätte gelegen ist*, den Einkünften des Gesellschafters aus dieser Betriebsstätte zugerechnet werden".[1278] Wenn bei Anwendung dieser DBA das innerstaatliche Steuerrecht des Vertragsstaates, in dem die Betriebsstätte gelegen ist, die Vergütungen nicht den Einkünften des Gesellschafters aus dieser Betriebsstätte zurechnet, verbleibt es bei der Anwendung der in den Kapiteln zuvor besprochenen spezielleren Verteilungsnormen (z.B. Art. 6, 11 oder 15 OECD-MA) aufgrund des in den DBA geltenden lex-specialis-Grundsatzes.[1279] Die Sonderregelungen mit einer entsprechenden Bezugnahme auf das innerstaatliche Steuerrecht des Betriebsstättenstaates greifen daher nur im Inbound-Fall sowie im Outbound-Fall im Verhältnis zu den wenigen Staaten, in denen ebenfalls das Sondervergütungskonzept gilt.[1280] Demgegenüber fehlt die Bezugnahme auf das innerstaatliche Steuerrecht in den Sonderregelungen, die sich in Tz. 2 Buchst. b) des Protokolls zum DBA-Türkei und in Tz. 2 des

[1274] Vgl. BMF, Schreiben vom 26.09.2014, IV B 5 – S 1300/09/10003, Tz. 5.2. sowie BFH, Urteil vom 26.02.1992, I R 85/91, S. 940.

[1275] Vgl. KUDERT, STEPHAN/KAHLENBERG, CHRISTIAN (Mitunternehmerschaften 2013), S. 808; LÜDICKE, JÜRGEN (Deutsche Abkommenspolitik 2012), S. 60 f.; POHL, CARSTEN (Sondervergütungsregelungen 2012), S. 124 f.

[1276] Vgl. BMF, Schreiben vom 26.09.2014, IV B 5 – S 1300/09/10003, Tz. 5.2. Vgl. zudem die Aufzählung entsprechender DBA von KUDERT, STEPHAN/KAHLENBERG, CHRISTIAN (Mitunternehmerschaften 2013), S. 807 und dort Fn. 66.

[1277] Vgl. KUDERT, STEPHAN/KAHLENBERG, CHRISTIAN (Mitunternehmerschaften 2013), S. 808.

[1278] Vgl. KUDERT, STEPHAN/KAHLENBERG, CHRISTIAN (Mitunternehmerschaften 2013), S. 807, Fn. 66 [Hervorhebung d.Verf.]. Vgl. auch LÜDICKE, JÜRGEN (Deutsche Abkommenspolitik 2012), S. 59 f.

[1279] Vgl. HÄCK, NILS/KORFF, MATTHIAS (Kommentierung Art. 5 DBA-Schweiz 2024), Rn. 46; KUDERT, STEPHAN/KAHLENBERG, CHRISTIAN (Mitunternehmerschaften 2013), S. 807; ROSENBERG, OLIVER (Sonderbetriebsbereich 2015), Rn. 11.80.

[1280] Vgl. KUDERT, STEPHAN/KAHLENBERG, CHRISTIAN (Mitunternehmerschaften 2013), S. 807.

Protokolls zum DBA-Zypern finden.[1281] Folglich kommen diese Sonderregelungen auch im Outbound-Fall und unabhängig davon zur Anwendung, ob das innerstaatliche Steuerrecht des Vertragsstaates, in dem die Betriebsstätte der Personengesellschaft gelegen ist (Türkei bzw. Zypern), ein Sondervergütungskonzept kennt.[1282]

Sofern eine entsprechende Sonderregelung zur Anwendung kommt, stellt sich weiterhin die Frage, anhand welcher Kriterien die Zuordnung der Sondervergütungen bzw. der damit zusammenhängenden Aufwendungen vorzunehmen ist. Der überwiegende Teil der Literatur ist dabei der Auffassung, die Zuordnung müsse stets zu der respektive zu einer der Betriebsstätten der Personengesellschaft erfolgen.[1283] Der dabei anzulegende Maßstab wird von den entsprechenden Vertretern der Literatur dabei aber oft nicht (explizit) genannt oder es wird auf den Grund, warum ein bestimmter Maßstab angewandt wird, nicht weiter eingegangen. Weitergehend als der zuvor angesprochene Teil der Literatur fordern FRANZ/VOULON, die Zuordnung stets zur Geschäftsleitungsbetriebsstätte der Personengesellschaft vorzunehmen, besprechen dabei den anzulegenden Maßstab für die Zuordnung jedoch ebenfalls nicht ausführlich.[1284]

HÄCK/KORFF sehen hingegen eine Zuordnung zu der bzw. einer der Betriebsstätten der Personengesellschaft nicht als zwingend an.[1285] Die Zuordnung könne auch zu einer Mitunternehmerbetriebsstätte[1286] im Ansässigkeitsstaat des jeweiligen Gesellschafters erfolgen.[1287] HÄCK/KORFF verweisen zur Unterlegung ihrer Auffassung auf das BFH-Urteil vom 10.07.2002 (I R 71/01)[1288]. Die Entscheidung des Gerichts kann in der Tat so verstanden werden, dass der BFH auch eine Zuordnung zu einer Mitunternehmerbetriebsstätte in Betracht zieht. Allerdings spricht der BFH in dem Urteil zunächst von der inländischen Geschäftsleitungsbetriebsstätte der Personengesellschaft, welche dem Mitunternehmer zuzurechnen ist.[1289] Im Anschluss beschreibt er, dass der in dem Judikat in Rede stehende Mitunternehmer ggf. auch eine Betriebsstätte im Ausland hat, wenn er dort Tätigkeiten in den Räumlichkeiten einer Gesellschaft, die ebenfalls an der Personengesellschaft beteiligt ist, für die Personengesellschaft ausgeübt hat. Dies kann auch so verstanden werden, dass der BFH davon ausgeht, dass durch diese Tätigkeiten ggf. eine weitere Betriebsstätte der Personengesellschaft entsteht, die dann ebenfalls dem Mitunternehmer zuzurechnen ist.

1281 Vgl. auch KUDERT, STEPHAN/KAHLENBERG, CHRISTIAN (Mitunternehmerschaften 2013), S. 807; LÜDICKE, JÜRGEN (Deutsche Abkommenspolitik 2012), S. 60.

1282 Vgl. KUDERT, STEPHAN/KAHLENBERG, CHRISTIAN (Mitunternehmerschaften 2013), S. 807 f.

1283 Vgl. KUDERT, STEPHAN/KAHLENBERG, CHRISTIAN (Mitunternehmerschaften 2013), S. 807; MITSCHKE, WOLFGANG (Anmerkung 2011), S. 183; ROSENBERG, OLIVER (Sonderbetriebsbereich 2015), Rn. 11.78 f.; SCHMIDT, CHRISTIAN (Sondervergütungen 2010), S. 2437; WEGGENMANN, HANS R./RÖDL, CHRISTIAN (Sonderregelungen 2008), S. 714.

1284 Vgl. FRANZ, EINIKO B./VOULON, MARCEL (Sondervergütungen 2011), S. 1113: „u. a. aufgrund der Systematik des Unternehmensgewinnartikels".

1285 Vgl. HÄCK, NILS/KORFF, MATTHIAS (Kommentierung Art. 5 DBA-Schweiz 2024), Rn. 46. Vgl. auch HÄCK, NILS (Auslegung 2011), S. 73.

1286 Vgl. zum Begriff ausführlich die Ausführungen in Kapitel 3.1.2.1.2.1.2.

1287 Vgl. HÄCK, NILS/KORFF, MATTHIAS (Kommentierung Art. 5 DBA-Schweiz 2024), Rn. 44 ff.

1288 Vgl. BFH, Urteil vom 10.07.2002, I R 71/01, S. 191 ff.

1289 Vgl. auch im Folgenden BFH, Urteil vom 10.07.2002, I R 71/01, S. 194.

Den für die Zuordnung der Sondervergütungen anzulegenden Maßstab lassen HÄCK/KORFF jedenfalls genauso wie die oben dargelegten Literaturstimmen offen. Gleiches gilt m.E. für den BFH: Im Urteil vom 17.10.1990 (I R 16/89)[1290] wendet der BFH m.E. (nur) die no floating income-Theorie[1291] an – die Zuordnung der in dem Urteil in Rede stehenden Sondervergütungen in Form von Zinsen erfolgt zu der inländischen Betriebsstätte einer KGaA, da keine anderweitigen Betriebsstätten existieren.[1292] Der ansonsten – bei Bestehen von weiteren Betriebsstätten – anzulegende Maßstab bleibt aber unklar. Im Urteil vom 10.07.2002 (I R 71/01)[1293] geht der BFH, wie oben dargestellt, zwar davon aus, dass Sondervergütungen im Inbound-Fall ggf. auch einer Betriebsstätte im Ausland zuzuordnen sind, äußert sich dabei aber nicht zu dem diesbezüglich einschlägigen Zuordnungsprinzip.

M.E. muss, soweit bei Anwendung der abkommensrechtlichen Sonderregelungen für Sondervergütungen auf das nationale deutsche Steuerrecht abzustellen ist, der in § 15 Abs. 1 Satz 1 Nr. 2 Satz 1 Halbs. 2 EStG enthaltene und in Kapitel 3.1.2.1.2.2.2 ausführlich besprochene Zuordnungsmaßstab für Sondervergütungen auch auf Abkommensebene zur Anwendung gelangen, sodass die Zuordnung der Sondervergütungen zu der Betriebsstätte der Personengesellschaft erfolgt, die den Aufwand aus den Sondervergütungen trägt.[1294] Als Grund für diese Auffassung ist der nahezu identische Wortlaut zwischen der nationalen Regelung des § 15 Abs. 1 Satz 1 Nr. 2 Satz 1 Halbs. 2 EStG und den abkommensrechtlichen Sonderregelungen für Sondervergütungen ins Feld zu führen; dieser spricht dafür, dass auch der Sinn und Zweck der Vorschriften übereinstimmt und daher eine identische Auslegung geboten ist.[1295]

Bezüglich der mit den Sondervergütungen zusammenhängenden Aufwendungen von Mitunternehmern lässt sich aufbauend auf der Rechtsprechung des BFH und der Auffassung der Finanzverwaltung (s.o.) vertreten, dass auch diese Sonderbetriebsausgaben von einer entsprechenden abkommensrechtlichen Sonderregelung erfasst werden und daher ebenfalls wie im rein nationalen Steuerrecht zuzuordnen sind. Dies würde bedeuten, dass anhand des Veranlassungsprinzips eine Zuordnung zu der Betriebsstätte erfolgt, der die jeweilige Sondervergütung des Mitunternehmers zugeordnet wird.[1296] Lehnt man die zuvor angesprochene Auffassung vom BFH und der Finanzverwaltung hingegen ab, sind die entsprechenden Sonderbetriebsausgaben m.E. mangels Anwendbarkeit einer spezielleren Verteilungsnorm unter Art. 7 Abs. 1 und Abs. 2 des jeweiligen DBA zu subsumieren.[1297] Am Ergebnis ändert sich dadurch aber nichts: Die Zuordnung erfolgt ebenfalls anhand des Veranlassungsprinzips zu der Betriebsstätte, zu der eine Zuordnung der jeweiligen Sondervergütung des Mitunternehmers erfolgt.[1298] Insofern kann der

1290 Vgl. BFH, Urteil vom 17.10.1990, I R 16/89, S. 211 ff.

1291 Vgl. dazu Kapitel 3.1.2.1.2.1.3 und Kapitel 4.3.1.3.1.3.

1292 Vgl. BFH, Urteil vom 17.10.1990, I R 16/89, S. 212 f.

1293 Vgl. BFH, Urteil vom 10.07.2002, I R 71/01, S. 191 ff.

1294 Vgl. auch KUDERT, STEPHAN/KAHLENBERG, CHRISTIAN (Mitunternehmerschaften 2013), S. 807; SCHMIDT, CHRISTIAN (Sondervergütungen 2010), S. 2437: „Zurechnung zur Betriebsstätte, aus der sie abfließen".

1295 Vgl. auch POHL, CARSTEN (Sondervergütungsregelungen 2012), S. 121 f., 124.

1296 Vgl. dazu die Ausführungen in Kapitel 3.1.2.1.2.2.3.

1297 Vgl. dazu die Ausführungen in Kapitel 4.3.1.2.2.

1298 Vgl. dazu die Ausführungen in Kapitel 4.3.1.3.2 und Kapitel 4.3.1.3.3.

oben dargestellte Streit, ob eine abkommensrechtliche Sonderregelung zu Sondervergütungen auch die durch das gesamte Sonderbetriebsvermögen veranlassten Erträge und Aufwendungen umfasst, hier unentschieden bleiben.

4.4 Auswirkungen von DBA auf die nationale Besteuerung von Sondervergütungen bzw. von den damit zusammenhängenden Aufwendungen

4.4.1 Auswirkungen im Outbound-Fall

In den vorangehenden Kapiteln wurde gezeigt, dass die relevanten Verteilungsnormen für Sondervergütungen zum Teil ein ausschließliches Besteuerungsrecht des Ansässigkeitsstaates des jeweiligen Mitunternehmers vorsehen (Vorschriften i.S.d. Art. 12 sowie 21 OECD-MA und zum Teil auch solche i.S.d. Art. 7, 14 und 15 OECD-MA (a.F.)), sodass zur Vermeidung einer Doppelbesteuerung kein Rückgriff auf die Vermeidungsnorm des jeweils einschlägigen DBA notwendig ist.[1299] Der Ansässigkeitsstaat darf hier ungehindert besteuern, wohingegen der Quellenstaat auf eine Besteuerung der betreffenden Einkünfte verzichten muss.[1300] Zum Teil belassen die relevanten Verteilungsnormen jedoch ein Besteuerungsrecht beim Ansässigkeits- und beim Quellenstaat (Vorschriften i.S.d. Art. 6 sowie 11 OECD-MA und zum Teil auch solche i.S.d. Art. 7, 14 und 15 OECD-MA (a.F.)), sodass der Vermeidungsnorm des jeweils einschlägigen DBA zu entnehmen ist, ob der Ansässigkeitsstaat eine Doppelbesteuerung mit Hilfe der Freistellungs- oder mit Hilfe der Anrechnungsmethode zu vermeiden hat.[1301] Ist Deutschland der Ansässigkeitsstaat, so ergeben sich in Abhängigkeit von Letzterem folgende Auswirkungen auf die nationale Besteuerung von Sondervergütungen:

Ist nach den Vermeidungsnormen die Freistellungsmethode i.S.d. Art. 23A OECD-MA durchzuführen, sind durch den Ansässigkeitsstaat Deutschland die im Quellenstaat erzielten und nach dem Welteinkommensprinzip potenziell besteuerbaren Einkünfte von der inländischen Bemessungsgrundlage der Einkommen- oder Körperschaftsteuer auszunehmen.[1302] Vorschriften i.S.d. Art. 23A Abs. 3 OECD-MA ermöglichen hierbei jedoch, dass die von der Bemessungsgrundlage auszunehmenden Einkünfte bei der Ermittlung des Steuersatzes, der auf das übrige Einkommen anzuwenden ist, berücksichtigt werden dürfen.[1303] Der dazugehörige Progressionsvorbehalt ist im deutschen Einkommensteuerrecht in § 32b Abs. 1 Satz 1 Nr. 3 EStG normiert.[1304] Danach ist auf das zu versteuernde Einkommen einer unbeschränkt steuerpflichtigen Person ein

---

1299 Vgl. dazu allgemein BRÄHLER, GERNOT (Internationales Steuerrecht 2014), S. 120 f.; VOGEL, KLAUS (Internationales Steuerrecht 1997), S. 280.

1300 Vgl. VOGEL, KLAUS (Internationales Steuerrecht 1997), S. 280.

1301 Vgl. dazu allgemein KUßMAUL, HEINZ (Steuerlehre 2020), S. 478; VOGEL, KLAUS (Internationales Steuerrecht 1997), S. 280.

1302 Vgl. FROTSCHER, GERRIT (Internationales Steuerrecht 2020), Rn. 305; GÜNDISCH, STEPHAN G. (Personengesellschaften 2004), S. 65.

1303 Vgl. FROTSCHER, GERRIT (Internationales Steuerrecht 2020), Rn. 315 f.

1304 Vgl. FROTSCHER, GERRIT (Internationales Steuerrecht 2020), Rn. 316.

besonderer Steuersatz anzuwenden, wenn die Person Einkünfte bezogen hat, die nach einem DBA steuerfrei sind (§ 32b Abs. 1 Satz 1 Nr. 3 EStG). Der besondere Steuersatz ist dabei gemäß § 32b Abs. 2 Nr. 2 Satz 1 i.V.m. Abs. 1 Satz 1 Nr. 3 EStG der Steuersatz, der sich ergibt, wenn das zu versteuernde Einkommen um die steuerfreien Einkünfte erhöht wird.[1305] In Bezug auf unbeschränkt steuerpflichtige Körperschaftsteuersubjekte ist – aufgrund des nicht progressiv ansteigenden Körperschaftsteuertarifs i.H.v. von derzeit 15 % – die Anwendung eines Progressionsvorbehalts selbstredend obsolet.

Ist nach den Vermeidungsnormen hingegen die Anrechnungsmethode i.S.d. Art. 23B OECD-MA durchzuführen, besteuert der Ansässigkeitsstaat zwar die Einkünfte aus dem Quellenstaat, rechnet jedoch die darauf entfallende ausländische Steuer auf seinen eigenen Steueranspruch an.[1306] Vorschriften i.S.d. Art. 23B Abs. 1 Satz 2 OECD-MA ermöglichen es den Vertragsstaaten hierbei allerdings, die Anrechnung der ausländischen Steuer der Höhe nach zu beschränken.[1307] Um die Höhe der anrechenbaren ausländischen Steuer zu ermitteln, ist aus deutscher Sicht auf die Berechnungsvorschrift des § 34c Abs. 1 Satz 2 EStG abzustellen.[1308] Danach bestimmt sich die Höhe der anrechenbaren ausländischen Steuer, indem der durchschnittliche Steuersatz, der sich bei Veranlagung des zu versteuernden Einkommens ergibt, auf die ausländischen Einkünfte angewandt wird.[1309]

Auf die nationale Besteuerung der Aufwendungen von Mitunternehmern, die mit deren Sondervergütungen zusammenhängen, haben DBA zusammengefasst demgegenüber folgende Auswirkung: Wie dargelegt werden von Vorschriften i.S.d. Art. 6, 7 und 14 OECD-MA (a.F.) auch die mit den jeweiligen Sondervergütungen zusammenhängenden Aufwendungen von Mitunternehmern erfasst, sodass es bei Anwendung dieser Verteilungsnormen zu einer einheitlichen Zuordnung der Sondervergütungen und der entsprechenden Sonderbetriebsausgaben kommt.[1310] Unter Vorschriften i.S.d. Art. 11, 12 und 15 OECD-MA lassen sich hingegen nur Erträge und keine Aufwendungen subsumieren.[1311] Bezüglich der Sonderbetriebsausgaben, die mit den Sondervergütungen zusammenhängen, die unter letztere Verteilungsnormen fallen, verbleibt es somit bei der Anwendung von Vorschriften i.S.d. Art. 7 OECD-MA, da die Sonderbetriebsausgaben nicht durch eine vorrangig anzuwendende Verteilungsnorm aus dem Artikel für Unternehmensgewinne herausgelöst werden.[1312] Die Zuweisung der Besteuerungsrechte bezüglich Sondervergütungen und hinsichtlich der damit zusammenhängenden Sonderbetriebs-

1305 Die Einschränkung des Progressionsvorbehalts gemäß § 32b Abs. 1 Satz 2 Nr. 3 EStG kommt bezüglich Sondervergütungen, die aus der Überlassung von unbeweglichem Vermögen stammen, nicht zur Anwendung, da es sich nicht um „Einkünfte aus der Vermietung oder der Verpachtung von unbeweglichem Vermögen" handelt; zu prüfen ist bezüglich Sondervergütungen aber die Anwendung von § 32b Abs. 1 Satz 2 Nr. 2 EStG.

1306 Vgl. Ismer, Roland (Kommentierung Art. 23 OECD-MA 2021), Rn. 2.

1307 Vgl. Wassermeyer, Franz (Kommentierung Art. 23A OECD-MA 2024), Rn. 107.

1308 Vgl. Schaumburg, Harald/Häck, Nils (Bilaterale Maßnahmen 2023), Rn. 19.558; Wassermeyer, Franz (Kommentierung Art. 23A OECD-MA 2024), Rn. 107.

1309 Vgl. Schaumburg, Harald (Unilaterale Maßnahmen 2023), Rn. 18.104 ff.

1310 Vgl. dazu die Ausführungen in den Kapiteln 4.3.1.2.2, 4.3.2.2 und 4.3.2.5.

1311 Vgl. dazu die Ausführungen in den Kapiteln 4.3.2.3, 4.3.2.4 und 4.3.2.6.

1312 Vgl. hierzu instruktiv die Ausführungen in Kapitel 4.3.1.2.2.

ausgaben auf Basis der Verteilungsnormen kann daher auseinanderfallen.[1313] Dies veranschaulicht *Beispiel 4*.

Beispiel 4: Differierende Zuweisung von Besteuerungsrechten im Outbound-Fall

Der in Deutschland ansässige M ist mitunternehmerisch an der ausländischen Personengesellschaft P beteiligt, die ihre Geschäftsleitungsbetriebsstätte und zugleich einzige Betriebsstätte im Staat A hat. M unterhält selbst keine Betriebsstätte in Deutschland. Er überlässt der Personengesellschaft P entgeltlich eine Lizenz, bezüglich welcher er laufende Aufwendungen trägt. Zwischen Deutschland und dem Staat A besteht ein DBA, das dem OECD-MA entspricht und in welchem die Freistellungsmethode in Bezug auf die Einkünfte vereinbart wurde, die unter den Artikel für Unternehmensgewinne zu subsumieren sind.

Nach Art. 12 Abs. 1 des DBA hat Deutschland das ausschließliche Besteuerungsrecht für die Sondervergütungen, die M von P für die Überlassung der Lizenz erhält. Auf die mit den Sondervergütungen zusammenhängenden Lizenzaufwendungen ist Art. 12 des DBA nicht anzuwenden, da die Norm nur Erträge und keine Aufwendungen erfasst. Bezüglich der Lizenzaufwendungen verbleibt es daher bei der Anwendung von Art. 7 des DBA. Folgt man der no floating income-Theorie des BFH[1314] auf Abkommensebene, muss eine Zuordnung der Sonderbetriebsausgaben zur ausländischen Betriebsstätte der Personengesellschaft P erfolgen, da M selbst keine Betriebsstätte im Inland unterhält. Entsprechend der zwischen den Staaten vereinbarten Freistellungsmethode bezüglich der Einkünfte, die unter den Artikel für Unternehmensgewinne fallen, sind die Sonderbetriebsausgaben – nach Maßgabe des DBA – von der inländischen Besteuerung auszunehmen.

Wie in dem Beispiel zuvor gezeigt, kann es in bestimmten Konstellationen im Outbound-Fall vorkommen, dass Deutschland zwar bezüglich der Sondervergütungen ein Besteuerungsrecht zusteht, die mit den Sondervergütungen zusammenhängenden Aufwendungen des Mitunternehmers jedoch auf Basis der Freistellungsmethode von der inländischen Besteuerung auszunehmen sind. Eine solche abweichende Zuordnung kann in Bezug auf Sondervergütungen auftreten, die unter Vorschriften i.S.d. Art. 11, 12 und 15 OECD-MA fallen; von Vorschriften i.S.d. Art. 6, 7 und 14 OECD-MA (a.F.) werden indes auch Sonderbetriebsausgaben erfasst, sodass es hier zu einer einheitlichen Zuordnung kommen muss.[1315] Anzuwenden sind bei einer abweichenden Zuordnung m.E. jedoch – in Abhängigkeit von der konkreten Besteuerungssituation und den Bestimmungen des einschlägigen DBA – die in manchen Abkommen vereinbarten speziellen Regelungen, die verhindern sollen, dass es durch das DBA selbst bzw. durch eine unterschiedliche Abkommensanwendung zu einer doppelten Nichtbesteuerung bzw. zu einer Minderbesteuerung von Einkünften kommt.[1316] Zu nennen sind hier etwa Switch-over-Klauseln nach dem Vorbild von Art. 23A Abs. 4 OECD-MA. Des Weiteren und insbesondere ist m.E. eine Anwendung von § 50d Abs. 9 Satz 1 Nr. 1 EStG zu prüfen.[1317]

Art. 23A Abs. 4 OECD-MA sieht vor, dass die Freistellungsmethode nicht für Einkünfte einer in einem Vertragsstaat ansässigen Person zur Anwendung kommt, wenn der andere Vertragsstaat das Abkommen so anwendet, dass er die Einkünfte von der Besteuerung ausnimmt oder

---

[1313] Vgl. auch GOSCH, DIETMAR (Zuordnung 2003), S. 95.

[1314] Vgl. dazu Kapitel 3.1.2.1.2.1.3 und Kapitel 4.3.1.3.1.3.

[1315] Vgl. dazu die Ausführungen in Kapitel 4.3.1.2.2, 4.3.1.3.3, 4.3.2.2 und 4.3.2.5.

[1316] Vgl. dazu BMF, Schreiben vom 20.06.2013, IV B 2 – S 1300/09/10006, Tz. 1. Ausführlich werden diese Regelungen in Kapitel 7.3 dargestellt.

[1317] Ein ausführliche Besprechung der Norm erfolgt in Kapitel 7.4.

die Einkünfte entsprechend einer Vorschrift i.S.d. Art. 11 Abs. 2 OECD-MA nur zu einem durch das Abkommen begrenzten Steuersatz besteuert.[1318] § 50d Abs. 9 Satz 1 Nr. 1 EStG bestimmt vergleichbar, dass die Freistellung von Einkünften eines unbeschränkt Steuerpflichtigen, die nach einem DBA von der Bemessungsgrundlage der deutschen Steuer auszunehmen sind, ungeachtet des Abkommens nicht gewährt wird, soweit der andere Staat die Bestimmungen des Abkommens so anwendet, dass die Einkünfte in diesem Staat von der Besteuerung ausgenommen werden oder nur zu einem durch das Abkommen begrenzten Steuersatz besteuert werden können. Der Tatbestand beider Vorschriften ist m.E. erfüllt, da jeweils auch einzelne Betriebsausgaben – und somit auch Sonderbetriebsausgaben – von den Normen erfasst werden,[1319] und darüber hinaus der jeweils andere Vertragsstaat wohl in der Regel das DBA „so anwendet, dass er diese Einkünfte […] von der Besteuerung ausnimmt" bzw. „so anwendet, dass die Einkünfte in diesem Staat von der Besteuerung auszunehmen sind". Zum Hintergrund: Der andere Vertragsstaat wird wahrscheinlich Art. 21 OECD-MA auf die Sonderbetriebsausgaben anwenden und somit von einem ausschließlichen Besteuerungsrecht Deutschlands ausgehen;[1320] die mit den Sondervergütungen zusammenhängenden Aufwendungen eines Mitunternehmers sind aus Sicht des ausländischen Staates nicht Teil der durch die Beteiligung an der Personengesellschaft veranlassten betrieblichen Einkünfte des Mitunternehmers,[1321] sodass aus ausländischer Sicht kein grenzüberschreitender, sondern ein rein innerdeutscher Sachverhalt gegeben ist. Eine Ausnahme zu Obenstehendem dürfte nur im Verhältnis zu den wenigen Staaten gelten, die ebenfalls ein Sondervergütungskonzept kennen. Im Ergebnis sind die Sonderbetriebsausgaben, die mit denjenigen Sondervergütungen zusammenhängen, die unter Vorschriften i.S.d. Art. 11 bzw. 12 OECD-MA zu subsumieren sind, damit bei einer – wie oben dargestellten – abweichenden Zuordnung letztlich in der Regel doch in Deutschland abzugsfähig.[1322]

Bezüglich Sonderbetriebsausgaben, die mit Sondervergütungen zusammenhängen, welche unter Vorschriften i.S.d. Art. 15 OECD-MA fallen und auf die die Freistellungsmethode anzuwenden ist, lässt sich vertreten, dass von der Freistellungmethode auch die mit den Einnahmen zusammenhängenden Aufwendungen umfasst sind, sodass auch diese von der inländischen Besteuerung auszunehmen sind, und zwar unabhängig davon, ob sich die jeweils einschlägige

---

1318 Eine Übersicht über die wenigen DBA, die eine entsprechende Vorschrift enthalten, findet sich bei ISMER, ROLAND (Kommentierung Art. 23 OECD-MA 2021), Rn. 252.

1319 Vgl. allgemein zu § 50d Abs. 9 Satz 1 Nr. 1 EStG STERNBERG, CHRISTIAN (Kommentierung § 50d EStG 2024), Rn. E 6. Für die nahezu wortgleichen Vorschriften i.S.d. Art. 23A Abs. 4 OECD-MA kann nichts anderes gelten; vgl. auch SCHÖNFELD, JENS/HÄCK, NILS (Kommentierung Art. 23 OECD-MA 2019), Rn. 49.

1320 Vgl. zur Anwendung von Vorschriften i.S.d. Art. 21 OECD-MA auf Einkünfte aus dem Ansässigkeitsstaat z.B. RUST, ALEXANDER (Kommentierung Art. 21 OECD-MA 2021), Rn. 3. Ggf. wendet der jeweils andere Staat auch Vorschriften i.S.d. Art. 11 OECD-MA auf die Sonderbetriebsausgaben an. In diesem Fall würde aber eine Vorschrift i.S.d. Art. 23A Abs. 4 OECD-MA oder § 50d Abs. 9 Satz 1 Nr. 1 EStG ebenfalls greifen; diese Normen finden – wie oben dargestellt – nämlich auch dann Anwendung, wenn der andere Vertragsstaat das DBA so anwendet, dass er die Einkünfte unter eine Vorschrift i.S.d. Art. 11 Abs. 2 OECD-MA subsumiert (Art. 23 Abs. 4 Alt. 2 OECD-MA), oder „die Einkünfte in diesem Staat […] nur zu einem durch das Abkommen begrenzten Steuersatz besteuert werden können" (§ 50d Abs. 9 Satz 1 Nr. 1 Alt. 2 EStG). Wendet der ausländische Staat eine Vorschrift i.S.d. Art. 12 OECD-MA auf die Sonderbetriebsausgaben an, gelten die obenstehenden Ausführungen zu Vorschriften i.S.d. Art. 21 OECD-MA analog.

1321 Vgl. auch PYSZKA, TILLMANN/BRAUER, MICHAEL (Personengesellschaften 2004), Rn. 111.

1322 Im Ergebnis ebenso, aber ohne nähere Begründung PYSZKA, TILLMANN/BRAUER, MICHAEL (Personengesellschaften 2004), Rn. 111.

Verteilungsnorm – wie eine Vorschrift i.S.d. Art. 15 OECD-MA – nur auf Erträge ohne Abzug von Aufwendungen bezieht.[1323] Folgt man dem nicht, wäre alternativ jedenfalls § 3c Abs. 1 Halbs. 1 EStG anzuwenden und danach wären die Sonderbetriebsausgaben nicht im Inland abziehbar.[1324] Die Norm bestimmt, dass Ausgaben nicht als Betriebsausgaben oder Werbungskosten abgezogen werden dürfen, soweit sie mit steuerfreien Einnahmen in unmittelbarem wirtschaftlichen Zusammenhang stehen.

4.4.2 Auswirkungen im Inbound-Fall

In den vorangehenden Kapiteln wurde aufgezeigt, dass die für Sondervergütungen relevanten Verteilungsnormen dem Quellenstaat teilweise das volle Besteuerungsrecht zuweisen (Vorschriften i.S.d. Art. 6 OECD-MA und zum Teil auch solche i.S.d. Art. 7, 14 und 15 OECD-MA (a.F.)). Ist Deutschland der Quellenstaat, bleibt daher aus dessen Sicht die in Kapitel 3.1 dargestellte rein nationale Besteuerung von Sondervergütungen durch die DBA unberührt. Teilweise sehen die bezüglich Sondervergütungen einschlägigen Verteilungsnormen aber auch kein Besteuerungsrecht oder ein nur eingeschränktes Besteuerungsrecht für den Quellenstaat vor (Vorschriften i.S.d. Art. 11, 12 sowie 21 OECD-MA und ggf. auch solche i.S.d. Art. 7, 14 und 15 OECD-MA (a.F.)), sodass Deutschland als Quellenstaat insoweit auf die Besteuerung der entsprechenden Sondervergütungen verzichten muss.[1325]

Bezüglich der mit den Sondervergütungen zusammenhängenden Aufwendungen von Mitunternehmern gilt im Inbound-Fall hingegen Folgendes: Auch hier kann die Zuweisung des Besteuerungsrechts für Sondervergütungen und für die zugehörigen Sonderbetriebsausgaben auseinanderfallen,[1326] was *Beispiel 5* veranschaulicht.

Beispiel 5: Differierende Zuweisung von Besteuerungsrechten im Inbound-Fall

Der im Ausland ansässige M ist mitunternehmerisch an der inländischen Personengesellschaft P beteiligt, die ihre Geschäftsleitungsbetriebsstätte und zugleich einzige Betriebsstätte in Deutschland hat. M selbst unterhält keine Betriebsstätte im Ausland. Er überlässt der Personengesellschaft P entgeltlich eine Lizenz, bezüglich welcher er laufende Aufwendungen trägt. Zwischen Deutschland und dem ausländischen Staat besteht ein DBA, das dem OECD-MA entspricht.

Nach Art. 12 Abs. 1 des DBA hat der ausländische Staat das ausschließliche Besteuerungsrecht für die Sondervergütungen, die M von P für die Überlassung der Lizenz erhält. Auf die mit den Sondervergütungen zusammenhängenden Lizenzaufwendungen ist Art. 12 des DBA nicht anzuwenden, da die Norm nur Erträge und keine Aufwendungen erfasst. Bezüglich der Lizenzaufwendungen des M verbleibt es daher bei der Anwendung von Art. 7 des DBA. Folgt man auf Abkommensebene der no floating income-Theorie des BFH[1327],

[1323] Vgl. dazu BFH, Urteil vom 11.02.2009, I R 25/08, S. 537; BOURSEAUX, CHRISTIANE/SENDLER, DANIELE (Kommentierung Art. 15 OECD-MA 2019), Rn. 25. Vgl. auch BFH, Urteil vom 06.10.1993, I R 32/93, S. 113. A.A. aber u.a. BFH, Urteil vom 29.05.1996, I R 167/94, S. 61 f.

[1324] Vgl. speziell zu Sonderbetriebsausgaben PYSZKA, TILLMANN/BRAUER, MICHAEL (Personengesellschaften 2004), Rn. 110 sowie WEGGENMANN, HANS R. (Personengesellschaften 2015), Rn. 6.57 und allgemein dazu BFH, Urteil vom 06.10.1993, I R 32/93, S. 113.

[1325] Vgl. auch PILTZ, DETLEV JÜRGEN (Sondervergütungen 2003), S. 152 f.

[1326] Vgl. auch GOSCH, DIETMAR (Zuordnung 2003), S. 95.

[1327] Vgl. dazu Kapitel 3.1.2.1.2.1.3 und Kapitel 4.3.1.3.1.3.

muss eine Zuordnung der Sonderbetriebsausgaben zur inländischen Betriebsstätte der Personengesellschaft P erfolgen, da M selbst keine Betriebsstätte im Ausland unterhält. Somit wird der Abzug der Sonderbetriebsausgaben von den übrigen inländischen Einkünften des M aus der Personengesellschaft durch das DBA nicht ausgeschlossen.

Wie in dem Beispiel zuvor gezeigt, kann es vorkommen, dass Deutschland im Inbound-Fall zwar nach dem einschlägigen DBA kein Besteuerungsrecht bezüglich bestimmter Sondervergütungen zusteht, das DBA aber gleichwohl nicht verhindert, dass die mit den Sondervergütungen zusammenhängenden Aufwendungen des Mitunternehmers die übrigen inländischen Einkünfte mindern. In einer solchen Konstellation ist aber ebenfalls § 3c Abs. 1 Halbs. 1 EStG zu beachten, der – wie vorangehenden Kapitel bereits dargelegt – bestimmt, dass Ausgaben nicht als Betriebsausgaben oder Werbungskosten abgezogen werden dürfen, soweit sie mit steuerfreien Einnahmen in einem unmittelbaren wirtschaftlichen Zusammenhang stehen.[1328]

[1328] Vgl. (im Ergebnis) ebenso DYCKMANS, JAN/KLEIN, CHRISTOPH (Personengesellschaften 2023), Rn. 9.151; SCHNITGER, ARNE (Personengesellschaften 2009), Tz. III.4.

5 Behandlung von Sondervergütungen und damit zusammenhängender Aufwendungen nach § 50d Abs. 10 EStG

5.1 Problematik des § 50d Abs. 10 EStG a.F.

In Kapitel 4.3.1.2.1 wurde dargelegt, dass der BFH in nunmehr ständiger Rechtsprechung davon ausgeht, dass auf Sondervergütungen vorrangig die spezielleren Verteilungsnormen eines DBA anzuwenden sind. Weiterhin wurde dort aufgezeigt, dass die Finanzverwaltung dieser Rechtsprechung jahrelang nicht folgen wollte. Durch das JStG 2009 wurde erstmals versucht, die Auffassung der Finanzverwaltung zu kodifizieren, und § 50d Abs. 10 EStG eingeführt.[1329] Die Norm kann damit als „Nichtanwendungsgesetz" zu besagter Rechtsprechung des BFH verstanden werden.[1330] § 50d Abs. 10 EStG i.d.F. des JStG 2009, der hier als § 50d Abs. 10 EStG a.F. bezeichnet wird und der ab dem 01.01.2009 in allen Fällen anzuwenden war, in denen die Steuer noch nicht bestandskräftig festgesetzt wurde,[1331] hatte folgenden Wortlaut:

> *Sind auf Vergütungen i.S.d. § 15 Abs. 1 Satz 1 Nr. 2 Satz 1 Halbs. 2, Nr. 3 Halbs. 2 EStG die Vorschriften eines Abkommens zur Vermeidung der Doppelbesteuerung anzuwenden und enthält das Abkommen keine solche Vergütungen betreffende ausdrückliche Regelung, gelten diese Vergütungen für Zwecke der Anwendung des Abkommens ausschließlich als Unternehmensgewinne. § 50d Abs. 9 Nr. 1 EStG bleibt unberührt.*

Durch die Norm sollte verhindert werden, dass Sondervergütungen unter die spezielleren Verteilungsnormen der DBA subsumiert werden und stattdessen ausschließlich dem jeweiligen Artikel für Unternehmensgewinne unterfallen.[1332] Nicht ganz fern liegt dabei der Verdacht, dass die primäre Intention des Gesetzgebers war, Deutschland im Inbound-Fall das volle Besteuerungsrecht zu belassen,[1333] indem bspw. eine Subsumtion von Zinseinkünften unter Art. 7 des DBA erfolgt, was – im Unterschied zur Anwendung des Zinsartikels – mit einem unbeschränkten Besteuerungsrecht für Deutschland einhergeht. Der Gesetzgeber respektive die Finanzverwaltung gingen dabei (wohl) davon aus, dass es einer expliziten Zuordnung zu einer der Betriebsstätten der Personengesellschaft nicht bedarf, um im Inbound-Fall ein Besteuerungsrecht Deutschlands zu gewährleisten.[1334] Wie bereits dargelegt, ist jedoch, sofern der Artikel für Unternehmensgewinne einschlägig ist, für ein Besteuerungsrecht des Betriebsstättenstaates insbesondere auch eine Zuordnung der Sondervergütungen zu der jeweiligen Betriebsstätte erfor-

---

1329 Vgl. KEMPERMANN, MICHAEL (Sondervergütungen 2015), Rn. 2.71.

1330 Vgl. auch wörtlich MERETZKI, AYK (Mitunternehmer-Betriebsstätten 2009), S. 217.

1331 Vgl. Art. 1 Nr. 37, Buchst. e), Nr. 41 Buchst. y), Art. 39 Abs. 8 JStG 2009, § 52 Abs. 59a Satz 8 EStG a.F.

1332 Vgl. ROSENBERG, OLIVER (Sonderbetriebsbereich 2015), Rn. 11.39. Vgl. auch PRINZ, ULRICH (Sondervergütungen 2011), S. 1417.

1333 So KOLLRUSS, THOMAS (Sondervergütungskonzept 2018), S. 102. In der Gesetzesbegründung heißt es hingegen, es ginge letztlich um die „Wahrung der Einheitlichkeit der Besteuerung inländischer und ausländischer Gesellschafter"; BT-Drs. 16/11108 vom 27.11.2008, S. 23.

1334 Vgl. ROSENBERG, OLIVER (Sonderbetriebsbereich 2015), Rn. 11.39.

derlich.[1335] Eine Zuordnungsentscheidung trifft § 50d Abs. 10 EStG a.F. jedoch schlicht nicht.[1336] Dementsprechend ist § 50d Abs. 10 EStG a.F. m.E. zu Recht heftig kritisiert worden[1337] und daher kam der BFH im Urteil vom 08.09.2010 (I R 74/09) für den dort zu entscheidenden Fall zu dem Ergebnis, dass die Lizenzgebühren für die Überlassung von bestimmten Rechten, die eine US-amerikanische Inc. von einer KG mit Betriebsstätte in Deutschland als Sondervergütungen erhielt, nicht in Deutschland besteuert werden können, da sie – sofern Vorschriften i.S.d. Art. 7 OECD-MA diesbezüglich einschlägig sind – der Betriebsstätte der Inc. in den USA – und eben nicht der Betriebsstätte der Personengesellschaft in Deutschland – zuzuordnen sind.[1338] Abermals in Reaktion auf die BFH-Rechtsprechung wurde § 50d Abs. 10 EStG durch das AmtshilfeRLUmsG vom 26.06.2013 umfassend überarbeitet.[1339] § 50d Abs. 10 EStG in seiner aktuellen Fassung wird im folgenden Kapitel besprochen. Zu dem gesamten Prozedere hält GOSCH treffend fest, es beschleiche „einen das Gefühl, dass der Gesetzgeber zum „Kampf" bestimmter administrativer Kreise gegen die Dritte Gewalt instrumentalisiert wird. Rechtsstaatlich ist das alles kaum vertretbar"[1340].

5.2 Regelungsgehalt von § 50d Abs. 10 EStG

Der im Vergleich zu seiner im Kapitel zuvor besprochenen Vorgängerversion deutlich umfangreichere § 50d Abs. 10 EStG in seiner durch das AmtshilfeRLUmsG vom 26.06.2013 geänderten und bis heute unveränderten Fassung hat folgenden Wortlaut:

> [1]*Sind auf eine Vergütung im Sinne des § 15 Abs. 1 Satz 1 Nr. 2 Satz 1 Halbs. 2 und Nr. 3 Halbs. 2 EStG die Vorschriften eines Abkommens zur Vermeidung der Doppelbesteuerung anzuwenden und enthält das Abkommen keine solche Vergütungen betreffende ausdrückliche Regelung, gilt die Vergütung für Zwecke der Anwendung des Abkommens zur Vermeidung der Doppelbesteuerung ausschließlich als Teil des Unternehmensgewinns des vergütungsberechtigten Gesellschafters.* [2]*Satz 1 gilt auch für die durch das Sonderbetriebsvermögen veranlassten Erträge und Aufwendungen.* [3]*Die Vergütung des Gesellschafters ist ungeachtet der Vorschriften eines Abkommens zur Vermeidung der Doppelbesteuerung über die Zuordnung von Vermögenswerten zu einer Betriebsstätte derjenigen Betriebsstätte der Gesellschaft zuzurechnen, der der Aufwand für die der Vergütung zugrunde liegende Leistung zuzuordnen ist; die in Satz 2 genannten Erträge und*

[1335] Vgl. BFH, Urteil vom 08.09.2010, I R 74/09, Rn. 17; DYCKMANS, JAN/KLEIN, CHRISTOPH (Personengesellschaften 2023), Rn. 9.148; FROTSCHER, GERRIT (Treaty Override 2009), S. 596.

[1336] Vgl. KEMPERMANN, MICHAEL (Sondervergütungen 2015), Rn. 2.73; PRINZ, ULRICH (Sondervergütungen 2011), S. 1417.

[1337] Vgl. z.B. HAASE, FLORIAN/BRÄNDEL, KATRIN (Überlegungen 2011), S. 50: „blinder Aktionismus bei der Gesetzgebung". Vgl. auch PRINZ, ULRICH (Sondervergütungen 2011), S. 1417, der etwas zurückhaltender nur von einem „gesetzgeberische[n] Manko" spricht.

[1338] Vgl. BFH, Urteil vom 08.09.2010, I R 74/09, Rn. 1 f., 11 f., 14, 21. Auf das ebenfalls in dem Urteil vom 08.09.2010, I R 74/09, Rn. 18 vorgebrachte sog. Zirkelschlussargument des BFH wird – da der BFH diese Argumentation in seinem Judikat vom 11.12.2013, I R 4/13, Rn. 22 selbst aufgegeben hat – hier nicht mehr eingegangen; vgl. hierzu und ausführlich ROSENBERG, OLIVER (Sonderbetriebsbereich 2015), Rn. 11.49.

[1339] Vgl. BFH, Beschluss vom 11.12.2013, I R 4/13, Rn. 26; GAH, MAXIMILIAN/WANGLER, CLEMENS (Inbound-Fall 2018), S. 819.

[1340] GOSCH, DIETMAR (Kommentierung § 50d EStG 2024), Rn. 44c.

Aufwendungen sind der Betriebsstätte zuzurechnen, der die Vergütung zuzuordnen ist. [4]Die Sätze 1 bis 3 gelten auch in den Fällen des § 15 Abs. 1 Satz 1 Nr. 2 Satz 2 sowie in den Fällen des § 15 Abs. 1 Satz 2 entsprechend. [5]Sind Einkünfte im Sinne der Sätze 1 bis 4 einer Person zuzurechnen, die nach einem Abkommen zur Vermeidung der Doppelbesteuerung als im anderen Staat ansässig gilt, und weist der Steuerpflichtige nach, dass der andere Staat die Einkünfte besteuert, ohne die darauf entfallende deutsche Steuer anzurechnen, ist die in diesem Staat nachweislich auf diese Einkünfte festgesetzte und gezahlte und um einen entstandenen Ermäßigungsanspruch gekürzte, der deutschen Einkommensteuer entsprechende, anteilige ausländische Steuer bis zur Höhe der anteilig auf diese Einkünfte entfallenden deutschen Einkommensteuer anzurechnen. [6]Satz 5 gilt nicht, wenn das Abkommen zur Vermeidung der Doppelbesteuerung eine ausdrückliche Regelung für solche Einkünfte enthält. [7]Die Sätze 1 bis 6

1. *sind nicht auf Gesellschaften im Sinne des § 15 Abs. 3 Nr. 2 anzuwenden;*
2. *gelten entsprechend, wenn die Einkünfte zu den Einkünften aus selbständiger Arbeit i.S.d. § 18 gehören; dabei tritt der Artikel über die selbständige Arbeit an die Stelle des Artikels über die Unternehmenseinkünfte, wenn das Abkommen zur Vermeidung der Doppelbesteuerung einen solchen Artikel enthält.*

[8]§ 50d Abs. 9 Satz 1 Nr. 1 bleibt unberührt.

Kernstück des § 50d Abs. 10 EStG in seiner heutigen Fassung ist, dass die Norm in ihren Sätzen 1 und 3 – im entscheidenden Unterschied zu § 50d Abs. 10 EStG a.F. (s.o.) – zwei Fiktionen enthält.[1341] Satz 1 der Norm ordnet – wie schon Satz 1 der Vorversion – an, dass Sondervergütungen bei Anwendung eines DBA ausschließlich als Teil des Unternehmensgewinns gelten und damit Vorschriften i.S.d. Art. 7 OECD-MA auf sie anzuwenden sind. Neu an § 50d Abs. 10 EStG in der aktuellen Fassung war, dass Satz 3 Halbs. 1 der Vorschrift darüber hinaus bestimmt, dass die entsprechenden Vergütungen – ungeachtet der Vorschriften des jeweiligen DBA über die Zuordnung von Vermögenswerten zu einer Betriebsstätte – derjenigen Betriebsstätte der Gesellschaft zuzuordnen sind, welcher der Aufwand für die Leistung zuzuordnen ist, die den jeweiligen Sondervergütungen zugrunde liegt.

In der Literatur umstritten ist die Frage, welche Bedeutung dem Umstand beizumessen ist, dass § 50d Abs. 10 Satz 1 EStG (wie schon die Vorgängerversion) anordnet, dass die Sondervergütungen „Teil des *Unternehmensgewinns* des vergütungsberechtigten Gesellschafters" sind.[1342] In einigen (wenigen) deutschen DBA ist von „gewerblichen Gewinnen" und nicht von Unternehmensgewinnen die Rede.[1343] Zum Teil wird in der Literatur die Auffassung vertreten, dass

---

[1341] Vgl. DYCKMANS, JAN/KLEIN, CHRISTOPH (Personengesellschaften 2023), Rn. 9.148; ROGALL, MATTHIAS/ SCHWAN, TOBIAS (Inbound-Akquisitionen 2015), S. 2637.

[1342] Ebenso POHL, CARSTEN (Sondervergütungen 2013), S. 1573 f. Vgl. auch ROSENBERG, OLIVER (Sonderbetriebsbereich 2015), Rn. 11.48.

[1343] Vgl. POHL, CARSTEN (Sondervergütungen 2013), S. 1574; ROSENBERG, OLIVER (Sonderbetriebsbereich 2015), Rn. 11.48.

die Anwendbarkeit von § 50d Abs. 10 EStG bei Vorliegen eines solchen DBA ausscheide.[1344] Auch der BFH monierte die unpräzise Formulierung bereits am Wortlaut von § 50d Abs. 10 Satz 1 EStG a.F., ließ die hier in Rede stehende Frage aber letztlich unbeantwortet.[1345] M.E. ist der Versuch, die Anwendung des (wenn auch zu Recht) als unliebsam empfundenen § 50d Abs. 10 EStG an einer unpräzisen Formulierung scheitern zu lassen, als übertrieben spitzfindig zu werten und daher abzulehnen; es verbietet sich, einerseits im übrigen Sonderbereich, insbesondere beim Sonderbetriebsvermögen, einen weit vom Wortlaut des Gesetzes entfernten Auslegungsmaßstab anzulegen, und andererseits übergenau zu lesen, wenn das Ergebnis unerwünscht ist.[1346]

Wie oben bereits erwähnt erfolgt die Zuordnung der Sondervergütungen ausweislich des Wortlauts von § 50d Abs. 10 Satz 3 Halbs. 1 EStG zu derjenigen Betriebsstätte der Gesellschaft, welcher der Aufwand für die Leistung zuzuordnen ist, die den jeweiligen Sondervergütungen zugrunde liegt. Damit deckt sich die durch § 50d Abs. 10 Satz 3 Halbs. 1 EStG angeordnete Zuordnung von Sondervergütungen auf Abkommensebene mit der hiesigen und in Kapitel 3.1.2.1.2.2.2 ausführlich dargestellten Auffassung zur Zuordnung von Sondervergütungen im Rahmen des § 49 Abs. 1 Nr. 2 Buchst. a) EStG.[1347] Dabei erfolgt auch hier die Zuordnung des Aufwands, der der Personengesellschaft für die Leistung des Mitunternehmers gegenüber der Personengesellschaft entsteht, – bei mehreren Betriebsstätten der Gesellschaft – anhand des Veranlassungsprinzips.[1348]

Satz 2 des § 50d Abs. 10 EStG erweitert die Anwendung von Satz 1 der Norm auf die durch das Sonderbetriebsvermögen veranlassten Erträge und Aufwendungen. Damit werden ggf. auch sonstige Sonderbetriebseinnahmen und Sonderbetriebsausgaben fiktiv und ausschließlich als Teil des Unternehmensgewinns erklärt.[1349] Die Norm differenziert dabei nicht zwischen notwendigem und gewillkürtem Sonderbetriebsvermögen, sodass Sonderbetriebseinnahmen und Sonderbetriebsausgaben beider Sonderbetriebsvermögens-Kategorien gleichsam erfasst sein sollten.[1350] Darüber hinaus sind – als Sonderbetriebseinnahmen und -ausgaben – auch Gewinne aus der Veräußerung von Sonderbetriebsvermögen erfasst.[1351] Allerdings ist die Frage, ob § 50d Abs. 10 EStG auch die durch das Sonderbetriebsvermögen II veranlassten Erträge und Aufwendungen in Bezug nimmt, in der Literatur nach wie vor umstritten und durch die Rechtsprechung

---

[1344] Vgl. GOSCH, DIETMAR (Kommentierung § 50d EStG 2024), Rn. 45 und wohl auch DORN, KATRIN (Sondervergütungen 2013), S. 3039, die zumindest davon spricht, dass die Norm „nach dem Wortlaut" insoweit ins Leere läuft. Vgl. ebenso ROSENBERG, OLIVER (Sonderbetriebsbereich 2015), Rn. 11.48.

[1345] Vgl. BFH, Urteil vom 08.09.2010, I R 74/09, Rn. 17.

[1346] Im Ergebnis ebenso u.a. ROSENBERG, OLIVER (Sonderbetriebsbereich 2015), Rn. 11.48 sowie STERNBERG, CHRISTIAN (Kommentierung § 50d EStG 2024), Rn. F 22.

[1347] Vgl. auch GOSCH, DIETMAR (Kommentierung § 50d EStG 2024), Rn. 45d; KOLLRUSS, THOMAS (Sondervergütungen 2014), S. 593, 597, Fn. 78.

[1348] Vgl. dazu und zu einem Beispiel ROSENBERG, OLIVER (Sonderbetriebsbereich 2015), Rn. 11.51.

[1349] Vgl. KUDERT, STEPHAN/KAHLENBERG, CHRISTIAN (Mitunternehmerschaften 2013), S. 803.

[1350] Ebenso HAGEMANN, TOBIAS/KAHLENBERG, CHRISTIAN (§ 50d Abs. 10 EStG 2015), S. 737.

[1351] Vgl. BMF, Schreiben vom 26.09.2014, IV B 5 – S 1300/09/10003, Tz. 5.1.1.; HRUSCHKA, FRANZ (Personengesellschaften 2014), S. 2426.

noch nicht geklärt.[1352] Eine entsprechende Anwendung lehnen z.B. HRUSCHKA[1353] und WACKER[1354] ab, befürwortet wird sie hingegen bspw. durch DYCKMANS/KLEIN[1355] und POHL[1356]. Die Finanzverwaltung jedenfalls wendet – dem Vernehmen nach und auch m.E. (eher) zu Unrecht[1357] – § 50d Abs. 10 EStG grundsätzlich auch auf Erträge und Aufwendungen des Sonderbetriebsvermögens II an.

Satz 2 der Norm dient neben der Erfassung von sonstigen Sonderbetriebseinnahmen auch dem Einbezug von Sonderbetriebsausgaben und bestimmt, wie dargelegt, dass Satz 1 auch für die durch das Sonderbetriebsvermögen veranlassten Aufwendungen gilt. Erfasst sein können damit insbesondere die mit den Sondervergütungen zusammenhängenden Aufwendungen von Mitunternehmern,[1358] und damit z.B. Sonderbetriebsausgaben in Form von Abschreibungen für Wirtschaftsgüter, die ein Mitunternehmer der Personengesellschaft überlassen hat,[1359] oder Zinsen zur Refinanzierung eines Darlehens, das der Personengesellschaft durch den Mitunternehmer ausgereicht wurde.[1360] Demgegenüber sind aber keine Sonderbetriebsausgaben erfasst, die nur mit Sondervergütungen – und nicht auch mit Sonderbetriebsvermögen – zusammenhängen.[1361] Damit findet § 50d Abs. 10 EStG insbesondere keine Anwendung auf Sonderbetriebsausgaben, die mit Sondervergütungen für eine gewerbliche, selbständige oder unselbständige Tätigkeit eines Mitunternehmers gegenüber der Personengesellschaft in Zusammenhang stehen.[1362]

Die Zuordnung derjenigen Sonderbetriebseinnahmen bzw. Sonderbetriebsausgaben, die durch § 50d Abs. 10 Satz 2 EStG erfasst werden, erfolgt sodann gemäß § 50d Abs. 10 Satz 3 Halbs. 2 EStG zu derjenigen Betriebsstätte, der auch die Sondervergütungen zuzuordnen sind. Durch § 50d Abs. 10 Satz 4 EStG wird außerdem angeordnet, dass die Sätze 1 bis 3 der Norm auch in den Fällen des § 15 Abs. 1 Satz 1 Nr. 2 Satz 2 EStG – und damit für doppel- und mehrstöckige Mitunternehmerschaften – sowie in den Fällen des § 15 Abs. 1 Satz 2 EStG – und damit in Bezug auf nachträgliche Sondervergütungen – entsprechend gelten.[1363] § 7 Satz 6 GewStG bestimmt zudem, dass § 50d Abs. 10 EStG auch bei der Ermittlung des Gewerbeertrags entsprechend anzuwenden ist. Auf die spezielle Anrechnungsvorschrift des § 50d Abs. 10 Satz 5 EStG wird später in Kapitel 6.3 noch ausführlich eingegangen. Die Wirkung von § 50d Abs. 10 Satz 8

[1352] Vgl. auch KUẞMAUL, HEINZ/SCHÄFER, RENÉ/ENGEL, PHILIPP (Inbound-Fall 2020), S. 885; ROGALL, MATTHIAS/SCHWAN, TOBIAS (Inbound-Akquisitionen 2015), S. 2638.

[1353] Vgl. HRUSCHKA, FRANZ (BMF-Schreiben 2014), S. 791.

[1354] Vgl. WACKER, ROLAND (Personengesellschaften 2016), Tz. C.III.2.

[1355] Vgl. DYCKMANS, JAN/KLEIN, CHRISTOPH (Personengesellschaften 2023), Rn. 9.154.

[1356] Vgl. POHL, CARSTEN (Kommentierung § 4i EStG 2024), Rn. 24.

[1357] Vgl. dazu ausführlich bereits KUẞMAUL, HEINZ/SCHÄFER, RENÉ/ENGEL, PHILIPP (Inbound-Fall 2020), S. 885; KUẞMAUL, HEINZ/SCHÄFER, RENÉ/ENGEL, PHILIPP (Sonderbetriebsausgaben 2021), S. 42.

[1358] Vgl. KUDERT, STEPHAN/KAHLENBERG, CHRISTIAN (Mitunternehmerschaften 2013), S. 804.

[1359] Vgl. ROSENBERG, OLIVER (Sonderbetriebsbereich 2015), Rn. 11.47.

[1360] Vgl. KUDERT, STEPHAN/KAHLENBERG, CHRISTIAN (Mitunternehmerschaften 2013), S. 804.

[1361] Vgl. ROSENBERG, OLIVER (Sonderbetriebsbereich 2015), Rn. 11.47; ZUBER, BARBARA/DITSCH, STEFAN (Kommentierung § 50d EStG 2024), Rn. 188.

[1362] Vgl. auch ZUBER, BARBARA/DITSCH, STEFAN (Kommentierung § 50d EStG 2024), Rn. 188.

[1363] Vgl. KEMPERMANN, MICHAEL (Sondervergütungen 2015), Rn. 2.79. Vgl. dazu auch KUDERT, STEPHAN/KAHLENBERG, CHRISTIAN (Mitunternehmerschaften 2013), S. 805.

EStG, welcher anordnet, dass § 50d Abs. 9 Satz 1 Nr. 1 EStG unberührt bleibt, wird in Kapitel 7.4 dargestellt.

Nicht anzuwenden ist § 50d Abs. 10 EStG bei einer unentgeltlichen Überlassung von Sonderbetriebsvermögen, also dann, wenn von der Personengesellschaft keine Sondervergütungen gezahlt werden.[1364] Außerdem nicht anwendbar ist § 50d Abs. 10 EStG gemäß § 50d Abs. 10 Satz 7 Nr. 1 EStG auf Gesellschaften im Sinne des § 15 Abs. 3 Nr. 2 EStG und damit auf gewerblich geprägte Personengesellschaften.[1365] Schließlich findet sich eine für die Anwendbarkeit von § 50d Abs. 10 EStG auf Sondervergütungen relevante Ausnahme in Satz 1 der Vorschrift. Danach ist die Norm – oder zumindest Satz 1 der Norm – dann nicht anwendbar, wenn das einschlägige DBA eine ausdrückliche Regelung für Sondervergütungen enthält.[1366] Umstritten dabei ist, ob auch die Zuordnungsfiktion des § 50d Abs. 10 Satz 3 EStG (s.o.) keine Wirkung entfalten kann, wenn das jeweils einschlägige DBA eine entsprechende Regelung enthält. Zum Teil wird vertreten, dass die fiktive Zuordnung von Sondervergütungen zu der Betriebsstätte der Personengesellschaft, die den Aufwand aus den Sondervergütungen trägt, gemäß § 50d Abs. 10 Satz 3 EStG auch dann vorzunehmen ist, wenn ein DBA zur Anwendung kommt, das eine Sonderregelung für Sondervergütungen enthält.[1367] Das Vorhandensein einer Sonderregelung in dem konkreten DBA schließe nur die Anwendung von § 50d Abs. 10 Satz 1 EStG und somit die fiktive Qualifikation als Unternehmensgewinne, nicht aber die Anwendung von Satz 3 der Norm aus.[1368] Andere Autoren lehnen diese Auffassung ab.[1369] Für die zuerst genannte Auffassung spricht m.E. vor allem der Wortlaut von § 50d Abs. 10 Satz 3 EStG, der – im Unterschied zu Satz 1 der Norm – den sich dort befindlichen Vorbehalt „und enthält das Abkommen keine solche Vergütungen betreffende ausdrückliche Regelung“ nicht enthält. Demgegenüber – und dieses Argument überwiegt in meinen Augen – nimmt Satz 3 der Vorschrift sprachlich durch seine Formulierung – „*Die* Vergütung des Gesellschafters ist […] [Hervorhebung d.Verf.]“ – Bezug auf Satz 1 der Norm, sodass gesetzgeberisch wohl gewollt war, dass Satz 3 nur zusammen mit Satz 1 anwendbar ist. Im Übrigen erfolgt bei Anwendung einer entsprechenden Sonderregelung, jedenfalls nach hier vertretener Auffassung, die Zuordnung der Sondervergütungen sowieso zu der Betriebsstätte, die den Aufwand aus den Sondervergü-

---

1364 Vgl. BMF, Schreiben vom 26.09.2014, IV B 5 – S 1300/09/10003, Tz. 5.1.1.; HRUSCHKA, FRANZ (BMF-Schreiben 2014), S. 791; WACKER, ROLAND (Personengesellschaften 2016), Tz. C.III.3.

1365 Vgl. hierzu und zu gewerblich infizierten Personengesellschaften sowie zu Personengesellschaften, die nur aufgrund einer Betriebsaufspaltung gewerblich tätig sind, POHL, CARSTEN (Sondervergütungen 2013), S. 1576; ROSENBERG, OLIVER (Sonderbetriebsbereich 2015), Rn. 11.68 f. Vgl. außerdem zu § 50d Abs. 10 Satz 7 Nr. 2 EStG und damit insbesondere zur Anwendung von § 50d Abs. 10 EStG in Bezug auf Sondervergütungen, die zu den Einkünften aus selbständiger Arbeit rechnen, POHL, CARSTEN (Sondervergütungen 2013), S. 1577; ROSENBERG, OLIVER (Sonderbetriebsbereich 2015), Rn. 11.71.

1366 Solche ausdrücklichen Regelungen wurden bereits in Kapitel 4.3.3 dargestellt.

1367 Vgl. ROSENBERG, OLIVER (Sonderbetriebsbereich 2015), Rn. 11.50 sowie Rn. 11.78 und dort Fn. 1. Vgl. wohl auch POHL, CARSTEN (Sondervergütungen 2013), S. 1573.

1368 Vgl. ROSENBERG, OLIVER (Sonderbetriebsbereich 2015), Rn. 11.50 sowie Rn. 11.78 und dort Fn. 1.

1369 Vgl. GOSCH, DIETMAR (Kommentierung § 50d EStG 2024), Rn. 45; KUDERT, STEPHAN/KAHLENBERG, CHRISTIAN (Mitunternehmerschaften 2013), S. 807.

tungen trägt,[1370] sodass – folgt man dem – beide zuvor dargestellten Auffassungen letztlich zum selben Ergebnis führen.

Insgesamt lässt sich bezüglich § 50d Abs. 10 EStG festhalten, dass die Norm durch ihre doppelte Fiktion – im Unterschied zu ihrer im Kapitel zuvor besprochenen Vorgängerversion – in Bezug auf Sondervergütungen, wie gesetzgeberisch gewollt, „funktioniert" und damit die Sondervergütungen im Anschluss an deren Qualifikation als Unternehmensgewinne stets der Betriebsstätte zuordnet, die den Aufwand aus den Sondervergütungen trägt.[1371] Letzteres ist jedoch als weniger positiv zu werten, als es sich zunächst liest.[1372] In der Konsequenz kann § 50d Abs. 10 EStG nämlich vor allem zu einer Doppelbesteuerung, aber auch zu einer doppelten Nichtbesteuerung bzw. einer Minderbesteuerung führen.[1373] Daneben begünstigt § 50d Abs. 10 EStG sog. Double-Dip-Strukturen und damit solche Strukturen, die einen doppelten Sonderbetriebsausgabenabzug bewirken.[1374] Wie eine Doppelbesteuerung bezüglich Sondervergütungen entsteht und wie sie vermieden werden kann, stellt Kapitel 6 dar. Kapitel 7 zeigt hingegen auf, wie § 50d Abs. 10 EStG eine doppelte Nichtbesteuerung bzw. eine Minderbesteuerung verursacht und wie sich Letztere abwenden lassen. Schließlich beschreibt Kapitel 8 die auch durch § 50d Abs. 10 EStG ausgelöste Problematik eines doppelten Sonderbetriebsausgabenabzugs und geht auf Maßnahmen zu deren Vermeidung ein. Zuvor aber wird – in den folgenden Kapiteln – § 50d Abs. 10 EStG in das System der nationalen Rechtsordnung eingeordnet, d.h. anhand der dort geltenden Maßstäbe bewertet und das Zusammenspiel der Norm mit anderen Vorschriften des deutschen Rechts beleuchtet.[1375]

5.3 § 50d Abs. 10 EStG im System der Rechtsordnung

5.3.1 Verhältnis zum Verfassungsrecht

Nach h.L. stellt § 50d Abs. 10 EStG in seiner aktuellen Fassung einen Treaty Override – also eine unilaterale Abweichung von dem Regelungsgehalt eines DBA[1376] und damit eine „einseitige Abkommensüberschreibung"[1377] – dar.[1378] In den Gesetzesmaterialien zu § 50d Abs. 10

1370 Vgl. Kapitel 4.3.3.

1371 Vgl. auch GOSCH, DIETMAR (Kommentierung § 50d EStG 2024), Rn. 44c; KUDERT, STEPHAN/KAHLENBERG, CHRISTIAN (Mitunternehmerschaften 2013), S. 804; ROSENBERG, OLIVER (Sonderbetriebsbereich 2015), Rn. 11.76.

1372 Vgl. auch GOSCH, DIETMAR (Kommentierung § 50d EStG 2024), Rn. 44c.

1373 Vgl. dazu z.B. BMF, Schreiben vom 26.09.2014, IV B 5 – S 1300/09/10003, Tz. 5.1.3.1. f. und ausführlich Kapitel 6.1 sowie Kapitel 7.1.

1374 Vgl. z.B. POHL, CARSTEN (Sondervergütungen 2013), S. 1574 f. und ausführlich Kapitel 8.1.

1375 Vgl. zur Bewertung aus Sicht des Unionsrechts bspw. KOLLRUSS, THOMAS (Sondervergütungskonzept 2015), S. 357 f. sowie OELLERICH, INGO (Kommentierung § 50d Abs. 10 EStG 2022), Rn. 8 f., 37 f.

1376 Vgl. z.B. BFH, Beschluss vom 10.01.2012, I R 66/09, Rn. 15; RUST, ALEXANDER (Doppelbesteuerungsabkommen 2020), Rn. 245.

1377 BVerfG, Beschluss vom 15.12.2015, 2 BvL 1/12, Rn. 77.

1378 Vgl. CLOER, ADRIAN/HAGEMANN, TOBIAS (Kommentierung § 50d EStG 2024), Rn. 358; GOSCH, DIETMAR (Doppelbesteuerungsabkommen 2013), S. 95; GOSCH, DIETMAR (Kommentierung § 50d EStG 2024), Rn. 44b; HAGENA, ANTJE (Kommentierung § 50d EStG 2024), Rn. 131; KEMPERMANN, MICHAEL (Sondervergütungen 2015), Rn. 2.81; MÖHRLE, TOBIAS (Gewerbesteuer 2015), Rn. 20.64; SCHMIDT, CHRISTIAN

EStG a.F. wird indes das Vorliegen eines Treaty Overrides explizit abgestritten[1379] und in der Gesetzesbegründung zu § 50d Abs. 10 n.F. ist von einer „Klarstellung des gesetzgeberischen Willens“[1380] die Rede. Der zuvor skizzierten Auffassung der h.L. ist m.E. und insbesondere im Fall von Sondervergütungen in Form von Zinsen oder Lizenzgebühren grundsätzlich zuzustimmen, nicht aber in der teilweise diesbezüglich suggerierten Allgemeinheit.[1381] Zu beachten ist, dass sich sowohl die Einkünftequalifikation als auch die Zuordnungsentscheidung, auf Basis von originärem Abkommensrecht einerseits und dem Abkommensrecht unter Anwendung von § 50d Abs. 10 EStG andererseits, durchaus decken können, sodass insoweit kein Treaty Override gegeben ist. Zu denken ist hier etwa an Sondervergütungen für eine gewerbliche oder freiberufliche Tätigkeit, die auch nach originärem Abkommensrecht – wie auf Grundlage von § 50d Abs. 10 Satz 1 (i.V.m. Satz 7 Nr. 2) EStG – unter eine Vorschrift i.S.d. Art. 7 oder 14 OECD-MA (a.F.) zu subsumieren sind[1382] und die u.U. der Betriebsstätte, die den Aufwand aus den Vergütungen trägt, zugeordnet werden können, sodass sich dasselbe Ergebnis wie bei Anwendung von § 50d Abs. 10 Satz 3 Halbs. 1 EStG einstellen kann.[1383] Auch der BFH geht davon aus, dass sich eine auf Basis von Vorschriften i.S.d. Art. 7 OECD-MA getroffene Zuordnungsentscheidung mit einer Zuordnung nach § 50d Abs. 10 Satz 3 Halb. 1 EStG decken kann, sodass insoweit eine das entsprechende Abkommen überschreibende Wirkung von § 50d Abs. 10 EStG nicht gegeben ist.[1384] Zudem können originäres Abkommensrecht und Abkommensrecht unter Anwendung von § 50d Abs. 10 EStG auch in ihren Rechtsfolgen übereinstimmen. Dies kommt vor allem bei Sondervergütungen für die Überlassung von unbeweglichem Vermögen (Art. 6 OECD-MA) in Betracht, daneben aber auch im Fall von Tätigkeitsvergütungen, die unter eine Vorschrift i.S.d. Art. 15 OECD-MA zu subsumieren sind und auf Basis derer dem Quellenstaat häufig ebenfalls ein Besteuerungsrecht zukommt.[1385] Fraglich ist, inwieweit hier noch von einem Treaty Override gesprochen werden kann respektive gesprochen werden sollte. MÖSSNER jedenfalls geht davon aus, dass kein Treaty Override gegeben ist, sofern die Rechtsfolgen von originärem Abkommensrecht und Abkommensrecht unter Anwendung von § 50d Abs. 10 EStG übereinstimmen.[1386] Die Feststellung eines Treaty Overrides ist insoweit jedenfalls eher akade-

---

(Sondervergütungen 2013), S. 1710; WAGNER, KLAUS J. (Kommentierung § 50d EStG 2024), Rn. 159 und sehr ausführlich FROTSCHER, GERRIT (Kommentierung § 50d EStG 2024), Rn. 197; differenzierend hingegen MÖSSNER, JÖRG MANFRED (Anrechnung 2015), S. 205.

1379 Vgl. BT-Drs. 16/11108 vom 27.11.2008, S. 23.

1380 BR-Drs. 139/13 (Beschluss) vom 01.03.2013, S. 140.

1381 Vgl. z.B. GOSCH, DIETMAR (Kommentierung § 50d EStG 2024), Rn. 44b, der von einem „lupenreine[n]“ Treaty Override spricht und festhält, dass durch § 50d Abs. 10 EStG sowohl die abkommensrechtliche Einkünftequalifikation als auch die Zuordnungsentscheidung auf Basis von Vorschriften i.S.d. Art. 7 OECD-MA überschrieben werden.

1382 Vgl. zu solchen Sondervergütungen die Ausführungen in Kapitel 4.3.1.2.1 a.E. und Kapitel 4.3.2.5.

1383 Vgl. dazu die Ausführungen in Kapitel 4.3.1.3.3 und Kapitel 4.3.2.5.

1384 Vgl. BFH, Beschluss vom 11.12.2013, I R 4/13, Rn. 26. Vgl. auch STERNBERG, CHRISTIAN (Kommentierung § 50d EStG 2024), Rn. F 5.

1385 Vgl. dazu die Ausführungen in Kapitel 4.3.2.2 und Kapitel 4.3.2.6.

1386 Vgl. MÖSSNER, JÖRG MANFRED (Anrechnung 2015), S. 205, der untersucht, ob § 50d Abs. 10 EStG aufgrund einer im Ergebnis gleichen Steuerbelastung ggf. keinen Treaty Override darstellt.

mischer Natur.[1387] Soweit sich aber das originäre Abkommensrecht und das Abkommensrecht unter Anwendung von § 50d Abs. 10 EStG (in ihren Rechtsfolgen) nicht vollständig decken, stellt § 50d Abs. 10 EStG auch m.E. einen Treaty Override dar. Festzuhalten ist damit aus meiner Sicht, dass § 50d Abs. 10 EStG einen Treaty Override darstellen kann, aber nicht darstellen muss, sodass der oben angesprochenen h.L. nur bedingt zuzustimmen ist.

Die Frage, ob ein Treaty Override im Allgemeinen bzw. ein in § 50d Abs. 10 EStG enthaltener Treaty Override im Speziellen verfassungswidrig ist, wird in der Literatur nicht einheitlich beantwortet. Zum Teil geht die Literatur davon aus, dass Treaty Overriding unter verfassungsrechtlichen Gesichtspunkten zulässig ist,[1388] ein anderer Teil der Literatur lehnt dies indes ab.[1389] Der BFH geht davon aus, dass zumindest § 50d Abs. 10 Satz 1 EStG nicht im Einklang mit der Verfassung steht und hat daher die Frage, ob Satz 1 der Vorschrift mit dem Grundgesetz vereinbar ist, dem BVerfG zur Prüfung vorgelegt.[1390] Die Rechtssache ist beim BVerfG bereits seit Jahren anhängig und noch nicht ausgeurteilt. Allerdings hat das BVerfG im Judikat vom 15.12.2015 (2 BvL 1/12) bereits entschieden, dass der in dieser Entscheidung in Rede stehende Treaty Override des § 50d Abs. 8 Satz 1 EStG nicht verfassungswidrig ist.[1391] Die Literatur geht ganz überwiegend davon aus, dass die Entscheidung des BVerfG zu § 50d Abs. 8 Satz 1 EStG auf § 50d Abs. 10 EStG übertragbar ist und daher auch § 50d Abs. 10 EStG durch das BVerfG im noch anhängigen Verfahren 2 BvL 15/14 grundsätzlich (s.u.) als verfassungsgemäß eingestuft werden wird.[1392] Die diesbezügliche Entscheidung des BVerfG bleibt zwar noch abzuwarten, insbesondere in Anbetracht der zuvor aufgezeigten ganz h.M. in der Literatur und des Umstandes, dass das BVerfG seine zu § 50d Abs. 8 EStG ergangene Entscheidung mit einer allgemeingültigen Aussage versehen hat, wonach Treaty Overriding aus verfassungsrechtlicher Sicht in der Regel erlaubt ist,[1393] wird es aber – der zuvor genannten Literatur folgend – auch m.E. kaum zu einer Änderung oder Konkretisierung der Rechtsprechung des BVerfG kommen.

§ 50d Abs. 10 EStG in seiner derzeitigen Fassung ist gemäß der Anwendungsbestimmung des § 52 Abs. 59a Satz 10 EStG i.d.F. des AmtshilfeRLUmsG „in allen Fällen anzuwenden, in

---

[1387] Vgl. auch MÖSSNER, JÖRG MANFRED (Anrechnung 2015), S. 204, der festhält, dass jedenfalls dann kein Problem bestehen würde, „wenn als Ergebnis der Anwendung derjenige Zustand bestünde, der nach dem DBA vorgesehen ist“.

[1388] Vgl. speziell zu § 50d Abs. 10 EStG etwa CLOER, ADRIAN/HAGEMANN, TOBIAS (Kommentierung § 50d EStG 2024), Rn. 360 und allgemein zu Treaty Overrides bspw. LEHNER, MORIS (Treaty Override 2012), S. 403.

[1389] Vgl. speziell zu § 50d Abs. 10 EStG und mit ausführlicher Begründung FROTSCHER, GERRIT (Kommentierung § 50d EStG 2024), Rn. 198 ff. sowie allgemein MÖHRLE, TOBIAS (Gewerbesteuer 2015), Rn. 20.65.

[1390] Vgl. dazu den Vorlagebeschluss des BFH vom 11.12.2013, I R 4/13, Ls. 3 Buchst. b), Rn. 35.

[1391] Vgl. BVerfG, Beschluss vom 15.12.2015, 2 BvL 1/12, Rn. 32 ff. und vgl. zur Historie der diesbezüglichen Entscheidungen des BVerfG MÖHRLE, TOBIAS (Gewerbesteuer 2015), Rn. 20.64.

[1392] Vgl. insbesondere STÖBER, MICHAEL (Zulässigkeit 2016), S. 1891, wonach ein anderes Ergebnis in dem noch anhängigen Verfahren „höchst unwahrscheinlich“ ist, sowie HAGENA, ANTJE (Kommentierung § 50d EStG 2024), Rn. 121, 131: „äußerst zweifelhaft“. Vgl. aber auch GEBHARDT, RONALD (Betrachtungsweise 2017), S. 852; LEIBOHM, THOMAS (Besteuerung 2020), Rn. 6.832 und dort Fn. 8; STAHL, CHRISTIAN (Kommentierung § 4i EStG 2024), Rn. 20; WEISS, MARTIN (Treaty Override 2016), S. 196; ZUBER, BARBARA/DITSCH, STEFAN (Kommentierung § 50d EStG 2024), Rn. 199; zweifelnd wohl nur WAGNER, KLAUS J. (Kommentierung § 50d EStG 2024), Rn. 159.

[1393] Vgl. BVerfG, Beschluss vom 15.12.2015, 2 BvL 1/12, Rn. 82 und ebenso WEISS, MARTIN (Treaty Override 2016), S. 196.

denen die Einkommen- und Körperschaftsteuer noch nicht bestandskräftig festgesetzt worden ist“. Auch die Frage, ob die damit verbundene rückwirkende Anwendung von § 50d Abs. 10 EStG verfassungsrechtlich zulässig ist, hat der BFH dem BVerfG zu Prüfung vorgelegt.[1394] Dabei geht der BFH, neben Vertretern der Literatur,[1395] aber im Unterschied zur Gesetzesbegründung,[1396] davon aus, dass eine echte Rückwirkung[1397] gegeben ist, die nicht gerechtfertigt ist.[1398] Eine echte Rückwirkung ist verfassungsrechtlich zwar zulässig, wenn kein schutzwürdiges Vertrauen auf Seiten des Steuerpflichtigen bestand,[1399] hiervon kann aber bezüglich der abkommensrechtlichen Behandlung von Sondervergütungen – vor allem aufgrund der jahrelangen diesbezüglich einschlägigen Rechtsprechung des BFH –[1400] keine Rede sein.[1401] Durch die ebenfalls offene Frage nach der Verfassungsmäßigkeit der Rückwirkung dürfte sich auch erklären, warum das Verfahren bezüglich § 50d Abs. 10 EStG – trotz der ganz überwiegenden Auffassung in der Literatur, wonach die bereits gefällte Entscheidung des BVerfG zu § 50d Abs. 8 EStG auf den in § 50d Abs. 10 EStG enthaltenen Treaty Override übertragbar ist (s.o.) – immer noch anhängig ist und nicht vergleichsweise schnell – unter Hinweis auf die bereits ergangene Entscheidung respektive die frühere Rechtsprechung – erlassen werden kann.[1402]

5.3.2 Verhältnis von § 50d Abs. 10 EStG zu abkommensrechtlichen Diskriminierungsverboten

Vorschriften i.S.d. Art. 24 Abs. 3 Satz 1 OECD-MA sehen vor, dass die Besteuerung einer Betriebsstätte, die ein Unternehmen eines Vertragsstaats im anderen Vertragsstaat hat, in dem anderen Staat nicht ungünstiger sein darf als die Besteuerung von Unternehmen des anderen Staates, die die gleiche Tätigkeit ausüben. In Bezug auf solche Bestimmungen in DBA verunsichert – auf den ersten Blick – die im Rahmen eines obiter dictum[1403] getroffene Aussage des

---

1394 Vgl. dazu den Vorlagebeschluss des BFH vom 11.12.2013, I R 4/13, Ls. 3 Buchst. c).

1395 Vgl. insbesondere MÖHRLE, TOBIAS (Gewerbesteuer 2015), Rn. 20.63 sowie STERNBERG, CHRISTIAN (Kommentierung § 50d EStG 2024), Rn. F 6 und mit „erhebliche[n] Bedenken“ bspw. auch KEMPERMANN, MICHAEL (Sondervergütungen 2015), Rn. 2.74.

1396 Vgl. BR-Drs. 139/13 (Beschluss) vom 01.03.2013, S. 148.

1397 Den Begriff der echten Rückwirkung und dessen Abgrenzung zu dem der unechten Rückwirkung erläutern instruktiv etwa BOLIK, ANDREAS S./PETERICH, ANNA (Nichtanwendungsgesetzgebung 2024), S. 958. Danach unterscheidet sich bei laufend veranlagten Steuern eine echte von einer unechten Rückwirkung insbesondere dadurch, dass die entsprechende Gesetzesänderung bei einer echten Rückwirkung nach Ablauf des Veranlagungszeitraums erfolgt, auf den die Änderung Auswirkungen hat. Eine echte rückwirkende Anwendung eines Gesetzes erfolgt also etwa dann, wenn im Jahr 2025 ein Gesetz verabschiedet wird, das auch die Rechtslage im Veranlagungszeitraum 2024 ändert. Vgl. ausführlich zur Thematik auch DRÜEN, KLAUS-DIETER (Vertrauensschutz 2015), 211 f.

1398 Vgl. BFH, Beschluss vom 11.12.2013, I R 4/13, Rn. 49, 51 ff.

1399 Vgl. BVerfG, Beschluss vom 15.10.1996, 1 BvL 44/92, 1 BvL 48/92, S. 723; ROSENBERG, OLIVER (Sonderbetriebsbereich 2015), Rn. 11.75.

1400 Vgl. dazu die Darstellung der Rechtsprechung des BFH in Kapitel 4.3.1.2.1.

1401 Vgl. ausführlich BFH, Beschluss vom 11.12.2013, I R 4/13, Rn. 53 f.; MÖHRLE, TOBIAS (Gewerbesteuer 2015), Rn. 20.63; ROSENBERG, OLIVER (Sonderbetriebsbereich 2015), Rn. 11.75; a.A. BR-Drs. 139/13 (Beschluss) vom 01.03.2013, S. 148.

1402 Vgl. in diese Richtung auch GEBHARDT, RONALD (Betrachtungsweise 2017), S. 852; HAGENA, ANTJE (Kommentierung § 50d EStG 2024), Rn. 131; STAHL, CHRISTIAN (Kommentierung § 4i EStG 2024), Rn. 20.

1403 Vgl. GEBHARDT, RONALD (Sonderbetriebsvermögen 2015), S. 812.

FG Düsseldorf, wonach „eine Anwendung des § 50d Abs. 10 EStG seiner Ansicht nach in einer mit Art. 2 Abs. 1 AO unvereinbaren Weise mit dem Diskriminierungsverbot in Art. 24 Abs. 2 S. 1 DBA USA 1989 kollidieren würde“[1404]. Der von dem Gericht in Bezug genommene Art. 24 Abs. 2 Satz 1 DBA-USA 1989 entspricht dem oben dargestellten Art. 24 Abs. 3 Satz 1 OECD-MA, die Aussage in dem Judikat beruht jedoch auf einer – durch das Gericht für Argumentationszwecke bewusst getroffenen – rein hypothetischen Annahme, wonach § 50d Abs. 10 EStG den Abzug von Sonderbetriebsausgaben im Inbound-Fall untersagen würde[1405] – genau das Gegenteil ist jedoch der Fall. Durch § 50d Abs. 10 Satz 2, 3 Halbs. 2 i.V.m. Satz 1, 3 Halbs. 1 EStG können, sofern die Norm einschlägig ist, Sonderbetriebsausgaben im Inbound-Fall – allenfalls über die ansonsten geltende Rechtslage hinaus – der inländischen Betriebsstätte der Personengesellschaft zugeordnet werden; die Norm bewirkt daher, dass Sonderbetriebsausgaben im Inbound-Fall eher abziehbar sind, also ohne Existenz der Norm.[1406] Ein Verstoß gegen abkommensrechtliche Diskriminierungsverbote i.S.v. Vorschriften nach Art. 24 Abs. 3 Satz 1 OECD-MA liegt daher nicht vor; eine Benachteiligung des grenzüberschreitenden Inbound-Falls gegenüber dem Fall, in welchem ein inländischer Mitunternehmer Sonderbetriebsausgaben bei der inländischen Personengesellschaft geltend macht – und auf den es vorliegend bei der Prüfung von Vorschriften i.S.d. Art. 24 Abs. 3 Satz 1 OECD-MA ankommt –[1407], ist nicht gegeben.[1408]

5.3.3 Verhältnis von § 50d Abs. 10 EStG zu § 1 Abs. 1 AStG

§ 1 Abs. 1 Satz 1 AStG bestimmt, dass die Einkünfte eines Steuerpflichtigen unbeschadet anderer Vorschriften so anzusetzen sind, wie sie unter Bedingungen angefallen wären, die zwischen voneinander unabhängigen Dritten vereinbart wurden. Voraussetzung hierfür ist, dass die Einkünfte des Steuerpflichtigen aus einer Geschäftsbeziehung zum Ausland mit einer ihm nahestehenden Person dadurch gemindert wurden, dass er seiner Einkünfteermittlung andere Bedingungen, insbesondere andere Preise (Verrechnungspreise), zugrunde gelegt hat, als sie voneinander unabhängige Dritte unter gleichen oder vergleichbaren Verhältnissen vereinbart hätten (Fremdvergleichsgrundsatz). Ziel der Regelung ist es, grenzüberschreitende Leistungsbeziehungen fremdvergleichskonform auszugestalten respektive eine Minderung der inländischen Einkünfte durch fremd*un*übliche Vereinbarungen zu unterbinden.[1409] Im Inbound-Fall und damit dem Fall, in dem ein ausländischer Gesellschafter an einer inländischen Personengesellschaft beteiligt ist, kommt als „Steuerpflichtiger“ i.S.d. Norm potenziell die Personengesell-

---

[1404] FG Düsseldorf, Urteil vom 21.05.2015, 8 K 2541/12 G, Rn. 63.

[1405] Vgl. dazu FG Düsseldorf, Urteil vom 21.05.2015, 8 K 2541/12 G, Rn. 63 i.V.m. 60 ff.

[1406] Vgl. dazu die Ausführungen in den Kapiteln 5.2 sowie 8.1 und bspw. auch HICK, CHRISTIAN (Kommentierung § 4i EStG 2024), Rn. 4.

[1407] Vgl. GEBHARDT, RONALD (Sonderbetriebsvermögen 2015), S. 812; NITZSCHKE, DIRK (Sonderbetriebsausgaben 2015), Tz. 4.

[1408] Vgl. mit analogem Ergebnis zur Prüfung eines Verstoßes gegen das Unionsrecht OELLERICH, INGO (Kommentierung § 50d Abs. 10 EStG 2022), Rn. 37. Vgl. auch FROTSCHER, GERRIT (Kommentierung § 50d EStG 2024), Rn. 256.

[1409] Vgl. HRUSCHKA, FRANZ (AOA 2013), S. 833; MAYER, GEORG (Sonderbetriebsvermögen 2017), S. 119 und vgl. auch ROSENBERG, OLIVER (Sonderbetriebsbereich 2015), Rn. 11.9.

schaft und als „nahestehende Person" der ausländische Mitunternehmer in Betracht; im Outbound-Fall gilt Entsprechendes vice versa.[1410] Ob eine Personengesellschaft Steuerpflichtiger oder nahestehende Person i.S.d. Vorschrift sein kann, wurde in der Vergangenheit kontrovers diskutiert.[1411] Heute bestimmt § 1 Abs. 1 Satz 2 Halbs. 1 AStG gesetzlich, dass Steuerpflichtiger i.S.d. Vorschrift auch eine Personengesellschaft oder eine Mitunternehmerschaft ist. Zudem ist eine Personengesellschaft oder Mitunternehmerschaft nunmehr nahestehende Person i.S.d. Norm, wenn die Voraussetzungen des § 1 Abs. 2 AStG, der den Begriff der nahestehenden Person ausführlich definiert, erfüllt sind (§ 1 Abs. 1 Satz 2 Halbs. 2 AStG).[1412] Die Einkünftekorrekturvorschrift des § 1 Abs. 1 AStG kann dementsprechend – jedenfalls nach heutiger Rechtslage – grundsätzlich sowohl im In- als auch im Outbound-Fall auf grenzüberschreitend von einer Personengesellschaft gewährte Sondervergütungen eines Mitunternehmers Anwendung finden.[1413] Damit tritt die Norm potenziell in Konkurrenz zu dem hier übergeordnet in Rede stehenden § 50d Abs. 10 EStG. Die Frage, in welchem Verhältnis beide Normen genau zueinander stehen, wird unterschiedlich beantwortet:

Die Finanzverwaltung und ein Teil der Literatur gehen davon aus, dass § 1 Abs. 1 AStG neben bzw. ergänzend zu § 50d Abs. 10 EStG wirken kann.[1414] Demgegenüber meint ein anderer Teil der Literatur, dass eine ergänzende Anwendung von § 1 Abs. 1 AStG nicht möglich ist, da § 50d Abs. 10 EStG, sofern einschlägig, dem jeweiligen Fall das erforderliche grenzüberschreitende Element nehmen würde.[1415] Hruschka[1416] argumentiert hierbei damit, dass letztere Norm „den Begriff der Betriebsstätte" ausdehne, „die nach dem Wortlaut neben der Gesamthandsphäre auch die gesamte Sonderbetriebssphäre I umfasst. Faktisch wird damit die Leistungsbeziehung vollständig dem Inland zugeordnet. Damit entfällt […] die Grenzüberschreitung der Leistungsbeziehung zwischen dem Gesellschafter und der Gesamthand, die jedoch Voraussetzung einer Korrektur gemäß § 1 Abs. 1 AStG ist."

Im Inbound-Fall ist eine Auflösung der zuvor dargestellten konträren Positionen entbehrlich, da den Aufwendungen auf Gesamthandsebene – nach Anwendung von § 50d Abs. 10 EStG – immer Erträge in gleicher Höhe in Form der Sondervergütungen gegenüberstehen, sodass selbst bei einer fremdunüblichen Höhe der Sondervergütungen keine Minderung der inländischen

---

1410 Vgl. Piltz, Detlev Jürgen (Personengesellschaften 1981), S. 102, 215.

1411 Vgl. dazu etwa Ostendorf, Claudia (Sondervergütungen 1994), S. 85; Piltz, Detlev Jürgen (Personengesellschaften 1981), S. 102 ff., 215.

1412 Vgl. zum Voranstehenden ausführlich auch Ditz, Xaver (Einkünfteabgrenzung 2015), Rn. 12.23 f.

1413 Vgl. Bärsch, Sven-Eric u.a. (Unternehmensbesteuerung 2023), S. 761, 764; Rosenberg, Oliver (Sonderbetriebsbereich 2015), Rn. 11.9; Wassermeyer, Franz (Personengesellschaften 2017), Rn. 9.15 und vgl. auch BMF, Schreiben vom 26.09.2014, IV B 5 – S 1300/09/10003, Tz. 2.2.3. (zum Outbound-Fall).

1414 Vgl. zur Auffassung der Finanzverwaltung BMF, Schreiben vom 26.09.2014, IV B 5 – S 1300/09/10003, Tz. 5.1.2. und dort das Fallbeispiel 4 (zum Outbound-Fall); zu dem angesprochenen Teil der Literatur vgl. (implizit) etwa Bärsch, Sven-Eric u.a. (Unternehmensbesteuerung 2023), S. 764; Ditz, Xaver/Tcherveniachki, Vassil (Personengesellschaften 2014), S. 204 f.

1415 Vgl. Hruschka, Franz (AOA 2013), S. 833 sowie dem folgend Mayer, Georg (Sonderbetriebsvermögen 2017), S. 119 f.

1416 Hruschka, Franz (AOA 2013), S. 833.

Einkünfte des Steuerpflichtigen – und damit der Personengesellschaft (s.o.) – möglich ist.[1417] Im Outbound-Fall findet ein solcher Ausgleich in Bezug auf die inländischen Einkünfte jedoch nicht statt; hier werden allenfalls die Sondervergütungen gemäß § 50d Abs. 10 Satz 8 i.V.m. § 50d Abs. 9 Satz 1 Nr. 1 EStG in Deutschland besteuert,[1418] sodass eine nicht fremdvergleichskonforme Höhe der Sondervergütungen zu einer Minderung der inländischen Einkünfte des Steuerpflichtigen – und damit des inländischen Mitunternehmers (s.o.) – führen kann.[1419] In diesem Fall ist daher m.E. ergänzend § 1 Abs. 1 AStG anzuwenden.[1420] Die von HRUSCHKA[1421] ins Feld geführte „Ausdehnung des Betriebsstättenbegriffs" durch § 50d Abs. 10 EStG, die dazu führe, dass die gesamte Leistungsbeziehung der Betriebsstätte der Personengesellschaft zuzuordnen ist, sodass es an dem erforderlichen grenzüberschreitenden Element fehlt, erscheint zu weitgehend. Nach dem Wortlaut von § 50d Abs. 10 EStG werden insbesondere Sondervergütungen – für Zwecke der Anwendung eines DBA – der Betriebsstätte der Personengesellschaft zugeordnet, nicht jedoch die gesamte Leistungsbeziehung zwischen Mitunternehmer und Mitunternehmerschaft – und dies schon gar nicht außerhalb der Anwendung eines DBA.

1417 Vgl. dazu BÄRSCH, SVEN-ERIC u.a. (Unternehmensbesteuerung 2023), S. 761 und dort Fn. 36; HAGEMANN, TOBIAS/KAHLENBERG, CHRISTIAN (Einkünftekorrektur 2015), S. 51; HRUSCHKA, FRANZ (AOA 2013), S. 833.

1418 Vgl. dazu ausführlich die Ausführungen in Kapitel 7.4 und vgl. auch das Fallbeispiel 4 in BMF, Schreiben vom 26.09.2014, IV B 5 – S 1300/09/10003, Tz. 5.1.2.

1419 Wohl gl.A. BMF, Schreiben vom 26.09.2014, IV B 5 – S 1300/09/10003, Tz. 5.1.2., Fallbeispiel 4; MIDDENDORF, OLIVER/ZINK, CATHRIN (Kommentierung § 50d EStG 2024), Rn. 27.

1420 (Wohl) gl.A. BMF, Schreiben vom 26.09.2014, IV B 5 – S 1300/09/10003, Tz. 5.1.2., Fallbeispiel 4; MIDDENDORF, OLIVER/ZINK, CATHRIN (Kommentierung § 50d EStG 2024), Rn. 27. Vgl. auch ROSENBERG, OLIVER (Sonderbetriebsbereich 2015), Rn. 11.9; WASSERMEYER, FRANZ (Personengesellschaften 2017), Rn. 9.15 und dort Fallbeispiel 1; a.A. aber womöglich DITZ, XAVER (Einkünfteabgrenzung 2015), Rn. 12.41 mit Verweis auf Rn. 12.26 (dort zu einer unentgeltlichen Überlassung).

1421 HRUSCHKA, FRANZ (AOA 2013), S. 833.

6 Entstehung und Vermeidung einer Doppelbesteuerung

6.1 Entstehung einer Doppelbesteuerung

Eine Doppelbesteuerung von Sondervergütungen kann im Inbound-Fall entstehen und damit in dem Fall, in dem ein ausländischer Mitunternehmer an einer deutschen Personengesellschaft beteiligt ist.[1422] Dies sollen die folgenden Ausführungen verdeutlichen.

Sondervergütungen werden durch den jeweiligen ausländischen Staat häufig nicht unter den Artikel für Unternehmensgewinne (Vorschriften i.S.d. Art. 7 OECD-MA), sondern unter die spezielleren Verteilungsnormen des jeweiligen DBA und damit insbesondere unter Vorschriften i.S.d. Art. 6, 11, 12, 14 und 15 OECD-MA (a.F.) subsumiert.[1423] Grund hierfür kann entweder sein, dass der ausländische Staat die deutsche Personengesellschaft als intransparent zu besteuerndes Vehikel ansieht – und daher von vornherein nicht den Artikel für Unternehmensgewinne anwendet – oder alternativ die deutsche Personengesellschaft zwar ebenfalls als transparent zu besteuern qualifiziert, aber dennoch die spezielleren Verteilungsnormen einschlägig sieht.[1424] Die Folge ist dieselbe: Aus Sicht des ausländischen Staates steht dem Quellenstaat Deutschland häufig kein oder ein nur eingeschränktes Besteuerungsrecht zu, sodass – aus seiner Sicht – Deutschland auf die Besteuerung der entsprechenden Einkünfte insoweit verzichten müsste und er selbst die Sondervergütungen (unter Anrechnung der Quellensteuer) voll besteuern darf.[1425] Letzteres gilt vor allem bezüglich Sondervergütungen in Form von Zinsen und in Form von Lizenzgebühren, aber – insoweit, wie die Voraussetzungen für eine Besteuerung im Quellenstaat nicht gegeben sind –[1426] auch für Vergütungen, die aus einer (un-)selbständigen Tätigkeit gegenüber der Personengesellschaft stammen.[1427]

Aus deutscher Sicht führt die nunmehr gesetzlich in Form von § 50d Abs. 10 EStG verankerte (ehemalige) Sichtweise der Finanzverwaltung[1428] dazu, dass Sondervergütungen gerade nicht unter die spezielleren Verteilungsnormen, sondern stets unter Vorschriften i.S.d. Art. 7 OECD-MA zu subsumieren und der deutschen Betriebsstätte der Personengesellschaft zuzuordnen sind.[1429] Damit beansprucht auch Deutschland grundsätzlich das volle Besteuerungsrecht bezüglich der Sondervergütungen.[1430] In der Konsequenz trägt daher die einseitige fiktive Umqua-

---

1422 Vgl. zur Definition des Inbound-Falls ausführlich Kapitel 3.1.1.

1423 Vgl. BMF, Schreiben vom 26.09.2014, IV B 5 – S 1300/09/10003, Tz. 5.1.3.2.; LÜDICKE, JÜRGEN (Personengesellschaften 2011), S. 99 f.

1424 Vgl. ausführlich STEMLER, PATRICK (Sondervergütungen 2013), S. 200 ff. Vgl. auch OECD (Partnership-Report 1999), S. 43 f.

1425 Vgl. BR-Drs. 632/1/12 vom 13.11.2012, S. 15; LÜDICKE, JÜRGEN (Personengesellschaften 2011), S. 100.

1426 Vgl. dazu die Ausführungen in den Kapiteln 4.3.1.3.2, 4.3.1.3.3, 4.3.2.5 sowie 4.3.2.6.

1427 Vgl. LÜDICKE, JÜRGEN (Personengesellschaften 2011), S. 100.

1428 Vgl. dazu die Ausführungen in Kapitel 4.3.1.2.1.

1429 Vgl. dazu die Ausführungen in Kapitel 5.2. Obiges gilt jedenfalls dann, wenn keine weitere Betriebsstätte der Personengesellschaft (im Ausland) vorhanden ist, was hier unterstellt wird.

1430 Vgl. z.B. SCHÜLLER, EVA CAROLIN (Personengesellschaften 2014), S. 148.

lifizierung und Zuordnung der Sondervergütungen durch § 50d Abs. 10 EStG erheblich dazu bei, dass es zu einer Doppelbesteuerung kommt,[1431] was *Beispiel 6* veranschaulicht.

Beispiel 6: Entstehung einer Doppelbesteuerung im Inbound-Fall[1432]

Der im Ausland ansässige M ist mitunternehmerisch an der inländischen Personengesellschaft P beteiligt, die ihre Geschäftsleitungsbetriebsstätte und zugleich einzige Betriebsstätte in Deutschland hat. M überlässt der Personengesellschaft P entgeltlich eine Lizenz. Zwischen Deutschland und dem ausländischen Staat besteht ein DBA, das dem OECD-MA entspricht. *Abbildung 12* stellt den Sachverhalt graphisch dar:

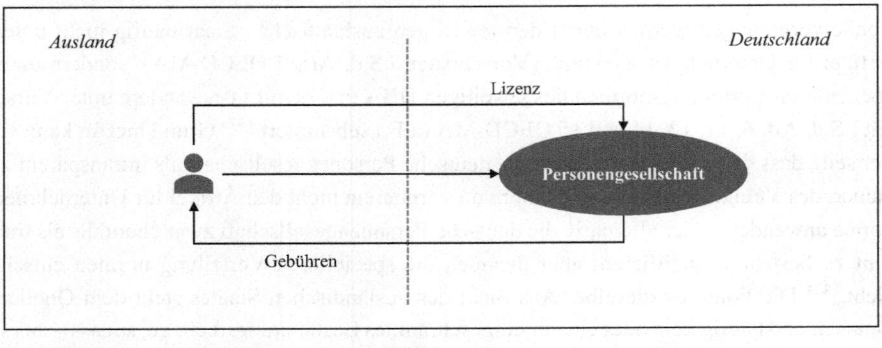

Abbildung 12: Lizenzgebühren im Inbound-Fall[1433]

Der ausländische Staat subsumiert die Lizenzgebühren unter den Artikel für Lizenzen des DBA (Art. 12) und geht daher davon aus, dass ihm das ausschließliche Besteuerungsrecht an den Lizenzgebühren zusteht. Aus deutscher Sicht sind die Lizenzgebühren auf DBA-Ebene – nach herrschender und auch hier geteilter Meinung (siehe Kapitel 4.3.1.2.1 und Kapitel 4.3.2.4) – zwar grundsätzlich ebenfalls unter den Artikel für Lizenzen zu fassen, durch § 50d Abs. 10 Satz 1, 3 Halbs. 1 EStG werden die Lizenzgebühren aber zunächst fiktiv in Unternehmensgewinne i.S.d. Art. 7 des DBA umqualifiziert und ebenso fiktiv der Betriebsstätte, die den Aufwand aus den Sondervergütungen trägt, und damit der deutschen Betriebsstätte der Personengesellschaft zugeordnet. Auch Deutschland beansprucht daher zunächst das volle Besteuerungsrecht für sich, sodass eine Doppelbesteuerung der Sondervergütungen droht.

Die Entstehung einer Doppelbesteuerung, wie sie zuvor aufgezeigt wurde, ließe sich zum Teil von vornherein vermeiden, wenn die herrschende und auch hier geteilte Auffassung hinsichtlich der Einordnung von Sondervergütungen auf Abkommensebene weiterhin Bestand hätte, es also § 50d Abs. 10 EStG nicht gäbe.[1434] Konkret würden in dem zuvor gegebenen *Beispiel 6* die Sondervergütungen in Form der Lizenzgebühren auch durch Deutschland unter Art. 12 des entsprechenden DBA subsumiert werden, sodass auch Deutschland davon ausgehen würde, dass das Besteuerungsrecht nur bei dem ausländischen Staat liegt.

1431 Vgl. auch BMF, Schreiben vom 26.09.2014, IV B 5 – S 1300/09/10003, Tz. 5.1.3.1.; BR-Drs. 632/1/12 vom 13.11.2012, S. 15; GAH, MAXIMILIAN/WANGLER, CLEMENS (Inbound-Fall 2018), S. 819.

1432 Beispiel modifiziert entnommen aus OECD (Partnership-Report 1999), S. 43 f.; PILTZ, DETLEV JÜRGEN (Sondervergütungen 2003), S. 159 f.

1433 Eigene Darstellung; modifiziert entnommen aus PRINZ, ULRICH (Anwendungsfragen 2018), S. 653.

1434 Vgl. auch PILTZ, DETLEV JÜRGEN (Sondervergütungen 2003), S. 159 f.

Die Situation, dass eine Doppelbesteuerung aufgrund einer zwischen den Vertragsstaaten divergierenden Subsumtion von Einkünften unter die Verteilungsnormen eines DBA eintritt, lässt sich als positiver objektiver Qualifikationskonflikt (im engeren Sinne) bezeichnen.[1435] Wie ein solcher Qualifikationskonflikt bezüglich Sondervergütungen (unter Geltung von § 50d Abs. 10 EStG) vermieden werden kann, wird in den folgenden Kapiteln beschrieben.

6.2 Vermeidung einer Doppelbesteuerung durch Auslegung der Methodenartikel

Eine Möglichkeit, wie die im Kapitel zuvor aufgezeigte Doppelbesteuerung von Sondervergütungen vermieden werden kann, wird zum Teil darin gesehen, den Methodenartikel des jeweiligen DBA (Vorschriften i.S.d. Art. 23A bzw. 23B OECD-MA) in einer bestimmten Weise auszulegen.[1436] Dabei soll sich die Auslegung bzw. Anwendung des Methodenartikels durch den Ansässigkeitsstaat nach der Auslegung bzw. Anwendung des Methodenartikels durch den Quellenstaat richten.[1437] Eine solche Bindung des Ansässigkeitsstaates an die Sichtweise des Quellenstaates wird als Qualifikationsverkettung bezeichnet.[1438] Im Folgenden wird dargestellt, woraus insbesondere die OECD eine entsprechende Bindung des Ansässigkeitsstaates herleitet und welche Schlussfolgerungen sie hieraus zieht. Sodann werden die hierzu von der deutschen Finanzverwaltung vertretene Auffassung, die verschiedenen diesbezüglichen Meinungen in der Literatur und die entsprechende Position des BFH aufgezeigt. Schließlich wird erörtert, ob und inwieweit der von der OECD geprägten Auffassung zu folgen ist, und damit, inwieweit sich eine Doppelbesteuerung von Sondervergütungen durch eine Qualifikationsverkettung vermeiden lässt.

Art. 23A Abs. 1 OECD-MA sieht Folgendes vor:

> *Bezieht eine in einem Vertragsstaat ansässige Person Einkünfte [...], die in dem anderen Vertragsstaat nach diesem Abkommen besteuert werden können [...], so nimmt der erstgenannte Staat [...] diese Einkünfte [...] von der Besteuerung aus.*

An der entscheidenden Stelle identisch lautet Art. 23B Abs. 1 Satz 1 Buchst. a) OECD-MA:

> *Bezieht eine in einem Vertragsstaat ansässige Person Einkünfte [...], die in dem anderen Vertragsstaat nach diesem Abkommen besteuert werden können [...], so rechnet der erstgenannte Staat auf die vom Einkommen dieser Person zu erhebende Steuer den Betrag an, der der im anderen Staat gezahlten Steuer vom Einkommen entspricht.*

[1435] Vgl. dazu z.B. LEHNER, MORIS (Grundlagen 2021), Rn. 96e; SCHÖNFELD, JENS/HÄCK, NILS (Kommentierung Art. 23 OECD-MA 2019), Rn. 38; WASSERMEYER, FRANZ (Qualifikationskonflikte 2015), Rn. 4.3.

[1436] Vgl. SCHÜLLER, EVA CAROLIN (Personengesellschaften 2014), S. 219; STEMLER, PATRICK (Sondervergütungen 2013), S. 202 ff.

[1437] Vgl. SCHÜLLER, EVA CAROLIN (Personengesellschaften 2014), S. 219.

[1438] Vgl. HEMMELRATH, ALEXANDER (Personengesellschaften 1995), S. 572; SCHÖNFELD, JENS/HÄCK, NILS (Kommentierung Art. 23 OECD-MA 2019), Rn. 37. Zum Teil wird auch der Begriff „Rechtsfolgenverkettung" verwendet; so z.B. BMF, Schreiben vom 26.09.2014, IV B 5 – S 1300/09/10003, Tz. 4.1.3.3.1.

Der Ansässigkeitsstaat muss demnach die Einkünfte freistellen bzw. eine Steuer auf die Einkünfte anrechnen, die im Quellenstaat „nach diesem Abkommen besteuert werden können".[1439] Fraglich ist dabei jeweils, auf welcher Grundlage (aus Sicht des Ansässigkeitsstaates) zu beurteilen ist, ob dem Quellenstaat nach dem jeweiligen Abkommen ein Besteuerungsrecht an den in Rede stehenden Einkünften zusteht.[1440] Die OECD vertritt diesbezüglich die Auffassung, der Ansässigkeitsstaat müsse der Sichtweise des Quellenstaates folgen.[1441] Einen Qualifikationskonflikt hinsichtlich der Einordnung von Einkünften unter verschiedene Verteilungsnormen eines DBA will die OECD also auf Ebene des Methodenartikels lösen, indem der Ansässigkeitsstaat bei Anwendung des Methodenartikels der Qualifikation der Einkünfte durch den Quellenstaat folgen muss und daher zur Vermeidung einer Doppelbesteuerung die Methode anzuwenden hat, die sich ergibt, wenn die Sichtweise des Quellenstaates hinsichtlich der Zuweisung des Besteuerungsrechts zugrunde gelegt wird.[1442] Im Inbound-Fall mit deutscher Beteiligung müsste damit ggf. der ausländische Staat bei Anwendung des Methodenartikels der Einstufung der Sondervergütungen als Unternehmensgewinne durch den Quellenstaat Deutschland folgen und daher die Doppelbesteuerung durch Anwendung der Methode vermeiden, die in dem jeweiligen DBA aus seiner Sicht bei Unternehmensgewinnen, die im Betriebsstättenstaat besteuert werden können, vorgesehen ist – unabhängig davon, ob er selbst die Sondervergütungen unter die spezielleren Verteilungsnormen subsumiert.[1443] Unerheblich dabei ist, unter welche Verteilungsnorm der Quellenstaat die Einkünfte auf DBA-Ebene einordnet.[1444] Die OECD will die oben beschriebene Qualifikationsverkettung jedoch nur dann vornehmen, wenn der Qualifikationskonflikt auf unterschiedliche Bestimmungen des jeweiligen innerstaatlichen Rechts zurückgeht, nicht aber im Falle einer unterschiedlichen Ansicht bezüglich bestimmter Tatsachen (bspw. ob eine Betriebsstätte vorhanden ist oder nicht) oder bei einer unterschiedlichen Auslegung von Bestimmungen des jeweiligen DBA (bspw. welche Bedeutung einem Begriff zukommt, der im Abkommen verwendet wird).[1445] Ob ein Treaty Override wie § 50d Abs. 10 EStG eine entsprechende die Qualifikationsverkettung auslösende Bestimmung des jeweiligen nationalen Rechts ist, bleibt in den Ausführungen der OECD offen, ist aber m.E. zu bejahen, da § 50d Abs. 10 EStG – unabhängig davon, wie man die Norm beurteilt – (noch) Teil der nationalen Rechtsordnung ist.

1439 Vgl. auch SCHÜLLER, EVA CAROLIN (Personengesellschaften 2014), S. 220; STARINGER, CLAUS (Leistungsbeziehungen 2000), S. 113.

1440 Vgl. auch SCHÜLLER, EVA CAROLIN (Personengesellschaften 2014), S. 220.

1441 Vgl. OECD (Partnership-Report 1999), Tz. 103 f.; OECD-MK zu Art. 23A und 23B OECD-MA, Tz. 32.1 ff. und ebenso bspw. SCHÜLLER, EVA CAROLIN (Personengesellschaften 2014), S. 220.

1442 Vgl. auch GÜNKEL, MANFRED/LIEBER, BETTINA (Sondervergütungen 2000), S. 855.

1443 Vgl. STARINGER, CLAUS (Leistungsbeziehungen 2000), S. 113 f. Vgl. auch GÜNKEL, MANFRED/LIEBER, BETTINA (Sondervergütungen 2000), S. 855; STEMLER, PATRICK (Sondervergütungen 2013), S. 203.

1444 Vgl. STARINGER, CLAUS (Leistungsbeziehungen 2000), S. 113.

1445 Vgl. OECD (Partnership-Report 1999), Tz. 108; OECD-MK zu Art. 23A und 23B OECD-MA, Tz. 32.5. Vgl. auch SCHÜLLER, EVA CAROLIN (Personengesellschaften 2014), S. 220 f.
Eine Doppelbesteuerung, die durch eine unterschiedliche Sachverhaltsbeurteilung oder Abkommensauslegung verursacht wird, soll nach Auffassung der OECD durch ein Verständigungsverfahren vermieden werden; vgl. OECD-MK zu Art. 23A und 23B OECD-MA, Tz. 32.5.

Die Finanzverwaltung wendete in ihrem ehemals gültigen BMF-Schreiben zur Anwendung von DBA auf Personengesellschaften vom 16.04.2010 die oben dargestellte Auffassung der OECD bezüglich einer Qualifikationsverkettung zur Vermeidung einer Doppelbesteuerung explizit auch auf den Fall an, dass die Vertragsparteien des jeweiligen DBA Sondervergütungen unter verschiedene Verteilungsnormen subsumieren.[1446] Allerdings sollte eine Qualifikationsverkettung i.S.d. OECD nach der im zuvor genannten BMF-Schreiben niedergelegten Auffassung der Finanzverwaltung nur dann erfolgen, wenn die Staaten zuvor erfolglos ein Verständigungsverfahren durchgeführt haben.[1447] Im aktuell gültigen BMF-Schreiben zur Anwendung von DBA auf Personengesellschaften sieht die Finanzverwaltung zwar grundsätzlich weiterhin eine entsprechende Qualifikationsverkettung als eine Lösung zur Vermeidung einer Doppelbesteuerung an;[1448] ihre diesbezüglich im BMF-Schreiben vom 16.04.2010 explizit auch im Hinblick auf Sondervergütungen vertretene Auffassung hat sie jedoch aufgegeben und geht nunmehr davon aus, dass für den Ansässigkeitsstaat keine Verpflichtung besteht, die Doppelbesteuerung zu vermeiden, wenn Deutschland sich ein Besteuerungsrecht durch § 50d Abs. 10 EStG zuschreibt.[1449]

Auch der Gesetzgeber ging unter Hinweis auf die entsprechenden Stellen im OECD Partnership-Report bzw. im OECD-MK davon aus, dass der Ansässigkeitsstaat eine durch § 50d Abs. 10 EStG a.F. verursachte Doppelbesteuerung durch Anwendung der Freistellungsmethode oder durch Steueranrechnung vermeiden müsse[1450] – im Übrigen könne ein Verständigungsverfahren durchgeführt werden.[1451] Zuletzt wurde aber auch in den Gesetzesmaterialien zu § 50d Abs. 10 EStG in seiner aktuellen Fassung festgehalten, dass für den Ansässigkeitsstaat keine Verpflichtung besteht, die Doppelbesteuerung zu vermeiden, wenn Deutschland sich ein Besteuerungsrecht mittels § 50d Abs. 10 EStG sichert.[1452]

Die Literatur folgt zum Teil der Auffassung der OECD und vertritt daher, dass sich aus einer Vorschrift i.S.d. Art. 23A bzw. 23B OECD-MA eine Qualifikationsverkettung ergebe, der Ansässigkeitsstaat also bei Anwendung des Methodenartikels an die Einordnung der Einkünfte durch den Quellenstaat gebunden sei.[1453] Von der h.L. wird eine solche Qualifikationsverkettung hingegen abgelehnt.[1454] Darüber hinaus zweifelt MERETZKI daran, ob bei einer durch § 50d

---

[1446] Vgl. BMF, Schreiben vom 16.04.2010, IV B 2 – S 1300/09/10003, Tz. 4.1.3.1. Buchst. c) i.V.m. Tz. 4.1.3.3.1. Vgl. auch ROSENBERG, OLIVER (Sonderbetriebsbereich 2015), Rn. 11.36.

[1447] Vgl. BMF, Schreiben vom 16.04.2010, IV B 2 – S 1300/09/10003, Tz. 4.1.3.3.1. und ebenso SCHÜLLER, EVA CAROLIN (Personengesellschaften 2014), S. 221.

[1448] Vgl. BMF, Schreiben vom 26.09.2014, IV B 5 – S 1300/09/10003, Tz. 4.1.3.1. Buchst. c) i.V.m. Tz. 4.1.3.3.1.

[1449] Vgl. BMF, Schreiben vom 26.09.2014, IV B 5 – S 1300/09/10003, Tz. 5.1.3.1.

[1450] Kritisch MERETZKI, AYK (Mitunternehmer-Betriebsstätten 2009), S. 222.

[1451] Vgl. BT-Drs. 16/11108 vom 27.11.2008, S. 23. Die Ermutigung in den Gesetzesmaterialien, ein Verständigungsverfahren durchzuführen, sofern der Ansässigkeitsstaat des Mitunternehmers die ggf. durch § 50d Abs. 10 EStG a.F. verursachte Doppelbesteuerung im Inbound-Fall nicht vermeidet, mutet deshalb so befremdlich an, da die Durchführung eines Verständigungsverfahrens in der Literatur völlig zu Recht als „langwierig" bezeichnet wird; so PESSOA DOS SANTOS-METTLACH, SUSANA (Qualifikationskonflikte 2020), S. 289.

[1452] Vgl. BR-Drs. 632/1/12 vom 13.11.2012, S. 15.

[1453] Vgl. AVERY JONES, JOHN F. (Qualification Conflicts 1993), S. 52; DEBATIN, HELMUT (Qualifikationsprobleme 1979), S. 495 f.; KRABBE, HELMUT (Doppelbesteuerungsabkommen 1998), S. 128.

[1454] Vgl. u.a. MACHENS, GABRIELE (Personengesellschaften 2007), S. 279; MÜLLER, MARION/WANGLER, CLEMENS (Qualifikationskonflikte 2003), S. 150; SCHULZ-TRIEGLAFF, KAI (Qualifikationsverkettung 2018),

Abs. 10 EStG hervorgerufenen Doppelbesteuerung überhaupt eine Qualifikationsverkettung i.S.d. OECD zur Vermeidung der Doppelbesteuerung in Betracht kommt, da diese nur dann zur Anwendung gelange, wenn der Quellenstaat zulässigerweise auf sein nationales Recht bei der Qualifizierung von Einkünften zurückgreift, sich also nicht – wie es aber bei Sondervergütungen der Fall ist – bereits aus dem Abkommen selbst eine bestimmte Qualifikation der Einkünfte ergibt.[1455]

In der Rechtsprechung des RFH war – soweit ersichtlich – nicht eindeutig entschieden, ob eine Bindung des Ansässigkeitsstaates an die Einkünftequalifikation durch den Quellenstaat nach dem Recht der DBA besteht.[1456] Heute spricht sich der BFH klar gegen eine aus der in Art. 23A bzw. B OECD-MA enthaltenen Formulierung („Einkünfte […], die in dem anderen Vertragsstaat nach diesem Abkommen besteuert werden können") abgeleitete Verkettung hinsichtlich der Einkünftequalifikation aus.[1457]

M.E. gibt der Wortlaut von Vorschriften i.S.d. Art. 23A bzw. B OECD-MA eine Auslegung i.S.d. OECD jedenfalls nicht zwingend her.[1458] Zudem ist zu beachten, dass es sich bei dem OECD-MK zwar um ein wichtiges Auslegungsmittel handelt,[1459] dennoch kann er nach der insoweit zutreffenden h.M. keine Bindungswirkung für den Steuerpflichtigen oder die Gerichte entfalten.[1460] Begründen lässt sich dies vor allem damit, dass die für eine entsprechende Bindung erforderliche gesetzgebende Gewalt (selbstverständlich) nicht an die Verfasser des Kommentars bzw. die OECD als Herausgeber desselben delegiert wurde.[1461] Der BFH vergleicht den OECD-MK daher für Zwecke der Gesetzesauslegung im Urteil vom 11.07.2018 (I R 44/16) mit – ebenfalls nicht bindenden – Gesetzesmaterialien.[1462] Das sieht die Finanzverwaltung zwar – jedenfalls bezogen auf die eigene Bindung – anders und hält in einem in Reaktion auf das BFH-Urteil vom 11.07.2018 (I R 44/16) ergangenen BMF-Schreiben vom 19.04.2023 fest, dass der „OECD-Kommentar […] – unter Berücksichtigung der in ihm enthaltenen Bemerkungen („observations") der OECD-Mitgliedsstaaten – als ein *widerlegliches Indiz* für die Staaten-

---

S. 341, 344; STRAHL, MARTIN (Mitunternehmerschaft 2001), Tz. 21; WACKER, ROLAND (Kommentierung § 15 EStG 2024), Rn. 173 und ebenso MERETZKI, AYK (Mitunternehmer-Betriebsstätten 2009), S. 222.

1455 Vgl. MERETZKI, AYK (Mitunternehmer-Betriebsstätten 2009), S. 222 f.

1456 Explizit offen gelassen RFH, Urteil vom 28.07.1937, VI A 432/37, S. 852; die Vorinstanz hatte jedoch aufbauend auf dem RFH-Urteil vom 23.11.1933, III A 955/31, S. 40 f. eine entsprechende Bindung bejaht.

1457 Vgl. BFH, Urteil vom 11.07.2018, I R 44/16, Rn. 15 f. Vgl. sich gegen eine Qualifikationsverkettung bei subjektiven Qualifikationskonflikten aussprechend bereits BFH, Urteil vom 25.05.2011, I R 95/10, Rn. 16 f. Vgl. auch BFH, Beschluss vom 13.11.2013, I R 67/12, Rn. 16.

1458 Vgl. auch GÜNKEL, MANFRED/LIEBER, BETTINA (Sondervergütungen 2000), S. 856; GÜNKEL, MANFRED/LIEBER, BETTINA (Sondervergütungen 2001), S. 132; SCHÖNFELD, JENS/HÄCK, NILS (Kommentierung Art. 23 OECD-MA 2019), Rn. 9.

1459 Vgl. GÜNKEL, MANFRED/LIEBER, BETTINA (Sondervergütungen 2000), S. 857; Schweizer Bundesgericht, Urteil vom 23.06.2023, 9C_682/2022, 9C_683/2022, Ls. 3.

1460 Vgl. u.a. BFH, Urteil vom 11.07.2018, I R 44/16, Rn. 23 f.; GÜNKEL, MANFRED/LIEBER, BETTINA (Sondervergütungen 2000), S. 857; VOGEL, KLAUS (Doppelbesteuerungsabkommen 2004), S. 14 und ebenso für das Schweizer Steuerrecht das Schweizer Bundesgericht im Urteil vom 23.06.2023, 9C_682/2022, 9C_683/2022, Ls. 3; differenzierend hingegen STEMLER, PATRICK (Sondervergütungen 2013), S. 213 f.

1461 Vgl. VOGEL, KLAUS (Doppelbesteuerungsabkommen 2004), S. 14. Vgl. auch BFH, Urteil vom 11.07.2018, I R 44/16, Rn. 23.

1462 Vgl. BFH, Urteil vom 11.07.2018, I R 44/16, Rn. 24.

praxis der OECD-Mitgliedsstaaten bei der Auslegung der dem OECD-Musterabkommen entsprechenden Vorschriften ihrer DBA anzusehen" ist.[1463] Dementsprechend vergleicht VOGEL den OECD-MK – mit Blick auf seine Bindungswirkung – zutreffend mit Verwaltungsvorschriften.[1464] Im Nachgang zu ihrer obigen Äußerung erklärt die Finanzverwaltung die widerlegliche „Indizwirkung des OECD-Kommentars" jedoch als „widerlegt, wenn sich ein anderes Abkommensverständnis aus einem BMF-Schreiben oder einer sonstigen Verwaltungsanweisung ergibt."[1465] Wie weiter oben dargelegt, hat die Finanzverwaltung ihre vormals im BMF-Schreiben vom 16.04.2010 bezüglich einer Qualifikationsverkettung bei der Einordnung von Sondervergütungen vertretene Auffassung[1466] jedoch aufgegeben und geht nunmehr im BMF-Schreiben vom 26.09.2014 davon aus, dass für den Ansässigkeitsstaat keine Verpflichtung besteht, die Doppelbesteuerung zu vermeiden, wenn Deutschland sich ein Besteuerungsrecht durch § 50d Abs. 10 EStG zuschreibt.[1467] Im Ergebnis teilt die Finanzverwaltung daher die Auffassung der OECD bezüglich einer Qualifikationsverkettung – in Bezug auf Sondervergütungen – nicht mehr und hat dies in einem BMF-Schreiben auch kundgetan, sodass – entsprechend dem BMF-Schreiben vom 19.04.2023 (s.o.) – die „widerlegliche Indizwirkung" des OECD-MK aus Sicht der Finanzverwaltung „widerlegt" ist. Wie die Finanzverwaltung selbst festhält, wird daher die Bindungswirkung des BMF-Schreibens vom 26.09.2014, in welchem die Finanzverwaltung eine Qualifikationsverkettung bei der Einordnung von Sondervergütungen ablehnt, nicht durch den OECD-MK tangiert.[1468]

Nachvollziehbarerweise kann hier zwar nicht für alle ausländischen Staaten untersucht werden, ob sie die oben dargestellte Auffassung in Bezug auf die fehlende Bindungswirkung des OECD-MK teilen, die rechtstaatlichen Prinzipien, auf denen diese Auffassung fußt (insbesondere Gewaltenteilung), gelten aber auch in vielen anderen Ländern, sodass davon auszugehen ist, dass auch dort der OECD-MK nicht als verbindliche Gesetzesauslegung angesehen wird.[1469] Weiterhin ist über die wahrscheinlich auch in anderen Ländern generell fehlende Bindungswirkung des OECD-MK hinaus zu beachten, dass Deutschland sich im Inbound-Fall das Besteuerungsrecht nicht durch eine bloße Abkommensauslegung anhand des sowieso geltenden nationalen Rechts, sondern im Wege eines Treaty Overrides zuschreibt.[1470] Eine darauf aufbauende Qualifikationsverkettung – mit der Folge, dass der ausländische Ansässigkeitsstaat des Mitunternehmers im Inbound-Fall ggf. auf eine Besteuerung der Sondervergütungen verzichten müsste, obwohl er sich selbst auf Basis seiner eigenen Abkommensauslegung oftmals ein Besteuerungsrecht zuschreiben würde – wird im Ausland wohl nur auf wenig Akzeptanz stoßen, sodass sich

---

1463 Vgl. auch wörtlich BMF, Schreiben vom 19.04.2023, IV B 2 – S 1301/22/10002:004, S. 630 [Hervorhebung d.Verf.].

1464 Vgl. VOGEL, KLAUS (Doppelbesteuerungsabkommen 2004), S. 14.

1465 Vgl. zu den wörtlichen Zitaten jeweils BMF, Schreiben vom 19.04.2023, IV B 2 – S 1301/22/10002:004, S. 631.

1466 Vgl. BMF, Schreiben vom 16.04.2010, IV B 2 – S 1300/09/10003, Tz. 4.1.3.1. Buchst. c) i.V.m. Tz. 4.1.3.3.1.

1467 Vgl. BMF, Schreiben vom 26.09.2014, IV B 5 – S 1300/09/10003, Tz. 5.1.3.1.

1468 Vgl. dazu allgemein BMF, Schreiben vom 19.04.2023, IV B 2 – S 1301/22/10002:004, S. 631.

1469 Ebenfalls zweifelnd bereits MERETZKI, AYK (Mitunternehmer-Betriebsstätten 2009), S. 222.

1470 Vgl. eingehend dazu die Ausführungen in Kapitel 5.3.1.

eine Doppelbesteuerung auf Basis einer Qualifikationsverkettung jedenfalls nicht im Verhältnis zu allen Staaten verhindern lässt.[1471]

Ein Ablehnen der von der OECD vertretenen Auffassung macht des Weiteren auch aus praktischen Erwägungen heraus Sinn: Wie weiter oben dargelegt, soll die von der OECD geforderte Qualifikationsverkettung nur dann zur Anwendung gelangen, wenn der Qualifikationskonflikt auf unterschiedliche Bestimmungen des jeweiligen innerstaatlichen Rechts zurückgeht, nicht aber bei einer unterschiedlichen Ansicht bezüglich bestimmter Tatsachen oder bei einer unterschiedlichen Auslegung von Bestimmungen des jeweiligen DBA. Es wird aber oftmals schwierig sein, festzustellen, welcher der genannten Fälle gegeben ist; insbesondere erscheint die Abgrenzung zwischen Qualifikationskonflikten, die auf unterschiedlichen Bestimmungen des jeweiligen innerstaatlichen Rechts beruhen, und solchen, für die eine unterschiedliche Auslegung von Bestimmungen des einschlägigen Abkommens ausschlaggebend ist, – vor allem mit Blick auf die praktische Anwendung eines DBA – als sehr viel verlangt.[1472]

Über das zuvor Dargelegte hinaus ist zu berücksichtigen, dass der OECD-MK – aufbauend auf den Ausführungen zur Qualifikationsverkettung im OECD Partnership-Report – erst im Jahr 2000 entsprechend geändert wurde.[1473] Mit der ständigen Rechtsprechung des BFH ist aber eine dynamische Auslegung von DBA – und damit eine Auslegung eines jeden DBA, unabhängig davon, wann dieses zwischen den Staaten verhandelt und geschlossen wurde, unter Zuhilfenahme des aktuell gültigen OECD-MK – abzulehnen.[1474] Diese Auffassung wird von wesentlichen Teilen der Literatur geteilt.[1475] Dem folgend wäre die erst seit dem Jahr 2000 im OECD-MK zu findende Auffassung der OECD bezüglich einer Qualifikationsverkettung sowieso nur für DBA relevant, die nach Veröffentlichung des OECD-MK im Jahr 2000 geschlossen oder an der entscheidenden Stelle im Methodenartikel geändert wurden.[1476] Die Finanzverwaltung hingegen will DBA zwar grundsätzlich dynamisch auslegen,[1477] wendet aber die von der OECD geforderte Qualifikationsverkettung – wie oben dargelegt – auf Sondervergütungen prinzipiell nicht mehr an. Auch diesbezüglich kann nachvollziehbarerweise nicht für alle ausländischen Staaten untersucht werden, ob nach ihrem Rechtsverständnis eine dynamische Auslegung von DBA in Betracht kommt. Die oben aufgezeigte Ablehnung einer solchen Abkommensauslegung durch die deutsche Rechtsprechung und durch erhebliche Teile der Literatur spricht aber

---

[1471] Ähnlich bereits STARINGER, CLAUS (Leistungsbeziehungen 2000), S. 114 f. und kritisch dazu VOGEL, KLAUS (Doppelbesteuerungsabkommen 2004), S. 20 f.

[1472] Vgl. JANKOWIAK, INGO (Doppelte Nichtbesteuerung 2009), S. 137; LANG, MICHAEL (Abkommensauslegung 2007), S. 608; SCHUCH, JOSEF/BAUER, JOSEF (Qualifikationskonflikte 2000), S. 31 f.

[1473] Ebenso MERETZKI, AYK (Mitunternehmer-Betriebsstätten 2009), S. 222; VOGEL, KLAUS (Doppelbesteuerungsabkommen 2004), S. 19.

[1474] Vgl. nur BFH, Urteil vom 11.07.2018, I R 44/16, Rn. 16 mit zahlreichen Nachweisen aus der Rechtsprechung des ersten Senats.

[1475] Vgl. z.B. GÜNKEL, MANFRED/LIEBER, BETTINA (Sondervergütungen 2000), S. 857 f.; SCHMIDT, CHRISTIAN (Abkommensrecht 2008), S. 292; VOGEL, KLAUS (Doppelbesteuerungsabkommen 2004), S. 15.

[1476] Vgl. BFH, Urteil vom 11.07.2018, I R 44/16, Rn. 19 ff., insbesondere Rn. 19, 25. Vgl. auch VOGEL, KLAUS (Doppelbesteuerungsabkommen 2004), S. 15.

[1477] Zuletzt BMF, Schreiben vom 19.04.2023, IV B 2 – S 1301/22/10002:004, S. 631.

indiziell für eine eher ablehnende Haltung gegenüber einer dynamischen Abkommensauslegung auch durch andere Staaten.[1478]

Zusammenfassend und im Ergebnis kann die im Inbound-Fall durch § 50d Abs. 10 EStG hervorgerufene Doppelbesteuerung von Sondervergütungen[1479] auf Basis der insbesondere von der OECD vertretenen Auffassung bezüglich einer Qualifikationsverkettung bei Anwendung des Methodenartikels oftmals nicht vermieden werden. Eine entsprechend notwendige Auslegung des Methodenartikels ergibt sich – wie oben dargelegt – nicht unmittelbar aus dem Wortlaut von Vorschriften i.S.d. Art. 23A bzw. B OECD-MA. Darüber hinaus dürfte – wie oben ebenfalls dargelegt – eine verbindliche Auslegung dieser Vorschriften auf Basis des OECD-MK im Verhältnis zu zahlreichen anderen Staaten an der fehlenden Bindungswirkung des Musterkommentars (jedenfalls in Bezug auf vor dem Jahr 2000 abgeschlossene und an der entscheidenden Stelle unveränderte DBA) scheitern.

6.3 Vermeidung einer Doppelbesteuerung durch § 50d Abs. 10 Satz 5 EStG

Eine weitere Möglichkeit, die in Kapitel 6.1 aufgezeigte Doppelbesteuerung von Sondervergütungen im Inbound-Fall zu vermeiden, kann in § 50d Abs. 10 Satz 5 EStG gesehen werden, welcher eine Anrechnung von im Ausland auf die Sondervergütungen gezahlter Steuer auf die deutsche Steuer vorsieht. Konkret bestimmt § 50d Abs. 10 Satz 5 EStG, der nach der Gesetzesbegründung explizit aufgrund der im Inbound-Fall durch § 50d Abs. 10 Sätze 1 bis 3 EStG hervorgerufenen Doppelbesteuerung geschaffen wurde,[1480] Folgendes:

> *Sind Einkünfte i.S.d. Sätze 1 bis 4 des § 50d Abs. 10 EStG einer Person zuzurechnen, die nach einem Abkommen zur Vermeidung der Doppelbesteuerung als im anderen Staat ansässig gilt, und weist der Steuerpflichtige nach, dass der andere Staat die Einkünfte besteuert, ohne die darauf entfallende deutsche Steuer anzurechnen, ist die in diesem Staat nachweislich auf diese Einkünfte festgesetzte und gezahlte und um einen entstandenen Ermäßigungsanspruch gekürzte, der deutschen Einkommensteuer entsprechende, anteilige ausländische Steuer bis zur Höhe der anteilig auf diese Einkünfte entfallenden deutschen Einkommensteuer anzurechnen.*

Anzurechnen wäre demnach zwar grundsätzlich nur die Steuer, die in dem jeweiligen ausländischen Staat nachweislich auf die Sondervergütungen festgesetzt und gezahlt wurde,[1481] die Finanzverwaltung sieht aber entgegenkommend als Vereinfachungsregelung vor, dass – sofern eine direkte Zuordnung der ausländischen Steuer, die auf die Sondervergütungen entfällt, nicht möglich ist – die anrechenbare Steuer auch aus dem Verhältnis der Sondervergütungen, die in die ausländische Steuerbemessungsgrundlage eingeflossen sind, zur gesamten ausländischen

1478 So bereits MERETZKI, AYK (Mitunternehmer-Betriebsstätten 2009), S. 222.

1479 Vgl. dazu anschaulich Kapitel 6.1.

1480 Vgl. BR-Drs. 632/1/12 vom 13.11.2012, S. 15 und ebenso GAH, MAXIMILIAN/WANGLER, CLEMENS (Inbound-Fall 2018), S. 819; ROSENBERG, OLIVER (Sonderbetriebsbereich 2015), Rn. 11.59.

1481 Vgl. auch KUDERT, STEPHAN/KAHLENBERG, CHRISTIAN (Mitunternehmerschaften 2013), S. 806.

Steuerbemessungsgrundlage berechnet werden kann.[1482] Des Weiteren erfolgt entsprechend den Ausführungen der Finanzverwaltung im BMF-Schreiben vom 26.09.2014 keine Anrechnung der ausländischen Steuer, *soweit* Deutschland durch das jeweilige DBA ein (Quellen-)Besteuerungsrecht – bspw. durch Vorschriften i.S.d. Art. 11 Abs. 2 OECD-MA – zugewiesen wird.[1483] Diese Aussage der Finanzverwaltung löst die in der Literatur aufgeworfene Frage, ob in den Fällen, in denen der ausländische Staat die deutsche Steuer zum Teil anrechnet, überhaupt noch eine Anrechnung der ausländischen Steuer durch Deutschland erfolgt,[1484] zu Gunsten des Steuerpflichtigen.[1485] GEBHARDT weist aber zu Recht darauf hin, dass die dargestellte Verwaltungsauffassung gerichtlich nicht bindend und damit mit Rechtsunsicherheiten behaftet ist.[1486] Auf Basis des Wortlauts von § 50d Abs. 10 Satz 5 EStG ließe sich nämlich durchaus vertreten, dass dann, wenn der ausländische Staat nur einen geringen Steuerbetrag anrechnet, insgesamt durch Deutschland keine Anrechnung mehr erfolgt.[1487] Über das zuvor Dargestellte hinaus erfolgt gemäß § 50d Abs. 10 Satz 6 EStG generell keine Anrechnung von ausländischer Steuer auf die deutsche Steuer nach § 50d Abs. 10 Satz 5 EStG, wenn das jeweilige DBA eine ausdrückliche Regelung für Sondervergütungen[1488] enthält.[1489]

Kritisch betrachtet muss § 50d Abs. 10 Satz 5 EStG jedenfalls als atypisch für eine Norm des Internationalen Steuerrechts bezeichnet werden, da sie den Quellenstaat – und nicht wie sonst üblich – den Ansässigkeitsstaat ggf. zur Vermeidung der Doppelbesteuerung verpflichtet.[1490] Der BFH sieht § 50d Abs. 10 Satz 5 EStG und die darin vorgesehene Anrechnung ausländischer Steuer im Inbound-Fall m.E. zu Recht als schlecht umgesetzten Versuch an, die Verfassungswidrigkeit, die das Gericht selbst dem § 50d Abs. 10 EStG attestiert, zu rechtfertigen.[1491]

Zunächst wirft die jedenfalls unpräzise Formulierung der Norm, welche die Anrechnung für eine Person vorsieht, „die nach einem Abkommen zur Vermeidung der Doppelbesteuerung als im anderen Staat ansässig gilt“, Fragen in Bezug auf den persönlichen Anwendungsbereich von

---

1482 Vgl. BMF, Schreiben vom 26.09.2014, IV B 5 – S 1300/09/10003, Tz. 5.1.3.1.

1483 Vgl. BMF, Schreiben vom 26.09.2014, IV B 5 – S 1300/09/10003, Tz. 5.1.3.1.

1484 Vgl. KUDERT, STEPHAN/KAHLENBERG, CHRISTIAN (Mitunternehmerschaften 2013), S. 807; POHL, CARSTEN (Sondervergütungen 2013), S. 1576.

1485 KUDERT/KAHLENBERG hatten eine entsprechende „Soweit-Formulierung“, wie sie heute im BMF-Schreiben vom 26.09.2014, IV B 5 – S 1300/09/10003, Tz. 5.1.3.1. zu finden ist, bereits vor Veröffentlichung des Schreibens gefordert; vgl. KUDERT, STEPHAN/KAHLENBERG, CHRISTIAN (Mitunternehmerschaften 2013), S. 807.

1486 Vgl. GEBHARDT, RONALD (Kommentierung § 50d EStG 2024), Rn. 105.

1487 So z.B. BÄRSCH, SVEN-ERIC u.a. (Unternehmensbesteuerung 2023), S. 312.

1488 Vgl. zu diesen Regelungen bereits ausführlich Kapitel 4.3.3.

1489 So auch die h.M., vgl. z.B. ROSENBERG, OLIVER (Sonderbetriebsbereich 2015), Rn. 11.66; STERNBERG, CHRISTIAN (Kommentierung § 50d EStG 2024), Rn. F 30 und wohl auch POHL, CARSTEN (Sondervergütungen 2013), S. 1576. HAGENA will hingegen unter die in § 50d Abs. 10 Satz 6 EStG enthaltene Formulierung „eine ausdrückliche Regelung für solche Einkünfte“ eine spezielle Form eines Betriebsstättenvorbehalts fassen, die „Deutschland ausdrücklich das Besteuerungsrecht auch für einer BS [(Betriebsstätte); d.Verf.] nur fiktiv zuzurechnende Sondervergütungen und Erträge gibt“; vgl. auch wörtlich HAGENA, ANTJE (Kommentierung § 50d EStG 2024), Rn. 134. Wiederum anders sieht SALZMANN, STEPHAN (Treaty Overrides 2013), S. 408 von der Formulierung „Abkommensbestimmungen zur Regelung von Qualifikationskonflikten“ erfasst.

1490 Vgl. GAH, MAXIMILIAN/WANGLER, CLEMENS (Inbound-Fall 2018), S. 819 f.; KUDERT, STEPHAN/KAHLENBERG, CHRISTIAN (Mitunternehmerschaften 2013), S. 806. Vgl. aber auch § 50 Abs. 3 EStG.

1491 Vgl. BFH, Beschluss vom 11.12.2013, I R 4/13, Rn. 43 f. Vgl. auch GOSCH, DIETMAR (Kommentierung § 50d EStG 2024), Rn. 48a.

§ 50d Abs. 10 Satz 5 EStG auf. Der BFH orientiert sich in seinem Beschluss vom 11.12.2013 (I R 4/13) diesbezüglich streng am Wortlaut und meint, die Vorschrift könne nur auf Personen Anwendung finden, die in einem ausländischen Staat als ansässig *gelten*, und nicht auf solche, die in einem ausländischen Staat ansässig *sind*, sodass sich der persönliche Anwendungsbereich auf sog. doppelansässige Personen beschränkt, und damit auf solche Personen, bei denen auf Basis von Vorschriften i.S.d. Art. 4 Abs. 2 oder Abs. 3 OECD-MA die anhand von Vorschriften i.S.d. Art. 4 Abs. 1 OECD-MA nicht eindeutig zu bestimmende Ansässigkeit fiktiv bestimmt wird.[1492] Die Finanzverwaltung sieht in ihrem BMF-Schreiben zur Anwendung von DBA auf Personengesellschaften an der diesbezüglich einschlägigen Stelle zumindest keine explizite – in jedem Fall aber erwähnenswerte – Beschränkung des persönlichen Anwendungsbereichs auf doppeltansässige Personen vor.[1493] Gleichwohl wurde der BFH-Beschluss vom 11.12.2013 (I R 4/13) im BStBl. veröffentlicht. Die Veröffentlichung des genannten BMF-Schreibens und des BFH-Beschlusses im BStBl. erfolgten zwar am selben Tag (15. Oktober 2014),[1494] bei Fertigstellung des BMF-Schreibens musste der BFH-Beschluss der Finanzverwaltung aber schon bekannt gewesen sein. Da die Finanzverwaltung es dennoch nicht für notwendig hielt, eine Aussage zum persönlichen Anwendungsbereich zu treffen, ist m.E. eher davon auszugehen, dass die Finanzverwaltung die oben dargestellte Auffassung des BFH nicht teilt.[1495] Jedenfalls gehen weite Teile der Literatur (implizit) davon aus, dass nicht nur bei doppelansässigen Personen eine Anrechnung ausländischer Steuer aus Basis von § 50d Abs. 10 Satz 5 EStG möglich ist.[1496] Auch m.E. sollte eine Anrechnung ebenso bei Personen möglich sein, die im anderen Staat ansässig sind, und nicht nur bei Personen, die dort als ansässig gelten; erstere werden den Normalfall bilden, den wohl auch der Gesetzgeber vor Augen hatte, sodass die oben dargestellte Auslegung des BFH zwar besser mit dem Wortlaut in Einklang zu bringen ist, aber übertrieben spitzfindig der Gesetzesintention zuwiderläuft und damit abzulehnen ist.[1497]

Kritisch zu sehen ist des Weiteren, dass § 50d Abs. 10 Satz 5 EStG – im Unterschied etwa zu § 34c EStG – keine Möglichkeit vorsieht, eine Doppelbesteuerung zu vermeiden, soweit im Inland im Gesamthandsvermögen ein Verlust erzielt wird, da es an der Möglichkeit fehlt, die ausländische Steuer von der inländischen Bemessungsgrundlage abzuziehen, und eine periodenübergreifende Berücksichtigung der ausländischen Steuer wohl ebenfalls – mangels gesetz-

[1492] Vgl. BFH, Beschluss vom 11.12.2013, I R 4/13, Rn. 44. Vgl. auch GAH, MAXIMILIAN/WANGLER, CLEMENS (Inbound-Fall 2018), S. 820.

[1493] Vgl. BMF, Schreiben vom 26.09.2014, IV B 5 – S 1300/09/10003, Tz. 5.1.3.1.

[1494] Vgl. BStBl. I 2014, S. 1257 und BStBl. II 2014, S. 745.

[1495] Im Ergebnis gl.A. GOSCH, DIETMAR (Kommentierung § 50d EStG 2024), Rn. 48a und dort Fn. 9.

[1496] Vgl. KUDERT, STEPHAN/KAHLENBERG, CHRISTIAN (Sonderbetriebsausgaben 2017), S. 51; POHL, CARSTEN (Sondervergütungen 2013), S. 1576; ROSENBERG, OLIVER (Sonderbetriebsbereich 2015), Rn. 11.60; TÖBEN, THOMAS (Missverständnisse 2017), S. 948 f. Vgl. auch GAH, MAXIMILIAN/WANGLER, CLEMENS (Inbound-Fall 2018), S. 820. A.A. GOSCH, DIETMAR (Kommentierung § 50d EStG 2024), Rn. 48a.

[1497] Ähnlich bereits POHL, CARSTEN (Sondervergütungen 2013), S. 1576 sowie ROSENBERG, OLIVER (Sonderbetriebsbereich 2015), Rn. 11.60.

licher Grundlage – ausscheidet.[1498] Positiv ist, dass die Norm (zumindest in der Theorie)[1499] zum Teil eine Doppelbesteuerung der Sondervergütungen von Mitunternehmern im Inbound-Fall vermeiden kann.[1500] Als höchst problematisch ist aber die fehlende Anrechnungsmöglichkeit bei der Gewerbesteuer zu sehen.[1501] § 7 Satz 6 GewStG bestimmt zwar, dass § 50d Abs. 10 EStG bei der Ermittlung des Gewerbeertrags entsprechend anzuwenden ist, die Möglichkeit der Anrechnung ausländischer Steuer auf die deutsche Gewerbesteuer ist nach wohl einhelliger Auffassung damit aber nicht verbunden.[1502] Der BFH sieht in der fehlenden Möglichkeit der Anrechnung ausländischer Steuer auf die deutsche Gewerbesteuer einen Verstoß gegen das verfassungsrechtliche Gebot der Folgerichtigkeit.[1503] Jedenfalls kann § 50d Abs. 10 EStG mit seinem Satz 5 bereits vor diesem Hintergrund den durch ihn bewirkten Treaty Override nicht vollständig heilen.[1504] Aus dem jeweiligen DBA würde sich häufig eine Steuerfreistellung oder zumindest eine nur begrenzte Besteuerung der Sondervergütungen mit Gewerbesteuer ergeben.[1505] Gerade dies verhindert § 50d Abs. 10 EStG aber stets und bewirkt eine volle Besteuerung der Sondervergütungen in Deutschland mit Gewerbesteuer.[1506] In der Folge kann es außerdem vermehrt zu Anrechnungsüberhängen kommen, wenn die im Ausland erhobene Steuer höher ist als die deutsche Einkommen- bzw. Körperschaftsteuer,[1507] was vor allem der Fall sein kann, wenn der ausländische Staat nur *eine* Ertragsteuer und keine Gewerbesteuer erhebt.[1508]

Wie zuvor dargelegt kann § 50d Abs. 10 Satz 5 EStG bereits vor dem Hintergrund der fehlenden Anrechnungsmöglichkeit auf die Gewerbesteuer den durch § 50d Abs. 10 Sätze 1 bis 3 EStG bewirkten Treaty Override nicht vollständig heilen, da sich nach dem jeweiligen DBA oftmals eine Steuerfreistellung oder zumindest eine nur begrenzte Besteuerung der Sondervergütungen mit Gewerbesteuer ergeben würde. Fraglich ist aber, ob gleichwohl nach Anwendung von § 50d Abs. 10 Satz 5 EStG keine (rechtliche) Doppelbesteuerung der Sondervergütungen mehr ge-

---

[1498] Vgl. dazu und zu einem entsprechenden Fallbeispiel ROSENBERG, OLIVER (Sonderbetriebsbereich 2015), Rn. 11.63 f. Vgl. auch MÖSSNER, JÖRG MANFRED (Anrechnung 2015), S. 205 sowie POHL, CARSTEN (Sondervergütungen 2013), S. 1576.

[1499] Vgl. zu sich ggf. ergebenden verfahrensrechtlichen Problemen ausführlich KUDERT, STEPHAN/KAHLENBERG, CHRISTIAN (Mitunternehmerschaften 2013), S. 806 f.

[1500] Vgl. eingehend MÖSSNER, JÖRG MANFRED (Anrechnung 2015), S. 204 f.

[1501] Ebenso z.B. HAGENA, ANTJE (Kommentierung § 50d EStG 2024), Rn. 134.

[1502] Vgl. u.a. BADETZ, BENJAMIN J.-F. (Tochterkapitalgesellschaften 2019), S. 319; GEBHARDT, RONALD (Kommentierung § 50d EStG 2024), Rn. 105; HAGENA, ANTJE (Kommentierung § 50d EStG 2024), Rn. 134; KUDERT, STEPHAN/KAHLENBERG, CHRISTIAN (Sonderbetriebsausgaben 2017), S. 52. Neuerdings will zumindest das FG Hessen, Urteil vom 26.08.2020, 8 K 1860/16, Ls. 1, 2, Rn. 29 ff. (Revision des FA durch BFH, Beschluss vom 08.02.2022, I R 8/21, S. 814 f. als unzulässig verworfen und damit rkr.) generell eine Anrechnung von ausländischer (Quellen-)Steuer auf die Gewerbesteuer zulassen, sofern sich eine entsprechende Verpflichtung aus dem jeweiligen DBA ergibt.

[1503] Vgl. BFH, Beschluss vom 11.12.2013, I R 4/13, Rn. 44. Vgl. auch GAH, MAXIMILIAN/WANGLER, CLEMENS (Inbound-Fall 2018), S. 820 und instruktiv zum verfassungsrechtlichen Gebot der Folgerichtigkeit GERSCH, EVA-MARIA (Kommentierung § 3 AO 2024), Rn. 17.

[1504] Vgl. BFH, Beschluss vom 11.12.2013, I R 4/13, Rn. 44; GOSCH, DIETMAR (Kommentierung § 50d EStG 2024), Rn. 48a; MÖSSNER, JÖRG MANFRED (Anrechnung 2015), S. 205.

[1505] Vgl. MÖSSNER, JÖRG MANFRED (Anrechnung 2015), S. 205 und allgemein DREMEL, RALF (Kommentierung Art. 2 OECD-MA 2019), Rn. 30. Vgl. auch BFH, Beschluss vom 11.12.2013, I R 4/13, Rn. 44.

[1506] Vgl. MÖSSNER, JÖRG MANFRED (Anrechnung 2015), S. 205.

[1507] Vgl. GEBHARDT, RONALD (Kommentierung § 50d EStG 2024), Rn. 105.

[1508] Vgl. dazu das Beispiel von ZUBER, BARBARA/DITSCH, STEFAN (Kommentierung § 50d EStG 2024), Rn. 192.

geben ist. Zur Beantwortung dieser Fragestellung muss zunächst Folgendes in den Blick genommen werden: Der Begriff der Doppelbesteuerung ist zwar nicht verbindlich und einheitlich definiert,[1509] im Vordergrund der Diskussionen im Internationalen Steuerrecht steht aber oftmals die rechtliche Doppelbesteuerung,[1510] unter welcher allgemein ein Sachverhalt verstanden wird, bei welchem auf denselben Steuergegenstand in mehreren Staaten für denselben Zeitraum von demselben Steuerpflichtigen vergleichbare Steuern erhoben werden.[1511] § 50d Abs. 10 Satz 5 EStG und die dort vorgesehene Anrechnung verhindern (abgesehen von dem oben angesprochenen Verlustfall) lediglich, dass im Ausland eine Steuer vom Einkommen und in Deutschland Einkommen- oder Körperschaftsteuer summiert auf einem Niveau erhoben werden, welches die maximale Belastungsentscheidung einer der beiden Staaten mit diesen Steuern überschreitet.[1512] Die deutsche Gewerbesteuer wird jedoch „on top" erhoben, was *Beispiel 7* veranschaulicht.

Beispiel 7: Erhebung von Gewerbesteuer trotz Anwendung von § 50d Abs. 10 Satz 5 EStG[1513]

Eine im Ausland ansässige Kapitalgesellschaft K ist mitunternehmerisch an der inländischen Personengesellschaft P beteiligt, die ihre Geschäftsleitungsbetriebsstätte und zugleich einzige Betriebsstätte in Deutschland hat. K gewährt der Personengesellschaft P ein Darlehen und erhält dafür Zinsen. Zwischen Deutschland und dem ausländischen Staat besteht ein DBA, das dem OECD-MA entspricht. Das Ausland erhebt eine Körperschaftsteuer i.H.v. 30 %; Gewerbesteuer wird dort nicht erhoben. In Deutschland soll der kombinierte Steuersatz aus Körperschaftsteuer zzgl. SolZ und Gewerbesteuer 30 % betragen. Dementsprechend beträgt die Belastung mit Körperschaftsteuer zzgl. SolZ 15,825 % und die Belastung mit Gewerbesteuer 14,175 %.

Aus deutscher Sicht sind die Sondervergütungen in Form der Zinsen auf DBA-Ebene – nach Anwendung von § 8 Abs. 1 KStG i.V.m. § 50d Abs. 10 Satz 1, 3 Halbs. 1 EStG – Unternehmensgewinne i.S.d. Art. 7 des DBA sowie der Betriebsstätte, die den Aufwand aus den Sondervergütungen trägt, und damit der deutschen Betriebsstätte der Personengesellschaft, zuzuordnen. Deutschland beansprucht daher das volle Besteuerungsrecht für sich. Der ausländische Staat subsumiert die Zinsen unter den Artikel für Zinsen (Art. 11 des DBA) und geht daher ebenfalls davon aus, dass ihm das volle Besteuerungsrecht – unter Anrechnung von 10 % deutscher Steuer (Art. 11 Abs. 2 i.V.m. Art. 23A Abs. 2 bzw. Art. 23B Abs. 1 des DBA) – zusteht. Im Ausland wird daher eine Steuer i.H.v. 20 % (30 % ./. 10 %) erhoben. Deutschland rechnet die um den entstandenen Ermäßigungsanspruch gekürzte ausländische Steuer, welche 20 % beträgt, i.H.v. 15 % auf die deutsche Körperschaftsteuer an, sodass im Ergebnis keine Körperschaftsteuer (und damit auch kein SolZ) in Deutschland erhoben wird. Gleichwohl fällt weiterhin Gewerbesteuer auf die Sondervergütungen i.H.v. 14,175 % an, sodass die Kapitalgesellschaft insgesamt mit Steuern i.H.v. 34,175 % (20 % ausländische Körperschaftsteuer + 14,175 % deutsche Gewerbesteuer) belastet ist.

Teilweise wird in der Literatur vertreten, dass es sich bei einer ausländischen Steuer vom Einkommen, etwa einer im Ausland erhobenen Körperschaftsteuer (siehe das Beispiel zuvor), und der deutschen Gewerbesteuer *nicht* um vergleichbare Steuern handelt, sodass bei Erhebung

---

1509 Vgl. dazu z.B. SCHAUMBURG, HARALD (Doppelbesteuerung 2023), Rn. 15.1.

1510 Vgl. bereits VOGEL, KLAUS (Internationales Steuerrecht 1997), S. 276.

1511 Vgl. FEY, ACHIM (Doppelbesteuerung 2024), Rn. 1; FROTSCHER, GERRIT (Internationales Steuerrecht 2020), Rn. 7; OECD (Introduction 2017), S. 9; VOGEL, KLAUS (Internationales Steuerrecht 1997), S. 276.

1512 Ausführlich dazu MÖSSNER, JÖRG MANFRED (Anrechnung 2015), S. 205.

1513 Beispiel modifiziert entnommen aus ZUBER, BARBARA/DITSCH, STEFAN (Kommentierung § 50d EStG 2024), Rn. 192.

dieser Steuern in beiden Staaten auf dieselben Einkünfte kein Fall einer rechtlichen Doppelbesteuerung (siehe dazu die Erläuterung oben) gegeben sein kann.[1514] Dem folgend würde § 50d Abs. 10 Satz 5 EStG – unter der Voraussetzung, dass im Ausland keine der deutschen Gewerbesteuer vergleichbare Steuer erhoben wird –[1515] eine juristische Doppelbesteuerung vollständig vermeiden, da – wie zuvor dargelegt und durch *Beispiel 7* veranschaulicht – § 50d Abs. 10 Satz 5 EStG grundsätzlich verhindert, dass im Ausland eine Steuer vom Einkommen und in Deutschland Einkommen- oder Körperschaftsteuer summiert auf einem Niveau erhoben werden, welches die maximale Belastungsentscheidung einer der beiden Staaten mit diesen Steuern überschreitet.[1516]

Überzeugend wird aber vertreten, dass es sich auf der Abkommensebene, die für die Beurteilung, ob eine Doppelbesteuerung gegeben ist, entscheidend ist, bei einer ausländischen Steuer vom Einkommen und der deutschen Gewerbesteuer jeweils um eine Steuer vom Einkommen i.S.d. jeweiligen DBA handelt.[1517] Im Übrigen lässt sich die Gewerbesteuer auch nach rein innerdeutschem Verständnis als Steuer vom Einkommen qualifizieren.[1518] Dementsprechend vermeidet § 50d Abs. 10 Satz 5 EStG eine rechtliche Doppelbesteuerung m.E. nicht vollständig.[1519] Jedenfalls – und zur Bewertung der Norm wohl entscheidender – kann aufgrund der fehlenden Anrechnungsmöglichkeit bei der Gewerbesteuer von einer verbleibenden Doppelbesteuerung ausgegangen werden, wenn man unter einer Doppelbesteuerung eine als unangemessen hoch empfundene Belastung des Steuerpflichtigen versteht.[1520] Als unangemessen hoch sollte dabei eine steuerliche Belastung verstanden werden, welche die maximale Belastungsentscheidung einer der beiden Staaten – mit Ertragsteuern im Allgemeinen – überschreitet.[1521] Genau eine solche Belastung für den Steuerpflichtigen kann aber trotz § 50d Abs. 10 Satz 5 EStG eintreten, was *Beispiel 7* ebenfalls verdeutlicht: Die maximale Belastungsentscheidung mit Ertragsteuern beträgt in beiden Staaten 30 %, erhoben werden aber – nach Anwendung von § 50d Abs. 10 Satz 5 EStG – summiert 34,175 %.

1514 Vgl. KOLLRUSS, THOMAS (Gewerbesteuer 2022), S. 386 f. Vgl. auch SCHULZ-TRIEGLAFF, KAI (Gewerbesteuer 2021), S. 590.

1515 Dies dürfte – aufgrund der „Sonderstellung der Gewerbesteuer im internationalen Vergleich"; BÄRSCH, SVEN-ERIC u.a. (Unternehmensbesteuerung 2023), S. 325 – regelmäßig der Fall sein.

1516 In diese Richtung CLOER, ADRIAN/HAGEMANN, TOBIAS (Kommentierung § 50d EStG 2024), Rn. 388, die nur von „Mehrbelastungen" aufgrund der fehlenden Anrechnungsmöglichkeit bei der Gewerbesteuer sprechen, sowie ZUBER, BARBARA/DITSCH, STEFAN (Kommentierung § 50d EStG 2024), Rn. 192, die eine „wirtschaftliche Doppelbelastung" gegeben sehen.

1517 Vgl. FG Hessen, Urteil vom 26.08.2020, 8 K 1860/16, Rn. 36 ff. (Revision des FA durch BFH, Beschluss vom 08.02.2022, I R 8/21, S. 814 f. als unzulässig verworfen und damit rkr.); LANG, MICHAEL (Gewerbesteuer 2021), S. 585, 588 f.

1518 Vgl. HEY, JOHANNA (Steuerschuldrecht 2024), Rn. 7.29, 7.36; KUßMAUL, HEINZ (Steuern 2023), S. 18; a.A. SCHULZ-TRIEGLAFF, KAI (Gewerbesteuer 2021), S. 590.

1519 Im Ergebnis so wohl auch LAMPERT, STEFFEN (Kommentierung § 50d EStG 2024), Rn. 409 sowie SCHNITGER, ARNE (Deutsche Abkommenspolitik 2013), S. 82 f., wobei aber jeweils nicht ganz klar wird, ob sich die dortigen Aussagen auf eine rechtliche Doppelbesteuerung beziehen.

1520 Vgl. zu diesem Verständnis des Begriffs der Doppelbesteuerung FROTSCHER, GERRIT (Internationales Steuerrecht 2020), Rn. 5. Vgl. auch VOGEL, KLAUS (Internationales Steuerrecht 1997), S. 277.

1521 Vgl. dazu FROTSCHER, GERRIT (Internationales Steuerrecht 2020), Rn. 6 sowie VOGEL, KLAUS (Internationales Steuerrecht 1997), S. 277.

6.4 Vermeidung einer Doppelbesteuerung durch Streitbeilegungsverfahren

Zuletzt gilt es zu überlegen, ob eine durch den Treaty Override des § 50d Abs. 10 EStG verursachte Doppelbesteuerung im Inbound-Fall durch sog. Streitbeilegungsverfahren beseitigt werden kann. Als Streitbeilegungsverfahren, die vom betroffenen Steuerpflichtigen ggf. beantragt werden können, kommen hier ein Verständigungsverfahren im engeren Sinne nach Vorschriften i.S.d. Art. 25 Abs. 1, 2 OECD-MA, ein Schiedsverfahren nach Art. 25 Abs. 5 OECD-MA und ein Verfahren nach dem EU-DBA-SBG (dazu sogleich) in Betracht.[1522]

Verständigungsverfahren im engeren Sinne:

Art. 25 Abs. 1 Satz 1 OECD-MA sieht vor, dass eine Person, die der Auffassung ist, dass Maßnahmen eines Vertragsstaats oder beider Vertragsstaaten für sie zu einer Besteuerung führen oder führen werden, die dem jeweiligen DBA nicht entspricht, unbeschadet der nach dem innerstaatlichen Recht dieser Staaten vorgesehenen Rechtsmittel ihren Fall der zuständigen Behörde jedes Vertragsstaats vorlegen kann. Hält die zuständige Behörde die Einwendung für begründet und ist sie selbst nicht in der Lage, eine befriedigende Lösung herbeizuführen, so wird sie sich bemühen, den Fall durch Verständigung mit der zuständigen Behörde des anderen Vertragsstaats so zu regeln, dass eine dem Abkommen nicht entsprechende Besteuerung vermieden wird (Art. 25 Abs. 2 Satz 1 OECD-MA).

In Bezug auf die Eignung von Verständigungsverfahren im engeren Sinne, eine durch § 50d Abs. 10 EStG ausgelöste Doppelbesteuerung im Inbound-Fall zu vermeiden, muss zunächst beachtet werden, dass in entsprechenden Verständigungsverfahren ein das Problem lösendes Ergebnis nicht erzielt werden muss; es besteht kein Einigungszwang für die beteiligten Behörden.[1523] Darüber hinaus wird in der Literatur die Auffassung vertreten, dass Verständigungsverfahren bei Qualifikationskonflikten, die auf unterschiedlichem nationalen Recht der Vertragsstaaten beruhen, wohl von vornherein nicht durchzuführen sind respektive kein taugliches Mittel zur Lösung darstellen.[1524] „Denn in einem solchen Fall ist die Besteuerung in beiden Staaten [aus ihrer jeweiligen Sicht; d.Verf.] zutreffend und damit nicht abkommenswidrig."[1525] Vergleichbar kamen auch die behördlichen Vertreter Deutschlands und der Niederlande in ihren Beratungen, wie eine aus der unterschiedlichen Einordnung einer deutschen KG – entweder als Personengesellschaft oder aber als Kapitalgesellschaft durch die Niederlande – resultierende Doppelbesteuerung vermieden werden kann, zu dem Ergebnis, dass beide aus dem nationalen Recht erwachsende Sichtweisen dem Abkommen entsprechen und daher der diesbezügliche

---

[1522] Vgl. dazu allgemein BMF, Schreiben vom 21.02.2024, IV B 3 – S 1304/21/10005:003, Rn. 1 f., 24 ff. Die EU-Schiedskonvention ist nur bei Fragen in Bezug auf eine fremdübliche Gewinnabgrenzung und -aufteilung bei verbundenen Unternehmen und Betriebsstätten anwendbar, sodass sie den hier interessierenden Fall nicht betrifft; vgl. dazu BMF, Schreiben vom 21.02.2024, IV B 3 – S 1304/21/10005:003, Rn. 26; LAUTEN, CLAUDIA (Streitbeilegung 2024), Rn. 11.

[1523] Vgl. zu Letzterem HAARMANN, WILHELM (Treaty Override 2016), S. 2776; PILTZ, DETLEV JÜRGEN (Sondervergütungen 2003), S. 160.

[1524] Vgl. ISMER, ROLAND/PIOTROWSKI, SOPHIA (Kommentierung Art. 25 OECD-MA 2021), Rn. 39.

[1525] ISMER, ROLAND/PIOTROWSKI, SOPHIA (Kommentierung Art. 25 OECD-MA 2021), Rn. 39.

subjektive Qualifikationskonflikt nicht durch ein Verständigungsverfahren gelöst werden kann.[1526] „Art. 25 Absatz 1 beschränkt das Verfahren auf Fälle, in denen die Besteuerung nicht dem Abkommen entspricht."[1527]

Ein anderer Teil der Literatur ist indes der Rechtsauffassung, ein Verständigungsverfahren wäre auch bei Qualifikationskonflikten, die aus dem jeweiligen nationalen Recht der Vertragsstaaten resultieren, durchzuführen und könne ggf. Abhilfe schaffen.[1528] Entsprechend äußerte sich auch der BFH im Urteil vom 26.02.1992 (I R 85/91).[1529] Nach Auffassung eines Teils der zuvor angesprochenen Literaturstimmen kann dabei ein Verständigungsverfahren auch dann zur Vermeidung einer Doppelbesteuerung dienen, wenn der Qualifikationskonflikt durch einen Treaty Override und damit bewusst herbeigeführt wurde.[1530] Davon geht auch die Finanzverwaltung in ihrem Schreiben vom 26.09.2014 aus.[1531] Zudem vertrat der Gesetzgeber in seiner Begründung zu § 50d Abs. 10 EStG a.F. Entsprechendes.[1532]

M.E. gilt es in der Diskussion zu beachten, dass selbst wenn die Durchführung eines Verständigungsverfahrens bei objektiven Qualifikationskonflikten grundsätzlich zulässig sein sollte, dessen Ergebnis dem nationalen Recht und damit § 50d Abs. 10 EStG sowie dem dort normierten Besteuerungsrecht Deutschlands nicht zuwiderlaufen darf.[1533] Zudem ist – praktisch gesehen – äußerst fraglich, ob die Vertreter Deutschlands überhaupt bereit wären, sich mit ihren Amtskollegen aus dem jeweils anderen Staat zu einigen.[1534] Die Entscheidung zur einseitigen Abkommensüberschreibung respektive zum Treaty Override wurde (durch den Gesetzgeber) bewusst getroffen und entspricht dem Willen der Finanzverwaltung.[1535] Die zuständige Behörde wird sich nach Vorschriften i.S.d. Art. 25 Abs. 2 Satz 1 OECD-MA, wie oben dargelegt, aber nur dann bemühen, den Fall durch Verständigung mit der zuständigen Behörde des anderen Vertragsstaats so zu regeln, dass eine dem Abkommen nicht entsprechende Besteuerung vermieden wird, wenn sie „die Einwendung für begründet" erachtet.[1536] Auch der jeweils andere Vertragsstaat respektive dessen Vertreter werden kaum von ihrer – aus Sicht des auslän-

---

1526 Vgl. BMF, Schreiben vom 23.01.2020, IV B 3 – S 1301-NDL/19/10010:001, S. 211.

1527 BMF, Schreiben vom 23.01.2020, IV B 3 – S 1301-NDL/19/10010:001, S. 211.

1528 Vgl. GEBHARDT, RONALD (Betrachtungsweise 2017), S. 855; MÜLLER-GATERMANN, GERT/STRÜDER, SABINE/LUDWIG, FABIAN (Abwehrmechanismus 2020), S. 309; PILTZ, DETLEV JÜRGEN (Sondervergütungen 2003), S. 160 und implizit auch HAARMANN, WILHELM (Treaty Override 2016), S. 2776.

1529 Vgl. BFH, Urteil vom 26.02.1992, I R 85/91, S. 940.

1530 Vgl. GEBHARDT, RONALD (Betrachtungsweise 2017), S. 855; MÜLLER-GATERMANN, GERT/STRÜDER, SABINE/LUDWIG, FABIAN (Abwehrmechanismus 2020), S. 309.

1531 Vgl. BMF, Schreiben vom 26.09.2014, IV B 5 – S 1300/09/10003, Tz. 2.3.3.6. (zum Treaty Override des § 50i EStG).

1532 Vgl. BT-Drs. 16/11108 vom 27.11.2008, S. 23.

1533 So allgemein zum Ergebnis eines Verständigungsverfahrens EILERS, STEPHAN/DRÜEN, KLAUS-DIETER (Kommentierung Art. 25 OECD-MA 2024), Rn. 55; ENGLER, GERHARD/ELBERT, DIRK (Verfahren 2015), Rn. 259 (Aussage in der aktuellen Aufl. mit anderem Autor nicht mehr enthalten).

1534 Diese Überlegung stellt auch GREEN, ROBERT A. (Approaches 1998), S. 103 m.w.N. in Bezug auf einen Treaty Override des US-amerikanischen Rechts und das diesbezügliche Verhalten von Vertretern der USA in entsprechenden Verhandlungen eines Verständigungsverfahrens an.

1535 Vgl. dazu die Ausführungen in Kapitel 5.1.

1536 Vgl. zum Voranstehenden auch FLÜCHTER, KARSTEN (Kommentierung Art. 25 OECD-MA 2019), Rn. 63.

dischen Rechts richtigen – Position abweichen.[1537] Und selbst wenn (rechtswidrig) eine Einigung erzielt werden würde, dürfte das Ergebnis eines diesbezüglichen Verständigungsverfahrens von den deutschen Behörden nicht im Rahmen der Veranlagung nachvollzogen werden.[1538] ISMER/PIOTROWSKI leiten dies in Bezug auf Treaty Overrides im Allgemeinen aus dem ihres Erachtens in der Korrekturnorm des § 177 AO enthaltenen Rechtsgedanken ab, dass eine Steuer nicht niedriger oder höher als der materiell mindestens oder höchstens zulässige Betrag festgesetzt werden darf, der hier durch den Treaty Override vorgegeben werde.[1539] M.E. ergibt sich speziell in Bezug auf § 50d Abs. 10 EStG bereits aus Art. 20 Abs. 3 GG, nach dem insbesondere die Exekutive an „Gesetz und Recht gebunden" ist, ein Verbot für deutsche Behörden, eine Verständigungsvereinbarung umzusetzen, die dem nationalen Recht widerspricht. Der aus Art. 20 Abs. 3 GG abzuleitende Vorrang des Gesetzes bewirkt, dass „alle untergesetzlichen Rechtsakte dem parlamentarischen Gesetz nicht widersprechen dürfen".[1540] Dies wäre aber bei einem Steuerbescheid und damit bei einem Verwaltungs- bzw. Rechtsakt, der das Ergebnis eines Verständigungsverfahrens zwischen zwei Behörden, nicht aber den im parlamentarischen Verfahren beschlossenen Treaty Override des § 50d Abs. 10 EStG umsetzt, der Fall. Daher darf die Finanzverwaltung keinen Steuerbescheid erlassen, in welchem Deutschland auf das sich selbst durch § 50d Abs. 10 EStG zugeschriebene Besteuerungsrecht bezüglich der in Rede stehenden Sondervergütungen in Gänze verzichtet. Darüber hinaus käme m.E. aber eine Anrechnung der ausländischen Steuer, die über die im vorangegangenen Kapitel besprochene Anrechnung auf Grundlage von § 50d Abs. 10 Satz 5 EStG hinausgeht und damit vor allem die Gewerbesteuer betreffen könnte, nicht in Betracht. Der Gesetzgeber hat m.E. mit § 50d Abs. 10 EStG und dort speziell mit dessen Satz 5 eine bewusste Belastungsentscheidung getroffen, sodass eine deutsche Behörde auch mit einer entsprechenden übergesetzlichen Anrechnung entgegen dem Gesetz respektive entgegen der Belastungsentscheidung des Gesetzgebers handeln würde.

Schiedsverfahren nach Art. 25 Abs. 5 OECD-MA:

Der Steuerpflichtige kann auf Basis von Vorschriften i.S.d. Art. 25 Abs. 5 Satz 1 OECD-MA unter bestimmten Voraussetzungen und insbesondere dann, wenn sich die zuständigen Behörden nicht innerhalb einer bestimmten Zeit im Rahmen eines Verständigungsverfahrens im engeren Sinne einigen konnten, einen schriftlichen Antrag zur Einleitung eines Schiedsverfahrens stellen. Im Unterschied zu Verständigungsverfahren muss im Rahmen eines Schiedsverfahrens i.S.d. Art. 25 Abs. 5 Satz 1 OECD-MA eine Einigung erzielt werden.[1541] Zum Teil wird daher vertreten, ein Schiedsverfahren nach den DBA könne Besteuerungskonflikte auch im Falle

---

[1537] Vgl. dazu auch HAENDEL, RALF (Treaty Override 2017), S. 439, der in Bezug auf Verständigungsverfahren bei einer einseitigen Vertragsüberschreibung durch Deutschland darauf hinweist, „dass es unter keinem Gesichtspunkt eine Pflicht [...] [des anderen Staates; d.Verf.] gibt, die Doppelbesteuerung zu beseitigen".

[1538] Vgl. ISMER, ROLAND/PIOTROWSKI, SOPHIA (Kommentierung Art. 25 OECD-MA 2021), Rn. 122; a.A. HAARMANN, WILHELM (Treaty Override 2016), S. 2776.

[1539] Vgl. ISMER, ROLAND/PIOTROWSKI, SOPHIA (Kommentierung Art. 25 OECD-MA 2021), Rn. 122.

[1540] Vgl. auch wörtlich GRZESZICK, BERND (Kommentierung Art. 20 GG 2024), Rn. 72 f. und mit zahlreichen weiteren Nachweisen auch SCHULZE-FIELITZ, HELMUTH (Kommentierung Art. 20 GG 2015), Rn. 92.

[1541] Vgl. GEBHARDT, RONALD (Betrachtungsweise 2017), S. 855; HAARMANN, WILHELM (Treaty Override 2016), S. 2776.

eines Treaty Overrides (definitiv) lösen.[1542] Betont wird dabei insbesondere, dass ein Treaty Override bei der Entscheidungsfindung im Rahmen eines Schiedsverfahrens nicht berücksichtigt werden dürfe.[1543] Dem folgend könnte zwar eine Einigung erzielt werden, die von der Lösung unter Beachtung des gesamten nationalen Rechts und vor allem des Treaty Overrides nach § 50d Abs. 10 EStG abweicht, allerdings gilt auch hier zu beachten, dass das Ergebnis des Schiedsverfahrens – mit derselben Argumentation wie im Fall von Verständigungsverfahren – nicht von einer deutschen Behörde im Rahmen eines Steuerbescheids nachvollzogen werden darf.[1544] Der Vorrang des Gesetzes und die damit einhergehende Hierarchie der Rechtsakte (s.o.) verbietet m.E. auch hier eine Durchbrechung des im parlamentarischen Verfahren zustande gekommenen Treaty Overrides ebenso wie eine Abweichung von der durch § 50d Abs. 10 Satz 5 EStG getroffenen Belastungsentscheidung.

Über das zuvor Dargelegte hinaus sind m.E. speziell in Bezug auf mögliche Schiedsverfahren, die die Behandlung von grenzüberschreitend gewährten Sondervergütungen zum Inhalt haben, ergänzend Vorschriften i.S.d. Art. 25 Abs. 5 Satz 2 OECD-MA zu beachten. Danach wird kein Schiedsverfahren eingeleitet, wenn zu den „ungelösten Fragen" bereits eine Gerichtsentscheidung in einem der Staaten ergangen ist.[1545] Letzteres dürfte aber spätestens seit der Entscheidung des BFH mit Beschluss vom 11.12.2013 (I R 4/13), in welchem sich das Gericht umfassend zum Besteuerungsrecht Deutschlands nach § 50d Abs. 10 EStG in seiner aktuellen Fassung positionierte und dort auch Fragen einer möglichen Anrechnung (auf die Gewerbesteuer) behandelte, der Fall sein.[1546] Aus deutscher Sicht ist nichts ungeklärt, vielmehr wird eine (verbleibende) Doppelbesteuerung bewusst hingenommen,[1547] was der BFH gerichtlich bestätigt hat. Lediglich die Frage nach der Verfassungsmäßigkeit blieb in dem angesprochenen Urteil offen; diese zu klären ist aber nicht Aufgabe eines Schiedsverfahrens.

Die hier zuletzt vertretene Auffassung dürfte aber weder durchgängig geteilt werden noch in Bezug auf jedes DBA greifen. Zum einen ist nicht abschließend geklärt, ob eine Gerichtsentscheidung konkret zu dem in Rede stehenden Fall ergangen sein muss oder bereits eine „allgemeine" respektive irgendeine (BFH-)Entscheidung zu der Streitfrage ausreichend ist, um die Sperrwirkung nach Vorschriften i.S.d. Art. 25 Abs. 5 Satz 2 OECD-MA auszulösen, zum anderen ist eine Norm nach dem Vorbild von Art. 25 Abs. 5 Satz 2 OECD-MA nicht in jedem

---

[1542] Vgl. FLÜCHTER, KARSTEN (Kommentierung Art. 25 OECD-MA 2019), Rn. 63; HAARMANN, WILHELM (Treaty Override 2016), S. 2775 und wohl auch GEBHARDT, RONALD (Betrachtungsweise 2017), S. 855.

[1543] Vgl. HAARMANN, WILHELM (Treaty Override 2016), S. 2775 f., allerdings mit Zweifeln, ob diese Rechtsvorgabe in konkreten Schiedsverfahren tatsächlich eingehalten wird. Bezüglich Obigem gl.A. ISMER, ROLAND/PIOTROWSKI, SOPHIA (Kommentierung Art. 25 OECD-MA 2021), Rn. 230a.

[1544] Vgl. im Ergebnis ebenso ISMER, ROLAND/PIOTROWSKI, SOPHIA (Kommentierung Art. 25 OECD-MA 2021), Rn. 230a.

[1545] Eine vergleichbare Regelung enthält auch das im MLI vorgesehene Schiedsverfahren in Art. 19 Abs. 12 des MLI. Hier dürften in Bezug auf die Durchführbarkeit eines entsprechenden Verfahrens dieselben Probleme bestehen, die im Folgenden dargestellt werden. Überdies wendet Deutschland Art. 19 des MLI bislang nur im Verhältnis zu lediglich vier Staaten an; vgl. Gesetz zur Anwendung des Mehrseitigen Übereinkommens vom 24.11.2016 und zu weiteren Maßnahmen vom 19.06.2024, S. 1 ff. Vor diesem Hintergrund wird das Schiedsverfahren nach Art. 19 MLI hier nicht weiter behandelt.

[1546] Vgl. dazu BFH, Beschluss vom 11.12.2013, I R 4/13, Rn. 19 ff.

[1547] Vgl. zu § 50d Abs. 10 EStG a.F. bereits WASSERMEYER, FRANZ (Unternehmensgewinne 2010), S. 40.

von Deutschland abgeschlossenen DBA vereinbart worden.[1548] Gleichwohl bleibt es dabei, dass eine Schiedsentscheidung, die dem innerstaatlichen deutschen Recht widerspricht, von den deutschen Behörden nicht umgesetzt werden darf (s.o.).

EU-Doppelbesteuerungsabkommen-Streitbeilegungsgesetz (EU-DBA-SBG):

Mit Gesetz vom 10.12.2019 wurde das EU-Doppelbesteuerungsabkommen-Streitbeilegungsgesetz (EU-DBA-SBG)[1549] eingeführt.[1550] Im Rahmen eines Verfahrens nach dem EU-DBA-SBG kann nach erfolgloser Durchführung eines Verständigungsverfahrens im Sinne dieses Gesetzes (§§ 13 ff. EU-DBA-SBG) ein Schiedsverfahren (§§ 17 ff. EU-DBA-SBG) durch den Steuerpflichtigen beantragt werden.[1551] Im Rahmen des Schiedsverfahrens wird zwingend eine Einigung erzielt.[1552] Da das EU-DBA-SBG die nationalgesetzliche Umsetzung Deutschlands der EU-Streitbeilegungsrichtlinie[1553] und damit von sekundärem EU-Recht ist,[1554] kann argumentiert werden, dass eine Einigung im Rahmen des Verständigungs- oder des Schiedsverfahrens nach dem EU-DBA-SBG über dem rein nationalen Recht und damit auch über dem Treaty Override des § 50d Abs. 10 EStG steht, sodass das Ergebnis der Einigung durch eine deutsche Behörde im Rahmen eines Steuerbescheids nachvollzogen werden darf, auch wenn das Besteuerungsergebnis nicht dem unter Beachtung des Treaty Overrides entspricht.[1555] „Die Ergebnisse dieses Streitbeilegungsmechanismus dürften am Anwendungsvorrang des Unionsrechts teilhaben."[1556] Zu beachten ist aber, dass das EU-DBA-SBG nur im Verhältnis von Deutschland zu anderen EU-Mitgliedstaaten zur Anwendung gelangt,[1557] sodass damit Besteuerungskonflikte im Verhältnis zu den übrigen Staaten nicht gelöst werden können.

Über den zuvor angesprochenen räumlich eingeschränkten Anwendungsbereich hinaus könnten m.E. die §§ 16 Abs. 3, 20 Abs. 4 EU-DBA-SBG dem Abschluss eines Verfahrens nach dem EU-DBA-SBG in Bezug auf § 50d Abs. 10 EStG entgegenstehen. Danach ist ein Verständigungs- oder Schiedsverfahren nach dem Streitbeilegungsgesetz „von Amts wegen zu beenden, wenn eine zuständige Behörde der betroffenen Mitgliedstaaten den zuständigen Behörden der anderen betroffenen Mitgliedstaaten mitteilt, dass ein Gericht oder eine andere Justizbehörde des erstgenannten Mitgliedstaats eine rechtskräftige Entscheidung über die Streitfrage erlassen hat, von der nach dem nationalen Recht dieses Mitgliedstaats nicht abgewichen werden darf."

1548 Vgl. FLÜCHTER, KARSTEN (Kommentierung Art. 25 OECD-MA 2019), Rn. 309, 311.

1549 Vgl. BGBl. I 2019, S. 2103 ff.

1550 Anzuwenden ist das EU-DBA-SBG grundsätzlich erstmals auf Einkommen oder Vermögen, das in Steuerjahren, die nach dem 31.12.2017 beginnen, erwirtschaftet wurde (§ 33 EU-DBA-SBG).

1551 Vgl. BMF, Schreiben vom 21.02.2024, IV B 3 – S 1304/21/10005:003, Rn. 30 und zum Ablauf des Verfahrens instruktiv etwa JANSEN, THOMAS/MAMMEN, ANDREAS (EU-DBA-SBG 2020), S. 468 sowie KIRCHER, MARKUS/PFEIFFER, ROLAND/BOCH, CAROLIN (Besteuerungsstreitigkeiten 2019), S. 527 ff.

1552 Vgl. dazu im Detail BMF, Schreiben vom 21.02.2024, IV B 3 – S 1304/21/10005:003, Rn. 188.

1553 Richtlinie (EU) 2017/1852 vom 10.10.2017.

1554 Vgl. DZIURDZ, KASPER/KUBIK, KATHARINA/MARCHGRABER, CHRISTOPH (Kommentierung Art. 25 OECD-MA 2024), Rn. 236.

1555 Vgl. dazu allgemein zu Treaty Overrides ISMER, ROLAND/PIOTROWSKI, SOPHIA (Kommentierung Art. 25 OECD-MA 2021), Rn. 230a, 309, 328. Vgl. auch ISMER, ROLAND (Einführung 2024), Rn. 1051.

1556 ISMER, ROLAND (Einführung 2024), Rn. 1051.

1557 Vgl. BMF, Schreiben vom 21.02.2024, IV B 3 – S 1304/21/10005:003, Rn. 28; LAUTEN, CLAUDIA (Streitbeilegung 2024), Rn. 11.

Die Reichweite dieser Normen ist nicht abschließend geklärt; insbesondere ist die genaue Bedeutung des letzten Halbsatzes unklar und damit die Frage offen, wann (aus deutscher Sicht) eine Gerichtsentscheidung erlassen wurde, „von der nach dem nationalen Recht dieses Mitgliedstaats nicht abgewichen werden darf". Weder das EU-DBA-SBG noch die Gesetzesbegründung zu diesem[1558] enthalten diesbezügliche Hinweise;[1559] auch die Finanzverwaltung hat sich hierzu nicht positioniert.[1560] Es stellt sich vor allem die Frage, ob in Deutschland überhaupt durch ein Streitbeilegungsverfahren nach dem EU-DBA-SBG von der Rechtsprechung (des BFH) abgewichen werden kann.[1561] Des Weiteren könnte die Formulierung der §§ 16 Abs. 3, 20 Abs. 4 EU-DBA-SBG m.E. so gedeutet, aber dann wohl eher missverstanden werden, dass nur Entscheidungen, die zeitlich nach Einleitung des entsprechenden Verfahrens ergangen sind, Berücksichtigung finden. Darüber hinaus bleibt m.E. auch hier offen, ob eine Gerichtsentscheidung konkret zu dem in Rede stehenden Fall ergangen sein muss oder ob bereits irgendeine (BFH-)Entscheidung zu der Streitfrage ausreichend ist, um die Rechtsfolgen der §§ 16 Abs. 3, 20 Abs. 4 EU-DBA-SBG auslösen zu können.[1562] Im Übrigen könnte – abseits von der ungeklärten Rechtslage in Deutschland – auch eine entsprechende Entscheidung in dem jeweils anderen EU-Staat dazu führen, dass das Verfahren nach §§ 16 Abs. 3, 20 Abs. 4 EU-DBA-SBG einzustellen ist.[1563]

Im Ergebnis ist damit Folgendes zu konstatieren: Ein Verständigungsverfahren nach Vorschriften i.S.d. Art. 25 Abs. 1, 2 OECD-MA eignet sich nicht, die durch den Treaty Override des § 50d Abs. 10 EStG verursachte Doppelbesteuerung im Inbound-Fall zu beseitigen. Letzteres gilt schon deshalb, da in einem solchen Verfahren kein Einigungszwang besteht und sich die deutschen Vertreter – wie oben dargelegt – kaum auf eine vom nationalen Recht abweichende Besteuerung einigen werden. Auch die in den DBA vorgesehenen Schiedsverfahren sind m.E. nur sehr bedingt geeignet, eine durch den Treaty Override des § 50d Abs. 10 EStG verursachte Doppelbesteuerung zu vermeiden. Zunächst ist bezüglich der DBA, die eine Vorschrift i.S.d. Art. 25 Abs. 5 Satz 2 OECD-MA enthalten, unklar, ob ein Schiedsverfahren überhaupt durchgeführt werden darf; dem könnte die Rechtsprechung des BFH entgegenstehen. Zudem darf – nach hier geteilter Auffassung – eine Schiedsentscheidung, die dem innerstaatlichen deutschen Recht widerspricht, von den deutschen Behörden nicht umgesetzt werden. Folgt man der Auffassung, dass eine Einigung im Rahmen des Verständigungs- oder des Schiedsverfahrens nach dem EU-DBA-SBG über dem rein nationalen Recht steht, und beantwortet die im Abschnitt zuvor dargestellten offenen Fragen zugunsten der Steuerpflichtigen, ist demgegenüber das EU-DBA-SBG zumindest potenziell in der Lage, eine durch den Treaty Override des § 50d

---

1558 Vgl. BT-Drs. 19/12112 vom 31.07.2019, S. 26 ff.

1559 Vgl. bereits DZIURDZ, KASPER/KUBIK, KATHARINA/MARCHGRABER, CHRISTOPH (Kommentierung Art. 25 OECD-MA 2024), Rn. 303; FLÜCHTER, KARSTEN (EU-DBA-SBG 2020), S. 62.

1560 Vgl. LIEBCHEN, DANIEL (Steuerverfahrensrecht 2023), Rn. 13.323; LIEBCHEN, DANIEL/STROTKEMPER, NOEMI (Streitbeilegungsverfahren 2022), S. 96.

1561 Vgl. DZIURDZ, KASPER/KUBIK, KATHARINA/MARCHGRABER, CHRISTOPH (Kommentierung Art. 25 OECD-MA 2024), Rn. 303; FLÜCHTER, KARSTEN (EU-DBA-SBG 2020), S. 62.

1562 Vgl. zu Schiedsverfahren nach DBA und dort speziell zu Vorschriften i.S.d. Art. 25 Abs. 5 Satz 2 OECD-MA FLÜCHTER, KARSTEN (Kommentierung Art. 25 OECD-MA 2019), Rn. 311.

1563 Vgl. LIEBCHEN, DANIEL (Steuerverfahrensrecht 2023), Rn. 13.323.

Abs. 10 EStG ausgelöste Doppelbesteuerung zu beseitigen. Abhilfe schaffen kann das EU-DBA-SBG allerdings ausschließlich in reinen EU-Fällen und nur dann, wenn der Steuerpflichtige den wahrscheinlich hohen Verwaltungs- und Kostenaufwand eines Verfahrens nach dem EU-DBA-SBG[1564] nicht scheut. Wohl zu Recht sprechen KIRCHER/PFEIFFER/BOCH[1565] davon, „dass es in der Praxis für Steuerpflichtige erst ab einem gewissen Streitvolumen sinnvoll ist, ein solches Verfahren anzustrengen".

[1564] Vgl. JANSEN, THOMAS/MAMMEN, ANDREAS (EU-DBA-SBG 2020), S. 475; KIRCHER, MARKUS/PFEIFFER, ROLAND/BOCH, CAROLIN (Besteuerungsstreitigkeiten 2019), S. 531.

[1565] KIRCHER, MARKUS/PFEIFFER, ROLAND/BOCH, CAROLIN (Besteuerungsstreitigkeiten 2019), S. 531. Vgl. auch JANSEN, THOMAS/MAMMEN, ANDREAS (EU-DBA-SBG 2020), S. 475.

7 Entstehung und Vermeidung einer doppelten Nichtbesteuerung bzw. einer Minderbesteuerung

7.1 Entstehung einer doppelten Nichtbesteuerung bzw. einer Minderbesteuerung

Im Outbound-Fall und damit in dem Fall, in dem ein inländischer Mitunternehmer an einer ausländischen Personengesellschaft beteiligt ist,[1566] droht – konträr zu dem in Kapitel 6 behandelten Inbound-Fall – keine Doppelbesteuerung, sondern eine doppelte Nichtbesteuerung bzw. eine Minderbesteuerung[1567] von Sondervergütungen,[1568] was die folgenden Ausführungen verdeutlichen sollen.

Wie in Kapitel 6.1 bereits ausführlich dargestellt, werden Sondervergütungen durch den jeweiligen ausländischen Staat häufig nicht unter den Artikel für Unternehmensgewinne (Vorschriften i.S.d. Art. 7 OECD-MA), sondern unter die spezielleren Verteilungsnormen des jeweiligen DBA und damit insbesondere unter Vorschriften i.S.d. Art. 6, 11, 12, 14 und 15 OECD-MA (a.F.) subsumiert.[1569] In der Folge werden die Sondervergütungen im Outbound-Fall im Ausland häufig nicht oder nur mit einem der Höhe nach begrenzten Quellensteuersatz besteuert.[1570] Aus deutscher Sicht führt die nunmehr gesetzlich in Form von § 50d Abs. 10 EStG verankerte (ehemalige) Sichtweise der Finanzverwaltung[1571] dazu, dass Sondervergütungen gerade nicht unter die spezielleren Verteilungsnormen, sondern stets unter Vorschriften i.S.d. Art. 7 OECD-MA zu subsumieren und der Betriebsstätte der Personengesellschaft im Ausland zuzuordnen sind.[1572] Daher muss Deutschland die Sondervergütungen grundsätzlich nach Vorschriften i.S.d. Art. 23A Abs. 1 OECD-MA von der inländischen Besteuerung ausnehmen (Freistellungsmethode).[1573] In der Konsequenz führt daher die einseitige fiktive Umqualifizierung und Zuordnung der Sondervergütungen durch § 50d Abs. 10 EStG dazu, dass eine doppelte Nichtbe-

---

1566 Vgl. zur Definition des Outbound-Falls ausführlich Kapitel 3.2.1.

1567 Vgl. zu den Begriffen „doppelte Nichtbesteuerung“ bzw. „Minderbesteuerung“ instruktiv etwa STEMLER, PATRICK (Sondervergütungen 2013), S. 221. Ob man eine doppelte Nichtbesteuerung bzw. eine Minderbesteuerung tatsächlich als Bedrohung im Sinne eines unerwünschten Ergebnisses ansieht, liegt natürlich im Auge des jeweiligen Betrachters. PILTZ etwa sieht darin einen „steuerplanerischen Reiz“; vgl. dazu und zu entsprechenden moralischen Überlegungen PILTZ, DETLEV JÜRGEN (Qualifikationskonflikte 1993), S. 41, 47.

1568 Vgl. z.B. BMF, Schreiben vom 26.09.2014, IV B 5 – S 1300/09/10003, Tz. 5.1.3.2.

1569 Vgl. z.B. auch BMF, Schreiben vom 26.09.2014, IV B 5 – S 1300/09/10003, Tz. 5.1.3.2.; MERETZKI, AYK (Mitunternehmer-Betriebsstätten 2009), S. 223.

1570 Vgl. JANKOWIAK, INGO (Doppelte Nichtbesteuerung 2009), S. 38; MERETZKI, AYK (Mitunternehmer-Betriebsstätten 2009), S. 223; OECD (Partnership-Report 1999), Rn. 96; STEMLER, PATRICK (Sondervergütungen 2013), S. 222 f.

1571 Vgl. dazu die Ausführungen in Kapitel 4.3.1.2.1.

1572 Vgl. dazu die Ausführungen in Kapitel 5.2. Obiges gilt jedenfalls dann, wenn keine weitere Betriebsstätte der Personengesellschaft (in Deutschland oder in einem Drittstaat) vorhanden ist, was hier unterstellt wird.

1573 Vgl. BMF, Schreiben vom 26.09.2014, IV B 5 – S 1300/09/10003, Tz. 5.1.3.2.; MERETZKI, AYK (Mitunternehmer-Betriebsstätten 2009), S. 223. Vgl. auch PILTZ, DETLEV JÜRGEN (Sondervergütungen 2003), S. 154.

steuerung eintreten kann, wenn der jeweilige ausländische Staat für sich kein Besteuerungsrecht reklamiert, bzw. dazu, dass eine Minderbesteuerung von Sondervergütungen droht, wenn im Ausland die Besteuerung nur mit einem der Höhe nach begrenzten Quellensteuersatz erfolgt.[1574] Im ersten Fall, dem Fall einer doppelten Nichtbesteuerung von Einkünften, spricht man vom Vorliegen von sog. weißen Einkünften.[1575] Der zweite Fall, und damit der Fall einer Besteuerung mit einem der Höhe nach begrenzten Steuersatz in einem Staat bei gleichzeitiger Nichtbesteuerung im anderen Staat, kann unter den Begriff „graue Einkünfte" gefasst werden.[1576] Das zuvor Dargelegte veranschaulicht *Beispiel 8*.

Beispiel 8: Entstehung einer doppelten Nichtbesteuerung im Outbound-Fall[1577]

Der in Deutschland ansässige M ist mitunternehmerisch an der ausländischen Personengesellschaft P beteiligt, die ihre Geschäftsleitungsbetriebsstätte und zugleich einzige Betriebsstätte im Staat A hat. M überlässt der Personengesellschaft P entgeltlich eine Lizenz. Zwischen Deutschland und dem ausländischen Staat besteht ein DBA, das dem OECD-MA entspricht und in welchem die Freistellungsmethode in Bezug auf die Einkünfte vereinbart wurde, die unter den Artikel für Unternehmensgewinne zu subsumieren sind. *Abbildung 13* stellt den Sachverhalt graphisch dar:

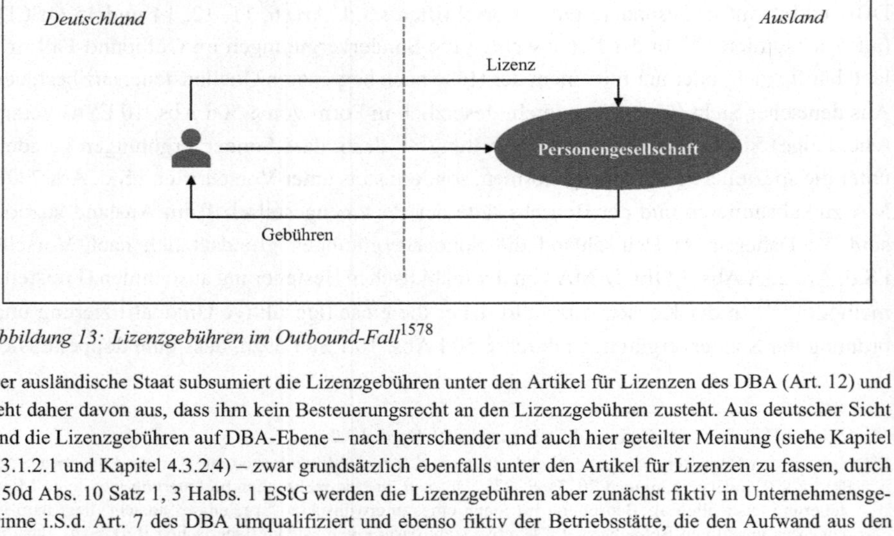

Abbildung 13: Lizenzgebühren im Outbound-Fall[1578]

Der ausländische Staat subsumiert die Lizenzgebühren unter den Artikel für Lizenzen des DBA (Art. 12) und geht daher davon aus, dass ihm kein Besteuerungsrecht an den Lizenzgebühren zusteht. Aus deutscher Sicht sind die Lizenzgebühren auf DBA-Ebene – nach herrschender und auch hier geteilter Meinung (siehe Kapitel 4.3.1.2.1 und Kapitel 4.3.2.4) – zwar grundsätzlich ebenfalls unter den Artikel für Lizenzen zu fassen, durch § 50d Abs. 10 Satz 1, 3 Halbs. 1 EStG werden die Lizenzgebühren aber zunächst fiktiv in Unternehmensgewinne i.S.d. Art. 7 des DBA umqualifiziert und ebenso fiktiv der Betriebsstätte, die den Aufwand aus den Sondervergütungen trägt, und damit der ausländischen Betriebsstätte der Personengesellschaft, zugeordnet. Deutschland müsste daher die Sondervergütungen nach Art. 23A Abs. 1 i.V.m. Art. 7 Abs. 1, 2 des DBA von

1574 Vgl. BMF, Schreiben vom 26.09.2014, IV B 5 – S 1300/09/10003, Tz. 5.1.3.2. Vgl. auch PILTZ, DETLEV JÜRGEN (Sondervergütungen 2003), S. 154 sowie STEMLER, PATRICK (Sondervergütungen 2013), S. 222.

1575 Vgl. JANKOWIAK, INGO (Doppelte Nichtbesteuerung 2009), S. 38, 79; PILTZ, DETLEV JÜRGEN (Sondervergütungen 2005), S. 754.

1576 Vgl. JANKOWIAK, INGO (Doppelte Nichtbesteuerung 2009), S. 38, 79; STEMLER, PATRICK (Sondervergütungen 2013), S. 221 und dort Fn. 1163.

1577 Beispiel modifiziert entnommen aus OECD (Partnership-Report 1999), S. 36 f.; PILTZ, DETLEV JÜRGEN (Sondervergütungen 2003), S. 154.

1578 Eigene Darstellung; modifiziert entnommen aus OECD (Partnership-Report 1999), S. 36.

der inländischen Besteuerung ausnehmen (Freistellungsmethode). Da auch der ausländische Staat kein Besteuerungsrecht für sich reklamiert (s.o.), droht mithin eine doppelte Nichtbesteuerung der Sondervergütungen.

Anzumerken bleibt, dass sich die aufgezeigte doppelte Nichtbesteuerung bzw. eine Minderbesteuerung von Sondervergütungen nur dann einstellen kann, wenn in dem Methodenartikel des jeweiligen DBA die Freistellungsmethode für die unter den Artikel für Unternehmensgewinne zu subsumierenden Einkünfte vereinbart ist, nicht aber, wenn für diese Einkünfte die Anrechnungsmethode zur Anwendung gelangt.[1579] In letzterem Fall kommt stets auch dem Ansässigkeitsstaat des Mitunternehmers ein Besteuerungsrecht für die Sondervergütungen zu,[1580] wobei eine ggf. erhobene ausländische Quellensteuer anzurechnen ist.[1581] Bei den von Deutschland abgeschlossenen DBA ist jedoch für den Fall, dass Deutschland der Ansässigkeitsstaat ist, in der Regel die Freistellungsmethode für die unter Vorschriften i.S.d. Art. 7 OECD-MA zu fassenden Betriebsstätteneinkünfte vorgesehen.[1582]

Die Entstehung einer doppelten Nichtbesteuerung bzw. einer Minderbesteuerung, wie sie zuvor aufgezeigt wurde, ließe sich oftmals von vornherein vermeiden, wenn die herrschende und auch hier geteilte Auffassung hinsichtlich der Einordnung von Sondervergütungen auf Abkommensebene weiterhin Bestand hätte, es also § 50d Abs. 10 EStG nicht gäbe.[1583] Konkret würden in dem zuvor gegebenen *Beispiel 8* die Sondervergütungen in Form der Lizenzgebühren auch durch Deutschland unter Art. 12 des entsprechenden DBA subsumiert werden, sodass Deutschland sich das alleinige Besteuerungsrecht an den Vergütungen zuschreiben würde.[1584]

Die Situation, dass eine doppelte Nichtbesteuerung bzw. eine Minderbesteuerung aufgrund einer zwischen den Vertragsstaaten divergierenden Subsumtion von Einkünften unter die Verteilungsnormen eines DBA eintritt, lässt sich als negativer objektiver Qualifikationskonflikt (im engeren Sinne) bezeichnen.[1585] Wie ein solcher Qualifikationskonflikt bezüglich Sondervergütungen (unter Geltung von § 50d Abs. 10 EStG) vermieden werden kann, wird in den folgenden Kapiteln beschrieben.

1579 Vgl. STEMLER, PATRICK (Sondervergütungen 2013), S. 224. Vgl. auch OECD (Partnership-Report 1999), Rn. 101 und ausführlich dazu JANKOWIAK, INGO (Doppelte Nichtbesteuerung 2009), S. 74 ff.

1580 Vgl. STEMLER, PATRICK (Sondervergütungen 2013), S. 224.

1581 Vgl. dazu allgemein ISMER, ROLAND (Kommentierung Art. 23 OECD-MA 2021), Rn. 2.

1582 Vgl. SCHAUMBURG, HARALD/HÄCK, NILS (Bilaterale Maßnahmen 2023), Rn. 19.230.

1583 Vgl. STEMLER, PATRICK (Sondervergütungen 2013), S. 222. Vgl. auch LIEBCHEN, DANIEL (Personengesellschaften 2008), S. 347; PILTZ, DETLEV JÜRGEN (Sondervergütungen 2003), S. 154.

1584 Vgl. auch PILTZ, DETLEV JÜRGEN (Sondervergütungen 2003), S. 154.

1585 Vgl. dazu z.B. LEHNER, MORIS (Grundlagen 2021), Rn. 96e; SCHÖNFELD, JENS/HÄCK, NILS (Kommentierung Art. 23 OECD-MA 2019), Rn. 38; WASSERMEYER, FRANZ (Qualifikationskonflikte 2015), Rn. 4.3.

7.2 Vermeidung einer doppelten Nichtbesteuerung bzw. einer Minderbesteuerung durch Auslegung der Methodenartikel

Eine Möglichkeit, wie die im Kapitel zuvor aufgezeigte doppelte Nichtbesteuerung bzw. eine Minderbesteuerung von Sondervergütungen vermieden werden kann, wird – zum Teil und wie schon zwecks Vermeidung einer Doppelbesteuerung –[1586] darin gesehen, den Methodenartikel des jeweiligen DBA in einer bestimmten Weise auszulegen.[1587] Im Folgenden wird dargestellt, dass insbesondere die OECD Entsprechendes vertritt. Sodann wird die diesbezüglich von der deutschen Finanzverwaltung sowie die in der Literatur vertretene Auffassung aufgezeigt und untersucht, ob und wie sich der BFH hierzu bereits positioniert hat. Schließlich wird erörtert, ob und inwieweit der von der OECD geprägten Auffassung zu folgen ist, und damit, inwieweit eine doppelte Nichtbesteuerung bzw. eine Minderbesteuerung von Sondervergütungen bereits durch Auslegung eines Methodenartikels, der dem OECD-MA entspricht, vermieden werden kann.

Art. 23A Abs. 1 OECD-MA sieht, wie bereits dargestellt, Folgendes vor:

> *Bezieht eine in einem Vertragsstaat ansässige Person Einkünfte […], die in dem anderen Vertragsstaat nach diesem Abkommen besteuert werden können […], so nimmt der erstgenannte Staat […] diese Einkünfte […] von der Besteuerung aus.*

Der Ansässigkeitsstaat muss demnach die Einkünfte freistellen, die im Quellenstaat „nach diesem Abkommen besteuert werden können".[1588] Die OECD vertritt diesbezüglich die Auffassung, dass der Ansässigkeitsstaat bei Anwendung von Art. 23A Abs. 1 OECD-MA davon ausgehen muss, dass bestimmte Einkünfte im Quellenstaat nicht im Sinne dieser Normen „besteuert werden können", wenn der Quellenstaat seinerseits auf Basis des Abkommens zu dem Ergebnis gelangt, dass er die entsprechenden Einkünfte nicht besteuern kann.[1589] Dementsprechend muss der Ansässigkeitsstaat keine Freistellung der Einkünfte gewähren, obwohl er – aus seiner Sicht – zu dem Ergebnis gelangen würde, dass die Einkünfte im Quellenstaat besteuert werden können.[1590] Entscheidend sollen also die Sichtweise des Quellenstaates und damit die Frage sein, ob der Quellenstaat sich ein Besteuerungsrecht zuschreibt.[1591] Die OECD beansprucht die Geltung ihrer Lösung für das Problem einer doppelten Nichtbesteuerung durch Auslegung von Art. 23A Abs. 1 OECD-MA aber nur dann, wenn die Ursache für die unterschiedliche Sichtweise von Ansässigkeits- und Quellenstaat bezüglich der Verteilung der Besteuerungsrechte auf unterschiedliche Bestimmungen des jeweiligen innerstaatlichen Rechts zurück-

---

1586 Vgl. dazu Kapitel 6.2.

1587 Vgl. auch MARQUARDSEN, MARIA GESINA (Gesellschaften 2019), S. 129 f.; STEMLER, PATRICK (Sondervergütungen 2013), S. 224 f.

1588 Vgl. auch SCHÜLLER, EVA CAROLIN (Personengesellschaften 2014), S. 220; STARINGER, CLAUS (Leistungsbeziehungen 2000), S. 113.

1589 Vgl. OECD (Partnership-Report 1999), Tz. 109; OECD-MK zu Art. 23A und 23B OECD-MA, Tz. 32.6.

1590 Vgl. OECD (Partnership-Report 1999), Tz. 109; OECD-MK zu Art. 23A und 23B OECD-MA, Tz. 32.6.

1591 Vgl. auch GÜNKEL, MANFRED/LIEBER, BETTINA (Sondervergütungen 2000), S. 856; MARQUARDSEN, MARIA GESINA (Gesellschaften 2019), S. 130.

geht, nicht aber bei einer unterschiedlichen Ansicht bezüglich bestimmter Tatsachen (bspw. ob eine Betriebsstätte vorhanden ist oder nicht) oder bei einer unterschiedlichen Auslegung von Bestimmungen des jeweiligen DBA (bspw. welche Bedeutung einem Begriff zukommt, der im Abkommen verwendet wird).[1592] Um eine doppelte Nichtbesteuerung in letzteren beiden Fällen zu verhindern, schuf die OECD einen neuen Absatz 4 in Art. 23A OECD-MA,[1593] auf den später noch einzugehen sein wird. Auch hier bleibt in den Ausführungen der OECD offen, ob eine Bestimmung des jeweiligen innerstaatlichen Rechts, die eine entsprechende Auslegung des Methodenartikels rechtfertigt, aus Sicht der OECD auch eine das jeweilige Abkommen überschreibende Norm wie § 50d Abs. 10 EStG sein kann. Dies ist m.E. aber zu bejahen, da § 50d Abs. 10 EStG – unabhängig davon, wie man die Norm beurteilt – Teil der nationalen Rechtsordnung ist.[1594]

Die Finanzverwaltung hält im BMF-Schreiben vom 24.12.1999 fest, dass Sondervergütungen im Outbound-Fall, wenn der Quellenstaat die Sondervergütungen im Unterschied zu Deutschland nicht als Unternehmensgewinne einstuft und sie daher nicht oder nur begrenzt besteuert, „*nach dem Methodenartikel* des anzuwendenden DBA nicht von der deutschen Bemessungsgrundlage ausgenommen“ werden.[1595] Die Auffassung wird von der Finanzverwaltung zwar nicht näher begründet, insbesondere erfolgt keine Bezugnahme auf die Ausführungen der OECD,[1596] offensichtlich basiert die Äußerung der Finanzverwaltung im BMF-Schreiben vom 24.12.1999 aber auf der oben dargestellten Auffassung der OECD.[1597] Im später ergangenen BMF-Schreiben vom 16.04.2010 bzw. in dessen aktuell gültigem Nachfolger-Schreiben vom 26.09.2014 wird an den diesbezüglich einschlägigen Stellen zwar explizit auf den OECD-MK Bezug genommen, im Rahmen der Begründung, warum in entsprechenden Fällen keine Freistellung durch Deutschland erfolgen soll, stellt die Finanzverwaltung aber nur noch auf die später zu besprechenden explizit vereinbarten abkommensrechtlichen Switch-over-Klauseln bzw. auf § 50d Abs. 9 Satz 1 Nr. 1 EStG ab, im Unterschied zu dem oben angesprochenen BMF-Schreiben aus dem Jahr 1999 aber nicht mehr auf den Methodenartikel als solchen.[1598]

Die Auffassung der OECD, wonach der Ansässigkeitsstaat keine Freistellung gewähren muss, wenn der Quellenstaat die entsprechenden Einkünfte auf Basis des DBA nicht besteuert, wird

---

1592 Vgl. OECD (Partnership-Report 1999), Tz. 112; OECD-MK zu Art. 23A und 23B OECD-MA, Tz. 32.5.

1593 Vgl. OECD (Partnership-Report 1999), Tz. 113 i.V.m. Tz. 112; OECD-MK zu Art. 23A und 23B OECD-MA, Tz. 56.1. Vgl. z.B. auch WEGGENMANN, HANS R. (Personengesellschaften 2005), S. 300 f.

1594 Vgl. dazu bereits die Ausführungen in Kapitel 6.2.

1595 Vgl. auch wörtlich BMF, Schreiben vom 24.12.1999, IV B 4 – S 1300 – 111/99, Tz. 1.2.3. [Hervorhebung d.Verf.]. Vgl. dazu bspw. auch GOSCH, DIETMAR (Zuordnung 2003), S. 93.

1596 Vgl. auch GÜNKEL, MANFRED/LIEBER, BETTINA (Sondervergütungen 2000), S. 856. Verwiesen wird nur auf zwei BFH-Urteile, und zwar mit dem Hinweis „im Ergebnis ebenso“ [sic!], was GÜNKEL, MANFRED/LIEBER, BETTINA (Sondervergütungen 2000), S. 856 und dort Fn. 16 in Anbetracht der in Kapitel 4.3.1.2.1 dargelegten Rechtsprechung des BFH – völlig zu Recht – als „irreführend“ bezeichnen.

1597 Vgl. auch PILTZ, DETLEV JÜRGEN (Sondervergütungen 2003), S. 155; WASSERMEYER, FRANZ (Kommentierung Art. 7 OECD-MA 2024), Rn. 101.

1598 Vgl. BMF, Schreiben vom 16.04.2010, IV B 2 – S 1300/09/10003, Tz. 5.1. und dort Beispiel 2 i.V.m. Tz. 4.1.3.2. und Tz. 4.1.3.3.2. sowie BMF, Schreiben vom 26.09.2014, IV B 5 – S 1300/09/10003, Tz. 5.1.2. und dort Beispiel 4, Tz. 5.1.3.2. i.V.m. Tz. 4.1.3.2. und Tz. 4.1.3.3.2.

von einem Teil der Literatur geteilt.[1599] Ein anderer Teil der Literatur lehnt die Meinung der OECD bezüglich der dargestellten Auslegung von Vorschriften i.S.d. Art. 23A Abs. 1 OECD-MA hingegen ab.[1600]

Zur Ableitung einer vermeintlichen Auffassung des BFH rekurrieren BRESGEN und STEMLER auf das BFH-Urteil vom 17.12.2003 (I R 14/02)[1601] und gehen davon aus, dass das Judikat der in Rede stehenden Auslegung durch die OECD entgegensteht.[1602] Daher sei „unter Zugrundelegung der Auffassung des BFH eine Vermeidung der doppelten Nichtbesteuerung auf Grundlage des Art. 23A Abs. 1 OECD-MA nicht möglich“[1603]. Letzteres ist m.E. schon deshalb nicht der Fall, da der BFH die in seiner Entscheidung aus dem Jahr 2003 vertretene Rechtsansicht mit Urteil vom 17.10.2007 (I R 96/06) aufgegeben hat.[1604] Soweit ersichtlich, liegt mithin eine abschließende Äußerung des BFH explizit zu der Frage, ob eine Freistellung von Einkünften auf Basis von Vorschriften i.S.d. Art. 23A Abs. 1 OECD-MA durch den Ansässigkeitsstaat unterbleibt, wenn die Einkünfte im Quellenstaat aufgrund dessen Abkommensanwendung nicht besteuert werden, noch nicht bzw. nicht mehr vor. Allerdings sieht der BFH im Beschluss vom 19.05.2010 (I B 191/09) ernstliche Zweifel an der von der OECD vertretenen Auffassung gegeben.[1605]

Wie zuvor aufgezeigt, ist eine Auslegung des Methodenartikels, wie sie von der OECD vorgenommen wird, um eine doppelte Nichtbesteuerung zu vermeiden, äußerst umstritten.[1606] Letzteres wohl auch mit Blick auf den Wortlaut von Vorschriften i.S.d. Art. 23A Abs. 1 OECD-MA, der durch eine entsprechende Auslegung nicht überschritten wird, sodass sie zumindest möglich erscheint.[1607] Von der OECD selbst und von Vertretern der Literatur, die der Auffassung der OECD folgen, wird als Argument für eine entsprechende Auslegung des Methodenartikels angeführt, Sinn und Zweck von DBA sei auch die Vermeidung einer doppelten Nichtbesteuerung,[1608] es könne nicht das Ziel von DBA sein, eine doppelte Nichtbesteuerung

---

[1599] Vgl. u.a. KRABBE, HELMUT (Sondervergütungen 2001), S. 130 f.; LEHNER, MORIS (Treaty Override 2012), S. 393 f.; PILTZ, DETLEV JÜRGEN (Sondervergütungen 2003), S. 155 ff.; WEGGENMANN, HANS R. (Personengesellschaften 2005), S. 301 ff., s.b.S. 306. JANKOWIAK, INGO (Doppelte Nichtbesteuerung 2009), S. 143 hält eine entsprechende Auslegung von Art. 23A Abs. 1 OECD-MA im Ergebnis zumindest für möglich.

[1600] Vgl. u.a. LIEBCHEN, DANIEL (Personengesellschaften 2008), S. 341 ff., s.b.S. 349 f.; MARQUARDSEN, MARIA GESINA (Gesellschaften 2019), S. 130 ff., s.b.S. 133 f.; STEMLER, PATRICK (Sondervergütungen 2013), S. 229 ff., s.b.S. 234; WASSERMEYER, FRANZ (Kommentierung Art. 7 OECD-MA 2024), Rn. 101.

[1601] Vgl. BFH, Urteil vom 17.12.2003, I R 14/02, S. 260 ff.

[1602] Vgl. BRESGEN, ARIANE (Qualifikationskonflikte 2016), S. 205 f.; STEMLER, PATRICK (Sondervergütungen 2013), S. 225 f.

[1603] So wörtlich STEMLER, PATRICK (Sondervergütungen 2013), S. 226; inhaltsgleich BRESGEN, ARIANE (Qualifikationskonflikte 2016), S. 206.

[1604] Vgl. BFH, Urteil vom 17.10.2007, I R 96/06, S. 956.

[1605] Vgl. BFH, Beschluss vom 19.05.2010, I B 191/09, Rn. 34 f.

[1606] Vgl. auch JANKOWIAK, INGO (Doppelte Nichtbesteuerung 2009), S. 138; MÜLLER, MARION/WANGLER, CLEMENS (Qualifikationskonflikte 2003), S. 150.

[1607] Vgl. PILTZ, DETLEV JÜRGEN (Sondervergütungen 2003), S. 156; WEGGENMANN, HANS R. (Personengesellschaften 2005), S. 306; a.A. STEMLER, PATRICK (Sondervergütungen 2013), S. 232 f.

[1608] Vgl. OECD (Partnership-Report 1999), Tz. 52.

überhaupt erst zu ermöglichen.[1609] Zudem findet sich die Aussage, die Ermöglichung einer doppelten Nichtbesteuerung entspräche nicht dem eigentlichen Ziel von DBA, eine Doppelbesteuerung zu vermeiden.[1610] Ferner wird diesbezüglich festgehalten, eine doppelte Nichtbesteuerung könne von den Vertragsstaaten nicht gewollt sein.[1611] Die voranstehenden Aussagen mögen in Teilen richtig sein, sie sind aber zum einen im Detail nicht unumstritten – insbesondere, ob DBA generell auch die Zielsetzung verfolgen, eine doppelte Nichtbesteuerung zu vermeiden, wird heftig diskutiert –[1612] und zum anderen werden sie jedenfalls durch folgende Überlegungen überlagert:

Die von der OECD vorgeschlagene Auslegung des Methodenartikels wirkt vor allem vor dem Hintergrund, dass manche DBA eine explizite Subject-to-tax-Klausel bzw. eine Switch-over-Klausel enthalten, stark gekünstelt.[1613] So sieht z.B. Art. 23 Abs. 1 Buchst. a) DBA-Großbritannien als Subject-to-tax-Klausel vor, dass nur die Einkünfte von der deutschen Steuer ausgenommen werden, „die nach diesem Abkommen im Vereinigten Königreich *tatsächlich* [Hervorhebung d.Verf.] besteuert werden".[1614] Diese vom OECD-MA abweichende Formulierung des Methodenartikels zielt darauf ab, dass der Ansässigkeitsstaat Einkünfte nur dann freistellt, wenn der Quellenstaat seinerseits die Einkünfte auch wirklich besteuert.[1615] Eine derartige abweichende Formulierung des Methodenartikels wäre aber ebenso wie die Vereinbarung einer Switch-over-Klausel dann nicht notwendig, wenn das Auslegungsergebnis, wie es von der OECD vertreten wird, bereits aus der im OECD-MA zu findenden Grundform der Freistellungsmethode ableitbar wäre.[1616]

Zudem widerspricht die von der OECD vorgeschlagene Auslegung dem Grundsatz, dass DBA bereits eine nur virtuelle Doppelbesteuerung vermeiden.[1617] Vermeidung einer virtuellen Doppelbesteuerung bedeutet, dass eine Freistellung durch den Ansässigkeitsstaat unabhängig davon

---

1609 Vgl. WEGGENMANN, HANS R. (Personengesellschaften 2005), S. 304; WEGGENMANN, HANS R./NEHLS, DANIELA (Kommentierung Art. 1 OECD-MA 2021), Rn. 49.

1610 Vgl. KRABBE, HELMUT (Personengesellschaft 2001), S. 200; KRABBE, HELMUT (Sondervergütungen 2001), S. 130.

1611 Vgl. PILTZ, DETLEV JÜRGEN (Sondervergütungen 2003), S. 157 f.

1612 Ablehnend z.B. GÜNKEL, MANFRED/LIEBER, BETTINA (Sondervergütungen 2000), S. 857; STEMLER, PATRICK (Sondervergütungen 2013), S. 231 f.; befürwortend z.B. auch SCHÜLLER, EVA CAROLIN (Personengesellschaften 2014), S. 226 f. Vgl. ausführlich LANG, MICHAEL (DBA-Auslegungsmaxime 2002), S. 611 ff.

1613 Vgl. auch PILTZ, DETLEV JÜRGEN (Sondervergütungen 2003), S. 156 sowie STEMLER, PATRICK (Sondervergütungen 2013), S. 233 und zu diesen Klauseln ausführlich das folgende Kapitel.

1614 Vgl. zu einem weiteren Beispiel aus einem konkreten DBA etwa Art. 22 Abs. 2 Buchst. a) DBA-Spanien.

1615 Vgl. STEMLER, PATRICK (Sondervergütungen 2013), S. 233 f.

1616 Vgl. PILTZ, DETLEV JÜRGEN (Sondervergütungen 2003), S. 156; STEMLER, PATRICK (Sondervergütungen 2013), S. 234; TOIFL, GERALD (Personengesellschaften 2003), S. 151 f.; vgl. auch GÜNKEL, MANFRED/LIEBER, BETTINA (Sondervergütungen 2001), S. 132; zweifelnd JANKOWIAK, INGO (Doppelte Nichtbesteuerung 2009), S. 140; a.A. KRABBE, HELMUT (Sondervergütungen 2001), S. 130 f. und wohl auch WEGGENMANN, HANS R. (Personengesellschaften 2005), S. 305.

1617 Vgl. GOSCH, DIETMAR (Kommentierung § 50d EStG 2024), Rn. 40a; GÜNKEL, MANFRED/LIEBER, BETTINA (Sondervergütungen 2000), S. 857; SCHUCH, JOSEF/BAUER, JOSEF (Qualifikationskonflikte 2000), S. 35; TOIFL, GERALD (Personengesellschaften 2003), S. 151 f.; a.A. KRABBE, HELMUT (Personengesellschaft 2001), S. 200 f.; KRABBE, HELMUT (Sondervergütungen 2001), S. 131; LEHNER, MORIS (Treaty Override 2012), S. 393 f.; PILTZ, DETLEV JÜRGEN (Sondervergütungen 2003), S. 158.

erfolgt, ob die Einkünfte im Quellenstaat besteuert werden.[1618] Die hier betrachteten Qualifikationskonflikte resultieren daraus, dass sich Deutschland grundsätzlich zur Freistellung der Einkünfte verpflichtet sieht und auch der Quellenstaat auf Basis seiner Abkommensanwendung zu dem Ergebnis gelangt, dass er die Einkünfte nicht besteuern kann. Der Grundsatz, dass DBA eine virtuelle Doppelbesteuerung vermeiden, gilt aber auch dann, wenn sich das Unvermögen des Quellenstaats, die Einkünfte zu besteuern, aus dessen DBA-Anwendung – und nicht etwa aufgrund einer in seinem nationalen Recht vorgesehenen Steuerbefreiung – ergibt.[1619] Daher greift der Grundsatz in den hier betrachteten Fällen ebenfalls ein.[1620] Die von der OECD vorgeschlagene Auslegung ist mithin abzulehnen. Zielsetzung der Vermeidung bereits einer virtuellen Doppelbesteuerung ist es, eine Verringerung des administrativen Aufwandes zu erreichen, indem sich der Ansässigkeitsstaat nicht mit dem nationalen Steuerrecht des Quellenstaates befassen muss.[1621] Würde man den Methodenartikel entsprechend der OECD auslegen, wäre aber gerade Letzteres oftmals die Folge;[1622] wie weiter oben bereits dargelegt, soll die von der OECD vorgeschlagene Auslegung des Methodenartikels nur dann zur Anwendung gelangen, wenn die Ursache für die unterschiedliche Sichtweise von Ansässigkeits- und Quellenstaat bezüglich der Verteilung der Besteuerungsrechte auf unterschiedliche Bestimmungen des jeweiligen innerstaatlichen Rechts zurückgeht, nicht aber bei einer unterschiedlichen Ansicht bezüglich bestimmter Tatsachen oder bei einer unterschiedlichen Auslegung von Bestimmungen des jeweiligen DBA. Daher müsste jeweils geprüft werden, „*warum* der Quellenstaat nicht besteuert".[1623]

Im Übrigen sei auf die – nach der Rechtsprechung des BFH und der Auffassung von erheblichen Teilen der Literatur bestehende – fehlende Bindungswirkung des OECD-MK hingewiesen.[1624] Wie dargestellt (siehe Kapitel 6.2) vertritt die Finanzverwaltung – jedenfalls bezogen auf ihre eigene Bindung – Anderweitiges und hält in einem in Reaktion auf das BFH-Urteil vom 11.07.2018 (I R 44/16) ergangenen BMF-Schreiben vom 19.04.2023 zwar fest, dass der „OECD-Kommentar […] – unter Berücksichtigung der in ihm enthaltenen Bemerkungen („observations") der OECD-Mitgliedsstaaten – als ein *widerlegliches Indiz* für die Staatenpraxis der OECD-Mitgliedsstaaten bei der Auslegung der dem OECD-Musterabkommen entsprechenden

---

1618 Vgl. BFH, Urteil vom 19.05.1993, I R 64/92, Rn. 15; SCHÖNFELD, JENS/HÄCK, NILS (Kommentierung Art. 23 OECD-MA 2019), Rn. 73; SCHWENKE, MICHAEL (Kommentierung Art. 1 OECD-MA 2024), Rn. 11.

1619 Vgl. BFH, Urteil vom 14.12.1988, I R 148/87, S. 320 f.; BFH, Urteil vom 19.05.1993, I R 64/92, Rn. 14 f. Vgl. auch SCHÖNFELD, JENS/HÄCK, NILS (Kommentierung Art. 23 OECD-MA 2019), Rn. 73.

1620 Im Ergebnis ebenso GOSCH, DIETMAR (Kommentierung § 50d EStG 2024), Rn. 40a; GÜNKEL, MANFRED/LIEBER, BETTINA (Sondervergütungen 2000), S. 857; SCHUCH, JOSEF/BAUER, JOSEF (Qualifikationskonflikte 2000), S. 35; TOIFL, GERALD (Personengesellschaften 2003), S. 151 f.; wohl gl.A. BFH, Beschluss vom 19.05.2010, I B 191/09, Rn. 34 ff.; vgl. auch SCHÖNFELD, JENS/HÄCK, NILS (Kommentierung Art. 23 OECD-MA 2019), Rn. 73; a.A. ISMER, ROLAND (Kommentierung Art. 23 OECD-MA 2021), Rn. 39c; KRABBE, HELMUT (Personengesellschaft 2001), S. 200 f.; KRABBE, HELMUT (Sondervergütungen 2001), S. 131; LEHNER, MORIS (Treaty Override 2012), S. 393 f.; PILTZ, DETLEV JÜRGEN (Sondervergütungen 2003), S. 158; SCHÜLLER, EVA CAROLIN (Personengesellschaften 2014), S. 225 und dort Fn. 966.

1621 Vgl. BFH, Urteil vom 25.05.2011, I R 95/10, Rn. 18 (mit Verweis auf JANKOWIAK, INGO (Doppelte Nichtbesteuerung 2009), S. 146 f.).

1622 Vgl. JANKOWIAK, INGO (Doppelte Nichtbesteuerung 2009), S. 146 f.; SCHUCH, JOSEF/BAUER, JOSEF (Qualifikationskonflikte 2000), S. 35.

1623 Vgl. auch wörtlich JANKOWIAK, INGO (Doppelte Nichtbesteuerung 2009), S. 147.

1624 Vgl. dazu ausführlich die Ausführungen in Kapitel 6.2.

Vorschriften ihrer DBA anzusehen“ ist.[1625] Im Nachgang zu ihrer obigen Äußerung erklärt die Finanzverwaltung die widerlegliche „Indizwirkung des OECD-Kommentars“ jedoch als „widerlegt, wenn sich ein anderes Abkommensverständnis aus einem BMF-Schreiben oder einer sonstigen Verwaltungsanweisung ergibt.“[1626] Letzteres dürfte aber m.E. der Fall sein: Zwar ist das BMF-Schreiben vom 24.12.1999, in dem eine entsprechende Auslegung des Methodenartikels gefordert wird, heute noch in Kraft,[1627] gleichwohl stellen die später veröffentlichten BMF-Schreiben zwecks Vermeidung einer doppelten Nichtbesteuerung, wie weiter oben dargelegt, nicht mehr auf die in Rede stehende Auffassung der OECD, sondern auf abkommensrechtliche Switch-over-Klauseln bzw. auf § 50d Abs. 9 Satz 1 Nr. 1 EStG ab.[1628] Daher ergibt sich m.E. „ein anderes Abkommensverständnis aus einem BMF-Schreiben oder einer sonstigen Verwaltungsanweisung“, sodass die widerlegliche „Indizwirkung“ des OECD-MK „widerlegt“ sein sollte.[1629] Zudem gilt auch hier zu beachten, dass nach der ständigen Rechtsprechung des BFH und der Auffassung von erheblichen Teilen der Literatur eine dynamische Auslegung von DBA abzulehnen ist, sodass die erst seit dem Jahr 2000 im Musterkommentar zu findende Auffassung der OECD ohnehin nur für DBA Bedeutung haben kann, die zeitlich später geschlossen oder an der entscheidenden Stelle im Methodenartikel geändert wurden.[1630]

Im Ergebnis kann die im Outbound-Fall vor allem durch § 50d Abs. 10 Satz 1, 3 Halbs. 1 EStG hervorgerufene doppelte Nichtbesteuerung bzw. Minderbesteuerung von Sondervergütungen[1631] auf Basis der insbesondere von der OECD vertretenen Auffassung bezüglich der Auslegung von Vorschriften i.S.d. Art. 23A Abs. 1 OECD-MA nicht vermieden werden.[1632] Dass das voranstehende Ergebnis richtig ist oder dies zumindest vom deutschen Gesetzgeber befürchtet wird, zeigt sich vor allem an der Existenz der zum Teil in DBA zu findenden abkommensrechtlichen Switch-over- bzw. Subject-to-tax-Klauseln sowie am Bestehen von § 50d Abs. 9 Satz 1 Nr. 1 EStG.[1633] Diese Vorschriften werden in den folgenden Kapiteln ausführlich besprochen.

[1625] Vgl. auch wörtlich BMF, Schreiben vom 19.04.2023, IV B 2 – S 1301/22/10002:004, S. 630 [Hervorhebung d.Verf.].

[1626] BMF, Schreiben vom 19.04.2023, IV B 2 – S 1301/22/10002:004, S. 631.

[1627] Vgl. BMF, Schreiben vom 24.12.1999, IV B 4 – S 1300 – 111/99, Tz. 1.2.3.

[1628] Vgl. BMF, Schreiben vom 16.04.2010, IV B 2 – S 1300/09/10003, Tz. 5.1. und dort Beispiel 2 i.V.m. Tz. 4.1.3.2. und Tz. 4.1.3.3.2. sowie BMF, Schreiben vom 26.09.2014, IV B 5 – S 1300/09/10003, Tz. 5.1.2. und dort Beispiel 4, Tz. 5.1.3.2. i.V.m. Tz. 4.1.3.2. und Tz. 4.1.3.3.2.

[1629] Vgl. zu den wörtlichen Zitaten jeweils BMF, Schreiben vom 19.04.2023, IV B 2 – S 1301/22/10002:004, S. 631. Auch FROTSCHER geht davon aus, dass die Finanzverwaltung der Auffassung der OECD bezüglich der hier in Rede stehenden Auslegung des Methodenartikels nicht mehr folgt; vgl. FROTSCHER, GERRIT (Treaty Override 2009), S. 594.

[1630] Vgl. dazu ausführlich bereits die Ausführungen in Kapitel 6.2 und die dortigen Nachweise.

[1631] Vgl. dazu anschaulich Kapitel 7.1.

[1632] Gl.A. LIEBCHEN, DANIEL (Personengesellschaften 2008), S. 341 ff., s.b.S. 349 f.; MARQUARDSEN, MARIA GESINA (Gesellschaften 2019), S. 130 ff., s.b.S. 133 f.; STEMLER, PATRICK (Sondervergütungen 2013), S. 229 ff., s.b.S. 234; WASSERMEYER, FRANZ (Kommentierung Art. 7 OECD-MA 2024), Rn. 101; a.A. KRABBE, HELMUT (Sondervergütungen 2001), S. 130 f.; LEHNER, MORIS (Treaty Override 2012), S. 393 f.; PILTZ, DETLEV JÜRGEN (Sondervergütungen 2003), S. 155 ff.; WEGGENMANN, HANS R. (Personengesellschaften 2005), S. 301 ff., s.b.S. 306; offen JANKOWIAK, INGO (Doppelte Nichtbesteuerung 2009), S. 143.

[1633] Vgl. auch FROTSCHER, GERRIT (Treaty Override 2009), S. 594; LIEBCHEN, DANIEL (Personengesellschaften 2008), S. 350; STEMLER, PATRICK (Sondervergütungen 2013), S. 234.

7.3 Vermeidung einer doppelten Nichtbesteuerung bzw. einer Minderbesteuerung durch abkommensrechtliche Subject-to-tax- und Switch-over-Klauseln

In einigen DBA sind spezielle Regelungen vereinbart, die verhindern sollen, dass es durch das DBA selbst respektive durch eine unterschiedliche Abkommensanwendung zu einer doppelten Nichtbesteuerung bzw. zu einer Minderbesteuerung von Einkünften kommt.[1634] Zu unterscheiden ist dabei zwischen Subject-to-tax-Klauseln, die auch als Rückfallklauseln bezeichnet werden,[1635] und den – auch als Umschaltklauseln bekannten –[1636] Switch-over-Klauseln.[1637] Solche abkommensrechtlichen Vorschriften haben grundsätzlich[1638] Anwendungsvorrang vor rein nationalen Bestimmungen, wie dem später zu besprechenden § 50d Abs. 9 Satz 1 Nr. 1 EStG.[1639]

Subject-to-tax-Klauseln sind in fast allen jüngeren, vereinzelt aber auch in älteren von Deutschland abgeschlossenen DBA enthalten.[1640] Ein Beispiel für eine solche Klausel findet sich in Art. 23 Abs. 1 Buchst. a) DBA-Großbritannien, in welchem es heißt: „Von der Bemessungsgrundlage der deutschen Steuer werden die Einkünfte […] ausgenommen, die nach diesem Abkommen im Vereinigten Königreich *tatsächlich besteuert werden*"[1641]. Die Freistellung von Einkünften wird durch diese Klauseln also von einer Besteuerung im Quellenstaat abhängig gemacht.[1642] Übersetzen lässt sich der Begriff „Subject-to-tax-Klausel", dessen erster Wortteil regelmäßig „steuerpflichtig" bedeutet, daher hier am besten mit „Besteuerungsvorbehalt".[1643] Im Ergebnis sollen die Klauseln nicht bereits eine bloß drohende, potenziell mögliche bzw. virtuelle, sondern nur eine ansonsten tatsächlich eintretende Doppelbesteuerung verhindern.[1644]

Unterschieden werden sog. allgemeine Rückfallklauseln, die sich auf alle grundsätzlich freizustellenden Einkünfte beziehen, und sog. einkunftsbezogene Rückfallklauseln, deren Anwendungsbereich auf eine bestimmte Einkunftsart begrenzt ist.[1645] Ein Beispiel für eine allgemeine

---

[1634] Vgl. BMF, Schreiben vom 20.06.2013, IV B 2 – S 1300/09/10006, Tz. 1.

[1635] Vgl. DÜRRSCHMIDT, DANIEL (Art. 6 bis 22 OECD-MA 2021), Rn. 20a. Vgl. zu dem nicht einheitlichen Begriffsverständnis aber MARQUARDSEN, MARIA GESINA (Gesellschaften 2019), S. 140 und dort Fn. 480.

[1636] Vgl. z.B. auch ISMER, ROLAND (Kommentierung Art. 23 OECD-MA 2021), Rn. 174.

[1637] Vgl. BMF, Schreiben vom 20.06.2013, IV B 2 – S 1300/09/10006, Tz. 1.

[1638] Siehe aber zu § 50d Abs. 9 Satz 4 EStG weiter unten.

[1639] Vgl. BMF, Schreiben vom 20.06.2013, IV B 2 – S 1300/09/10006, Tz. 1.; FROTSCHER, GERRIT (Internationales Steuerrecht 2020), Rn. 355. Vgl. auch SCHÖNFELD, JENS/HÄCK, NILS (Kommentierung Art. 23 OECD-MA 2019), Rn. 73 (mit Verweis auf KAHLENBERG, CHRISTIAN/SCHADE, FILIP (Systematisierungsunterfangen 2018), S. 223): „prüfungssystematisch zunächst zu betrachten".

[1640] Vgl. SCHÖNFELD, JENS/HÄCK, NILS (Kommentierung Art. 23 OECD-MA 2019), Rn. 73 sowie – auch zu einer Auflistung der entsprechenden Abkommen – MERETZKI, AYK (Klauseln 2015), Rn. 15.13. Eine Aufzählung von DBA, die eine Subject-to-tax-Klausel enthalten, findet sich auch im BMF-Schreiben vom 20.06.2013, IV B 2 – S 1300/09/10006, Tz. 2.2.

[1641] Hervorhebung d.Verf. Vgl. bspw. auch Art. 22 Abs. 2 Buchst. a) DBA-Spanien.

[1642] Vgl. BMF, Schreiben vom 20.06.2013, IV B 2 – S 1300/09/10006, Tz. 2., 2.2.; JANKOWIAK, INGO (Doppelte Nichtbesteuerung 2009), S. 188; MARQUARDSEN, MARIA GESINA (Gesellschaften 2019), S. 140.

[1643] So DÜRRSCHMIDT, DANIEL (Art. 6 bis 22 OECD-MA 2021), Rn. 20a f.

[1644] Vgl. FROTSCHER, GERRIT (Internationales Steuerrecht 2020), Rn. 358.

[1645] Vgl. BMF, Schreiben vom 20.06.2013, IV B 2 – S 1300/09/10006, Tz. 2., 2.2.; WASSERMEYER, FRANZ (Kommentierung Art. 23A OECD-MA 2024), Rn. 161.

Rückfallklausel findet sich in dem oben dargestellten Art. 23 Abs. 1 Buchst. a) DBA-Großbritannien und ein Beispiel für eine einkunftsbezogene Rückfallklausel enthält Art. 15 Abs. 4 Satz 2 DBA-Schweiz,[1646] wo es hinsichtlich der Besteuerung der Einkünfte von Vorstandsmitgliedern, Direktoren, Geschäftsführern und Prokuristen heißt: „Besteuert dieser andere Vertragstaat diese Einkünfte nicht, so können sie in dem Staat besteuert werden, in dem die natürliche Person ansässig ist". Obwohl die in den von Deutschland abgeschlossenen DBA enthaltenen Subject-to-tax-Klauseln unterschiedlich bzw. vielfältig formuliert sind,[1647] lassen sich im Rahmen einer groben Kategorisierung des Weiteren sog. einfache Subject-to-tax-Klauseln, die nur eine abstrakte Steuerpflicht und keine tatsächliche Besteuerung im Quellenstaat voraussetzen, von sog. qualifizierten Subject-to-tax-Klauseln unterscheiden, die eine tatsächliche Besteuerung im Quellenstaat fordern.[1648] Der oben dargestellte Art. 23 Abs. 1 Buchst. a) DBA-Großbritannien stellt auch ein Beispiel für eine qualifizierte Subject-to-tax-Klausel dar; ein Beispiel für eine einfache (und einkunftsbezogene) Subject-to-tax-Klausel fand sich in dem Vorgängerabkommen und dort in Art. 18 Abs. 2 Buchst. a) Satz 1 Halbs. 2 DBA-Großbritannien 1964,[1649] wo es heißt: „die in Artikel VIII Absatz 1 genannten Gewinne werden aber nur dann ausgenommen, wenn sie im Vereinigten Königreich steuerpflichtig sind".[1650]

Darüber hinaus enthalten manche DBA eine Vorschrift, die zwar nicht auf den ersten Blick, aber in ihrer Wirkungsweise als mit einer Rückfallklausel vergleichbar angesehen werden kann.[1651] Solche Klauseln werden als Einkünfte-Herkunftsbestimmungen bezeichnet.[1652] Ein Beispiel für eine solche Regelung findet sich im DBA-Italien bzw. in dessen Protokoll. Art. 24 Abs. 3 Buchst. a) Satz 1 DBA-Italien bestimmt, dass „von der Bemessungsgrundlage der deutschen Steuer die Einkünfte aus der Italienischen Republik […] ausgenommen [werden; d.Verf.], die nach diesem Abkommen in der Italienischen Republik besteuert werden können." Ergänzend ordnet Abschnitt 16 Buchst. d) des Protokolls zum DBA-Italien an: „Für die Zwecke des Artikels 24 Absatz 3 Buchstabe a gelten die Einkünfte einer in einem Vertragsstaat ansässigen Person als aus dem anderen Vertragsstaat stammend, wenn sie im anderen Vertragsstaat

---

1646 Vgl. BMF, Schreiben vom 20.06.2013, IV B 2 – S 1300/09/10006, Tz. 2.2.

1647 Vgl. auch JANKOWIAK, INGO (Doppelte Nichtbesteuerung 2009), S. 188. Beispiele für die unterschiedlichen Formulierungen sind: „steuerpflichtig sind", „besteuert werden" und „tatsächlich besteuert werden" bzw. – bei negativ formulierten Klauseln – „nicht besteuert werden", „nicht der Steuer unterliegen" und „nicht steuerpflichtig sind"; vgl. dazu und zu weiteren Beispielen aus konkreten Abkommen JANKOWIAK, INGO (Doppelte Nichtbesteuerung 2009), S. 174 ff., s.b.S. 188; SCHÖNFELD, JENS/HÄCK, NILS (Kommentierung Art. 23 OECD-MA 2019), Rn. 76.

1648 Vgl. SCHÖNFELD, JENS/HÄCK, NILS (Kommentierung Art. 23 OECD-MA 2019), Rn. 76.

1649 Vgl. SCHÖNFELD, JENS/HÄCK, NILS (Kommentierung Art. 23 OECD-MA 2019), Rn. 76.

1650 Außerdem ist zu unterscheiden zwischen Subject-to-tax-Klauseln, die sich an den Ansässigkeitsstaat richten, und solchen, die der Quellenstaat zu beachten hat, wobei insbesondere die sog. Remittance-base-Klauseln der letzteren Kategorie zuzuordnen sind; vgl. SCHÖNFELD, JENS/HÄCK, NILS (Kommentierung Art. 23 OECD-MA 2019), Rn. 74. Remittance-base-Klauseln adressieren eine Besonderheit im Steuerrecht mancher Staaten, wonach ausländische Einkünfte nur steuerpflichtig sind, soweit sie auf Überweisungen (remittances) aus einem ausländischen Staat basieren. Die Klauseln begrenzen die Steuerfreistellung durch den Quellenstaat auf den entsprechenden Teil der Einkünfte; vgl. DÜRRSCHMIDT, DANIEL (Art. 6 bis 22 OECD-MA 2021), Rn. 18 f.

1651 Vgl. auch BRESGEN, ARIANE (Qualifikationskonflikte 2016), S. 195.

1652 Vgl. BMF, Schreiben vom 20.06.2013, IV B 2 – S 1300/09/10006, Tz. 2.2.1.; WASSERMEYER, FRANZ (Kommentierung Art. 23A OECD-MA 2024), Rn. 161. Daneben findet sich die Bezeichnung „Quellenregeln"; so z.B. MERETZKI, AYK (Klauseln 2015), Rn. 15.14.

in Übereinstimmung mit dem Abkommen effektiv besteuert worden sind."[1653] Einkünfte-Herkunftsbestimmungen knüpfen daher daran an, dass nach den meisten von Deutschland abgeschlossenen DBA eine Freistellung durch den Ansässigkeitsstaat nur dann zur gewähren ist, wenn die Einkünfte aus dem anderen Vertragsstaat stammen.[1654] Darauf aufbauend bestimmen die Klauseln, dass Einkünfte nur dann als „aus dem anderen Vertragsstaat stammend" gelten, wenn in diesem Staat eine Besteuerung der Einkünfte erfolgt.[1655] Zu einer vergleichbaren Regelung im DBA-Kanada 1981 hat der BFH – unter Aufgabe seiner bis dahin geltenden Rechtsprechung – mit Urteil vom 17.12.2003 (I R 14/02) zwar noch entschieden, dass eine solche Regelung nicht als Rückfallklausel wirken kann,[1656] diese Rechtsprechung hat der BFH jedoch explizit aufgegeben.[1657] Seither qualifiziert das Gericht Einkünfte-Herkunftsbestimmungen als Subject-to-tax-Klauseln.[1658]

Subject-to-tax-Klauseln sollen nach Auffassung der Finanzverwaltung jedenfalls dann zur Anwendung gelangen, wenn der Quellenstaat aufgrund seines nationalen Rechts an einer Besteuerung der Einkünfte gehindert ist, insbesondere, „weil diese nicht steuerbar bzw. sachlich steuerbefreit sind oder der Steuerpflichtige persönlich steuerbefreit ist".[1659] Fraglich ist aber, ob die Klauseln auch dann Anwendung finden, wenn die doppelte Nichtbesteuerung bzw. die Minderbesteuerung durch einen negativen Qualifikationskonflikt[1660] verursacht ist.[1661] Teile der Literatur gehen davon aus, dass Subject-to-tax-Klauseln auch bei negativen Qualifikationskonflikten anzuwenden sind.[1662] Darüber hinaus hält wohl auch die Finanzverwaltung die Anwendung der Klauseln bei negativen Qualifikationskonflikten für geboten. Hinsichtlich des sachlichen Anwendungsbereichs der Klauseln wird im BMF-Schreiben vom 20.06.2013 festgelegt, dass diese u.a. dann zur Anwendung gelangen, wenn „aus anderen Gründen eine tatsächliche Besteuerung unterbleibt", wobei hierfür beispielhaft der Verzicht auf eine Besteuerung durch Erlass der Steuer bzw. die Unkenntnis der entsprechenden Einkünfte genannt werden.[1663] Was mit der in der Verwaltungsanweisung enthaltenen Formulierung „aus anderen Gründen" über die

---

[1653] Vgl. zu weiteren Beispielen aus konkreten DBA die Übersicht im BMF-Schreiben vom 20.06.2013, IV B 2 – S 1300/09/10006, Tz. 2.2.1.

[1654] Vgl. MERETZKI, AYK (Klauseln 2015), Rn. 15.14.

[1655] Vgl. BMF-Schreiben vom 20.06.2013, IV B 2 – S 1300/09/10006, Tz. 2.2.1.

[1656] Vgl. BFH, Urteil vom 17.12.2003, I R 14/02, Ls., S. 260 f.

[1657] Vgl. BFH, Urteil vom 17.10.2007, I R 96/06, S. 956.

[1658] Vgl. auch BMF-Schreiben vom 20.06.2013, IV B 2 – S 1300/09/10006, Tz. 2.2.1. und aus der jüngeren Rechtsprechung z.B. BFH, Urteil vom 27.03.2019, I R 33/16, Rn. 40.

[1659] Vgl. auch wörtlich BMF-Schreiben vom 20.06.2013, IV B 2 – S 1300/09/10006, Tz. 2.3. Vgl. zur Frage, wann Subject-to-tax-Klauseln allgemein eingreifen, z.B. auch MERETZKI, AYK (Klauseln 2015), Rn. 15.27 ff.

[1660] Vgl. zum Begriff „negativer Qualifikationskonflikt" die Ausführungen am Ende von Kapitel 7.1.

[1661] Vgl. auch JANKOWIAK, INGO (Doppelte Nichtbesteuerung 2009), S. 190.

[1662] Vgl. BRESGEN, ARIANE (Qualifikationskonflikte 2016), S. 195; JANKOWIAK, INGO (Doppelte Nichtbesteuerung 2009), S. 191, 193; SCHÖNFELD, JENS/HÄCK, NILS (Kommentierung Art. 23 OECD-MA 2019), Rn. 82; WASSERMEYER, FRANZ (Kommentierung Art. 23A OECD-MA 2024), Rn. 162; a.A. aber u.a. DÜRRSCHMIDT, DANIEL (Art. 6 bis 22 OECD-MA 2021), Rn. 20b sowie KLUGE, VOLKER (Internationales Steuerrecht 2000), Rn. R 130; letztlich unklar FROTSCHER, GERRIT (Internationales Steuerrecht 2020), Rn. 358, 361. Siehe zum Verhältnis von Subject-to-tax-Klauseln zu Switch-over-Klauseln, sofern beide Arten von Klauseln in einem DBA enthalten sind, ergänzend die Ausführungen am Ende dieses Kapitels.

[1663] Vgl. auch wörtlich BMF-Schreiben vom 20.06.2013, IV B 2 – S 1300/09/10006, Tz. 2.3.

gegebenen Beispiele hinaus noch gemeint ist, bleibt an dieser Stelle des BMF-Schreibens letztlich unklar.[1664] Im selben BMF-Schreiben hält die Verwaltung aber zudem fest, dass der Steuerpflichtige bei Vorhandensein einer Subject-to-tax-Klausel in einem DBA – im Rahmen der erhöhten Mitwirkungspflicht bei Auslandssachverhalten (§ 90 Abs. 2 AO) – nachweisen muss, dass die Einkünfte im Quellenstaat besteuert wurden bzw. noch besteuert werden, und dass dann, wenn der Nachweis nicht erbracht wird, die Steuerfestsetzung unter Einbezug der entsprechenden Einkünfte erfolgt.[1665] Praktisch bedeutet dies aber nichts anderes, als dass die Finanzverwaltung Subject-to-tax-Klauseln unabhängig davon anwendet, warum die Einkünfte im Quellenstaat nicht besteuert werden, und damit letztlich auch im Fall von negativen Qualifikationskonflikten.[1666]

Der Auffassung, dass Subject-to-tax-Klauseln auch bei negativen Qualifikationskonflikten anzuwenden sind, ist m.E. zuzustimmen. Wie JANKOWIAK zutreffend ausführt, differenziert der Wortlaut der meisten Subject-to-tax-Klauseln nicht im Ansatz danach, warum der Quellenstaat nicht besteuert, sodass den Klauseln nicht zu entnehmen ist, dass sie bei negativen Qualifikationskonflikten nicht eingreifen sollen.[1667] Eine mögliche Gegenargumentation, die auf den vermeintlichen Sinn und Zweck der Klauseln rekurriert, kann vor diesem Hintergrund ebenso wenig überzeugen wie die Sichtweise, dass die sogleich noch zu besprechenden Switch-over-Klauseln das Problem im Fall von negativen Qualifikationskonflikten bereits ausreichend lösen; Letzteres gilt allenfalls dann, wenn tatsächlich beide Formen von Klauseln in dem jeweiligen DBA enthalten sind.

Anzumerken bleibt, dass Subject-to-tax-Klauseln nur eine doppelte Nichtbesteuerung vermeiden können, nicht jedoch eine Minderbesteuerung von Einkünften.[1668] Zu denken ist hier etwa an den Fall, in dem ein in Deutschland ansässiger Mitunternehmer der ausländischen Personengesellschaft, an der er beteiligt ist, ein Darlehen gewährt und dieses Darlehen im Ausland nach einer Vorschrift i.S.d. Art. 11 Abs. 2 OECD-MA nur mit einem der Höhe nach begrenzten Steuersatz besteuert wird, wohingegen Deutschland die Zinseinkünfte als Unternehmenseinkünfte grundsätzlich freistellen würde (§ 50d Abs. 10 Satz 1, 3 Halbs. 1 EStG). Die Zinsen werden im anderen Staat – wenn auch der Höhe nach nur begrenzt – (tatsächlich) besteuert. Entscheidend ist insoweit der Einbezug in die ausländische Bemessungsgrundlage.[1669]

Von den Subject-to-tax-Klauseln sind die Switch-over-Klauseln zu unterscheiden. Letztere treten in verschiedenen Varianten mit unterschiedlichen Zwecksetzungen auf.[1670] Ziel einer Switch-over-Klausel kann dabei auch die Vermeidung einer doppelten Nichtbesteuerung bzw.

1664 Vgl. auch MERETZKI, AYK (Klauseln 2015), Rn. 15.19.

1665 Vgl. BMF-Schreiben vom 20.06.2013, IV B 2 – S 1300/09/10006, Tz. 2.4.

1666 So zu einer Verfügung der OFD-Düsseldorf vom 18.07.2005, S 1301 A – St 12, S. 1599 bereits JANKOWIAK, INGO (Doppelte Nichtbesteuerung 2009), S. 191, 193.

1667 Vgl. JANKOWIAK, INGO (Doppelte Nichtbesteuerung 2009), S. 191, der aber zu Recht darauf hinweist, dass es auf den Wortlaut der jeweiligen Klausel ankommt.

1668 Vgl. auch MARQUARDSEN, MARIA GESINA (Gesellschaften 2019), S. 141 f.

1669 Vgl. BMF-Schreiben vom 20.06.2013, IV B 2 – S 1300/09/10006, Tz. 2.3. Vgl. auch MARQUARDSEN, MARIA GESINA (Gesellschaften 2019), S. 142.

1670 Vgl. SCHÖNFELD, JENS/HÄCK, NILS (Kommentierung Art. 23 OECD-MA 2019), Rn. 85.

einer Minderbesteuerung von Einkünften sein.[1671] Technisch geht Deutschland dabei unter bestimmten Voraussetzungen von der Anwendung der grundsätzlich vereinbarten Freistellungsmethode zur Anwendung der Anrechnungsmethode über,[1672] woraus sich die Bezeichnung „Switch-over-Klausel" erklärt.[1673]

Im OECD-MA findet sich eine Switch-over-Klausel in Art. 23A Abs. 4 OECD-MA.[1674] Danach gilt Art. 23A Abs. 1 OECD-MA und damit die Freistellungsmethode „nicht für Einkünfte [...] einer in einem Vertragsstaat ansässigen Person, wenn der andere Vertragsstaat dieses Abkommen so anwendet, dass er diese Einkünfte [...] von der Besteuerung ausnimmt". Nach Auffassung der OECD selbst dient Art. 23A Abs. 4 OECD-MA zwar lediglich zur Vermeidung solcher Konflikte, die auf einer unterschiedlichen Ansicht bezüglich bestimmter Tatsachen oder einer unterschiedlichen Auslegung von Bestimmungen des jeweiligen DBA beruhen, nicht aber dazu, eine doppelte Nichtbesteuerung bzw. eine Minderbesteuerung bei Qualifikationskonflikten zu vermeiden, die auf unterschiedliche Bestimmungen des jeweiligen innerstaatlichen Rechts zurückgehen.[1675] Die deutsche Finanzverwaltung folgt diesbezüglich jedoch der Auffassung der OECD wohl nicht und wendet Switch-over-Klauseln – und damit wohl auch Vorschriften i.S.d. Art. 23A Abs. 4 OECD-MA – bei Qualifikationskonflikten ohne Differenzierung nach dem Grund für die doppelte Nichtbesteuerung bzw. die Minderbesteuerung an. Deutlich wird dies im BMF-Schreiben vom 26.09.2014, wo es in Bezug auf die Anwendung der Umschaltklauseln heißt: „Die Gründe für die Anwendung unterschiedlicher Abkommensbestimmungen sind ohne Bedeutung."[1676] Der BFH vertritt im Ergebnis (wohl) dieselbe Auffassung und stellt bezüglich einer mit Art. 23A Abs. 4 OECD-MA im entscheidenden Teil identischen Vorschrift zwecks ihrer Anwendung im Ergebnis maßgeblich darauf ab, ob die Ursache für die Nichtbesteuerung die unterschiedliche Anwendung des Abkommens ist.[1677] In der Literatur wird zum Teil die (vermeintliche) Auffassung der Finanzverwaltung bzw. des BFH geteilt und eine Vorschrift i.S.d. Art. 23A Abs. 4 OECD-MA bei Qualifikationskonflikten – unabhängig von dem Grund

---

[1671] Vgl. BMF-Schreiben vom 20.06.2013, IV B 2 – S 1300/09/10006, Tz. 4.; BMF, Schreiben vom 26.09.2014, IV B 5 – S 1300/09/10003, Tz. 4.1.3.2. Daneben werden u.a. Switch-over-Klauseln in Form von sog. Aktivitätsvorbehalten vereinbart, was wettbewerbspolitische Gründe hat; vgl. dazu WASSERMEYER, FRANZ (Kommentierung Art. 23A OECD-MA 2024), Rn. 156. Über die in DBA vereinbarten Switch-over-Klauseln hinaus existieren in zahlreichen DBA sog. Notifikationsklauseln, die es ermöglichen, dem jeweils anderen Vertragsstaat bezüglich bestimmter Einkünfte mitzuteilen, dass Deutschland in Zukunft die Anrechnungsmethode auf diese Einkünfte anwenden wird. Deutschland hat, soweit ersichtlich, von einer solchen Klausel aber bislang nur einmal, und zwar im vormals gültigen DBA mit den USA, Gebrauch gemacht; vgl. dazu insgesamt JANKOWIAK, INGO (Doppelte Nichtbesteuerung 2009), S. 196 f.; SCHÖNFELD, JENS/HÄCK, NILS (Kommentierung Art. 23 OECD-MA 2019), Rn. 105 f., Fn. 19. Daher soll hierauf nicht weiter eingegangen werden.

[1672] Vgl. BMF-Schreiben vom 20.06.2013, IV B 2 – S 1300/09/10006, Tz. 4.; SCHÖNFELD, JENS/HÄCK, NILS (Kommentierung Art. 23 OECD-MA 2019), Rn. 85.

[1673] Vgl. FROTSCHER, GERRIT (Internationales Steuerrecht 2020), Rn. 355.

[1674] Vgl. FROTSCHER, GERRIT (Internationales Steuerrecht 2020), Rn. 355; KAHLE, HOLGER (Entwicklungen 2007), S. 760; a.A. SPENGEL, CHRISTOPH/SCHADEN, MICHAEL/WEHRßE, MARTIN (Besteuerung 2012), S. 113.

[1675] Vgl. OECD (Partnership-Report 1999), Tz. 113 i.V.m. Tz. 112; OECD-MK zu Art. 23A und 23B OECD-MA, Tz. 56.1. Vgl. z.B. auch WEGGENMANN, HANS R. (Personengesellschaften 2005), S. 300 f.

[1676] BMF, Schreiben vom 26.09.2014, IV B 5 – S 1300/09/10003, Tz. 4.1.3.2.

[1677] Vgl. BFH, Urteil vom 27.03.2019, I R 33/16, Rn. 47 f. mit Verweis auf BFH, Urteil vom 11.07.2018, I R 52/16, Rn. 27 zu § 50d Abs. 9 Satz 1 Nr. 1 EStG.

für die differierende Abkommensanwendung – für einschlägig gehalten.[1678] Ein anderer Teil der Literatur folgt aber strikt der Auffassung der OECD und wendet daher eine Vorschrift i.S.d. Art. 23A Abs. 4 OECD-MA nur bei Konflikten an, die auf einer unterschiedlichen Ansicht bezüglich bestimmter Tatsachen oder einer unterschiedlichen Auslegung von Bestimmungen des jeweiligen DBA beruhen, nicht aber bei solchen, die auf unterschiedliche Bestimmungen des jeweiligen innerstaatlichen Rechts zurückgehen.[1679]

Der oben dargestellten (vermeintlichen) Auffassung der Finanzverwaltung und des BFH sowie der Rechtsansicht des zuvor zuerst genannten Teils der Literatur ist m.E. zu folgen. Der Gegenauffassung und hier insbesondere MARQUARDSEN ist zwar zuzugeben, dass das, was die OECD mit der Vorschrift beabsichtigte, für ein anderes Verständnis spricht.[1680] Der Wille der OECD muss aber nicht deckungsgleich mit dem Willen der Staaten sein, die das konkrete DBA abgeschlossen und eine Vorschrift i.S.d. Art. 23A Abs. 4 OECD-MA in dieses aufgenommen haben. Zudem gibt der Wortlaut von Vorschriften i.S.d. Art. 23A Abs. 4 OECD-MA eine der Gegenauffassung entsprechende Einschränkung des Anwendungsbereichs nicht her.[1681] Im Gegenteil spricht der Wortlaut sogar (deutlich) für eine Anwendung der entsprechenden Normen, die unabhängig von dem Grund der unterschiedlichen Abkommensanwendung erfolgt.[1682] Der Rechtsanwender eines DBA muss sich insoweit auf den Wortlaut verlassen können. Eine Auslegung „entgegen" dem Wortlaut, wie ihn SPENGEL/SCHADEN/WEHRßE letztlich fordern,[1683] ist allgemein und bei DBA im Besonderen nicht zulässig.[1684] Im Übrigen ist abseits des Streits um den Anwendungsbereich einer Vorschrift i.S.d. Art. 23A Abs. 4 OECD-MA zu beachten, dass eine entsprechende Bestimmung, soweit ersichtlich, bislang nur in drei von Deutschland abgeschlossenen DBA aufgenommen wurde und hierbei nur in einem Fall auch für Deutschland als Ansässigkeitsstaat Anwendung findet.[1685]

Die Formulierungen der übrigen Switch-over-Klauseln in den deutschen DBA weichen zum Teil erheblich von Art. 23A Abs. 4 OECD-MA ab.[1686] Zur Auslegung der im Wortlaut deutlich abweichenden Normen kann von vornherein nicht auf den OECD-MK abgestellt werden; die

---

1678 Vgl. GÜNDISCH, STEPHAN G. (Personengesellschaften 2004), S. 386 f.; LÜDICKE, JÜRGEN (Auffassungen 2000), S. 23. Zweifelnd an der Auffassung der OECD auch SCHUCH, JOSEF/BAUER, JOSEF (Qualifikationskonflikte 2000), S. 42. Vgl. auch STEMLER, PATRICK (Sondervergütungen 2013), S. 236 f.

1679 Vgl. MARQUARDSEN, MARIA GESINA (Gesellschaften 2019), S. 137 f.; SPENGEL, CHRISTOPH/SCHADEN, MICHAEL/WEHRßE, MARTIN (Besteuerung 2012), S. 113 und ggf. auch, letztlich aber unklar WASSERMEYER, FRANZ (Kommentierung Art. 23A OECD-MA 2024), Rn. 146.

1680 Vgl. MARQUARDSEN, MARIA GESINA (Gesellschaften 2019), S. 138.

1681 Vgl. z.B. LÜDICKE, JÜRGEN (Auffassungen 2000), S. 23; STEMLER, PATRICK (Sondervergütungen 2013), S. 236. Auch MARQUARDSEN, MARIA GESINA (Gesellschaften 2019), S. 138 räumt – mit Hinweis auf weitere Literaturstellen – Obiges ein.

1682 So – jedoch als Vertreter der Gegenauffassung – letztlich auch SPENGEL, CHRISTOPH/SCHADEN, MICHAEL/WEHRßE, MARTIN (Besteuerung 2012), S. 113.

1683 Vgl. auch wörtlich SPENGEL, CHRISTOPH/SCHADEN, MICHAEL/WEHRßE, MARTIN (Besteuerung 2012), S. 113.

1684 Vgl. zur Bedeutung des Wortlauts bei der Auslegung von DBA ausführlich GOSCH, DIETMAR (Abkommensrecht 2014), S. 698 f. sowie KUßMAUL, HEINZ u.a. (Auslegung 2019), S. 675.

1685 Vgl. dazu ISMER, ROLAND (Kommentierung Art. 23 OECD-MA 2021), Rn. 252b.

1686 Vgl. BRESGEN, ARIANE (Qualifikationskonflikte 2016), S. 196; MERETZKI, AYK (Klauseln 2015), Rn. 15.42.

Vorschriften sind jeweils für sich auszulegen.[1687] Allerdings sind die Switch-over-Klauseln in den deutschen DBA, die sich nicht mit Art. 23A Abs. 4 OECD-MA (weitestgehend) decken, im Wesentlichen gleich formuliert[1688] bzw. verfolgen letztlich dasselbe Ziel.[1689] Die Formulierungen zielen nämlich explizit darauf ab, die Fälle eines negativen objektiven Qualifikationskonflikts[1690] zu erfassen.[1691] So sieht z.B. Art. 23 Abs. 1 Buchst. e) Doppelbuchst. aa) DBA-Großbritannien auszugsweise vor, dass statt der Freistellungsmethode die Anrechnungsmethode zur Anwendung gelangt, „wenn in den Vertragsstaaten Einkünfte […] unterschiedlichen Abkommensbestimmungen zugeordnet […] werden […] und wenn aufgrund dieser unterschiedlichen Zuordnung […] die betreffenden Einkünfte […] unbesteuert blieben oder niedriger als ohne diesen Konflikt besteuert würden." Demensprechend wird wohl einheitlich davon ausgegangen, dass diese Klauseln den Fall eines negativen objektiven Qualifikationskonflikts auch erfassen.[1692] Eine Diskussion – vergleichbar der oben dargestellten Debatte um den Anwendungsbereich von Vorschriften i.S.d. Art. 23A Abs. 4 OECD-MA – und damit Streit um die Frage, ob die Klauseln auch dann anzuwenden sind, wenn die Qualifikationskonflikte auf unterschiedliche nationale Bestimmungen zurückgehen, wird – soweit ersichtlich – nicht geführt. Der Finanzverwaltung ist daher insoweit zuzustimmen: „Die Gründe für die Anwendung unterschiedlicher Abkommensbestimmungen sind ohne Bedeutung."[1693]

Switch-over-Klauseln können – im Unterschied zu den weiter oben besprochenen Subject-to-tax-Klauseln – auch eine auf einem objektiven Qualifikationskonflikt beruhende Minderbesteuerung von Einkünften verhindern.[1694] Vorschriften i.S.d. Art. 23A Abs. 4 OECD-MA erreichen dies durch die Ergänzung in ihrem letzten Halbsatz, wonach die Freistellungsmethode auch dann nicht anzuwenden ist, wenn der andere Vertragsstaat „Absatz 2 des Artikels 10 oder des Artikels 11 auf diese Einkünfte anwendet". Beispielhaft ist hier wiederum an den weiter oben bereits dargestellten Fall zu denken, in dem ein in Deutschland ansässiger Mitunternehmer der ausländischen Personengesellschaft, an der er beteiligt ist, ein Darlehen gewährt und dieses Darlehen im Ausland nach einer Vorschrift i.S.d. Art. 11 Abs. 2 OECD-MA nur mit einem der Höhe nach begrenzten Steuersatz besteuert wird, wohingegen Deutschland die Zinseinkünfte als Unternehmenseinkünfte grundsätzlich freistellen würde (§ 50d Abs. 10 Satz 1, 3 Halbs. 1 EStG). Entspricht das in diesem Fall anzuwendende DBA dem OECD-MA, ist der angesprochene letzte Halbsatz von Art. 23A Abs. 4 des DBA erfüllt, da der Quellenstaat „Absatz 2 des […] Artikels 11 auf diese Einkünfte anwendet". Folglich muss Deutschland keine Freistellung

---

[1687] Vgl. BFH, Urteil vom 05.12.2023, I R 42/20, Rn. 44 f.; BRESGEN, ARIANE (Qualifikationskonflikte 2016), S. 196. Vgl. auch MERETZKI, AYK (Klauseln 2015), Rn. 15.42.

[1688] Vgl. MERETZKI, AYK (Klauseln 2015), Rn. 15.41.

[1689] Vgl. MARQUARDSEN, MARIA GESINA (Gesellschaften 2019), S. 139.

[1690] Vgl. zum Begriff die Ausführungen gegen Ende von Kapitel 7.1.

[1691] Vgl. ISMER, ROLAND (Kommentierung Art. 23 OECD-MA 2021), Rn. 174.

[1692] Vgl. z.B. BMF, Schreiben vom 26.09.2014, IV B 5 – S 1300/09/10003, Tz. 4.1.3.2.; FROTSCHER, GERRIT (Internationales Steuerrecht 2020), Rn. 355; WOLFF, ULRICH (Nicht-Besteuerung 2004), S. 544.

[1693] BMF, Schreiben vom 26.09.2014, IV B 5 – S 1300/09/10003, Tz. 4.1.3.2. Vgl. so explizit auch BRESGEN, ARIANE (Qualifikationskonflikte 2016), S. 196.

[1694] Vgl. GROTHERR, SIEGFRIED (Kommentierung Art. 23 OECD-MA 2024), Rn. 167; MERETZKI, AYK (Klauseln 2015), Rn. 15.47.

gewähren. Die übrigen Switch-over-Klauseln in den deutschen DBA verwenden zur Vermeidung einer Minderbesteuerung z.B. die Formulierung „unbesteuert blieben oder niedriger als ohne diesen Konflikt besteuert würden", wie es der oben dargestellte Art. 23 Abs. 1 Buchst. e) Doppelbuchst. aa) DBA-Großbritannien tut.[1695]

Umstritten ist, ob abkommensrechtliche Subject-to-tax- bzw. Switch-over-Klauseln auch dann zur Anwendung gelangen, wenn eine doppelte Nichtbesteuerung bzw. eine Minderbesteuerung nur bezüglich eines Teils der Einkünfte eines Steuerpflichtigen gegeben ist, eine Besteuerung im Quellenstaat bezüglich eines anderen Teils der Einkünfte aber erfolgt; strittig ist insoweit, wie der Begriff „Einkünfte" i.S.d. Klauseln auszulegen ist.[1696] Die Tragweite dieser Frage im Hinblick auf die Anwendung der Klauseln verdeutlicht das folgende *Beispiel 9*.

Beispiel 9: Anwendung abkommensrechtlicher Rückfallklauseln bei Besteuerung von Einkunftsteilen im Quellenstaat[1697]

Der in Deutschland ansässige M ist mitunternehmerisch an der ausländischen Personengesellschaft P beteiligt, die ihre Geschäftsleitungsbetriebsstätte und zugleich einzige Betriebsstätte im Staat A hat. M erhält aufgrund seiner Beteiligung einen Anteil am Gewinn der Personengesellschaft. Zudem überlässt M der Personengesellschaft P entgeltlich eine Lizenz. Zwischen Deutschland und dem ausländischen Staat besteht ein DBA, das grundsätzlich dem OECD-MA entspricht. Über das OECD-MA hinaus enthält das DBA jedoch eine Subject-to-tax-Klausel, die als Anwendungsvoraussetzung für die Freistellungsmethode eine tatsächliche Besteuerung der Einkünfte im anderen Staat fordert.

Der ausländische Staat subsumiert die Lizenzgebühren unter den Artikel für Lizenzen des DBA (Art. 12) und geht daher davon aus, dass ihm kein Besteuerungsrecht an den Lizenzgebühren zusteht. Aus deutscher Sicht sind die Lizenzgebühren auf DBA-Ebene – nach herrschender und auch hier geteilter Meinung (siehe Kapitel 4.3.1.2.1 und Kapitel 4.3.2.4) – zwar grundsätzlich ebenfalls unter den Artikel für Lizenzen zu fassen, durch § 50d Abs. 10 Satz 1, 3 Halbs. 1 EStG werden die Lizenzgebühren aber zunächst fiktiv in Unternehmensgewinne i.S.d. Art. 7 des DBA umqualifiziert und ebenso fiktiv der Betriebsstätte, die den Aufwand aus den Sondervergütungen trägt, und damit der ausländischen Betriebsstätte der Personengesellschaft, zugeordnet. Deutschland müsste daher die Sondervergütungen nach Vorschriften i.S.d. Art. 23A Abs. 1 OECD-MA von der inländischen Besteuerung ausnehmen (Freistellungsmethode). Insgesamt droht daher eine doppelte Nichtbesteuerung der Sondervergütungen. Den Gewinnanteil aus der Personengesellschaft fassen beide Staaten unter Art. 7 des DBA, sodass beide Staaten insoweit einheitlich von einem Besteuerungsrecht des Staates A ausgehen.

Fraglich ist, ob die in dem DBA zwischen Deutschland und A verankerte Subject-to-tax-Klausel eine doppelte Nichtbesteuerung der Sondervergütungen verhindern kann. Durch die Fiktion des § 50d Abs. 10 Satz 1 EStG werden die Lizenzgebühren „Teil des Unternehmensgewinns des vergütungsberechtigten Gesellschafters" i.S.d. Art. 7 des DBA. Da, wie oben dargelegt, beide Staaten auch den Gewinnanteil des M unter Art. 7 des DBA subsumieren, wird jedenfalls ein Teil des Unternehmensgewinns von M im Staat A besteuert. Insofern stellt sich die Frage, ob die Subject-to-tax-Klausel des DBA auf die Sondervergütungen Anwendung findet, schließlich fordert sie als Anwendungsvoraussetzung für die Freistellungsmethode lediglich eine tatsächliche

---

[1695] Vgl. mit weiteren Beispielen aus konkreten DBA und einer Analyse der sich aus den Formulierungen ggf. ergebenden Probleme GROTHERR, SIEGFRIED (Kommentierung Art. 23 OECD-MA 2024), Rn. 167 f. Vgl. dazu außerdem MARQUARDSEN, MARIA GESINA (Gesellschaften 2019), S. 143 f.

[1696] Vgl. FROTSCHER, GERRIT (Internationales Steuerrecht 2020), Rn. 362; MERETZKI, AYK (Klauseln 2015), Rn. 15.20.

[1697] Beispiel modifiziert entnommen aus MERETZKI, AYK (Klauseln 2015), Rn. 15.36.

Besteuerung der Einkünfte im anderen Staat. Von einer solchen Besteuerung der Einkünfte im anderen Staat könnte hier aber ausgegangen werden, da eine Besteuerung der Unternehmenseinkünfte in Form des Gewinnanteils im Quellenstaat erfolgt.

Der BFH geht im Urteil vom 27.08.1997 (I R 127/95), welches zu der Einkünfte-Herkunftsbestimmung bzw. Subject-to-tax-Klausel des Art. 23 Abs. 3 DBA-Kanada 1981 erging, davon aus, dass eine Besteuerung der „Einkünfte" im Quellenstaat bereits dann gegeben ist, wenn nur ein Teil der Einkünfte einer abkommensrechtlichen Einkunftsart im Quellenstaat besteuert wird.[1698] Diese Rechtsprechung wird in der Literatur auf anderweitig formulierte Subject-to-tax-Klauseln übertragen[1699] und auch Vertreter der Literatur selbst gehen davon aus, dass sich eine Zerlegung der Einkünfte für Zwecke der Anwendung der Klauseln verbietet, sodass eine (tatsächliche) Besteuerung im anderen Staat bereits dann gegeben ist, wenn nur ein Teil der Einkünfte einer Einkunftsart (tatsächlich) dort besteuert wird.[1700] Die Finanzverwaltung war und ist indes anderer Auffassung,[1701] und eben die Verwaltungsauffassung wurde – abermals mittels eines Treaty Overrides – durch § 50d Abs. 9 Satz 4 EStG mit Wirkung ab dem Veranlagungszeitraum 2017 gesetzlich normiert.[1702] Die Vorschrift ordnet an, dass Bestimmungen eines DBA, nach denen Einkünfte aufgrund ihrer Behandlung im anderen Vertragsstaat nicht von der Bemessungsgrundlage der deutschen Steuer ausgenommen werden, auch auf Teile von Einkünften anzuwenden sind, soweit die Voraussetzungen der jeweiligen Bestimmung des Abkommens hinsichtlich dieser Einkunftsteile erfüllt sind.

Bezüglich Switch-over-Klauseln lässt sich abweichend von dem zuvor zu Subject-to-tax-Klauseln Dargelegten zwar vertreten, dass diese auch auf Teile von Einkünften anwendbar sind, wenn andere Teile derselben Einkunftsart im Quellenstaat besteuert werden.[1703] Da aber § 50d Abs. 9 Satz 4 EStG auch die abkommensrechtlichen Switch-over-Klauseln insoweit überschreiben würde,[1704] erübrigt sich die Diskussion hierum zumindest nach derzeitigem Stand aus praktischer Sicht.[1705]

1698 Vgl. BFH, Urteil vom 27.08.1997, I R 127/95, Ls., S. 58 f.

1699 Vgl. MERETZKI, AYK (Klauseln 2015), Rn. 15.20.

1700 Vgl. z.B. FROTSCHER, GERRIT (Internationales Steuerrecht 2020), Rn. 362; LOLL, DIETRICH (Rückfallklauseln 2016), S. 543 f. sowie SCHÖNFELD, JENS/HÄCK, NILS (Kommentierung Art. 23 OECD-MA 2019), Rn. 79, wobei letztere aber zu Recht darauf hinweisen, dass es im Einzelnen auf den Wortlaut des jeweiligen DBA ankommt.

1701 Vgl. BMF-Schreiben vom 20.06.2013, IV B 2 – S 1300/09/10006, Tz. 2.3. („soweit"). Vgl. ebenso zur Auffassung der Finanzverwaltung FROTSCHER, GERRIT (Internationales Steuerrecht 2020), Rn. 362 und dort Fn. 108; LÜDICKE, JÜRGEN (Subject-to-tax-Klauseln 2013), S. 724; SCHÖNFELD, JENS/HÄCK, NILS (Kommentierung Art. 23 OECD-MA 2019), Rn. 79. MERETZKI, AYK (Klauseln 2015), Rn. 15.26 geht indes davon aus, dass die Auffassung der Finanzverwaltung „ungewiss" wäre.

1702 Vgl. FROTSCHER, GERRIT (Internationales Steuerrecht 2020), Rn. 362; SCHÖNFELD, JENS/HÄCK, NILS (Kommentierung Art. 23 OECD-MA 2019), Rn. 79.

1703 Vgl. dazu LÜDICKE, JÜRGEN (Subject-to-tax-Klauseln 2013), S. 725 und MERETZKI, AYK (Klauseln 2015), Rn. 15.50 f., 15.60. A.A. aber FG Düsseldorf, Urteil vom 18.04.2023, 6 K 501/20 K, Rn. 17 ff. (n. rkr., Revision anhängig unter Az. BFH I R 29/23).

1704 Vgl. WAGNER, KLAUS J. (Kommentierung § 50d EStG 2024), Rn. 149.

1705 Vgl. auch CLOER, ADRIAN (Umschaltklauseln 2024), S. 46.

Sofern in einem DBA sowohl eine Subject-to-tax-Klausel als auch eine Switch-over-Klausel enthalten ist, stellt sich die Frage nach dem Verhältnis der beiden zueinander.[1706] Die Literatur geht wohl einheitlich davon aus, dass den Switch-over-Klauseln in der Regel der Vorrang gebührt.[1707] Dies überzeugt: Switch-over-Klauseln sehen als Anwendungsvoraussetzung regelmäßig die erfolglose Durchführung eines Verständigungsverfahrens im engeren Sinne bzw. eines Konsultationsverfahrens oder die Durchführung eines EU-Schiedsverfahrens vor,[1708] sodass entsprechende Switch-over-Klauseln – in Verbindung mit einer speziell auf Qualifikationskonflikte zugeschnittenen Formulierung – lex specialis sind.[1709]

Zusammenfassend lässt sich bezüglich der Fragestellung, ob abkommensrechtliche Subject-to-tax-Klauseln bzw. Switch-over-Klauseln eine doppelte Nichtbesteuerung bzw. eine Minderbesteuerung im Outbound-Fall vermeiden können, Folgendes festhalten:

Wie weiter oben dargelegt, sind Subject-to-tax-Klauseln nach hier vertretener Auffassung auch bei negativen Qualifikationskonflikten anzuwenden. Damit sind sie grundsätzlich geeignet, eine durch § 50d Abs. 10 EStG ausgelöste doppelte Nichtbesteuerung von Sondervergütungen im Outbound-Fall zu vermeiden.[1710] Wie ebenfalls aufgezeigt, können Subject-to-tax-Klauseln aber nur eine doppelte Nichtbesteuerung vermeiden, nicht jedoch eine Minderbesteuerung von Einkünften. Zudem sind Subjekt-to-tax-Klauseln nach hier geteilter Auffassung dann nicht anwendbar, wenn in dem konkret anzuwendenden DBA eine Switch-over-Klausel enthalten ist, da letztere als lex specialis vorgeht. Insgesamt eignen sich Subjekt-to-tax-Klauseln daher nicht zur Vermeidung einer Minderbesteuerung und nur eingeschränkt zur Vermeidung einer doppelten Nichtbesteuerung von Sondervergütungen im Outbound-Fall.

Im Unterschied zu Subjekt-to-tax-Klauseln erfassen Switch-over-Klauseln, wie aufgezeigt, auch den Fall, dass aus einem objektiven Qualifikationskonflikt eine Minderbesteuerung resultiert. Sie dienen daher – neben der Vermeidung einer doppelten Nichtbesteuerung – auch dazu, eine Minderbesteuerung von Sondervergütungen im Outbound-Fall zu verhindern.[1711] Dabei können nach hier vertretener Auffassung einen negativen Qualifikationskonflikt, der auf unterschiedlichen nationalen Bestimmungen der Vertragsstaaten beruht, sowohl die Switch-over-Klauseln lösen, die auf Art. 23A Abs. 4 OECD-MA basieren, als auch die übrigen, deutlich abweichend formulierten Switch-over-Klauseln in den deutschen DBA. Zu bemängeln bleibt bezüglich der abkommensrechtlichen Switch-over-Klauseln aber ihre Praktikabilität, soweit sie – wie üblich – als Anwendungsvoraussetzung die erfolglose Durchführung eines Verständi-

---

1706 Vgl. FROTSCHER, GERRIT (Internationales Steuerrecht 2020), Rn. 361.

1707 Vgl. FROTSCHER, GERRIT (Internationales Steuerrecht 2020), Rn. 361; LÜDICKE, JÜRGEN (Subject-to-tax-Klauseln 2013), S. 722 f.; SCHÖNFELD, JENS/HÄCK, NILS (Kommentierung Art. 23 OECD-MA 2019), Rn. 82. Vgl. auch SCHÖNFELD, JENS/HÄCK, NILS (Methodenartikel 2013), S. 173. Wohl a.A. BFH, Urteil vom 17.10.2007, I R 96/06, S. 956.

1708 Vgl. mit Beispielen aus konkreten DBA SCHÖNFELD, JENS/HÄCK, NILS (Kommentierung Art. 23 OECD-MA 2019), Rn. 82, 99.

1709 Vgl. PROKISCH, RAINER (Kommentierung Art. 1 OECD-MA 2015), Rn. 135e (Aussage in der aktuellen Aufl. mit anderem Autor nicht mehr enthalten) und vgl. auch LÜDICKE, JÜRGEN (Subject-to-tax-Klauseln 2013), S. 722 f. sowie SCHÖNFELD, JENS/HÄCK, NILS (Kommentierung Art. 23 OECD-MA 2019), Rn. 82.

1710 Vgl. allgemein, im Ergebnis ebenso JANKOWIAK, INGO (Doppelte Nichtbesteuerung 2009), S. 193.

1711 Vgl. auch MERETZKI, AYK (Klauseln 2015), Rn. 15.47, 15.51.

gungsverfahrens im engeren Sinne bzw. eines Konsultationsverfahrens oder die Durchführung eines EU-Schiedsverfahrens vorsehen.[1712] Im Fall einer drohenden doppelten Nichtbesteuerung bzw. einer Minderbesteuerung wird hierbei vorrangig die Durchführung eines Konsultationsverfahrens – als Unterform des Verständigungsverfahrens – Anwendungsvoraussetzung sein, da dessen Initiierung nicht von einem Antrag des Steuerpflichtigen abhängig ist.[1713] Gerade die Durchführung eines Verständigungsverfahrens respektive eines Konsultationsverfahrens wird aber in der Literatur völlig zu Recht als „langwierig" bezeichnet.[1714] Daher eignen sich letztlich auch die abkommensrechtlichen Switch-over-Klauseln nur sehr eingeschränkt zur Vermeidung einer doppelten Nichtbesteuerung bzw. einer Minderbesteuerung von Sondervergütungen.[1715]

7.4 Vermeidung einer doppelten Nichtbesteuerung bzw. einer Minderbesteuerung durch § 50d Abs. 10 Satz 8 i.V.m. § 50d Abs. 9 Satz 1 Nr. 1 EStG

Auch das deutsche innerstaatliche Recht sieht eine Möglichkeit vor, eine doppelte Nichtbesteuerung sowie eine Minderbesteuerung von Sondervergütungen, wie sie in Kapitel 7.1 aufgezeigt wurden, zu vermeiden.[1716] Nach § 50d Abs. 10 Satz 8 EStG bleibt Abs. 9 Satz 1 Nr. 1 der Norm unberührt. In § 50d Abs. 9 Satz 1 Nr. 1 EStG ist Folgendes geregelt:

> *Sind Einkünfte eines unbeschränkt Steuerpflichtigen nach einem Abkommen zur Vermeidung der Doppelbesteuerung von der Bemessungsgrundlage der deutschen Steuer auszunehmen, so wird die Freistellung der Einkünfte ungeachtet des Abkommens nicht gewährt, soweit der andere Staat die Bestimmungen des Abkommens so anwendet, dass die Einkünfte in diesem Staat von der Besteuerung auszunehmen sind oder nur zu einem durch das Abkommen begrenzten Steuersatz besteuert werden können.*[1717]

Die Norm stellt eine nationalgesetzliche Switch-over Klausel dar und richtet sich gegen eine aus der unterschiedlichen Abkommensanwendung resultierende doppelte Nichtbesteuerung bzw. gegen eine Minderbesteuerung von Einkünften.[1718] Rechtsfolge von § 50d Abs. 9 Satz 1 Nr. 1 EStG ist, dass eine Freistellung, wie sie an sich durch das jeweilige Abkommen vorge-

---

[1712] Vgl. auch GROTHERR, SIEGFRIED (Kommentierung Art. 23 OECD-MA 2024), Rn. 170/1; WEGGENMANN, HANS R. (Personengesellschaften 2005), S. 362 f.

[1713] Vgl. FROTSCHER, GERRIT (Internationales Steuerrecht 2020), Rn. 355 und ausführlich dazu SCHÖNFELD, JENS/HÄCK, NILS (Kommentierung Art. 23 OECD-MA 2019), Rn. 99.

[1714] So PESSOA DOS SANTOS-METTLACH, SUSANA (Qualifikationskonflikte 2020), S. 289. Vgl. auch KRABBE, HELMUT (Verständigungsverfahren 2002), S. 16 sowie WEGGENMANN, HANS R. (Personengesellschaften 2005), S. 363.

[1715] Vgl. auch GROTHERR, SIEGFRIED (Kommentierung Art. 23 OECD-MA 2024), Rn. 170/1; WEGGENMANN, HANS R. (Personengesellschaften 2005), S. 363.

[1716] Vgl. auch ROSENBERG, OLIVER (Sonderbetriebsbereich 2015), Rn. 11.32.

[1717] Eingeführt wurde § 50d Abs. 9 Satz 1 Nr. 1 EStG durch das JStG 2007, wobei eine rückwirkende Anwendung auf alle offenen Fälle angeordnet wurde; vgl. HAGENA, ANTJE (Kommentierung § 50d EStG 2024), Rn. 121 und vgl. zur verfassungsrechtlichen Beurteilung dessen ausführlich GOSCH, DIETMAR (Kommentierung § 50d EStG 2024), Rn. 42.

[1718] Vgl. MARQUARDSEN, MARIA GESINA (Gesellschaften 2019), S. 147; MERETZKI, AYK (Klauseln 2015), Rn. 15.63, 15.66.

sehen ist, für die entsprechenden Einkünfte versagt wird.[1719] Stattdessen erfolgt gemäß § 34c Abs. 6 Satz 5 EStG i.V.m. den Abs. 1 bis 3 der Norm eine Anrechnung bzw. ein Abzug der ggf. erhobenen ausländischen Steuer.[1720]

Voraussetzung für die Anwendung von § 50d Abs. 9 Satz 1 Nr. 1 EStG ist, dass ein negativer Qualifikationskonflikt gegeben ist.[1721] Strittig ist auch hier,[1722] ob hinsichtlich der Anwendung der Norm nach dem Grund für die Entstehung des Qualifikationskonflikts (unterschiedliche Bestimmungen des jeweiligen innerstaatlichen Rechts, unterschiedliche Ansichten bezüglich bestimmter Tatsachen oder unterschiedliche Auslegung von Bestimmungen des jeweiligen DBA) zu differenzieren ist.[1723] Die hier betrachteten Qualifikationskonflikte, die aus unterschiedlichen Bestimmungen des jeweiligen innerstaatlichen Rechts resultieren, sind aber vom Anwendungsbereich unstreitig erfasst.[1724] Bedingung dafür ist jedoch, dass tatsächlich ein Qualifikationskonflikt vorliegt; demgegenüber kommt § 50d Abs. 9 Satz 1 Nr. 1 EStG dann nicht zur Anwendung, wenn der Quellenstaat das ihm zustehende Besteuerungsrecht einseitig (z.B. aufgrund einer nationalgesetzlichen Steuerfreistellung) nicht ausübt.[1725]

In seiner Vorgängerversion verwendete § 50d Abs. 9 Satz 1 Nr. 1 EStG anstelle der heute enthaltenen „Soweit-Formulierung" noch eine „Wenn-Formulierung" und bestimmte bis zum 31.12.2016, dass eine Freistellung der in Rede stehenden Einkünfte nicht gewährt wird, „*wenn* [Hervorhebung d.Verf.] der andere Staat die Bestimmungen des Abkommens so anwendet, dass die Einkünfte in diesem Staat von der Besteuerung auszunehmen sind oder nur zu einem durch das Abkommen begrenzten Steuersatz besteuert werden können".[1726] Nach überwiegender Auffassung in der Literatur konnte die Norm aufgrund dieser Formulierung nur dann Anwendung finden, wenn im Ausland – bezüglich aller Einkünfte einer Einkunftsart – entweder überhaupt keine Besteuerung oder eine Besteuerung mit einem der Höhe nach begrenzten Steuersatz erfolgte.[1727] Die Anwendung von § 50d Abs. 9 Satz 1 Nr. 1 EStG a.F. musste danach aber dann ausscheiden, wenn auch nur ein Teil der Einkünfte derselben Einkunftsart im Quellenstaat

---

1719 Vgl. HAGENA, ANTJE (Kommentierung § 50d EStG 2024), Rn. 122; MERETZKI, AYK (Klauseln 2015), Rn. 15.67.

1720 Vgl. GOSCH, DIETMAR (Kommentierung § 50d EStG 2024), Rn. 41c; MERETZKI, AYK (Klauseln 2015), Rn. 15.67.

1721 Vgl. BFH, Urteil vom 15.03.2021, I R 1/18, S. 2343 f.; BFH, Urteil vom 15.03.2021, I R 61/17, Rn. 54; FG Münster, Urteil vom 28.04.2017, 10 K 106/13 F, Rn. 97.

1722 Siehe auch die in Kapitel 7.3 dargestellte Diskussion hinsichtlich des Anwendungsbereichs von Vorschriften i.S.d. Art. 23A Abs. 4 OECD-MA.

1723 Vgl. dazu z.B. STEMLER, PATRICK (Sondervergütungen 2013), S. 244 ff.

1724 Vgl. MARQUARDSEN, MARIA GESINA (Gesellschaften 2019), S. 149.

1725 Vgl. BFH, Urteil vom 15.03.2021, I R 1/18, S. 2343 f.; BFH, Urteil vom 15.03.2021, I R 61/17, Rn. 54; FG Münster, Urteil vom 28.04.2017, 10 K 106/13 F, Rn. 97; HAGENA, ANTJE (Kommentierung § 50d EStG 2024), Rn. 122.

1726 Vgl. auch DITZ, XAVER/QUILITZSCH, CARSTEN (Umsetzungsgesetz 2017), S. 289; KAMINSKIY, VITALIY (Besteuerungsinkongruenzen 2020), S. 237.

1727 Vgl. z.B. GEBHARDT, RONALD (Betrachtungsweise 2016), S. 1011; MERETZKI, AYK (Einkünfteeinheit 2008), S. 24 und ebenso POHL, CARSTEN (Sondervergütungen 2013), S. 1577 sowie ROSENBERG, OLIVER (Sonderbetriebsbereich 2015), Rn. 11.32; zweifelnd CLOER, ADRIAN (Umschaltklauseln 2024), S. 46; a.A. (wohl) aber die Finanzverwaltung im BMF-Schreiben vom 26.09.2014, IV B 5 – S 1300/09/10003, Tz. 4.1.3.3.2., 5.1.3.2.; ebenfalls a.A. HRUSCHKA, FRANZ (BMF-Schreiben 2014), S. 791; STEMLER, PATRICK (Sondervergütungen 2013), S. 250.

(voll) besteuert wird, und damit insbesondere dann, wenn – wie üblich – der Gewinnanteil aus dem Gesamthandsvermögen dort der regulären Besteuerung unterliegt.[1728] Eine vergleichbare Auffassung lässt sich auch bezüglich der abkommensrechtlichen Switch-over-Klauseln vertreten, die ebenfalls eine „Wenn-Formulierung" verwenden,[1729] und auch der BFH hat sich dieser Rechtsansicht angeschlossen.[1730] In seiner heutigen Fassung, die wie dargelegt eine „Soweit-Formulierung" enthält, erreicht § 50d Abs. 9 Satz 1 Nr. 1 EStG aber das intendierte Ziel der Vermeidung einer doppelten Nichtbesteuerung bzw. einer Minderbesteuerung von Einkünften – gerade auch in Bezug auf inländische Mitunternehmer, die von ihrer ausländischen Personengesellschaft einen im Ausland besteuerten Gewinnanteil erhalten und die daneben nicht- oder minderbesteuerte Sondervergütungen beziehen, auf die dann *insoweit* die unilaterale Switch-over-Klausel Anwendung finden kann.[1731]

Nach überwiegender Auffassung in der Literatur handelt es sich bei § 50d Abs. 9 Satz 1 Nr. 1 EStG (grundsätzlich) um einen Treaty Override.[1732] Dem ist jedenfalls für solche DBA zuzustimmen, die keine in ihrer Wirkung vergleichbare Vorschrift enthalten.[1733] Zu beachten ist zudem, dass die in vielen DBA enthaltenen und in Kapitel 7.3 ausführlich besprochenen abkommensrechtlichen Switch-Over-Klauseln – im Unterschied zu § 50d Abs. 9 Satz 1 Nr. 1 EStG – als Anwendungsvoraussetzung die erfolglose Durchführung eines Verständigungsverfahrens vorsehen.[1734] Folglich ist mit § 50d Abs. 9 Satz 1 Nr. 1 EStG vielfach selbst dann ein Treaty Override gegeben, wenn das Abkommen selbst eine Switch-over-Klausel enthält.[1735] Der BFH hat im Beschluss vom 19.05.2010 (I B 191/09) ernstliche Zweifel daran geäußert, ob § 50d Abs. 9 Satz 1 Nr. 1 EStG, soweit es sich um einen Treaty Override handelt, verfassungsgemäß ist.[1736] Zudem hat der BFH die Frage, ob die in ihrer Rechtsfolge identische Bestimmung des § 50d Abs. 9 Satz 1 Nr. 2 EStG mit dem Grundgesetz vereinbar ist, dem BVerfG zur Prüfung

---

[1728] Vgl. GEBHARDT, RONALD (Betrachtungsweise 2016), S. 1011; MERETZKI, AYK (Mitunternehmer-Betriebsstätten 2009), S. 223 f. und „wohl" auch HAGEMANN, TOBIAS/KAHLENBERG, CHRISTIAN (§ 50d Abs. 10 EStG 2015), S. 737. Vgl. auch ROSENBERG, OLIVER (Sonderbetriebsbereich 2015), Rn. 11.32.

[1729] Vgl. dazu die Ausführungen in Kapitel 7.3.

[1730] Vgl. BFH, Urteil vom 21.01.2016, I R 49/14, Rn. 29.

[1731] Vgl. DITZ, XAVER/QUILITZSCH, CARSTEN (Umsetzungsgesetz 2017), S. 289 f.; GEBHARDT, RONALD (Betrachtungsweise 2016), S. 1011; GOSCH, DIETMAR (Kommentierung § 50d EStG 2024), Rn. 41a. Vgl. auch HAGENA, ANTJE (Kommentierung § 50d EStG 2024), Rn. 122.

[1732] Vgl. z.B. BÄRSCH, SVEN-ERIC/BÖHMER, JULIAN (Unternehmensbesteuerung 2017), S. 571; GOSCH, DIETMAR (Kommentierung § 50d EStG 2024), Rn. 40 f.; HAGENA, ANTJE (Kommentierung § 50d EStG 2024), Rn. 121; LIEBCHEN, DANIEL (Personengesellschaften 2008), S. 353; MARQUARDSEN, MARIA GESINA (Gesellschaften 2019), S. 150; a.A. LEHNER, MORIS (Treaty Override 2012), S. 394; VOGEL, KLAUS (Gesetzgebung 2007), S. 227.

[1733] Vgl. auch GOSCH, DIETMAR (Kommentierung § 50d EStG 2024), Rn. 40a.

[1734] Vgl. JANKOWIAK, INGO (Doppelte Nichtbesteuerung 2009), S. 234; MARQUARDSEN, MARIA GESINA (Gesellschaften 2019), S. 150.

[1735] Vgl. LIEBCHEN, DANIEL (Personengesellschaften 2008), S. 353 f. und sehr kritisch dazu MARQUARDSEN, MARIA GESINA (Gesellschaften 2019), S. 151. Vgl. auch JANKOWIAK, INGO (Doppelte Nichtbesteuerung 2009), S. 234, der diesbezüglich auf § 50d Abs. 9 Satz 3 EStG abstellt, sowie HAGENA, ANTJE (Kommentierung § 50d EStG 2024), Rn. 121, die aber selbst davon ausgeht, dass die abkommensrechtlichen Switch-over-Klauseln als lex specialis vorgehen.

[1736] Vgl. BFH, Beschluss vom 19.05.2010, I B 191/09, Rn. 37 f.

vorgelegt.[1737] Das BVerfG hat jedoch, wie in Kapitel 5.3.1 dargelegt, im Judikat vom 15.12.2015 (2 BvL 1/12) bereits entschieden, dass der in dieser Entscheidung in Rede stehende Treaty Override des § 50d Abs. 8 Satz 1 EStG nicht verfassungswidrig ist.[1738] Die Entscheidung dürfte auf § 50d Abs. 9 Satz 1 Nr. 1 EStG übertragbar sein,[1739] sodass wohl von einer generellen Anwendbarkeit der Norm auszugehen ist.[1740]

Im Ergebnis lässt sich daher die vor allem durch § 50d Abs. 10 Satz 1, 3 Halbs. 1 EStG induzierte doppelte Nichtbesteuerung bzw. Minderbesteuerung von Sondervergütungen im Outbound-Fall[1741] durch § 50d Abs. 9 Satz 1 Nr. 1 EStG wirksam vermeiden.[1742] Pointiert ausgedrückt: Der Treaty Override des § 50d Abs. 9 Satz 1 Nr. 1 EStG verhindert die durch den Treaty Override des § 50d Abs. 10 EStG hervorgerufene doppelte Nichtbesteuerung bzw. Minderbesteuerung von Sondervergütungen. Das lässt sich, ohne „rot zu werden", kaum noch vertreten. Anstatt das Symptom zu bekämpfen, sollte der Gesetzgeber darüber nachdenken, die Ursache der doppelten Nicht- bzw. Minderbesteuerung – § 50d Abs. 10 EStG – zu beseitigen.[1743]

[1737] Vgl. BFH, Beschluss vom 20.08.2014, I R 86/13, BStBl. II 2015, S. 18 ff.

[1738] Vgl. BVerfG, Beschluss vom 15.12.2015, 2 BvL 1/12, Rn. 32 ff.

[1739] Vgl. die wohl einhellige Auffassung in der Literatur und hier u.a. HAGENA, ANTJE (Kommentierung § 50d EStG 2024), Rn. 121; KAHLE, HOLGER/BEINERT, STEFANIE/HEINRICHS, SEBASTIAN (Freistellungsmethode 2017), S. 182; MARQUARDSEN, MARIA GESINA (Gesellschaften 2019), S. 151 und dort Fn. 528; MITSCHKE, WOLFGANG (Anmerkung 2016), S. 376; STÖBER, MICHAEL (Zulässigkeit 2016), S. 1891; WEISS, MARTIN (Treaty Override 2016), S. 196. Ausführlich untersuchen die Frage, ob § 50d Abs. 9 Satz 1 Nr. 1 EStG verfassungswidrig ist, z.B. BRESGEN, ARIANE (Qualifikationskonflikte 2016), S. 217 ff. sowie STEMLER, PATRICK (Sondervergütungen 2013), S. 255 ff. Vgl. zur Würdigung der Norm vor dem Hintergrund des Unionsrechts auch OELLERICH, INGO (Kommentierung § 50d Abs. 9 EStG 2022), Rn. 8 ff. und Rn. 28 sowie KAMINSKIY, VITALIY (Besteuerungsinkongruenzen 2020), S. 242 f.

[1740] Vgl. dazu auch die Ausführungen in Kapitel 5.3.1.

[1741] Vgl. dazu anschaulich Kapitel 7.1.

[1742] Vgl. (im Ergebnis ebenso) DITZ, XAVER/QUILITZSCH, CARSTEN (Umsetzungsgesetz 2017), S. 289 f.; GEBHARDT, RONALD (Betrachtungsweise 2016), S. 1011; GOSCH, DIETMAR (Kommentierung § 50d EStG 2024), Rn. 41a.

[1743] Eine ausführliche Bewertung von § 50d Abs. 10 EStG in der Zusammenschau mit dessen weiteren Folgewirkungen erfolgt in Kapitel 9.2.

8 Double-Dip-Strukturen im Zusammenhang mit Sonderbetriebsausgaben und deren Vermeidung durch § 4i EStG

8.1 Double-Dip-Strukturen im Zusammenhang mit Sonderbetriebsausgaben

Das deutsche Mitunternehmerkonzept im Allgemeinen und dort der Bereich der Sonderbetriebsausgaben im Speziellen sind den Steuerrechtsordnungen der allermeisten Staaten fremd.[1744] In der Folge kann es hinsichtlich der Aufwendungen, die von den Mitunternehmern im Zusammenhang mit der Mitunternehmerschaft getragen werden, in grenzüberschreitenden Fällen zu differierenden Zuordnungen durch die beteiligten Staaten kommen.[1745] Aus der Einordnung einmal als Sonderbetriebsausgaben bei der Mitunternehmerschaft und einmal als Betriebsausgaben des Mitunternehmers selbst können sog. Double-Dip-Strukturen resultieren.[1746] Der Begriff „Double-Dip" ist dabei zwar nicht fest definiert, allgemein wird unter dem Begriff aber eine Situation verstanden, in der Aufwendungen – insbesondere in grenzüberschreitenden Fällen – nicht einmal, sondern doppelt (in zwei Ländern) steuerlich berücksichtigt werden.[1747] Double-Dip-Strukturen sind zwar kein ausschließlich im Zusammenhang mit Personengesellschaften bzw. dem Sonderbetriebsbereich von Mitunternehmerschaften auftretendes Phänomen,[1748] sie können aber gerade dort respektive speziell im Teilbereich der Sonderbetriebsausgaben auftreten.[1749] Oftmals stehen dabei Strukturen hinsichtlich solcher Sonderbetriebsausgaben, die mit Wirtschaftsgütern des Sonderbetriebsvermögens II in Zusammenhang stehen, im Vordergrund des wissenschaftlichen Diskurses.[1750] Ein „Double-Dip" ist aber ebenso bezüglich der im Rahmen der vorliegenden Arbeit im Mittelpunkt und im Zusammenhang mit Sonder-

---

1744 Vgl. BERGMANN, MALTE (Einordnung 2017), S. 126; LÜDICKE, JÜRGEN (Personengesellschaften 1998), S. 477; MARTINI, RUBEN (Kommentierung § 4i EStG 2024), Rn. A 1.

1745 Vgl. KUDERT, STEPHAN/KAHLENBERG, CHRISTIAN (Reformierung 2017), S. 345; MARTINI, RUBEN (Kommentierung § 4i EStG 2024), Rn. A 1.

1746 Vgl. MARTINI, RUBEN (Kommentierung § 4i EStG 2024), Rn. A 1; MENCK, THOMAS (Außenprüfung 1997), S. 177.

1747 Vgl. u.a. GAH, MAXIMILIAN/WANGLER, CLEMENS (Inbound-Fall 2018), S. 820; LÜDICKE, JÜRGEN (Personengesellschaften 1998), S. 477; MENCK, THOMAS (Außenprüfung 1997), S. 177; MÜLLER, MICHAEL A. (Double-Dip-Modelle 2005), S. 181; POHL, CARSTEN (Sondervergütungen 2013), S. 1574.

Neben Double-Dip-Strukturen sind auch sog. Triple-Dip-Strukturen möglich; vgl. dazu ausführlich KOWALLIK, ANDREAS (Investitionsstrukturen 2011), S. 1256 f. und vgl. für ein kurzes Beispiel KUDERT, STEPHAN/KAHLENBERG, CHRISTIAN (Reformierung 2017), S. 353.

1748 Siehe zu weiteren ausgewählten „Gestaltungen", die zu einem doppelten Abzug von Aufwendungen führen, ausführlich KERSSENBROCK, OTTO-FERDINAND (Qualifikationskonflikte 2000), S. 159 ff.

1749 Vgl. MÜLLER, MICHAEL A. (Double-Dip-Modelle 2005), S. 181.

1750 Vgl. z.B. KÄSHAMMER, DANIEL/GASSER, MARCO/BELLGARDT, MORITZ (Double-Dip 2018), S. 115 („Typische Double-Dip-Struktur") und vgl. auch HAGEMANN, TOBIAS/KAHLENBERG, CHRISTIAN (§ 50d Abs. 10 EStG 2015), S. 735.

vergütungen stehenden Aufwendungen von Mitunternehmern möglich.[1751] Als Beleg und zur Veranschaulichung soll das folgende *Beispiel 10* dienen.[1752]

Beispiel 10: Doppelter Sonderbetriebsausgabenabzug bei grenzüberschreitenden Sondervergütungen[1753]

Die M-Corporation, eine Kapitalgesellschaft mit Sitz und Geschäftsleitung im Ausland, ist mitunternehmerisch an der inländischen Personengesellschaft P beteiligt, die ihre Geschäftsleitungsbetriebsstätte und zugleich einzige Betriebsstätte in Deutschland hat. Die M-Corporation überlässt der Personengesellschaft P entgeltlich eine Lizenz. Den Erwerb der Lizenz hat die M-Corporation bei ihrer Hausbank fremdfinanziert und zahlt für das aufgenommene Darlehen jährlich Zinsen an die Bank. Zwischen Deutschland und dem ausländischen Staat besteht ein DBA, das dem OECD-MA entspricht. *Abbildung 14* stellt den Sachverhalt graphisch dar.

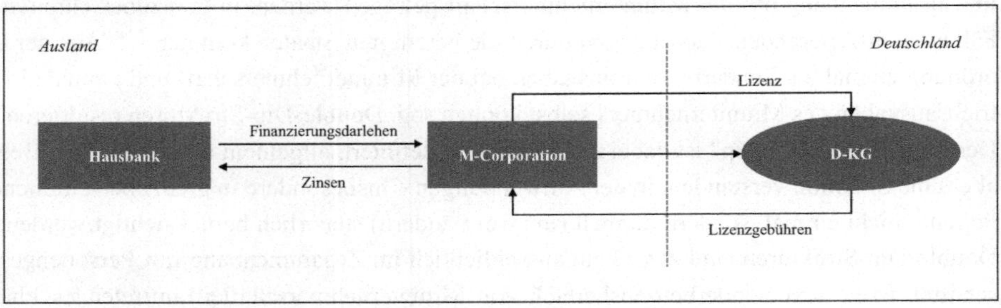

Abbildung 14: Doppelter Abzug von Sonderbetriebsausgaben[1754]

Aus deutscher Sicht unterliegt die M-Corporation nach h.M. mit ihren inländischen Einkünften in Form der Lizenzgebühren gemäß § 8 Abs. 1 KStG i.V.m. § 49 Abs. 1 Nr. 2 Buchst. a) EStG der beschränkten Körperschaftsteuerpflicht.[1755] Die Zinsen für das Finanzierungsdarlehen stellen Sonderbetriebsausgaben dar und sind nach dem Veranlassungsprinzip der Betriebsstätte zuzuordnen, zu der eine Zuordnung der jeweiligen Sondervergütung des Mitunternehmers erfolgt, und damit der Betriebsstätte der Personengesellschaft, die den Aufwand aus der Sondervergütung trägt.[1756] Die Sonderbetriebsausgaben in Form der Zinsen sind mithin Teil der inländischen Einkünfte der M-Corporation. Auf DBA-Ebene sind die Lizenzgebühren – nach herrschender und auch hier geteilter Meinung (siehe Kapitel 4.3.1.2.1 und Kapitel 4.3.2.4) – zwar grundsätzlich unter den

1751 Vgl. HAGEMANN, TOBIAS/KAHLENBERG, CHRISTIAN (§ 50d Abs. 10 EStG 2015), S. 735; KUßMAUL, HEINZ/SCHÄFER, RENÉ/ENGEL, PHILIPP (Sonderbetriebsausgaben 2021), S. 41. Vgl. zudem die Literaturnachweise, an welche sich das folgende Beispiel 10 anlehnt.

1752 Vgl. zu weiteren Fallbeispielen bezüglich Sonderbetriebsausgaben, die mit Sondervergütungen zusammenhängen, KUDERT, STEPHAN/KAHLENBERG, CHRISTIAN (Reformierung 2017), S. 347 f. Vgl. zu einem Fallbeispiel in Bezug auf Sonderbetriebsausgaben, die mit Wirtschaftsgütern des Sonderbetriebsvermögens II in Zusammenhang stehen, u.a. KUßMAUL, HEINZ/SCHÄFER, RENÉ/ENGEL, PHILIPP (Sonderbetriebsausgaben 2021), S. 41 f.

1753 Beispiel in Anlehnung an BERGMANN, MALTE (Einordnung 2017), S. 128; BODDEN, GUIDO (Kommentierung § 4i EStG 2024), Rn. 45; GAH, MAXIMILIAN/WANGLER, CLEMENS (Inbound-Fall 2018), S. 822; KÄSHAMMER, DANIEL/GASSER, MARCO/BELLGARDT, MORITZ (Double-Dip 2018), S. 121; KUDERT, STEPHAN/KAHLENBERG, CHRISTIAN (Sonderbetriebsausgaben 2017), S. 51.

1754 Eigene Darstellung; modifiziert entnommen aus PRINZ, ULRICH (Anwendungsfragen 2018), S. 653.

1755 Vgl. bspw. BFH, Urteil vom 08.09.2010, I R 74/09, Rn. 11; a.A. KRAMER, JÖRG-DIETRICH (Darlehen 2010), S. 241 und ausführlich die Ausführungen in Kapitel 3.1.2.1.2.2.2. Auf ein Hinzuzitieren von § 8 Abs. 1 KStG wird im Folgenden vereinfachend verzichtet.

1756 Vgl. dazu ausführlich die Ausführungen in Kapitel 3.1.2.1.2.2.3.

Artikel für Lizenzen zu fassen; durch § 50d Abs. 10 Satz 1, 3 Halbs. 1 EStG werden die Lizenzgebühren aber fiktiv in Unternehmensgewinne i.S.d. Art. 7 des DBA umqualifiziert und ebenso fiktiv der Betriebsstätte, die den Aufwand aus den Sondervergütungen trägt, und damit der deutschen Betriebsstätte der Personengesellschaft zugeordnet. Darüber hinaus bestimmt § 50d Abs. 10 Satz 2, 3 Halbs. 2 EStG, dass auch die durch das Sonderbetriebsvermögen veranlassten Erträge und Aufwendungen Teil des Unternehmensgewinns des vergütungsberechtigten Gesellschafters sind und der Betriebsstätte zuzuordnen sind, zu der die Zuordnung der Sondervergütungen erfolgt. Daher verbleibt es bei der Abzugsfähigkeit der Finanzierungszinsen in Deutschland.

Der ausländische Staat subsumiert die Lizenzgebühren unter den Artikel für Lizenzen des DBA (Art. 12) und geht daher davon aus, dass ihm das ausschließliche Besteuerungsrecht an den Lizenzgebühren zusteht. Zudem wird der ausländische Staat den Abzug der Finanzierungszinsen – als Aufwendungen der M-Corporation, die im Zusammenhang mit voll steuerpflichtigen Einkünften derselben stehen – zulassen.

Insgesamt betrachtet können die Zinsen daher sowohl in Deutschland im Rahmen der beschränkten Steuerpflicht als auch im Ausland im Rahmen der dortigen unbeschränkten Steuerpflicht der M-Corporation – und damit doppelt – von der jeweiligen Bemessungsgrundlage abgezogen werden.

Der doppelte Abzug von Aufwendungen resultiert – auch in dem voranstehenden Beispiel – aus einer unterschiedlichen Zuordnung der Aufwendungen durch die beiden beteiligten Staaten.[1757] Der Grund für die unterschiedliche Zuordnung von Sonderbetriebsausgaben liegt dabei aber nicht primär in dem Vorliegen von hybriden Strukturen begründet und damit nicht daran, dass die jeweilige Personengesellschaft in Deutschland und im Ausland unterschiedlich (einmal transparent und einmal intransparent) besteuert wird.[1758] Stattdessen ist die Ursache für die Möglichkeit eines doppelten Sonderbetriebsausgabenabzugs im deutschen Mitunternehmerkonzept zu suchen[1759] bzw. liegt in dessen gesetzgeberischer Festschreibung auf Abkommensebene und damit in § 50d Abs. 10 EStG begründet.[1760] Würde sich das zuvor gegebene *Beispiel* 10 in einer Welt ohne § 50d Abs. 10 EStG abspielen, wären die Lizenzgebühren unter Art. 12 des DBA zu subsumieren, sodass der ausländische Staat diesbezüglich das alleinige Besteuerungsrecht hätte. Bezüglich der Sonderbetriebsausgaben in Form der Finanzierungszinsen wäre hingegen Art. 7 des einschlägigen DBA anzuwenden, da die Sonderbetriebsausgaben nicht durch eine vorrangig anzuwendende Verteilungsnorm aus dem Artikel für Unternehmensgewinne herausgelöst würden.[1761] Die Zuordnung der Sonderbetriebsausgaben würde auf Basis des Veranlassungsprinzips zu der Betriebsstätte erfolgen, der die jeweiligen Sondervergütungen zuzuordnen sind.[1762] Dies kann nach der Rechtsprechung des BFH – je nach Sachverhalt – auch die ausländische Betriebsstätte des Mitunternehmers und damit vorliegend die Betriebsstätte der M-Corporation sein.[1763]

[1757] Vgl. MÜLLER, MICHAEL A. (Double-Dip-Modelle 2005), S. 181.

[1758] Vgl. BÄRSCH, SVEN-ERIC/BÖHMER, JULIAN (Unternehmensbesteuerung 2017), S. 567; KUDERT, STEPHAN/KAHLENBERG, CHRISTIAN (Reformierung 2017), S. 345; PRINZ, ULRICH (Abwehrgesetzgebung 2018), S. 1616.

[1759] Vgl. PRINZ, ULRICH (Abwehrgesetzgebung 2018), S. 1616; VON FREEDEN, ARNE (Zinsabzugsverbot 2016).

[1760] Vgl. HICK, CHRISTIAN (Kommentierung § 4i EStG 2024), Rn. 4 f.; KUßMAUL, HEINZ/SCHÄFER, RENÉ/ENGEL, PHILIPP (Sonderbetriebsausgaben 2021), S. 42.

[1761] Vgl. die Ausführungen in Kapitel 4.3.1.2.2.

[1762] Vgl. die Ausführungen in Kapitel 4.3.1.3.3.

[1763] Vgl. dazu BFH, Urteil vom 08.09.2010, I R 74/09, Rn. 21.

Außerdem ist, wie das voranstehende Beispiel ebenfalls zeigt, der Hintergrund für den doppelten Sonderbetriebsausgabenabzug nicht immer eine bewusste, zielgerichtete Steuergestaltung,[1764] sodass die in der Literatur oftmals zu findende Bezeichnung als „Double-Dip-Modelle“[1765] bzw. die durch den Gesetzgeber gewählte Titulierung als „Gestaltungen“[1766] zu negativ konnotiert erscheinen und stattdessen eher von „Double Dips“[1767] oder – wie hier – von „Double-Dip-Strukturen“[1768] gesprochen werden sollte.[1769] Dass die Möglichkeit eines (unberechtigten) doppelten Betriebsausgabenabzugs im internationalen Kontext besteht, ist zwar schon lange Zeit bekannt,[1770] tätig wurde der Gesetzgeber – entgegen der Ankündigung durch die Bundesregierung im Jahr 2003 –[1771] aber erst im Zuge der Diskussionen um die Umsetzungen der BEPS-Empfehlungen der OECD und führte zum 01.01.2017 einen § 4i EStG ein.[1772] Dessen Zielsetzung und Wirkungsweise – speziell in Bezug auf Sonderbetriebsausgaben, die mit Sondervergütungen in Zusammenhang stehen – werden im folgenden Kapitel ausführlich besprochen.

8.2 Regelungsgehalt von § 4i EStG

8.2.1 Struktur und Anwendungsbereich von § 4i EStG

§ 4i EStG wurde durch das BEPS-Umsetzungsgesetz (BEPS-UmsG) vom 20.12.2016[1773] eingeführt und ist ab dem Veranlagungszeitraum 2017 – auch auf im Moment der erstmaligen Anwendung der Vorschrift bereits bestehende Rechtszustände – anzuwenden.[1774] Die Norm,

[1764] Vgl. HICK, CHRISTIAN (Kommentierung § 4i EStG 2024), Rn. 5; KUßMAUL, HEINZ/SCHÄFER, RENÉ/ENGEL, PHILIPP (Sonderbetriebsausgaben 2021), S. 42; VON FREEDEN, ARNE (Zinsabzugsverbot 2016). Gleichwohl kann auch ein bewusstes Ausnutzen der international unterschiedlichen Zuordnung von Aufwendungen Hintergrund des doppelten Sonderbetriebsausgabenabzugs sein; vgl. dazu z.B. LÜDICKE, JÜRGEN (Personengesellschaften 1998), S. 477: „kann steuerplanerisch genutzt werden“.

[1765] So, zum Teil mit abweichender Schreibweise, JEHL-MAGNUS, MELANIE (Änderungen 2017), S. 179; KAHLE, HOLGER/BRAUN, JULIA (Sonderbetriebsausgaben 2018), S. 382; MÜLLER, MICHAEL A. (Double-Dip-Modelle 2005), S. 181.

[1766] BT-Drs. 18/9956 vom 12.10.2016, S. 2. So bspw. auch POHL, CARSTEN (Sondervergütungen 2013), S. 1574.

[1767] PRINZ, ULRICH (Abwehrgesetzgebung 2018), S. 1616.

[1768] So z.B. auch KAHLENBERG, CHRISTIAN (Regelungsempfehlungen 2015), S. 94.

[1769] Vgl. bereits KUßMAUL, HEINZ/SCHÄFER, RENÉ/ENGEL, PHILIPP (Sonderbetriebsausgaben 2021), S. 42.

[1770] Vgl. etwa die Veröffentlichung von MENCK, THOMAS (Außenprüfung 1997), S. 173 ff., s.b.S. 177.

[1771] Vgl. Bundesregierung (Protokollerklärung 2003), Tz. 1. Vgl. auch MÜLLER, MICHAEL A. (Double-Dip-Modelle 2005), S. 187.

[1772] Vgl. KUDERT, STEPHAN/KAHLENBERG, CHRISTIAN (Reformierung 2017), S. 345; KUDERT, STEPHAN/KAHLENBERG, CHRISTIAN (Sonderbetriebsausgaben 2017), S. 46; MARQUARDSEN, MARIA GESINA (Betriebsausgabenabzugsverbot 2020), S. 623.

[1773] Vgl. BGBl. I 2016, S. 3000 ff.

[1774] Vgl. HICK, CHRISTIAN (Kommentierung § 4i EStG 2024), Rn. 3. Bereits im Jahr 2014 war darüber beraten worden, einen § 4 Abs. 5a EStG einzuführen, der allgemeiner gehalten, d.h., nicht explizit auf Sonderbetriebsausgaben zugeschnitten gewesen wäre; vgl. dazu und ausführlich STAHL, CHRISTIAN (Kommentierung § 4i EStG 2024), Rn. 33.

die das Erzielen von angeblichen „Steuervorteilen in erheblichem Ausmaß" aufgrund eines „Betriebsausgabenvolumen[s] in Milliardenhöhe" unterbinden soll,[1775] hat folgenden Wortlaut:

Aufwendungen dürfen nicht als Sonderbetriebsausgaben abgezogen werden, soweit sie auch die Steuerbemessungsgrundlage in einem anderen Staat mindern. Satz 1 gilt nicht, soweit diese Aufwendungen Erträge desselben Steuerpflichtigen mindern, die bei ihm sowohl der inländischen Besteuerung unterliegen als auch nachweislich der tatsächlichen Besteuerung in dem anderen Staat.

Im Kern macht die Vorschrift in grenzüberschreitenden Fällen – aufbauend auf dem steuerlichen Korrespondenzprinzip – den Abzug von Sonderbetriebsausgaben von der steuerlichen Behandlung im ausländischen Staat abhängig.[1776] Damit ist § 4i EStG eine sog. linking rule, also eine Korrespondenzregelung, deren Eingreifen von den Gegebenheiten im Ausland abhängt.[1777] Der sachliche Anwendungsbereich von § 4i EStG ist – nach ganz h.L. – nicht beschränkt auf Sonderbetriebsausgaben, die mit einer bestimmten Art respektive Bezeichnung von Sonderbetriebsvermögen zusammenhängen, erfasst werden vielmehr sowohl Sonderbetriebsausgaben, die durch Sonderbetriebsvermögen I veranlasst sind, als auch solche, die mit Sonderbetriebsvermögen II in Zusammenhang stehen.[1778] Darüber hinaus greift § 4i EStG auch bezüglich Sonderbetriebsausgaben, die nur mit Sondervergütungen und nicht mit Sonderbetriebsvermögen zusammenhängen, und damit bspw. auch bei Sonderbetriebsausgaben, die durch Tätigkeitsvergütungen eines Mitunternehmers veranlasst sind.[1779] Alles andere lässt sich mit dem Wortlaut von § 4i EStG, der für den Rechtsanwender weitestmöglich verlässlich sein muss und keinerlei entsprechende Differenzierung enthält, m.E. nicht in Einklang bringen.[1780] Zudem werden un-

[1775] Vgl. zu den direkten Zitaten BT-Drs. 18/9956 vom 12.10.2016, S. 2 f. und zu Recht sehr kritisch zu dieser völlig unbelegten Äußerung seitens des Gesetzgebers PRINZ, ULRICH/VON WOLFERSDORFF, JANINE (Steuergesetzgebung 2016), S. S15.

[1776] Vgl. GOSCH, DIETMAR (Kommentierung § 50d EStG 2024), Rn. 5a; STAHL, CHRISTIAN (Kommentierung § 4i EStG 2024), Rn. 15, 21 und ausführlich zum steuerlichen Korrespondenzprinzip RADMANESH, SANDY/GEBHARDT, RONALD (Korrespondenzregelungen 2018), S. 580 ff. sowie RÜSCH, GARY (Korrespondenzbegriff 2019), S. 759 ff.

[1777] Vgl. GAH, MAXIMILIAN/WANGLER, CLEMENS (Inbound-Fall 2018), S. 821; STAHL, CHRISTIAN (Kommentierung § 4i EStG 2024), Rn. 15, 21.

[1778] Vgl. GAH, MAXIMILIAN/WANGLER, CLEMENS (Inbound-Fall 2018), S. 821; GOSCH, DIETMAR (Kommentierung § 50d EStG 2024), Rn. 5; HICK, CHRISTIAN (Kommentierung § 4i EStG 2024), Rn. 4; KUßMAUL, HEINZ/SCHÄFER, RENÉ/ENGEL, PHILIPP (Sonderbetriebsausgaben 2021), S. 42; LOOSE, THOMAS (Kommentierung § 4i EStG 2024), Rn. 5; MARTINI, RUBEN (Kommentierung § 4i EStG 2024), Rn. B 14; POHL, CARSTEN (Kommentierung § 4i EStG 2024), Rn. 35; RÜSCH, GARY (Besteuerungstatbestand 2018), S. 300; SCHNITGER, ARNE (Maßnahmen 2017), S. 214 f.; STAHL, CHRISTIAN (Kommentierung § 4i EStG 2024), Rn. 74; WACKER, ROLAND (Kommentierung § 4i EStG 2024), Rn. 12; a.A. KUDERT, STEPHAN/KAHLENBERG, CHRISTIAN (Reformierung 2017), S. 349, die aber in der Konsequenz in Konflikt mit dem Wortlaut der Norm geraten.

[1779] Vgl. LOOSE, THOMAS (Kommentierung § 4i EStG 2024), Rn. 5; MARTINI, RUBEN (Kommentierung § 4i EStG 2024), Rn. B 14; SCHNITGER, ARNE (Maßnahmen 2017), S. 214 f.; womöglich a.A. KAHLE, HOLGER/BRAUN, JULIA (Sonderbetriebsausgaben 2018), Rn. 383 f.; POHL, CARSTEN (Kommentierung § 4i EStG 2024), Rn. 35; MARQUARDSEN, MARIA GESINA (Kommentierung § 4i EStG 2024), Rn. 17. Letztlich bleiben aber sämtliche Literaturstimmen, die womöglich a.A. sind, unklar in ihren Ausführungen. Insbesondere ist dort nicht eindeutig erkennbar, ob tatsächlich, wie man anhand der dortigen Ausführungen vermuten kann, eine Anwendung von § 4i EStG nur auf Sonderbetriebsausgaben, die mit Sonderbetriebsvermögen in Zusammenhang stehen, befürwortet wird.

[1780] Vgl. auch MARTINI, RUBEN (Kommentierung § 4i EStG 2024), Rn. B 14; SCHNITGER, ARNE (Maßnahmen 2017), S. 214 f.

erwünschte überschießende Wirkungen der Norm durch deren Satz 2 beseitigt.[1781] Eine Einschränkung des Anwendungsbereichs der Norm – allein durch eine entsprechende einschränkende Auslegung der Norm –[1782] erscheint vor diesem Hintergrund nicht hinreichend begründbar.[1783] Demgegenüber sind, wie schon in der Gesetzesbegründung zu § 4i EStG festgehalten,[1784] Aufwendungen des Gesamthandsvermögens nicht von der Norm erfasst.[1785] Gleiches gilt für Aufwendungen im Ergänzungsbereich der Mitunternehmerschaft.[1786]

Hinsichtlich des persönlichen Anwendungsbereichs erfolgte bereits kurz nach Einführung von § 4i EStG eine „Klarstellung"[1787] seitens des Gesetzgebers durch das Steuerumgehungsbekämpfungsgesetz (StUmgBG) vom 23.07.2017[1788].[1789] Der Wortlaut von § 4i Satz 1 EStG wurde dahingehend geändert, dass die Formulierung „Aufwendungen *eines Gesellschafters einer Personengesellschaft* dürfen nicht als Sonderbetriebsausgaben abgezogen werden" verkürzt wurde zu „Aufwendungen dürfen nicht als Sonderbetriebsausgaben abgezogen werden", um klarzustellen oder, besser gesagt, um zu erreichen, dass von der Vorschrift neben den mitunternehmerisch tätigen Gesellschaftern einer Personengesellschaft auch alle weiteren Mitunternehmer bzw. deren Sonderbetriebsausgaben erfasst werden können.[1790] Zuvor war umstritten, ob § 4i EStG auch auf Mitunternehmer Anwendung findet, die nicht Gesellschafter einer Personengesellschaft sind.[1791] Da die h.M. m.E. zu Recht davon ausgeht, dass durch die Änderung von § 4i Satz 1 EStG – verbunden mit einer rückwirkenden Anwendung ebenfalls ab 01.01.2017 – für die Norm in ihrer ursprünglichen Fassung kein Anwendungszeitraum mehr verbleibt,[1792] erscheint eine erneute Darstellung des diesbezüglichen Streits entbehrlich.

§ 4i EStG greift potenziell auch bei Einkünften aus Land- und Forstwirtschaft sowie solchen aus selbständiger Arbeit und kann – über § 8 Abs. 1 KStG – auch auf körperschaftsteuerpflichtige Mitunternehmer Anwendung finden.[1793] Zudem gilt die Norm unabhängig von der Art der

---

1781 Vgl. dazu die Ausführungen in Kapitel 8.2.3.

1782 Vgl. aber auch die Ausführungen in Kapitel 8.2.3 unter „Rechtsfolge und Wirkung von § 4i Satz 2 EStG".

1783 A.A. KUDERT, STEPHAN/KAHLENBERG, CHRISTIAN (Reformierung 2017), S. 349, die in der Konsequenz § 4i Satz 2 EStG einen rein deklaratorischen Charakter zuschreiben.

1784 Vgl. BT-Drs. 18/9956 vom 12.10.2016, S. 3.

1785 Vgl. auch GOSCH, DIETMAR (Kommentierung § 4i EStG 2024), Rn. 5; MARQUARDSEN, MARIA GESINA (Kommentierung § 4i EStG 2024), Rn. 17; SCHNITGER, ARNE (Maßnahmen 2017), S. 215.

1786 Vgl. GOSCH, DIETMAR (Kommentierung § 4i EStG 2024), Rn. 5; HICK, CHRISTIAN (Kommentierung § 4i EStG 2024), Rn. 8.

1787 Vgl. dazu BT-Drs. 18/11132 vom 13.02.2017, S. 47 („stellt klar") und kritisch bzw. ablehnend dazu, dass es sich nur um eine Klarstellung handeln würde, z.B. HICK, CHRISTIAN (Kommentierung § 4i EStG 2024), Rn. 2.

1788 Vgl. BGBl. I 2017, S. 1682 ff.

1789 Vgl. auch GAH, MAXIMILIAN/WANGLER, CLEMENS (Inbound-Fall 2018), S. 821, Fn. 48.

1790 Vgl. BT-Drs. 18/11132 vom 13.02.2017, S. 47 f.; GAH, MAXIMILIAN/WANGLER, CLEMENS (Inbound-Fall 2018), S. 821.

1791 Vgl. dazu mit entsprechenden Nachweisen KUẞMAUL, HEINZ/SCHÄFER, RENÉ/ENGEL, PHILIPP (Sonderbetriebsausgaben 2021), S. 42 f.

1792 Vgl. FELDGEN, RENÉ (Kommentierung § 4i EStG 2024), Rn. 4; HICK, CHRISTIAN (Kommentierung § 4i EStG 2024), Rn. 3; MARTINI, RUBEN (Kommentierung § 4i EStG 2024), Rn. A 38; a.A. STAHL, CHRISTIAN (Kommentierung § 4i EStG 2024), Rn. 131.

1793 Vgl. MARQUARDSEN, MARIA GESINA (Kommentierung § 4i EStG 2024), Rn. 15; MARTINI, RUBEN (Kommentierung § 4i EStG 2024), Rn. A 7.

Gewinnermittlung[1794] und auch bezüglich der Einkünfte eines Komplementärs einer als Kapitalgesellschaft zu wertenden KGaA.[1795] Zudem ist § 4i EStG – aufgrund von § 7 Satz 1 GewStG – auch in Bezug auf die Ermittlung des Gewerbeertrages zu beachten und kann damit zu einer Erhöhung der deutschen Gewerbesteuer führen.[1796] Schließlich ist die Norm nach h.L. gleichermaßen im In- wie im Outbound-Fall anwendbar.[1797] Alles andere ist aus dem Wortlaut der Norm nicht ableitbar.[1798] Mit KUDERT/KAHLENBERG kann zwar darüber nachgedacht werden, dass § 4i EStG faktisch nur bei beschränkt steuerpflichtigen Mitunternehmern Anwendung finden kann,[1799] es lassen sich jedoch einfache Beispiele bzw. Konstellationen aufzeigen, die das Gegenteil beweisen.[1800] Allenfalls kann mit anderen Vertretern der Literatur davon gesprochen werden, dass der Inbound-Fall „gesetzgeberischer Fokus"[1801] war bzw. heute „Hauptanwendungsfall"[1802] der Norm ist.[1803]

Die Einführung von § 4i EStG steht ausweislich der Gesetzesbegründung zwar „im Zusammenhang" mit dem BEPS-Projekt der OECD, in welchem die OECD auch einen Vorschlag unterbreitet hat, wie bei hybriden Gestaltungen[1804] ein doppelter Abzug von Aufwendungen in verschiedenen Ländern verhindert werden kann,[1805] gleichwohl wurde § 4i EStG „als Sofortmaßnahme unabhängig von der Umsetzung der OECD-Empfehlungen" eingeführt.[1806] Zudem ging der Gesetzgeber davon aus, dass „kein Abstimmungsbedarf" mit der Richtlinie ATAD I der

---

1794 Vgl. HICK, CHRISTIAN (Kommentierung § 4i EStG 2024), Rn. 8; MARTINI, RUBEN (Kommentierung § 4i EStG 2024), Rn. A 7.

1795 Vgl. KAHLE, HOLGER/BRAUN, JULIA (Sonderbetriebsausgaben 2018), S. 383; WACKER, ROLAND (Kommentierung § 4i EStG 2024), Rn. 10.

1796 Vgl. HICK, CHRISTIAN (Kommentierung § 4i EStG 2024), Rn. 12; LOOSE, THOMAS (Kommentierung § 4i EStG 2024), Rn. 3, 9; SCHNITGER, ARNE (Maßnahmen 2017), S. 217.

1797 Vgl. u.a. BODDEN, GUIDO (Kommentierung § 4i EStG 2024), Rn. 7; HICK, CHRISTIAN (Kommentierung § 4i EStG 2024), Rn. 22; KAMINSKIY, VITALIY (Besteuerungsinkongruenzen 2020), S. 212; POHL, CARSTEN (Kommentierung § 4i EStG 2024), Rn. 45; RÜSCH, GARY (Besteuerungstatbestand 2018), S. 299; SCHNITGER, ARNE (Maßnahmen 2017), S. 215; WACKER, ROLAND (Kommentierung § 4i EStG 2024), Rn. 1 und ausführlich dazu MARTINI, RUBEN (Kommentierung § 4i EStG 2024), Rn. B 11. A.A. KAHLE, HOLGER/BRAUN, JULIA (Sonderbetriebsausgaben 2018), S. 383 und womöglich auch SOMMER, CHRISTOPH/RETZER, DANIEL (Stellungnahme 2016), S. 381.

1798 Vgl. auch MARTINI, RUBEN (Kommentierung § 4i EStG 2024), Rn. B 11; RÜSCH, GARY (Besteuerungstatbestand 2018), S. 299; SCHNITGER, ARNE (Maßnahmen 2017), S. 215.

1799 Vgl. KUDERT, STEPHAN/KAHLENBERG, CHRISTIAN (Reformierung 2017), S. 357, Fn. 121.

1800 Vgl. zu entsprechenden Fallbeispielen bzw. Konstellationen MARQUARDSEN, MARIA GESINA (Kommentierung § 4i EStG 2024), Rn. 16; STAHL, CHRISTIAN (Kommentierung § 4i EStG 2024), Rn. 86; WACKER, ROLAND (Kommentierung § 4i EStG 2024), Rn. 1.

1801 MARTINI, RUBEN (Kommentierung § 4i EStG 2024), Rn. B 11.

1802 HICK, CHRISTIAN (Kommentierung § 4i EStG 2024), Rn. 5.

1803 Vgl. auch BERGMANN, MALTE (Einordnung 2017), S. 127: „Stoßrichtung […] Inbound-Fall" sowie LOOSE, THOMAS (Kommentierung § 4i EStG 2024), Rn. 2 und ebenso KUßMAUL, HEINZ/SCHÄFER, RENÉ/ENGEL, PHILIPP (Sonderbetriebsausgaben 2021), S. 43.

1804 Eine hybride Gestaltung in dem von der OECD gemeinten Sinne knüpft daran an bzw. nutzt aus, dass bestimmte Gesellschafts- oder Finanzierungsformen von verschiedenen Staaten steuerlich unterschiedlich behandelt werden; vgl. OECD (Arrangements 2015), S. 11; BT-Drs. 18/9956 vom 12.10.2016, S. 3.

1805 Vgl. OECD (Arrangements 2015), S. 67.

1806 Vgl. auch wörtlich BT-Drs. 18/9956 vom 12.10.2016, S. 3.

EU[1807] bestehe, welche ebenfalls Regelungen zu hybriden Gestaltungen enthält.[1808] Auf die genannte Richtlinie wird, soviel vorab, in Kapitel 8.3.2.2 dennoch genauer einzugehen sein.

8.2.2 Tatbestand und Rechtsfolge von § 4i Satz 1 EStG

Steuerbemessungsgrundlage:

Wie oben dargestellt, bestimmt § 4i Satz 1 EStG, dass Aufwendungen nicht als Sonderbetriebsausgaben abgezogen werden dürfen, soweit sie auch die Steuerbemessungsgrundlage in einem anderen Staat mindern. Unter dem Begriff „Steuerbemessungsgrundlage" i.S.d. § 4i EStG sollte zwar grundsätzlich diejenige Berechnungsgröße verstanden werden, die im Ausland Ausgangsgröße zur Ermittlung der dortigen Steuer ist; allerdings sollte m.E. dabei nicht strikt respektive immer auf das deutsche Verständnis abgestellt werden und damit auf die Ausgangsgröße zur Ermittlung der tariflichen Steuer als diejenige Größe, auf die der Steuersatz angewendet wird.[1809] Vielmehr sollte entscheidend sein, ob durch die nämlichen Aufwendungen die ausländische Steuer (potenziell) gemindert wird, auch wenn dies erst nach Anwendung des Steuertarifs – bspw. durch einen entsprechenden Abzug der Aufwendungen im Ausland von der dortigen Steuerschuld – erfolgt.[1810] Sinn und Zweck von § 4i EStG ist, eine doppelte steuerliche Berücksichtigung von Aufwendungen in zwei Staaten zu vermeiden, auch um Wettbewerbsneutralität zu gewährleisten.[1811] M.E. muss der Begriff „Steuerbemessungsgrundlage" i.S.d. § 4i Satz 1 EStG daher für all das stehen, was in einem Berechnungsschema zur Ermittlung der zu entrichtenden Steuer vor der endgültig zu entrichtenden Steuer steht. Ansonsten würde die Wirkungsweise von § 4i Satz 1 EStG zu stark davon abhängen, in welchem ausländischen Staat der Mitunternehmer ansässig ist und wie das dortige Steuerrecht ausgestaltet ist; die Verwirklichung des zuvor dargelegten Sinn und Zwecks wäre gefährdet. Im Ergebnis darf somit nicht allein das deutsche Verständnis des Begriffs der Steuerbemessungsgrundlage herangezogen werden, um zu bestimmen, ob die nämlichen Aufwendungen die Steuerbemessungsgrundlage i.S.d. § 4i Satz 1 EStG in mehreren Staaten gemindert haben.[1812]

Dem kann auch nicht entgegen gehalten werden, der Gesetzgeber hätte, wenn er denn das hier Vertretene gewollt hätte, im Tatbestand der Norm auch einfach auf eine Minderung der ausländischen Steuer, und eben nicht auf eine Minderung der Steuerbemessungsgrundlage, abstellen können. Hätte er dies getan, würde § 4i EStG nach seinem Wortlaut in den Fällen, in denen im Ausland ein Verlust erzielt wird, zunächst nicht greifen, was aber – wie weiter unten noch

---

[1807] Vgl. Richtlinie (EU) 2016/1164 i.d.F. vom 12.07.2016.

[1808] Vgl. auch wörtlich BT-Drs. 18/9956 vom 12.10.2016, S. 3.

[1809] So aber die h.M., vgl. FG Münster, Urteil vom 31.08.2023, 10 K 2613/20 F, Rn. 28 (n. rkr., Revision anhängig unter Az. BFH I R 58/23); GOSCH, DIETMAR (Kommentierung § 4i EStG 2024), Rn. 6; MARTINI, RUBEN (Kommentierung § 4i EStG 2024), Rn. B 24; RÜSCH, GARY (Besteuerungstatbestand 2018), S. 300.

[1810] Gl.A. (wohl) OERTEL, EVA (Korrespondenzvorschriften 2018), S. 354; explizit a.A. RÜSCH, GARY (Besteuerungstatbestand 2018), S. 300. WACKER will zumindest zur Überprüfung, ob die Steuerbemessungsgrundlage gemindert wurde, ebenfalls auf das ausländische Steuerrecht abstellen; vgl. WACKER, ROLAND (Kommentierung § 4i EStG 2024), Rn. 13. Genauere Ausführungen finden sich dort aber nicht.

[1811] Vgl. BT-Drs. 18/9956 vom 12.10.2016, S. 3.

[1812] Im Ergebnis ebenso OERTEL, EVA (Korrespondenzvorschriften 2018), S. 354; WACKER, ROLAND (Kommentierung § 4i EStG 2024), Rn. 13.

darzulegen sein wird – ebenso gerechtfertigt ist und dementsprechend auch der mehrheitlichen Forderung im Schrifttum entspricht.

Minderung der Steuerbemessungsgrundlage:

Um zu überprüfen, ob eine Minderung der ausländischen Steuerbemessungsgrundlage gegeben ist, bietet sich ein Vergleich zwischen der ausländischen Bemessungsgrundlage einmal mit und einmal ohne Berücksichtigung der entsprechenden Aufwendungen an.[1813] Erforderlich ist dabei jedenfalls eine tatsächliche Minderung der Steuerbemessungsgrundlage.[1814] Ein bloßes „Mindernkönnen“ reicht demnach nicht aus.[1815] Generell unbeachtlich ist jedoch, warum die Aufwendungen die Bemessungsgrundlage in dem ausländischen Staat mindern.[1816] Ursache des Abzugs der Aufwendungen könnte damit bspw. auch eine fehlerhafte Rechtsanwendung im Ausland sein.[1817] Keine Minderung der Steuerbemessungsgrundlage im Ausland liegt indes vor, wenn der ausländische Staat die Aufwendungen als nicht steuerbar behandelt oder dort eine persönliche oder sachliche Steuerbefreiung greift.[1818] Die von MARTINI hinsichtlich Letzterem in Bezug auf eine persönliche Steuerbefreiung vertretene abweichende Auffassung[1819] ist m.E. mit Blick auf den Sinn und Zweck der Norm abzulehnen; es ging dem Gesetzgeber bei § 4i Satz 1 EStG darum, ob sich Aufwendungen in zwei Staaten und damit doppelt auswirken.[1820] Dies ist bei fehlender persönlicher Steuerpflicht im Ausland nicht der Fall. Ebenso liegt keine Minderung der Bemessungsgrundlage vor, sofern die Aufwendungen im Ausland lediglich im Rahmen eines Progressionsvorbehalts Berücksichtigung finden,[1821] bzw. wenn sich die Aufwendungen im Ausland nur bei der Ermittlung der anrechenbaren ausländischen Steuer auswirken.[1822] Gleiches gilt, wenn die Aufwendungen, die im Inland als Sonderbetriebsausgaben abgezogen werden dürfen, im Ausland einem Betriebsausgabenabzugsverbot unterliegen.[1823] So greift § 4i Satz 1 EStG etwa dann nicht ein, wenn eine nach ausländischem Recht vorgesehene Zinsschrankenregelung einen Abzug der Aufwendungen unterbindet.[1824]

[1813] Vgl. KÄSHAMMER, DANIEL/GASSER, MARCO/BELLGARDT, MORITZ (Double-Dip 2018), S. 116.

[1814] Vgl. HECKERODT, DAVID (Sonderbetriebsausgabenabzug 2017), S. 725; RADMANESH, SANDY/GEBHARDT, RONALD (Korrespondenzregelungen 2018), S. 582.

[1815] Vgl. auch wörtlich GOSCH, DIETMAR (Kommentierung § 4i EStG 2024), Rn. 6; HICK, CHRISTIAN (Kommentierung § 4i EStG 2024), Rn. 25.

[1816] Vgl. DYCKMANS, JAN (Kommentierung § 4i EStG 2024), Rn. 25; KAHLE, HOLGER/BRAUN, JULIA (Sonderbetriebsausgaben 2018), S. 384.

[1817] Vgl. POHL, CARSTEN (Kommentierung § 4i EStG 2024), Rn. 53; STAHL, CHRISTIAN (Kommentierung § 4i EStG 2024), Rn. 86.

[1818] Vgl. HICK, CHRISTIAN (Kommentierung § 4i EStG 2024), Rn. 25; WACKER, ROLAND (Kommentierung § 4i EStG 2024), Rn. 13.

[1819] Vgl. MARTINI, RUBEN (Kommentierung § 4i EStG 2024), Rn. B 26.

[1820] Vgl. BT-Drs. 18/9956 vom 12.10.2016, S. 3.

[1821] Vgl. STAHL, CHRISTIAN (Kommentierung § 4i EStG 2024), Rn. 84; WACKER, ROLAND (Kommentierung § 4i EStG 2024), Rn. 13.

[1822] Vgl. MARTINI, RUBEN (Kommentierung § 4i EStG 2024), Rn. B 26.

[1823] Vgl. RÜSCH, GARY (Besteuerungstatbestand 2018), S. 301; WACKER, ROLAND (Kommentierung § 4i EStG 2024), Rn. 13.

[1824] Vgl. SCHNITGER, ARNE (Maßnahmen 2017), S. 215 und ausführlich dazu KUDERT, STEPHAN/KAHLENBERG, CHRISTIAN (Reformierung 2017), S. 348 f.

Ein fragwürdiges bzw. unbefriedigendes Ergebnis kann sich einstellen, wenn das ausländische Steuerrecht eine dem § 4i Satz 1 EStG vergleichbare Regelung zur Nichtabziehbarkeit von Aufwendungen vorsieht.[1825] Eine solche mit § 4i EStG vergleichbare Regelung im Ausland könnte – und wird innerhalb der EU wohl in der Regel –[1826] primär vorsehen, dass der Betriebsausgabenabzug dort nicht gestattet wird, wenn die Aufwendungen auch im Ausland (und damit vorliegend in Deutschland) tatsächlich abgezogen werden.[1827] Folglich könnte ggf. auch der ausländische Staat gewillt sein, einen Abzug der Aufwendungen zu untersagen. Nimmt man ergänzend das Folgende in den Blick, wird klar, wodurch sich das zuvor angesprochene fragwürdige bzw. unbefriedigende Ergebnis ergeben kann.

Bezüglich des Zeitpunkts der Minderung der Steuerbemessungsgrundlage im Ausland kann – bei Anwendung von § 4i Satz 1 EStG bzw. einer vergleichbaren Regelung im Ausland – auf den Zeitpunkt abgestellt werden, in dem eine Veranlagung durch den jeweils anderen Staat stattgefunden hat.[1828] Dies vorausgesetzt, kommt es für den Abzug der Aufwendungen darauf an, welcher Staat zuerst veranlagt respektive zuerst den Abzug der Aufwendungen durch eine entsprechende behördliche Entscheidung gestattet.[1829] Gestattet Deutschland zuerst den Abzug der Aufwendungen im Rahmen einer Veranlagung, da der ausländische Staat noch nicht veranlagt hat, würde die Regelung im Ausland verhindern, dass die Aufwendungen dort abgezogen werden dürfen; veranlagt das Ausland zuerst und gestattet den Abzug, da in Deutschland noch keine Veranlagung stattgefunden hat, würde § 4i Satz 1 EStG den Abzug der Sonderbetriebsausgaben im Inland unterbinden. Letztlich hinge damit – rechtsstaatlich bedenklich – die Antwort auf die Frage, in welchem Staat die Aufwendungen vom Abzug ausgeschlossen werden, davon ab, welcher Staat die Veranlagung als erster durchführt.

Stellt man bezüglich des Zeitpunkts der Minderung der Steuerbemessungsgrundlage im Ausland hingegen auf den Zeitpunkt des Entstehens der Aufwendungen ab,[1830] könnte wohl durch keinen der beiden Staaten entschieden werden, ob die Aufwendungen zum Abzug zugelassen werden oder nicht. Ein deutscher Finanzbeamter, der über die Abzugsfähigkeit der Aufwendungen respektive Sonderbetriebsausgaben entscheiden muss, würde den Abzug zulassen, wenn er wüsste, dass das Ausland den Abzug versagt. Die Behandlung im Ausland hängt aber

---

[1825] Vgl. DYCKMANS, JAN (Kommentierung § 4i EStG 2024), Rn. 27; SCHNITGER, ARNE (Maßnahmen 2017), S. 216.

[1826] Vgl. dazu ausführlich die Ausführungen in Kapitel 8.3.2.2.

[1827] Wie am Ende von Kapitel 8.2.1 dargelegt, hat die OECD im Rahmen des BEPS-Projekts einen Vorschlag unterbreitet, wie bei hybriden Gestaltungen ein doppelter Abzug von Aufwendungen in verschiedenen Ländern verhindert werden kann. Zudem sieht die ATAD I-Richtlinie der EU eine entsprechende Regelung zu hybriden Gestaltungen vor.

[1828] Vgl. dazu SCHNITGER, ARNE (Maßnahmen 2017), S. 216.

[1829] Vgl. auch zum Folgenden DYCKMANS, JAN (Kommentierung § 4i EStG 2024), Rn. 27; SCHNITGER, ARNE (Maßnahmen 2017), S. 216.

[1830] So für die deutsche Regelung des § 4i EStG u.a. KUßMAUL, HEINZ/SCHÄFER, RENÉ/ENGEL, PHILIPP (Sonderbetriebsausgaben 2021), S. 43. Eine ausführliche und überzeugende Begründung dazu liefert RÜSCH, GARY (Besteuerungstatbestand 2018), S. 300. Sofern man dieser Auffassung folgt, tritt zwar an die Stelle des zuvor dargestellten Problems nur die nachfolgend geschilderte Problematik, dies ändert aber nichts daran, dass die Auffassung an sich korrekt ist. Problemverursachend ist vielmehr die fehlende „Vorfahrtsregelung"; siehe dazu weiter unten und vgl. wörtlich SCHNITGER, ARNE (Maßnahmen 2017), S. 216.

ihrerseits davon ab, ob Deutschland den Abzug zulässt oder nicht. Es liegt damit ein Zirkelbezug vor.[1831]

Insgesamt gesehen kritisiert SCHNITGER[1832] daher m.E. zu Recht das Fehlen einer entsprechenden „Vorfahrtsregelung" in § 4i EStG; helfen würde in Bezug auf das geschilderte Problem eine Ergänzung von § 4i EStG dahingehend, welcher Staat den doppelten Abzug der Aufwendungen vermeiden muss, wenn beide Staaten eine Korrespondenzregelung zur Versagung des Betriebsausgabenabzugs vorsehen. Eine solche Ergänzung könnte in dem Sinne erfolgen, dass zwei neue Sätze hinter Satz 1 der Norm eingefügt werden, sodass – nach einer (redaktionellen) Anpassung des derzeitigen Satz 2 der Vorschrift – § 4i EStG folgendes Aussehen hätte:[1833]

> *[1]Aufwendungen dürfen nicht als Sonderbetriebsausgaben abgezogen werden, soweit sie auch die Steuerbemessungsgrundlage in einem anderen Staat mindern. [2]Der doppelte Abzug der Aufwendungen wird durch den Staat verhindert, in dem der Mitunternehmer der unbeschränkten Steuerpflicht unterliegt. [3]Sofern dieser Staat den Abzug nicht verhindert, dürfen die Aufwendungen im anderen Staat nicht abgezogen werden. [4]Sätze 1 bis 3 gelten nicht, soweit diese Aufwendungen Erträge desselben Steuerpflichtigen mindern, die bei ihm sowohl der inländischen Besteuerung unterliegen als auch nachweislich der tatsächlichen Besteuerung in dem anderen Staat.*[1834]

Selbstverständlich können die hier vorgeschlagenen Sätze 2 und 3 keine Regelung auch für andere Staaten treffen, sie könnten aber für den deutschen Rechtsanwender Vorgaben machen, wie bei einem Konflikt mit einer ausländischen Korrespondenzregelung umzugehen ist, die wie § 4i EStG den Abzug der Aufwendungen ggf. untersagt. Dabei orientiert sich der Vorschlag an – und ist damit abgestimmt auf – den Vorschlag der OECD bzw. die Vorgaben der ATAD, die wie dargelegt ebenfalls eine Korrespondenzregelung zur Vermeidung des doppelten Abzugs von Aufwendungen in zwei Staaten vorsehen.[1835] Der angesprochene Vorschlag der OECD sieht auszugsweise Folgendes vor:[1836]

> *The following rule should apply to a hybrid payer that makes a payment that is deductible under the laws of the payer jurisdiction and that triggers a duplicate deduction in the parent jurisdiction that results in a hybrid mismatch:*
>
> *a) The parent jurisdiction will deny the duplicate deduction for such payment to the extent it gives rise to a DD outcome.*

[1831] Vgl. auch MARTINI, RUBEN (Kommentierung § 4i EStG 2024), Rn. A 61, der von einem „internationalprivatrechtlichen *renvoi* […] mit dem Ergebnis einer Endlosschleife" spricht.

[1832] SCHNITGER, ARNE (Maßnahmen 2017), S. 216.

[1833] Vorschlag in Anlehnung an OECD (Arrangements 2015), S. 67, Rn. 183 sowie Art. 9 Abs. 1 Satz 1 ATAD und die Ausführungen von DYCKMANS, JAN (Kommentierung § 4i EStG 2024), Rn. 27; MARTINI, RUBEN (Kommentierung § 4i EStG 2024), Rn. A 61; SCHNITGER, ARNE (Maßnahmen 2017), S. 216.

[1834] Um Unklarheiten bei Mitunternehmern zu vermeiden, die – bspw. aufgrund eines Wohnsitzes im In- und Ausland – in beiden Staaten unbeschränkt steuerpflichtig sind, könnte der obenstehende Satz 2 noch ergänzt werden, etwa durch die Formulierung „[…] *und in dem sich nicht der Ort der Geschäftsleitung der Mitunternehmerschaft befindet*".

[1835] Vgl. dazu die Ausführungen am Ende von Kapitel 8.2.1.

[1836] Vgl. OECD (Arrangements 2015), S. 67.

b) *If the parent jurisdiction does not neutralise the mismatch, the payer jurisdiction will deny the deduction for such payment to the extent it gives rise to a DD outcome.*

c) *No mismatch will arise to the extent that a deduction is set-off against income that is included in income under the laws of both the parent and the payer jurisdictions (i.e. dual inclusion income).*

Art. 9 Abs. 1 ATAD bestimmt:

[1]*Soweit eine hybride Gestaltung zu einem doppelten Abzug führt,*

a) *wird der Abzug in dem Mitgliedstaat, der das Steuergebiet des Investors ist, verweigert; und*

b) *wenn der Abzug im Steuergebiet des Investors nicht verweigert wird, wird der Abzug in dem Mitgliedstaat, der das Steuergebiet des Zahlenden ist, verweigert.*

[2]*Ein solcher Abzug kommt jedoch für eine Verrechnung mit Einkünften, die steuerlich doppelt berücksichtigt werden, infrage, unabhängig davon, ob diese in einem laufenden oder einem späteren Steuerzeitraum anfallen.*

Verbreitet wird davon ausgegangen, dass nach dem Vorschlag der OECD[1837] bzw. nach den Vorgaben der EU in der ATAD primär der Staat, in dem der Mitunternehmer ansässig ist, verpflichtet sein soll, den doppelten Abzug der Aufwendungen zu vermeiden.[1838] Wenn nun ein ausländischer Staat sich am Vorschlag der OECD orientiert bzw. die Vorgaben der ATAD umsetzt und die entsprechende Regelung auch auf den hier in Rede stehenden Fall des doppelten Abzugs von Aufwendungen eines Mitunternehmers anwendet, kann durch den oben gemachten Vorschlag ein Konflikt zwischen der entsprechenden ausländischen Regelung und § 4i EStG verhindert werden, da einheitlich der Abzug der entsprechenden Aufwendungen vorrangig im Ansässigkeitsstaat des Mitunternehmers versagt wird.

Verlustfall:

Eine Minderung der Steuerzahllast im Ausland wird durch § 4i Satz 1 EStG nicht zwingend vorausgesetzt.[1839] Dementsprechend geht ein gewichtiger Teil der Literatur bzw. die wohl h.L. davon aus, dass eine Minderung der Steuerbemessungsgrundlage im Ausland i.S.d. § 4i Satz 1 EStG auch dann gegeben ist, wenn durch den Mitunternehmer im ausländischen Staat (ohne Berücksichtigung der in Rede stehenden Aufwendungen) ein Verlust erzielt wird.[1840] Ein kleinerer, aber ebenfalls gewichtiger Teil der Literatur sieht die Sonderbetriebsausgabenabzugs-

---

[1837] Vgl. z.B. SCHNITGER, ARNE (Maßnahmen 2017), S. 216.

[1838] Vgl. dazu ausführlich KUßMAUL, HEINZ/SCHÄFER, RENÉ/ENGEL, PHILIPP (Rechtsnormen 2021), S. 82 sowie die Ausführungen in Kapitel 8.3.2.2.

[1839] Vgl. HICK, CHRISTIAN (Kommentierung § 4i EStG 2024), Rn. 25; STAHL, CHRISTIAN (Kommentierung § 4i EStG 2024), Rn. 84; WACKER, ROLAND (Kommentierung § 4i EStG 2024), Rn. 13.

[1840] Vgl. DYCKMANS, JAN (Kommentierung § 4i EStG 2024), Rn. 24; HECKERODT, DAVID (Sonderbetriebsausgabenabzug 2017), S. 725; HICK, CHRISTIAN (Kommentierung § 4i EStG 2024), Rn. 25; KANZLER, HANS-JOACHIM (Abzugsverbot 2017), S. 328 f.; KRAFT, CORNELIA/HOHAGE, UWE (Sonderbetriebsausgaben 2019), S. 313; MARQUARDSEN, MARIA GESINA (Kommentierung § 4i EStG 2024), Rn. 19; POHL, CARSTEN (Kommentierung § 4i EStG 2024), Rn. 52; RÜSCH, GARY (Besteuerungstatbestand 2018), S. 300 f.; STAHL, CHRISTIAN (Kommentierung § 4i EStG 2024), Rn. 87; WACKER, ROLAND (Kommentierung § 4i EStG 2024), Rn. 13 und wohl auch BODDEN, GUIDO (Kommentierung § 4i EStG 2024), Rn. 25.2.

beschränkung des § 4i Satz 1 EStG hingegen dann nicht einschlägig, wenn die Aufwendungen im Ausland nur in einen Verlustvortrag eingehen.[1841]

Argumentiert wird von Vertretern der zuletzt dargestellten Auffassung, dass eine Steuerbemessungsgrundlage nicht negativ werden kann, sondern stets mindestens Null betrage.[1842] Zum Beleg dieser Aussage stellen KÄSHAMMER/GASSER/BELLGARDT auf das innerstaatliche deutsche Steuerrecht ab.[1843] Abgesehen davon, dass allein aus dem innerstaatlichen deutschen Steuerrecht keine allgemeingültige Aussage für alle anderen Steuerrechtsordnungen abgeleitet werden kann, ist nach deutschem Steuerrecht ein negatives zu versteuerndes Einkommen, welches die Bemessungsgrundlage für die Einkommen- bzw. Körperschaftsteuer darstellt, durchaus möglich.[1844] Die Aussage, dass negative Einkünfte nach § 10d Abs. 1, 2 EStG (i.V.m. § 8 Abs. 1 KStG) vor- oder rückgetragen werden können, ist zwar für sich genommen korrekt, die Schlussfolgerung hieraus, dass eine negative Bemessungsgrundlage respektive ein negatives zu versteuerndes Einkommen nicht möglich sind, ist es aber nicht.[1845] Die vor- oder zurückzutragenden negativen Einkünfte werden zwar nach § 10d Abs. 1, 2 EStG (i.V.m. § 8 Abs. 1 KStG) vom Gesamtbetrag der Einkünfte eines anderen Veranlagungszeitraums abgezogen, nicht aber in dem Veranlagungszeitraum, in dem sie entstanden sind, hinzugerechnet, um so das zu versteuernde Einkommen mit „mindestens null“[1846] zu ermitteln.[1847]

Ein anderer Teil der Vertreter der Auffassung, dass § 4i Satz 1 EStG dann nicht anwendbar ist, wenn die Aufwendungen im Ausland nur in einen Verlustvortrag eingehen, argumentiert, dass sich die Aufwendungen im Ausland noch nicht „tatsächlich“, sondern nur „abstrakt“ ausgewirkt haben; abgezielt wird bei der Argumentation (wohl) auch darauf, dass ein späterer Verlustuntergang drohe, sodass die Anwendung von § 4i EStG (noch) nicht gerechtfertigt erscheint.[1848] Der Gesetzgeber hat m.E. durchaus bewusst auf eine Minderung der Steuerbemessungsgrundlage abgestellt und nicht zudem eine Minderung der Steuerzahllast verlangt.[1849] Zudem kann sich der Verlust, durch dessen Vor- oder Rücktrag, in einem anderen Veranlagungszeitraum auswirken und dort eine Minderung auch der Steuerzahllast bewirken.[1850] Natürlich könnte ein

---

1841 Vgl. GOSCH, DIETMAR (Kommentierung § 4i EStG 2024), Rn. 6; KAHLE, HOLGER/BRAUN, JULIA (Sonderbetriebsausgaben 2018), S. 385; KÄSHAMMER, DANIEL/GASSER, MARCO/BELLGARDT, MORITZ (Double-Dip 2018), S. 117; KUDERT, STEPHAN/KAHLENBERG, CHRISTIAN (Reformierung 2017), S. 351; MARTINI, RUBEN (Kommentierung § 4i EStG 2024), Rn. B 28; SCHNITGER, ARNE (Maßnahmen 2017), S. 215; offen JEHL-MAGNUS, MELANIE (Änderungen 2017), S. 180 f.

1842 Vgl. KÄSHAMMER, DANIEL/GASSER, MARCO/BELLGARDT, MORITZ (Double-Dip 2018), S. 117; MARTINI, RUBEN (Kommentierung § 4i EStG 2024), Rn. B 28.

1843 Vgl. KÄSHAMMER, DANIEL/GASSER, MARCO/BELLGARDT, MORITZ (Double-Dip 2018), S. 117.

1844 Vgl. dazu BFH, Urteil vom 20.03.2017, X R 65/14, Ls., Rn. 22, 35, 41 sowie STAHL, CHRISTIAN (Kommentierung § 4i EStG 2024), Rn. 87.

1845 So aber KÄSHAMMER, DANIEL/GASSER, MARCO/BELLGARDT, MORITZ (Double-Dip 2018), S. 117.

1846 KÄSHAMMER, DANIEL/GASSER, MARCO/BELLGARDT, MORITZ (Double-Dip 2018), S. 117.

1847 Vgl. dazu auch die Ermittlungsschemata in R 2 Abs. 1 EStR 2012 sowie in R 7.1 Abs. 1 Satz 1 KStR 2022.

1848 Vgl. auch wörtlich KUDERT, STEPHAN/KAHLENBERG, CHRISTIAN (Reformierung 2017), S. 351. Vgl. auch GAH, MAXIMILIAN/WANGLER, CLEMENS (Inbound-Fall 2018), S. 821.

1849 Vgl. auch HECKERODT, DAVID (Sonderbetriebsausgabenabzug 2017), S. 725; KRAFT, CORNELIA/HOHAGE, UWE (Sonderbetriebsausgaben 2019), S. 313; STAHL, CHRISTIAN (Kommentierung § 4i EStG 2024), Rn. 87.

1850 Vgl. MARQUARDSEN, MARIA GESINA (Kommentierung § 4i EStG 2024), Rn. 19. Vgl. auch HECKERODT, DAVID (Sonderbetriebsausgabenabzug 2017), S. 725.

Verlustvortrag in späteren Veranlagungszeiträumen untergehen. Solange Entsprechendes aber noch nicht feststeht, sollte darauf nicht spekuliert werden, sondern weitestmöglich eine Orientierung am Gesetzeswortlaut gesucht werden. Sofern der Verlust tatsächlich untergehen sollte, kann der inländische Steuerbescheid in der Regel noch geändert werden. SCHNITGER argumentiert genau anders herum; er will den Abzug der Sonderbetriebsausgaben zunächst nicht versagen und stattdessen später – wenn der Verlust tatsächlich verrechnet wird – eine Änderung des deutschen Steuerbescheids vornehmen.[1851] Dies wäre mit Blick auf die Gefahr einer möglichen Unabänderbarkeit des deutschen Steuerbescheids bei der hier vertretenen Auffassung zwar wünschenswert und lässt sich m.E. ebenfalls vertreten, solange aber eine Auslegung möglich ist, die eher dem Wortlaut der Norm genügt, sollte dieser m.E. der Vorrang gebühren. Bei der hier befürworteten Auffassung stellt sich auch nicht das Problem, das die Gegenauffassung womöglich mit sich bringt, soweit dort die Frage zu beantworten ist, wann genau es zu einer „Minderung der Steuerbemessungsgrundlage" im Ausland und damit zu einer Anwendung von § 4i Satz 1 EStG im Fall eines Verlustvortrages kommt, sofern der Verlustvortrag nur anteilig aus Aufwendungen i.S.d. § 4i Satz 1 EStG besteht und in einem zukünftigen Veranlagungszeitraum nicht vollständig verrechnet wird.[1852]

Neutralisierung durch Erträge:

Neuerdings wird vertreten, dass § 4i Satz 1 EStG dann keine Anwendung findet, wenn eine Saldierung der Aufwendungen des Mitunternehmers respektive der Sonderbetriebsausgaben mit damit korrespondierenden Erträgen im Gesamthandsbereich möglich ist.[1853] Diese Auffassung ist m.E. jedoch abzulehnen.[1854] BREUER/KOPETZKI, die wohl der Ursprung dieser Sichtweise in der Literatur sind, veranschaulichen ihre Rechtsauffassung – auf das Wesentliche reduziert – anhand des folgenden Beispielfalls:[1855]

Eine in Frankreich ansässige SAS, die mit einer deutschen Kapitalgesellschaft vergleichbar ist, finanzierte den Erwerb ihres 100 %-Anteils an einer inländischen GmbH & Co. KG durch ein Darlehen. Dabei wurde das Darlehen von der inländischen KG ausgereicht.[1856] Die Zinsaufwendungen der SAS stellen Sonderbetriebsausgaben bei der inländischen KG dar, da es sich um Aufwendungen für ein Darlehen zur Finanzierung des Erwerbs eines Mitunternehmeranteils und damit um Aufwendungen im Zusammenhang mit negativem Sonderbetriebsvermögen II handelt. Zudem sind die Zinsaufwendungen in Frankreich abzugsfähig und mindern dort die Bemessungsgrundlage der SAS. Demgegenüber führen die Zinserträge aus der Gewährung des

---

[1851] Vgl. SCHNITGER, ARNE (Maßnahmen 2017), S. 215.

[1852] Vgl. dazu KÄSHAMMER, DANIEL/GASSER, MARCO/BELLGARDT, MORITZ (Double-Dip 2018), S. 117 und zu einem diesbezüglichen Lösungsansatz MARTINI, RUBEN (Kommentierung § 4i EStG 2024), Rn. B 29. Vgl. ebenso RÜSCH, GARY (Besteuerungstatbestand 2018), S. 301.

[1853] Vgl. BREUER, CLARISSA/KOPETZKI, SARAH (Abzugsbeschränkung 2022), S. 237 und dem folgend KANZLER, HANS-JOACHIM (Kommentierung § 4i EStG 2024), Rn. 21. Vgl. auch WACKER, ROLAND (Kommentierung § 4i EStG 2024), Rn. 12.

[1854] Gl.A. GOSCH, DIETMAR (Kommentierung § 4i EStG 2024), Rn. 5.

[1855] Vgl. auch zum Folgenden BREUER, CLARISSA/KOPETZKI, SARAH (Abzugsbeschränkung 2022), S. 235 f.

[1856] Im Originalfall von BREUER/KOPETZKI war der entsprechende Darlehensvertrag zunächst mit einer anderen Konzerngesellschaft geschlossen worden, bevor das Darlehen von der inländischen KG übernommen wurde. Ein Unterschied für die Lösung des Falls ergibt sich daraus aber nicht.

Darlehens an die SAS – im Gesamthandsbereich der inländischen KG – zu korrespondierenden Erträgen in Deutschland.

BREUER/KOPETZKI argumentieren, dass § 4i Satz 1 EStG in ihrem Beispielfall keine Anwendung finden kann, da als „Ausgangspunkt für die Anwendung von § 4i S. 1 EStG […] (erst) das Ergebnis der Gewinnermittlung zweiter Stufe heranzuziehen" ist und damit „die Zinsaufwendungen den Gesamtgewinn der Mitunternehmerschaft im Ergebnis nicht gemindert haben".[1857] „Da der Betriebsausgabenabzug insgesamt nur einmal (im Ausland) stattfindet, erübrigt sich die Anwendung von § 4i S. 1 EStG, da der nationale Betriebsausgabenabzug durch die zweistufige Gewinnermittlung bereits verhindert ist."[1858]

Genau Letzteres ist aber das Problem. Es kann zwar vertreten werden, dass der Betriebsausgabenabzug effektiv nur einmal – und zwar in Frankreich – erfolgt; die Erträge aus der Darlehensforderung fließen aber auch nur einmal – und zwar in Deutschland – in die Bemessungsgrundlage ein. Letztlich erreicht die französische SAS wirtschaftlich betrachtet einen Abzug von Aufwendungen – ohne dass die korrespondierenden Erträge irgendwo besteuert werden.[1859] § 4i EStG soll einen doppelten Abzug von Aufwendungen bei nur einmaliger Erfassung von entsprechenden Erträgen vermeiden.[1860] Anders gewendet: Es soll ein überschießender Abzug von Aufwendungen untersagt werden. Daher muss m.E. auch ein *wirtschaftlich betrachtet* nur einmaliger Abzug von Aufwendungen gänzlich ohne Besteuerung der korrespondierenden Erträge von der Zielsetzung der Norm umschlossen sein.[1861] Letzteres muss zumindest gelten, wenn die korrespondierenden Erträge nur deshalb nicht besteuert werden, weil zuvor eine „Verrechnung" oder genauer gesagt ein Abzug der Sonderbetriebsausgaben in Deutschland stattgefunden hat. Um eine überschießende Wirkung von § 4i Satz 1 EStG zu verhindern, hat der Gesetzgeber Satz 2 der Norm geschaffen.[1862] Dieser kann verhindern, dass das Sonderbetriebsausgabenabzugsverbot des § 4i Satz 1 EStG im Inland greift – aber eben nur dann, wenn die Aufwendungen Erträge mindern, die in beiden beteiligten Staaten der Besteuerung unterliegen.[1863] Folglich kann der insbesondere von BREUER/KOPETZKI vertretenen Auffassung nicht gefolgt werden.

Keine Steuersubjektidentität erforderlich:

Eine Steuersubjektidentität in dem Sinne, dass die Person, bei der die Aufwendungen im Inland als Sonderbetriebsausgaben abgezogen werden, mit der Person übereinstimmen muss, deren Steuerbemessungsgrundlage im Ausland durch die nämlichen Aufwendungen gemindert wird, fordert die Norm nicht.[1864] Dementsprechend greift das Sonderbetriebsausgabenabzugsverbot

---

1857 Vgl. auch wörtlich BREUER, CLARISSA/KOPETZKI, SARAH (Abzugsbeschränkung 2022), S. 237.

1858 BREUER, CLARISSA/KOPETZKI, SARAH (Abzugsbeschränkung 2022), S. 237.

1859 In Frankreich erfolgt keine Besteuerung, da die KG dort nicht steuerpflichtig ist. In Deutschland hingegen werden die Erträge der KG durch den Sonderbetriebsausgabenabzug neutralisiert.

1860 Vgl. BT-Drs. 18/9956 vom 12.10.2016, S. 2 ff.

1861 Womöglich a.A. VAN LISHAUT, INGO (Dotationskapital 2018), S. 795.

1862 Vgl. BT-Drs. 18/9956 vom 12.10.2016, S. 3.

1863 Vgl. dazu eingehend die Ausführungen im nächsten Kapitel.

1864 Ganz h.M. vgl. u.a. DYCKMANS, JAN (Kommentierung § 4i EStG 2024), Rn. 26; GOSCH, DIETMAR (Kommentierung § 4i EStG 2024), Rn. 6; HICK, CHRISTIAN (Kommentierung § 4i EStG 2024), Rn. 25; KAHLE, HOLGER/BRAUN, JULIA (Sonderbetriebsausgaben 2018), S. 384; MARQUARDSEN, MARIA GESINA (Kommentierung des § 4i Satz 1 EStG nach überwiegender Auffassung in der Literatur im Fall einer Organschaft bzw. eines Gruppenbesteuerungssystems nach ausländischem Recht grundsätzlich auch dann ein, wenn die Aufwendungen im Ausland nicht die Steuerbemessungsgrundlage des Mitunternehmers selbst, sondern die Steuerbemessungsgrundlage des Organträgers bzw. der Muttergesellschaft des Mitunternehmers mindern.[1865]

Stark umstritten ist aber die Frage, ob § 4i Satz 1 EStG aufgrund eines doppelten Abzugs der Aufwendungen in zwei Staaten im Fall einer Organschaft bzw. eines Gruppenbesteuerungssystems im Ausland auch dann anzuwenden ist, wenn – wie wohl oftmals in der Praxis – das Darlehen, aus dem die potenziell nicht abziehbaren Aufwendungen resultieren, von der jeweiligen Muttergesellschaft gewährt wurde, sodass letztere einen entsprechenden, mit den Aufwendungen korrespondierenden Ertrag erzielt. Unterschieden werden kann dabei zwischen Organschaften bzw. Gruppenbesteuerungssystemen im Ausland, die – wie im deutschen Steuerrecht – lediglich eine Ergebniszurechnung an den Organträger vorsehen, und solchen, bei denen es zu einer Vollkonsolidierung bzw. zu einer steuerlichen Negierung von Leistungsbeziehungen zwischen Mutter- und Tochtergesellschaft kommt.[1866] Gerade in Bezug auf ausländische Gruppenbesteuerungssysteme, die eine Vollkonsolidierung vorsehen, wird in der Literatur mehrheitlich vertreten, dass § 4i Satz 1 EStG diesbezüglich keine Anwendung findet, da aufgrund der Vollkonsolidierung bzw. steuerlichen Negierung der Leistungsbeziehungen zwischen Mutter- und Tochtergesellschaft im Ausland kein Abzug der Aufwendungen erfolgen würde.[1867] Dieser Auffassung hat sich das FG Münster, in dem bislang wohl einzigen veröffentlichten Urteil zu § 4i EStG, angeschlossen.[1868] Nach einem anderen Teil der Literatur soll unabhängig davon, ob ein ausländisches Gruppenbesteuerungssystem mit Ergebniszurechnung oder ein solches mit Vollkonsolidierung gegeben ist, von einer Minderung der Steuerbemessungsgrundlage im Ausland und damit von einer Anwendung des § 4i Satz 1 EStG auszugehen sein.[1869]

M.E. sollte für Zwecke der Anwendung von § 4i Satz 1 EStG entweder die ausländische Sichtweise übernommen werden oder, besser vertretbar, gänzlich auf das deutsche Steuerrecht

---

§ 4i EStG 2024), Rn. 18; WACKER, ROLAND (Kommentierung § 4i EStG 2024), Rn. 13; a.A. wohl nur KRAFT, CORNELIA/HOHAGE, UWE (Sonderbetriebsausgaben 2019), S. 313.

1865 Vgl. BODDEN, GUIDO (Kommentierung § 4i EStG 2024), Rn. 27; DYCKMANS, JAN (Kommentierung § 4i EStG 2024), Rn. 26; HICK, CHRISTIAN (Kommentierung § 4i EStG 2024), Rn. 25; KAHLE, HOLGER/BRAUN, JULIA (Sonderbetriebsausgaben 2018), S. 384; KUßMAUL, HEINZ/SCHÄFER, RENÉ/ENGEL, PHILIPP (Sonderbetriebsausgaben 2021), S. 43 f.; RÜSCH, GARY (Besteuerungstatbestand 2018), S. 301; a.A. KRAFT, CORNELIA/HOHAGE, UWE (Sonderbetriebsausgaben 2019), S. 313.

1866 Vgl. dazu KUDERT, STEPHAN/KAHLENBERG, CHRISTIAN (Reformierung 2017), S. 348; RÜSCH, GARY (Besteuerungstatbestand 2018), S. 301 f. und ausführlich zu dem in der Literatur oftmals angesprochenen niederländischen System der Vollkonsolidierung (sog. fiscale eenheid) FG Münster, Urteil vom 31.08.2023, 10 K 2613/20 F, Rn. 32 (n. rkr., Revision anhängig unter Az. BFH I R 58/23).

1867 Vgl. BODDEN, GUIDO (Kommentierung § 4i EStG 2024), Rn. 25.1; KRAFT, CORNELIA/HOHAGE, UWE (Sonderbetriebsausgaben 2019), S. 314; KUDERT, STEPHAN/KAHLENBERG, CHRISTIAN (Reformierung 2017), S. 348; LOOSE, THOMAS (Kommentierung § 4i EStG 2024), Rn. 6 und dort Beispiel 1; RÜSCH, GARY (Besteuerungstatbestand 2018), S. 301 f.; SCHNITGER, ARNE (Maßnahmen 2017), S. 215.

1868 Vgl. FG Münster, Urteil vom 31.08.2023, 10 K 2613/20 F, Rn. 34 f. (n. rkr., Revision anhängig unter Az. BFH I R 58/23).

1869 Vgl. dazu MARTINI, RUBEN (Kommentierung § 4i EStG 2024), Rn. B 25; WACKER, ROLAND (Kommentierung § 4i EStG 2024), Rn. 13 und tendenziell auch GOSCH, DIETMAR (Kommentierung § 4i EStG 2024), Rn. 6; offen VAN LISHAUT, INGO (Dotationskapital 2018), S. 795.

abgestellt werden. D.h., entweder man beurteilt die gesamte Situation – und damit auch die Situation im Ausland – allein mit der „deutschen Brille“ und geht davon aus, dass – aus deutscher Sicht – die Aufwendungen die Steuerbemessungsgrundlage im Ausland mindern, da aus deutscher Sicht im Ausland zwei nicht vollkonsolidierte Steuerpflichtige gegeben sind, oder man beurteilt die Situation – auch in Deutschland – auf Basis der ausländischen Gegebenheiten. Das würde aber bedeuten, dass in Deutschland von vornherein kein Sonderbetriebsausgabenabzug möglich ist, da – aufgrund der Vollkonsolidierung bzw. der steuerlichen Negierung der Leistungsbeziehungen im Ausland – kein Aufwand gegeben ist, der zu Sonderbetriebsausgaben führt. Das Problem bei der weiter oben dargestellten Auffassung eines gewichtigen Teils der Literatur respektive der h.L. und des FG Münster ist, dass beide Sichtweisen miteinander vermischt werden. Mithin ist den Vertretern der oben zuletzt dargestellten Auffassung in der Literatur – im Ergebnis – zu folgen, sodass unabhängig davon, welche Art Gruppenbesteuerungssystem (Vollkonsolidierung versus Ergebniszurechnung) im Ausland gegeben ist, von einer Minderung der Steuerbemessungsgrundlage auch im Ausland und damit von einer Anwendung des § 4i Satz 1 EStG auszugehen ist.

Bestätigung findet die hier vertretene Auffassung in der Rechtsprechung des BFH. Auf Abkommensebene stellt sich ggf. die Frage, ob hinsichtlich der Zurechnung von Einkünften bzw. bezüglich der Steuersubjekteigenschaft für Zwecke der Anwendung eines DBA auch auf das ausländische Recht abzustellen ist. Der BFH führt diesbezüglich wörtlich aus, dass „die Frage, welcher Person bestimmte Einkünfte nach steuerlichen Gesichtspunkten zuzurechnen sind, […] nicht Gegenstand der abkommensrechtlichen Zuordnung des Besteuerungssubstrats [ist; d.Verf.]. Es handelt sich hierbei vielmehr um eine unilateral eigenständig zu beantwortende Rechtsfrage“[1870]. Mit anderen Worten und im Ergebnis: Die Entscheidung über die Zurechnung von Einkünften ist allein auf Basis des deutschen Rechts zu treffen; ausländische Gegebenheiten sind diesbezüglich nicht entscheidend.

Auswirkungen auf die Gewerbesteuer:

In Bezug auf die Ermittlung des Gewerbeertrags ist, wie im Kapitel zuvor bereits angesprochen, § 4i EStG ebenfalls zu beachten und kann somit zu einer Erhöhung der deutschen Gewerbesteuer führen. Obwohl Satz 1 der Norm anordnet, dass Aufwendungen nicht als Sonderbetriebsausgaben abgezogen werden dürfen, soweit sie auch die Steuerbemessungsgrundlage in einem anderen Staat mindern, wird in der Literatur davon ausgegangen, dass § 4i Satz 1 EStG unabhängig davon, ob der ausländische Staat eine der deutschen Gewerbesteuer vergleichbare Steuer erhebt, auf die Ermittlung des Gewerbeertrags durchschlägt.[1871] Dem ist zuzustimmen. Sofern der ausländische Staat – wie es regelmäßig der Fall ist – keine Gewerbesteuer bzw. keine der deutschen Gewerbesteuer vergleichbare Steuer erhebt, kommt es zwar zu keiner doppelten Minderung der Bemessungsgrundlage für die Gewerbesteuer.[1872] Strikt nach der Gesetzessys-

---

[1870] BFH, Urteil vom 25.05.2011, I R 95/10, Rn. 16.

[1871] Vgl. u.a. HICK, CHRISTIAN (Kommentierung § 4i EStG 2024), Rn. 12; LOOSE, THOMAS (Kommentierung § 4i EStG 2024), Rn. 3; MARTINI, RUBEN (Kommentierung § 4i EStG 2024), Rn. A 10 f.; WACKER, ROLAND (Kommentierung § 4i EStG 2024), Rn. 13.

[1872] Vgl. LOOSE, THOMAS (Kommentierung § 4i EStG 2024), Rn. 3; MARTINI, RUBEN (Kommentierung § 4i EStG 2024), Rn. A 10.

tematik gilt aber als Ausgangsgröße zur Ermittlung des Gewerbeertrags, der die Bemessungsgrundlage für die Gewerbesteuer ist (§ 6 GewStG), der nach den Vorschriften des EStG oder des KStG zu ermittelnde Gewinn aus Gewerbebetrieb (§ 7 Satz 1 GewStG). Daher wird die Gewerbesteuer auf Basis des ggf. um die nach § 4i Satz 1 EStG nicht abziehbaren Sonderbetriebsausgaben bereits erhöhten Gewinns aus Gewerbebetrieb ermittelt, sodass sich § 4i Satz 1 EStG mittelbar bei der Gewerbesteuer auswirkt.[1873]

Periodenübergreifende Anwendung:

Nach der Gesetzesbegründung kann § 4i Satz 1 EStG auch dann zur Anwendung gelangen, wenn der Abzug der nämlichen Aufwendungen in dem ausländischen Staat „in einem vorhergehenden oder einem nachfolgenden Veranlagungszeitraum, Steuerjahr, Wirtschaftsjahr oder Kalenderjahr geltend gemacht wird".[1874] Dies überzeugt und sollte für die Gesetzesanwendung Beachtung finden.[1875] M.E. kann aus dem Gesetzeswortlaut, wonach Aufwendungen nicht als Sonderbetriebsausgaben abgezogen werden dürfen, soweit sie auch die Steuerbemessungsgrundlage in einem anderen Staat *mindern*, jedenfalls nichts Gegenteiliges geschlossen werden.[1876] Es kann allenfalls davon gesprochen werden, dass sich die „veranlagungszeitraumübergreifende Betrachtung"[1877] dem Wortlaut der Norm nicht explizit entnehmen lässt.[1878] Mit Blick auf die Intention des Gesetzgebers sollte von einer solchen Betrachtungsweise jedoch ausgegangen werden.[1879]

Verfahrensrecht:

Aus der zuvor dargestellten periodenübergreifenden Anwendung von § 4i Satz 1 EStG können sich – neben praktischen Problemen – auch verfahrensrechtliche Fragen ergeben. Aus Sicht der Praxis kann die intertemporale Betrachtung erheblichen Aufwand verursachen, da der Steuerpflichtige bzw. dessen Berater die Behandlung der Aufwendungen durch den ausländischen Staat nicht nur im aktuellen, sondern auch in den vorangegangenen bzw. den nachfolgenden Veranlagungszeiträumen kennen respektive erfragen müssen.[1880] HICK spricht dabei (leider) zu Recht von der Notwendigkeit eines regelrechten „Monitoring[s]"[1881] hinsichtlich der Behand-

---

[1873] Vgl. auch MARTINI, RUBEN (Kommentierung § 4i EStG 2024), Rn. A 10; STAHL, CHRISTIAN (Kommentierung § 4i EStG 2024), Rn. 53.

[1874] Vgl. auch wörtlich BT-Drs. 18/9956 vom 12.10.2016, S. 3.

[1875] Vgl. – ebenfalls mit Hinweis auf die Gesetzesmaterialien – auch BERGMANN, MALTE (Einordnung 2017), S. 128; HICK, CHRISTIAN (Kommentierung § 4i EStG 2024), Rn. 25; WACKER, ROLAND (Kommentierung § 4i EStG 2024), Rn. 13.

[1876] Ebenso LOOSE, THOMAS (Kommentierung § 4i EStG 2024), Rn. 8. Vgl. auch BERGMANN, MALTE (Einordnung 2017), S. 128. Mit Blick auf den Wortlaut („mindern") für den Fall, dass der Abzug der Aufwendungen im ausländischen Staat bereits in einem vorangegangenen Veranlagungszeitraum stattgefunden hat, kritisch hingegen RÜSCH, GARY (Besteuerungstatbestand 2018), S. 302.

[1877] LOOSE, THOMAS (Kommentierung § 4i EStG 2024), Rn. 8 (im Original mit Hervorhebung).

[1878] So PRINZ, ULRICH (Sonderbetriebsausgaben 2017), S. 557. Vgl. auch HICK, CHRISTIAN (Kommentierung § 4i EStG 2024), Rn. 25.

[1879] Vgl. auch BERGMANN, MALTE (Einordnung 2017), S. 128 sowie RÜSCH, GARY (Besteuerungstatbestand 2018), S. 302: „teleologisch völlig überzeugend".

[1880] Vgl. HICK, CHRISTIAN (Kommentierung § 4i EStG 2024), Rn. 25; SOMMER, CHRISTOPH/RETZER, DANIEL (Stellungnahme 2016), S. 381 f.

[1881] HICK, CHRISTIAN (Kommentierung § 4i EStG 2024), Rn. 25.

lung der Aufwendungen im ausländischen Staat. Aus verfahrensrechtlicher Sicht stellt sich ggf. die Frage, ob bzw. auf Basis welcher Rechtsgrundlage ein in Deutschland bereits ergangener Steuerbescheid noch geändert werden kann, sofern in Deutschland der Sonderbetriebsausgabenabzug zunächst gewährt wird und im Ausland zeitversetzt, in einem zukünftigen Veranlagungszeitraum, ebenfalls ein Abzug der Aufwendungen erfolgt.[1882]

Zur Beantwortung der zuvor genannten Fragestellung muss auf die allgemeinen Korrekturvorschriften der AO abgestellt werden, da § 4i EStG keine spezielle Korrekturmöglichkeit vorsieht.[1883] Selbstredend kann der deutsche Steuerbescheid geändert werden, sofern dieser insgesamt unter dem Vorbehalt der Nachprüfung nach § 164 AO steht oder bezüglich des Sonderbetriebsausgabenabzugs nach § 165 AO vorläufig ergangen ist.[1884] Voraussetzung ist dabei – wie bei Anwendung aller Korrekturnormen –, dass die Festsetzungsfrist noch nicht abgelaufen ist (§ 169 Abs. 1 Satz 1 AO).[1885] Im Übrigen geht die Literatur wohl einheitlich davon aus, dass sobald ein Abzug der Aufwendungen im Ausland gewährt wird, eine Änderung des deutschen Steuerbescheids aufgrund eines rückwirkenden Ereignisses i.S.d. § 175 Abs. 1 Satz 1 Nr. 2 AO möglich ist.[1886] Zum Teil wird – neben § 175 Abs. 1 Satz 1 Nr. 2 AO – auch § 174 Abs. 2 AO (widerstreitende Steuerfestsetzungen zugunsten eines Steuerpflichtigen) als eine mögliche Korrekturnorm gesehen.[1887] Zudem gehen weite Teile der Literatur von einer Anwendbarkeit von § 173 Abs. 1 Nr. 1 Alt. 1 AO (nachträgliches Bekanntwerden neuer Tatsachen) aus.[1888]

Rechtsfolge und Wirkung von § 4i Satz 1 EStG:

Auf der Rechtsfolgenseite bestimmt § 4i Satz 1 EStG, dass ein Abzug der in Rede stehenden Sonderbetriebsausgaben unterbleiben muss.[1889] Die Korrektur ist dabei, bezogen auf den Mitunternehmer, der den Abzug beansprucht, außerhalb der (Sonder-)Bilanz im Rahmen der gesonderten und einheitlichen Gewinnfeststellung vorzunehmen.[1890] In Bezug auf die Ermittlung des Gewerbeertrags unterbleibt in der Folge eine ansonsten ggf. erforderliche Hinzurechnung

---

1882 Vgl. RÜSCH, GARY (Besteuerungstatbestand 2018), S. 303.

1883 Vgl. RÜSCH, GARY (Besteuerungstatbestand 2018), S. 303.

1884 Vgl. zu § 164 AO auch KUDERT, STEPHAN/KAHLENBERG, CHRISTIAN (Reformierung 2017), S. 354 und zu § 165 AO vgl. auch KANZLER, HANS-JOACHIM (Kommentierung § 4i EStG 2024), Rn. 41 sowie RÜSCH, GARY (Besteuerungstatbestand 2018), S. 304.

1885 Vgl. auch KUDERT, STEPHAN/KAHLENBERG, CHRISTIAN (Reformierung 2017), S. 354.

1886 Vgl. DYCKMANS, JAN (Kommentierung § 4i EStG 2024), Rn. 38; HECKERODT, DAVID (Sonderbetriebsausgabenabzug 2017), S. 732 f.; HICK, CHRISTIAN (Kommentierung § 4i EStG 2024), Rn. 32; KANZLER, HANS-JOACHIM (Kommentierung § 4i EStG 2024), Rn. 41; SCHNITGER, ARNE (Maßnahmen 2017), S. 216; WACKER, ROLAND (Kommentierung § 4i EStG 2024), Rn. 13; kritisch, aber im Ergebnis zustimmend RÜSCH, GARY (Besteuerungstatbestand 2018), S. 304.

1887 Vgl. MARQUARDSEN, MARIA GESINA (Kommentierung § 4i EStG 2024), Rn. 18.1 und ausführlich dazu RÜSCH, GARY (Besteuerungstatbestand 2018), S. 304.

1888 Vgl. DYCKMANS, JAN (Kommentierung § 4i EStG 2024), Rn. 38; GOSCH, DIETMAR (Kommentierung § 4i EStG 2024), Rn. 8; HECKERODT, DAVID (Sonderbetriebsausgabenabzug 2017), S. 732 f.; KANZLER, HANS-JOACHIM (Kommentierung § 4i EStG 2024), Rn. 41; a.A. wohl nur RÜSCH, GARY (Besteuerungstatbestand 2018), S. 304.

1889 Vgl. KUßMAUL, HEINZ/SCHÄFER, RENÉ/ENGEL, PHILIPP (Sonderbetriebsausgaben 2021), S. 44; STAHL, CHRISTIAN (Kommentierung § 4i EStG 2024), Rn. 88.

1890 Vgl. HICK, CHRISTIAN (Kommentierung § 4i EStG 2024), Rn. 30, 32 und zur Vornahme einer außerbilanziellen Korrektur auch POHL, CARSTEN (Kommentierung § 4i EStG 2024), Rn. 73.

der Sonderbetriebsausgaben gemäß § 8 Nr. 1 GewStG (bspw. i.H.v. 25 %, sofern es sich um Entgelte für Schulden handelt).[1891] Nicht abziehbar sind die Sonderbetriebsausgaben jedoch nur, „soweit" die Tatbestandsvoraussetzungen der Norm vorliegen.[1892] Die Anwendung von § 4i Satz 1 EStG erfordert somit ggf. eine „Atomisierung", also eine Zerlegung der Sonderbetriebsausgaben, soweit eine doppelte Berücksichtigung der Aufwendungen in zwei Staaten erfolgt.[1893] Können die Aufwendungen im ausländischen Staat nur zum Teil abgezogen werden, führt dies auch nur in Höhe dieses Teils zur Anwendung des Abzugsverbots im Inland.[1894]

Die Möglichkeit zum Vortrag der nicht abziehbaren Sonderbetriebsausgaben, etwa nach dem Vorbild des Zinsvortrages im Rahmen von § 4h EStG (Zinsschranke), gibt § 4i EStG dem Steuerpflichtigen nicht.[1895] Deutschland griff somit im Rahmen der Einführung von § 4i EStG eine dahingehende Empfehlung der OECD nicht auf.[1896] Letztere sieht einen Vor- bzw. Rücktrag der (zunächst) nicht abziehbaren Aufwendungen zwecks Verrechnung mit solchen Erträgen vor, die in beiden Staaten in die Bemessungsgrundlage einbezogen werden.[1897] Eine solche Regelung ist aber angesichts des im nächsten Kapitel noch ausführlich darzustellenden § 4i Satz 2 EStG wohl auch nicht erforderlich.[1898] Letzterer hat wirtschaftlich eine vergleichbare Wirkung, sofern in einer vorangehenden oder nachfolgenden Periode eine doppelte Berücksichtigung von Erträgen durch die beteiligten Staaten erfolgt und damit das Sonderbetriebsausgabenabzugsverbot des § 4i Satz 1 EStG entweder von vornherein nicht greift oder eine Änderung der ursprünglichen, den Sonderbetriebsausgabenabzug in Deutschland unterbindenden Veranlagung (noch) möglich ist.[1899] Grundsätzlich zu Recht wird zwar auf die Gefahr hingewiesen, dass für den Veranlagungszeitraum, in dem der Sonderbetriebsausgabenabzug begehrt wird, bereits Verjährung eingetreten sein könnte und der Abzug der Sonderbetriebsausgaben in Deutschland damit rein aufgrund von Verfahrensrecht unterbunden werden würde.[1900] Insofern wäre eine Regelung entsprechend dem Vorschlag der OECD vorteilhafter. Geht man aber davon aus, dass im Zeitpunkt des Vorliegens von doppeltbesteuerten Erträgen i.S.d. § 4i Satz 2 EStG ein rück-

---

1891 Vgl. bezüglich Sonderbetriebsausgaben in Form von Zinsen HICK, CHRISTIAN (Kommentierung § 4i EStG 2024), Rn. 12; SCHNITGER, ARNE (Maßnahmen 2017), S. 217.

1892 Vgl. KUßMAUL, HEINZ/SCHÄFER, RENÉ/ENGEL, PHILIPP (Sonderbetriebsausgaben 2021), S. 44; STAHL, CHRISTIAN (Kommentierung § 4i EStG 2024), Rn. 88.

1893 Vgl. auch wörtlich KUDERT, STEPHAN/KAHLENBERG, CHRISTIAN (Reformierung 2017), S. 348.

1894 Vgl. STAHL, CHRISTIAN (Kommentierung § 4i EStG 2024), Rn. 88.

1895 Vgl. HICK, CHRISTIAN (Kommentierung § 4i EStG 2024), Rn. 30; SCHNITGER, ARNE (Maßnahmen 2017), S. 217.

1896 Vgl. MARTINI, RUBEN (Kommentierung § 4i EStG 2024), Rn. A 45; SCHNITGER, ARNE (Maßnahmen 2017), S. 217.

1897 Vgl. OECD (Arrangements 2015), S. 67, 72 f.; SCHNITGER, ARNE (Maßnahmen 2017), S. 217.

1898 Vgl. auch SCHNITGER, ARNE (Maßnahmen 2017), S. 217 und dort Fn. 17.

1899 Vgl. auch SCHNITGER, ARNE (Maßnahmen 2017), S. 217 und dort Fn. 17 sowie MARTINI, RUBEN (Kommentierung § 4i EStG 2024), Rn. A 45.

1900 Vgl. DYCKMANS, JAN (Kommentierung § 4i EStG 2024), Rn. 38; SOMMER, CHRISTOPH/RETZER, DANIEL (Stellungnahme 2016), S. 382.

wirkendes Ereignis i.S.d. § 175 Abs. 1 Satz 1 Nr. 2 AO eintritt,[1901] greift die Anlaufhemmung des § 175 Abs. 1 Satz 2 AO, sodass die Festsetzungsfrist von Neuem zu laufen beginnt.[1902]

Beweislast und Beweismittel:

Potenzielle Rechtsfolge von § 4i Satz 1 EStG ist, wie bereits dargestellt, die Versagung des Sonderbetriebsausgabenabzugs im Inland. Da Letzteres ggf. eine steuererhöhende Wirkung hat bzw. den Steuerpflichtigen belastet, geht die herrschende Rechtsansicht im Schrifttum davon aus, dass die Beweislast dafür, dass die nämlichen Aufwendungen auch die Steuerbemessungsgrundlage in einem ausländischen Staat mindern und damit der Sonderbetriebsausgabenabzug grundsätzlich zu versagen ist, bei der Finanzverwaltung liegt.[1903] HICK[1904] verweist dabei zu Recht auf das Urteil des BFH vom 05.11.1970 (V R 71/67), wo es heißt: „Sie [(die Finanzbehörde); d.Verf.] trägt die Feststellungslast für die Tatsachen, die vorliegen müssen, um einen Steueranspruch geltend machen zu können, der in Anspruch genommene Steuerpflichtige hingegen für Tatsachen, die Steuerbefreiungen oder -ermäßigungen begründen oder den Steueranspruch aufheben oder einschränken“[1905]. Des Weiteren wird aber über die Frage der grundsätzlichen Beweislastverteilung hinaus – mit Hinweis auf die erhöhten Mitwirkungspflichten bei Auslandssachverhalten gemäß § 90 Abs. 2 AO – vielfach vertreten, dass Beweismittel, die darlegen, dass die in Rede stehenden Aufwendungen die Steuerbemessungsgrundlage im Ausland nicht mindern, durch den Steuerpflichtigen beschafft und vorgelegt werden müssen.[1906] Dies könne etwa durch die Vorlage einer „Negativbestätigung“ der jeweiligen ausländischen Finanzbehörde geschehen.[1907] Zu beachten ist jedoch, dass sich nach der Rechtsprechung des BFH „die Mitwirkungspflicht nach § 90 Abs. 2 der Abgabenordnung nicht auf negative Tatsachen bezieht“[1908]. Als „Tatsache“ i.S.d. § 4i Satz 1 EStG ist die Minderung der ausländischen Steuer-

---

1901 Siehe dazu die Ausführungen unter „Verfahrensrecht“ in Kapitel 8.2.3.

1902 Vgl. auch POHL, CARSTEN (Kommentierung § 4i EStG 2024), Rn. 66 und allgemein dazu RÜSKEN, REINHART (Kommentierung § 175 AO 2024), Rn. 154.

1903 Vgl. u.a. BERGMANN, MALTE (Einordnung 2017), S. 127, Fn. 15; HICK, CHRISTIAN (Kommentierung § 4i EStG 2024), Rn. 32; MARQUARDSEN, MARIA GESINA (Kommentierung § 4i EStG 2024), Rn. 20; POHL, CARSTEN (Kommentierung § 4i EStG 2024), Rn. 55; PRINZ, ULRICH (Sonderbetriebsausgaben 2017), S. 557; SCHNITGER, ARNE (Maßnahmen 2017), S. 217; kritisch, aber „eher“ der überwiegenden Auffassung folgend GOSCH, DIETMAR (Kommentierung § 4i EStG 2024), Rn. 5a. KANZLER, der zunächst die Gegenauffassung vertreten hatte (vgl. KANZLER, HANS-JOACHIM (Abzugsverbot 2017), S. 329), folgt nunmehr ebenfalls der h.L.; vgl. KANZLER, HANS-JOACHIM (Kommentierung § 4i EStG 2024), Rn. 22. Zudem folgen FEHLING, DANIEL/LINN, ALEXANDER/MARTINI, RUBEN (Linking Rules 2022), S. 787 – entgegen den Ausführungen von GOSCH, DIETMAR (Kommentierung § 4i EStG 2024), Rn. 5a und dort Fn. 3 – der h.L. A.A. aber wohl RÜSCH, GARY (Besteuerungstatbestand 2018), S. 302.

1904 Vgl. HICK, CHRISTIAN (Kommentierung § 4i EStG 2024), Rn. 32.

1905 BFH, Urteil vom 05.11.1970, V R 71/67, S. 224.

1906 So HICK, CHRISTIAN (Kommentierung § 4i EStG 2024), Rn. 32; RÜSCH, GARY (Besteuerungstatbestand 2018), S. 302 sowie BODDEN, GUIDO (Kommentierung § 4i EStG 2024), Rn. 29.1 (Letzterer zu Unrecht mit Verweis auf KUßMAUL, HEINZ/SCHÄFER, RENÉ/ENGEL, PHILIPP (Sonderbetriebsausgaben 2021), S. 44). Vgl. auch MARQUARDSEN, MARIA GESINA (Kommentierung § 4i EStG 2024), Rn. 20; SCHNITGER, ARNE (Maßnahmen 2017), S. 217.

1907 Vgl. auch wörtlich BODDEN, GUIDO (Kommentierung § 4i EStG 2024), Rn. 29.1; HICK, CHRISTIAN (Kommentierung § 4i EStG 2024), Rn. 32; RÜSCH, GARY (Besteuerungstatbestand 2018), S. 302; ablehnend hingegen MARTINI, RUBEN (Kommentierung § 4i EStG 2024), Rn. A 50.

1908 BFH, Urteil vom 10.05.2017, II R 53/14, Rn. 33 (mit Verweis auf RÄTKE, BERND (Kommentierung § 90 AO 2024), Rn. 22 sowie SEER, ROMAN (Kommentierung § 90 AO 2024), Rn. 21).

bemessungsgrundlage zu sehen, sodass eine negative Tatsache die Nichtminderung der ausländischen Steuerbemessungsgrundlage ist.[1909] Sofern man der oben dargestellten Auffassung in der Literatur folgt, wäre der Steuerpflichtige mithin aber gerade verpflichtet, eine solche vom BFH angesprochene und von der Mitwirkungspflicht nach § 90 Abs. 2 AO ausgenommene negative Tatsache nachzuweisen. In den Worten von RÜSCH müsste der Steuerpflichtige einen „Negativbeweis“[1910] erbringen.[1911] „Das Nichtvorhandensein steuererheblicher Tatsachen nachzuweisen (so genannter Negativnachweis) ist aber nicht möglich, jedenfalls für einen Steuerpflichtigen unzumutbar, weshalb für einen Negativbeweis auch keine Mitwirkungspflicht gemäß § 90 AO besteht“[1912]. Folglich ist – im Einklang mit der bisherigen Rechtsprechung – die zuvor dargelegte, in der Literatur vertretene Auffassung abzulehnen.[1913] Gleichwohl kann bei unzureichender Mitwirkung des Steuerpflichtigen der Abzug der Sonderbetriebsausgaben auf Basis von § 4i Satz 1 EStG i.V.m. § 90 Abs. 2 AO versagt werden.[1914] Der Steuerpflichtige muss also das ihm Mögliche an Beweismitteln vorlegen und damit bspw. einen für ihn grundsätzlich zugänglichen Steuerbescheid zur Verfügung stellen.[1915]

8.2.3 Tatbestand und Rechtsfolge von § 4i Satz 2 EStG

Systematische Rechtfertigung:

Wie bereits aufgezeigt, ordnet § 4i Satz 2 EStG an, dass Satz 1 der Norm nicht gilt, soweit die dort angesprochenen Aufwendungen respektive Sonderbetriebsausgaben Erträge desselben Steuerpflichtigen mindern, die bei ihm sowohl der inländischen Besteuerung unterliegen als auch nachweislich der tatsächlichen Besteuerung in dem anderen Staat. § 4i Satz 2 EStG formuliert damit eine Ausnahme zu dem als Ausnahme normierten Sonderbetriebsausgabenabzugsverbot des § 4i Satz 1 EStG, sodass es sich um eine Rückausnahme handelt.[1916] Hintergrund der Rückausnahme ist, dass keine Notwendigkeit respektive kein Grund besteht, den doppelten Abzug von Aufwendungen zu versagen, wenn bzw. soweit auch Erträge doppelt in die Steuerbemessungsgrundlage einfließen.[1917] Ziel von § 4i Satz 2 EStG ist mithin die Vermeidung einer

---

[1909] Vgl. KUẞMAUL, HEINZ/SCHÄFER, RENÉ/ENGEL, PHILIPP (Sonderbetriebsausgaben 2021), S. 44, Fn. 57.

[1910] RÜSCH, GARY (Besteuerungstatbestand 2018), S. 302.

[1911] Vgl. auch RADMANESH, SANDY/GEBHARDT, RONALD (Korrespondenzregelungen 2018), S. 583: „eine Nichtminderung ist regelmäßig nur als „Umkehrschluss“ unter Betrachtung aller ausländischen Buchungsvorgänge nachvollziehbar“.

[1912] FG Rheinland-Pfalz, Urteil vom 14.12.2011, 2 K 1427/11, Rn. 28 (mit Verweis auf FG Hessen, Urteil vom 25.02.2003, 11 K 5466/00, 11 K 5468/00, Rn. 23).

[1913] Vgl. bereits KUẞMAUL, HEINZ/SCHÄFER, RENÉ/ENGEL, PHILIPP (Sonderbetriebsausgaben 2021), S. 44 und – wohl im Anschluss an KUẞMAUL/SCHÄFER/ENGEL – mittlerweile zweifelnd an der überwiegenden Auffassung in der Literatur BODDEN, GUIDO (Kommentierung § 4i EStG 2024), Rn. 29.1.

[1914] Vgl. MARTINI, RUBEN (Kommentierung § 4i EStG 2024), Rn. A 50. Vgl. auch STAHL, CHRISTIAN (Kommentierung § 4i EStG 2024), Rn. 120.

[1915] Vgl. STAHL, CHRISTIAN (Kommentierung § 4i EStG 2024), Rn. 120.

[1916] Vgl. KUẞMAUL, HEINZ/SCHÄFER, RENÉ/ENGEL, PHILIPP (Sonderbetriebsausgaben 2021), S. 44; MARTINI, RUBEN (Kommentierung § 4i EStG 2024), Rn. A 5; OERTEL, EVA (Korrespondenzvorschriften 2018), S. 353.

[1917] Vgl. BT-Drs. 18/9956 vom 12.10.2016, S. 3 f.; MARTINI, RUBEN (Kommentierung § 4i EStG 2024), Rn. A 3. Vgl. auch MARQUARDSEN, MARIA GESINA (Kommentierung § 4i EStG 2024), Rn. 22.1.

überschießenden Wirkung von § 4i Satz 1 EStG.[1918] Ein in zwei Staaten bestehender, also doppelter Abzug von Aufwendungen ist bei einer doppelten Erfassung der Erträge in beiden Staaten systematisch gerechtfertigt.[1919]

Erträge i.S.d. § 4i Satz 2 EStG:

Die gesetzliche Formulierung, wonach „Aufwendungen Erträge […] mindern", kann als unpräzise bzw. „unzutreffend" bezeichnet werden.[1920] Aufwendungen können – jedenfalls nach deutschem Verständnis – keine Erträge, als gegebene Bruttogröße, mindern, sondern bilden zusammen mit den Erträgen die Einkünfte, welche eine Nettogröße sind; durch weitere Erträge werden die Einkünfte erhöht, durch zusätzliche Aufwendungen werden sie gemindert.[1921] Präziser formuliert und steuersystematisch korrekt wäre daher im Gesetzestext von Aufwendungen, die bestimmte Einkünfte mindern, die Rede.[1922]

Welche „Erträge" durch Satz 2 der Norm angesprochen sind, ist umstritten. Die wohl h.M. geht hierbei davon aus, dass alle Erträge angesprochen sind, unabhängig von der Frage, ob es sich um Sonderbetriebseinnahmen handelt, und unabhängig davon, ob die Erträge mit den Aufwendungen zusammenhängen; selbst Erträge, die nicht aus der Mitunternehmerschaft stammen, seien erfasst.[1923] Ein anderer, kleinerer Teil der Literatur will den Anwendungsbereich von Satz 2 der Norm auf solche Erträge beschränken, die im Zusammenhang mit der Mitunternehmerschaft stehen.[1924] KUDERT/KAHLENBERG, als Vertreter einer nochmals abweichenden Auffassung, fassen hingegen nur Erträge, die mit Sonderbetriebsausgaben des Sonderbetriebsver-

---

[1918] Vgl. BT-Drs. 18/9956 vom 12.10.2016, S. 3; KRAFT, CORNELIA/HOHAGE, UWE (Sonderbetriebsausgaben 2019), S. 313.

[1919] Vgl. KRAFT, CORNELIA/HOHAGE, UWE (Sonderbetriebsausgaben 2019), S. 313; MARTINI, RUBEN (Kommentierung § 4i EStG 2024), Rn. A 3; WACKER, ROLAND (Kommentierung § 4i EStG 2024), Rn. 14. Vgl. auch MARQUARDSEN, MARIA GESINA (Kommentierung § 4i EStG 2024), Rn. 22.1.

[1920] Vgl. ähnlich und jeweils auch wörtlich BÄRSCH, SVEN-ERIC/BÖHMER, JULIAN (Unternehmensbesteuerung 2017), S. 568; BODDEN, GUIDO (Kommentierung § 4i EStG 2024), Rn. 35; KAHLE, HOLGER/BRAUN, JULIA (Sonderbetriebsausgaben 2018), S. 387.

[1921] Vgl. BÄRSCH, SVEN-ERIC/BÖHMER, JULIAN (Unternehmensbesteuerung 2017), S. 568; BAUMGARTNER, EGID/CLOER, ADRIAN (Kommentierung § 4i EStG 2024), Rn. 133; BODDEN, GUIDO (Kommentierung § 4i EStG 2024), Rn. 35; HICK, CHRISTIAN (Kommentierung § 4i EStG 2024), Rn. 42; KAHLE, HOLGER/BRAUN, JULIA (Sonderbetriebsausgaben 2018), S. 387; a.A. RÜSCH, GARY (Besteuerungstatbestand 2018), S. 303.

[1922] Vgl. auch BÄRSCH, SVEN-ERIC/BÖHMER, JULIAN (Unternehmensbesteuerung 2017), S. 568; BAUMGARTNER, EGID/CLOER, ADRIAN (Kommentierung § 4i EStG 2024), Rn. 133; BODDEN, GUIDO (Kommentierung § 4i EStG 2024), Rn. 35; KAHLE, HOLGER/BRAUN, JULIA (Sonderbetriebsausgaben 2018), S. 387; wohl a.A. HICK, CHRISTIAN (Kommentierung § 4i EStG 2024), Rn. 43.

[1923] Vgl. u.a. BÄRSCH, SVEN-ERIC/BÖHMER, JULIAN (Unternehmensbesteuerung 2017), S. 568; DYCKMANS, JAN (Kommentierung § 4i EStG 2024), Rn. 30 f.; GAH, MAXIMILIAN/WANGLER, CLEMENS (Inbound-Fall 2018), S. 821; GOSCH, DIETMAR (Kommentierung § 4i EStG 2024), Rn. 7; RADMANESH, SANDY/GEBHARDT, RONALD (Korrespondenzregelungen 2018), S. 583; SCHNITGER, ARNE (Maßnahmen 2017), S. 218; STAHL, CHRISTIAN (Kommentierung § 4i EStG 2024), Rn. 103 und wohl auch BODDEN, GUIDO (Kommentierung § 4i EStG 2024), Rn. 37; MARTINI, RUBEN (Kommentierung § 4i EStG 2024), Rn. C 6. Vgl. auch BT-Drs. 18/9956 vom 12.10.2016, S. 4. An der Sinnhaftigkeit zweifelnd, aber letztlich wohl gl.A., MARQUARDSEN, MARIA GESINA (Kommentierung § 4i EStG 2024), Rn. 22 f.

[1924] Vgl. HICK, CHRISTIAN (Kommentierung § 4i EStG 2024), Rn. 42; KAHLE, HOLGER/BRAUN, JULIA (Sonderbetriebsausgaben 2018), S. 387 und womöglich auch POHL, CARSTEN (Kommentierung § 4i EStG 2024), Rn. 61.

mögens II in Zusammenhang stehen, und damit nur Sonderbetriebseinnahmen aus Sonderbetriebsvermögen II unter den Begriff der Erträge i.S.d. § 4i Satz 2 EStG.[1925]

Der Auffassung der h.L. könnte m.E. vorgehalten werden, dass sie mit Blick auf den Sinn und Zweck von § 4i EStG an ihre Grenzen gelangt.[1926] Hierzu stelle man sich einen Steuerpflichtigen vor, der tatsächlich ein Steuergestaltungsmodell aufsetzt, durch das er – ohne Erträge aus der Mitunternehmerschaft im Inland zu versteuern – Sonderbetriebsausgaben im In- und Ausland geltend machen kann. Ein Zulassen jedweder Erträge zwecks Exkulpation bedeutet, dass dieser Steuerpflichtige die Anwendung des Sonderbetriebsausgabenabzugsverbots nach § 4i Satz 1 EStG dadurch verhindern kann, dass er – neben der Beteiligung an der Mitunternehmerschaft – eine Immobilie vermietet und die übersteigenden Erträge hieraus in beiden Staaten besteuert werden. Das würde bedeuten: Ein Steuerpflichtiger, der nur Erträge aus einer Immobilie im In- und Ausland versteuert, wird – bezüglich der Besteuerung im Inland – schlechter gestellt als ein Steuerpflichtiger, der neben der Vermietung noch ein Steuergestaltungsmodell aufsetzt und so einen doppelten Abzug von Sonderbetriebsausgaben erreicht. Der doppelte Abzug der Aufwendungen in dem zuvor angerissenen Beispiel ist aber systematisch korrekt.[1927] Solange der (steuergestaltende) Steuerpflichtige alle Erträge in beiden Staaten versteuert, muss es ihm auch möglich sein, alle Aufwendungen doppelt abzuziehen.[1928] Dies wird umso deutlicher, wenn man sich einen in beiden Staaten unbeschränkt Steuerpflichtigen vorstellt, dessen gesamtes Welteinkommen in beiden Staaten besteuert wird. Hier wäre es nicht zu erklären, dass ein Staat einseitig den Abzug bestimmter Aufwendungen untersagt, nur weil diese auch in dem anderen Staat im Rahmen der dortigen unbeschränkten Steuerpflicht geltend gemacht werden. Alles andere würde bedeuten, dass das Steuersystem des jeweiligen Staates in sich nicht konsistent ist. Anders ausgedrückt: Wenn ein Staat den Abzug von Aufwendungen aus einem Steuergestaltungsmodell versagen will, steht ihm das frei, die Begründung kann aber – bei doppelter Erfassung aller Erträge – nicht sein, dass die Aufwendungen auch in einem anderen Staat abgezogen werden.

Systematisch richtig darf nur ein Abzug von Aufwendungen ausgeschlossen sein, die mit Erträgen zusammenhängen, die nur in einem der Staaten besteuert werden – und genau so ist § 4i Satz 1 i.V.m. Satz 2 EStG auch konzipiert.[1929] Daher sind m.E. – mit der h.L. – doppelt erfasste Erträge – gleich aus welcher Quelle sie stammen – geeignet, die Tatbestandsvoraussetzungen des § 4i Satz 2 EStG zu erfüllen. „Das notwendige Korrektiv stellt die nachweisliche inländische als auch ausländische Besteuerung der Erträge dar“[1930].

[1925] Vgl. KUDERT, STEPHAN/KAHLENBERG, CHRISTIAN (Reformierung 2017), S. 352 f. Vgl. auch KUDERT, STEPHAN/KAHLENBERG, CHRISTIAN (Sonderbetriebsausgaben 2017), S. 50.

[1926] Vgl. auch MARQUARDSEN, MARIA GESINA (Kommentierung § 4i EStG 2024), Rn. 22.1, die von einer „eigentümliche[n] Regelung“ spricht, die sich „wohl nur dadurch [erklären lässt; d.Verf.], dass sich ähnliche Ausnahmeregelungen auch in den Vorschlägen der OECD in Maßnahme 2 finden, welche die Verhinderung doppelter Betriebsausgabenabzüge zum Gegenstand haben“.

[1927] Vgl. auch RADMANESH, SANDY/GEBHARDT, RONALD (Korrespondenzregelungen 2018), S. 583, die mit Blick auf den Wortlaut der Norm zum selben Ergebnis gelangen.

[1928] Vgl. auch STAHL, CHRISTIAN (Kommentierung § 4i EStG 2024), Rn. 103.

[1929] Vgl. auch MARTINI, RUBEN (Kommentierung § 4i EStG 2024), Rn. A 3, C 6.

[1930] STAHL, CHRISTIAN (Kommentierung § 4i EStG 2024), Rn. 103.

Mit der voranstehenden Argumentation ist m.E. auch die oben aufgezeigte Mindermeinung von KUDERT/KAHLENBERG abzulehnen.[1931] In den dort gegebenen Beispielen 4 und 5 werden in den beteiligten Staaten Aufwendungen doppelt steuermindernd erfasst. Die Autoren wollen daraufhin das Sonderbetriebsausgabenabzugsverbot des § 4i Satz 1 EStG anwenden. In den gegebenen Beispielen fließen aber auch sämtliche Erträge in allen beteiligten Staaten in die Steuerbemessungsgrundlagen ein, sodass die dort vertretene Auffassung – vom Ergebnis kommend – nicht richtig sein kann. Gegenteiliges erscheint – auch hier (s.o.) – nur möglich, wenn das Steuersystem des jeweiligen Staates in sich nicht konsistent wäre. Ansonsten ist kein Grund ersichtlich, bei voller Erfassung aller Erträge bestimmte Aufwendungen vom Abzug auszuschließen.

(tatsächliche) Besteuerung im In- und Ausland:

Satz 2 von § 4i EStG fordert insbesondere, dass die Aufwendungen Erträge mindern, die sowohl der inländischen Besteuerung unterliegen als auch nachweislich der tatsächlichen Besteuerung im Ausland. Ob die Aufwendungen Erträge mindern, die in beiden Staaten (tatsächlich) besteuert werden, beurteilt sich nach hier geteilter Auffassung nach dem Steuerrecht des jeweiligen Staates und damit nach deutschem oder ausländischem Recht.[1932] Der Ausdruck „tatsächliche Besteuerung“, der nur für die Behandlung der Erträge im Ausland verwendet wird, soll wohl darauf hindeuten, dass ein konkreter Einbezug in die steuerliche Bemessungsgrundlage erfolgen muss, sodass eine nur abstrakte Betrachtung der Behandlung der Erträge nach ausländischem Steuerrecht nicht ausreicht.[1933] Darüber hinaus kann hier bereits nach dem Wortlaut der Norm, der eine Besteuerung und keinen Einbezug in die Steuerbemessungsgrundlage fordert, eine rein tarifäre Berücksichtigung der Erträge nach deutschem Verständnis, d.h. eine Berücksichtigung nach Anwendung des Steuertarifs auf die Steuerbemessungsgrundlage, ohne Weiteres genügen, um die Rückausnahme auszulösen bzw. den Sonderbetriebsausgabenabzug zu ermöglichen.[1934]

Eine aus den Erträgen resultierende sofortige Steuerbelastung oder -zahllast ist jedoch nicht zwingend erforderlich, sodass ein Einbezug in die Steuerbemessungsgrundlage genügt.[1935]

1931 Vgl. auch zum Folgenden KUDERT, STEPHAN/KAHLENBERG, CHRISTIAN (Reformierung 2017), S. 352 f.

1932 Vgl. WACKER, ROLAND (Kommentierung § 4i EStG 2024), Rn. 15.

1933 So RADMANESH, SANDY/GEBHARDT, RONALD (Korrespondenzregelungen 2018), S. 583 f. In diese Richtung geht auch die Aussage in der Gesetzesbegründung: „Die Anwendung des Satzes 2 fordert eine tatsächliche Besteuerung. Eine solche liegt vor, soweit die Erträge in die steuerliche Bemessungsgrundlage einbezogen werden“; BT-Drs. 18/9956 vom 12.10.2016, S. 4.

1934 Vgl. RÜSCH, GARY (Besteuerungstatbestand 2018), S. 303 und dazu auch die Ausführungen bezüglich einer Minderung der Steuerbemessungsgrundlage i.S.d. § 4i Satz 1 EStG im vorangehenden Kapitel.

1935 H.M., vgl. BERGMANN, MALTE (Einordnung 2017), S. 129; DYCKMANS, JAN (Kommentierung § 4i EStG 2024), Rn. 32; GOSCH, DIETMAR (Kommentierung § 4i EStG 2024), Rn. 7; HICK, CHRISTIAN (Kommentierung § 4i EStG 2024), Rn. 46; LOOSE, THOMAS (Kommentierung § 4i EStG 2024), Rn. 14; POHL, CARSTEN (Kommentierung § 4i EStG 2024), Rn. 62; SCHNITGER, ARNE (Maßnahmen 2017), S. 218; WACKER, ROLAND (Kommentierung § 4i EStG 2024), Rn. 15 sowie BT-Drs. 18/9956 vom 12.10.2016, S. 4. Kritisch dazu MARQUARDSEN, MARIA GESINA (Betriebsausgabenabzugsverbot 2020), S. 625 mit Hinweis auf „die Gefahr, dass es bei nicht korrespondierenden Erträgen und Aufwendungen weiterhin zum ungewollten doppelten Betriebsausgabenabzug kommt; nämlich dann, wenn durch die Aufwendungen im Ausland Erträge gemindert werden, die in Deutschland gar nicht der Besteuerung unterliegen“. Vgl. auch MARQUARDSEN, MARIA GESINA (Kommentierung § 4i EStG 2024), Rn. 24 ff. § 4i Satz 2 EStG fordert zur Anwendung der Rückausnahme bzw. zur Ermöglichung des Betriebsausgabenabzugs jedoch gerade, dass die Erträge auch der inländischen Besteu-

Auch die Höhe des Steuersatzes im Ausland ist irrelevant,[1936] wobei selbst ein Steuersatz i.H.v. 0 %[1937] eine tatsächliche Besteuerung bewirken kann;[1938] durch den jeweiligen ausländischen Staat wurde mit dem Nullsteuersatz eine bestimmte Belastungsentscheidung getroffen, die es aus deutscher Sicht zu respektieren gilt. Des Weiteren beeinflusst eine etwaige Steueranrechnung durch einen der beiden Staaten nicht die Beantwortung der Frage, ob die Erträge in beiden Staaten besteuert werden.[1939]

Da ein doppelter Einbezug der Erträge in die Steuerbemessungsgrundlage nach hier geteilter Auffassung (s.o.) für die Annahme einer „tatsächlichen Besteuerung" der Erträge ausreichend ist, genügt es zur Tatbestandserfüllung der Rückausnahme auch, wenn die Erträge im In- und Ausland nur einen Verlust(-vortrag) vermindern.[1940] Warum in Verlustsituationen im Ausland von einer Minderung der Steuerbemessungsgrundlage i.S.d. § 4i Satz 1 EStG auszugehen ist, wurde in Kapitel 8.2.2 ausführlich begründet. Intuitiv erwartet man zwar, dass der Gesetzgeber durch die unterschiedlich gewählten Formulierungen „Steuerbemessungsgrundlage […] mindern" in Satz 1 der Norm versus „tatsächliche Besteuerung" in deren Satz 2 auch Verschiedenes zum Ausdruck bringen wollte; schließlich „hätte der Gesetzgeber für die Rückausnahme schlichtweg auch (analog zu Satz 1) auf eine Erhöhung der Steuerbemessungsgrundlage abstellen können"[1941]. Zum einen wird aber in der Gesetzesbegründung die tatsächliche Besteuerung mit einem Einbezug in die Steuerbemessungsgrundlage gleichgesetzt,[1942] zum anderen zeigt gerade der Verlustfall im Ausland, dass beide Formulierungen gleich verstanden werden müssen. Würde man für eine tatsächliche Besteuerung der Erträge das unmittelbare Entstehen einer Steuerzahllast verlangen, käme es in Verlustfällen ggf. zu dem kuriosen Ergebnis, dass trotz doppelter Aufwands- und doppelter Ertragsberücksichtigung nur Satz 1, nicht aber Satz 2 der Norm Anwendung finden würde.[1943]

---

erung unterliegen. D.h., es werden doppelt berücksichtigte Erträge vorausgesetzt; vgl. STAHL, CHRISTIAN (Kommentierung § 4i EStG 2024), Rn. 104 f. Mithin bleibt unklar, welcher Fall gemeint ist.

1936 Vgl. HICK, CHRISTIAN (Kommentierung § 4i EStG 2024), Rn. 46.

1937 Ein Steuersatz i.H.v. 0 % könnte im Ausland vorwiegend aus steuerpolitischen respektive anreizpolitischen Gründen und regelmäßig beschränkt auf gewisse Einkünfte angewandt werden. So erhebt Deutschland seit einiger Zeit umsatzsteuerlich einen Nullsteuersatz auf bestimmte Leistungen im Zusammenhang mit Photovoltaikanlagen; siehe dazu § 12 Abs. 3 UStG.

1938 Vgl. – mit gehöriger Begründung – LOOSE, THOMAS (Kommentierung § 4i EStG 2024), Rn. 14; a.A. RÜSCH, GARY (Besteuerungstatbestand 2018), S. 303.

1939 Vgl. BERGMANN, MALTE (Einordnung 2017), S. 129; WACKER, ROLAND (Kommentierung § 4i EStG 2024), Rn. 15.

1940 Vgl. HICK, CHRISTIAN (Kommentierung § 4i EStG 2024), Rn. 46; LOOSE, THOMAS (Kommentierung § 4i EStG 2024), Rn. 14; RÜSCH, GARY (Besteuerungstatbestand 2018), S. 303; SCHNITGER, ARNE (Maßnahmen 2017), S. 218; a.A. MARTINI, RUBEN (Kommentierung § 4i EStG 2024), Rn. C 18.

1941 So RÜSCH, GARY (Besteuerungstatbestand 2018), S. 303.

1942 Vgl. BT-Drs. 18/9956 vom 12.10.2016, S. 4. RÜSCH rechtfertigt dies mit einem in der Gesetzesbegründung angelegten abweichenden Verständnis des Begriffs „Steuerbemessungsgrundlage"; vgl. RÜSCH, GARY (Besteuerungstatbestand 2018), S. 303 und dort Fn. 35. Das erscheint aber mehr behauptet als begründet.

1943 Vgl. auch LOOSE, THOMAS (Kommentierung § 4i EStG 2024), Rn. 14.

Demgegenüber wird m.E. zu Recht davon ausgegangen, dass eine tatsächliche Besteuerung in beiden Staaten – analog zu Satz 1 der Norm – dann nicht gegeben ist, wenn die Erträge in einem der Staaten als nicht steuerbar behandelt werden bzw. dort eine persönliche oder sachliche Steuerbefreiung greift.[1944] Darüber hinaus spricht die Gesetzesbegründung davon, dass selbiges gilt, wenn „aus anderen Gründen eine tatsächliche Besteuerung unterbleibt“[1945]. Eine Konkretisierung dieser Aussage erfolgt in der Gesetzesbegründung nicht.[1946] Die Literatur füllte diese Lücke mit Beispielen wie etwa dem Fall, dass der ausländische Staat die Erträge aus Unkenntnis nicht besteuert,[1947] oder dem Fall, dass im anderen Staat aufgrund eines Vollzugsdefizits eine Besteuerung unterbleibt.[1948] Insgesamt kann für den Steuerpflichtigen bzw. dessen Berater das zu den abkommensrechtlichen Subjekt-to-tax-Klauseln ergangene und hier in Kapitel 7.3 bereits dargestellte BMF-Schreiben vom 20.06.2013[1949] als Orientierung zur Ermittlung der Auffassung der Finanzverwaltung bezüglich der Frage dienen, wann Erträge tatsächlich besteuert werden.[1950] Hier beschreibt die Finanzverwaltung etwa, dass ihres Erachtens eine Besteuerung im anderen Staat gegeben ist, „soweit die Einkünfte in die steuerliche Bemessungsgrundlage einbezogen werden“, bzw. dass keine Besteuerung im ausländischen Staat anzunehmen ist, soweit „aus anderen Gründen eine tatsächliche Besteuerung unterbleibt (z. B. aufgrund Verzichts durch Erlass der Steuer oder durch Unkenntnis der durch den Steuerpflichtigen erzielten Einkünfte […])“.[1951]

Steuersubjektidentität:

§ 4i Satz 2 EStG fordert in seiner Formulierung des Weiteren, dass die „Aufwendungen Erträge desselben Steuerpflichtigen mindern“. Mit demselben Steuerpflichtigen ist der Mitunternehmer aus Satz 1 der Norm gemeint, der die nämlichen Aufwendungen in zwei Staaten zum Abzug bringt.[1952] Zudem müssen die um die Aufwendungen geminderten Erträge „bei ihm“ der Besteuerung im Inland unterworfen sein und wiederum „bei ihm“ im Ausland tatsächlich besteuert werden.[1953] § 4i Satz 2 EStG setzt daher eine Steuersubjektidentität zwischen dem Mitunternehmer, der Aufwendungen doppelt geltend macht, und dem Mitunternehmer, dessen Erträge besteuert werden, ebenso voraus wie zwischen dem Mitunternehmer, der im Inland sowie dem

---

1944 Vgl. BT-Drs. 18/9956 vom 12.10.2016, S. 4; HECKERODT, DAVID (Sonderbetriebsausgabenabzug 2017), S. 726; KUßMAUL, HEINZ/SCHÄFER, RENÉ/ENGEL, PHILIPP (Sonderbetriebsausgaben 2021), S. 44; STAHL, CHRISTIAN (Kommentierung § 4i EStG 2024), Rn. 104.

1945 BT-Drs. 18/9956 vom 12.10.2016, S. 4.

1946 Vgl. auch KUDERT, STEPHAN/KAHLENBERG, CHRISTIAN (Sonderbetriebsausgaben 2017), S. 51.

1947 Vgl. HICK, CHRISTIAN (Kommentierung § 4i EStG 2024), Rn. 46; KUßMAUL, HEINZ/SCHÄFER, RENÉ/ENGEL, PHILIPP (Sonderbetriebsausgaben 2021), S. 44.

1948 Vgl. KÄSHAMMER, DANIEL/GASSER, MARCO/BELLGARDT, MORITZ (Double-Dip 2018), S. 121; WACKER, ROLAND (Kommentierung § 4i EStG 2024), Rn. 15.

1949 Vgl. BMF-Schreiben vom 20.06.2013, IV B 2 – S 1300/09/10006, S. 980 ff.

1950 Vgl. BODDEN, GUIDO (Kommentierung § 4i EStG 2024), Rn. 41; KUDERT, STEPHAN/KAHLENBERG, CHRISTIAN (Sonderbetriebsausgaben 2017), S. 51.

1951 Vgl. auch wörtlich BMF-Schreiben vom 20.06.2013, IV B 2 – S 1300/09/10006, Tz. 2.3.

1952 Vgl. BT-Drs. 18/9956 vom 12.10.2016, S. 4; PRINZ, ULRICH (Anwendungsfragen 2018), S. 654; WACKER, ROLAND (Kommentierung § 4i EStG 2024), Rn. 14.

1953 Vgl. RÜSCH, GARY (Besteuerungstatbestand 2018), S. 302 und mit leichten Zweifeln auch MARQUARDSEN, MARIA GESINA (Kommentierung § 4i EStG 2024), Rn. 25.

Mitunternehmer, der im Ausland Erträge versteuert, die durch die Aufwendungen gemindert werden.[1954] Erforderlich ist daher eine doppelte Steuersubjektidentität. Insbesondere genügt es zur Tatbestandserfüllung von § 4i Satz 2 EStG damit nicht, wenn die durch die Aufwendungen geminderten Erträge zwar sowohl im Inland als auch im Ausland besteuert werden, dies aber nicht bei derselben Person geschieht.[1955]

Probleme werden im Schrifttum aufgrund der erforderlichen Steuersubjektidentität vor allem bei subjektiven Qualifikationskonflikten bezüglich des Mitunternehmers gesehen.[1956] Argumentiert wird, dass für den Fall, dass der Mitunternehmer selbst wiederum eine Gesellschaft ist und diese von Deutschland und dem ausländischen Staat unterschiedlich (transparent versus intransparent) beurteilt wird, die Erträge nicht durch denselben Steuerpflichtigen besteuert werden, da bei einer transparenten Sichtweise der hinter der Gesellschaft stehende Gesellschafter die Erträge versteuert und bei einer intransparenten Sichtweise die Gesellschaft selbst der Besteuerung unterliegt. Wenn etwa an einer deutschen Mitunternehmerschaft eine ausländische Gesellschaft beteiligt ist, könnte Deutschland die ausländische Gesellschaft transparent behandeln und damit den hinter ihr stehenden Gesellschafter als Steuerpflichtigen betrachten, wohingegen das Ausland die Gesellschaft intransparent und damit selbst besteuert. Deutschland würde in diesem Beispiel den mittelbaren Gesellschafter der deutschen Mitunternehmerschaft als Steuerpflichtigen im Inland erachten, im Ausland unterliegt aber die beteiligte ausländische Gesellschaft der Besteuerung. Folglich könne davon ausgegangen werden, dass die Erträge nicht bei derselben Person im In- und Ausland (tatsächlich) besteuert werden, sodass die erforderliche Steuersubjektidentität nicht gegeben ist. Eine ähnlich gelagerte Situation kann aus dem Vorhandensein einer Organschaft bzw. eines Gruppenbesteuerungssystems im Ausland resultieren,[1957] sodass ein Teil der Literatur auch in einem solchen Fall ggf. die Anwendung von § 4i Satz 2 EStG ablehnt.[1958]

M.E. sollte in den zuvor skizzierten Problemfällen allein auf deutsches Recht abgestellt werden bzw. die Situation allein mit der „deutschen Brille“ betrachtet werden, sodass für Zwecke der Anwendung von § 4i Satz 2 EStG davon auszugehen ist, dass derjenige, der im Inland die Sonderbetriebsausgaben geltend macht und bestimmte Erträge versteuert, mit demjenigen übereinstimmt, der im Ausland die Aufwendungen abzieht und dessen Erträge dort der Besteuerung unterliegen. Die Sichtweise nach ausländischem Steuerrecht sollte für Zwecke der Anwendung von § 4i Satz 2 EStG hingegen nicht entscheidend sein. Auf diese Weise wäre stets Steuer-

---

1954 Vgl. MARTINI, RUBEN (Kommentierung § 4i EStG 2024), Rn. C 1; WACKER, ROLAND (Kommentierung § 4i EStG 2024), Rn. 16. Vgl. dazu auch HICK, CHRISTIAN (Kommentierung § 4i EStG 2024), Rn. 44.

1955 Vgl. HICK, CHRISTIAN (Kommentierung § 4i EStG 2024), Rn. 44 m.w.N.; MARTINI, RUBEN (Kommentierung § 4i EStG 2024), Rn. C 1; WACKER, ROLAND (Kommentierung § 4i EStG 2024), Rn. 16.

1956 Vgl. auch zum Folgenden MARQUARDSEN, MARIA GESINA (Betriebsausgabenabzugsverbot 2020), S. 625; MARTINI, RUBEN (Kommentierung § 4i EStG 2024), Rn. C 2; RADMANESH, SANDY/GEBHARDT, RONALD (Korrespondenzregelungen 2018), S. 583; STAHL, CHRISTIAN (Kommentierung § 4i EStG 2024), Rn. 108.

1957 Vgl. KUDERT, STEPHAN/KAHLENBERG, CHRISTIAN (Reformierung 2017), S. 355 und dort Fn. 111.

1958 Vgl. HICK, CHRISTIAN (Kommentierung § 4i EStG 2024), Rn. 44; MARTINI, RUBEN (Kommentierung § 4i EStG 2024), Rn. C 3; differenzierend KAHLE, HOLGER/BRAUN, JULIA (Sonderbetriebsausgaben 2018), S. 387; SCHNITGER, ARNE (Maßnahmen 2017), S. 218.

subjektidentität gegeben.[1959] Auch hier ist Kern des Problems die Vermischung der in- und ausländischen Sichtweise.[1960] Bestätigung findet die hier vertretene Auffassung in der Gesetzesbegründung, wenn dort zum Ausdruck gebracht wird, dass derselbe Steuerpflichtige der Mitunternehmer ist, „unabhängig von der Beurteilung der Gesellschaft und deren Gesellschaftern im anderen Staat".[1961] Zudem kann auch hier auf die Rechtsprechung des BFH rekurriert werden, nach der ausländisches Steuerrecht für die Frage, welcher Person Einkünfte zuzurechnen sind, nicht entscheidend ist – abzustellen ist allein auf deutsches Recht.[1962]

Darüber hinaus käme auch eine Auslegung nach dem Sinn und Zweck der Norm in Betracht, um das hier gefundene Ergebnis zu erreichen und § 4i Satz 2 EStG auch im Fall von Divergenzen im Hinblick auf die steuerliche Beurteilung des Mitunternehmers nach in- und ausländischem Recht zur Anwendung zu bringen.[1963] Vorgeschlagen wird diesbezüglich eine teleologische Reduktion des Wortlauts von § 4i Satz 2 EStG,[1964] was m.E. mit Blick auf die bisherige diesbezüglich einschlägige Rechtsprechung des BFH möglich erscheint.[1965]

Staatenidentität:

§ 4i Satz 2 EStG setzt – durch die Formulierung „in *dem* anderen Staat" – voraus, dass die Erträge in dem ausländischen Staat der Besteuerung unterliegen, in dem auch die Aufwendungen, die in Deutschland Sonderbetriebsausgaben darstellen, zum Abzug gebracht werden,[1966] wodurch wiederum eine Verknüpfung zwischen Satz 2 und Satz 1 der Norm geschaffen wird. Erforderlich ist – neben der Steuersubjektidentität (s.o.) – auch eine „Staatenidentität".[1967]

Periodenübergreifende Anwendung:

Nach der Gesetzesbegründung kann für Zwecke der Anwendung von § 4i Satz 2 EStG – analog zu den dortigen Ausführungen bezüglich der Anwendung von § 4i Satz 1 EStG – die „Besteuerung der Erträge im anderen Staat […] auch in einem vorhergehenden oder einem nach-

[1959] Vgl. zum Ganzen auch KUDERT, STEPHAN/KAHLENBERG, CHRISTIAN (Reformierung 2017), S. 355, die aber zu Recht auf ggf. resultierende praktische Probleme hinweisen, wenn zwecks Nachweis der tatsächlichen Besteuerung im Ausland (dazu später mehr) ein ausländischer Steuerbescheid vorgelegt wird, der an einen anderen Steuerpflichtigen als an den Mitunternehmer gerichtet ist, der aus deutscher Sicht im Inland steuerpflichtig ist. Die ggf. resultierenden praktischen Probleme ändern an der materiellen Rechtslage jedoch nichts. Womöglich gl.A. wie hier GOSCH, DIETMAR (Kommentierung § 4i EStG 2024), Rn. 7; in dieselbe Richtung ggf. auch, letztlich aber unklar SCHNITGER, ARNE (Maßnahmen 2017), S. 218.

[1960] Vgl. bereits die Ausführungen zur Steuersubjektidentität in Kapitel 8.2.2.

[1961] Vgl. auch wörtlich BT-Drs. 18/9956 vom 12.10.2016, S. 4 und vgl. auch KUDERT, STEPHAN/KAHLENBERG, CHRISTIAN (Reformierung 2017), S. 355.

[1962] Vgl. BFH, Urteil vom 25.05.2011, I R 95/10, Rn. 16 und dazu bereits die Ausführungen in Kapitel 8.2.2.

[1963] Für eine entsprechende teleologische Auslegung BÄRSCH, SVEN-ERIC/BÖHMER, JULIAN (Unternehmensbesteuerung 2017), S. 568; BODDEN, GUIDO (Kommentierung § 4i EStG 2024), Rn. 38.1; DYCKMANS, JAN (Kommentierung § 4i EStG 2024), Rn. 29. Vgl. auch PRINZ, ULRICH (Anwendungsfragen 2018), S. 654. Unklar WACKER, ROLAND (Kommentierung § 4i EStG 2024), Rn. 16. Mit Blick auf den Wortlaut stark zweifelnd MARQUARDSEN, MARIA GESINA (Betriebsausgabenabzugsverbot 2020), S. 625.

[1964] Vgl. BÄRSCH, SVEN-ERIC/BÖHMER, JULIAN (Unternehmensbesteuerung 2017), S. 568; BODDEN, GUIDO (Kommentierung § 4i EStG 2024), Rn. 38.1.

[1965] Vgl. z.B. BFH, Urteil vom 27.03.2007, VIII R 25/05, S. 301.

[1966] Vgl. SCHNITGER, ARNE (Maßnahmen 2017), S. 218.

[1967] Vgl. auch wörtlich GOSCH, DIETMAR (Kommentierung § 4i EStG 2024), Rn. 7; NIELSEN, LARS F. (Personengesellschaftsstrukturen 2018), S. 381.

folgenden Veranlagungszeitraum, Steuerjahr, Wirtschaftsjahr oder Kalenderjahr erfolgen“[1968]. § 4i Satz 2 EStG ist danach ebenfalls periodenübergreifend anzuwenden.[1969] Diese Sichtweise in der Gesetzesbegründung wird von weiten Teilen der Literatur – und m.E. mit Blick auf das ansonsten drohende Ungleichgewicht aufgrund der periodenübergreifenden Anwendung von § 4i Satz 1 EStG zu Recht – geteilt.[1970]

Verfahrensrecht:

Aus verfahrensrechtlicher Sicht stellt sich aufgrund der periodenübergreifenden Anwendung der Norm ggf. die Frage, ob bzw. auf Basis welcher Rechtsgrundlage ein in Deutschland bereits ergangener Steuerbescheid noch geändert werden kann, wenn dieser zunächst unter Anwendung von § 4i Satz 1 EStG ergangen ist und erst in einem künftigen Veranlagungszeitraum die zur Anwendung von § 4i Satz 2 EStG erforderlichen doppeltbesteuerten Erträge vorliegen.[1971] Der deutsche Steuerbescheid kann auch hier vergleichsweise einfach geändert werden, sofern dieser insgesamt unter dem Vorbehalt der Nachprüfung nach § 164 AO steht oder bezüglich des Sonderbetriebsausgabenabzugs nach § 165 AO vorläufig ergangen ist.[1972] Sofern kein entsprechender Vorläufigkeitsvermerk angebracht ist und der Bescheid auch nicht unter dem Vorbehalt der Nachprüfung steht (§ 172 Abs. 1 Satz 1 AO), ist – nach wohl einheitlicher Auffassung in der Literatur – eine Korrektur des bereits bestandskräftigen Bescheids nach § 175 Abs. 1 Satz 1 Nr. 2 AO (rückwirkendes Ereignis) möglich.[1973] Zudem hält ein Teil der Literatur eine Änderung auf Basis von § 173 Abs. 1 Nr. 2 Satz 1 AO und damit aufgrund des nachträglichen Bekanntwerdens neuer Tatsachen oder Beweismittel für denkbar.[1974]

Rechtsfolge und Wirkung von § 4i Satz 2 EStG:

Wie dargelegt, kann § 4i Satz 2 EStG das Sonderbetriebsausgabenabzugsverbot des § 4i Satz 1 EStG rückgängig machen, d.h., den Sonderbetriebsausgabenabzug wieder ermöglichen. Dabei verwendet § 4i Satz 2 EStG, wie Satz 1 der Norm, eine „Soweit-Formulierung“ und bestimmt, dass Satz 1 nicht anzuwenden ist, „soweit diese Aufwendungen Erträge desselben Steuerpflichtigen mindern […]“. In der Literatur wird die Bedeutung bzw. die Auswirkung dieser Formu-

---

1968 BT-Drs. 18/9956 vom 12.10.2016, S. 4.

1969 Vgl. auch GAH, MAXIMILIAN/WANGLER, CLEMENS (Inbound-Fall 2018), S. 821.

1970 Vgl. u.a. HECKERODT, DAVID (Sonderbetriebsausgabenabzug 2017), S. 726; HICK, CHRISTIAN (Kommentierung § 4i EStG 2024), Rn. 45; KANZLER, HANS-JOACHIM (Abzugsverbot 2017), S. 329; KUDERT, STEPHAN/KAHLENBERG, CHRISTIAN (Sonderbetriebsausgaben 2017), S. 52; kritisch SCHNITGER, ARNE (Maßnahmen 2017), S. 218 f.; vgl. zu letzterem aber auch MARTINI, RUBEN (Kommentierung § 4i EStG 2024), Rn. C 17 sowie STAHL, CHRISTIAN (Kommentierung § 4i EStG 2024), Rn. 104.

1971 Vgl. auch KUDERT, STEPHAN/KAHLENBERG, CHRISTIAN (Reformierung 2017), S. 354.

1972 Vgl. zu § 164 AO auch KUDERT, STEPHAN/KAHLENBERG, CHRISTIAN (Reformierung 2017), S. 354 und zu § 165 AO auch KANZLER, HANS-JOACHIM (Kommentierung § 4i EStG 2024), Rn. 41; RÜSCH, GARY (Besteuerungstatbestand 2018), S. 304. Siehe zudem die Ausführungen zu § 4i Satz 1 EStG im vorangegangenen Kapitel.

1973 Vgl. z.B. GOSCH, DIETMAR (Kommentierung § 4i EStG 2024), Rn. 8; HICK, CHRISTIAN (Kommentierung § 4i EStG 2024), Rn. 45; KUDERT, STEPHAN/KAHLENBERG, CHRISTIAN (Reformierung 2017), S. 354; MARTINI, RUBEN (Kommentierung § 4i EStG 2024), Rn. C 16. Vgl. auch BMF, Schreiben vom 20.06.2013, IV B 2 – S 1300/09/10006, Tz. 2.4.

1974 Vgl. HECKERODT, DAVID (Sonderbetriebsausgabenabzug 2017), S. 732 f.; KANZLER, HANS-JOACHIM (Kommentierung § 4i EStG 2024), Rn. 41 und wohl auch DYCKMANS, JAN (Kommentierung § 4i EStG 2024), Rn. 38.

lierung unterschiedlich beurteilt. Zum einen – und deutlich überwiegend – wird vertreten, dass die Sonderbetriebsausgaben in Deutschland gemäß § 4i Satz 2 i.V.m. Satz 1 EStG nur insoweit abziehbar sind, wie auch doppeltbesteuerte Erträge gegeben sind.[1975] Der Teil der Sonderbetriebsausgaben, der über die doppeltbesteuerten Erträge hinausgeht, sei hingegen weiterhin auf Grundlage von § 4i Satz 1 EStG nicht abziehbar.[1976] Erforderlich sei insoweit eine Vergleichsrechnung.[1977] Eine Mindermeinung geht hingegen davon aus, dass die „Soweit-Formulierung" des § 4i Satz 2 EStG nicht im Sinne einer „quantitative[n] Korrelation"[1978] zwischen den Erträgen und Aufwendungen zu verstehen ist und § 4i Satz 2 EStG daher bereits dann eingreift respektive das Sonderbetriebsausgabenabzugsverbot außer Kraft setzt, wenn Erträge desselben Mitunternehmers – gleich in welcher Höhe und gleich, ob diese die Aufwendungen überschreiten – in beiden Staaten besteuert werden.[1979] Die in Satz 2 normierte Rückausnahme könne bereits dann greifen, „wenn eine Übereinstimmung im Hinblick auf den verwirklichten Steuersachverhalt besteht".[1980]

Der deutlich überwiegenden Auffassung im Schrifttum ist zunächst zuzugeben, dass es für den Gesetzgeber – hätte er das von der Mindermeinung Vertretene gewollt – ein Leichtes gewesen wäre, dies durch eine „Wenn-Formulierung" anstelle der „Soweit-Formulierung" zum Ausdruck zu bringen.[1981] Auch in der Gesetzesbegründung ist die Rede davon, dass „keine Rechtfertigung zur Versagung des Betriebsausgabenabzugs [besteht; d.Verf.], *soweit* auch Erträge doppelt erfasst werden"[1982]. Auch hier hätte formuliert werden können bzw. müssen, dass keine Rechtfertigung zur Versagung des Betriebsausgabenabzugs besteht, *wenn* Erträge doppelt erfasst werden. Gleichwohl überzeugt die Mindermeinung, da sie inhaltlich zielführender ist.[1983] Der Sinn und Zweck von § 4i EStG liegt in der Vermeidung von ungerechtfertigten doppelten

---

[1975] Vgl. BERGMANN, MALTE (Einordnung 2017), S. 128; BODDEN, GUIDO (Kommentierung § 4i EStG 2024), Rn. 44 f.; BREUER, CLARISSA/KOPETZKI, SARAH (Abzugsbeschränkung 2022), S. 238 f.; GAH, MAXIMILIAN/WANGLER, CLEMENS (Inbound-Fall 2018), S. 821; GOSCH, DIETMAR (Kommentierung § 4i EStG 2024), Rn. 7; KANZLER, HANS-JOACHIM (Kommentierung § 4i EStG 2024), Rn. 35; KUDERT, STEPHAN/KAHLENBERG, CHRISTIAN (Reformierung 2017), S. 352; KUDERT, STEPHAN/KAHLENBERG, CHRISTIAN (Sonderbetriebsausgaben 2017), S. 50; LOOSE, THOMAS (Kommentierung § 4i EStG 2024), Rn. 11; MARQUARDSEN, MARIA GESINA (Kommentierung § 4i EStG 2024), Rn. 26; POHL, CARSTEN (Kommentierung § 4i EStG 2024), Rn. 64; SCHNITGER, ARNE (Maßnahmen 2017), S. 215; STAHL, CHRISTIAN (Kommentierung § 4i EStG 2024), Rn. 109 und wohl auch WACKER, ROLAND (Kommentierung § 4i EStG 2024), Rn. 20.

[1976] Vgl. insbesondere BERGMANN, MALTE (Einordnung 2017), S. 128; BODDEN, GUIDO (Kommentierung § 4i EStG 2024), Rn. 44.1; KUDERT, STEPHAN/KAHLENBERG, CHRISTIAN (Reformierung 2017), S. 352; MARQUARDSEN, MARIA GESINA (Kommentierung § 4i EStG 2024), Rn. 26; POHL, CARSTEN (Kommentierung § 4i EStG 2024), Rn. 64.

[1977] Vgl. KUDERT, STEPHAN/KAHLENBERG, CHRISTIAN (Reformierung 2017), S. 352.

[1978] POHL, CARSTEN (Kommentierung § 4i EStG 2024), Rn. 64 (im Original mit Hervorhebung).

[1979] Vgl. HICK, CHRISTIAN (Kommentierung § 4i EStG 2024), Rn. 43; womöglich auch, letztlich aber unklar DYCKMANS, JAN (Kommentierung § 4i EStG 2024), Rn. 33; MARTINI, RUBEN (Kommentierung § 4i EStG 2024), Rn. C 8, C 21.

[1980] Vgl. auch wörtlich HICK, CHRISTIAN (Kommentierung § 4i EStG 2024), Rn. 43.

[1981] Vgl. bereits KUßMAUL, HEINZ/SCHÄFER, RENÉ/ENGEL, PHILIPP (Sonderbetriebsausgaben 2021), S. 45, wonach, ohne dass dort eine weitergehende diesbezügliche Positionierung erfolgt, die Auffassung der h.L. „naheliegend" ist. Vgl. zudem SOMMER, CHRISTOPH/RETZER, DANIEL (Stellungnahme 2016), S. 381, wonach die Formulierung von § 4i Satz 2 EStG Entsprechendes vermuten lässt.

[1982] BT-Drs. 18/9956 vom 12.10.2016, S. 3 f.

[1983] Vgl. auch SOMMER, CHRISTOPH/RETZER, DANIEL (Stellungnahme 2016), S. 381.

Betriebsausgabenabzügen.[1984] Der doppelte Betriebsausgabenabzug ist – bei einer doppelten Erfassung der Erträge – aber gerade nicht ungerechtfertigt, sondern durch die doppelte Erfassung legitimiert.[1985] Legt man § 4i Satz 2 EStG hingegen mit der h.L. aus, würde dies m.E. zu weit gehen[1986] und bedeuten, dass in die von jedem der beteiligten Staaten grundsätzlich unilateral zu treffende Entscheidung eingegriffen wird, auch Verluste, die aus einer wirtschaftlichen Betätigung entstehen, steuerlich zu berücksichtigen. Mit anderen Worten: § 4i EStG würde dazu umfunktioniert werden, den Verlustabzug im grenzüberschreitenden Sonderbetriebsbereich zu untersagen. Die Norm ist dazu aber weder bestimmt noch besteht eine Rechtfertigung dafür, einseitig bestimmte in zwei Staaten erfasste Aufwendungen von der Besteuerung auszunehmen, obwohl für entsprechend doppelt erfasste Erträge keine entsprechende einseitige (!) Regelung existiert.[1987] Da die Mindermeinung m.E. eine noch zulässige, wenn auch untypische Auslegung des Wortlauts der Norm darstellt, ist ihr aufgrund der Systematik und des Telos der Norm – wohl entgegen dem Willen des historischen Gesetzgebers – zu folgen.

In der Konsequenz gilt in Bezug auf die im Rahmen dieser Arbeit in Rede stehenden Aufwendungen eines Mitunternehmers, die mit dessen Sondervergütungen zusammenhängen, Folgendes: Sofern die in Rede stehenden Sonderbetriebsausgaben in zwei Staaten und damit doppelt abgezogen werden, erfolgt in aller Regel auch eine doppelte Besteuerung der entsprechenden Sondervergütungen.[1988] In Deutschland erzwingt – entgegen der Rechtslage nach dem originären Doppelbesteuerungsrecht –[1989] kraft ausdrücklicher gesetzlicher Anordnung § 50d Abs. 10 Sätze 1 bis 3 EStG (siehe insbesondere Satz 2 und Satz 3 Halbs. 2) in der Regel einen Gleichlauf bezüglich der steuerlichen Berücksichtigung von Sondervergütungen und der damit zusammenhängenden Aufwendungen von Mitunternehmern.[1990] Zudem ist hinsichtlich der Behandlung im Ausland davon auszugehen, dass eine dortige Besteuerung der Sondervergütungen in der Regel mit dem Recht einhergehen wird, die damit zusammenhängenden Aufwendungen abzuziehen, wohingegen die Aufwendungen in Form der Sonderbetriebsausgaben im Ausland regelmäßig nicht abziehbar sein dürften, wenn die Sondervergütungen dort nicht besteuert werden können.

Folgt man nun der hier geteilten und ausführlich begründeten Mindermeinung hinsichtlich der Wirkungsweise von § 4i Satz 2 EStG, schränkt § 4i Satz 1 i.V.m. Satz 2 EStG – vorbehaltlich der ganz erheblichen Nachweispflichten, die zur Anwendung der Rückausnahme nach § 4i Satz 2 EStG erfüllt werden müssen (dazu sogleich) – einen doppelten Abzug der entsprechenden Sonderbetriebsausgaben wohl in aller Regel nicht ein, da ein doppelter Abzug mit einer doppelten Erfassung der Sondervergütungen respektive von Erträgen einhergehen wird. Folgt

---

[1984] Vgl. dazu BT-Drs. 18/9956 vom 12.10.2016, S. 2 ff. und bspw. auch MARQUARDSEN, MARIA GESINA (Kommentierung § 4i EStG 2024), Rn. 22.1.

[1985] Vgl. dazu auch die Ausführungen am Anfang dieses Kapitels unter „Systematische Rechtfertigung".

[1986] Vgl. auch SOMMER, CHRISTOPH/RETZER, DANIEL (Stellungnahme 2016), S. 381.

[1987] Ein entsprechendes Ungleichgewicht, das aus seiner Auslegung der Norm resultiert, beschreibt auch STAHL als einer der Vertreter der h.L.; vgl. STAHL, CHRISTIAN (Kommentierung § 4i EStG 2024), Rn. 109.

[1988] Vgl. auch zum Nachfolgenden KUDERT, STEPHAN/KAHLENBERG, CHRISTIAN (Reformierung 2017), S. 347 ff.

[1989] Vgl. dazu die zusammenfassenden Ausführungen in Kapitel 4.4.

[1990] Vgl. dazu die Ausführungen in Kapitel 5.2 (Ausnahme: Sondervergütungen, die nicht mit Sonderbetriebsvermögen in Zusammenhang stehen. Hier folgt der Gleichlauf aber aus originärem Abkommensrecht.).

man hingegen der h.L. hinsichtlich der Wirkungsweise von § 4i Satz 2 EStG, kann § 4i EStG auch den Abzug von Aufwendungen eines Mitunternehmers beschränken, die mit dessen Sondervergütungen zusammenhängen, und zwar in dem Fall, in dem die doppelt berücksichtigten Aufwendungen die doppelt erfassten Erträge übersteigen, also die Sonderbetriebsausgaben größer als die Sondervergütungen sind.[1991]

Insofern drängt sich – vor allem dann, wenn der hier geteilten Mindermeinung gefolgt wird und § 50d Abs. 10 EStG Bestand hat – die Frage auf, ob eine entsprechende Einschränkung des Anwendungsbereichs von § 4i Satz 1 EStG nicht sinnvoll wäre, sodass die Norm auf Aufwendungen eines Mitunternehmers, die mit dessen Sondervergütungen zusammenhängen, von vornherein keine Anwendung findet.[1992] Außer einem erheblichen Aufwand – und zwar Aufwand für den Steuerpflichtigen und die Finanzverwaltung aufgrund der beachtlichen Nachweispflichten und Überwachungserfordernisse –[1993] dürfte die Norm für die mit den Sondervergütungen zusammenhängenden Aufwendungen von Mitunternehmern, wie zuvor dargelegt, in aller Regel keinen materiellen Effekt haben. Rechtstechnisch könnte eine solche Einschränkung erfolgen, indem Satz 1 der Norm durch einen Halbsatz ergänzt wird, der wie folgt lauten könnte: „; dies gilt nicht für Sonderbetriebsausgaben, die durch Sondervergütungen i.S.d. § 15 Abs. 1 Satz 1 Nr. 2 Satz 1 Halbs. 2 EStG veranlasst sind."

Beweislast und Beweismittel:

Einheitlich und zutreffend wird in der Literatur davon ausgegangen, dass die Beweislast bezüglich der Voraussetzungen von Satz 2 der Norm auf Seiten des Steuerpflichtigen liegt.[1994] Zum Teil wird vertreten, dass sich Letzteres aus § 4i Satz 2 EStG selbst ergibt, da nach dem Wortlaut der Norm das Sonderbetriebsausgabenabzugsverbot des Satzes 1 nur „nachweislich" einer tatsächlichen Besteuerung im anderen Staat nicht greift.[1995] Zum anderen Teil wird vertreten, dass den Steuerpflichtigen bereits nach allgemeinen Grundsätzen die Beweislast trifft, da Satz 2 der

---

[1991] Vgl. BERGMANN, MALTE (Einordnung 2017), S. 128; KANZLER, HANS-JOACHIM (Kommentierung § 4i EStG 2024), Rn. 20, 35; SCHNITGER, ARNE (Maßnahmen 2017), S. 215 und ebenso zur Auffassung der h.L. bereits KUßMAUL, HEINZ/SCHÄFER, RENÉ/ENGEL, PHILIPP (Sonderbetriebsausgaben 2021), S. 45.

[1992] Diese Idee entwickelten grundlegend bereits KUDERT/KAHLENBERG; vgl. KUDERT, STEPHAN/KAHLENBERG, CHRISTIAN (Reformierung 2017), S. 349, 353. Diese sind aber – wie oben dargestellt – Vertreter der h.L. Auf Basis dieser ist m.E. eine entsprechende Einschränkung des Anwendungsbereichs nicht zwingend gerechtfertigt; ebenso KUßMAUL, HEINZ/SCHÄFER, RENÉ/ENGEL, PHILIPP (Sonderbetriebsausgaben 2021), S. 45. Zudem wollen KUDERT/KAHLENBERG den Anwendungsbereich von § 4i Satz 1 EStG auf Aufwendungen im Zusammenhang mit Sonderbetriebsvermögen II beschränken, obwohl sie selbst konstatieren, dass dann der Fall der unentgeltlichen Überlassung von Wirtschaftsgütern des Sonderbetriebsvermögens I ebenfalls ausgenommen wäre; vgl. KUDERT, STEPHAN/KAHLENBERG, CHRISTIAN (Reformierung 2017), S. 349, Fn. 59.

[1993] Vgl. dazu HECKERODT, DAVID (Sonderbetriebsausgabenabzug 2017), S. 13; MARTINI, RUBEN (Kommentierung § 4i EStG 2024), Rn. A 56 sowie SOMMER, CHRISTOPH/RETZER, DANIEL (Stellungnahme 2016), S. 381 f. und ergänzend die Ausführungen im vorangehenden und hiesigen Kapitel unter „Beweislast und Beweismittel".

[1994] Vgl. bspw. BT-Drs. 18/9956 vom 12.10.2016, S. 4; KUDERT, STEPHAN/KAHLENBERG, CHRISTIAN (Sonderbetriebsausgaben 2017), S. 52; PRINZ, ULRICH (Anwendungsfragen 2018), S. 654; STAHL, CHRISTIAN (Kommentierung § 4i EStG 2024), Rn. 121; WACKER, ROLAND (Kommentierung § 4i EStG 2024), Rn. 17.

[1995] Vgl. u.a. BERGMANN, MALTE (Einordnung 2017), S. 127 und dort Fn. 15 sowie GOSCH, DIETMAR (Kommentierung § 4i EStG 2024), Rn. 8.

Norm steuermindernd wirkt.[1996] Letztere Auffassung erscheint m.E. etwas überzeugender, da aus dem Wort „nachweislich" nicht ohne Weiteres ableitbar ist, wer in der Nachweispflicht ist.[1997] Am einheitlichen Ergebnis ändert die Begründung aber nichts, sodass eine weitere Analyse hier entbehrlich erscheint; die grundsätzliche Beweislastverteilung erfolgt jedenfalls zu Lasten des Steuerpflichtigen.

Zudem unterliegt der Steuerpflichtige hier ohne Einschränkung der erhöhten Mitwirkungspflicht nach § 90 Abs. 2 AO.[1998] Vorgaben, wie der Beweis bzw. der Nachweis einer tatsächlichen Besteuerung im anderen Staat zu erfolgen hat, finden sich aber weder im Gesetz noch in entsprechenden Verwaltungsanweisungen.[1999] In der Literatur findet sich diesbezüglich die Aussage, die Vorlage des ausländischen Steuerbescheids, ggf. ergänzt um einen Zahlungsnachweis bezüglich der Entrichtung der ausländischen Steuer, dürfte zum Nachweis genügen.[2000] SCHNITGER und RÜSCH weisen m.E. aber zu Recht darauf hin, dass rein aus dem Steuerbescheid nicht erkennbar sein dürfte, ob die in Rede stehenden Erträge in die Bemessungsgrundlage eingeflossen sind.[2001] Gleichwohl fordert die Finanzverwaltung bei den abkommensrechtlichen Subject-to-tax-Klauseln zwecks Nachweis der Besteuerung im anderen Staat lediglich den ausländischen Steuerbescheid und einen Zahlungsnachweis bezüglich der Entrichtung der ausländischen Steuer.[2002] Sicherheitshalber sollte m.E. – soweit möglich – angefangen bei einem Buchungsnachweis[2003] über eine Gewinnermittlung[2004] bis hin zur Steuererklärung und dem Steuerbescheid[2005] sowie einem Beweis hinsichtlich der Steuerzahlung[2006] alles vorgehalten werden, um den ggf. eingeforderten Nachweis lückenlos erbringen zu können. Denkbar und vermutlich für den Steuerpflichtigen weniger aufwendig wäre auch eine entsprechende Bescheinigung der ausländischen Finanzbehörde, aus der hervorgeht, dass die Erträge im Ausland besteuert wurden.[2007] In jedem Fall kann das Erbringen des Nachweises einen „beträchtlichen administrativen Mehraufwand" erfordern,[2008] der vor allem den Steuerpflichtigen neben Zeit auch Geld

---

1996 Vgl. u.a. HICK, CHRISTIAN (Kommentierung § 4i EStG 2024), Rn. 47 sowie RÜSCH, GARY (Besteuerungstatbestand 2018), S. 303.

1997 Vgl. auch MARTINI, RUBEN (Kommentierung § 4i EStG 2024), Rn. A 51.

1998 Vgl. BT-Drs. 18/9956 vom 12.10.2016, S. 4; MARTINI, RUBEN (Kommentierung § 4i EStG 2024), Rn. A 51; WACKER, ROLAND (Kommentierung § 4i EStG 2024), Rn. 17.

1999 Vgl. auch BODDEN, GUIDO (Kommentierung § 4i EStG 2024), Rn. 43; DYCKMANS, JAN (Kommentierung § 4i EStG 2024), Rn. 35.

2000 So DYCKMANS, JAN (Kommentierung § 4i EStG 2024), Rn. 35 sowie BODDEN, GUIDO (Kommentierung § 4i EStG 2024), Rn. 43 (dort auch zum Zahlungsnachweis mit Verweis auf SCHNITGER, ARNE (Maßnahmen 2017), S. 219).

2001 Vgl. RÜSCH, GARY (Besteuerungstatbestand 2018), S. 303; SCHNITGER, ARNE (Maßnahmen 2017), S. 219 und dort Fn. 21.

2002 Vgl. BMF, Schreiben vom 20.06.2013, IV B 2 – S 1300/09/10006, Tz. 2.4. und vgl. ebenso SCHNITGER, ARNE (Maßnahmen 2017), S. 219.

2003 Vgl. auch RÜSCH, GARY (Besteuerungstatbestand 2018), S. 302 (zum Nachweis bei § 4i Satz 1 EStG).

2004 Vgl. MARTINI, RUBEN (Kommentierung § 4i EStG 2024), Rn. A 51.

2005 Vgl. LOOSE, THOMAS (Kommentierung § 4i EStG 2024), Rn. 16.

2006 Vgl. SCHNITGER, ARNE (Maßnahmen 2017), S. 219.

2007 Vgl. dazu allgemein RÄTKE, BERND (Kommentierung § 90 AO 2024), Rn. 22.

2008 Vgl. auch wörtlich GOSCH, DIETMAR (Kommentierung § 4i EStG 2024), Rn. 8 (mit Verweis auf SOMMER, CHRISTOPH/RETZER, DANIEL (Stellungnahme 2016), S. 381 f.).

kosten kann (insbesondere, wenn ausländische Berater hinzugezogen werden müssen).[2009] HICK spricht dabei vom Erreichen der „Grenze dessen, was vom Stpfl. in der Praxis an Nachweisen gegenüber der deutschen FinVerw. beigebracht werden kann“[2010]. Ohne dass die geforderten Nachweise vollständig vorliegen, wird die Finanzverwaltung jedenfalls keinen Bescheid unter Anwendung von § 4i Satz 2 EStG erlassen.[2011]

8.3 § 4i EStG im System der Rechtsordnung

8.3.1 Verhältnis zum Verfassungsrecht

Die Sonderbetriebsausgabenabzugsbeschränkung des § 4i EStG unterbindet bestimmte Double-Dip-Strukturen und kann daher „eine wettbewerbsrelevante Besserstellung eines grenzüberschreitenden Vorgangs gegenüber dem reinen Inlandsfall“ verhindern.[2012] Die Norm zielt damit auf die Erfüllung des allgemeinen Gleichheitsgrundsatzes (Art. 3 Abs. 1 GG) und ist dementsprechend nach weit überwiegender Auffassung im Schrifttum nicht verfassungswidrig.[2013] Im Gegenteil, die Norm dürfte – in Anbetracht der ansonsten bestehenden Ungleichheit zwischen einem reinen Inlandsfall und einer grenzüberschreitenden Besteuerungssituation – verfassungsrechtlich geboten sein.[2014]

Über das zuvor hinsichtlich der allgemeinen Verfassungsmäßigkeit Konstatierte hinaus sehen gewichtige Literaturstimmen – trotz der bereits beschriebenen Anwendung der Norm auch auf im Moment ihrer erstmaligen Anwendung bereits bestehende Rechtszustände –[2015] keine (ver-

---

[2009] Vgl. MARTINI, RUBEN (Kommentierung § 4i EStG 2024), Rn. A 56.

[2010] HICK, CHRISTIAN (Kommentierung § 4i EStG 2024), Rn. 47.

[2011] Vgl. HICK, CHRISTIAN (Kommentierung § 4i EStG 2024), Rn. 45 und dazu auch BT-Drs. 18/9956 vom 12.10.2016, S. 4 sowie BMF, Schreiben vom 20.06.2013, IV B 2 – S 1300/09/10006, Tz. 2.4.; a.A., aber m.E. zu optimistisch, DYCKMANS, JAN (Kommentierung § 4i EStG 2024), Rn. 35, wonach für den Fall, dass der ausländische Bescheid noch nicht ergangen ist, eine Zusicherung gegenüber der Finanzverwaltung hinsichtlich der Besteuerung der Einkünfte im anderen Staat zunächst ausreichen sollte.

[2012] Vgl. auch wörtlich POHL, CARSTEN (Kommentierung § 4i EStG 2024), Rn. 9. Vgl. zudem WACKER, ROLAND (Kommentierung § 4i EStG 2024), Rn. 6.

[2013] Vgl. DYCKMANS, JAN (Kommentierung § 4i EStG 2024), Rn. 11; HICK, CHRISTIAN (Kommentierung § 4i EStG 2024), Rn. 6; KANZLER, HANS-JOACHIM (Abzugsverbot 2017), S. 327; KANZLER, HANS-JOACHIM (Kommentierung § 4i EStG 2024), Rn. 7; MARQUARDSEN, MARIA GESINA (Kommentierung § 4i EStG 2024), Rn. 8; POHL, CARSTEN (Kommentierung § 4i EStG 2024), Rn. 9; WACKER, ROLAND (Kommentierung § 4i EStG 2024), Rn. 6. Vgl. auch MARTINI, RUBEN (Kommentierung § 4i EStG 2024), Rn. A 12; STAHL, CHRISTIAN (Kommentierung § 4i EStG 2024), Rn. 40. Wohl a.A. GOSCH, DIETMAR (Kommentierung § 4i EStG 2024), Rn. 2, der mit Blick auf den von ihm angenommenen Treaty Override-Charakter der Norm (vgl. dazu die Ausführungen in Kapitel 8.3.3.1) eine Verhältnismäßigkeitsprüfung fordert.

[2014] Vgl. POHL, CARSTEN (Kommentierung § 4i EStG 2024), Rn. 9 sowie MARQUARDSEN, MARIA GESINA (Kommentierung § 4i EStG 2024), Rn. 8, die sich jedoch kritisch mit Blick auf die Systematik der Vorschrift (Unterbindung des Sonderbetriebsausgabenabzugs in Deutschland, obwohl eigentlich die Behandlung im Ausland das Problem sei) äußert. Vgl. außerdem BT-Drs. 18/9956 vom 12.10.2016, S. 3; KANZLER, HANS-JOACHIM (Abzugsverbot 2017), S. 327.

[2015] Vgl. die Ausführungen zu Beginn von Kapitel 8.2.1 sowie HICK, CHRISTIAN (Kommentierung § 4i EStG 2024), Rn. 3.

fassungsrechtlich unzulässige) *echte* Rückwirkung in Bezug auf die Vorschrift gegeben.[2016] Ein anderer Teil der Literatur erkennt zwar eine mit der Norm einhergehende *unechte* Rückwirkung, diese sei aber verfassungsrechtlich unproblematisch[2017] bzw. durch den Sinn und Zweck der Norm gerechtfertigt.[2018] Zusammenfassend lässt sich demnach festhalten, dass § 4i EStG nach wohl ganz h.M. sowohl grundsätzlich als auch hinsichtlich einer durch die Norm ggf. bewirkten Rückwirkung im Ergebnis verfassungskonform ist.

8.3.2 Verhältnis zum Unionsrecht

8.3.2.1 Verhältnis zum primären Unionsrecht (Grundfreiheiten)

Die Frage, ob die Sonderbetriebsausgabenabzugsbeschränkung des § 4i EStG mit dem Unionsrecht vereinbar ist, wird im Schrifttum unterschiedlich beantwortet.[2019] Erhebliche Teile der Literatur äußern entsprechende Zweifel in Bezug auf das primäre Unionsrecht respektive im Hinblick auf die Grundfreiheiten des AEUV.[2020] In Rede steht dabei ein Verstoß gegen die Niederlassungsfreiheit nach Art. 49 AEUV oder in Bezug auf die Kapitalverkehrsfreiheit gemäß Art. 63 AEUV.[2021]

Teilweise schließt das Schrifttum dabei einen Verstoß gegen die europäischen Grundfreiheiten von vornherein aus; eine objektiv vergleichbare Situation sei nicht gegeben, da bei einem im Inland ansässigen Mitunternehmer, der an einer deutschen Personengesellschaft beteiligt ist, – im Unterschied zum grenzüberschreitenden Fall – von Anfang an kein doppelter Abzug von (Sonder-)Betriebsausgaben möglich ist.[2022] Die Feststellung eines Verstoßes gegen die Grund-

---

[2016] Vgl. Martini, Ruben (Kommentierung § 4i EStG 2024), Rn. A 39; Stahl, Christian (Kommentierung § 4i EStG 2024), Rn. 41. Vgl. auch Gosch, Dietmar (Kommentierung § 4i EStG 2024), Rn. 3; Pohl, Carsten (Kommentierung § 4i EStG 2024), Rn. 10.

[2017] Vgl. Hick, Christian (Kommentierung § 4i EStG 2024), Rn. 3.

[2018] Vgl. Dyckmans, Jan (Kommentierung § 4i EStG 2024), Rn. 11. Vgl. auch Kanzler, Hans-Joachim (Kommentierung § 4i EStG 2024), Rn. 7; Wacker, Roland (Kommentierung § 4i EStG 2024), Rn. 5 und vgl. zur Differenzierung zwischen einer echten und einer unechten Rückwirkung die Ausführungen in Kapitel 5.3.1 und dort in Fn. 1397.

[2019] Vgl. auch Hick, Christian (Kommentierung § 4i EStG 2024), Rn. 6; Stahl, Christian (Kommentierung § 4i EStG 2024), Rn. 42.

[2020] Vgl. Adrian, Gerrit/Fey, Julian/Selzer, Christian (BEPS-Umsetzungsgesetz 2017), S. 96; Bärsch, Sven-Eric/Böhmer, Julian (Unternehmensbesteuerung 2017), S. 568; Behrens, Stefan (Anmerkung 2017), S. 753; Gosch, Dietmar (Kommentierung § 4i EStG 2024), Rn. 2; Nielsen, Lars F./Westermann, Benjamin (Sonderbetriebsausgabenabzugsverbot 2018), S. 1040; Oellerich, Ingo (Kommentierung § 4i EStG 2022), Rn. 8; Prinz, Ulrich (Sonderbetriebsausgaben 2017), S. 557; Schnitger, Arne (Maßnahmen 2017), S. 219.

[2021] Vgl. Bärsch, Sven-Eric/Böhmer, Julian (Unternehmensbesteuerung 2017), S. 568; Nielsen, Lars F./Westermann, Benjamin (Sonderbetriebsausgabenabzugsverbot 2018), S. 1040; Oellerich, Ingo (Kommentierung § 4i EStG 2022), Rn. 8.

[2022] Vgl. Hick, Christian (Kommentierung § 4i EStG 2024), Rn. 6; Pohl, Carsten (Kommentierung § 4i EStG 2024), Rn. 12; Stahl, Christian (Kommentierung § 4i EStG 2024), Rn. 43; Wacker, Roland (Kommentierung § 4i EStG 2024), Rn. 7. Vgl. auch Kahle, Holger/Braun, Julia (Sonderbetriebsausgaben 2018), S. 389; Marquardsen, Maria Gesina (Kommentierung § 4i EStG 2024), Rn. 9.

freiheiten scheitere daher schon im Ausgangspunkt.[2023] Der grenzüberschreitend beteiligte Mitunternehmer würde nicht schlechter gestellt werden, wenn ihm der doppelte Abzug der Aufwendungen durch § 4i Satz 1 EStG versagt wird.[2024]

Andere Teile des Schrifttums sind indes der Rechtsauffassung, dass sich die Situation, in der sich der inländische Mitunternehmer befindet, der an einer deutschen Personengesellschaft beteiligt ist, durchaus mit derjenigen Situation eines ausländischen Mitunternehmers vergleichen lässt, der ebenfalls an einer inländischen Personengesellschaft eine Beteiligung hält.[2025] NIELSEN/WESTERMANN argumentieren hierbei damit, die beiden zuvor angesprochenen Mitunternehmer würden sich in einer vergleichbaren Situation befinden, da auch im reinen Inlandsfall ein doppelter Sonderbetriebsausgabenabzug – aufgrund von ggf. bestehenden Informationsasymmetrien – gegeben sein kann.[2026] M.E. dürfte ein doppelter Abzug von Aufwendungen aufgrund von Informationsasymmetrien oder – genauer gesagt – aufgrund einer Verletzung materiellen Rechts aber kaum als taugliches Vergleichspaar dienen.[2027] OELLERICH argumentiert demgegenüber damit, dass es „für eine relevante Ungleichbehandlung gerade darauf an[kommt; d.Verf.], ob das nationale Recht bei isolierter Betrachtung eine nachteilige Rechtsfolge für den grenzüberschreitenden Sachverhalt anordnet". Gerade dies sei durch § 4i EStG gegeben.[2028] Nach Auffassung von OELLERICH muss also ein grenzüberschreitender Fall mit dem inländischen Fall – in Bezug auf die Besteuerung im Inland – verglichen werden;[2029] in dem sich ausschließlich im Inland abspielenden Fall kann der Sonderbetriebsausgabenabzug geltend gemacht werden, in der grenzüberschreitenden Situation hingegen nach § 4i Satz 1 EStG ggf. nicht.[2030] Der Auffassung von OELLERICH kann aber – insbesondere mit KUDERT/KAHLENBERG – die Rechtsprechung des EuGH zu anderen Korrespondenzregelungen entgegengehalten werden.[2031] Aus dieser Rechtsprechung ließe sich, so die Auffassung dieses Teils des Schrifttums, ableiten, dass der EuGH nicht mehr nur auf einen reinen Inlandsfall und dessen Behandlung im Inland abstellt, sondern auch die Gegebenheiten im Ausland in Bezug nimmt. Zu ver-

---

2023 Vgl. vor allem POHL, CARSTEN (Kommentierung § 4i EStG 2024), Rn. 12. Vgl. auch KAHLE, HOLGER/BRAUN, JULIA (Sonderbetriebsausgaben 2018), S. 389; MARQUARDSEN, MARIA GESINA (Kommentierung § 4i EStG 2024), Rn. 9.

2024 Vgl. KAHLE, HOLGER/BRAUN, JULIA (Sonderbetriebsausgaben 2018), S. 389; POHL, CARSTEN (Kommentierung § 4i EStG 2024), Rn. 12.

2025 Vgl. ebenso KUßMAUL, HEINZ/SCHÄFER, RENÉ/ENGEL, PHILIPP (Rechtsnormen 2021), S. 81.

2026 Vgl. NIELSEN, LARS F./WESTERMANN, BENJAMIN (Sonderbetriebsausgabenabzugsverbot 2018), S. 1040.

2027 Im Ergebnis gl.A. MARTINI, RUBEN (Kommentierung § 4i EStG 2024), Rn. A 20 f.

2028 Vgl. auch zum vorangehenden Satz und diesbezüglich wörtlich OELLERICH, INGO (Kommentierung § 4i EStG 2022), Rn. 27.

2029 Gl.A. (wohl) MARTINI, RUBEN (Kommentierung § 4i EStG 2024), Rn. A 20; REIMER, EKKEHART (Diskriminierungs- und Beschränkungsverbote 2025), Rn. 8.158.

2030 Vgl. zur Auffassung von OELLERICH auch KUßMAUL, HEINZ/SCHÄFER, RENÉ/ENGEL, PHILIPP (Rechtsnormen 2021), S. 81.

2031 Vgl. KUDERT, STEPHAN/KAHLENBERG, CHRISTIAN (Reformierung 2017), S. 358 (u.a. mit Verweis auf EuGH, Urteil vom 12.07.2005, C-403/03, Rs. Schempp, Rn. 28 ff.). Vgl. aber auch GOSCH, DIETMAR (Kommentierung § 4i EStG 2024), Rn. 2 sowie MARQUARDSEN, MARIA GESINA (Kommentierung § 4i EStG 2024), Rn. 9 (ebenfalls mit Verweis auf EuGH, Urteil vom 12.07.2005, C-403/03, Rs. Schempp). Vgl. ergänzend zu einer Argumentation auf Basis des EuGH-Urteils vom 25.02.2010, C-337/08, Rs. X Holding, Rn. 22, KUßMAUL, HEINZ/SCHÄFER, RENÉ/ENGEL, PHILIPP (Rechtsnormen 2021), S. 81 sowie MARTINI, RUBEN (Kommentierung § 4i EStG 2024), Rn. A 21.

gleichen wäre also ein ausländischer Mitunternehmer, der an einer deutschen Personengesellschaft beteiligt ist und Sonderbetriebsausgaben doppelt geltend macht, mit einem entsprechend beteiligten und ebenfalls ausländischen Mitunternehmer, der die Aufwendungen nur einmal abzieht. Eine Benachteiligung wäre hier für ersteren Mitunternehmer durch das Verbot des doppelten Abzugs der Aufwendungen gerade nicht gegeben.[2032]

Über das zuvor Dargelegte hinaus geht die – nicht unumstrittene – herrschende Meinung davon aus, dass selbst wenn § 4i EStG die europäischen Grundfreiheiten grundsätzlich verletzen würde, eine entsprechende Diskriminierung des ausländischen Mitunternehmers – aufgrund der Rechtfertigungsgründe Wahrung einer ausgewogenen Aufteilung der Besteuerungsbefugnisse zwischen den Mitgliedstaaten bzw. der Kohärenz des Steuersystems oder auf Basis des Rechtfertigungsgrunds der Missbrauchsabwehr – gerechtfertigt wäre.[2033] In die Diskussion um einen Rechtfertigungsgrund kann – m.E. entscheidend – die Rechtsprechung des EuGH in der Rechtssache NN[2034] einbezogen werden.[2035] In dem Judikat ging es inhaltlich um die Frage, ob eine Vorschrift des nationalen Rechts, die verhindert, dass Verluste in zwei Staaten und damit doppelt abgezogen werden – obwohl entsprechende Gewinne nur einmal der Besteuerung unterliegen – mit dem Unionsrecht vereinbar ist.[2036] Das Gericht befand, dass die durch die in Rede stehende Norm des dänischen Rechts „herbeigeführte Ungleichbehandlung […] gerechtfertigt" ist.[2037] Diese Entscheidung dürfte auf § 4i EStG, der denselben Regelungsmechanismus bezogen auf den doppelten Abzug von (Sonder-)Betriebsausgaben vorsieht,[2038] übertragbar sein und damit die deutsche Sonderbetriebsausgabenabzugsbeschränkung, sofern man überhaupt einen

---

2032 Vgl. zu dem Obenstehenden insgesamt KUDERT, STEPHAN/KAHLENBERG, CHRISTIAN (Reformierung 2017), S. 358 und vgl. dazu auch GOSCH, DIETMAR (Kommentierung § 4i EStG 2024), Rn. 2.

2033 Vgl. zum Rechtfertigungsgrund der Wahrung einer ausgewogenen Aufteilung der Besteuerungsbefugnisse zwischen den Mitgliedstaaten STAHL, CHRISTIAN (Kommentierung § 4i EStG 2024), Rn. 46; WACKER, ROLAND (Kommentierung § 4i EStG 2024), Rn. 7; zum Rechtfertigungsgrund der Missbrauchsabwehr POHL, CARSTEN (Kommentierung § 4i EStG 2024), Rn. 12; zu den Rechtfertigungsgründen Wahrung der Kohärenz des Steuersystems und Missbrauchsabwehr HICK, CHRISTIAN (Kommentierung § 4i EStG 2024), Rn. 6; KANZLER, HANS-JOACHIM (Abzugsverbot 2017), S. 327 und zu allen drei Rechtfertigungsgründen KAHLE, HOLGER/BRAUN, JULIA (Sonderbetriebsausgaben 2018), S. 389. Zweifelnd hingegen MARQUARDSEN, MARIA GESINA (Kommentierung § 4i EStG 2024), Rn. 9 und a.A. NIELSEN, LARS F./WESTERMANN, BENJAMIN (Sonderbetriebsausgabenabzugsverbot 2018), S. 1040 f.; OELLERICH, INGO (Kommentierung § 4i EStG 2022), Rn. 28 ff. Vgl. des Weiteren SCHNITGER, ARNE (Maßnahmen 2017), S. 219, der eine Europarechtskonformität von § 4i EStG als „im höchsten Maße fraglich" ansieht. SCHNITGER geht – unter Verweis auf die Rechtsprechung des EuGH in der Sache Philips Electronics zur doppelten Verlustberücksichtigung (vgl. EuGH, Urteil vom 06.09.2012, C-18/11, Rs. Philips Electronics, S. 847 ff.) – davon aus, dass unionsrechtlich nur der Ansässigkeitsstaat zur Vermeidung eines doppelten (Sonder-)Betriebsausgabenabzugs verpflichtet ist. Explizit gegen SCHNITGERS Argumentation richten sich MARTINI, RUBEN (Kommentierung § 4i EStG 2024), Rn. A 22; WACKER, ROLAND (Kommentierung § 4i EStG 2024), Rn. 7 und ausführlich auch STAHL, CHRISTIAN (Kommentierung § 4i EStG 2024), Rn. 45 f.

2034 Vgl. EuGH, Urteil vom 04.07.2018, C-28/17, Rs. NN, S. 810 ff.

2035 Vgl. dazu ENGLISCH, JOACHIM (Diskriminierungs- und Beschränkungsverbote 2025), Rn. 8.266; KUßMAUL, HEINZ/SCHÄFER, RENÉ/ENGEL, PHILIPP (Rechtsnormen 2021), S. 81.

2036 Vgl. EuGH, Urteil vom 04.07.2018, C-28/17, Rs. NN, Rn. 47 f.

2037 Vgl. auch wörtlich EuGH, Urteil vom 04.07.2018, C-28/17, Rs. NN, Rn. 48.

2038 Vgl. dazu insbesondere die Ausführungen in Kapitel 8.2.3.

Verstoß gegen die europäischen Grundfreiheiten annimmt (s.o.), nicht gegen das primäre Unionsrecht verstoßen.[2039]

8.3.2.2 Verhältnis zum sekundären Unionsrecht (ATAD)

Am 12.07.2016 wurde – im Nachgang zu den Vorarbeiten der OECD zu Aktionspunkt 2 des BEPS-Projekts – vom Rat der Europäischen Union die Richtlinie (EU) 2016/1164 mit Vorschriften zur Bekämpfung von Steuervermeidungspraktiken mit unmittelbaren Auswirkungen auf das Funktionieren des Binnenmarkts erlassen.[2040] Die Richtlinie wird allgemein als Anti Tax Avoidance Directive – kurz ATAD (I) – bezeichnet. Am 29.05.2017 erfolgte eine Überarbeitung durch die Richtlinie (EU) 2017/952, welche auch als ATAD II bekannt ist, und damit eine Erweiterung von ATAD I um Regelungen im Verhältnis zu Drittstaaten. Ziel der Richtlinie ist es u.a., europaweit vergleichbare Regelungen zur Vermeidung eines unberechtigten mehrfachen Betriebsausgabenabzugs in grenzüberschreitenden Konstellationen zu gewährleisten.[2041]

Die ATAD ist für eine Prüfung der Unionsrechtskonformität des § 4i EStG relevant, soweit sich ihr Anwendungsbereich mit dem von § 4i EStG deckt.[2042] Der persönliche Anwendungsbereich der ATAD ist auf Körperschaftsteuersubjekte begrenzt.[2043] Ausweislich Art. 1 Abs. 1 der Richtlinie findet sie vor allem auf Steuerpflichtige Anwendung, die in einem oder mehreren Mitgliedstaaten körperschaftsteuerpflichtig sind. Folglich ist die Richtlinie aber insbesondere für diejenigen Mitunternehmer einschlägig, die selbst eine Körperschaft und damit z.B. eine Kapitalgesellschaft sind.[2044] Bezüglich eines Abgleichs der EU-Richtlinie mit der nationalgesetzlichen Regelung des § 4i EStG ist vor allem Art. 9 Abs. 1 der ATAD von Bedeutung. Danach soll Folgendes in den EU-Mitgliedstaaten gelten:

> [1]*Soweit eine hybride Gestaltung zu einem doppelten Abzug führt,*
>
> a) *wird der Abzug in dem Mitgliedstaat, der das Steuergebiet des Investors ist, verweigert; und*
>
> b) *wenn der Abzug im Steuergebiet des Investors nicht verweigert wird, wird der Abzug in dem Mitgliedstaat, der das Steuergebiet des Zahlenden ist, verweigert.*

[2039] Vgl. ENGLISCH, JOACHIM (Diskriminierungs- und Beschränkungsverbote 2025), Rn. 8.266. Vgl. auch KUẞMAUL, HEINZ/SCHÄFER, RENÉ/ENGEL, PHILIPP (Rechtsnormen 2021), S. 81 f.

[2040] Vgl. auch zum Folgenden HICK, CHRISTIAN (Kommentierung § 4i EStG 2024), Rn. 5; STAHL, CHRISTIAN (Kommentierung § 4i EStG 2024), Rn. 30 ff. Vgl. ausführlich zum Hintergrund und Inhalt der Richtlinien auch KAMINSKIY, VITALIY (Besteuerungsinkongruenzen 2020), S. 79 ff.

[2041] Vgl. NIELSEN, LARS F./WESTERMANN, BENJAMIN (Sonderbetriebsausgabenabzugsverbot 2018), S. 1035 f.; Richtlinie (EU) 2016/1164 des Rates vom 12.07.2016, Erwägungsgründe 13 und 16.

[2042] Vgl. KAMINSKIY, VITALIY (Besteuerungsinkongruenzen 2020), S. 213 f.; KUDERT, STEPHAN/KAHLENBERG, CHRISTIAN (Reformierung 2017), S. 358; MARTINI, RUBEN (Kommentierung § 4i EStG 2024), Rn. A 46; NIELSEN, LARS F./WESTERMANN, BENJAMIN (Sonderbetriebsausgabenabzugsverbot 2018), S. 1039. A.A. der Gesetzgeber, der „kein[en] Abstimmungsbedarf" mit der EU-Richtlinie erkennen kann; vgl. auch wörtlich BT-Drs. 18/9956 vom 12.10.2016, S. 3; gl.A. KAHLE, HOLGER/BRAUN, JULIA (Sonderbetriebsausgaben 2018), S. 390 und womöglich auch BÄRSCH, SVEN-ERIC/BÖHMER, JULIAN (Unternehmensbesteuerung 2017), S. 568.

[2043] Vgl. BT-Drs. 18/9956 vom 12.10.2016, S. 3; HICK, CHRISTIAN (Kommentierung § 4i EStG 2024), Rn. 5.

[2044] Vgl. KAMINSKIY, VITALIY (Besteuerungsinkongruenzen 2020), S. 108; KUẞMAUL, HEINZ/SCHÄFER, RENÉ/ENGEL, PHILIPP (Rechtsnormen 2021), S. 82; MARTINI, RUBEN (Kommentierung § 4i EStG 2024), Rn. A 46.

²Ein solcher Abzug kommt jedoch für eine Verrechnung mit Einkünften, die steuerlich doppelt berücksichtigt werden, infrage, unabhängig davon, ob diese in einem laufenden oder einem späteren Steuerzeitraum anfallen.

Erfasst werden kann mit dieser Regelungsvorgabe auch ein doppelter Abzug von (Sonder-)Betriebsausgaben.[2045] Für Zwecke der Richtlinie bezeichnet der in Art. 9 Abs. 1 Satz 1 der ATAD verwendete Ausdruck „hybride Gestaltung" insbesondere eine Situation im Zusammenhang mit einem Steuerpflichtigen, in der ein doppelter Abzug von Aufwendungen erfolgt (Art. 2 Nr. 9 Unterabsatz 1 Buchst. g) ATAD). Eine Inkongruenz respektive ein doppelter Abzug von Aufwendungen (Art. 2 Nr. 9 Unterabsatz 3 Buchst. a) ATAD) wird dabei jedoch nicht stets als hybride Gestaltung behandelt, sondern nur dann, wenn sie sich zwischen verbundenen Unternehmen, zwischen einem Steuerpflichtigen und einem verbundenen Unternehmen, zwischen dem Hauptsitz und einer Betriebsstätte oder zwischen zwei oder mehr Betriebsstätten desselben Unternehmens oder im Rahmen einer strukturierten Gestaltung ergibt (Art. 2 Nr. 9 Unterabsatz 2 Buchst. c) ATAD). Der Begriff des verbundenen Unternehmens wird dabei von Art. 2 Nr. 4 ATAD definiert und meint insbesondere ein Unternehmen, an dem der Steuerpflichtige unmittelbar oder mittelbar eine Beteiligung in Form von Stimmrechten oder Kapital von mindestens 25 % hält. Der Ausdruck „strukturierte Gestaltung" bezeichnet hingegen eine Gestaltung, die eine hybride Gestaltung umfasst, bei der die Inkongruenz in die Bedingungen der Gestaltung eingerechnet ist, oder eine Gestaltung, die mit der Absicht entwickelt wurde, eine hybride Besteuerungsinkongruenz herbeizuführen, es sei denn, es kann vernünftigerweise nicht davon ausgegangen werden, dass dem Steuerpflichtigen oder einem verbundenen Unternehmen die hybride Gestaltung bewusst war, und der Steuerpflichtige wurde nicht an dem Steuervorteil beteiligt, der sich aus der hybriden Gestaltung ergibt (Art. 2 Nr. 11 ATAD). Die Anwendung von Art. 9 Abs. 1 ATAD ist daher vor allem auf das Verhältnis eines Steuerpflichtigen zu einem verbundenen Unternehmen sowie auf strukturierte Gestaltungen beschränkt.

Soweit sich die Anwendungsbereiche der ATAD und von § 4i EStG decken, erscheint fraglich und muss untersucht werden, inwieweit ein Dissens zwischen der EU-Richtlinie sowie der nationalgesetzlichen Sonderbetriebsausgabenabzugsbeschränkung besteht. Hierbei gestaltet sich ein Abgleich von § 4i EStG mit den Bestimmungen der ATAD jedoch vor dem Hintergrund als schwierig, dass die ATAD nicht eindeutig bestimmt, was unter den von ihr in Art. 9 Abs. 1 verwendeten Begrifflichkeiten „Investor" und „Zahlender" zu verstehen ist.[2046] Lediglich Art. 2 Nr. 9 Unterabsatz 3 Buchst. b) ATAD nimmt eine Konkretisierung vor und beschreibt das Steuergebiet des Zahlenden als das „Steuergebiet, aus dem die Zahlung stammt bzw. in dem die Aufwendungen oder die Verluste anfallen", sowie das Steuergebiet des Investors als ein davon abweichendes Steuergebiet.[2047] Mehrheitlich wird im Schrifttum zwar davon ausgegangen, dass nach den Vorgaben der EU in der ATAD primär der Staat, in dem der Mitunternehmer ansässig

---

[2045] Vgl. KAMINSKIY, VITALIY (Besteuerungsinkongruenzen 2020), S. 108 f. Vgl. auch ZINOWSKY, TIM/JOCHIMSEN, CLAUS (Abwehrmaßnahmen 2017), S. 329 f.

[2046] Vgl. HICK, CHRISTIAN (Kommentierung § 4i EStG 2024), Rn. 5. Vgl. auch ZINOWSKY, TIM/JOCHIMSEN, CLAUS (Abwehrmaßnahmen 2017), S. 329 f.

[2047] Vgl. auch HICK, CHRISTIAN (Kommentierung § 4i EStG 2024), Rn. 5; ZINOWSKY, TIM/JOCHIMSEN, CLAUS (Abwehrmaßnahmen 2017), S. 329.

ist, in der Pflicht sei, einen mehrfachen (Sonder-)Betriebsausgabenabzug zu unterbinden.[2048] Gesichert ist dieses Verständnis hinsichtlich der Bedeutung der Begriffe „Investor" und „Zahlender" in Bezug auf Mitunternehmerschaften jedoch nicht.[2049] Aufbauend auf der zuvor dargelegten h.M. in der Literatur kann ein Dissens zwischen der ATAD und § 4i EStG erkannt werden.[2050] HICK etwa hält diesbezüglich fest: „durch § 4i wird der BA-Abzug vorrangig im Ansässigkeitsstaat der Mitunternehmerschaft (Deutschland), d.h. im Rahmen der beschränkten Steuerpflicht des ausländ. Mitunternehmers, und nicht (wie es dem primären Lösungsansatz der Richtlinie entsprechen würde) im Ansässigkeitsstaat des Mitunternehmers versagt"[2051]. Vergleichbar meinen KAHLENBERG/OPPEL, die ATAD sehe „als Rechtsfolge vor, dass der Ansässigkeitsstaat des Gesellschafters den Abzug verweigert. § 4i EStG verhindert jedoch den Abzug in Deutschland, dem Sitzstaat der betreffenden Personengesellschaft. Insoweit besteht für den deutschen Gesetzgeber Handlungsbedarf."[2052] Ein anderer Teil des Schrifttums kann hingegen keinen Widerspruch erkennen bzw. sieht eine Vereinbarkeit von § 4i EStG mit der ATAD gegeben.[2053]

Im Inbound-Fall kann dem zuletzt dargestellten Teil des Schrifttums gefolgt und insoweit eine Vereinbarkeit von § 4i EStG mit der ATAD angenommen werden: Verhält sich der Ansässigkeitsstaat des Mitunternehmers richtlinienkonform, untersagt dieser im Inbound-Fall als Ansässigkeitsstaat bzw. „Staat des Investors" primär den zweifachen (Sonder-)Betriebsausgabenabzug. Die Rechtsfolge von § 4i EStG würde daher – entsprechend der Richtlinie – nicht eintreten. Nur sofern der Ansässigkeitsstaat des Mitunternehmers den Abzug nicht unterbindet, bewirkt § 4i EStG – wiederum gemäß den Vorgaben der EU – nachrangig ein Abzugsverbot.[2054] Im Outbound-Fall ergeben sich indes Schwierigkeiten bei einem Abgleich mit den Vorgaben

---

[2048] Vgl. u.a. HICK, CHRISTIAN (Kommentierung § 4i EStG 2024), Rn. 5; KAHLENBERG, CHRISTIAN/OPPEL, FLORIAN (ATAD 2017), S. 1736; KAMINSKIY, VITALIY (Besteuerungsinkongruenzen 2020), S. 109; KUDERT, STEPHAN/KAHLENBERG, CHRISTIAN (Reformierung 2017), S. 358; SCHNITGER, ARNE (Maßnahmen 2017), S. 219 und ebenso KUßMAUL, HEINZ/SCHÄFER, RENÉ/ENGEL, PHILIPP (Rechtsnormen 2021), S. 82.

[2049] Vgl. dazu MARTINI, RUBEN (Kommentierung § 4i EStG 2024), Rn. A 26, der zur Bestimmung des „Steuergebiets des Zahlenden" wohl strikt auf den Ort abstellen will, in welchem die Zahlung getätigt wurde, die den Sonderbetriebsausgaben zugrunde liegt, bzw. auf den Ort, in dem die Aufwendungen entstanden sind, die zu den Sonderbetriebsausgaben führen. Vgl. zudem ZINOWSKY, TIM/JOCHIMSEN, CLAUS (Abwehrmaßnahmen 2017), S. 329 f.: ATAD diesbezüglich unklar.

[2050] Vgl. ebenso KUßMAUL, HEINZ/SCHÄFER, RENÉ/ENGEL, PHILIPP (Rechtsnormen 2021), S. 82. Auch MARTINI, RUBEN (Kommentierung § 4i EStG 2024), Rn. A 26 erkennt bei seiner von der h.M. in der Literatur abweichenden Interpretation der Bedeutung der Begrifflichkeiten „Investor" und „Zahlender" in Bezug auf Mitunternehmerschaften eine Abweichung zwischen § 4i EStG und den Vorgaben der ATAD.

[2051] HICK, CHRISTIAN (Kommentierung § 4i EStG 2024), Rn. 5.

[2052] KAHLENBERG, CHRISTIAN/OPPEL, FLORIAN (ATAD 2017), S. 1736. Vgl. ähnlich auch KAMINSKIY, VITALIY (Besteuerungsinkongruenzen 2020), S. 214, 216; SCHNITGER, ARNE (Maßnahmen 2017), S. 219.

[2053] Vgl. MARQUARDSEN, MARIA GESINA (Kommentierung § 4i EStG 2024), Rn. 5, 10; STAHL, CHRISTIAN (Kommentierung § 4i EStG 2024), Rn. 46; WACKER, ROLAND (Kommentierung § 4i EStG 2024), Rn. 7 und wohl auch KAHLE, HOLGER/BRAUN, JULIA (Sonderbetriebsausgaben 2018), S. 390.

[2054] Vgl. zum Obenstehenden insbesondere KUßMAUL, HEINZ/SCHÄFER, RENÉ/ENGEL, PHILIPP (Rechtsnormen 2021), S. 82 und zudem MARQUARDSEN, MARIA GESINA (Kommentierung § 4i EStG 2024), Rn. 5, 10; STAHL, CHRISTIAN (Kommentierung § 4i EStG 2024), Rn. 46.

der ATAD:[2055] Sofern der ausländische Staat den Betriebsausgabenabzug zuerst versagt, findet die deutsche Regelung des § 4i Satz 1 EStG, da dessen Voraussetzungen (Abzug der Betriebsausgaben in zwei Staaten) nicht (mehr) erfüllt sind, keine Anwendung. Dies entspricht insofern aber nicht der Vorgabe der Richtlinie, als Deutschland als Ansässigkeitsstaat des Mitunternehmers vorrangig in der Pflicht wäre, einen doppelten (Sonder-)Betriebsausgabenabzug nicht zuzulassen. Argumentiert werden kann *in EU-Fällen* zwar, dass dieses Problem weniger durch § 4i EStG verursacht wird, als es der ausländische Staat ist, der sich nicht entsprechend der Richtlinie verhält. Gleichwohl muss konstatiert werden, dass § 4i EStG insofern eine „Mitschuld" trägt, als in ihm keine klare Regelung enthalten ist, wonach der Abzug primär durch den Ansässigkeitsstaat des Mitunternehmers zu versagen ist. Zu erwägen ist, ob eine richtlinienkonforme Auslegung von § 4i EStG in Betracht kommt, und zwar in dem Sinne, dass Deutschland in solchen Situationen den Abzug primär vermeiden muss.[2056] Besser wäre aber, wenn es in § 4i EStG – wie auch hier gefordert – eine diesbezüglich eindeutige Vorfahrtsregelung gäbe.[2057] Der jeweils andere Staat müsste sich insoweit nach dem in Deutschland bestehenden Abzugsverbot richten.

8.3.3 Verhältnis zum Recht der DBA

8.3.3.1 Grundsätzliches Verhältnis

Die überwiegende Auffassung im Schrifttum sieht das grundsätzliche Verhältnis zwischen § 4i EStG und den DBA als unproblematisch an; eine Kollision sei nicht gegeben.[2058] Argumentiert wird hierbei – zum Teil unter Verweis auf die Rechtsprechung des BFH –[2059] insbesondere damit, dass die Gewinnermittlung allein Aufgabe des nationalen Rechts ist und die DBA hierauf keinen Einfluss nehmen.[2060] Ein anderer Teil der Literatur erblickt in § 4i EStG demgegenüber einen (verdeckten) Treaty Override.[2061] HICK äußerst sich hierbei ausführlich und argumentiert,

---

[2055] Vgl. auch zum Folgenden KUßMAUL, HEINZ/SCHÄFER, RENÉ/ENGEL, PHILIPP (Rechtsnormen 2021), S. 82; MARTINI, RUBEN (Kommentierung § 4i EStG 2024), Rn. A 26. A.A. STAHL, CHRISTIAN (Kommentierung § 4i EStG 2024), Rn. 46: „im Outbound-Fall […] unzweifelhaft europarechtskonform".

[2056] Vgl. dazu MARTINI, RUBEN (Kommentierung § 4i EStG 2024), Rn. A 26, der eine richtlinienkonforme Auslegung von § 4i EStG für geboten hält.

[2057] Vgl. dazu die Ausführungen in Kapitel 8.2.2.

[2058] Vgl. KAHLE, HOLGER/BRAUN, JULIA (Sonderbetriebsausgaben 2018), S. 389; KUDERT, STEPHAN/KAHLENBERG, CHRISTIAN (Reformierung 2017), S. 358 f.; KUßMAUL, HEINZ/SCHÄFER, RENÉ/ENGEL, PHILIPP (Rechtsnormen 2021), S. 82; MARQUARDSEN, MARIA GESINA (Kommentierung § 4i EStG 2024), Rn. 11; MARTINI, RUBEN (Kommentierung § 4i EStG 2024), Rn. A 15; POHL, CARSTEN (Kommentierung § 4i EStG 2024), Rn. 14; WACKER, ROLAND (Kommentierung § 4i EStG 2024), Rn. 3.

[2059] Vgl. BFH, Urteil vom 22.05.1991, I R 32/90, S. 94; BFH, Urteil vom 16.02.1996, I R 43/95, S. 130 f.; BFH, Urteil vom 24.03.1999, I R 114/97, S. 891.

[2060] Vgl. KUDERT, STEPHAN/KAHLENBERG, CHRISTIAN (Reformierung 2017), S. 358 f.; MARQUARDSEN, MARIA GESINA (Kommentierung § 4i EStG 2024), Rn. 11; MARTINI, RUBEN (Kommentierung § 4i EStG 2024), Rn. A 15; WACKER, ROLAND (Kommentierung § 4i EStG 2024), Rn. 3. Vgl. auch KAHLE, HOLGER/BRAUN, JULIA (Sonderbetriebsausgaben 2018), S. 389.

[2061] Vgl. BAUMGARTNER, EGID/CLOER, ADRIAN (Kommentierung § 4i EStG 2024), Rn. 140; GOSCH, DIETMAR (Kommentierung § 4i EStG 2024), Rn. 2; HICK, CHRISTIAN (Kommentierung § 4i EStG 2024), Rn. 6.

Deutschland würde das ihm zugewiesene Besteuerungsrecht über das Abkommen hinaus erweitern, indem es den Abzug von bestimmten Aufwendungen mittels § 4i EStG versagt.[2062]

Im Inbound-Fall und dort speziell dem Fall von Sonderbetriebsausgaben, die mit Sondervergütungen zusammenhängen, ergibt sich ein Besteuerungsrecht Deutschlands teilweise erst aus § 50d Abs. 10 EStG,[2063] sodass in diesen Fällen eine Abkommensüberschreibung von vornherein nicht in Betracht kommt; überschrieben wird nicht das Abkommen, sondern allenfalls § 50d Abs. 10 EStG. Im Allgemeinen erlauben DBA einem Staat nur eine Besteuerung oder schränken diese ein, sie schreiben aber keine Pflicht zur Besteuerung vor, die nach nationalem Recht nicht besteht.[2064] D.h., selbst wenn ein DBA Deutschland ein Besteuerungsrecht an bestimmten Sonderbetriebseinnahmen einräumt oder erlaubt, bestimmte Sonderbetriebsausgaben zum Abzug zuzulassen, bedeutet das nicht, dass Deutschland auch verpflichtet ist, dies zu tun.[2065] § 4i EStG gerät daher nicht in Konkurrenz zum Abkommensrecht,[2066] sondern füllt ein ggf. zwischenstaatlich zugewiesenes Besteuerungs*recht* innerstaatlich aus.[2067] Deutschland nimmt durch die Sonderbetriebsausgabenabzugsbeschränkung nach § 4i EStG also allenfalls ein ihm durch das DBA eingeräumtes respektive aufrechterhaltenes Recht, die Sonderbetriebsausgaben zu besteuern respektive zu berücksichtigen („können besteuert werden"), nicht wahr. Das ist jedoch keine Überschreibung des Abkommensrechts.

Darüber hinaus erscheint die Auffassung von HICK (s.o.), wonach Deutschland das ihm zugewiesene Besteuerungsrecht über das Abkommen hinaus erweitere, indem es den Abzug von bestimmten Aufwendungen versagt, zu weitgehend. Im Detail führt HICK aus, dass Vorschriften i.S.d. Art. 7 OECD-MA das Besteuerungsrecht für Unternehmensgewinne dem Betriebsstättenstaat zuweisen, wohingegen durch Vorschriften nach dem Vorbild von Art. 11 OECD-MA eine Zuweisung des Besteuerungsrechts für Zinserträge zum Ansässigkeitsstaat des Darlehensgebers erfolgt. Schließlich kommt er zu dem Ergebnis, dass durch „die Versagung der stl. Abziehbarkeit Deutschland sein Besteuerungsrecht auf Zinszahlungen aus[dehnt; d.Verf.], die nach dem Abkommensrecht dem Staat des Einkünfteempfängers zustehen".[2068] Dem ist m.E. zum einen entgegenzuhalten, dass auf Abkommensebene Aufwendungen und Erträge, die nicht derselben Verteilungsnorm unterfallen, getrennt betrachtet werden müssen.[2069] Die Versagung des Abzugs von bestimmten Aufwendungen erweitert daher kein – bereits bestehendes – Besteuerungsrecht für Erträge einer anderen Einkünftekategorie; letzteres wurde Deutschland entweder

---

2062 Vgl. HICK, CHRISTIAN (Kommentierung § 4i EStG 2024), Rn. 6. In diese Richtung auch BAUMGARTNER, EGID/CLOER, ADRIAN (Kommentierung § 4i EStG 2024), Rn. 140.

2063 Vgl. – auch zu einem entsprechenden Beispiel – die Ausführungen in Kapitel 8.1.

2064 Vgl. KAHLE, HOLGER/BRAUN, JULIA (Sonderbetriebsausgaben 2018), S. 389; KUDERT, STEPHAN/KAHLENBERG, CHRISTIAN (Reformierung 2017), S. 358 f. Vgl. auch MARTINI, RUBEN (Kommentierung § 4i EStG 2024), Rn. A 15.

2065 Vgl. KUDERT, STEPHAN/KAHLENBERG, CHRISTIAN (Reformierung 2017), S. 358 f.; KUßMAUL, HEINZ/SCHÄFER, RENÉ/ENGEL, PHILIPP (Rechtsnormen 2021), S. 82 sowie MARTINI, RUBEN (Kommentierung § 4i EStG 2024), Rn. A 15: „Die Bestimmung des Umfangs dieses Zugriffs liegt […] allein im Verantwortungsbereich des nationalen Rechts der Vertragsstaaten".

2066 Vgl. MARQUARDSEN, MARIA GESINA (Kommentierung § 4i EStG 2024), Rn. 11.

2067 Vgl. KUßMAUL, HEINZ/SCHÄFER, RENÉ/ENGEL, PHILIPP (Rechtsnormen 2021), S. 82.

2068 Vgl. zum Obenstehenden auch wörtlich HICK, CHRISTIAN (Kommentierung § 4i EStG 2024), Rn. 6.

2069 Vgl. auch GOSCH, DIETMAR (Zuordnung 2003), S. 95.

zugewiesen oder nicht zugewiesen. Zum anderen bewirkt die in § 4i Satz 2 EStG normierte Rückausnahme, dass der Sonderbetriebsausgabenabzug nur dann versagt wird, wenn keine doppelt erfassten Erträge vorhanden sind.[2070] D.h., wenn doppelt erfasste Erträge vorhanden sind, wird der Abzug der Aufwendungen in Deutschland gerade nicht versagt, sodass Deutschland von vornherein – mangels Anwendbarkeit von § 4i Satz 1 EStG – kein Besteuerungsrecht erweitern kann. Sollten in Deutschland keine entsprechenden Erträge vorhanden sein, greift zwar die Rückausnahme des § 4i Satz 2 EStG nicht, ein Besteuerungsrecht wird aber – mangels besteuerbarer Erträge – ebenfalls nicht erweitert.

8.3.3.2 Vereinbarkeit mit dem Diskriminierungsverbot nach Vorschriften i.S.d. Art. 24 Abs. 3 OECD-MA

Neben dem im Kapitel zuvor besprochenen grundsätzlichen Verhältnis zwischen § 4i EStG und den DBA gilt es, was die Beziehung der Sonderbetriebsausgabenabzugsbeschränkung zum Abkommensrecht anbelangt, auch die abkommensrechtlichen Diskriminierungsverbote und dort speziell Vorschriften i.S.d. Art. 24 Abs. 3 OECD-MA in den Blick zu nehmen.[2071] Wie bereits im Rahmen der Untersuchungen zu § 50d Abs. 10 EStG (Kapitel 5.3.2) angesprochen, sehen letztere Normen vor, dass die Besteuerung einer Betriebsstätte, die ein Unternehmen eines Vertragsstaats im anderen Vertragsstaat hat, in dem anderen Staat nicht ungünstiger sein darf als die Besteuerung von Unternehmen des anderen Staates, die die gleiche Tätigkeit ausüben (Art. 24 Abs. 3 Satz 1 OECD-MA). Im Schrifttum wird teilweise davon ausgegangen, dass § 4i EStG gegen ein solches abkommensrechtliches und betriebsstättenbezogenes Diskriminierungsverbot verstößt, oder zumindest in Frage gestellt, ob die entsprechenden Vorschriften miteinander im Einklang stehen.[2072] Durch andere Literaturstimmen wird ein Verstoß durch die nationalgesetzliche Sonderbetriebsausgabenabzugsbeschränkung gemäß § 4i EStG gegen abkommensrechtliche Diskriminierungsverbote nach dem Vorbild von Art. 24 Abs. 3 OECD-MA hingegen (eher) verneint.[2073]

Schutzobjekt von Vorschriften i.S.d. Art. 24 Abs. 3 OECD-MA können auch Gesellschafter einer Personengesellschaft sein.[2074] Darüber hinaus sind entsprechende Vorschriften grundsätzlich auch in Bezug auf die Abzugsfähigkeit von Aufwendungen einschlägig.[2075] Als entschei-

---

2070 Vgl. zur Rückausnahme des § 4i Satz 2 EStG ausführlich Kapitel 8.2.3.

2071 Vgl. auch KUẞMAUL, HEINZ/SCHÄFER, RENÉ/ENGEL, PHILIPP (Rechtsnormen 2021), S. 82; MARQUARDSEN, MARIA GESINA (Kommentierung § 4i EStG 2024), Rn. 11.

2072 Einen Verstoß durch § 4i EStG nehmen (wohl) KUDERT, STEPHAN/KAHLENBERG, CHRISTIAN (Reformierung 2017), S. 359 sowie SCHNITGER, ARNE (Maßnahmen 2017), S. 219 an; an der Vereinbarkeit der Norm mit Vorschriften i.S.d. Art. 24 Abs. 3 OECD-MA zweifeln hingegen BÄRSCH, SVEN-ERIC/BÖHMER, JULIAN (Unternehmensbesteuerung 2017), S. 568 f.; KAHLE, HOLGER/BRAUN, JULIA (Sonderbetriebsausgaben 2018), S. 389 sowie MARQUARDSEN, MARIA GESINA (Kommentierung § 4i EStG 2024), Rn. 11.

2073 Von einer Vereinbarkeit der entsprechenden Vorschriften gehen KUẞMAUL, HEINZ/SCHÄFER, RENÉ/ENGEL, PHILIPP (Rechtsnormen 2021), S. 82 f. aus; HICK, CHRISTIAN (Kommentierung § 4i EStG 2024), Rn. 6 und GOSCH, DIETMAR (Kommentierung § 4i EStG 2024), Rn. 2 nehmen wohl eher keinen Verstoß an.

2074 Vgl. BRUNS, SILKE (Kommentierung Art. 24 OECD-MA 2019), Rn. 88; HAGEBÖKE, JENS (Kommentierung Art. 24 OECD-MA 2024), Rn. 70.

2075 Vgl. KUBAILE, HEIKO (Kommentierung Art. 25 DBA-Schweiz 2024), Rn. 46; OECD-MK zu Art. 24 OECD-MA, Tz. 40 Buchst. a).

dendes Kriterium für die Auflösung der oben dargestellten differierenden Auffassungen dient aber der anzulegende Vergleichsmaßstab respektive die Frage danach, mit wem der ausländische Mitunternehmer einer inländischen Personengesellschaft verglichen werden muss, um eine Diskriminierung festzustellen.[2076] Entsprechend der Rechtsprechung des BFH ist hierbei – (wohl) entgegen der Meinung eines Teils der oben zuerst dargestellten Literaturstimmen –[2077] der Vergleich des ausländischen an einer deutschen Personengesellschaft beteiligten Mitunternehmers nicht lediglich mit einem inländischen Mitunternehmer anzustellen, der nur inländische Betriebsstätteneinkünfte in exakt derselben Höhe hat.[2078] Vielmehr ist erforderlich, dass „bei beiden Unternehmen gleiche Verhältnisse vorliegen".[2079] In Bezug auf die geforderten „gleichen Verhältnisse" führt der BFH im Urteil vom 30.03.2011 (I R 63/10) wörtlich Folgendes aus: „Zu den „Verhältnissen", die bei dem anzustellenden Vergleich zu berücksichtigen sind, zählen auch die im Ausland erzielten und dort steuerpflichtigen Einkünfte der jeweiligen Vergleichsunternehmen. […] Vergleichsobjekt muss […] ein inländisches Unternehmen sein, das im Inland Einkünfte in Höhe der Betriebsstätteneinkünfte und darüber hinaus im Ausland Einkünfte in derjenigen Höhe erzielt hat, die bei dem ihm gegenüberzustellenden ausländischen Unternehmen angefallen ist."[2080] Vergleichsmaßstab ist daher, und diese Auffassung wird von gewichtigen Literaturstimmen geteilt, ein inländisches Unternehmen mit gleichen – auch gleichen ausländischen – Einkünften.[2081] Angepasst an die für die Beurteilung von § 4i EStG relevanten Rahmenbedingungen ist demnach die Besteuerungssituation eines im Ausland ansässigen Mitunternehmers einer deutschen Personengesellschaft, der im Inland und im Ausland (Sonder-)Betriebsausgaben zum Abzug bringt, mit der Besteuerungssituation eines inländischen Mitunternehmers abzugleichen, der in- und ausländische Einkünfte in gleicher Höhe erzielt und folglich ebenfalls einen doppelten Betriebsausgabenabzug erreicht.[2082] Sowohl in Bezug auf die Einkünfte des zuvor angesprochenen ausländischen Mitunternehmers als auch hinsichtlich der Einkünfte des mit ihm zu vergleichenden inländischen Mitunternehmers kann § 4i EStG die zweifache Geltendmachung von Aufwendungen unterbinden, da die Norm – wie dargelegt –[2083] im In- und Outbound-Fall gleichermaßen greift. Eine Diskriminierung des ausländischen Mitunternehmers ist daher nicht gegeben.

[2076] Vgl. auch zum Folgenden KUßMAUL, HEINZ/SCHÄFER, RENÉ/ENGEL, PHILIPP (Rechtsnormen 2021), S. 82 f.

[2077] Vgl. KUDERT, STEPHAN/KAHLENBERG, CHRISTIAN (Reformierung 2017), S. 359, Fn. 154 (mit Verweis auf Rechtsprechung des BFH zum EU-Recht); SCHNITGER, ARNE (Maßnahmen 2017), S. 219.

[2078] Vgl. BFH, Urteil vom 30.03.2011, I R 63/10, Rn. 17.

[2079] Vgl. auch wörtlich BFH, Urteil vom 30.03.2011, I R 63/10, Rn. 16. Vgl. zudem BFH, Urteil vom 10.03.2005, II R 51/03, S. 746.

[2080] BFH, Urteil vom 30.03.2011, I R 63/10, Rn. 17.

[2081] Vgl. für die angesprochene Literatur OERTEL, EVA (Kommentierung Art. 24 OECD-MA 2024), Rn. 80; WASSERMEYER, FRANZ/SCHWENKE, MICHAEL (Kommentierung Art. 24 OECD-MA 2024), Rn. 49.

[2082] Vgl. auch zum Folgenden KUßMAUL, HEINZ/SCHÄFER, RENÉ/ENGEL, PHILIPP (Rechtsnormen 2021), S. 83.

[2083] Vgl. die Ausführungen in Kapitel 8.2.1.

8.3.4 Verhältnis von § 4i EStG zu anderen Normen des nationalen Rechts

8.3.4.1 Verhältnis von § 4i EStG zu § 50d Abs. 9 und 10 EStG

Auf Gesetzesebene nicht ausdrücklich bestimmt worden ist das Verhältnis von § 4i EStG zu anderen Rechtsnormen des nationalen Rechts.[2084] Daher tritt u.a. die Frage auf, in welcher Beziehung die Sonderbetriebsausgabenabzugsbeschränkung des § 4i EStG zu dem in Kapitel 5 ausführlich besprochenen und in Teilen ebenfalls die Behandlung von Sonderbetriebsausgaben regelnden § 50d Abs. 10 EStG steht.[2085] Das folgende *Beispiel 11* soll dabei als Grundlage für die sich anschließende Diskussion bezüglich des Konkurrenzverhältnisses zwischen § 4i EStG und § 50d Abs. 10 EStG dienen.

Beispiel 11: Verhältnis von § 4i EStG zu § 50d Abs. 10 EStG (negativer Zinssaldo)[2086]

Der im Ausland ansässige M ist mitunternehmerisch an der inländischen Personengesellschaft P beteiligt, die ihre Geschäftsleitungsbetriebsstätte und zugleich einzige Betriebsstätte in Deutschland hat. M gewährt der Personengesellschaft ein verzinsliches Darlehen, welches er bei seiner Hausbank refinanziert hat. Die Darlehenszinsen für das Refinanzierungsdarlehen betragen 100 EUR und übersteigen damit die 70 EUR betragenden Zinsen für das Darlehen, das M der Personengesellschaft gewährt hat. Zwischen Deutschland und dem ausländischen Staat besteht ein DBA, das dem OECD-MA entspricht. *Abbildung 15* stellt den Sachverhalt graphisch dar:

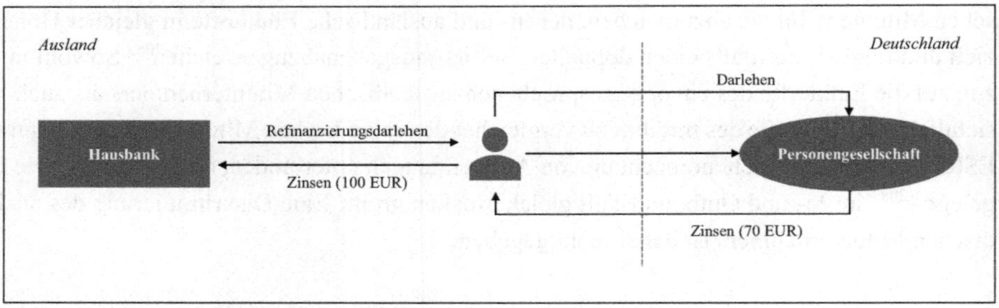

Abbildung 15: Verhältnis von § 4i EStG zu § 50d Abs. 10 EStG[2087]

Annahmegemäß subsumiert der ausländische Staat den Zinsertrag des Mitunternehmers M i.H.v. 70 EUR unter Vorschriften i.S.d. Art. 11 OECD-MA und lässt den Abzug der Zinsaufwendungen von der Bemessungsgrundlage i.H.v. 100 EUR zu. Deutschland wendet sowohl auf den Zinsertrag als auch auf den Zinsaufwand § 50d Abs. 10 EStG an und berücksichtigt daher beide Größen im Rahmen der beschränkten Steuerpflicht des M. Folglich erhöht sich die Bemessungsgrundlage in Deutschland zunächst um 70 EUR und vermindert sich sodann um 100 EUR. Sonstige inländische Einkünfte sind nicht angefallen. Die Zinsen aus der Darlehensge-

2084 Vgl. HICK, CHRISTIAN (Kommentierung § 4i EStG 2024), Rn. 10; KUßMAUL, HEINZ/SCHÄFER, RENÉ/ENGEL, PHILIPP (Rechtsnormen 2021), S. 83.

2085 Vgl. DYCKMANS, JAN (Kommentierung § 4i EStG 2024), Rn. 6; PRINZ, ULRICH (Finanzierung 2020), Rn. 27.

2086 Beispiel modifiziert entnommen aus BERGMANN, MALTE (Einordnung 2017), S. 128; PRINZ, ULRICH (Anwendungsfragen 2018), S. 651 ff.

2087 Eigene Darstellung; modifiziert entnommen aus PRINZ, ULRICH (Anwendungsfragen 2018), S. 653.

währung an die Personengesellschaft i.H.v. 70 EUR werden damit doppelt, im In- und Ausland, erfasst. Zudem können die Refinanzierungszinsen i.H.v. 100 EUR grundsätzlich sowohl in Deutschland im Rahmen der beschränkten Steuerpflicht als auch im Ausland im Rahmen der dortigen unbeschränkten Steuerpflicht – und damit doppelt – abgezogen werden.

Aufgrund des doppelten Abzugs der Zinsen im In- und Ausland untersagt § 4i Satz 1 EStG den Abzug der Zinsen respektive der Sonderbetriebsausgaben in Deutschland. Wenn man nun mit der h.L. – aber entgegen der hier vertretenen Auffassung – davon ausgeht, dass die Sonderbetriebsausgaben in Deutschland gemäß § 4i Satz 2 i.V.m. Satz 1 EStG nur insoweit abziehbar sind, wie auch doppeltbesteuerte Erträge (hier 70 EUR) gegeben sind und der Teil der Sonderbetriebsausgaben, der über die doppeltbesteuerten Erträge hinausgeht (hier 30 EUR), weiterhin auf Grundlage von § 4i Satz 1 EStG nicht abziehbar ist,[2088] kann M in Deutschland nur 70 EUR der 100 EUR an Refinanzierungszinsen von der deutschen Bemessungsgrundlage abziehen; 30 EUR und damit der Betrag, der die doppelt erfassten Erträge übersteigt, bleiben nach § 4i Satz 1 EStG in Deutschland nicht abziehbar. Fraglich ist aber, ob § 50d EStG an diesem Ergebnis noch etwas ändern kann und damit Auswirkung auf die Höhe der abzugsfähigen Zinsen hat.

Eine wohl von BERGMANN begründete Mindermeinung vertritt bezüglich der im voranstehenden Beispiel skizzierten Fallkonstellationen die Auffassung, § 50d Abs. 10 EStG sei als lex specialis zu § 4i EStG einzuordnen und gestatte daher im Falle eines negativen Zinssaldos und damit dann, wenn die Zinsaufwendungen die Zinserträge übersteigen, ggf. einen vollen Abzug der Zinsaufwendungen bzw. der Sonderbetriebsausgaben in Deutschland.[2089] Im Inbound-Fall wäre auf Grundlage von § 50d Abs. 10 EStG und dessen Zuordnung der gesamten Sonderbetriebsausgaben zu einer inländischen Betriebsstätte auch der Zinsaufwand, der die doppelt erfassten Erträge übersteigt, in Deutschland abziehbar und die Norm gehe aufgrund ihres spezielleren Charakters § 4i EStG vor.[2090] Von einer deutlich überwiegenden Anzahl an Literaturstimmen wird diese Mindermeinung jedoch nicht geteilt.[2091]

M.E. besteht von vornherein kein Konkurrenzverhältnis zwischen § 4i EStG und § 50d Abs. 10 EStG, welches es durch den lex-specialis Charakter der einen oder der anderen Norm zu lösen gilt.[2092] Die Funktionsweise des auch die Sonderbetriebsausgaben eines Mitunternehmers betreffenden § 50d Abs. 10 Satz 2, 3 Halbs. 2 EStG beschränkt sich auf die Einordnung von Einkünften als Unternehmensgewinne i.S.d. des Abkommensrechts sowie die Zuordnung dieser

---

2088 Vgl. dazu die Ausführungen in Kapitel 8.2.3 unter „Rechtsfolge und Wirkung von § 4i Satz 2 EStG".

2089 Vgl. BERGMANN, MALTE (Einordnung 2017), S. 128 f.; dem folgend HAGENA, ANTJE (Kommentierung § 50d EStG 2024), Rn. 131 sowie – allerdings mit Zweifeln – HECKERODT, DAVID (Sonderbetriebsausgabenabzug 2017), S. 730.

2090 Vgl. BERGMANN, MALTE (Einordnung 2017), S. 128 f.; HECKERODT, DAVID (Sonderbetriebsausgabenabzug 2017), S. 730. Vgl. auch HAGENA, ANTJE (Kommentierung § 50d EStG 2024), Rn. 131.

2091 Vgl. u.a. DYCKMANS, JAN (Kommentierung § 4i EStG 2024), Rn. 6; HICK, CHRISTIAN (Kommentierung § 4i EStG 2024), Rn. 11; KAHLE, HOLGER/BRAUN, JULIA (Sonderbetriebsausgaben 2018), S. 388; KUDERT, STEPHAN/KAHLENBERG, CHRISTIAN (Reformierung 2017), S. 345 f.; KUßMAUL, HEINZ/SCHÄFER, RENÉ/ENGEL, PHILIPP (Rechtsnormen 2021), S. 84; MARQUARDSEN, MARIA GESINA (Kommentierung § 4i EStG 2024), Rn. 13; POHL, CARSTEN (Kommentierung § 4i EStG 2024), Rn. 20; STAHL, CHRISTIAN (Kommentierung § 4i EStG 2024), Rn. 50 ff.; WACKER, ROLAND (Kommentierung § 4i EStG 2024), Rn. 2. Vgl. auch PRINZ, ULRICH (Sonderbetriebsausgaben 2017), S. 557; unklar BODDEN, GUIDO (Kommentierung § 4i EStG 2024), Rn. 10.2.

2092 Vgl. auch KUDERT, STEPHAN/KAHLENBERG, CHRISTIAN (Reformierung 2017), S. 346; KUßMAUL, HEINZ/SCHÄFER, RENÉ/ENGEL, PHILIPP (Rechtsnormen 2021), S. 84; MARQUARDSEN, MARIA GESINA (Kommentierung § 4i EStG 2024), Rn. 13; STAHL, CHRISTIAN (Kommentierung § 4i EStG 2024), Rn. 50 f.

Einkünfte zu einer Betriebsstätte für abkommensrechtliche Zwecke.[2093] § 4i EStG ist demgegenüber eine Vorschrift, die Teil der Gewinnermittlung nach rein nationalem Recht ist und als solche ggf. den Abzug von Sonderbetriebsausgaben untersagt.[2094] Die beiden Normen regeln daher auf unterschiedlichen Ebenen Unterschiedliches.[2095] Dabei lässt sich die hier vertretene Auffassung auch anhand folgender Kontrollüberlegung verdeutlichen: Folgte man der Mindermeinung, könnte genauso gut die Frage gestellt werden, ob nach nationalem Recht auf Grundlage von § 3 EStG steuerfreie Erträge im Inbound-Fall auch noch nach Anwendung von § 50d Abs. 10 Satz 1 bis 3 EStG und damit nach deren Zuordnung zu einer inländischen Betriebsstätte für Zwecke des Abkommensrechts steuerfrei sind. Die Frage macht wenig Sinn, da § 50d Abs. 10 EStG als Treaty Override die Anwendung eines DBA beeinflussen will, wohingegen § 3 EStG entweder vor- oder nachgelagert, jedenfalls aber auf einer anderen Prüfungsstufe, eine Steuerbefreiung der Erträge anordnet.

Mit denselben Überlegungen lässt sich auch die Frage nach dem Verhältnis von § 4i EStG zu dem in Kapitel 7.4 besprochenen § 50d Abs. 9 Satz 1 Nr. 1 EStG beantworten; auch hier wirken die beiden Normen unabhängig voneinander auf verschiedenen Ebenen, sodass sich die Frage, wie ein Konkurrenzverhältnis zwischen den Normen zu lösen ist, von vornherein nicht stellt.[2096]

8.3.4.2 Verhältnis von § 4i EStG zu weiteren Abzugsbeschränkungen

8.3.4.2.1 Grundlegendes Problem

Wie bereits im voranstehenden Kapitel angesprochen, ist das Verhältnis von § 4i EStG zu anderen Normen des nationalen Rechts durch den Gesetzgeber nicht ausdrücklich bestimmt worden.[2097] Über § 4i EStG hinaus besteht aber eine Reihe weiterer Betriebsausgabenabzugsbeschränkungen, die auch den Abzug von Sonderbetriebsausgaben versagen können.[2098] Daher ist – neben dem Verhältnis von § 4i EStG zu § 50d Abs. 9 und 10 EStG (s.o.) – auch fraglich, wie sich die Sonderbetriebsausgabenabzugsbeschränkung des § 4i EStG zu diesen Vorschriften verhält.[2099] In Rede steht dabei vor allem die Beziehung der Bestimmungen des § 4i EStG zu denen des § 4 Abs. 4a EStG und des § 4k Abs. 4 EStG (ggf. i.V.m. § 8 Abs. 1 KStG) sowie des § 4h

---

2093 Vgl. Kußmaul, Heinz/ Schäfer, René/Engel, Philipp (Rechtsnormen 2021), S. 84 und vgl. auch Kudert, Stephan/Kahlenberg, Christian (Reformierung 2017), S. 346.

2094 Vgl. Kudert, Stephan/Kahlenberg, Christian (Reformierung 2017), S. 346; Marquardsen, Maria Gesina (Kommentierung § 4i EStG 2024), Rn. 13.

2095 Vgl. Kudert, Stephan/Kahlenberg, Christian (Reformierung 2017), S. 346; Marquardsen, Maria Gesina (Kommentierung § 4i EStG 2024), Rn. 13.

2096 Vgl. insbesondere Stahl, Christian (Kommentierung § 4i EStG 2024), Rn. 50; vgl. aber auch Bodden, Guido (Kommentierung § 4i EStG 2024), Rn. 10.1; Hick, Christian (Kommentierung § 4i EStG 2024), Rn. 11; Kahle, Holger/Braun, Julia (Sonderbetriebsausgaben 2018), S. 388; Kanzler, Hans-Joachim (Kommentierung § 4i EStG 2024), Rn. 9.

2097 Vgl. Hick, Christian (Kommentierung § 4i EStG 2024), Rn. 10; Kußmaul, Heinz/Schäfer, René/Engel, Philipp (Rechtsnormen 2021), S. 83.

2098 Vgl. Marquardsen, Maria Gesina (Kommentierung § 4i EStG 2024), Rn. 14.

2099 Vgl. Hick, Christian (Kommentierung § 4i EStG 2024), Rn. 10.

EStG (ggf. i.V.m. § 8a KStG).[2100] Hierbei kann das Verhältnis von § 4i EStG zu diesen Normen – aufgrund des Fehlens einer expliziten gesetzlichen Regelung bei sich überschneidenden Anwendungsbereichen – nur auf Basis allgemeiner Grundsätze bzw. auf Grundlage der Gesetzessystematik ermittelt werden.[2101] Letzteres soll Gegenstand der folgenden Untersuchungen sein.

8.3.4.2.2 Betriebsausgabenabzug bei Besteuerungsinkongruenzen nach § 4k EStG

§ 4k EStG, der mit Gesetz vom 25.06.2021 und damit im Rahmen des ATAD-Umsetzungsgesetzes (ATADUmsG)[2102] in das EStG eingefügt wurde, ist grundsätzlich mit Wirkung ab dem Veranlagungszeitraum 2020 anzuwenden.[2103] Die Norm besteht aus insgesamt sieben Absätzen.[2104] Dabei beinhalten die Absätze 1 bis 5 jeweils eine Betriebsausgabenabzugsbeschränkung, wobei die jeweilige Beschränkung in den Absätzen 2 bis 5 nur dann zur Anwendung gelangt, wenn der Betriebsausgabenabzug nicht nach dem jeweils voranstehenden Absatz bzw. den vorstehenden Absätzen versagt wurde. Besonders ins Auge fällt hierbei die Regelung des vierten Absatzes von § 4k EStG, der – wie § 4i EStG – einen unberechtigten doppelten Abzug von Betriebsausgaben in zwei Staaten, also einen unberechtigten Double-Dip unterbinden will, indem der Abzug der Betriebsausgaben in Deutschland ggf. untersagt wird.[2105] Konkret sieht § 4k Abs. 4 EStG Folgendes vor:

> *[1]Soweit nicht bereits die Voraussetzungen für die Versagung des Betriebsausgabenabzugs nach den vorstehenden Absätzen vorliegen, sind Aufwendungen auch insoweit nicht als Betriebsausgaben abziehbar, als die Aufwendungen auch in einem anderen Staat berücksichtigt werden. [2]Eine Berücksichtigung der Aufwendungen im Sinne des Satzes 1 liegt bei unbeschränkt Steuerpflichtigen auch vor, wenn der andere Staat den Abzug der Aufwendungen bereits nach seinen Vorschriften nicht zulässt, die diesem oder den vorstehenden Absätzen entsprechen; dies gilt nicht, wenn der Abzug der Aufwendungen in einem anderen Staat auf Grund einer diesem Absatz entsprechenden Regelung nicht zugelassen wird bei*

[2100] Vgl. Kußmaul, Heinz/Schäfer, René/Engel, Philipp (Rechtsnormen 2021), S. 83. Vgl. auch Gosch, Dietmar (Kommentierung § 4i EStG 2024), Rn. 4; Marquardsen, Maria Gesina (Kommentierung § 4i EStG 2024), Rn. 14. Darüber hinaus stand vor allem auch das Verhältnis von § 4i EStG i.V.m. § 8 Abs. 1 KStG zu § 14 Abs. 1 Satz 1 Nr. 5 KStG in der Literatur in Rede; vgl. z.B. Kußmaul, Heinz/Schäfer, René/Engel, Philipp (Rechtsnormen 2021), S. 83 f. Letztere Norm wurde jedoch im Rahmen des Wachstumschancengesetzes vom 27.03.2024 aufgehoben; vgl. Art. 18 Nr. 3 Wachstumschancengesetz, BGBl. I 2024, Nr. 108. Vgl. zum Verhältnis von § 4i EStG zu weiteren (allgemeinen) Normen des rein nationalen Rechts überblicksartig Bodden, Guido (Kommentierung § 4i EStG 2024), Rn. 8 ff.

[2101] Vgl. Marquardsen, Maria Gesina (Kommentierung § 4i EStG 2024), Rn. 14; Prinz, Ulrich (Anwendungsfragen 2018), S. 648.

[2102] Vgl. BGBl. I 2021, S. 2035 ff.

[2103] Vgl. dazu im Detail § 52 Abs. 8d EStG.

[2104] Als eine der ersten Literaturstimmen kommentierten ausführlich etwa Kußmaul, Heinz/Müller, Florian/Berens, Bela (Besteuerungsinkongruenzen 2020), S. 399 ff. die Norm respektive den Entwurf dieser.

[2105] Vgl. Baumgartner, Egid/Cloer, Adrian (Kommentierung § 4i EStG 2024), Rn. 89; Marquardsen, Maria Gesina (Betriebsausgabenabzugsverbot 2020), S. 623; Rüsch, Gary (Konkurrenz 2021), S. 382.

1. *einem mittelbaren oder unmittelbaren Gesellschafter eines unbeschränkt Steuerpflichtigen im Sinne des § 1 des Körperschaftsteuergesetzes oder*
2. *dem Steuerpflichtigen, sofern sich dessen Wohnsitz, Sitz oder Ort der Geschäftsleitung auch in einem anderen Mitgliedstaat der Europäischen Union befindet und dieser Staat den Steuerpflichtigen für Zwecke der Anwendung eines Abkommens zur Vermeidung der Doppelbesteuerung zwischen der Bundesrepublik Deutschland und diesem Staat als nicht in diesem Staat ansässig behandelt.*

[3]Satz 1 gilt nicht, soweit den Aufwendungen Erträge desselben Steuerpflichtigen gegenüberstehen, die sowohl im Inland als auch nachweislich in dem anderen Staat einer tatsächlichen Besteuerung unterliegen. [4]Bei unbeschränkt Steuerpflichtigen, bei denen eine Doppelbesteuerung durch Anrechnung oder Abzug der ausländischen Steuer vermieden wird, finden die Sätze 1 bis 3 nur Anwendung, soweit die Aufwendungen auch Erträge in einem anderen Staat mindern, die nicht der inländischen Besteuerung unterliegen.

Im Unterschied zu seinen vorangehenden Abätzen ist der vierte Absatz von § 4k EStG unabhängig davon anwendbar, ob ein hybrides Element bzw. eine hybride Gestaltung gegeben ist, sodass eine steuerliche Qualifikation, Zurechnung, Behandlung, Beurteilung oder Zuordnung durch den jeweils ausländischen Staat, die vom deutschen innerstaatlichen Recht abweicht, nicht erforderlich ist.[2106] Damit könnte § 4k Abs. 4 EStG auch auf die Double-Dip-Strukturen anwendbar sein, deren Vermeidung § 4i EStG im Auge hat.[2107] Jedenfalls wird m.E. zutreffend davon ausgegangen, dass der sachliche Anwendungsbereich von § 4k Abs. 4 EStG auch Sonderbetriebsausgaben eines Mitunternehmers umfasst.[2108] Der Tatbestand von § 4k Abs. 4 EStG enthält insoweit keine Differenzierung.[2109] Mithin kommt es zu einer Überschneidung der Regelungsbereiche von § 4i EStG und § 4k Abs. 4 EStG.[2110] Solange sich die Besteuerungsergebnisse nach Anwendung von § 4i EStG einerseits und § 4k Abs. 4 EStG andererseits decken, könnte eine Antwort auf die Frage nach dem Verhältnis beider Normen zueinander zwar dahinstehen, Probleme bereitet aber der Umstand, dass in Abhängigkeit davon, ob nur § 4i EStG zur Anwendung gelangt oder man von einer zusätzlichen Anwendbarkeit von § 4k Abs. 4 EStG ausgeht, unterschiedliche Folgen bezüglich der Besteuerung eintreten können.[2111] Insbesondere besteht ein Unterschied der beiden Normen hinsichtlich der Voraussetzungen zur Anwendung der Rückausnahme vom (Sonder-)Betriebsausgabenabzugsverbot nach § 4i Satz 2 EStG bzw.

2106 Vgl. GROTHERR, SIEGFRIED (ATAD-Umsetzungsgesetz 2020), S. 784; LOSCHELDER, FRIEDRICH (Kommentierung § 4k EStG 2024), Rn. 28; MARQUARDSEN, MARIA GESINA (Kommentierung § 4i EStG 2024), Rn. 14c; SCHNITGER, ARNE/OSKAMP, MICHAEL (Besteuerungsinkongruenzen 2020), S. 963.

2107 Vgl. auch GROTHERR, SIEGFRIED (ATAD-Umsetzungsgesetz 2020), S. 784; MARQUARDSEN, MARIA GESINA (Betriebsausgabenabzugsverbot 2020), S. 627.

2108 Vgl. MANN, ALEXANDER (Kommentierung § 4k EStG 2024), Rn. 53; MARQUARDSEN, MARIA GESINA (Betriebsausgabenabzugsverbot 2020), S. 627; Wissenschaftlicher Arbeitskreis Steuerrecht des DWS-Instituts e.V. (Sonderbetriebsvermögen 2023), S. 39.

2109 Vgl. auch MARQUARDSEN, MARIA GESINA (Betriebsausgabenabzugsverbot 2020), S. 627.

2110 Vgl. MARQUARDSEN, MARIA GESINA (Betriebsausgabenabzugsverbot 2020), S. 626; RÜSCH, GARY (Konkurrenz 2021), S. 382; Wissenschaftlicher Arbeitskreis Steuerrecht des DWS-Instituts e.V. (Sonderbetriebsvermögen 2023), S. 39.

2111 Vgl. BAUMGARTNER, EGID/CLOER, ADRIAN (Kommentierung § 4i EStG 2024), Rn. 89; MARQUARDSEN, MARIA GESINA (Betriebsausgabenabzugsverbot 2020), S. 626; RÜSCH, GARY (Konkurrenz 2021), S. 382.

nach § 4k Abs. 4 Satz 3 EStG.[2112] § 4i Satz 2 EStG erfordert eine Steuersubjektidentität zwischen dem Mitunternehmer, der im Inland die Erträge versteuert, die durch die doppelt berücksichtigten Aufwendungen gemindert werden, einerseits, und dem Mitunternehmer, der im Ausland die entsprechenden Erträge versteuert, andererseits.[2113] Insbesondere genügt es zur Tatbestandserfüllung von § 4i Satz 2 EStG damit nicht, wenn die durch die Aufwendungen geminderten Erträge zwar sowohl im Inland als auch im Ausland besteuert werden, dies aber nicht bei derselben Person geschieht.[2114] In Teilen der Literatur wird – abweichend von der hier vertretenen Auffassung – daraus eine erhebliche Einschränkung der Anwendbarkeit von § 4i Satz 2 EStG bei subjektiven Qualifikationskonflikten bezüglich des Mitunternehmers sowie bei Vorliegen einer Organschaft bzw. eines Gruppenbesteuerungssystems im Ausland abgeleitet.[2115] Demgegenüber setzt § 4k Abs. 4 Satz 3 EStG gerade keine Steuersubjektidentität zwischen demjenigen, der im Inland die entsprechenden Erträge versteuert, und demjenigen voraus, bei welchem im Ausland die in Rede stehenden Erträge der Besteuerung unterliegen.[2116] Im entscheidenden Unterschied zu § 4i Satz 2 EStG fehlt in § 4k Abs. 4 Satz 3 EStG die konkretisierende Bestimmung „bei ihm". § 4i Satz 2 EStG ordnet an, dass das Sonderbetriebsausgabenabzugsverbot nicht greift, soweit diese Aufwendungen Erträge desselben Steuerpflichtigen mindern, die *bei ihm* sowohl der inländischen Besteuerung unterliegen als auch nachweislich der tatsächlichen Besteuerung in dem anderen Staat. § 4k Abs. 4 Satz 3 EStG bestimmt hingegen (nur), dass das Betriebsausgabenabzugsverbot nach Satz 1 der Norm nicht greift, soweit den Aufwendungen Erträge desselben Steuerpflichtigen gegenüberstehen, die sowohl im Inland als auch nachweislich in dem anderen Staat einer tatsächlichen Besteuerung unterliegen. Durch den Zusatz „desselben Steuerpflichtigen" im ersten Satzteil von § 4k Abs. 4 Satz 3 EStG wird lediglich gefordert, dass die Aufwendungen aus Satz 1 der Norm die Erträge desjenigen Steuerpflichtigen im Inland mindern, der dort auch die Aufwendungen geltend gemacht hat.[2117] Über die zuvor dargelegten Unterschiede hinsichtlich der Voraussetzungen zur Anwendung der Rückausnahme hinaus, differieren § 4i EStG und § 4k Abs. 4 EStG auch dadurch, dass letztere Norm eine – hier in Kapitel 8.2.2 zwar ausdrücklich geforderte, aber in § 4i EStG eben nicht normierte – Vorfahrtsregelung bei Vorliegen einer vergleichbaren Regelung zur Nichtabziehbarkeit von Aufwendungen in dem jeweiligen ausländischen Staat enthält; auch daraus können unterschiedliche Besteuerungsergebnisse resultieren.[2118]

2112 Vgl. BAUMGARTNER, EGID/CLOER, ADRIAN (Kommentierung § 4i EStG 2024), Rn. 89; MARQUARDSEN, MARIA GESINA (Betriebsausgabenabzugsverbot 2020), S. 626; RÜSCH, GARY (Konkurrenz 2021), S. 382.

2113 Vgl. MARTINI, RUBEN (Kommentierung § 4i EStG 2024), Rn. C 1; WACKER, ROLAND (Kommentierung § 4i EStG 2024), Rn. 16. Vgl. dazu auch HICK, CHRISTIAN (Kommentierung § 4i EStG 2024), Rn. 44.

2114 Vgl. HICK, CHRISTIAN (Kommentierung § 4i EStG 2024), Rn. 44 m.w.N.; MARTINI, RUBEN (Kommentierung § 4i EStG 2024), Rn. C 1; WACKER, ROLAND (Kommentierung § 4i EStG 2024), Rn. 16.

2115 Vgl. dazu ausführlich Kapitel 8.2.3 und dort unter „Steuersubjektidentität".

2116 Vgl. MARQUARDSEN, MARIA GESINA (Kommentierung § 4i EStG 2024), Rn. 14d.2; RÜSCH, GARY (Konkurrenz 2021), S. 383.

2117 Vgl. auch RÜSCH, GARY (Durcheinander 2020), S. 283.

2118 Vgl. auch zu möglichen weiteren Unterschieden MARQUARDSEN, MARIA GESINA (Betriebsausgabenabzugsverbot 2020), S. 625 f. und zu den Bestimmungen der in § 4k Abs. 4 Satz 2 EStG enthaltenen und höchst komplexen Vorfahrtsregelung ausführlich SCHNITGER, ARNE/OSKAMP, MICHAEL (Besteuerungsinkongruenzen 2020), S. 963 f.

Aufgrund der potenziell unterschiedlichen Besteuerungsergebnisse bei Anwendung von § 4i EStG einerseits und § 4k Abs. 4 EStG andererseits muss, wie dargelegt, das Konkurrenzverhältnis der beiden Normen aufgelöst werden. Problem hierbei wiederum ist aber, dass die Frage nach dem Verhältnis der beiden Normen zueinander in der Literatur höchst verschieden beantwortet wird.[2119] Eine erste Auffassung in der Literatur geht davon aus, dass § 4i EStG nach dem lex-specialis-Grundsatz dem § 4k Abs. 4 EStG vorgehen würde.[2120] Dementsprechend würde § 4k Abs. 4 EStG in Bezug auf Sonderbetriebsausgaben überhaupt nicht zur Anwendung gelangen.[2121] Belegt wird diese Auffassung dabei zumeist relativ knapp damit, dass § 4i EStG eine Regelung speziell für Sonderbetriebsausgaben sei.[2122] Mit ähnlicher Stoßrichtung geht GROTHERR davon aus, es „könnte die Auffassung vertreten werden, dass § 4k EStG-E gegenüber anderen Vorschriften zur Einschränkung des Betriebsausgabenabzugs nachrangig ist […], da diese Regelung das Vorliegen von *abziehbaren Betriebsausgaben* voraussetzt“[2123]. Ein anderer Teil der Literatur meint demgegenüber, dass der jeweils weitestgehenden Vorschrift – und damit (wohl) der Vorschrift, die den Betriebsausgabenabzug am meisten einschränkt –[2124] der Vorrang gebührt.[2125] Wohl lediglich abwandelnd formuliert LOSCHELDER, die Normen seien seines Erachtens „nebeneinander anwendbar“[2126]. Zudem will sich die Finanzverwaltung in Zukunft wohl entsprechend positionieren. Im Entwurf eines BMF-Schreibens vom 13.07.2023 zur Anwendung von § 4k EStG heißt es, „Betriebsausgabenabzugsverbote“ seien „grundsätzlich nebeneinander anwendbar“.[2127] „Ist eines der einschlägigen Betriebsausgabenabzugsverbote weitergehend als ein anderes, ist der Betriebsausgabenabzug im Umfang der Rechtsfolge des weitergehenden Abzugsverbots ausgeschlossen.“[2128] Völlig konträr zur ersten Auffassung wird insbesondere von RÜSCH vertreten, dass § 4k Abs. 4 EStG aufgrund des lex-posterior-Grund-

---

2119 Vgl. RÜSCH, GARY (Konkurrenz 2021), S. 382.

2120 Vgl. BAUMGARTNER, EGID/CLOER, ADRIAN (Kommentierung § 4i EStG 2024), Rn. 89; MARQUARDSEN, MARIA GESINA (Betriebsausgabenabzugsverbot 2020), S. 627; POHL, CARSTEN (Kommentierung § 4k EStG 2024), Rn. 28; SCHNITGER, ARNE/OSKAMP, MICHAEL (Betriebsausgabenabzug 2020), S. 913; TCHERVENIACHKI, VASSIL (Kommentierung § 4k EStG 2024), Rn. 20; differenzierend und letztlich offengelassen hingegen KUßMAUL, HEINZ/SCHÄFER, RENÉ/ENGEL, PHILIPP (Rechtsnormen 2021), S. 84.

2121 Vgl. BAUMGARTNER, EGID/CLOER, ADRIAN (Kommentierung § 4i EStG 2024), Rn. 89; MARQUARDSEN, MARIA GESINA (Betriebsausgabenabzugsverbot 2020), S. 627; POHL, CARSTEN (Kommentierung § 4k EStG 2024), Rn. 28.

2122 So BAUMGARTNER, EGID/CLOER, ADRIAN (Kommentierung § 4i EStG 2024), Rn. 89; POHL, CARSTEN (Kommentierung § 4k EStG 2024), Rn. 28; SCHNITGER, ARNE/OSKAMP, MICHAEL (Betriebsausgabenabzug 2020), S. 913; TCHERVENIACHKI, VASSIL (Kommentierung § 4k EStG 2024), Rn. 20; mit ausführlicher Begründung hingegen MARQUARDSEN, MARIA GESINA (Betriebsausgabenabzugsverbot 2020), S. 626 f.

2123 GROTHERR, SIEGFRIED (ATAD-Umsetzungsgesetz 2020), S. 784.

2124 Vgl. auch RÜSCH, GARY (Konkurrenz 2021), S. 382.

2125 Vgl. FRASE, HENNING (Kommentierung § 4k EStG 2024), Rn. 14; GOSCH, DIETMAR (Kommentierung § 4i EStG 2024), Rn. 4; WACKER, ROLAND (Kommentierung § 4i EStG 2024), Rn. 2. Vgl. auch LINK, CORNELIUS/KÜPPER, SARAH (BMF-Schreiben 2023), Rn. 35; explizit ablehnend RÜSCH, GARY (Konkurrenz 2021), S. 382.

2126 LOSCHELDER, FRIEDRICH (Kommentierung § 4k EStG 2024), Rn. 5; ähnlich MANN, ALEXANDER (Kommentierung § 4k EStG 2024), Rn. 53; ZINOWSKY, TIM (Einkommensteuerrecht 2021), S. 500, Fn. 6.

2127 Vgl. zu den wörtlichen Zitaten Entwurf eines BMF-Schreibens vom 13.07.2023, Rn. 124.

2128 Entwurf eines BMF-Schreibens vom 13.07.2023, Rn. 124.

satzes und damit aufgrund einer verdrängenden Wirkung des späteren Gesetzes dem § 4i EStG vorgehen würde.[2129]

Das Problem bei der Lösung des Konkurrenzproblems zwischen § 4i EStG und § 4k Abs. 4 EStG mit Hilfe des lex-specialis-Grundsatzes ist, dass beide Normen spezielle Elemente aufweisen.[2130] Der sachliche Anwendungsbereich von § 4i EStG ist auf Sonderbetriebsausgaben eingegrenzt, womit die Norm nur bezüglich der persönlichen Aufwendungen eines Mitunternehmers, die bei diesem im Zusammenhang mit der Mitunternehmerschaft anfallen, Anwendung finden kann.[2131] Hierauf aufbauend könnte zwar vertreten werden, dass § 4i EStG als lex specialis dem § 4k Abs. 4 EStG vorgeht,[2132] letztere Norm erfährt aber durch § 4k Abs. 6 Satz 1 EStG vor allem in ihrem persönlichen Anwendungsbereich eine erhebliche Einschränkung.[2133] Nach § 4k Abs. 6 Satz 1 EStG finden die Absätze 1 bis 5 der Norm nur Anwendung, wenn der Tatbestand dieser Absätze zwischen nahestehenden Personen i.S.d. § 1 Abs. 2 AStG oder zwischen einem Unternehmen und seiner Betriebsstätte verwirklicht wird oder wenn eine strukturierte Gestaltung anzunehmen ist. Nahestehende Personen i.S.d. § 1 Abs. 2 AStG sind dabei insbesondere dann gegeben, wenn eine wesentliche Beteiligung der einen an der anderen Person von mindestens 25 % besteht (§ 1 Abs. 2 Satz 1 Nr. 1 Buchst. a) AStG). Durch die Alternative „Verwirklichung des Tatbestandes zwischen einem Unternehmen und seiner Betriebsstätte" wird nicht, wie im Abkommensrecht, auch auf Rechtsverhältnisse zwischen einem Mitunternehmer und der Personengesellschaft, an der der Mitunternehmer beteiligt ist, Bezug genommen;[2134] durch die Ergänzung „Unternehmen und Betriebsstätte" in § 4k Abs. 6 Satz 1 EStG sollte gerade erreicht werden, dass auch Beziehungen zwischen zwei rechtlich unselbständigen Einheiten erfasst werden können,[2135] was bei einem Rechtsverhältnis zwischen einem Mitunternehmer und der Personengesellschaft, an der er beteiligt ist, in der Regel gerade nicht der Fall ist, da eine Personengesellschaft oftmals rechtsfähig und damit selbst, wie der Mitunternehmer, Träger von Rechten und Pflichten sein wird.[2136] Eine strukturierte Gestaltung ist anzunehmen, wenn der steuerliche Vorteil, der sich ohne die Anwendung von § 4k Abs. 1 bis 5 EStG ergeben würde, ganz oder zum Teil in die Bedingungen der vertraglichen Vereinbarungen eingerechnet wurde oder die Bedingungen der vertraglichen Vereinbarungen oder die den ver-

---

2129 Vgl. RÜSCH, GARY (Konkurrenz 2021), S. 382 und wohl auch KANZLER, HANS-JOACHIM (Kommentierung § 4i EStG 2024), Rn. 9; explizit ablehnend GOSCH, DIETMAR (Kommentierung § 4i EStG 2024), Rn. 4.

2130 Vgl. KUßMAUL, HEINZ/SCHÄFER, RENÉ/ENGEL, PHILIPP (Rechtsnormen 2021), S. 84; MARQUARDSEN, MARIA GESINA (Betriebsausgabenabzugsverbot 2020), S. 626; RÜSCH, GARY (Konkurrenz 2021), S. 382. Vgl. auch MANN, ALEXANDER (Kommentierung § 4k EStG 2024), Rn. 53.

2131 Vgl. BAUMGARTNER, EGID/CLOER, ADRIAN (Kommentierung § 4i EStG 2024), Rn. 89; MANN, ALEXANDER (Kommentierung § 4k EStG 2024), Rn. 53; MARQUARDSEN, MARIA GESINA (Betriebsausgabenabzugsverbot 2020), S. 626; RÜSCH, GARY (Konkurrenz 2021), S. 382.

2132 So explizit wohl BAUMGARTNER, EGID/CLOER, ADRIAN (Kommentierung § 4i EStG 2024), Rn. 89.

2133 Vgl. KUßMAUL, HEINZ/SCHÄFER, RENÉ/ENGEL, PHILIPP (Rechtsnormen 2021), S. 84; MANN, ALEXANDER (Kommentierung § 4k EStG 2024), Rn. 53; MARQUARDSEN, MARIA GESINA (Betriebsausgabenabzugsverbot 2020), S. 626; RÜSCH, GARY (Konkurrenz 2021), S. 382.

2134 So implizit auch MANN, ALEXANDER (Kommentierung § 4k EStG 2024), Rn. 53; MARQUARDSEN, MARIA GESINA (Betriebsausgabenabzugsverbot 2020), S. 626; RÜSCH, GARY (Konkurrenz 2021), S. 382.

2135 Vgl. RÜSCH, GARY (Kommentierung § 4k EStG 2024), Rn. 225.

2136 Vgl. zu Letzterem NIEHUS, ULRICH/WILKE, HELMUTH (Personengesellschaften 2023), S. 5 f.; STEMLER, PATRICK (Sondervergütungen 2013), S. 31.

traglichen Vereinbarungen zugrunde liegenden Umstände darauf schließen lassen, dass die an der Gestaltung Beteiligten den steuerlichen Vorteil erwarten konnten (§ 4k Abs. 6 Satz 3 EStG).

Aufgrund des vor allem in persönlicher Hinsicht eingeschränkten Anwendungsbereichs von § 4k Abs. 4 EStG ist m.E. der Hinweis, § 4i EStG wäre „nach Einführung des § 4k Abs. 4 EStG entbehrlich bzw. überflüssig“[2137], zu weitgehend. Würde man § 4i EStG heute einfach streichen, wäre in Situationen, in denen der Anwendungsbereich von § 4k Abs. 4 EStG nicht eröffnet wäre, was insbesondere bei Beteiligungsquoten unter 25 % der Fall sein kann, weiterhin ein nicht gerechtfertigter doppelter Abzug von Aufwendungen im Zusammenhang mit Sonderbetriebsausgaben möglich.[2138] Aus diesem Grund ist m.E. auch zu begrüßen, dass der jüngste Vorstoß des Bundesrates, § 4i EStG vollständig abzuschaffen,[2139] keinen Einzug in das JStG 2024 gefunden hat.[2140] Der Bundesrat erkennt zwar, dass § 4i EStG einen vor allem in persönlicher Hinsicht erweiterten Anwendungsbereich im Vergleich zu § 4k EStG hat, meint aber, dass mit „Blick auf das verfolgte Ziel des Gesetz- und des Richtliniengebers (Richtlinie (EU) 2017/952 des Rates vom 29. Mai 2017, ABl. L 144, S. 1), Besteuerungsinkongruenzen gezielt in Gestaltungsfällen [zu; d.Verf.] neutralisieren und nicht sämtliche zufällige Steuereffekte aufzugreifen, […] die Aufhebung des § 4i EStG gleichwohl auch hinsichtlich des über § 4k EStG hinausgehenden Anwendungsbereichs sachgerecht“ wäre.[2141] Außerdem würde, so der Bundesrat, „mit der Aufhebung des § 4i EStG ein Beitrag zum Bürokratieabbau geleistet“[2142].

Die Argumentation des Bundesrates auf Basis der Zielsetzung der ATAD ist m.E. nicht sachgerecht. Die europaweit umzusetzende ATAD basiert auf einem Vorschlag der OECD, wie weltweit u.a. dem Problem von Besteuerungsinkongruenzen und einem daraus ggf. resultierenden nicht gerechtfertigten doppelten Betriebsausgabenabzug begegnet werden kann.[2143] Der Richtliniengeber möchte bewusste Steuergestaltungen unterbinden.[2144] Demgegenüber sind das deutsche Mitunternehmerkonzept im Allgemeinen und dort der Bereich der Sonderbetriebsausgaben im Speziellen den Steuerrechtsordnungen der allermeisten Staaten fremd.[2145] Der Entstehungsgrund eines doppelten Sonderbetriebsausgabenabzugs ist zudem nicht immer eine bewusste, zielgerichtete Steuergestaltung.[2146] Dass mit dem Ziel, nur solche, bewusste Gestal-

2137 KAHLENBERG, CHRISTIAN/REIN, REBEKKA (Anmerkung 2020), S. 161.

2138 Ähnlich MARQUARDSEN, MARIA GESINA (Betriebsausgabenabzugsverbot 2020), S. 627.

2139 Vgl. BR-Drs. 369/24 (Beschluss) vom 27.09.2024, S. 30.

2140 Eine Aufhebung von § 4i EStG forderten hingegen zuvor bereits Expertenkommission „Vereinfachte Unternehmensteuer“ (Abschlussbericht 2024), S. 141, 153 sowie HEY, JOHANNA (Unternehmensbesteuerung 2024), S. M7. Wie hier gegen eine Abschaffung der Norm spricht sich indes wohl die finanzverwaltungsnahe Literatur mit VAN LISHAUT, INGO (Unternehmenssteuer 2024), S. 833 aus.

2141 Vgl. auch wörtlich BR-Drs. 369/24 (Beschluss) vom 27.09.2024, S. 30.

2142 BR-Drs. 369/24 (Beschluss) vom 27.09.2024, S. 30.

2143 Vgl. OECD (Arrangements 2015), S. 67 ff.

2144 Vgl. Richtlinie (EU) 2017/952 des Rates vom 29.05.2017, Erwägungsgrund Nr. 12. So auch BR-Drs. 369/24 (Beschluss) vom 27.09.2024, S. 30.

2145 Vgl. BERGMANN, MALTE (Einordnung 2017), S. 126; LÜDICKE, JÜRGEN (Personengesellschaften 1998), S. 477; MARTINI, RUBEN (Kommentierung § 4i EStG 2024), Rn. A 1.

2146 Vgl. HICK, CHRISTIAN (Kommentierung § 4i EStG 2024), Rn. 5; KUẞMAUL, HEINZ/SCHÄFER, RENÉ/ENGEL, PHILIPP (Sonderbetriebsausgaben 2021), S. 42; VON FREEDEN, ARNE (Zinsabzugsverbot 2016).

tungen zu unterbinden, eine Einschränkung des Anwendungsbereichs der ATAD erfolgte,[2147] ist zu begrüßen, nur hat das nichts damit zu tun, dass einem ggf. nur zufällig entstehenden doppelten Sonderbetriebsausgabenabzug, der auf einer deutschen Spezialität basiert und der nicht gerechtfertigt ist, begegnet werden muss.[2148] Letzteres ist – wie in der Gesetzesbegründung zu § 4i EStG auch dargelegt – steuersystematisch und zur Wahrung der Wettbewerbsneutralität erforderlich.[2149] Im Übrigen käme es zu dem vom Bundesrat beschriebenen Bürokratieabbau durch Abschaffung des § 4i EStG nur dann, wenn man – entgegen dem Nachfolgenden – vertritt, dass § 4i EStG und § 4k Abs. 4 EStG nebeneinander anwendbar sind.

Aus dem vor allem in persönlicher Hinsicht eingeschränkten Anwendungsbereich von § 4k Abs. 4 EStG folgt außerdem, dass sich das Konkurrenzproblem zwischen der Norm und § 4i EStG m.E. *nicht* mit Hilfe des „einfachen" lex-specialis-Grundsatzes im Sinne einer formalen Spezialität lösen lässt:[2150] Diese Ausprägung des lex-specialis-Grundsatzes, die als formale Spezialität bezeichnet wird und vergleichsweise einfach zu bestimmen ist, sieht vor, dass eine erste Norm dann einer anderen, zweiten Norm vorgeht, wenn die erste Norm alle Elemente des Tatbestands der zweiten Norm enthält respektive sich die Anwendungsbereiche der Normen insoweit vollständig decken,[2151] aber die erste Norm zusätzlich ein weiteres, spezifisches Element aufweist, sodass die Norm insgesamt als spezieller im Vergleich zu der zweiten Norm qualifiziert.[2152] Zur Veranschaulichung eines Falls der formalen Spezialität kann man sich die Tatbestände der beiden in Rede stehenden Bestimmungen auch als Kreise vorstellen, bei „denen der eine vollständig innerhalb des anderen liegt", sodass der Anwendungsbereich der spezielleren Norm (innenliegender Kreis) enger ist als der der weiteren Norm (umschließender Kreis).[2153] Da § 4k Abs. 4 EStG wie oben dargelegt vor allem in seinem Anwendungsbereich

---

[2147] Vgl. Richtlinie (EU) 2017/952 des Rates vom 29.05.2017, Erwägungsgrund Nr. 12: „Zur Wahrung der Verhältnismäßigkeit".

[2148] In diese Richtung wohl auch VAN LISHAUT, INGO (Unternehmenssteuer 2024), S. 833.

[2149] Vgl. BT-Drs. 18/9956 vom 12.10.2016, S. 3 und zu einem praxisnahen Beispiel zu möglichen Wettbewerbsverzerrungen auch VAN LISHAUT, INGO (Dotationskapital 2018), S. 791. Vgl. zudem FG Münster, Urteil vom 31.08.2023, 10 K 2613/20 F, Rn. 24.

[2150] A.A. wohl BAUMGARTNER, EGID/CLOER, ADRIAN (Kommentierung § 4i EStG 2024), Rn. 89.

Bei POHL, SCHNITGER/OSKAMP sowie TCHERVENIACHKI als weitere Vertreter der Auffassung, dass § 4i EStG als lex specialis dem § 4k Abs. 4 EStG vorgeht, sind die Ausführungen zu knapp, um zu erkennen, auf welche Ausprägung des lex-specialis-Grundsatzes (s.u.) abgestellt wird; vgl. dazu POHL, CARSTEN (Kommentierung § 4k EStG 2024), Rn. 28; SCHNITGER, ARNE/OSKAMP, MICHAEL (Betriebsausgabenabzug 2020), S. 913; TCHERVENIACHKI, VASSIL (Kommentierung § 4k EStG 2024), Rn. 20.

MARQUARDSEN, die wohl die Idee, das Konkurrenzverhältnis mit Hilfe des lex-specialis-Grundsatzes zu lösen, als Erste ins Spiel gebracht hat und auch heute noch entsprechend vertritt (vgl. MARQUARDSEN, MARIA GESINA (Kommentierung § 4i EStG 2024), Rn. 14d), sieht ebenfalls erhebliche Schwierigkeiten bei der Lösung des Problems auf Basis des lex-specialis-Grundsatzes und nimmt daher eine ergänzende Auslegung anhand des (historischen) Hintergrunds der Norm vor, die m.E. im Sinne eines Plädoyers für die inhaltliche Spezialität des § 4i EStG (s.u.) verstanden werden kann; vgl. MARQUARDSEN, MARIA GESINA (Betriebsausgabenabzugsverbot 2020), S. 626 f.; a.A. MANN und RÜSCH, die davon ausgehen, dass MARQUARDSEN in ihrem Beitrag in der IStR aus dem Jahr 2020 eine Lösung des Konkurrenzverhältnisses auf Basis des lex-specialis-Grundsatzes ablehnt; vgl. MANN, ALEXANDER (Kommentierung § 4k EStG 2024), Rn. 53; RÜSCH, GARY (Konkurrenz 2021), S. 382.

[2151] Vgl. MUTHORST, OLAF (Grundlagen 2020), Rn. 29.

[2152] Vgl. WANK, ROLF/MATIES, MARTIN (Auslegung 2023), S. 102. Vgl. auch ZIPPELIUS, REINHOLD (Methodenlehre 2021), S. 31 f.

[2153] Vgl. auch wörtlich WANK, ROLF/MATIES, MARTIN (Auslegung 2023), S. 102.

deutlich beschränkt ist, wohingegen § 4i EStG eine solche Einschränkung nicht vorsieht, enthält § 4i EStG nicht alle Elemente des Tatbestandes von § 4k Abs. 4 EStG, sodass ein Fall formaler Spezialität m.E. nicht gegeben ist. Geprüft werden kann aber des Weiteren, ob ein Fall inhaltlicher Spezialität vorliegt und § 4i EStG auf dieser Grundlage dem § 4k Abs. 4 EStG vorgeht.[2154] Inhaltliche Spezialität, die eine weitere Ausprägung des lex-specialis-Grundsatzes darstellt und auch als Subsidiarität bezeichnet wird, ist gegeben, „wenn zwar die Tatbestände an unterschiedliche Merkmale anknüpfen, sich aber aus dem Zweck der Regelung ergibt, dass die eine Regelung die andere verdrängt".[2155] Charakteristisch für Fälle der Subsidiarität ist, dass „sich die Tatbestände zweier Normen nur teilweise decken, einige Fälle also nur dem einen, einige dem anderen, einige beiden Tatbeständen unterfallen"[2156]. Zur Veranschaulichung kann man sich die Tatbestände der beiden in Rede stehenden Normen auch als Kreise vorstellen, die sich nur überschneiden, im Unterschied zur formalen Spezialität ein Kreis aber nicht innerhalb des anderen liegt.[2157] *Abbildung 16* stellt die Anwendungsbereiche von § 4k Abs. 4 EStG und § 4i EStG sowie deren Verhältnis zueinander graphisch dar.

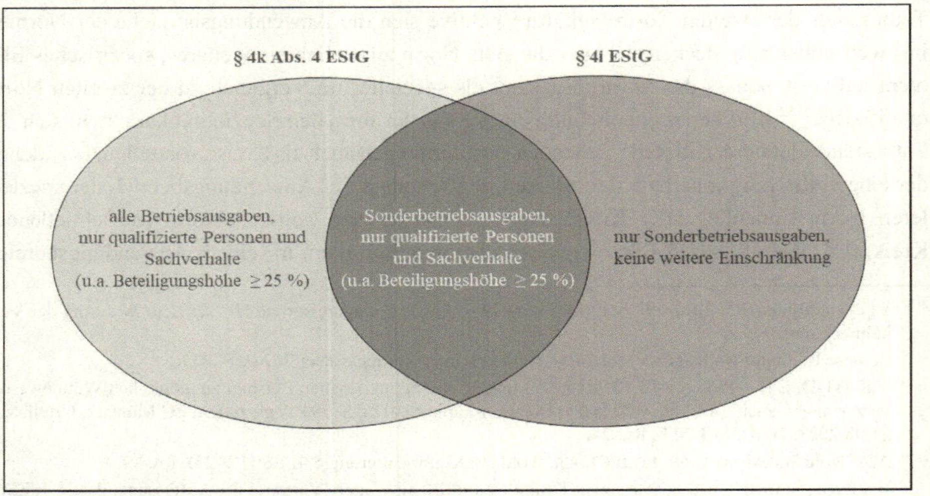

Abbildung 16: Verhältnis der Tatbestände von § 4k Abs. 4 EStG und § 4i EStG[2158]

Zur Lösung eines solchen, deutlich komplexeren Konkurrenzproblems muss auf teleologische Erwägungen abgestellt werden.[2159] Falls dabei bestimmt werden kann, dass eine der beiden

2154 Vgl. KUẞMAUL, HEINZ/SCHÄFER, RENÉ/ENGEL, PHILIPP (Rechtsnormen 2021), S. 84.

2155 Vgl. auch wörtlich WANK, ROLF/MATIES, MARTIN (Auslegung 2023), S. 102 f. Vgl. dazu zudem LARENZ, KARL (Methodenlehre 1991), S. 268 f., Fn. 28, der Subsidiarität jedoch nicht als Ausprägung des lex-specialis-Grundsatzes sieht.

2156 LARENZ, KARL (Methodenlehre 1991), S. 268.

2157 Vgl. ZIPPELIUS, REINHOLD (Methodenlehre 2021), S. 32.

2158 Eigene Darstellung.

2159 Vgl. LARENZ, KARL (Methodenlehre 1991), S. 268; WANK, ROLF/MATIES, MARTIN (Auslegung 2023), S. 103; ZIPPELIUS, REINHOLD (Methodenlehre 2021), S. 32 (u.a. mit Verweis auf BGH, Urteil vom 14.12.1960, V ZR 40/60, S. 772 ff.).

Normen einen bestimmten Sachverhalt abschließend regelt, verdrängt diese Norm insoweit die andere, potenziell ebenfalls anwendbare Norm, sodass diese nicht zur Anwendung kommen kann.[2160]

Ausweislich der Gesetzesbegründung zu § 4i EStG dient die Norm der „Verhinderung des Doppelabzugs von Betriebsausgaben bei Personengesellschaften", die aus dem deutschen Mitunternehmerkonzept resultieren und welches „im grenzüberschreitenden Kontext zu Verwerfungen" führt.[2161] Der Gesetzgeber wollte dabei explizit nicht auf eine zu einem späteren Zeitpunkt noch einzuführende Regelung, die die Überlegungen der OECD zur Neutralisierung der Effekte hybrider Gestaltungen umsetzt, warten.[2162] „Das in den Ländern bekanntgewordene Betriebsausgabenvolumen in Milliardenhöhe duldet keinen weiteren Aufschub"[2163], so die Verfasser der Gesetzesbegründung. Die Ausführungen in der Gesetzesbegründung deuten deutlich darauf hin, dass der Gesetzgeber die Problematik eines unberechtigten doppelten Abzugs von Sonderbetriebsausgaben durch § 4i EStG abschließend regeln wollte. „§ 4i EStG wurde geschaffen, um sicherzugehen, dass das Problem des doppelten Abzugs von Sonderbetriebsausgaben gesetzlich gelöst wird."[2164] Anders gewendet: Der Gesetzgeber hatte wohl kaum im Sinn, die Problematik nur teilweise zu regeln und ergänzend auf eine weitere, später noch einzuführende Regelung zu bauen, um dann erst das Problem abschließend zu lösen. Im Gegenteil, m.E. muss davon ausgegangen werden, dass § 4i EStG innerhalb der Fälle eines doppelten Betriebsausgabenabzugs den Fall eines doppelten Sonderbetriebsausgabenabzugs im grenzüberschreitenden Bereich abschließend regeln wollte. Damit geht § 4i EStG dem § 4k Abs. 4 EStG m.E. aufgrund *inhaltlicher* Spezialität vor, § 4k Abs. 4 EStG ist also subsidiär zu § 4i EStG.[2165]

Die inhaltlich speziellere Norm verdrängt die subsidiäre Norm vollständig, sodass diese nicht zur Anwendung kommen kann.[2166] Dies vorausgesetzt, ist die oben dargelegte Auffassung abzulehnen, wonach die jeweils weitestgehende Norm zur Anwendung gelangt.[2167] Ebenso sollte die insbesondere von RÜSCH vertretene Rechtsansicht abzulehnen sein, wonach § 4k Abs. 4 EStG dem § 4i EStG aufgrund des lex-posterior-Grundsatzes vorgehen würde;[2168] hier dürfte m.E. der Rechtsgrundsatz „lex posterior generalis non derogat legi priori speciali" gelten bzw. entsprechend anzuwenden sein.[2169] Zuletzt kann m.E. auch die Meinung von GROTHERR, § 4k

---

2160 Vgl. LARENZ, KARL (Methodenlehre 1991), S. 268.

2161 Vgl. auch wörtlich BT-Drs. 18/9956 vom 12.10.2016, S. 2.

2162 Vgl. BT-Drs. 18/9956 vom 12.10.2016, S. 3 und vgl. auch MARQUARDSEN, MARIA GESINA (Betriebsausgabenabzugsverbot 2020), S. 626.

2163 BT-Drs. 18/9956 vom 12.10.2016, S. 3.

2164 MARQUARDSEN, MARIA GESINA (Betriebsausgabenabzugsverbot 2020), S. 626.

2165 Womöglich gl.A. MARQUARDSEN, MARIA GESINA (Betriebsausgabenabzugsverbot 2020), S. 626 f. (vgl. dazu auch die Ausführungen in Fn. 2150); a.A. MANN, ALEXANDER (Kommentierung § 4k EStG 2024), Rn. 53; a.A. wohl auch RÜSCH, GARY (Konkurrenz 2021), S. 382, der davon ausgeht, dass aufgrund des Umstandes, dass beide Normen spezielle Elemente aufweisen, „die Normenkonkurrenz nicht über den Spezialitätsgrundsatz aufgelöst werden kann". Insbesondere bei RÜSCH bleibt aber offen, ob sich seine Ausführungen auch auf den hier vertretenen Vorrang aufgrund einer inhaltlichen Spezialität beziehen.

2166 Vgl. allgemein LARENZ, KARL (Methodenlehre 1991), S. 268.

2167 Im Ergebnis ebenso RÜSCH, GARY (Konkurrenz 2021), S. 382.

2168 Im Ergebnis ebenso GOSCH, DIETMAR (Kommentierung § 4i EStG 2024), Rn. 4.

2169 Im Ergebnis ebenso BAUMGARTNER, EGID/CLOER, ADRIAN (Kommentierung § 4i EStG 2024), Rn. 89.

EStG könne deshalb als nachrangig erachtet werden, „da diese Regelung das Vorliegen von *abziehbaren Betriebsausgaben* voraussetzt“[2170], nicht Platz greifen.[2171] M.E. kann ein entsprechender darauf hindeutender Formulierungsunterschied zwischen § 4i Satz 1 EStG („Aufwendungen dürfen nicht als Sonderbetriebsausgaben abgezogen werden […]“) und § 4k Abs. 4 Satz 1 EStG („sind Aufwendungen auch insoweit nicht als Betriebsausgaben abziehbar […]“) nicht ausgemacht werden.

8.3.4.2.3 Zinsschrankenregelung des § 4h EStG (i.V.m. § 8a KStG)

Auch bezüglich des Verhältnisses von § 4i EStG zur Zinsschrankenregelung des § 4h EStG (i.V.m. § 8a KStG) existieren in der Literatur die verschiedensten Auffassungen.[2172] § 4h EStG wirkt unter bestimmten Bedingungen als (temporäre) Betriebsausgabenabzugsbeschränkung speziell für Zinsaufwendungen, sieht aber – im Unterschied zu § 4i EStG –[2173] die Möglichkeit vor, über einen sog. Zinsvortrag ggf. in einem der folgenden Wirtschaftsjahre die nicht abziehbaren Zinsaufwendungen zum Abzug zu bringen.[2174] Von dem (temporären) Betriebsausgabenabzugsverbot der Zinsschrankenregelung können auch Sonderbetriebsausgaben eines Mitunternehmers in Form von Zinsaufwendungen betroffen sein.[2175] Nicht erfasst sind jedoch die mit den Sondervergütungen in Form von Zinserträgen korrespondierenden Zinsaufwendungen im Gesamthandsbereich der Mitunternehmerschaft, da diese durch die entsprechenden Sondervergütungen neutralisiert werden.[2176] Aufgrund der Erfassung von Sonderbetriebsausgaben in Form von Zinsaufwendungen kann es auch zwischen der Zinsschrankenregelung des § 4h EStG und der Sonderbetriebsausgabenabzugsbeschränkung des § 4i EStG zu einem Anwendungskonflikt respektive zu einer Normenkonkurrenz kommen.[2177] Dabei hat die Zinsschrankenregelung durch die oben angesprochene Möglichkeit eines Zinsvortrages eine (zunächst) weniger eingreifende bzw. mildere Wirkung als § 4i EStG, insofern als es dort zu einem sofortigen Abzugsverbot kommen kann.[2178] Für den Steuerpflichtigen wäre daher eine Anwendung nur der Zinsschrankenregelung potenziell günstiger.[2179]

[2170] GROTHERR, SIEGFRIED (ATAD-Umsetzungsgesetz 2020), S. 784.

[2171] Ablehnend auch RÜSCH, GARY (Konkurrenz 2021), S. 382.

[2172] Vgl. auch PRINZ, ULRICH (Abwehrgesetzgebung 2018), S. 1616.

[2173] Vgl. dazu ausführlich Kapitel 8.2.2 und dort unter „Rechtsfolge und Wirkung von § 4i Satz 1 EStG“.

[2174] Vgl. KUßMAUL, HEINZ/SCHÄFER, RENÉ/ENGEL, PHILIPP (Rechtsnormen 2021), S. 83; PRINZ, ULRICH (Abwehrgesetzgebung 2018), S. 1616.

[2175] Vgl. BMF, Schreiben vom 04.07.2008, IV C 7 – S 2742-a/07/10001, Rn. 6, 19, 51; HECKERODT, DAVID (Sonderbetriebsausgabenabzug 2017), S. 731. Die Probleme, die aus der Anwendung der Zinsschrankenregelung auf Sonderbetriebsausgaben in Form von Zinsen resultieren können, erläutern ausführlich KUßMAUL, HEINZ/RUINER, CHRISTOPH/SCHAPPE, CHRISTIAN (Zinsschranke 2008), S. 904 ff., wobei dort auch ein entsprechender Lösungsvorschlag unterbreitet wird.

[2176] Vgl. BMF, Schreiben vom 04.07.2008, IV C 7 – S 2742-a/07/10001, Rn. 19; LOSCHELDER, FRIEDRICH (Kommentierung § 4h EStG 2024), Rn. 9.

[2177] Vgl. MARTINI, RUBEN (Kommentierung § 4i EStG 2024), Rn. A 8; PRINZ, ULRICH (Personengesellschaften 2018), S. 981.

[2178] Vgl. GOSCH, DIETMAR (Kommentierung § 4i EStG 2024), Rn. 4; PRINZ, ULRICH (Sonderbetriebsausgaben 2017), S. 556.

[2179] Vgl. dazu auch ETTINGER, MARKUS (Konkurrenzverhältnis 2019), S. 550.

Hinsichtlich des Verhältnisses zwischen der Zinsschrankenregelung und der Sonderbetriebsausgabenabzugsbeschränkung des § 4i EStG vertritt ein Teil der Literatur die Auffassung, § 4i EStG käme vorrangig zur Anwendung, da die Norm jünger als § 4h EStG ist und zudem spezieller als letztere Norm sei.[2180] Mit demselben Ergebnis, aber einer anderen Begründung meint ein weiterer Teil der Literatur, § 4i EStG sei deshalb vorrangig anzuwenden, da die Zinsschrankenregelung zur Ermittlung der (vorläufig) nicht abziehbaren Zinsen auf den „maßgeblichen Gewinn" zurückgreift (§ 4h Abs. 1 Satz 1 und 2 EStG) und dieser Gewinn erst dann vorliegt, wenn alle übrigen Abzugsbeschränkungen und damit insbesondere auch § 4i EStG bereits zur Anwendung kamen.[2181] Völlig konträr zu den zuvor dargelegten Auffassungen hält eine weitere Rechtsansicht im Schrifttum § 4h EStG für vorrangig anwendbar.[2182] Nochmals anderer Auffassung ist die große Anzahl an Autoren in der Literatur, die davon ausgehen, dass die jeweils weitestgehende Norm Platz greifen muss.[2183]

Die zuletzt dargestellte und wohl h.L., wonach die jeweils weitestgehende Norm Anwendung finden muss, deckt sich jedenfalls hinsichtlich ihrer Auswirkung auf den Betriebsausgabenabzug und damit bezüglich des unmittelbaren Ergebnisses mit der Rechtsprechung des BFH, ohne auf diese zu rekurrieren.[2184] In dem Judikat vom 04.12.1996 (I R 54/95) hatte der BFH über das Verhältnis von einerseits § 4 Abs. 5 Satz 1 Nr. 4 EStG, der u.a. eine außerbilanzielle Korrektur bezüglich Aufwendungen für Jagd und Fischerei sowie für Segel- und Motorjachten vorsieht, und andererseits § 8 Abs. 3 Satz 2 KStG, der die außerbilanziellen Rechtsfolgen bei einer verdeckten Gewinnausschüttung regelt, zu befinden.[2185] Aus der diesbezüglichen Entscheidung des BFH kann abgeleitet werden, dass das Gericht davon ausgeht, dass außerbilanzielle Korrekturvorschriften ihre Wirkung parallel entfalten;[2186] sie schließen sich nicht gegenseitig aus, sondern „überlagern […] sich".[2187] In der Konsequenz bewirkt eine parallele Anwendung der Normen – und da schließt sich der Kreis hin zum Ergebnis der h.L. (s.o.) – aber Folgendes: Soweit sich die Vorschriften in ihren jeweiligen Rechtsfolgen nicht unterscheiden, kann dahin-

---

2180 Vgl. KAHLE, HOLGER/BRAUN, JULIA (Sonderbetriebsausgaben 2018), S. 388; LOOSE, THOMAS (Kommentierung § 4i EStG 2024), Rn. 3; POHL, CARSTEN (Kommentierung § 4i EStG 2024), Rn. 17; PRINZ, ULRICH (Sonderbetriebsausgaben 2017), S. 556. Vgl. eine Spezialität von § 4i EStG gegenüber § 4h EStG annehmend auch GOSCH, DIETMAR (Kommentierung § 4i EStG 2024), Rn. 4; HECKERODT, DAVID (Sonderbetriebsausgabenabzug 2017), S. 732.

2181 Vgl. ETTINGER, MARKUS (Konkurrenzverhältnis 2019), S. 550; GOSCH, DIETMAR (Kommentierung § 4i EStG 2024), Rn. 4; SCHNITGER, ARNE (Maßnahmen 2017), S. 217 und – primär zum Verhältnis von § 4h EStG zu § 4k EStG – auch RÜSCH, GARY (Konkurrenz 2021), S. 381.

2182 Vgl. HICK, CHRISTIAN (Kommentierung § 4i EStG 2024), Rn. 10; ohne Begründung, aber im Ergebnis gl.A. KANZLER, HANS-JOACHIM (Kommentierung § 4i EStG 2024), Rn. 9.

2183 Vgl. DYCKMANS, JAN (Kommentierung § 4i EStG 2024), Rn. 5; MARTINI, RUBEN (Kommentierung § 4i EStG 2024), Rn. A 8; STAHL, CHRISTIAN (Kommentierung § 4i EStG 2024), Rn. 47; WACKER, ROLAND (Kommentierung § 4i EStG 2024), Rn. 2 und vgl. auch GOSCH, DIETMAR (Kommentierung § 4i EStG 2024), Rn. 9; explizit ablehnend für das Verhältnis von § 4h EStG zu § 4k EStG RÜSCH, GARY (Konkurrenz 2021), S. 382.

2184 Vgl. ebenso KUßMAUL, HEINZ/SCHÄFER, RENÉ/ENGEL, PHILIPP (Rechtsnormen 2021), S. 83.

2185 Vgl. BFH, Urteil vom 04.12.1996, I R 54/95, S. 492 ff.

2186 Vgl. KUßMAUL, HEINZ/SCHÄFER, RENÉ/ENGEL, PHILIPP (Rechtsnormen 2021), S. 83. Vgl. auch SCHNITGER, ARNE (Verrechnungspreiskorrekturen 2020), S. 824 f.

2187 Vgl. auch wörtlich BFH, Urteil vom 04.12.1996, I R 54/95, S. 493.

stehen, durch welche von ihnen die Rechtsfolge ausgelöst wird.[2188] Wenn allerdings differierende Rechtsfolgen in den Normen angeordnet sind, führt eine parallele Wirkung dieser stets dazu, dass die Vorschrift mit der weitestgehenden Korrektur vordergründig wirkt, da auch sie vollständig zur Anwendung gelangen muss.[2189] Das zuvor aus dem Urteil vom 04.12.1996 (I R 54/95) abgeleitete Ergebnis wird m.E. durch die neuere Rechtsprechung des BFH bestätigt. In der Entscheidung vom 27.11.2019 (I R 40/19) beschreibt der BFH zunächst – und unter Verweis auf das Urteil vom 04.12.1996 (I R 54/95) –, dass sich zwei außerbilanzielle Korrekturvorschriften, im Urteilsfall § 1 Abs. 1 AStG und § 8 Abs. 3 Satz 2 KStG, überlagern (Rn. 42), also nebeneinander wirken (Rn. 43), um hierauf aufbauend zu dem Ergebnis zu gelangen, dass bei sich nicht deckenden Rechtsfolgen letztlich (auch) die jeweils weitergehende Norm Anwendung findet (Rn. 44–46).[2190]

In der Konsequenz würde eine entsprechende Anwendung der h.L. und der Rechtsprechung des BFH, die sich im unmittelbaren Ergebnis decken, dazu führen, dass (überlagernd bzw. vordergründig) die Rechtsfolgen des § 4i Satz 1 EStG eintreten und es somit ggf. zu einem sofortigen Betriebsausgabenabzugsverbot kommt.[2191] Vergleichbares wird wohl auch die Finanzverwaltung in Zukunft vertreten. In dem Entwurf eines BMF-Schreibens zu § 4k EStG heißt es grundsätzlich: „Erfüllt ein Sachverhalt den Tatbestand mehrerer Betriebsausgabenabzugsverbote, sind diese Betriebsausgabenabzugsverbote grundsätzlich nebeneinander anwendbar. Ist eines der einschlägigen Betriebsausgabenabzugsverbote weitergehend als ein anderes, ist der Betriebsausgabenabzug im Umfang der Rechtsfolge des weitergehenden Abzugsverbots ausgeschlossen“[2192]. Weiterhin wird dort speziell zur Zinsschrankenregelung festgehalten, dass § 4k EStG immer weitergehend als § 4h EStG wirkt, „da die Zinsschranke nur ein temporäres Betriebsausgabenabzugsverbot vorsieht“.[2193]

Die zuvor dargestellte h.L. sowie die mutmaßliche Auffassung des BFH und die wohl zukünftige Rechtsansicht der Finanzverwaltung überzeugen im Ergebnis. Wenn man etwa annimmt, § 4i EStG würde die Zinsschrankenregelung des § 4h EStG verdrängen, sodass letztere Norm überhaupt nicht zur Anwendung gelangt, würde das bedeuten, dass dann, wenn auch Satz 2 des § 4i EStG greift und die Sonderbetriebsausgaben damit abziehbar sind, anschließend nicht mehr die Zinsschranke bezüglich dieser Sonderbetriebsausgaben geprüft werden dürfte. Es ist aber wohl kaum zu vertreten, dass Aufwendungen, die ggf. aufgrund der Zinsschrankenregelung (vorerst) nicht abziehbar wären, in jedem Fall abgezogen werden dürfen, da sie auch „Erträge desselben Steuerpflichtigen mindern, die bei ihm sowohl der inländischen Besteuerung unterliegen als auch nachweislich der tatsächlichen Besteuerung in dem anderen Staat“. Genau das

---

[2188] Vgl. BFH, Urteil vom 04.12.1996, I R 54/95, S. 493; KUßMAUL, HEINZ/SCHÄFER, RENÉ/ENGEL, PHILIPP (Rechtsnormen 2021), S. 83. Vgl. auch MARTINI, RUBEN (Kommentierung § 4i EStG 2024), Rn. A 8.

[2189] Vgl. KUßMAUL, HEINZ/SCHÄFER, RENÉ/ENGEL, PHILIPP (Rechtsnormen 2021), S. 83 und vgl. auch STAHL, CHRISTIAN (Kommentierung § 4i EStG 2024), Rn. 47. Zu diesem Ergebnis gelangt auf Basis des BFH, Urteil vom 04.12.1996, I R 54/95, S. 492 ff. auch LANG, FRIEDBERT (Kommentierung § 8 KStG 2024), Rn. 610.

[2190] Vgl. BFH, Urteil vom 27.11.2019, I R 40/19, Rn. 42 ff.

[2191] Vgl. auch KUßMAUL, HEINZ/SCHÄFER, RENÉ/ENGEL, PHILIPP (Rechtsnormen 2021), S. 83; STAHL, CHRISTIAN (Kommentierung § 4i EStG 2024), Rn. 47 f.: „quasi Vorrangigkeit“ von § 4i EStG.

[2192] Entwurf eines BMF-Schreibens vom 13.07.2023, Rn. 124.

[2193] Vgl. auch wörtlich Entwurf eines BMF-Schreibens vom 13.07.2023, Rn. 125.

wäre aber das Resultat einer Verdrängung des § 4h EStG durch die Sonderbetriebsausgabenabzugsbeschränkung. Mit analogen Überlegungen ist auch ein Vorrang des § 4h EStG vor § 4i EStG abzulehnen, sodass auch m.E. von einer parallelen Anwendung der Normen ausgegangen werden muss. In der Zusammenschau mit den Ausführungen im vorangegangenen Kapitel gilt daher m.E. Folgendes: Solange sich nicht – wie im Verhältnis von § 4i EStG zu § 4k EStG – ausmachen lässt, dass nur eine von beiden der in Rede stehenden Bestimmungen anwendbar ist, da sie einen bestimmten Sachverhalt abschließend regelt, müssen die Normen nebeneinander angewendet werden und die Rechtsfolgen der jeweils weitreichendsten Norm treten ein.

Dementsprechend kommt es hier – wie oben dargelegt – dazu, dass die milder wirkende Zinsschrankenregelung des § 4h EStG von der ggf. einschneidender wirkenden Sonderbetriebsausgabenabzugsbeschränkung des § 4i EStG überlagert wird. Speziell im Verhältnis von § 4i EStG zu § 4h EStG kann m.E. aber u.U. auch der Auffassung gefolgt werden, die aufgrund von systematischen Erwägungen von einem Vorrang von § 4i EStG ausgeht.[2194] Solange dabei unter einem „Vorrang" der Norm nicht verstanden wird, dass § 4i EStG die Anwendung von § 4h EStG vollständig ausschließt, sondern die Sonderbetriebsausgabenabzugsbeschränkung nur zuerst zu prüfen ist, gelangt diese Meinung zum selben Ergebnis wie die hier geteilte Rechtsansicht. Die Begründung des Vorrangs von § 4i EStG auf Basis systematischer Erwägungen überzeugt dabei vor allem aufgrund folgender Überlegungen: Der „maßgebliche Gewinn" bildet die Grundlage zur Ermittlung der nicht abziehbaren Zinsen im Rahmen der Zinsschranke (§ 4h Abs. 1 Satz 1 und 2 EStG). § 4h Abs. 3 Satz 1 EStG bestimmt ausdrücklich, dass dieser maßgebliche Gewinn der nach den Vorschriften des EStG – mit Ausnahme des § 4h Abs. 1 EStG – ermittelte steuerpflichtige Gewinn ist. Dementsprechend müssen nach der Gesetzessystematik vor Anwendung der Zinsschranke zunächst alle anderen Abzugsbeschränkungen und damit auch § 4i EStG geprüft werden.[2195]

8.3.4.2.4 Überentnahmeregelung des § 4 Abs. 4a EStG

Nach § 4 Abs. 4a Satz 1 EStG sind Schuldzinsen ggf. nicht abziehbar, wenn Überentnahmen getätigt worden sind. Dabei ist eine Überentnahme gemäß § 4 Abs. 4a Satz 2 EStG der Betrag, um den die Entnahmen die Summe des Gewinns und der Einlagen des Wirtschaftsjahres übersteigen.[2196] Liegt eine Überentnahme vor, werden die nicht abziehbaren Schuldzinsen typisiert mit 6 % der Überentnahme des Wirtschaftsjahres, ggf. zuzüglich Überentnahmen und abzüglich Unterentnahmen vorangegangener Wirtschaftsjahre, ermittelt (§ 4 Abs. 4a Satz 3 Halbs. 1

2194 Vgl. dazu ETTINGER, MARKUS (Konkurrenzverhältnis 2019), S. 550; GOSCH, DIETMAR (Kommentierung § 4i EStG 2024), Rn. 4; SCHNITGER, ARNE (Maßnahmen 2017), S. 217 und – primär zum Verhältnis von § 4h EStG zu § 4k EStG – auch RÜSCH, GARY (Konkurrenz 2021), S. 381.

2195 So vor allem ETTINGER, MARKUS (Konkurrenzverhältnis 2019), S. 550, Fn. 18. Vgl. auch GOSCH, DIETMAR (Kommentierung § 4i EStG 2024), Rn. 4 und nunmehr auch Entwurf eines BMF-Schreibens vom 13.07.2023, Rn. 125 (primär zum Verhältnis von § 4k EStG zu § 4h EStG).

2196 Vgl. zu Entnahmen bzw. Einlagen im Sonderbereich einer Mitunternehmerschaft ausführlich LEY, URSULA (Mitunternehmerschaften 2001), S. 1010 ff.

EStG). § 4 Abs. 4a stellt eine Betriebsausgabenabzugsbeschränkung dar,[2197] die auch den Abzug von Schuldzinsen, die im Sonderbereich einer Mitunternehmerschaft anfallen, und damit den Abzug von Sonderbetriebsausgaben eines Mitunternehmers einschränken kann.[2198] Nach § 4 Abs. 4a Satz 5 EStG bleibt jedoch der Abzug von Schuldzinsen für Darlehen zur Finanzierung der Anschaffungs- oder Herstellungskosten von Wirtschaftsgütern des Anlagevermögens unberührt. Mitunternehmer nehmen Darlehen im Zusammenhang mit der Personengesellschaft oftmals auf, um im Sonderbereich oder Gesamthandsbereich Wirtschaftsgüter des Anlagevermögens – und nicht des Umlaufvermögens – zu finanzieren.[2199] Ein solches Darlehen dient (mittelbar) der „Finanzierung von Anschaffungs- oder Herstellungskosten von Wirtschaftsgütern des Anlagevermögens“ i.S.d. § 4 Abs. 4a Satz 5 EStG.[2200] Daher sind im Rahmen der Überentnahmeregelung des § 4 Abs. 4a EStG Refinanzierungszinsen im Sonderbereich auf Grundlage von § 4 Abs. 4a Satz 5 EStG häufig voll abzugsfähig.[2201]

In den verbleibenden Fällen kann – aufgrund der Erfassung von Sonderbetriebsausgaben auch durch § 4 Abs. 4a EStG – eine Normenkonkurrenz zur Sonderbetriebsausgabenabzugsbeschränkung des § 4i EStG entstehen,[2202] wobei die Frage nach der Auflösung des sich ggf. ergebenden Konkurrenzverhältnisses – wie so viele Fragen im Bereich des § 4i EStG – in der Literatur unterschiedlich beantwortet wird: Ein Teil der Literatur geht davon aus, dass § 4 Abs. 4a EStG der Vorrang vor § 4i EStG gebührt.[2203] Ein anderer, größerer Teil des Schrifttums meint hingegen, § 4i EStG wäre vorrangig anzuwenden.[2204] Des Weiteren lässt sich auch hier wieder die Auffassung in der Literatur anführen, wonach die jeweils weitestgehende Norm Anwendung finden muss.[2205] Auf Basis letzterer Rechtsansicht, die m.E. im Ergebnis auch hier zutreffend

---

[2197] Vgl. BFH, Urteil vom 21.09.2005, X R 46/04, S. 126; BFH, Urteil vom 07.03.2006, X R 44/04, S. 590; MEYER, ANDRÉ (Kommentierung § 4 EStG 2024), Rn. 2565; a.A. SEILER, CHRISTIAN (Kommentierung § 4 EStG 2024), Rn. Ea 54: außerbilanzielles Korrekturgebot, kein Abzugsverbot.

[2198] Vgl. BFH, Urteil vom 29.03.2007, IV R 72/02, S. 424; BFH, Urteil vom 12.10.2016, I R 92/12, Rn. 55; BMF, Schreiben vom 02.11.2018, IV C 6 – S 2144/07/10001:007, Rn. 34 f.; KUßMAUL, HEINZ/SCHÄFER, RENÉ/ENGEL, PHILIPP (Rechtsnormen 2021), S. 83; gl.A., aber kritisch dazu LEY, URSULA (Schuldzinsen 2000), S. 2528 f.

[2199] Vgl. LEY, URSULA (Schuldzinsen 2000), S. 2528 f.

[2200] Vgl. BMF, Schreiben vom 02.11.2018, IV C 6 – S 2144/07/10001:007, Rn. 32; BODE, WALTER (Kommentierung § 4 EStG 2024), Rn. 194; LEY, URSULA (Mitunternehmerschaften 2001), S. 1007.

[2201] Vgl. BODDEN, GUIDO (Kommentierung § 4i EStG 2024), Rn. 8.1; KUßMAUL, HEINZ/SCHÄFER, RENÉ/ENGEL, PHILIPP (Rechtsnormen 2021), S. 83; LEY, URSULA (Schuldzinsen 2000), S. 2528 f.

[2202] Vgl. HICK, CHRISTIAN (Kommentierung § 4i EStG 2024), Rn. 10.

[2203] Vgl. HICK, CHRISTIAN (Kommentierung § 4i EStG 2024), Rn. 10; KANZLER, HANS-JOACHIM (Kommentierung § 4i EStG 2024), Rn. 9.

[2204] Vgl. BODDEN, GUIDO (Kommentierung § 4i EStG 2024), Rn. 8.1; KAHLE, HOLGER/BRAUN, JULIA (Sonderbetriebsausgaben 2018), S. 388; PRINZ, ULRICH (Abwehrgesetzgebung 2018), S. 1617; SCHALLMOSER, ULRICH (Kommentierung § 4 EStG 2024), Rn. 1043.

[2205] Vgl. DYCKMANS, JAN (Kommentierung § 4i EStG 2024), Rn. 5; MARTINI, RUBEN (Kommentierung § 4i EStG 2024), Rn. A 8; STAHL, CHRISTIAN (Kommentierung § 4i EStG 2024), Rn. 47; WACKER, ROLAND (Kommentierung § 4i EStG 2024), Rn. 2 und vgl. auch GOSCH, DIETMAR (Kommentierung § 4i EStG 2024), Rn. 9.

ist,[2206] überlagert § 4i EStG die Anwendung von § 4 Abs. 4a EStG.[2207] Dazu folgende Überlegungen: § 4i EStG ordnet ggf. ein vollständiges Abzugsverbot für die Schuldzinsen in Form von Sonderbetriebsausgaben an, wohingegen im Rahmen der Überentnahmeregelung die nicht abziehbaren Schuldzinsen typisiert mit 6 % des nach Maßgabe von § 4 Abs. 4a Satz 3 EStG bestimmten Betrages ermittelt werden. Auf Basis des zuvor Dargestellten ließe sich zwar nicht global ausmachen, welche der beiden Normen milder bzw. weitergehend wirkt. Bei Anwendung der Überentnahmeregelung ist aber höchstens der um 2.050 EUR verminderte Betrag der im Wirtschaftsjahr angefallenen Schuldzinsen dem Gewinn hinzuzurechnen (§ 4 Abs. 4a Satz 4 EStG), sodass § 4 Abs. 4a EStG stets milder wirken muss als § 4i Satz 1 EStG.[2208]

2206 Die Auffassung deckt sich hinsichtlich ihrer Auswirkung auf den Betriebsausgabenabzug mit der Rechtsprechung des BFH und überzeugt auch inhaltlich, da eine vorrangige Wirkung der einen oder der anderen Norm in dem Sinne, dass eine Norm die Anwendung der anderen Norm vollständig ausschließt, zu nicht haltbaren Ergebnissen führen würde; vgl. dazu ausführlich die Ausführungen im vorangehenden Kapitel. Entsprechendes gilt auch für das Verhältnis von § 4i EStG zu § 4 Abs. 4a EStG.

2207 Vgl. auch KUßMAUL, HEINZ/SCHÄFER, RENÉ/ENGEL, PHILIPP (Rechtsnormen 2021), S. 83.

2208 Vgl. auch KUßMAUL, HEINZ/SCHÄFER, RENÉ/ENGEL, PHILIPP (Rechtsnormen 2021), S. 83, Fn. 44.

9 Resümee

9.1 Thesenförmige Zusammenfassung

Die wesentlichen Inhalte und Ergebnisse der hier vorliegenden Untersuchung lassen sich wie folgt thesenförmig zusammenfassen:

- Unter einer Personengesellschaft wird ein auf einem Rechtsgeschäft basierender Zusammenschluss von mindestens zwei Personen zur Erreichung eines gemeinsamen Zwecks verstanden, der – im Unterschied zu einer Kapitalgesellschaft – keine eigene Rechtspersönlichkeit besitzt, aber Träger von Rechten und Pflichten sein kann. Der zivilrechtliche Begriff der Personengesellschaft überschneidet sich dabei inhaltlich (erheblich) mit dem steuerlichen Begriff der Mitunternehmerschaft, ist mit diesem aber nicht deckungsgleich. Zum einen umfasst letzterer auch sonstige Gemeinschaftsverhältnisse, die wirtschaftlich einem zivilrechtlichen Gesellschaftsverhältnis gleichen (z.B. bestimmte Erbengemeinschaften). Zum anderen qualifiziert eine Personengesellschaft nur dann als Mitunternehmerschaft, wenn sie einen (Gewerbe-)Betrieb unterhält und ihre Gesellschafter als Mitunternehmer dieses Betriebs anzusehen sind. Um als Mitunternehmer eingestuft zu werden, muss der Gesellschafter Mitunternehmerrisiko tragen, also am Erfolg oder Misserfolg eines Unternehmens teilhaben, und über Mitunternehmerinitiative verfügen, d.h., die Möglichkeit besitzen, unternehmerische Entscheidungen treffen bzw. beeinflussen zu können.

- Die Besteuerung von mitunternehmerischen Personengesellschaften – d.h., von Personengesellschaften, deren Gesellschafter auch Mitunternehmer sind und die im Rahmen der vorliegenden Arbeit verkürzt nur als Personengesellschaften bezeichnet wurden – erfolgt auf Basis des Transparenzprinzips, sodass eine unmittelbare Zurechnung des von der Personengesellschaft erwirtschafteten Gewinns oder Verlusts an die einzelnen Mitunternehmer als deren eigene Einkünfte erfolgt. Dabei vollzieht sich die durch die Personengesellschaft vorzunehmende Gewinnermittlung zweistufig. Im Anschluss an die Bestimmung des steuerbilanziellen Gewinns, der Vornahme von ggf. notwendigen außerbilanziellen Korrekturen und der Ermittlung von Mehr- oder Minderergebnissen aus möglicherweise vorhandenen Ergänzungsbilanzen (erste Stufte der Gewinnermittlung) wird der Gewinn bemessen, der durch den einzelnen Mitunternehmer – außerhalb des gesamthänderischen Bereichs – im sog. Sonderbereich erzielt wurde (zweite Stufte der Gewinnermittlung). Hierbei werden insbesondere Sondervergütungen und damit nach der gesetzlichen Diktion des § 15 Abs. 1 Satz 1 Nr. 2 Satz 1 Halbs. 2 EStG die Vergütungen, die der Gesellschafter von der Gesellschaft für seine Tätigkeit im Dienst der Gesellschaft oder für die Hingabe von Darlehen oder für die Überlassung von Wirtschaftsgütern bezogen hat, den Einkünften des jeweiligen Mitunternehmers und damit letztlich auch dem Gesamtgewinn der Mitunternehmerschaft, der als Ausgangsgröße zur Ermittlung der Gewerbesteuer fungiert, wieder hinzugerechnet. Zudem werden im Sonderbereich die mit den Sondervergütungen zusammenhängenden Aufwendungen von Mitunternehmern und damit bspw. die AfA bezüglich eines der Personengesellschaft entgeltlich überlassenen Wirtschaftsguts von den Einkünften des Mitunternehmers in Abzug gebracht.

- Hinsichtlich der steuerlichen Behandlung von Sondervergütungen und der damit zusammenhängenden Aufwendungen von Mitunternehmern nach nationalem Steuerrecht bzw. im Nicht-DBA-Fall muss vor allem die häufig als selbstverständlich angenommene, aber keineswegs aus sich heraus bzw. stets gegebene beschränkte Steuerpflicht von Sondervergütungen im Inbound-Fall steuerwissenschaftlich fundiert untersucht werden. Der Begriff Inbound-Fall beschreibt hierbei eine Besteuerungssituation, in welcher an einer inländischen Personengesellschaft ein ausländischer Mitunternehmer beteiligt ist. Die beschränkte Steuerpflicht von Sondervergütungen erfordert nach § 49 Abs. 1 Nr. 2 Buchst. a) EStG, dass die Sondervergütungen einer inländischen Betriebsstätte zuzuordnen sind. Um eine Entscheidung in Bezug auf die beschränkte Steuerpflicht von Sondervergütungen treffen zu können, müssen zunächst die verschiedenen Zuordnungsmöglichkeiten für die Einkünfte von Mitunternehmern im Inbound-Fall vergegenwärtigt werden. Als solche kommen neben der Geschäftsleitungsbetriebsstätte der inländischen Personengesellschaft weitere in- oder ausländische Betriebsstätten derselben ebenso in Betracht wie eine eigene Betriebsstätte des Mitunternehmers, die dieser – etwa als selbst gewerblich tätige Kapitalgesellschaft (außerhalb von Deutschland) – unterhält. Über diese drei – je nach konkretem Sachverhalt sicher existierenden – Zuordnungspole hinaus muss über die Existenz einer sog. Mitunternehmerbetriebsstätte als weitere Zuordnungsmöglichkeit entschieden werden. Zudem ist Antwort auf die Frage zu geben, ob eine Zuordnung zu einer Betriebsstätte überhaupt zwingend erforderlich ist oder – alternativ – sog. floating income existiert.

- Unter dem wohl von WASSERMEYER[2209] entwickelten Konzept einer Mitunternehmerbetriebsstätte wird eine eigene, originäre Betriebsstätte des Mitunternehmers verstanden, in der dieser sein Sonderbetriebsvermögen verwaltet und die ausschließlich aufgrund des Sonderbetriebsvermögens besteht. Die hiesigen Untersuchungen kamen zu dem Ergebnis, dass die Existenz einer Mitunternehmerbetriebstätte in aller Regel abzulehnen ist, da es an der – für die Annahme einer Betriebsstätte erforderlichen – eigenen gewerblichen Tätigkeit innerhalb der potenziellen Betriebsstätte mangelt. Vermögensverwaltende Tätigkeiten, die im Zusammenhang mit der Erzielung von Sondervergütungen erfolgen, werden durch § 15 Abs. 1 Satz 1 Nr. 2 Satz 1 Halbs. 2 EStG – entgegen einer weit verbreiteten Argumentationslinie in der Literatur – nicht in gewerbliche Tätigkeiten umqualifiziert. Zur Untermauerung des Voranstehenden wurde insbesondere eine – Letzterem entsprechende – schon vor langer Zeit, aber in einem anderen Zusammenhang geäußerte Rechtsauffassung von KEUK[2210], später KNOBBE-KEUK, fruchtbar gemacht und so die wohl nur hier auf Basis des Voranstehenden vertretene Auffassung

---

2209 Vgl. z.B. WASSERMEYER, FRANZ (Anmerkung 2007), S. 335.
2210 Vgl. KEUK, BRIGITTE (Sondervergütungen 1974), S. 34.

begründet, dass eine Mitunternehmerbetriebsstätte nach nationalem Recht regelmäßig nicht besteht.

- Als floating income werden betriebsstättenlose, also sozusagen „frei schwebende“[2211] gewerbliche Einkünfte und damit Einkünfte aus Gewerbebetrieb verstanden, die keiner (inländischen oder ausländischen) Betriebsstätte zuzuordnen sind. Auch die Existenz dieses – in der Literatur stark umstrittenen – Zuordnungspols wurde im Rahmen der vorliegenden Untersuchung abgelehnt. Zur Begründung wurde dabei angeführt, dass – wie die Formulierung des § 12 AO beweist – jeder Gewerbebetrieb über mindestens eine Betriebsstätte verfügt und dass dieser Betriebsstätte, bei Fehlen anderer Betriebsstätten, sämtliche Einkünfte des Gewerbebetriebs zuzuordnen sind. Verständlich wird Letzteres vor folgendem Hintergrund: Einkünfte sind nur dann als solche aus Gewerbebetrieb zu qualifizieren, wenn sie durch den Gewerbebetrieb veranlasst sind. Somit müssen die Einkünfte in einem Veranlassungszusammenhang mit der einzig existenten Betriebsstätte stehen und dieser daher auf Basis des Veranlassungsprinzips – als maßgeblichem Zuordnungsmaßstab – zuzuordnen sein, wenn der Gewebebetrieb aus nur einer, i.S.v. nur einer einzigen, Betriebsstätte besteht. Tritt neben diese eine Betriebsstätte eine weitere hinzu, ist – in Anlehnung an die überzeugende Rechtsprechung des BFH –[2212] zu prüfen, welcher Teil der bereits zugeordneten Einkünfte aus der bislang einzigen Betriebsstätte herausgelöst und der neu hinzutretenden Betriebsstätte zugeordnet werden muss. Dementsprechend kann der angesprochene Veranlassungszusammenhang zwischen den gewerblichen Einkünften und der einzig existenten Betriebsstätte nur durch eine weitere, neu hinzutretende Betriebsstätte – und nicht durch nichts – gelöst werden. Damit ist aber denklogisch ausgeschlossen, dass Einkünfte keiner Betriebsstätte zuzuordnen sind, und die floating income-Theorie ist abzulehnen.

- Die Frage danach, welches Zuordnungsprinzip anzuwenden ist, um über die für die Annahme einer beschränkten Steuerpflicht erforderliche Zuordnung von Sondervergütungen zu einer inländischen Betriebsstätte zu entscheiden, wird innerhalb der Literatur sowie durch die Rechtsprechung und die Finanzverwaltung höchst unterschiedlich beantwortet. Vorliegend wird die Rechtsansicht im Schrifttum geteilt, wonach Sondervergütungen derjenigen Betriebsstätte der Personengesellschaft zuzuordnen sind, die den Aufwand aus der entsprechenden Leistungsbeziehung mit dem Mitunternehmer trägt. Begründen lässt sich dies mit dem Sinn und Zweck von § 15 Abs. 1 Satz 1 Nr. 2 Satz 1 Halbs. 2 EStG. Dieser besteht u.a. darin, eine durch die Gewährung von Sondervergütungen bedingte Minderung des Gesamtgewinns der Personengesellschaft – und damit auch der gewerbesteuerlichen Bemessungsgrundlage – abzuwenden. Zudem lässt sich aus der angesprochenen Norm ableiten, dass zwischen einem Einzel- und einem Mitunternehmer eine vergleichbare steuerliche Belastung bestehen soll. Die durchgehende Erreichung der vorgenannten Zielsetzungen würde vereitelt werden, wenn man Sonder-

2211 SCHAUHOFF, STEPHAN (Einkommensteuerpflicht 1995), S. 111.

2212 Vgl. BFH, Urteil vom 28.07.1993, I R 15/93, S. 149, wo bei Hinzutreten einer weiteren Betriebsstätte eine Aufteilung der Einkünfte zwischen den Betriebsstätten gefordert wird.

vergütungen nicht der Betriebsstätte zuordnet, die den Aufwand aus den Sondervergütungen trägt. Der entsprechende Aufwand würde in einem Staat die Bemessungsgrundlage mindern, wohingegen der korrespondierende Ertrag aus den Sondervergütungen in einem anderen Staat einer ggf. abweichenden Besteuerung unterläge. Bei einem Einzelunternehmer scheidet genau dies aber aus, da es letzterem nicht möglich ist, Rechtsbeziehungen mit seinem Unternehmen einzugehen, sodass entsprechende Leistungsbeziehungen von vornherein nicht existieren. Zur Erreichung einer durchgängig vergleichbaren steuerlichen Belastung zwischen einem Einzel- und einem Mitunternehmer müssen folglich Sondervergütungen eines Mitunternehmers stets der Betriebsstätte zugeordnet werden, die den Aufwand aus der entsprechenden Leistungsbeziehung mit dem Mitunternehmer trägt.

- Eine beschränkte Steuerpflicht von Sondervergütungen im Inbound-Fall ist keinesfalls zwingend, da Zuordnungsentscheidungen bezüglich Sondervergütungen davon abhängen, wo der von der Personengesellschaft getragene, mit den Sondervergütungen korrespondierende Aufwand zugeordnet wird. Die Zuordnung des korrespondierenden Aufwands erfolgt anhand des Veranlassungsprinzips. Daher ist der Aufwand einer im Ausland belegenen Betriebsstätte der Personengesellschaft zuzuordnen, wenn diese Betriebsstätte das den Aufwand auslösende Moment darstellt. Folglich sind – in diesem Fall – auch die mit dem Aufwand korrespondierenden Sondervergütungen der ausländischen und keiner inländischen Betriebsstätte zuzuordnen, womit eine beschränkte Steuerpflicht nicht gegeben ist.

- Die im Rahmen der vorliegenden Arbeit ebenfalls im Mittelpunkt der Analyse stehenden Aufwendungen eines Mitunternehmers, die mit dessen Sondervergütungen zusammenhängen (Sonderbetriebsausgaben), sind im Rahmen der beschränkten Steuerpflicht der Betriebsstätte zuzuordnen, zu der die Zuordnung der entsprechenden Sondervergütungen erfolgt. Die entsprechende Zuordnungsentscheidung wird auf Basis des Veranlassungsprinzips getroffen und die in Rede stehenden Aufwendungen des Mitunternehmers sind durch die Sondervergütungen veranlasst.

- Die Neufassung des § 1 Abs. 5 AStG zur Umsetzung des AOA (Authorized OECD Approach) bewirkte keine Änderung der hier als maßgeblich erachteten Zuordnungsprinzipien für Sondervergütungen und Sonderbetriebsausgaben, da die nationale Umsetzung des AOA nur auf anzunehmende bzw. fiktive und nicht auf tatsächliche schuldrechtliche Beziehungen, wie sie den Sondervergütungen und den damit zusammenhängenden Aufwendungen von Mitunternehmern zugrunde liegen, anzuwenden ist.

- In dem als Outbound-Fall bezeichneten Szenario der Beteiligung eines inländischen Mitunternehmers an einer ausländischen Personengesellschaft muss – aus deutscher Sicht – vor allem darüber befunden werden, wie eine sich häufig ergebende Doppelbesteuerung von Sondervergütungen vermieden werden kann. Unilateral kommt dabei § 34c EStG entscheidende Bedeutung zu, der als Grundvoraussetzung für die Anrechnung von im Ausland zu entrichtenden Steuern ausländische Einkünfte i.S.d. § 34d EStG erfordert. Die zur Annahme ausländischer Einkünfte grundsätzlich notwendige

Zuordnung der Sondervergütungen zu einer im Ausland belegenen Betriebsstätte lässt sich – theoretisch fundiert – ebenfalls mit dem Sinn und Zweck von § 15 Abs. 1 Satz 1 Nr. 2 Satz 1 Halbs. 2 EStG begründen. Dieser besteht auch darin, unabhängig davon zu demselben Besteuerungsergebnis zu gelangen, ob Leistungen eines Mitunternehmers einerseits durch ein Gewinnvorab bzw. durch einen erhöhten Gewinnanteil oder andererseits durch ein gesondertes Entgelt im Sinne einer Sondervergütung abgegolten werden. Da der Gewinnanteil im Outbound-Fall nur einer ausländischen Betriebsstätte der Personengesellschaft zugeordnet werden kann, muss – um dieser Zielsetzung von § 15 Abs. 1 Satz 1 Nr. 2 Satz 1 Halbs. 2 EStG gerecht zu werden – auch die Zuordnung von Sondervergütungen dort erfolgen, sodass auch diesbezüglich ausländische Einkünfte, die eine Anrechnung ausländischer Steuern ermöglichen, gegeben sind. Einschränkungen hinsichtlich der Anrechenbarkeit von ausländischen Steuern können aber aus dem zu beachtenden Anrechnungshöchstbetrag nach § 34c Abs. 1 EStG resultieren.

- Auf Abkommensebene spielt der Artikel für Unternehmensgewinne eine zentrale Rolle in der Debatte um die Zuweisung des Besteuerungsrechts von Sondervergütungen und die Abzugsfähigkeit der mit diesen zusammenhängenden Aufwendungen von Mitunternehmern. Seit Jahrzehnten stark umstritten ist dabei die Frage, ob für die Zuweisung des Besteuerungsrechts für Sondervergütungen der Artikel für Unternehmensgewinne und dort speziell Vorschriften i.S.d. Art. 7 OECD-MA, die gerade keine ausdrückliche Regelung für Sondervergütungen enthalten, als maßgeblich zu erachten sind. Die hiesigen Untersuchungen kamen zu dem Ergebnis, dass Sondervergütungen nur dann (final) unter Vorschriften i.S.d. Art. 7 OECD-MA zu subsumieren sind, wenn nicht vorrangig eine speziellere Verteilungsnorm des jeweiligen DBA und damit insbesondere nicht Vorschriften i.S.d. Art. 6, 11, 12, 14, 15 und 21 OECD-MA (a.F.) auf sie anzuwenden sind. Dasselbe Ergebnis wurde für die mit den Sondervergütungen zusammenhängenden Aufwendungen von Mitunternehmern gefunden. Ob eine der spezielleren Verteilungsnormen für Sondervergütungen oder für die damit zusammenhängenden Aufwendungen von Mitunternehmern einschlägig ist, muss im Einzelfall geprüft werden; die Frage entzieht sich einer pauschalen Beantwortung. Jedenfalls greifen die in Vorschriften i.S.d. Art. 11 Abs. 4, 12 Abs. 3, und 21 Abs. 2 OECD-MA normierten Betriebsstättenvorbehalte diesbezüglich nicht ein, sodass es – bei Einschlägigkeit einer der spezielleren Verteilungsnormen – nicht zu einer (Rück-)Verweisung auf den Artikel für Unternehmensgewinne kommen kann. Sind die spezielleren Verteilungsnormen einschlägig, wird das Besteuerungsrecht des Quellenstaates – und damit im Inbound-Fall das Besteuerungsrecht Deutschlands – oftmals eingeschränkt.
- Sind Sondervergütungen bzw. die mit diesen zusammenhängenden Aufwendungen von Mitunternehmern (final) unter Vorschriften i.S.d. Art. 7 OECD-MA (Artikel für Unternehmensgewinne) zu subsumieren, ist abermals eine Zuordnungsentscheidung zu treffen. Die potenziellen Zuordnungspole unterscheiden sich dabei nicht von denen, die im Rahmen der beschränkten Steuerpflicht in Rede stehen. Zudem ist auch auf Abkommensebene die Existenz einer Mitunternehmerbetriebsstätte in der Regel und die Mög-

lichkeit von floating income stets abzulehnen. Begründen lässt sich dies mit einer Übertragung respektive einer analogen Anwendung der zum rein nationalen Recht angestellten Überlegungen. Als maßgebendes Zuordnungsprinzip wurde auf Abkommensebene sowohl für Sondervergütungen als auch für die damit zusammenhängenden Aufwendungen von Mitunternehmern das Veranlassungsprinzip identifiziert; eine Umsetzung des AOA in dem jeweils einschlägigen DBA ändert daran nichts. Die auf Basis des vorgenannten Prinzips zu treffenden Zuordnungsentscheidungen führen nicht zwingend dazu, dass Sondervergütungen einer Betriebsstätte der Personengesellschaft zuzuordnen sind. Gleiches gilt für die mit den Sondervergütungen zusammenhängenden Aufwendungen von Mitunternehmern.

- Die ursprüngliche Fassung von § 50d Abs. 10 EStG, welcher nach wie vor einen Treaty Override enthält und abkommensüberschreibend wirken kann, sah im Prinzip lediglich vor, dass Sondervergütungen für Zwecke der Anwendung eines DBA ausschließlich als Unternehmensgewinne gelten, sofern das Abkommen keine solche Vergütungen betreffende ausdrückliche Regelung enthält. Da Zuordnungsentscheidungen im Rahmen von Vorschriften i.S.d. Art. 7 OECD-MA auf Basis des Veranlassungsprinzips zu treffen sind und dies nicht zwingend eine Zuordnung der Sondervergütungen zu einer Betriebsstätte der Personengesellschaft zur Folge hat (s.o.), attestierte der BFH der rechtsprechungsbrechenden Norm des § 50d Abs. 10 EStG, dass sie die intendierte Zielsetzung, die wohl maßgeblich darin bestand, im Inbound-Fall das Besteuerungsrecht an den Sondervergütungen für Deutschland zu sichern, nicht bzw. nicht zwangsläufig erreicht. Daraufhin wurde § 50d Abs. 10 EStG durch eine Neufassung wesentlich erweitert und insbesondere ein Zuordnungsprinzip in die Norm aufgenommen. Danach sind Sondervergütungen – ungeachtet der Vorschriften des jeweiligen DBA über die Zuordnung von Vermögenswerten zu einer Betriebsstätte – derjenigen Betriebsstätte der Gesellschaft zuzuordnen, die den Aufwand aus den Sondervergütungen trägt. Der vom Gesetzgeber in § 50d Abs. 10 EStG normierte Zuordnungsmaßstab deckt sich also mit dem Maßstab, der nach dem Ergebnis der hiesigen Untersuchungen zur Bestimmung der beschränkten Steuerpflicht von Sondervergütungen anzulegen ist.

- § 50d Abs. 10 EStG dürfte in Bezug auf seine abkommensüberschreibende Wirkung nicht verfassungswidrig sein, bezüglich seiner rückwirkenden Anwendung auf alle noch offenen Fälle hingegen schon. Hierdurch lässt sich auch erklären, warum das Verfahren bezüglich der Verfassungsmäßigkeit von § 50d Abs. 10 EStG seit 2014 und damit immer noch beim BVerfG anhängig ist, obwohl die ganz überwiegende Auffassung in der Literatur dahin geht, dass die bereits getroffene Entscheidung des BVerfG hinsichtlich der Verfassungsmäßigkeit des in § 50d Abs. 8 EStG enthaltenden Treaty Overrides auf § 50d Abs. 10 EStG übertragbar ist.

- Ausländische Staaten subsumieren die aus Sondervergütungen resultierenden Einnahmen häufig unter die spezielleren Verteilungsnormen eines DBA. Aus deutscher Sicht bewirkt § 50d Abs. 10 EStG eine einseitige fiktive Umqualifizierung von Sondervergütungen in Unternehmensgewinne und eine Zuordnung dieser Sondervergütungen zu der

Betriebsstätte, die den Aufwand aus den Sondervergütungen trägt. Diese zwischen den ausländischen Staaten und Deutschland differierende Sichtweise kann – vor allem in Bezug auf Sondervergütungen in Form von Zinsen und Lizenzgebühren – sowohl im Inbound- als auch im Outbound-Fall zu Besteuerungskonflikten führen.

Im Inbound-Fall schreibt sich der jeweilige ausländische Staat insbesondere im Fall von Zinsen und Lizenzgebühren oftmals ein uneingeschränktes Besteuerungsrecht zu und sieht sich nur eingeschränkt zur Anrechnung einer ausländischen respektive deutschen Steuer verpflichtet. Gleichzeitig geht Deutschland von einem uneingeschränkten Quellenbesteuerungsrecht bezüglich der Sondervergütungen aus, sodass eine Doppelbesteuerung droht. Gäbe es § 50d Abs. 10 EStG nicht und wären Sondervergütungen, wie vom BFH und auch hier vertreten, vorrangig unter die speziellen Verteilungsnormen zu fassen, würde die beschriebene Doppelbesteuerung regelmäßig nicht respektive nicht in dem entsprechenden Umfang entstehen. Die deutsche einseitige Abkommensüberschreibung durch den Treaty Override des § 50d Abs. 10 EStG wirkt mithin problemverursachend bzw. problemverschärfend in Bezug auf eine drohende Doppelbesteuerung.

Im Outbound-Fall wird der ausländische Staat vor allem in Bezug auf Sondervergütungen in Form von Zinsen und Lizenzgebühren oftmals davon ausgehen, dass ihm kein oder ein der Höhe nach nur begrenztes Besteuerungsrecht zusteht. Deutschland hingegen ordnet die Sondervergütungen auf Basis von § 50d Abs. 10 EStG als Teil des Unternehmensgewinns der ausländischen Betriebsstätte der Personengesellschaft zu und reklamiert daher für sich regelmäßig (zunächst!) kein Besteuerungsrecht. In der Konsequenz kann eine Situation der Nicht- oder der Minderbesteuerung von Sondervergütungen entstehen.

Im Ergebnis bewirkt bzw. verstärkt der Treaty Override des § 50d Abs. 10 EStG daher im Inbound-Fall Doppelbesteuerungen und begünstigt im Outbound-Fall eine doppelte Nicht- respektive eine Minderbesteuerung.

- Eine Lösung für die drohende Doppelbesteuerung von Sondervergütungen im Inbound-Fall wird in einer bestimmten Auslegung des Methodenartikels des jeweiligen DBA (Vorschriften i.S.d. Art. 23A bzw. B OECD-MA) gesehen. Konkret wird dabei – auch von der OECD – gefordert, dass sich der Ansässigkeitsstaat bei der Anwendung des Methodenartikels in Bezug auf die Einkünftequalifikation und die Zuweisung des Besteuerungsrechts nach der Sichtweise des Quellenstaates richten müsse (sog. Qualifikationsverkettung). Im Inbound-Fall müsste folglich der ausländische Staat der Einstufung der Sondervergütungen durch den Quellenstaat Deutschland folgen und für Zwecke der Anwendung des Methodenartikels ebenfalls von Unternehmensgewinnen ausgehen, die im Quellenstaat besteuert werden können. Aufgrund der sodann identischen Beurteilung in Bezug auf die Zuweisung des Besteuerungsrechts durch Ansässigkeits- und Quellenstaat würde eine Doppelbesteuerung nach Anwendung des Methodenartikels und damit nach Anwendung der Freistellungs- oder Anrechnungsmethode nicht bestehen bleiben. Aus rechtlicher Sicht lässt sich auf Basis einer derartigen Qualifikationsverkettung, wie sie heute auch im OECD-MK vertreten wird, eine durch § 50d Abs. 10 EStG hervorgerufene Doppelbesteuerung von Sondervergütungen jedoch oftmals nicht vermeiden. Insbesondere ergibt sich die behauptete Qualifikationsverkettung nicht (unmittelbar) aus dem Wortlaut von Vorschriften i.S.d. Art. 23A bzw. B OECD-MA. Zudem scheitert eine verbindliche Auslegung des Methodenartikels auf Basis des OECD-MK im Verhältnis zu zahlreichen anderen Staaten an der fehlenden Bindungswirkung des Musterkommentars; die gesetzgebende Gewalt wurde wohl kaum durch einen der ausländischen Staaten an die Verfasser des Kommentars oder die OECD als Herausgeber desselben delegiert, was aber, so darf vermutet werden, auch nach vielen ausländischen Rechtsordnungen erforderlich wäre, um eine entsprechende Bindungswirkung zu entfalten.

- Eine weitere Möglichkeit, die drohende Doppelbesteuerung von Sondervergütungen im Inbound-Fall zu vermeiden, kann in der durch den Gesetzgeber explizit hierfür geschaffenen Vorschrift des § 50d Abs. 10 Satz 5 EStG (i.V.m. § 26 Abs. 1 Satz 1 Nr. 2 KStG) gesehen werden. Diese ermöglicht unter bestimmten Voraussetzungen und Bedingungen eine Anrechnung der im Ausland auf die Sondervergütungen erhobenen Steuer auf die deutsche Einkommen- bzw. Körperschaftsteuer eines beschränkt steuerpflichtigen Mitunternehmers. Allerdings ist – neben der in Teilen unpräzisen Formulierung der Norm und der fehlenden Möglichkeit, eine Doppelbesteuerung zu vermeiden, soweit im Inland im Gesamthandsvermögen ein Verlust erzielt wird – an der Vorschrift außerdem problematisch, dass sie keine Anrechnungsmöglichkeit bei der deutschen Gewerbesteuer vorsieht. Letzteres kann mit dem BFH[2213] als ein Verstoß gegen das verfassungsrechtliche Gebot der Folgerichtigkeit gewertet werden. Jedenfalls vermeidet – nach hier vertretener Auffassung – § 50d Abs. 10 Satz 5 EStG aufgrund der fehlenden Anrechnungsmöglichkeit bei der Gewerbesteuer die Doppelbesteuerung von Sondervergütungen im Inbound-Fall nicht vollständig.

- Streitbeilegungsverfahren, und hier im Besonderen ein Verständigungs- oder Schiedsverfahren nach den DBA sowie ein Verfahren nach dem EU-Doppelbesteuerungsabkommen-Streitbeilegungsgesetz (EU-DBA-SBG), eignen sich nur sehr bedingt, die drohende Doppelbesteuerung von Sondervergütungen im Inbound-Fall zu vermeiden. Im Rahmen von Verständigungsverfahren nach den DBA wird durch die behördlichen Vertreter der beteiligten Staaten kaum eine Einigung erzielt werden können, die von der jeweiligen Besteuerungssituation unter Beachtung der rein nationalen Rechtslage zu Gunsten des Steuerpflichtigen abweicht. Ob ein Schiedsverfahren nach den DBA aus deutscher Sicht in Anbetracht der eindeutigen Rechtsprechung des BFH überhaupt durchgeführt werden darf, ist fraglich, jedenfalls ist nach hier geteilter Auffassung eine Schiedsentscheidung, die dem innerstaatlichen deutschen Recht widerspricht, von den deutschen Behörden nicht im Rahmen eines Steuerbescheids umzusetzen. Sofern ein Streitbeilegungsverfahren nach dem EU-DBA-SBG im Fall einer durch § 50d Abs. 10 EStG ausgelösten Doppelbesteuerung rein rechtlich möglich sein sollte, kommt ein

[2213] Vgl. BFH, Beschluss vom 11.12.2013, I R 4/13, Rn. 44.

solches Verfahren, bedingt durch den eingeschränkten räumlichen Anwendungsbereich, ausschließlich im Verhältnis zu anderen EU-Mitgliedstaaten und aufgrund des voraussichtlich immensen Verwaltungs- und Kostenaufwands nur in Fällen mit entsprechend hohem Streitwert in Betracht.

- Eine Lösung für das Problem einer drohenden doppelten Nichtbesteuerung bzw. einer Minderbesteuerung von Sondervergütungen im Outbound-Fall wird – wie im Inbound-Fall in Bezug auf die dort zu vermeidende Doppelbesteuerung – darin gesehen, den Methodenartikel des jeweiligen DBA in einer bestimmten Weise auszulegen. Konkret vertritt insbesondere die OECD die Auffassung, der Ansässigkeitsstaat müsse dann keine Freistellung nach Vorschriften i.S.d. Art. 23A Abs. 1 OECD-MA gewähren, wenn er zwar auf Basis seiner eigenen Rechtsansicht zu dem Ergebnis kommt, dass dem Quellenstaat ein Besteuerungsrecht an den Einkünften zusteht, der Quellenstaat selbst – aus dessen Sichtweise – aber zu dem gegenteiligen Ergebnis gelangt und daher kein Besteuerungsrecht für sich reklamiert. Auch hier soll also die Sichtweise des Quellenstaates für die Anwendung des Methodenartikels durch den Ansässigkeitsstaat maßgebend sein. Eine entsprechende Bindung an die Sichtweise des Quellenstaates ist jedoch insbesondere vor dem Hintergrund abzulehnen, dass in manchen DBA eine explizite Subject-to-tax-Klausel, d.h. eine Formulierung vorgesehen ist, die genau eine solche Bindung bewirken soll. Eine entsprechende Abweichung vom Text des Musterabkommens wäre nicht notwendig, wenn sich das Auslegungsergebnis hinsichtlich des Methodenartikels, wie es von der OECD vertreten wird, bereits aus dem Musterabkommen und der dort formulierten Freistellungsmethode ergeben würde. Zudem wird DBA oftmals und u.a. vom BFH die Funktion zugeschrieben, auch eine nur virtuelle Doppelbesteuerung zu vermeiden; eine Freistellung durch den Ansässigkeitsstaat soll unabhängig davon erfolgen, ob die Einkünfte im Quellenstaat besteuert werden oder nicht. Ziel dessen ist es, dass sich der Ansässigkeitsstaat – zwecks Verringerung des administrativen Aufwands – nicht mit dem nationalen Steuerrecht des Quellenstaates befassen muss. Letzteres wäre aber bei einer Bindung des Ansässigkeitsstaates an die Sichtweise des Quellenstaates der Fall. Nach eigener Auffassung der OECD soll die Bindungswirkung respektive die Qualifikationsverkettung nämlich nur dann greifen, wenn die Ursache für die unterschiedliche Sichtweise von Ansässigkeits- und Quellenstaat bezüglich der Verteilung der Besteuerungsrechte auf unterschiedliche Bestimmungen des jeweiligen innerstaatlichen Rechts zurückgeht, nicht aber bei einer unterschiedlichen Ansicht bezüglich bestimmter Tatsachen oder im Falle einer unterschiedlichen Auslegung von Bestimmungen des jeweiligen DBA. Der Ansässigkeitsstaat müsste sich also mit den Gründen befassen, warum der Quellenstaat keine Besteuerung vornimmt, und die hehre Zielsetzung der virtuellen Doppelbesteuerung würde nicht erreicht werden.
- Manche DBA enthalten spezielle Regelungen, die darauf zielen, eine doppelte Nichtbesteuerung bzw. eine Minderbesteuerung von Einkünften zu vermeiden, wobei grundlegend zwischen Subject-to-tax-Klauseln (Rückfallklauseln) und Switch-over-Klauseln (Umschaltklauseln) zu differenzieren ist.

Mittels Subject-to-tax-Klauseln wird die Anwendung der Freistellungsmethode durch den Ansässigkeitsstaat von einer tatsächlichen Besteuerung im Quellenstaat abhängig gemacht. Abkommensrechtliche Subject-to-tax-Klauseln sind nach hier geteilter Auffassung auch im Fall von negativen Qualifikationskonflikten anzuwenden. D.h., sie können grundsätzlich auch in Situationen Anwendung finden, in denen eine doppelte Nichtbesteuerung bzw. eine Minderbesteuerung daraus resultiert, dass die Vertragsstaaten bestimmte Einkünfte unter verschiedene Verteilungsnormen eines DBA subsumieren. Folglich können sie – nach hier vertretener Auffassung – eine durch § 50d Abs. 10 EStG ausgelöste doppelte Nichtbesteuerung von Sondervergütungen verhindern. Allerdings sind sie nicht in der Lage, eine Minderbesteuerung von Sondervergütungen zu vermeiden, da im Falle einer solchen Besteuerungssituation die in Rede stehenden Einkünfte im anderen Staat – wenn auch der Höhe nach nur begrenzt – (tatsächlich) besteuert werden.

Abkommensrechtliche Switch-over-Klauseln bewirken unter bestimmten Voraussetzungen, die auch in einem negativen Qualifikationskonflikt bestehen können, einen Wechsel von der Freistellungs- zur Anrechnungsmethode und sind damit in der Lage, sowohl eine doppelte Nichtbesteuerung als auch eine Minderbesteuerung von Sondervergütungen im Outbound-Fall abwenden. Dabei wirkt, so die hier geteilte, aber nicht unbestrittene Auffassung, auch Art. 23A Abs. 4 OECD-MA, welcher von der OECD selbst mit einer anderen Zwecksetzung in das Musterabkommen aufgenommen wurde, im Fall von negativen Qualifikationskonflikten bezüglich Sondervergütungen konfliktlösend. Abkommensrechtliche Switch-over-Klauseln leiden aber erheblich an ihrer Praktikabilität, da sie oftmals die erfolglose – und meist sehr langwierige – Durchführung eines Verständigungsverfahrens im engeren Sinne respektive eines Konsultationsverfahrens oder die Durchführung eines EU-Schiedsverfahrens vorsehen.

- Als unilaterale Lösung für das Problem einer drohenden doppelten Nichtbesteuerung bzw. einer Minderbesteuerung von Sondervergütungen im Outbound-Fall dient die nationalgesetzliche Switch-over-Klausel des § 50d Abs. 10 Satz 8 i.V.m. § 50d Abs. 9 Satz 1 Nr. 1 EStG, bei der es sich regelmäßig ebenfalls um einen Treaty Override handelt. Seit ihrer Überarbeitung mit Wirkung ab 01.01.2017 ist die Norm durchweg in der Lage, die insbesondere durch § 50d Abs. 10 EStG induzierte doppelte Nichtbesteuerung bzw. Minderbesteuerung von Sondervergütungen im Outbound-Fall wirksam zu unterbinden.

- Double-Dip-Strukturen und damit Besteuerungssituationen, in denen Aufwendungen nicht einmal, sondern doppelt (in zwei Ländern) steuerlich berücksichtigt werden, sind vor allem im Zusammenhang mit Personengesellschaften und dort insbesondere in Bezug auf Sonderbetriebsausgaben möglich. Um derartige „Gestaltungen"[2214], so tituliert sie der Gesetzgeber, speziell bezüglich der zuletzt genannten Aufwendungen von Mitunternehmern zu unterbinden, wurde mit Wirkung ab 01.01.2017 ein neuer § 4i EStG

2214 BT-Drs. 18/9956 vom 12.10.2016, S. 2.

geschaffen. Die Norm, die aus lediglich zwei Sätzen besteht, aber zahlreiche, in Teilen stark umstrittene Rechtsfragen aufwirft, macht in grenzüberschreitenden Fällen den Abzug von Sonderbetriebsausgaben in Deutschland zunächst davon abhängig, ob und inwieweit die Aufwendungen auch die Steuerbemessungsgrundlage in einem anderen Staat mindern. Sodann wird aber – um eine überschießende Wirkung der Vorschrift zu vermeiden – als Rückausnahme zu dem ausnahmsweise bestehenden Abzugsverbot der Abzug der Sonderbetriebsausgaben wieder zugelassen, soweit die Aufwendungen Erträge desselben Steuerpflichtigen mindern, die bei ihm sowohl der inländischen Besteuerung unterliegen als auch nachweislich der tatsächlichen Besteuerung in dem anderen Staat. Bezüglich des sachlichen Anwendungsbereichs ist § 4i EStG nicht auf eine bestimmte Kategorie von Sonderbetriebsausgaben und damit bspw. nicht auf solche Sonderbetriebsausgaben beschränkt, die mit Sonderbetriebsvermögen II zusammenhängen.

- Eines der heftigsten durch § 4i EStG bereiteten Probleme resultiert daraus, dass das Verhältnis der Sonderbetriebsausgabenabzugsbeschränkung zu anderen Normen des nationalen Rechts nicht respektive nicht ausdrücklich durch den Gesetzgeber bestimmt wurde. In Bezug auf § 50d Abs. 10 EStG wirkt § 4i EStG nach auch hier vertretener Auffassung vor- oder nachgelagert, jedenfalls aber auf einer anderen Besteuerungsebene, sodass sich – entgegen einer in der Literatur vertretenen Rechtsansicht – die Frage, wie ein Konkurrenzverhältnis zwischen den Normen zu lösen ist, von vornherein nicht stellt. Gleiches gilt in Bezug auf das Verhältnis von § 4i EStG zu § 50d Abs. 9 Satz 1 Nr. 1 EStG. Äußerst problematisch ist und im Schrifttum höchst verschieden beantwortet wird demgegenüber die Frage nach dem Verhältnis von § 4i EStG zu § 4k Abs. 4 EStG. Letztere Norm wurde im Rahmen des ATADUmsG in das EStG eingefügt und ist mit Wirkung ab dem Veranlagungszeitraum 2020 anzuwenden. Im Rahmen einer ausführlichen, auf der Methodenlehre fußenden Untersuchung konnte gezeigt werden, dass § 4i EStG dem § 4k Abs. 4 EStG zwar nicht auf Basis des „einfachen" lex-specialis-Grundsatzes und damit im Sinne einer formalen Spezialität vorgeht, aber eine inhaltliche Spezialität des § 4i EStG gegeben ist, welche eine weitere Ausprägung des lex-specialis-Grundsatzes darstellt. Auf Basis teleologischer Überlegungen ließ sich mithin zeigen, dass § 4k Abs. 4 EStG als subsidiär gegenüber § 4i EStG zu werten ist und damit im Falle von grenzüberschreitenden Double-Dip-Strukturen im Zusammenhang mit Sonderbetriebsausgaben ausschließlich § 4i EStG zur Anwendung kommt. Zur Beurteilung des Verhältnisses von § 4i EStG zu weiteren Normen des rein nationalen Rechts und damit insbesondere zur Zinsschrankenregelung des § 4h EStG (i.V.m. § 8a KStG) und zur Überentnahmeregelung des § 4 Abs. 4a EStG (i.V.m. § 8 Abs. 1 KStG) konnte – im Anschluss an KUẞMAUL/SCHÄFER/ENGEL[2215] – eine bereits 1996 begründete Rechtsprechung des BFH[2216] fruchtbar gemacht werden. Danach schließen sich außerbilanzielle Korrekturvorschriften grundsätzlich nicht gegenseitig aus, sondern sind parallel zueinander anzuwenden, sodass (auch) die Vorschrift, die die weitestgehende

[2215] Vgl. KUẞMAUL, HEINZ/SCHÄFER, RENÉ/ENGEL, PHILIPP (Rechtsnormen 2021), S. 83.
[2216] Vgl. BFH, Urteil vom 04.12.1996, I R 54/95, S. 492 ff.

Korrektur anordnet, voll zum Tragen kommt. Dem folgend wird die Zinsschrankenregelung des § 4h EStG, die milder wirken kann als § 4i Satz 1 EStG, da sie u.U. nur ein temporäres (Sonder-)Betriebsausgabenabzugsverbot anordnet, von dem ggf. bestehenden Verbot eines Abzugs von Sonderbetriebsausgaben nach § 4i Satz 1 EStG überlagert. Ebenso kommt § 4i Satz 1 EStG im Verhältnis zur Überentnahmeregelung des § 4 Abs. 4a EStG voll zur Anwendung, da letztere Norm – aufgrund der Beschränkung der ggf. nicht abziehbaren (Sonder-)Betriebsausgaben auf den um 2.050 EUR verminderten Betrag der im Wirtschaftsjahr angefallenen Schuldzinsen – stets milder wirkt als § 4i Satz 1 EStG.

9.2 Abschließende Kritik und Ausblick

Im Rahmen einer überlegten und weitsichtigen steuerlichen Gesetzgebung sollte es in keinem Fall darum gehen, „dass sich Bundesorgane in Rechthaberei übertreffen". So aber äußert sich WASSERMEYER[2217] wörtlich in Bezug auf den seines Erachtens als „Schnellschuss" zu wertenden § 50d Abs. 10 EStG; und in der Tat sind der um die Einordnung von Sondervergütungen auf Abkommensebene geführte jahrelange Streit zwischen Rechtsprechung und Finanzverwaltung sowie das beherzte Einschreiten des Gesetzgebers durchaus in der Lage, entsprechende Gedanken hervorzurufen.[2218] Nach einer langen Periode des Nebeneinanders der Rechtsprechung des BFH[2219] und der dieser zuwiderlaufenden Sichtweise der Finanzverwaltung[2220] wurde die Rechtsansicht letzterer durch das JStG 2009 respektive mit der Einführung von § 50d Abs. 10 EStG a.F. kodifiziert. Daraufhin attestierte der BFH der Norm – bei der ersten sich bietenden Gelegenheit –, dass sie die intendierte Funktionsweise, die in der Sicherung des deutschen Steuersubstrats vor allem im Inbound-Fall gesehen werden kann,[2221] nicht vollständig erreicht.[2222] Im Anschluss wurde die Vorschrift (durch den Gesetzgeber) im Rahmen des AmtshilfeRLUmsG vom 26.06.2013 erheblich erweitert und neugefasst. Kurze Zeit danach und wieder bei erstbester Gelegenheit intervenierte der BFH erneut und legte den seines Erachtens in § 50d Abs. 10 EStG enthaltenen verfassungswidrigen Treaty Override dem BVerfG zur Prüfung vor.[2223] Das entsprechende Verfahren ist bis heute anhängig, wird aber der Voraussicht nach nicht zu einer Aufhebung der Vorschrift führen.[2224]

2217 WASSERMEYER, FRANZ (Unternehmensgewinne 2010), S. 42.

2218 Vgl. auch GOSCH, DIETMAR (Kommentierung § 50d EStG 2024), Rn. 44c, der aber mehr die Rechtsprechung in der Opferrolle sieht und einen „„Kampf" bestimmter administrativer Kreise gegen die Dritte Gewalt" vermutet.

2219 Vgl. grundlegend vor allem das Urteil des BFH vom 27.02.1991, I R 15/89, S. 444 ff.

2220 Vgl. BMF, Schreiben vom 24.12.1999, IV B 4 – S 1300 – 111/99, Tz. 1.2.3. und zuvor u.a. schon Finanzministerium NRW, Erlass vom 01.12.1986, S 1301 – USA 60 – V C 1, S. 24. Nach FROTSCHER, GERRIT (Treaty Override 2009), S. 593 f. vertrat die Finanzverwaltung ihre diesbezügliche Auffassung „von jeher".

2221 So u.a. GAH, MAXIMILIAN/WANGLER, CLEMENS (Inbound-Fall 2018), S. 817; PRINZ, ULRICH (Abwehrgesetzgebung 2018), S. 1615.

2222 Vgl. BFH, Urteil vom 08.09.2010, I R 74/09, Rn. 19 ff.

2223 Vgl. Vorlagebeschluss des BFH vom 11.12.2013, I R 4/13, Ls. 3, Rn. 35 ff.

2224 Vgl. dazu die Ausführungen in Kapitel 5.3.1.

Folge von § 50d Abs. 10 EStG ist, bei dessen Anwendbarkeit, dass Deutschland im Inbound-Fall stets ein Besteuerungsrecht an den Sondervergütungen erhalten bleibt; Gleiches [sic!] gilt häufig auch im Outbound-Fall.[2225] Die dadurch bewirkte und nicht zu übersehende „Asymmetrie bei der Besteuerung von In- und Outbound-Sondervergütungen“[2226] sollte in einer Welt sich zunehmend (wirtschaftlich) feindlich gegenüberstehender Staaten zu denken geben. Es kann vermutet werden, dass die deutschen Vertreter oft nicht in der Lage sind, sich in den Vertragsverhandlungen mit anderen Ländern derart durchzusetzen, dass eine spezielle Vorschrift für Sondervergütungen, wie hier in Kapitel 4.3.3 besprochen, in das jeweilige DBA aufgenommen wird.[2227] Fragen wirft insofern auch ein Blick auf die Liste der (wenigen) Länder auf, mit welchen eine entsprechende Sonderregelung vereinbart wurde; auf dieser finden sich neben Ghana und dem Oman u.a. auch Tadschikistan sowie Usbekistan.[2228] Man könnte dazu fast schreiben: Mit diesen Ländern kann man es ja machen.[2229] In Bezug auf alle anderen Länder, mit denen ein DBA besteht – und damit insbesondere im Verhältnis zu den Ländern, bei denen man sich in der direkten Verhandlung nicht behaupten konnte –[2230], schreibt sich Deutschland durch die Hintertür oder, kritisch formuliert, hinterrücks mittels § 50d Abs. 10 EStG ein Besteuerungsrecht im Inbound- und in der Regel auch (!) im Outbound-Fall zu. Die Norm ist daher als nichts anderes als eine Dreistigkeit gegenüber anderen Staaten zu werten, die dazu beiträgt, dass sich Deutschland als Vertragspartner (von DBA) auf lange Sicht unglaubwürdig macht.[2231] Obendrein wird eine verbleibende Doppelbesteuerung im Inbound-Fall bewusst hingenommen.[2232]

In einer Welt ohne § 50d Abs. 10 EStG treten von vornherein weniger Doppelbesteuerungen und kaum doppelte Nichtbesteuerungen bzw. Minderbesteuerungen in Bezug auf grenzüberschreitend gewährte Sondervergütungen auf.[2233] Falls es doch zu entsprechenden Besteuerungs-

---

2225 Vgl. GOSCH, DIETMAR (Kommentierung § 50d EStG 2024), Rn. 45b. Vgl. auch ROSENBERG, OLIVER (Sonderbetriebsbereich 2015), Rn. 11.76.

2226 KOLLRUSS, THOMAS (Sondervergütungskonzept 2018), S. 107.

2227 So LÜDICKE, JÜRGEN (Deutsche Abkommenspolitik 2012), S. 61; PRINZ, ULRICH (Personengesellschaften 2018), S. 977.

2228 Vgl. BMF, Schreiben vom 26.09.2014, IV B 5 – S 1300/09/10003, Tz. 5.2.

2229 Vgl. auch PRINZ, ULRICH (Personengesellschaften 2018), S. 977, der davon ausgeht, dass bei den DBA, in denen keine Sonderregelung für Sondervergütungen enthalten ist, die Sichtweise der deutschen Vertreter in den entsprechenden Verhandlungen „nicht durchgesetzt […] werden konnte“. Vgl. zudem LÜDICKE, JÜRGEN (Deutsche Abkommenspolitik 2012), S. 61. Zu konstatieren ist, dass auch mit der Schweiz und mit Österreich eine entsprechende Sonderregelung in dem jeweiligen Abkommen vereinbart wurde; vgl. BMF, Schreiben vom 26.09.2014, IV B 5 – S 1300/09/10003, Tz. 5.2. Das Steuerrecht der genannten Staaten kennt jedoch auch selbst ein Sondervergütungskonzept; vgl. BÄRSCH, SVEN-ERIC/QUILITZSCH, CARSTEN (Kommentierung Art. 7 DBA-Schweiz 2024), Rn. 760 m.w.N.; KOLLRUSS, THOMAS (Sondervergütungskonzept 2015), S. 351.

2230 Vgl. LÜDICKE, JÜRGEN (Deutsche Abkommenspolitik 2012), S. 61; PRINZ, ULRICH (Personengesellschaften 2018), S. 977.

2231 Etwas vorsichtiger, aber in der Sache genauso hart, formuliert LÜDICKE, JÜRGEN (Deutsche Abkommenspolitik 2012), S. 61, der Treaty Override des § 50d Abs. 10 EStG hätte „einen besonders schalen Beigeschmack“.

2232 Vgl. zu § 50d Abs. 10 EStG a.F. bereits WASSERMEYER, FRANZ (Unternehmensgewinne 2010), S. 40. Von einer verbleibenden Doppelbesteuerung aufgrund von § 50d Abs. 10 EStG in seiner aktuellen Fassung – einschließlich der durch Satz 5 der Norm gewährten Anrechnungsmöglichkeit – muss im Inbound-Fall zumindest dann ausgegangen werden, wenn man der hier in Kapitel 6.3 vertretenen Sichtweise in Bezug auf das Verständnis einer (rechtlichen) Doppelbesteuerung folgt und damit zu dem Ergebnis gelangt, dass eine (rechtliche) Doppelbesteuerung aufgrund der „on top“ erhobenen deutschen Gewerbesteuer verbleibt.

2233 Vgl. auch KOLLRUSS, THOMAS (Sondervergütungskonzept 2018), S. 107.

konflikten kommt, könnte man für diese Fälle die im Rahmen der Arbeit in den Kapiteln 6 und 7 vorgestellten Maßnahmen zu deren Vermeidung, soweit dann noch existent und einschlägig, nutzbar machen. Und wenn man unbedingt eine international nicht geläufige Sichtweise zur abkommensrechtlichen Einordnung von Rechtsbeziehungen zwischen Mitunternehmer und Personengesellschaft durchsetzen möchte,[2234] darf dies nicht durch einen Treaty Override, sondern nur durch eine spezielle Vorschrift für Sondervergütungen in DBA geschehen, die verhandelt und daher *im Einvernehmen* mit dem Vertragspartner in das bilaterale Abkommen aufgenommen wurde.[2235] Nach wie vor gilt mit dem Voranstehenden aber: § 50d Abs. 10 EStG ist nicht tragbar und muss abgeschafft werden.[2236]

Auch der im Rahmen der Arbeit ebenfalls im Mittelpunkt der Analysen stehende § 4i EStG kann nicht gerade als Musterbeispiel für eine überlegte und weitsichtige steuerliche Gesetzgebung genannt werden.[2237] Die „scheinbar einfache Norm"[2238], die m.E. zu knapp gefasst ist, führt – vor allem aufgrund ihrer intertemporalen Anwendung – zu nicht unbedeutenden praktischen Herausforderungen.[2239] Sie wirft zahlreiche Rechtsfragen auf, die die Finanzverwaltung bedauerlicherweise bis heute nicht im Rahmen einer entsprechenden Verlautbarung zu beantworten versuchte.[2240] Zudem gilt und ebenfalls problematisch ist, dass die Norm auf vergleichbare Regelungen im Ausland nicht abgestimmt wurde.[2241] Letzteres ließe sich indes mittels dem vorliegend in Kapitel 8.2.2 gemachten Erweiterungsvorschlag hinsichtlich der aktuellen Formulierung der Norm vergleichsweise leicht erreichen.[2242] Demgegenüber ist der jüngst vom Bundesrat unterbreitete Vorschlag, § 4i EStG in Anbetracht des nunmehr bestehenden, später eingeführten § 4k Abs. 4 EStG abzuschaffen,[2243] – nach hier vertretener Auffassung – zu Recht nicht im Rahmen des JStG 2024 umgesetzt worden. Wie in Kapitel 8.3.4.2.2 dargelegt und auch vom Bundesrat selbst erkannt, hat § 4i EStG einen Anwendungsbereich, der vor allem in persönlicher Hinsicht über den des § 4k Abs. 4 EStG hinausgeht. Innerhalb dieses Anwendungsbereichs – und damit insbesondere bei Beteiligungsquoten unter 25 % – wird es ohne § 4i EStG weiterhin zu unberechtigten doppelten (Sonder-)Betriebsausgabenabzügen kommen. Letzteres

---

2234 Treffend LÜDICKE, JÜRGEN (Deutsche Abkommenspolitik 2012), S. 61 zu den auch seines Erachtens „in der Sache verfehlten und international ungewöhnlichen Vorstellungen der deutschen Finanzverwaltung".

2235 Vgl. HELMERT, FRIEDRICH (Sonderbetriebsvermögen 2016), S. 130; PRINZ, ULRICH (Personengesellschaften 2018), S. 983 und vgl. auch KOLLRUSS, THOMAS (Sondervergütungskonzept 2015), S. 351, 359; strenger LÜDICKE, JÜRGEN (Deutsche Abkommenspolitik 2012), S. 61, der einen gänzlichen Verzicht auf entsprechende Sonderregelungen fordert.

2236 Im Ergebnis gleicher oder ähnlicher Auffassung hinsichtlich der ursprünglichen Fassung von § 50d Abs. 10 EStG LÜDICKE, JÜRGEN (Deutsche Abkommenspolitik 2012), S. 61 sowie SPENGEL, CHRISTOPH/SCHADEN, MICHAEL/WEHRẞE, MARTIN (Besteuerung 2012), S. 118 und in Bezug auf die Neufassung KOLLRUSS, THOMAS (Sondervergütungskonzept 2015), S. 351, 359 und MÜLLER-GATERMANN, GERT/STRÜDER, SABINE/LUDWIG, FABIAN (Abwehrmechanismus 2020), S. 308.

2237 Vgl. bereits PRINZ, ULRICH (Sonderbetriebsausgaben 2017), S. 557.

2238 KUDERT, STEPHAN/KAHLENBERG, CHRISTIAN (Reformierung 2017), S. 344.

2239 Zu Letzterem ebenso KAHLE, HOLGER/BRAUN, JULIA (Sonderbetriebsausgaben 2018), S. 391.

2240 So bereits KUẞMAUL, HEINZ/SCHÄFER, RENÉ/ENGEL, PHILIPP (Rechtsnormen 2021), S. 84 f.

2241 Vgl. z.B. SCHNITGER, ARNE (Maßnahmen 2017), S. 216.

2242 Nach dem hier unterbreiteten Vorschlag zur Erweiterung von § 4i EStG wäre vorrangig der Ansässigkeitsstaat des Mitunternehmers in der Pflicht, den unberechtigten doppelten Abzug von Aufwendungen zu unterbinden.

2243 Vgl. BR-Drs. 369/24 (Beschluss) vom 27.09.2024, S. 30.

ist steuersystematisch nicht zu rechtfertigen; im Gegenteil, die Vermeidung einer doppelten Begünstigung Einzelner ist zur Wahrung der Wettbewerbsneutralität und einer Besteuerung nach Leistungsfähigkeit zwingend erforderlich.[2244]

Statt § 4i EStG abzuschaffen, sollte die Vorschrift – wie hier vertreten und ausführlich begründet –[2245] vorrangig i.S.v. ausschließlich auf im grenzüberschreitenden Kontext doppelt berücksichtigte Sonderbetriebsausgaben angewendet werden. Auf diese Weise lässt sich ein Anwendungskonflikt mit § 4k Abs. 4 EStG und damit ein Nebeneinander respektive ein „Durcheinander"[2246] von Betriebsausgabenabzugsbeschränkungen vermeiden. Zudem könnte – wie ebenfalls dargelegt und mit einem entsprechenden Vorschlag zur Anpassung der Norm versehen – darüber nachgedacht werden, § 4i EStG hinsichtlich seines sachlichen Anwendungsbereichs einzuschränken, und zwar in der Weise, dass die Norm auf die im Rahmen der vorliegenden Arbeit in Rede stehenden Aufwendungen eines Mitunternehmers, die mit dessen Sondervergütungen zusammenhängen, von vornherein keine Anwendung findet.[2247] Ein doppelter Abzug der entsprechenden Aufwendungen in zwei Staaten wird in aller Regel auch mit einer doppelten Erfassung der zusammenhängenden Erträge respektive der Sondervergütungen einhergehen.[2248] Legt man § 4i EStG, wie hier vertreten, so aus, dass die in Satz 2 der Norm enthaltene Rückausnahme stets greift, wenn Erträge doppelt besteuert werden, und damit unabhängig davon, ob die doppelt abgezogenen Aufwendungen die entsprechenden Erträge übersteigen, ist der Anwendungsbereich der Norm in Bezug auf die mit den Sondervergütungen zusammenhängenden Aufwendungen von Mitunternehmern allenfalls minimal.[2249] Der erhebliche zusätzliche Verwaltungsaufwand – für den Steuerpflichtigen und die Finanzverwaltung aufgrund der beachtlichen Nachweispflichten und Überwachungserfordernisse –[2250] dürfte daher in aller Regel keinen materiellen Effekt haben. Folglich ist der angesprochene Verwaltungsaufwand in Bezug auf die mit den Sondervergütungen zusammenhängenden Aufwendungen von Mitunternehmern m.E. nicht gerechtfertigt, eine entsprechende Einschränkung des sachlichen Anwendungsbereichs von § 4i EStG hingegen schon.

Demgegenüber ist § 4i EStG, wenn man § 50d Abs. 10 EStG – wie oben postuliert – tatsächlich abschaffen würde, nicht vollständig entbehrlich, da Double-Dip-Strukturen im Zusammenhang mit Sonderbetriebsausgaben auch ohne DBA und ohne § 50d Abs. 10 EStG existieren – vor allem in Bezug auf Sonderbetriebsvermögen II.[2251] Die immer wieder auftretende Forderung

---

2244 Vgl. BT-Drs. 18/9956 vom 12.10.2016, S. 3; FG Münster, Urteil vom 31.08.2023, 10 K 2613/20 F, Rn. 24 und zu einem praxisnahen Beispiel zu möglichen Wettbewerbsverzerrungen auch VAN LISHAUT, INGO (Dotationskapital 2018), S. 791.

2245 Siehe Kapitel 8.3.4.2.2.

2246 RÜSCH, GARY (Durcheinander 2020), S. 274; RÜSCH, GARY (Konkurrenz 2021), S. 381.

2247 Vgl. ausführlich hierzu die Ausführungen in Kapitel 8.2.3 unter „Rechtsfolge und Wirkung von § 4i Satz 2 EStG".

2248 Vgl. KUDERT, STEPHAN/KAHLENBERG, CHRISTIAN (Reformierung 2017), S. 349.

2249 Vgl. ausführlich Kapitel 8.2.3 unter „Rechtsfolge und Wirkung von § 4i Satz 2 EStG".

2250 Vgl. dazu HECKERODT, DAVID (Sonderbetriebsausgabenabzug 2017), S. 13; MARTINI, RUBEN (Kommentierung § 4i EStG 2024), Rn. A 56 sowie SOMMER, CHRISTOPH/RETZER, DANIEL (Stellungnahme 2016), S. 381 f.

2251 Vgl. dazu etwa den Beispielfall in der Gesetzesbegründung zu § 4i EStG (BT-Drs. 18/9956 vom 12.10.2016, S. 2), der ohne DBA und damit auch ohne § 50d Abs. 10 EStG auskommt; a.A. womöglich HAGEMANN, nach einer Abschaffung des Sonderbereichs von Mitunternehmerschaften oder zumindest des Rechtsinstituts des Sonderbetriebsvermögens[2252] sollte – bei entsprechender Überzeugung – natürlich weiterhin gefordert werden. Gerade in Zeiten, in denen in Deutschland politische Mehrheiten und entsprechender Tatendrang zunehmend schwer zu finden sind, ist auf einer Linie mit BERGMANN[2253] aber wohl zu konstatieren, dass ein entsprechendes (radikales) Vorgehen des Gesetzgebers als reine „Utopie“ bezeichnet werden muss.[2254]

Übergreifend muss festgehalten werden, dass die grenzüberschreitende Behandlung von Sondervergütungen und der mit diesen zusammenhängenden Aufwendungen ein Themengebiet ist, das – wie kaum ein anderes im Steuerrecht – umstritten ist. Zahlreiche namhafte Vertreter der Literatur und oftmals auch der BFH sowie die Finanzverwaltung haben sich zur Thematik positioniert. Der entsprechend umfangreich geführte wissenschaftliche Diskurs hilft grundsätzlich dabei, die vom Gesetzgeber geschaffenen Normen und damit das geltende Recht zu interpretieren; die Diskussionen respektive der Austausch von Argumenten ermöglichen eine bestmögliche Auslegung der einschlägigen Normen. Der Verfasser der vorliegenden Arbeit hofft, hierzu einen Beitrag leisten zu können.

Kritisch angemerkt werden muss jedoch, dass manche der in Bezug auf die Thematik geführten Debatten bzw. die dabei vorgebrachten Argumente den Anschein erwecken, von einem bestimmten, unbedingt gewollten und von vornherein feststehenden Ergebnis getrieben zu sein. So überrascht es kaum, dass gerade Autoren, die auch Vertreter der Finanzverwaltung sind, oftmals zu einem für den Fiskus günstigen Auslegungsergebnis gelangen, wohingegen Vertreter der Beraterschaft nicht selten eine Interpretation der Vorschriften für korrekt erachten, die für den Steuerpflichtigen vorteilhaft ist. Man betrachte sich anschaulich und als Beleg etwa den in der Vergangenheit intensiv geführten Streit um die Anwendbarkeit des Artikels für Unternehmensgewinne auf Sondervergütungen (Kapitel 4.3.1.2.1). In den zahlreichen hier dargestellten Debatten wurden zum Teil Argumente ins Feld geführt, die jedweder steuerrechtlichen Grundlage entbehren. Selbstredend wird die Fachliteratur nie frei davon sein, dass auch das gewünschte Ergebnis Einfluss auf das Geschriebene nimmt. Die Diskussion darf aber nicht dahingehend ausufern, dass – über das Maß an Vertretbarem hinaus – Ansichten vorgebracht respektive Behauptungen aufgestellt werden, die ein gewünschtes Besteuerungsergebnis künstlich legitimieren. Letzteres verkompliziert und erschwert die Deduktion des gesetzgeberischen Willens erheblich – die Steuerrechtsnormendarstellung darf nicht von einem (steuerpolitisch) gewollten Ergebnis geprägt sein.

TOBIAS/KAHLENBERG, CHRISTIAN (§ 50d Abs. 10 EStG 2015), S. 736, die danach fragen, ob eine Vorschrift wie § 4i EStG in einer Welt ohne § 50d Abs. 10 EStG noch notwendig ist.

2252 Vgl. dazu z.B. jüngst etwa Wissenschaftlicher Arbeitskreis Steuerrecht des DWS-Instituts e.V. (Sonderbetriebsvermögen 2023), S. 44 ff. Vgl. aber u.a. auch FRANZ, EINIKO B./VOULON, MARCEL (Sondervergütungen 2011), S. 1119; HELMERT, FRIEDRICH (Sonderbetriebsvermögen 2016), S. 130 f.; MARTINI, RUBEN (Kommentierung § 4i EStG 2024), Rn. A 60; MÜLLER-GATERMANN, GERT/STRÜDER, SABINE/LUDWIG, FABIAN (Abwehrmechanismus 2020), S. 308; PRINZ, ULRICH (Mitunternehmerbesteuerung 2020), S. 1767. Vgl. speziell für eine Abschaffung des Sondervergütungstatbestands kürzlich Expertenkommission „Vereinfachte Unternehmensteuer“ (Abschlussbericht 2024), S. 56 ff. sowie S. 200.

2253 BERGMANN, MALTE (Einordnung 2017), S. 129.

2254 Vgl. auch PRINZ, ULRICH (Personengesellschaften 2018), S. 983.

Literaturverzeichnis

Buchwerke, Kommentierungen, Sammelreihen und Zeitschriftenaufsätze

ADRIAN, GERRIT/FEY, JULIAN/SELZER, CHRISTIAN (BEPS-Umsetzungsgesetz 2017): BEPS-Umsetzungsgesetz 1 – Verkündung des Gesetzes zur Umsetzung der Änderungen der EU-Amtshilferichtlinie und von weiteren Maßnahmen gegen Gewinnkürzungen und -verlagerungen im Bundesgesetzblatt, StuB 2017, S. 94–99.

ANDRESEN, ULF (Betriebsstättengewinnermittlung 2017): Kapitel 4: Betriebsstättengewinnermittlung nach innerstaatlichem Recht, in: Betriebsstätten Handbuch – Gewinnermittlung und Besteuerung, hrsg. von FRANZ WASSERMEYER, ULF ANDRESEN und XAVER DITZ, bearb. von JULIAN BÖHMER u.a., 2. Aufl., Köln 2017, S. 160–300.

AVERY JONES, JOHN F. (Qualification Conflicts 1993): Qualification Conflicts: The Meaning of *Application* in Article 3 (2) of the OECD Model, in: Festschrift für Karl Beusch zum 68. Geburtstag am 31. Oktober 1993, hrsg. von HEINRICH BEISSE, MARCUS LUTTER und HERIBALD NÄRGER, bearb. von PIETRO ADONNINO u.a., Berlin, New York 1993, S. 43–62.

BADETZ, BENJAMIN J.-F. (Tochterkapitalgesellschaften 2019): Anstellung von Mitunternehmern in ausländischen Tochterkapitalgesellschaften – Tätigkeitsvergütung als Sondervergütung?, IWB 2019, S. 310–323.

BÄRSCH, SVEN-ERIC (Kommentierung § 49 EStG 2024): § 49 EStG, Rn. 1–111 sowie Rn. 140–350, in: Herrmann/Heuer/Raupach Einkommensteuer- und Körperschaftsteuergesetz – Kommentar, begr. von ALFONS MROZEK und ALBERT KENNERKNECHT, fortgef. von CARL HERRMANN, GERHARD HEUER und ARNDT RAUPACH, hrsg. unter der Gesamtverantwortlichkeit von JOHANNA HEY, MICHAEL WENDT und MARTIN KLEIN, bearb. von SEBASTIAN ADAM u.a., Köln, Stand: Oktober 2024.

BÄRSCH, SVEN-ERIC/BÖHMER, JULIAN (Unternehmensbesteuerung 2017): Internationale Unternehmensbesteuerung in Deutschland nach dem Anti-BEPS-Umsetzungsgesetz, DB 2017, S. 567–573.

BÄRSCH, SVEN-ERIC/BRAUNAGEL, RALF U./HECKEMEYER, JOST H./MÜLLER, JESSICA M./NICOLAY, KATHARINA/NUSSER, HANNAH/OESTREICHER, ANDREAS/SPENGEL, CHRISTOPH/STUTZENBERGER, KATHRIN/WILHELM, INA (Unternehmensbesteuerung 2023): Internationale Unternehmensbesteuerung – Deutsche Investitionen im Ausland, Ausländische Investitionen im Inland, begr. von OTTO H. JACOBS, hrsg. von CHRISTOPH SPENGEL, bearb. von SVEN-ERIC BÄRSCH u.a., 9. Aufl., München 2023.

Bärsch, Sven-Eric/Quilitzsch, Carsten (Kommentierung Art. 7 DBA-Schweiz 2024): Art. 7 DBA-Schweiz, in: Flick/Wassermeyer/Kempermann Doppelbesteuerungsabkommen Deutschland-Schweiz, Steuern vom Einkommen und Vermögen, Nachlass- und Erbschaftsteuern – Kommentar, hrsg. von Franz Wassermeyer u.a., bearb. von Sven-Eric Bärsch u.a., Köln, Stand: Oktober 2024.

Baßler, Johannes (Kommentierung § 2 AStG 2024): § 2 AStG, in: Flick/Wassermeyer/Ditz/Schönfeld Außensteuerrecht – Kommentar, hrsg. von Franz Wassermeyer, Xaver Ditz und Jens Schönfeld, bearb. von Johannes Baßler u.a., Köln, Stand: Oktober 2024.

Baumgartner, Egid/Cloer, Adrian (Kommentierung § 4i EStG 2024): § 4i EStG, in: Bordewin/Brandt Einkommensteuergesetz – Kommentar, begr. von Arno Bordewin, fortgef. von Jürgen Brandt und Walter Bode, bearb. von Richard Adamek u.a., Heidelberg, Stand: Oktober 2024.

Becker, Jan Dierk/Loose, Thomas (Besteuerung 2011): Besteuerung des Gewinnanteils aus intransparent besteuerten ausländischen Personengesellschaften beim inländischen Gesellschafter, BB 2011, S. 1559–1566.

Behrens, Stefan (Anmerkung 2017): Anmerkung zu BFH, Urteil vom 12.10.2016, I R 92/12, BB 2017, S. 753–754.

Behrenz, Frank (Anmerkung 2017): Anmerkung zu FG München, Urteil vom 31.05.2017, 9 K 3041/15, IStR 2017, S. 752–753.

Bendlinger, Stefan (DBA-Betriebsstätten 1997): „Dealing at arm's length" bei temporären DBA-Betriebsstätten, SWI 1997, S. 104–113.

Berens, Bela (Instrument 2020): Multilaterales Instrument im Kontext der Einkünfteerzielung hybrider Gesellschaften, in der Reihe: Bilanz-, Prüfungs- und Steuerwesen, Bd. 57, begr. von Karlheinz Küting, Claus-Peter Weber und Heinz Kußmaul, hrsg. von Claus-Peter Weber und Heinz Kußmaul, Diss., Berlin 2020.

Bergmann, Malte (Einordnung 2017): Double dip ade – Erste Einordnung des neuen § 4i EStG, FR 2017, S. 126–129.

Birk, Dieter/Desens, Marc/Tappe, Henning (Steuerrecht 2024): Steuerrecht, begr. von Dieter Birk, fortgef. von Marc Desens und Henning Tappe, 27. Aufl., Heidelberg 2024.

Bodden, Guido (Kommentierung § 4i EStG 2024): § 4i EStG, in: Korn Einkommensteuergesetz – Kommentar, hrsg. von Klaus Korn u.a., bearb. von Marco S. Arteaga u.a., Berlin/Bonn, Stand: September 2024.

Bodden, Guido (Kommentierung § 15 EStG 2024): § 15 Abs. 1, 1a EStG, in: Korn Einkommensteuergesetz – Kommentar, hrsg. von Klaus Korn u.a., bearb. von Marco S. Arteaga u.a., Berlin/Bonn, Stand: September 2024.

BODE, WALTER (Kommentierung § 4 EStG 2024): § 4 EStG, in: Kirchhof/Seer Einkommensteuergesetz – Kommentar, hrsg. von PAUL KIRCHHOF und ROMAN SEER, bearb. von CHRISTINA AVVENTO u.a., 23. Aufl., Köln 2024, S. 342–463.

BODE, WALTER (Kommentierung § 15 EStG 2024): § 15 EStG, in: Brandis/Heuermann Ertragsteuerrecht – Kommentar, hrsg. von BERND HEUERMANN und PETER BRANDIS, bearb. von SINA BALDAUF u.a., München, Stand: September 2024.

BOLIK, ANDREAS S./PETERICH, ANNA (Nichtanwendungsgesetzgebung 2024): Verfassungsrechtliche Grenzen rückwirkender Nichtanwendungsgesetzgebung – Anmerkung zum BFH-Beschluss vom 19.10.2023 - IV R 13/22, DB 2024, S. 957–961.

BOURSEAUX, CHRISTIANE/SENDLER, DANIELE (Kommentierung Art. 15 OECD-MA 2019): Art. 15 OECD-MA, Rn. 1–112, in: Schönfeld/Ditz Doppelbesteuerungsabkommen – Kommentar, hrsg. von JENS SCHÖNFELD und XAVER DITZ, bearb. von CHRISTIANE BOURSEAUX u.a., 2. Aufl., Köln 2019, S. 1011–1050.

BOZZA, NADYA (Kommentierung Art. 12 OECD-MA 2019): Art. 12 OECD-MA, in: Schönfeld/Ditz Doppelbesteuerungsabkommen – Kommentar, hrsg. von JENS SCHÖNFELD und XAVER DITZ, bearb. von CHRISTIANE BOURSEAUX u.a., 2. Aufl., Köln 2019, S. 885–937.

BRÄHLER, GERNOT (Internationales Steuerrecht 2014): Internationales Steuerrecht – Grundlagen für Studium und Steuerberaterprüfung, 8. Aufl., Wiesbaden 2014.

BRÄHLER, GERNOT/MAYER, MARKUS (Abkommensberechtigung 2010): Abkommensberechtigung von Personengesellschaften – zugleich Besprechung des BMF-Schreibens vom 16. 4. 2010, IStR 2010, S. 678–683.

BRESGEN, ARIANE (Qualifikationskonflikte 2016): Qualifikationskonflikte bei Personengesellschaften im Internationalen Steuerrecht – Eine Analyse der abkommensrechtlichen Behandlung von grenzüberschreitend gezahlten Sondervergütungen bei Mitunternehmerschaften, in der Reihe: Internationale Steuerlehre, Steuerrecht und Wirtschaftsprüfung, Bd. 8, hrsg. von RAINER HEURUNG, GERD MORGENTHALER und ANDREAS DUTZI, Diss., Frankfurt am Main 2016.

BREUER, CLARISSA/KOPETZKI, SARAH (Abzugsbeschränkung 2022): Ein Vortrag zu § 4i EStG – Die Abzugsbeschränkung von Sonderbetriebsausgaben in der praktischen Anwendung, IStR 2022, S. 235–240.

BRUNS, SILKE (Kommentierung Art. 24 OECD-MA 2019): Art. 24 OECD-MA, in: Schönfeld/Ditz Doppelbesteuerungsabkommen – Kommentar, hrsg. von JENS SCHÖNFELD und XAVER DITZ, bearb. von CHRISTIANE BOURSEAUX u.a., 2. Aufl., Köln 2019, S. 1391–1466.

BURMESTER, GABRIELE (Unternehmensfinanzierung 2003): Unternehmensfinanzierung im Internationalen Steuerrecht – Grundlagen und Gestaltungen für Einheitsunternehmen, Kapitalgesellschaftskonzerne und Personengesellschaftskonzerne, in: Berufe, Branchen, Tätigkeiten im Internationalen Steuerrecht, Bd. 2, Köln 2003.

CLAUSEN, UWE (Kommentierung § 49 EStG 2024): § 49 EStG, Rn. 1200–1265, in: Herrmann/Heuer/Raupach Einkommensteuer- und Körperschaftsteuergesetz – Kommentar, begr. von ALFONS MROZEK und ALBERT KENNERKNECHT, fortgef. von CARL HERRMANN, GERHARD HEUER und ARNDT RAUPACH, hrsg. unter der Gesamtverantwortlichkeit von JOHANNA HEY, MICHAEL WENDT und MARTIN KLEIN, bearb. von SEBASTIAN ADAM u.a., Köln, Stand: Oktober 2024.

CLOER, ADRIAN (Umschaltklauseln 2024): Umschaltklauseln in der finanzgerichtlichen Prüfung – FG Düsseldorf, Urteile v. 18.4.2023 - 6 K 3278/19 K sowie 6 K 501/20 K, IWB 2024, S. 44–48.

CLOER, ADRIAN/HAGEMANN, TOBIAS (Kommentierung § 50d EStG 2024): § 50d EStG, in: Bordewin/Brandt Einkommensteuergesetz – Kommentar, begr. von ARNO BORDEWIN, fortgef. von JÜRGEN BRANDT und WALTER BODE, bearb. von RICHARD ADAMEK u.a., Heidelberg, Stand: Oktober 2024.

DEBATIN, HELMUT (Behandlung 1977): Außensteuerrechtliche und internationalrechtliche Behandlung von Rechtsträgern und daran bestehenden Beteiligungen, DB 1977, Beilage Nr. 13, S. 1–8.

DEBATIN, HELMUT (Qualifikationsprobleme 1979): Qualifikationsprobleme im Doppelbesteuerungsrecht, FR 1979, S. 493–499.

DEBATIN, HELMUT (Personengesellschaften 1992): Zur Behandlung von Beteiligungen an Personengesellschaften unter den Doppelbesteuerungsabkommen im Lichte der neueren Rechtsprechung des Bundesfinanzhofs, BB 1992, S. 1181–1189.

DESENS, MARC/BLISCHKE, ANDRÉ (Kommentierung § 15 EStG 2024): § 15 EStG, in: Einkommensteuergesetz – Kommentar, begr. von PAUL KIRCHHOF, HARTMUT SÖHN und RUDOLF MELLINGHOFF, hrsg. von PAUL KIRCHHOF, RUDOLF MELLINGHOFF und HANNO KUBE, bearb. von HANS-WOLFGANG ARNDT u.a., Heidelberg, Stand: November 2024.

DIEHL, WOLFRAM (Qualifikationskonflikte 1978): Qualifikationskonflikte im Außensteuerrecht, FR 1978, S. 517–526.

DITZ, XAVER (Einkünfteabgrenzung 2015): 3. Teil: Praxisrelevante Einzelaspekte, Kapitel 12: Einkünfteabgrenzung, in: Personengesellschaften im Internationalen Steuerrecht, hrsg. von FRANZ WASSERMEYER, STEFAN RICHTER und HELDER SCHNITTKER, bearb. von STEFAN BEHRENS u.a., 2. Aufl., Köln 2015, S. 634–674.

DITZ, XAVER (Kommentierung Art. 7 (2008) OECD-MA 2019): Art. 7 OECD-MA (2008), in: Schönfeld/Ditz Doppelbesteuerungsabkommen – Kommentar, hrsg. von JENS SCHÖNFELD und XAVER DITZ, bearb. von CHRISTIANE BOURSEAUX u.a., 2. Aufl., Köln 2019, S. 419–536.

DITZ, XAVER (Kommentierung Art. 7 (2017) OECD-MA 2019): Art. 7 OECD-MA (2017), in: Schönfeld/Ditz Doppelbesteuerungsabkommen – Kommentar, hrsg. von JENS SCHÖNFELD und XAVER DITZ, bearb. von CHRISTIANE BOURSEAUX u.a., 2. Aufl., Köln 2019, S. 537–558.

DITZ, XAVER/QUILITZSCH, CARSTEN (Umsetzungsgesetz 2017): Die Änderungen im internationalen Steuerrecht durch das Anti-BEPS-Umsetzungsgesetz, DStR 2017, S. 281–292.

DITZ, XAVER/TCHERVENIACHKI, VASSIL (Personengesellschaften 2014): Anwendung des § 1 AStG bei Personengesellschaften – Spannungsverhältnis zu § 50d Abs. 9 und 10 EStG und § 9 Nr. 2 GewStG, DB 2014, S. 203–206.

DÖLKER, ANGELIKA (Personengesellschaften 2012): Die Besteuerung von Personengesellschaften im internationalen Steuerrecht, in der Reihe: Steuer, Wirtschaft und Recht, Bd. 321, hrsg. von JOHANNES G. BISCHOFF u.a., Diss., Lohmar/Köln 2012.

DORN, KATRIN (Sondervergütungen 2013): Sondervergütungen im Abkommensrecht: Führt der „neue" § 50d Abs. 10 EStG endlich ans gewünschte Ziel?, BB 2013, S. 3038–3041.

DÖTSCH, EWALD/PUNG, ALEXANDRA (Kapitalbeteiligungen 2019): Zuordnung von Kapitalbeteiligungen zu einer inländischen Betriebsstätte einer PersGes. bei Vorhandensein ausländischer Mitunternehmer, DB 2019, S. 146–148.

DREMEL, RALF (Verfahrensrecht 2015): 3. Teil: Praxisrelevante Einzelaspekte, Kapitel 24: Verfahrensrecht, in: Personengesellschaften im Internationalen Steuerrecht, hrsg. von FRANZ WASSERMEYER, STEFAN RICHTER und HELDER SCHNITTKER, bearb. von STEFAN BEHRENS u.a., 2. Aufl., Köln 2015, S. 1359–1384.

DREMEL, RALF (Kommentierung Art. 2 OECD-MA 2019): Art. 2 OECD-MA, in: Schönfeld/Ditz Doppelbesteuerungsabkommen – Kommentar, hrsg. von JENS SCHÖNFELD und XAVER DITZ, bearb. von CHRISTIANE BOURSEAUX u.a., 2. Aufl., Köln 2019, S. 157–181.

DRÜEN, KLAUS-DIETER (Vertrauensschutz 2015): Vertrauensschutz im Steuerrecht, StuW 2015, S. 210–221.

DRÜEN, KLAUS-DIETER (Kommentierung § 12 AO 2024): § 12 AO, in: Tipke/Kruse Abgabenordnung, Finanzgerichtsordnung – Kommentar, begr. von KLAUS TIPKE und HEINRICH WILHELM KRUSE, fortgef. von ROMAN SEER u.a., bearb. von HEINRICH WILHELM KRUSE u.a., Köln, Stand: Oktober 2024.

Duden (Bedeutungswörterbuch 2023): Duden – Deutsches Universalwörterbuch: Das große Bedeutungswörterbuch, 10. Aufl., Berlin 2023.

DÜRRSCHMIDT, DANIEL (Art. 6 bis 22 OECD-MA 2021): Vor Art. 6 bis 22 OECD-MA, in: Vogel/Lehner Doppelbesteuerungsabkommen der Bundesrepublik Deutschland auf dem Gebiet der Steuern vom Einkommen und Vermögen – Kommentar auf der Grundlage der Musterabkommen, begr. von KLAUS VOGEL, fortgef. von MORIS LEHNER, hrsg. von ROLAND ISMER, bearb. von MICHAEL BLANK u.a., 7. Aufl., München 2021, S. 896–909.

DYCKMANS, JAN (Kommentierung § 4i EStG 2024): § 4i EStG, in: Einkommensteuergesetz – Kommentar, hrsg. von GERRIT FROTSCHER und MATTHIAS GEURTS, bearb. von SWEN OLIVER BÄUML u.a., Freiburg i.Br., Stand: Oktober 2024.

DYCKMANS, JAN/KLEIN, CHRISTOPH (Personengesellschaften 2023): 4. Teil: Inlandsaktivitäten ausländischer Unternehmen (Inbound-Investitionen), Kapitel 9: Beteiligung an inländischen Personengesellschaften, in: Steuerrecht international tätiger Unternehmen, hrsg. von JÖRG MANFRED MÖSSNER u.a., bearb. von JÖRG MANFRED MÖSSNER u.a., 6. Aufl., Köln 2023, S. 1023–1100.

DZIURDZ, KASPER/KUBIK, KATHARINA/MARCHGRABER, CHRISTOPH (Kommentierung Art. 25 OECD-MA 2024): Art. 25 OECD-MA, in: Gosch/Kroppen/Grotherr/Kraft DBA-Kommentar, hrsg. von DIETMAR GOSCH u.a., bearb. von ULRICH AMMELUNG u.a., Herne, Stand: September 2024.

ECKARDT, JAN-EIKE (Personengesellschaften 2024): J. Personengesellschaften in grenzüberschreitenden Konstellationen, in: Personengesellschaften im Steuerrecht, begr. von JOACHIM LANGE, fortgef. von ANDREA BILITEWSKI u.a., bearb. von DANIEL AUER u.a., 12. Aufl., Herne 2024, S. 1279–1320.

EILERS, STEPHAN/DRÜEN, KLAUS-DIETER (Kommentierung Art. 25 OECD-MA 2024): Art. 25 OECD-MA, in: Wassermeyer Doppelbesteuerung – Kommentar zu allen deutschen Doppelbesteuerungsabkommen, hrsg. von CHRISTIAN KAESER, MICHAEL SCHWENKE und KLAUS-DIETER DRÜEN, bearb. von JOCHEN BAHNS u.a., München, Stand: Juli 2024.

ENGLER, GERHARD/ELBERT, DIRK (Verfahren 2015): 2. Teil: Steuerliche Systematik der Prüfung und Dokumentation, Kapitel F: Verfahren, in: Verrechnungspreise – Betriebswirtschaft, Steuerrecht, hrsg. von ALEXANDER VÖGELE, THOMAS BORSTELL und GERHARD ENGLER, bearb. von THOMAS BORSTELL u.a., 4. Aufl., München 2015, S. 541–706.

ENGLISCH, JOACHIM (Diskriminierungs- und Beschränkungsverbote 2025): 2. Teil: Primärrecht, Kapitel 8: Diskriminierungs- und Beschränkungsverbote im direkten Steuerrecht, Abschnitt D., in: Europäisches Steuerrecht, hrsg. von HARALD SCHAUMBURG, JOACHIM ENGLISCH und LARS DOBRATZ, bearb. von LARS DOBRATZ u.a., 3. Aufl., Köln 2025, S. 250–344.

ENNEKING, FELIX/DENK, CORNELIA (Sportler 1997): Ausländische Einkünfte inländischer Sportler und Einkünfte von beschränkt steuerpflichtigen Sportlern, DStR 1997, S. 1911–1916.

ETTINGER, MARKUS (Konkurrenzverhältnis 2019): § 4h und § 4i EStG – nah beieinander und einander doch so fern?, DStR 2019, S. 548–551.

FEHLING, DANIEL/LINN, ALEXANDER/MARTINI, RUBEN (Linking Rules 2022): Linking Rules, IStR 2022, S. 781–790.

FELDGEN, RENÉ (Kommentierung § 4i EStG 2024): § 4i EStG, in: 360° EStG eKommentar, hrsg. von CLAAS FUHRMANN, JÖRG KRAEUSEL und JOACHIM SCHIFFERS, bearb. von DIRK BONGAERTS u.a., Bonn, Stand: November 2024.

FEY, ACHIM (Doppelbesteuerung 2024): Doppelbesteuerung, in: Beck'sches Steuer- und Bilanzrechtslexikon, bearb. von MATTHIAS ALBER u.a., München, Online-Version, Stand: Edition 69/2024.

FISCHER, LUTZ/SCHNEELOCH, DIETER/SIGLOCH, JOCHEN (Steuerlehre 1980): Betriebswirtschaftliche Steuerlehre und Steuerberatung – Gedenken zum 60jährigen „Jubiläum" der Betriebswirtschaftlichen Steuerlehre, DStR 1980, S. 699–705.

FLÜCHTER, KARSTEN (Kommentierung Art. 25 OECD-MA 2019): Art. 25 OECD-MA, Rn. 1–505, in: Schönfeld/Ditz Doppelbesteuerungsabkommen – Kommentar, hrsg. von JENS SCHÖNFELD und XAVER DITZ, bearb. von CHRISTIANE BOURSEAUX u.a., 2. Aufl., Köln 2019, S. 1461–1686.

FLÜCHTER, KARSTEN (EU-DBA-SBG 2020): Das „EU-Doppelbesteuerungs-Streitbeilegungsgesetz" ist in Kraft, ISR 2020, S. 56–64.

FÖRSTER, GUIDO/BENKE, MAXIMILIAN (Bilanzierungskonkurrenz 2020): Keine Bilanzierungskonkurrenz bei Schwesterpersonengesellschaften, DStR 2020, S. 2273–2277.

FRANZ, EINIKO B./VOULON, MARCEL (Sondervergütungen 2011): Abkommensrechtliche Behandlung von Sondervergütungen – Status Quo und Perspektiven, BB 2011, S. 1111–1119.

FRASE, HENNING (Kommentierung § 4k EStG 2024): § 4k EStG, in: 360° EStG eKommentar, hrsg. von CLAAS FUHRMANN, JÖRG KRAEUSEL und JOACHIM SCHIFFERS, bearb. von DIRK BONGAERTS u.a., Bonn, Stand: November 2024.

FROTSCHER, GERRIT (Treaty Override 2009): Treaty Override und § 50d Abs. 10 EStG, IStR 2009, S. 593–600.

FROTSCHER, GERRIT (Internationales Steuerrecht 2020): Internationales Steuerrecht, 5. Aufl., München 2020.

FROTSCHER, GERRIT (Kommentierung § 49 EStG 2024): § 49 EStG, in: Einkommensteuergesetz – Kommentar, hrsg. von GERRIT FROTSCHER und MATTHIAS GEURTS, bearb. von SWEN OLIVER BÄUML u.a., Freiburg i.Br., Stand: Oktober 2024.

FROTSCHER, GERRIT (Kommentierung § 50d EStG 2024): § 50d EStG, in: Einkommensteuergesetz – Kommentar, hrsg. von GERRIT FROTSCHER und MATTHIAS GEURTS, bearb. von SWEN OLIVER BÄUML u.a., Freiburg i.Br., Stand: Oktober 2024.

GAH, MAXIMILIAN/WANGLER, CLEMENS (Inbound-Fall 2018): Sonderbetriebseinnahmen und -ausgaben im Inbound-Fall – Wechselwirkungen von Abkommensrecht, § 50d Abs. 10 EStG sowie § 4i EStG, IStR 2018, S. 817–822.

GEBHARDT, RONALD (Sonderbetriebsvermögen 2015): Zur Anwendung von § 50d Abs. 10 EStG im Hinblick auf aktives und passives Sonderbetriebsvermögen (II), IStR 2015, S. 808–812.

GEBHARDT, RONALD (Betrachtungsweise 2016): Die atomisierende Betrachtungsweise nach § 50d Abs. 9 S. 4 EStG-E und die Lösung des „wenn vs. soweit"-Problems in § 50d Abs. 9 S. 1 EStG-E, IStR 2016, S. 1009–1012.

GEBHARDT, RONALD (Betrachtungsweise 2017): Verbleibende Rechtsfragen zum Treaty Override – Gibt es den „verdeckten" Treaty Override?, IWB 2017, S. 851–856.

GEBHARDT, RONALD (Kommentierung § 50d EStG 2024): § 50d EStG, in: Einkommensteuergesetz Kommentar Online, hrsg. von HANS-JOACHIM KANZLER u.a., bearb. von CHRISTIAN BERND ANEMÜLLER u.a., 9. Aufl., Herne 2024, Stand der Onlineversion: November 2024.

GEILS, MALTE (Geschäftsleitung 2018): Der Ort der Geschäftsleitung von ausländischen Gesellschaften und die Begründung von betriebsstättenlosen gewerblichen Einkünften, Ubg 2018, S. 377–383.

GERSCH, EVA-MARIA (Kommentierung § 3 AO 2024): § 3 AO, in: Klein Abgabenordnung – Kommentar, begr. von FRANZ KLEIN und GERD ORLOPP, bearb. von EVA-MARIA GERSCH u.a., 18. Aufl., München 2024, S. 15–28.

GERSCH, EVA-MARIA (Kommentierung § 12 AO 2024): § 12 AO, in: Klein Abgabenordnung – Kommentar, begr. von FRANZ KLEIN und GERD ORLOPP, bearb. von EVA-MARIA GERSCH u.a., 18. Aufl., München 2024, S. 79–88.

GEURTS, MATTHIAS (Kommentierung § 34d EStG 2024): § 34d EStG, in: Einkommensteuergesetz – Kommentar, hrsg. von GERRIT FROTSCHER und MATTHIAS GEURTS, bearb. von SWEN OLIVER BÄUML u.a., Freiburg i.Br., Stand: Oktober 2024.

GÖRL, MAXIMILIAN/GRADL, CHRISTOPH (Kommentierung Art. 5 OECD-MA 2021): Art. 5 OECD-MA, in: Vogel/Lehner Doppelbesteuerungsabkommen der Bundesrepublik Deutschland auf dem Gebiet der Steuern vom Einkommen und Vermögen – Kommentar auf der Grundlage der Musterabkommen, begr. von KLAUS VOGEL, fortgef. von MORIS LEHNER, hrsg. von ROLAND ISMER, bearb. von MICHAEL BLANK u.a., 7. Aufl., München 2021, S. 718–895.

GOSCH, DIETMAR (Zuordnung 2003): Rechtsprechung im besonderen Blickpunkt der Außenprüfung – Zur abkommensrechtlichen Zuordnung von Sonderbetriebseinnahmen und Sonderbetriebsausgaben, StBp 2003, S. 92–96.

GOSCH, DIETMAR (Steueroase 2008): Nur eingeschränkter Steuerzugriff auf Berufssportler bei Wegzug in eine Steueroase, BFH-PR 2008, S. 234–236.

GOSCH, DIETMAR (Doppelbesteuerungsabkommen 2013): Über die Auslegung von Doppelbesteuerungsabkommen, ISR 2013, S. 87–95.

GOSCH, DIETMAR (Abkommensrecht 2014): Seminar D „Judges' Seminar": Abkommensrecht vor Gericht – Stichworte zu zehn gängigen Streitpunkten, IStR 2014, S. 698–704.

GOSCH, DIETMAR (Kommentierung § 50d EStG 2015): § 50d EStG, in: Kirchhof Einkommensteuergesetz – Kommentar, hrsg. von PAUL KIRCHHOF, bearb. von HANS-JOCHEM VON BECKERATH u.a., 14. Aufl., Köln 2015, S. 2308–2368.

GOSCH, DIETMAR (AOA 2018): Betriebsstätte und AOA, ISR 2018, S. 404–416.

GOSCH, DIETMAR (BsGaV 2020): Auf tönernen Füßen – Wurde der Verordnungsgeber ordnungsgemäß zu der „FVerlV" und der „BsGaV" ermächtigt?, ISR 2020, S. 116–122.

GOSCH, DIETMAR (Kommentierung Art. 13 OECD-MA 2024): Art. 13 OECD-MA, in: Gosch/Kroppen/Grotherr/Kraft DBA-Kommentar, hrsg. von DIETMAR GOSCH u.a., bearb. von ULRICH AMMELUNG u.a., Herne, Stand: September 2024.

GOSCH, DIETMAR (Kommentierung § 4i EStG 2024): § 4i EStG, in: Kirchhof/Seer Einkommensteuergesetz – Kommentar, hrsg. von PAUL KIRCHHOF und ROMAN SEER, bearb. von CHRISTINA AVVENTO u.a., 23. Aufl., Köln 2024, S. 540–546.

GOSCH, DIETMAR (Kommentierung § 34d EStG 2024): § 34d EStG, in: Kirchhof/Seer Einkommensteuergesetz – Kommentar, hrsg. von PAUL KIRCHHOF und ROMAN SEER, bearb. von CHRISTINA AVVENTO u.a., 23. Aufl., Köln 2024, S. 2247–2252.

GOSCH, DIETMAR (Kommentierung § 49 EStG 2024): § 49 EStG, in: Kirchhof/Seer Einkommensteuergesetz – Kommentar, hrsg. von PAUL KIRCHHOF und ROMAN SEER, bearb. von CHRISTINA AVVENTO u.a., 23. Aufl., Köln 2024, S. 2575–2641.

GOSCH, DIETMAR (Kommentierung § 50 EStG 2024): § 50 EStG, in: Kirchhof/Seer Einkommensteuergesetz – Kommentar, hrsg. von PAUL KIRCHHOF und ROMAN SEER, bearb. von CHRISTINA AVVENTO u.a., 23. Aufl., Köln 2024, S. 2642–2656.

GOSCH, DIETMAR (Kommentierung § 50d EStG 2024): § 50d EStG, in: Kirchhof/Seer Einkommensteuergesetz – Kommentar, hrsg. von PAUL KIRCHHOF und ROMAN SEER, bearb. von CHRISTINA AVVENTO u.a., 23. Aufl., Köln 2024, S. 2704–2765.

GOTTFREUND, MANUEL (Rechtsformentscheidungen 2024): Betriebswirtschaftlich motivierte Rechtsformentscheidungen – Status quo unter besonderer Berücksichtigung ertragsteuerlicher Implikationen vor dem Hintergrund der Rechtsformneutralität, in der Reihe: Bilanz-, Prüfungs- und Steuerwesen, Bd. 66, begr. von KARLHEINZ KÜTING, CLAUS-PETER WEBER und HEINZ KUßMAUL, hrsg. von CLAUS-PETER WEBER und HEINZ KUßMAUL, Diss., Berlin 2024.

GREEN, ROBERT A. (Approaches 1998): Antilegalistic Approaches to Resolving Disputes Between Governments: A Comparison of the International Tax and Trade Regimes, Yale Journal of International Law 1998, S. 79–139.

GREIF, MARTIN (Steuergestaltung 1996): Steuergestaltung bei einer international tätigen Personengesellschaft, in: Unternehmensstrukturen und Rechtsformen im Internationalen Steuerrecht, hrsg. von WILHELM HAARMANN, bearb. von DIETER BRENNER u.a., in der Reihe: Forum der Internationalen Besteuerung, Bd. 7, Köln 1996, S. 89–117.

GROTHERR, SIEGFRIED (ATAD-Umsetzungsgesetz 2020): ATAD-Umsetzungsgesetz: Anwendungs- und Auslegungsfragen zum neuen Betriebsausgabenabzugsverbot gemäß § 4k EStG-E bei hybriden Gestaltungen, IStR 2020, S. 773–784.

GROTHERR, SIEGFRIED (Kommentierung Art. 23 OECD-MA 2024): Art. 23A und B OECD-MA, in: Gosch/Kroppen/Grotherr/Kraft DBA-Kommentar, hrsg. von DIETMAR GOSCH u.a., bearb. von ULRICH AMMELUNG u.a., Herne, Stand: September 2024.

GRZESZICK, BERND (Kommentierung Art. 20 GG 2024): Art. 20 Abs. 3 GG, in: Dürig/Herzog/Scholz Grundgesetz – Kommentar, Bd. III, Art. 17–28 GG, begr. von THEODOR MAUNZ und GÜNTER DÜRIG, hrsg. von ROMAN HERZOG u.a., bearb. von PETER BADURA u.a., München, Stand: April 2024.

GÜNDISCH, STEPHAN G. (Personengesellschaften 2004): Personengesellschaften im DBA-Recht – Eine Analyse des OECD-Partnership-Reports, Diss., München 2004.

GÜNKEL, MANFRED/LIEBER, BETTINA (Sondervergütungen 2000): Abkommensrechtliche Qualifikation von Sondervergütungen – Irrwege der Finanzverwaltung, FR 2000, S. 853–858.

GÜNKEL, MANFRED/LIEBER, BETTINA (Sondervergütungen 2001): Duplik zu H. Krabbe, Abkommensrechtliche Behandlung von Sondervergütungen, FR 2001, S. 132.

GÜROFF, GEORG (Kommentierung § 2 GewStG 2023): § 2 GewStG, in: Glanegger/Güroff Gewerbesteuergesetz – Kommentar, bearb. von GEORG GÜROFF, GERHARD SPECKER und LUDWIG WAGNER, 11. Aufl., München 2023, S. 34–326.

HAARMANN, WILHELM (Treaty Override 2016): Ist der Treaty Override nicht doch verfassungswidrig?, BB 2016, S. 2775–2776.

HAASE, FLORIAN (Internationales Steuerrecht 2023): Internationales und Europäisches Steuerrecht, 7. Aufl., Heidelberg 2023.

HAASE, FLORIAN (Kommentierung Art. 5 OECD-MA 2024): Art. 5 OECD-MA, in: Haase Außensteuergesetz, Doppelbesteuerungsabkommen, hrsg. von FLORIAN HAASE, bearb. von GERRIT BARTSCH u.a., 4. Aufl., Heidelberg 2024, S. 841–913.

HAASE, FLORIAN/BRÄNDEL, KATRIN (Personengesellschaften 2011): DBA und Personengesellschaften – Irrungen und Wirrungen im Notenwechsel zum DBA-Spanien, IStR 2011, S. 255–259.

HAASE, FLORIAN/BRÄNDEL, KATRIN (Überlegungen 2011): Überlegungen zur Theorie der betriebsstättenlosen Einkünfte, StuW 2011, S. 49–59.

HAASE, FLORIAN/DORN, KATRIN (Erwiderung 2011): „Betriebsstättenlose" Einkünfte aus Gewerbebetrieb und Wirtschaftsgüter des Betriebsvermögens – Erwiderung zu *Kramer,* DB 2011 S. 1882, DB 2011, S. 2115–2118.

HAASE, FLORIAN/STEIERBERG, DANIELA (Personengesellschaften 2014): Personengesellschaften im internationalen Kontext – Der Entwurf zur Änderung des BMF-Schreibens vom 16. 4. 2010, IWB 2014, S. 4–12.

HÄCK, NILS (Auslegung 2011): Zur Auslegung des § 50d Abs. 10 EStG durch den BFH – Zugleich Anmerkung zu BFH vom 8. 9. 2010 – I R 74/09, IStR 2011, S. 71–73.

HÄCK, NILS/KORFF, MATTHIAS (Kommentierung Art. 5 DBA-Schweiz 2024): Art. 5 DBA-Schweiz, in: Flick/Wassermeyer/Kempermann Doppelbesteuerungsabkommen Deutschland-Schweiz, Steuern vom Einkommen und Vermögen, Nachlass- und Erbschaftsteuern – Kommentar, hrsg. von FRANZ WASSERMEYER u.a., bearb. von SVEN-ERIC BÄRSCH u.a., Köln, Stand: Oktober 2024.

HAENDEL, RALF (Treaty Override 2017): Treaty Override – verfassungsrechtlich zulässig, aber im Einzelfall nicht anwendbar?, IStR 2017, S. 436–442.

HAGEBÖKE, JENS (Kommentierung Art. 24 OECD-MA 2024): Art. 24 OECD-MA, in: Strunk/Kaminski/Köhler Außensteuergesetz, Doppelbesteuerungsabkommen – Kommentar, hrsg. von GÜNTHER STRUNK, BERT KAMINSKI und STEFAN KÖHLER, bearb. von DANIEL BLÖCHLE u.a., Bonn, Stand: August 2024.

HAGEMANN, TOBIAS (Abkommensrecht 2016): Wider die No-Floating-Income-Theorie im Abkommensrecht – Eine (wissenschaftstheoretische) Kritik der Rechtspraxis, StuW 2016, S. 172–186.

HAGEMANN, TOBIAS (Floating Income 2017): Zur (Un-)Möglichkeit von Floating Income im DBA-Recht – Zugleich Anmerkung zu FG München, Urt. v. 31.5.2017 – 9 K 3041/15, IStR 2017, 749 mAnm *Behrenz*, IStR 2017, S. 849–854.

HAGEMANN, TOBIAS/KAHLENBERG, CHRISTIAN (Zuordnung 2013): Abkommensrechtliche Zuordnung notwendigen Sonderbetriebsvermögens in sog. Dreieckssachverhalten – Anmerkungen zum BFH-Urteil vom 12.06.2013 – I R 47/12 –, Ubg 2013, S. 770–772.

HAGEMANN, TOBIAS/KAHLENBERG, CHRISTIAN (Einkünftekorrektur 2015): Einkünftekorrektur in grenzüberschreitenden Sachverhalten – § 1 AStG, PIStB 2015, S. 46–52.

HAGEMANN, TOBIAS/KAHLENBERG, CHRISTIAN (§ 50d Abs. 10 EStG 2015): § 50d Abs. 10 EStG als Steuer(last)gestaltungsnorm?, IStR 2015, S. 734–737.

HAGEMANN, TOBIAS/KAHLENBERG, CHRISTIAN/KUDERT, STEPHAN (Sonderbetriebseinnahmen 2014): Sonderbetriebseinnahmen im Abkommensrecht – und wie der Wind sich dreht!, Ubg 2014, S. 80–87.

HAGENA, ANTJE (Kommentierung § 50d EStG 2024): § 50d EStG, in: Herrmann/Heuer/Raupach Einkommensteuer- und Körperschaftsteuergesetz – Kommentar, begr. von ALFONS MROZEK und ALBERT KENNERKNECHT, fortgef. von CARL HERRMANN, GERHARD HEUER und ARNDT RAUPACH, hrsg. unter der Gesamtverantwortlichkeit von JOHANNA HEY, MICHAEL WENDT und MARTIN KLEIN, bearb. von SEBASTIAN ADAM u.a., Köln, Stand: Oktober 2024.

HALLERBACH, DOROTHEE (Personengesellschaft 1999): Die Personengesellschaft im Einkommensteuerrecht – Zivilrechtliche Einordnung und einkommensteuerrechtliche Folgen, Diss., München 1999.

HALLERBACH, DOROTHEE (Mitunternehmer 2005): Kapitel 8–11, Kapitel 14, in: Besteuerung der Mitunternehmer, hrsg. von GÜNTER SÖFFING, bearb. von HERMANN BRANDENBERG u.a., 5. Aufl., Herne/Berlin 2005, S. 268–361, S. 434–468.

HALLERBACH, DOROTHEE (Gleichstellungsthese 2016): Gleichstellungsthese – Wann ist der Mitunternehmer ein Einzelunternehmer? – Gedanken zur Besteuerung von Mitunternehmern, FR 2016, S. 1117–1125.

HANSEN, CHRISTIAN (Personengesellschaftsbeteiligungen 2009): Einkünfte aus Personengesellschaftsbeteiligungen im Recht der Doppelbesteuerungsabkommen, in der Reihe: Wirtschafts- und Steuerrecht, Bd. 3, hrsg. von CHRISTIAN JAHNDORF, ROLF ECKHOFF und MICHAEL WENDT, Diss., Baden-Baden 2009.

HAUG, FELIX (Kommentierung § 43 EStG 2024): § 43 EStG, in: Herrmann/Heuer/Raupach Einkommensteuer- und Körperschaftsteuergesetz – Kommentar, begr. von ALFONS MROZEK und ALBERT KENNERKNECHT, fortgef. von CARL HERRMANN, GERHARD HEUER und ARNDT RAUPACH, hrsg. unter der Gesamtverantwortlichkeit von JOHANNA HEY, MICHAEL WENDT und MARTIN KLEIN, bearb. von SEBASTIAN ADAM u.a., Köln, Stand: Oktober 2024.

HAUN, JÜRGEN/KLUMPP, SIMON (Zuordnung 2018): Zuordnung von Beteiligungen zum Betriebsvermögen einer Personengesellschaft bei grenzüberschreitenden Sachverhalten – Führt die neueste BFH-Rechtsprechung zu einem Paradigmenwechsel?, IStR 2018, S. 661–670.

HECKERODT, DAVID (Sonderbetriebsausgabenabzug 2017): Der neue § 4i EStG – Eine kritische Analyse des Sonderbetriebsausgabenabzugs bei Auslandsbezug, IWB 2017, S. 720–733.

HEIGL, ANTON (Unternehmensbesteuerung 1996): Unternehmensbesteuerung, 2. Aufl., München/Wien 1996.

HEINICKE, WOLFGANG (Kommentierung § 34c EStG 2024): § 34c EStG, in: Schmidt Einkommensteuergesetz – Kommentar, begr. von LUDWIG SCHMIDT, hrsg. von HEINRICH WEBER-GRELLET, bearb. von WOLFGANG HEINICKE u.a., 43. Aufl., München 2024, S. 2018–2024.

HEINSEN, OLIVER (Kommentierung § 12 AO 2024): § 12 AO, in: Gosch Abgabenordnung, Finanzgerichtsordnung – Kommentar, begr. von ALBERT BEERMANN, hrsg. von DIETMAR GOSCH und ANDREAS HOYER, bearb. von RALF ADAM u.a., Bonn, Stand: Oktober 2024.

HELMERT, FRIEDRICH (Sonderbetriebsvermögen 2016): § 15: Das Sonderbetriebsvermögen, in: Geprägte Freiheit in Forschung und Lehre – 50 Jahre Institut für Finanz- und Steuerrecht, hrsg. von PAUL KIRCHHOF u.a., bearb. von JOHANNES BECKER u.a., Berlin 2016, S. 125–131.

HEMMELRATH, ALEXANDER (Personengesellschaften 1995): Besonderheiten bei der Beteiligung von Steuerinländern an Personengesellschaften in DBA-Staaten, IStR 1995, S. 570–574.

HEMMELRATH, ALEXANDER (Kommentierung Art. 7 OECD-MA 2021): Art. 7 OECD-MA, in: Vogel/Lehner Doppelbesteuerungsabkommen der Bundesrepublik Deutschland auf dem Gebiet der Steuern vom Einkommen und Vermögen – Kommentar auf der Grundlage der Musterabkommen, begr. von KLAUS VOGEL, fortgef. von MORIS LEHNER, hrsg. von ROLAND ISMER, bearb. von MICHAEL BLANK u.a., 7. Aufl., München 2021, S. 974–1087.

HEMMELRATH, ALEXANDER (Kommentierung Art. 14 OECD-MA a.F. 2021): Art. 14 OECD-MA a.F., in: Vogel/Lehner Doppelbesteuerungsabkommen der Bundesrepublik Deutschland auf dem Gebiet der Steuern vom Einkommen und Vermögen – Kommentar auf der Grundlage der Musterabkommen, begr. von KLAUS VOGEL, fortgef. von MORIS LEHNER, hrsg. von ROLAND ISMER, bearb. von MICHAEL BLANK u.a., 7. Aufl., München 2021, S. 1599–1623.

HENNRICHS, JOACHIM (Mitunternehmerschaften 2024): 2. Teil: Besonderes Steuerschuldrecht, Kapitel 10: Besteuerung von Mitunternehmerschaften, in: Tipke/Lang Steuerrecht, begr. von KLAUS TIPKE, fortgef. von ROMAN SEER u.a., bearb. von JOACHIM ENGLISCH u.a., 25. Aufl., Köln 2024, S. 761–830.

HERBER, DESIREE (Mitunternehmer 2024): B. Die Personengesellschaft als Subjekt der Einkunftserzielung, III. Ermittlung der Einkünfte der Mitunternehmer, in: Personengesellschaften im Steuerrecht, begr. von JOACHIM LANGE, fortgef. von ANDREA BILITEWSKI u.a., bearb. von DANIEL AUER u.a., 12. Aufl., Herne 2024, S. 77–121.

HERKENROTH, KLAUS E./STRIEGEL, ANDREAS (Kommentierung § 50 EStG 2024): § 50 EStG, in: Herrmann/Heuer/Raupach Einkommensteuer- und Körperschaftsteuergesetz – Kommentar, begr. von ALFONS MROZEK und ALBERT KENNERKNECHT, fortgef. von CARL HERRMANN, GERHARD HEUER und ARNDT RAUPACH, hrsg. unter der Gesamtverantwortlichkeit von JOHANNA HEY, MICHAEL WENDT und MARTIN KLEIN, bearb. von SEBASTIAN ADAM u.a., Köln, Stand: Oktober 2024.

HEY, JOHANNA (Steuerschuldrecht 2024): 2. Teil: Besonderes Steuerschuldrecht, Kapitel 7: Einführung in das besondere Steuerschuldrecht, Rn. 7.1–7.92, in: Tipke/Lang Steuerrecht, begr. von KLAUS TIPKE, fortgef. von ROMAN SEER u.a., bearb. von JOACHIM ENGLISCH u.a., 25. Aufl., Köln 2024, S. 311–343.

HEY, JOHANNA (Unternehmensbesteuerung 2024): Internationale Unternehmensbesteuerung – Expertenkommission tritt für Kurswechsel ein, DB 2024, Heft 43, S. M6–M7.

HEY, JOHANNA/BAUERSFELD, HEIDE (Besteuerung 2005): Die Besteuerung der Personen(handels)gesellschaften in den Mitgliedstaaten der Europäischen Union, der Schweiz und den USA, IStR 2005, S. 649–657.

HICK, CHRISTIAN (Kommentierung § 4i EStG 2024): § 4i EStG, in: Herrmann/Heuer/Raupach Einkommensteuer- und Körperschaftsteuergesetz – Kommentar, begr. von ALFONS MROZEK und ALBERT KENNERKNECHT, fortgef. von CARL HERRMANN, GERHARD HEUER und ARNDT RAUPACH, hrsg. unter der Gesamtverantwortlichkeit von JOHANNA HEY, MICHAEL WENDT und MARTIN KLEIN, bearb. von SEBASTIAN ADAM u.a., Köln, Stand: Oktober 2024.

HOTTMANN, JÜRGEN (Personengesellschaft 2017): B. Laufende Besteuerung der Personengesellschaft, 1 Einkommensteuer, 1.1 Die einkommensteuerliche Stellung der Personengesellschaft und ihrer Gesellschafter, in: Die Personengesellschaft im Steuerrecht, bearb. von REIMAR ZIMMERMANN u.a., 12. Aufl., Achim 2017, S. 107–432.

HRUSCHKA, FRANZ (AOA 2013): Sondervergütungen und der AOA i. d. F. des AHiRlUmsG – Das Verhältnis von § 1 AStG zu § 50d Abs. 10 EStG, IStR 2013, S. 830–833.

HRUSCHKA, FRANZ (BMF-Schreiben 2014): Das neue BMF-Schreiben zur Anwendung von DBA auf Personengesellschaften, IStR 2014, S. 785–792.

HRUSCHKA, FRANZ (Personengesellschaften 2014): Das neue BMF-Schreiben zur Anwendung von DBA auf Personengesellschaften, DStR 2014, S. 2421–2427.

HRUSCHKA, FRANZ (Zuordnung 2016): Die Zuordnung von Beteiligungen zu Betriebsstätten von Personengesellschaften, IStR 2016, S. 437–443.

HRUSCHKA, FRANZ (Kommentierung Art. 5 OECD-MA 2019): Art. 5 OECD-MA (2014), in: Schönfeld/Ditz Doppelbesteuerungsabkommen – Kommentar, hrsg. von JENS SCHÖNFELD und XAVER DITZ, bearb. von CHRISTIANE BOURSEAUX u.a., 2. Aufl., Köln 2019, S. 271–348.

HRUSCHKA, FRANZ/LÜDEMANN, PETER (Veranlassungsprinzip 2005): Das Veranlassungsprinzip als Maßstab zur innerstaatlichen Betriebsstättengewinnermittlung, IStR 2005, S. 76–84.

ISMER, ROLAND (Kommentierung Art. 23 OECD-MA 2021): Art. 23A, Art. 23B OECD-MA, in: Vogel/Lehner Doppelbesteuerungsabkommen der Bundesrepublik Deutschland auf dem Gebiet der Steuern vom Einkommen und Vermögen – Kommentar auf der Grundlage der Musterabkommen, begr. von KLAUS VOGEL, fortgef. von MORIS LEHNER, hrsg. von ROLAND ISMER, bearb. von MICHAEL BLANK u.a., 7. Aufl., München 2021, S. 2091–2274.

ISMER, ROLAND (Einführung 2024): Einführung zum EStG, Teil G: Internationales Steuerrecht, Rn. 1000–1063, in: Herrmann/Heuer/Raupach Einkommensteuer- und Körperschaftsteuergesetz – Kommentar, begr. von ALFONS MROZEK und ALBERT KENNERKNECHT, fortgef. von CARL HERRMANN, GERHARD HEUER und ARNDT RAUPACH, hrsg. unter der Gesamtverantwortlichkeit von JOHANNA HEY, MICHAEL WENDT und MARTIN KLEIN, bearb. von SEBASTIAN ADAM u.a., Köln, Stand: Oktober 2024.

ISMER, ROLAND/KOST, SEBASTIAN (Sondervergütungen 2007): Sondervergütungen unter dem DBA-USA – Zugleich Anm. zum Urteil des FG Baden-Württemberg, EFG 2006, 677 (nrkr.), IStR 2007, S. 120–124.

ISMER, ROLAND/PIOTROWSKI, SOPHIA (Kommentierung Art. 25 OECD-MA 2021): Art. 25 OECD-MA, in: Vogel/Lehner Doppelbesteuerungsabkommen der Bundesrepublik Deutschland auf dem Gebiet der Steuern vom Einkommen und Vermögen – Kommentar auf der Grundlage der Musterabkommen, begr. von KLAUS VOGEL, fortgef. von MORIS LEHNER, hrsg. von ROLAND ISMER, bearb. von MICHAEL BLANK u.a., 7. Aufl., München 2021, S. 2368–2503.

JACHMANN-MICHEL, MONIKA (Kommentierung § 43 EStG 2024): § 43 EStG, in: Brandis/Heuermann Ertragsteuerrecht – Kommentar, hrsg. von BERND HEUERMANN und PETER BRANDIS, bearb. von SINA BALDAUF u.a., München, Stand: September 2024.

JACOBS, DIETRICH (Besteuerung 2011): Internationale Besteuerung von mittelständischen Unternehmen in der Rechtsform von Personengesellschaften – Besteuerungsprobleme und Auswirkungen auf die betriebliche Standortwahl, in der Reihe: Steuer, Wirtschaft und Recht, Bd. 314, hrsg. von JOHANNES G. BISCHOFF u.a., Diss., Lohmar/Köln 2011.

JACOBS, OTTO H./SCHEFFLER, WOLFRAM/SPENGEL, CHRISTOPH (Unternehmensbesteuerung 2015): Unternehmensbesteuerung und Rechtsform – Handbuch zur Besteuerung deutscher Unternehmen, hrsg. von OTTO H. JACOBS, WOLFRAM SCHEFFLER und CHRISTOPH SPENGEL, bearb. von OTTO H. JACOBS, WOLFRAM SCHEFFLER und CHRISTOPH SPENGEL, 5. Aufl., München 2015.

JANKOWIAK, INGO (Doppelte Nichtbesteuerung 2009): Doppelte Nichtbesteuerung im Internationalen Steuerrecht, in der Reihe: Steuerwissenschaftliche Schriften, Bd. 17, hrsg. von EKKEHART REIMER und CHRISTIAN WALDHOFF, Diss., Baden-Baden 2009.

JANSEN, THOMAS/MAMMEN, ANDREAS (EU-DBA-SBG 2020): Kritische Analyse des EU-Doppelbesteuerungsabkommen-Streitbeilegungsgesetzes, DStR 2020, S. 465–475.

JEHL-MAGNUS, MELANIE (Änderungen 2017): Änderungen im Internationalen Steuerrecht durch das Anti-BEPS-Umsetzungsgesetz I – Kritische Analyse ausgewählter Maßnahmen, NWB 2017, S. 179–189.

JUNKERS, LARS (Sonderbetriebsvermögen 2019): Zur Zuordnung von Sonderbetriebsvermögen und Anwendung der vollständigen Selbständigkeitsfiktion (AOA) der inländischen Betriebsstätte eines ausländischen Gesellschafters, IStR 2019, S. 364–371.

KÄBISCH, VOLKER/STRUNK, GÜNTHER (Kommentierung Art. 12 OECD-MA 2024): Art. 12 OECD-MA, in: Strunk/Kaminski/Köhler Außensteuergesetz, Doppelbesteuerungsabkommen – Kommentar, hrsg. von GÜNTHER STRUNK, BERT KAMINSKI und STEFAN KÖHLER, bearb. von DANIEL BLÖCHLE u.a., Bonn, Stand: August 2024.

KAESER, CHRISTIAN (Kommentierung Art. 5 OECD-MA 2024): Art. 5 OECD-MA, Rn. 3–10, in: Wassermeyer Doppelbesteuerung – Kommentar zu allen deutschen Doppelbesteuerungsabkommen, hrsg. von CHRISTIAN KAESER, MICHAEL SCHWENKE und KLAUS-DIETER DRÜEN, bearb. von JOCHEN BAHNS u.a., München, Stand: Juli 2024.

KAHLE, HOLGER (Steuergestaltung 2005): Steuergestaltung bei international tätigen Personengesellschaften, StuW 2005, S. 61–70.

KAHLE, HOLGER (Entwicklungen 2007): Aktuelle Entwicklungen der Ertragsbesteuerung ausländischer Betriebsstätten, IStR 2007, S. 757–764.

KAHLE, HOLGER (Gleichstellungsthese 2018): Steuerliche Gewinnermittlung bei Personengesellschaften: Gleichstellungsthese in der Diskussion, BB 2018, S. 747–751.

KAHLE, HOLGER/BEINERT, STEFANIE/HEINRICHS, SEBASTIAN (Freistellungsmethode 2017): § 50 d Abs. 9 EStG nach den Änderungen durch das BEPS 1-Gesetz: Die Erosion der Freistellungsmethode schreitet voran (Teil I), Ubg 2017, S. 181–187.

KAHLE, HOLGER/BRAUN, JULIA (Sonderbetriebsausgaben 2018): Zur Beschränkung des Abzugs von Sonderbetriebsausgaben nach § 4i EStG, DStZ 2018, S. 381–391.

KAHLE, HOLGER/HILLER, MATTHIAS (Rechnungslegung 2020): § 6 Steuerrechtliche Rechnungslegung, in: Beck'sches Handbuch der Personengesellschaften, hrsg. von ULRICH PRINZ und HOLGER KAHLE, bearb. von ROMAN BÄRWALDT u.a., 5. Aufl., München 2020, S. 349–396.

KAHLE, HOLGER/KINDICH, AARON (Betriebsstätten 2019): Kapitel 4: Erfolgs- und Vermögensabgrenzung bei Betriebsstätten, in: Brennpunkte der Besteuerung von Betriebsstätten, hrsg. von THOMAS LÜBBEHÜSEN und HOLGER KAHLE, bearb. von NINA SCHÜTTE u.a., 2. Aufl., Herne 2019, S. 323–522.

KAHLENBERG, CHRISTIAN (Regelungsempfehlungen 2015): Neue Beschränkungen des Zinsabzugs: Regelungsempfehlungen gegen doppelte Nichtbesteuerungs- und Double-Dip-Strukturen, ISR 2015, S. 91–97.

KAHLENBERG, CHRISTIAN/HAGEMANN, TOBIAS (Sonderbetriebsvermögen 2014): Ausgewählte Fragestellungen um die Zuordnung von Sonderbetriebsvermögen im Abkommensrecht – Zugleich Anmerkung zum BFH-Urteil vom 12.6.2013 – I R 47/12, BB 2014, S. 215–219.

KAHLENBERG, CHRISTIAN/OPPEL, FLORIAN (ATAD 2017): ATAD: Erweiterung um Regeln gegen Hybrid Mismatches mit Drittstaaten – Ein bunter Strauß an Korrespondenzregeln gegen hybride Gestaltungsinstrumente, NWB 2017, S. 1732–1739.

KAHLENBERG, CHRISTIAN/REIN, REBEKKA (Anmerkung 2020): Anmerkung zu FG Düsseldorf, Urteil vom 08.10.2019, 13 K 1695/19 F, ISR 2020, S. 159–162.

KAHLENBERG, CHRISTIAN/SCHADE, FILIP (Systematisierungsunterfangen 2018): Wirrwarr von bi- und unilateralen Vorbehaltsklauseln zur Beseitigung von Nicht- bzw. Minderbesteuerung – Ein Systematisierungsunterfangen, IStR 2018, S. 218–224.

KAMINSKIY, VITALIY (Besteuerungsinkongruenzen 2020): Korrespondenzregelungen zur Neutralisierung von Besteuerungsinkongruenzen aufgrund hybrider Gestaltungen, in der Reihe: Steuerwissenschaftliche Schriften, Bd. 71, hrsg. von LARS P. FELD, EKKEHART REIMER und CHRISTIAN WALDHOFF, Diss., Baden-Baden 2020.

KANZLER, HANS-JOACHIM (Abzugsverbot 2017): Das neue Abzugsverbot des § 4i EStG für Sonderbetriebsausgaben – A Farewell to Double-Dip, NWB 2017, S. 326–330.

KANZLER, HANS-JOACHIM (Kommentierung § 4i EStG 2024): § 4i EStG, in: Einkommensteuergesetz Kommentar Online, hrsg. von HANS-JOACHIM KANZLER u.a., bearb. von CHRISTIAN BERND ANEMÜLLER u.a., 9. Aufl., Herne 2024, Stand der Onlineversion: November 2024.

KAPPE, KLAUS (US-Personengesellschaften 1987): Besteuerung von Gewinnanteilen aus US-Personengesellschaften und Zinsen aus Gesellschafterdarlehen nach dem DBA-USA, DStR 1987, S. 479–482.

KARLA, BENEDIKT (Gesetzesauslegung 2012): Möglichkeiten der Gesetzesauslegung am Beispiel des BFH-Urteils vom 8. 9. 2010 (I R 74/09), IStR 2012, S. 52–57.

KÄSHAMMER, DANIEL/GASSER, MARCO/BELLGARDT, MORITZ (Double-Dip 2018): § 4i EStG: Das Ende des Double-Dip? – Anwendbarkeit in bestehenden Strukturen und Lösungsmöglichkeiten, ISR 2018, S. 115–125.

KEMPERMANN, MICHAEL (Ansässigkeit 1982): Die Bestimmung des „Arbeitgebers“ und seiner Ansässigkeit in den „183-Tage-Klauseln“ der Doppelbesteuerungsabkommen, DStZ 1982, S. 143–145.

KEMPERMANN, MICHAEL (Sonderbetriebsvermögen 1997): Grenzen des Sonderbetriebsvermögens, in: Unternehmen, Steuern – Festschrift für Hans Flick zum 70. Geburtstag, hrsg. von FRANZ KLEIN, HANS PETER STIHL und FRANZ WASSERMEYER, bearb. von BERND BEICHELT u.a., Köln 1997, S. 445–456.

KEMPERMANN, MICHAEL (Sondervergütungen 2015): 1. Teil: Grundlagen, Kapitel 2: Steuerrechtliche Grundfragen zu Personengesellschaften im internationalen Steuerrecht, Abschnitt J: Probleme der Sondervergütungen und des Sonderbetriebsvermögens, in: Personengesellschaften im Internationalen Steuerrecht, hrsg. von FRANZ WASSERMEYER, STEFAN RICHTER und HELDER SCHNITTKER, bearb. von STEFAN BEHRENS u.a., 2. Aufl., Köln 2015, S. 119–136.

KEMPERMANN, MICHAEL (Kommentierung Art. 15 DBA-Schweiz 2024): Art. 15 DBA-Schweiz, in: Flick/Wassermeyer/Kempermann Doppelbesteuerungsabkommen Deutschland-Schweiz, Steuern vom Einkommen und Vermögen, Nachlass- und Erbschaftsteuern – Kommentar, hrsg. von FRANZ WASSERMEYER u.a., bearb. von SVEN-ERIC BÄRSCH u.a., Köln, Stand: Oktober 2024.

KEMPERMANN, MICHAEL (Kommentierung Art. 21 DBA-Schweiz 2024): Art. 21 DBA-Schweiz, in: Flick/Wassermeyer/Kempermann Doppelbesteuerungsabkommen Deutschland-Schweiz, Steuern vom Einkommen und Vermögen, Nachlass- und Erbschaftsteuern – Kommentar, hrsg. von FRANZ WASSERMEYER u.a., bearb. von SVEN-ERIC BÄRSCH u.a., Köln, Stand: Oktober 2024.

KERSSENBROCK, OTTO-FERDINAND (Bilanzierungskonkurrenz 2000): Bilanzierungskonkurrenz: Sonderbetriebsvermögen infolge formwechselnder Umwandlung?, BB 2000, S. 763–770.

KERSSENBROCK, OTTO-FERDINAND (Qualifikationskonflikte 2000): Nutzung von Qualifikationskonflikten bei der Zurechnung von Wirtschaftsgütern und Schulden – unter besonderer Berücksichtigung von Leasing- und Finanzierungsgestaltungen, in: Zurechnung von Wirtschaftsgütern im Internationalen Steuerrecht, hrsg. JÜRGEN LÜDICKE, bearb. von OTTO-FERDINAND GRAF KERSSENBROCK u.a., in der Reihe: Forum der Internationalen Besteuerung, Bd. 19, Köln 2000, S. 149–170.

KERSSENBROCK, OTTO-FERDINAND/WAGNER, MARIO (Kommentierung Art. 6 OECD-MA 2024): Art. 6 OECD-MA, in: Strunk/Kaminski/Köhler Außensteuergesetz, Doppelbesteuerungsabkommen – Kommentar, hrsg. von GÜNTHER STRUNK, BERT KAMINSKI und STEFAN KÖHLER, bearb. von DANIEL BLÖCHLE u.a., Bonn, Stand: August 2024.

KEUK, BRIGITTE (Sondervergütungen 1974): Die Besteuerung des Gewinns der Personengesellschaft und der Sondervergütungen der Gesellschaft, StuW 1974, S. 1–49.

KIRCHER, MARKUS/PFEIFFER, ROLAND/BOCH, CAROLIN (Besteuerungsstreitigkeiten 2019): Das EU-Doppelbesteuerungsabkommen-Streitbeilegungsgesetz – Umsetzung der EU-Richtlinie über Verfahren zur Beilegung von Besteuerungsstreitigkeiten, IWB 2019, S. 526–532.

KLEINEIDAM, HANS-JOCHEN (Steuerentstrickung 2000): Zur veranlassungsorientierten Steuerentstrickung bei grenzüberschreitenden Vorgängen im Unternehmensbereich, IStR 2000, S. 577–580.

KLOSTER, FLORIAN/LICHT, DANIEL/ENGEL, PHILIPP (Unternehmensbesteuerung 2022): Deutsche Unternehmensbesteuerung im Stillstand – Verpasste Chancen, offene Potenziale und internationale Einflussfaktoren, in: Anwendungsorientierte steuerliche Betriebswirtschaftslehre – Rechnungswesen, Steuerarten, Unternehmensstruktur – Festschrift zum 65. Geburtstag von Heinz Kußmaul, hrsg. von LUTZ RICHTER, STEPHAN MEYERING und KARINA SOPP, bearb. von MICHAEL ANTON u.a., Berlin 2022, S. 731–750.

KLUGE, VOLKER (Internationales Steuerrecht 2000): Das Internationale Steuerrecht – Gemeinschaftsrecht, Außensteuerrecht, Abkommensrecht, 4. Aufl., München 2000.

KLUMPP, PETER (Personengesellschaften 2024): A. Die Stellung der Personengesellschaften im Steuerrecht, B. Die Personengesellschaft als Subjekt der Einkunftserzielung, I. Überblick, II. Die gewerblich tätige Personengesellschaft, in: Personengesellschaften im Steuerrecht, begr. von JOACHIM LANGE, fortgef. von ANDREA BILITEWSKI u.a., bearb. von DANIEL AUER u.a., 12. Aufl., Herne 2024, S. 1–76.

KNOBBE-KEUK, BRIGITTE (Unternehmenssteuerrecht 1993): Bilanz- und Unternehmenssteuerrecht, 9. Aufl., Köln 1993.

KNOBBE-KEUK, BRIGITTE (Besteuerung 2008): Die Besteuerung des Gewinns der Personengesellschaft und der Sondervergütungen einer Gesellschaft, in: Steuerrecht an der Universität Bonn, hrsg. von RAINER HÜTTEMANN und CHRISTIAN WALDHOFF, bearb. von WERNER FLUME u.a., in: Bonner Schriften zum Steuer-, Finanz- und Unternehmensrecht, Bd. 1, hrsg. von RAINER HÜTTEMANN, CHRISTIAN WALDHOFF und PETER FISCHER, Berlin 2008, S. 241–352.

KOENIG, ULRICH (Kommentierung § 12 AO 2024): § 12 AO, in: Abgabenordnung – Kommentar, hrsg. von ULRICH KOENIG, bearb. von THILO CÖSTER u.a., 5. Aufl., München 2024, S. 113–124.

KÖHLER, FRANZ (Betriebsstättenprinzip 1991): Das Betriebsstättenprinzip im Recht der deutschen Doppelbesteuerungsabkommen bei Mitunternehmerschaftsgebilden – Zugleich eine kritische Anmerkung zum BFH-Urteil vom 27. 2. 1991 – I R 15/89, RIW 1991, S. 1024–1038.

KOLLRUSS, THOMAS (Sondervergütungen 2014): Zur beschränkten Steuerpflicht und Wirkkraft des § 50d Abs. 10 EStG bei grenzüberschreitenden Sondervergütungen (§ 50d Abs. 10 EStG), FR 2014, S. 588–598.

KOLLRUSS, THOMAS (Sondervergütungskonzept 2015): Analyse des deutschen Sondervergütungskonzepts bei der internationalen Personengesellschaftsbesteuerung, FR 2015, S. 351–359.

KOLLRUSS, THOMAS (Trugschluss 2017): Vom Trugschluss der betriebsstättenlosen Unternehmensgewinne – Gegenerwiderung zu *Hagemann*, StuW 2017, 89 ff. und StuW 2016, 172 ff., StuW 2017, S. 200–206.

KOLLRUSS, THOMAS (Unternehmensgewinne 2017): Betriebsstättenlose Unternehmensgewinne im DBA-Recht?, StuW 2017, S. 82–88.

KOLLRUSS, THOMAS (Sondervergütungskonzept 2018): Doppelte Nichtbesteuerung und deutsches Sondervergütungskonzept (§ 50d Abs. 10 EStG), IStR 2018, S. 102–109.

KOLLRUSS, THOMAS (Gewerbesteuer 2022): (Nicht-)Anrechnung ausländischer Steuern auf die Gewerbesteuer?, IStR 2022, S. 384–388.

KOWALLIK, ANDREAS (Investitionsstrukturen 2011): Teil 4: Internationale Steuerplanung bei wirtschaftlichen Aktivitäten von Steuerausländern im Inland, 7. Thema: Typische Investitionsstrukturen für Direktinvestitionen von US-Unternehmen in Europa, in: Handbuch der internationalen Steuerplanung, hrsg. von SIEGFRIED GROTHERR, bearb. von STEPHAN ABELE u.a., 3. Aufl., Herne 2011, S. 1241–1257.

KRABBE, HELMUT (Doppelbesteuerungsabkommen 1998): Steuerliche Behandlung der Personengesellschaften nach den Doppelbesteuerungsabkommen, IWB 1998, S. 111–130.

KRABBE, HELMUT (Betriebsstätten-Verwaltungsgrundsätze 2000): Betriebsstätten-Verwaltungsgrundsätze und Personengesellschaften, IWB 2000, S. 169–176.

KRABBE, HELMUT (Personengesellschaft 2001): Die Personengesellschaft im Internationalen Steuerrecht, in: Steuerberater-Jahrbuch 2000/2001 – zugleich Bericht über den 52. Fachkongreß der Steuerberater, Köln, 17. und 18. Oktober 2000, hrsg. von NORBERT HERZIG, MANFRED GÜNKEL und URSULA NIEMANN, Köln 2001, S. 183–203.

KRABBE, HELMUT (Sondervergütungen 2001): Abkommensrechtliche Behandlung von Sondervergütungen – Eine Replik, FR 2001, S. 129–131.

KRABBE, HELMUT (Verständigungsverfahren 2002): Verständigungsverfahren bei Doppelbesteuerung, DSWR 2002, S. 14–16.

KRAFT, CORNELIA/HOHAGE, UWE (Sonderbetriebsausgaben 2019): Abzugsverbot für Sonderbetriebsausgaben nach § 14 Abs. 1 Satz 1 Nr. 5 KStG oder § 4i EStG in Abhängigkeit vom ausländischen Gruppenbesteuerungsregime, Ubg 2019, S. 305–315.

KRAFT, GERHARD (Kommentierung § 1 AStG 2019): § 1 AStG, in: Kraft Außensteuergesetz – Kommentar, hrsg. von GERHARD KRAFT, bearb. von GEORG S. EDELMANN u.a., 2. Aufl., München 2019, S. 3–198.

KRAFT, GERHARD (Kommentierung § 2 AStG 2019): § 2 AStG, in: Kraft Außensteuergesetz – Kommentar, hrsg. von GERHARD KRAFT, bearb. von GEORG S. EDELMANN u.a., 2. Aufl., München 2019, S. 199–233.

KRAFT, GERHARD (Kommentierung § 49 EStG 2024): § 49 EStG, in: Einkommensteuergesetz Kommentar Online, hrsg. von HANS-JOACHIM KANZLER u.a., bearb. von CHRISTIAN BERND ANEMÜLLER u.a., 9. Aufl., Herne 2024, Stand der Onlineversion: November 2024.

KRAMER, JÖRG-DIETRICH (Relevanz 2004): Die Frage nach der Relevanz einer Betriebsstätte im Wohnsitzstaat für die Besteuerung im Quellenstaat, IStR 2004, S. 672–675.

KRAMER, JÖRG-DIETRICH (Darlehen 2010): Nochmal: Das Darlehen des ausländischen Mitunternehmers an seine deutsche Personengesellschaft und § 50d Abs. 10 EStG, IStR 2010, S. 239–241.

KRAMER, JÖRG-DIETRICH (floating income 2011): „Betriebsstättenlose" Einkünfte aus Gewerbebetrieb – „betriebsstättenlose" Wirtschaftsgüter des Betriebsvermögens, DB 2011, S. 1882–1888.

KRAMER, JÖRG-DIETRICH (Sondervergütungen 2011): An einen ausländischen Mitunternehmer von einer inländischen Personengesellschaft gezahlte Sondervergütungen, BB 2011, S. 2467–2468.

KRAMER, JÖRG-DIETRICH (Steuerpflicht 2014): Grenzüberschreitende Sondervergütungen und beschränkte Steuerpflicht, IStR 2014, S. 21–24.

KRAMER, JÖRG-DIETRICH (Ungereimtheiten 2016): Ungereimtheiten im Zusammenhang mit Geschäftsleitungsbetriebsstätten und häuslichen Arbeitszimmern, IStR 2016, S. 499–502.

KRAMER, JÖRG-DIETRICH (floating income 2017): Hat der BFH seine „no floating income"-These aufgegeben? – Bemerkungen zu BFH, Urt. v. 8.9.2016 – III R 62/11, BStBl. II 2017, 163, DStRE 2017, 199, IStR 2017, S. 782–785.

KRAMER, JÖRG-DIETRICH (Fehlleistungen 2019): Von einigen Fehlleistungen des BFH, IStR 2019, S. 96–100.

KRUMM, MARCEL (Kommentierung § 15 EStG 2024): § 15 EStG, in: Kirchhof/Seer Einkommensteuergesetz – Kommentar, hrsg. von PAUL KIRCHHOF und ROMAN SEER, bearb. von CHRISTINA AVVENTO u.a., 23. Aufl., Köln 2024, S. 1268–1420.

KRUSE, HEINRICH WILHELM (Personengesellschaften 1979): Gewinnanteil und Sondervergütungen der Gesellschafter von Personengesellschaften de lege lata und de lege ferenda (Zweitreferat), in: Die Grundprobleme der Personengesellschaft im Steuerrecht – Zur Behandlung von Sondervergütungen, Sonderbetriebsvermögen, Steuervergünstigungen und Abschreibungsgesellschaften mit einem rechtsvergleichenden Teil, hrsg. von HEINRICH WILHELM KRUSE, bearb. von ARNO BORDEWIN u.a., Köln 1979, S. 37–66.

KUBAILE, HEIKO (Kommentierung Art. 25 DBA-Schweiz 2024): Art. 25 DBA-Schweiz, in: Flick/Wassermeyer/Kempermann Doppelbesteuerungsabkommen Deutschland-Schweiz, Steuern vom Einkommen und Vermögen, Nachlass- und Erbschaftsteuern – Kommentar, hrsg. von FRANZ WASSERMEYER u.a., bearb. von SVEN-ERIC BÄRSCH u.a., Köln, Stand: Oktober 2024.

KUDERT, STEPHAN/KAHLENBERG, CHRISTIAN (Mitunternehmerschaften 2013): Die Neufassung des § 50d Abs. 10 EStG – Die Besteuerung grenzüberschreitender Mitunternehmerschaften geht in die nächste Runde, IStR 2013, S. 801–810.

KUDERT, STEPHAN/KAHLENBERG, CHRISTIAN (Entstrickungsauslöser 2015): § 50d Abs. 10 EStG als „Entstrickungsauslöser"?, IStR 2015, S. 918–921.

KUDERT, STEPHAN/KAHLENBERG, CHRISTIAN (Reformierung 2017): Bekämpfung von Besteuerungslücken auf Kosten der Rechtssicherheit – Aufruf an den Gesetzgeber zur Reformierung des § 4i EStG, StuW 2017, S. 344–360.

KUDERT, STEPHAN/KAHLENBERG, CHRISTIAN (Sonderbetriebsausgaben 2017): Abzugsverbot für Sonderbetriebsausgaben – die Wirkungsweise des neuen § 4i EStG, PIStB 2017, S. 44–52.

KUMPF, WOLFGANG (Betriebsstätten 1982): Besteuerung inländischer Betriebsstätten von Steuerausländern, in: Praxis des Internationalen Steuerrechts, Bd. 2, hrsg. von ARNDT RAUPACH, Köln 1982.

KURTH, HANS (Bilanzbündeltheorie 1978): Irrwege zur Bilanzbündeltheorie – Wege zur Beitragstheorie?, StuW 1978, S. 1–22.

KUßMAUL, HEINZ (Steuerlehre 1995): Die Betriebswirtschaftliche Steuerlehre als steuerliche Betriebswirtschaftslehre?, StuW 1995, S. 3–14.

KUßMAUL, HEINZ (Wegbereiter 2011): Günter Wöhe – Wegbereiter der Betriebswirtschaftlichen Steuerlehre, in: Akademische Gedenkfeier für Universitätsprofessor Dr. Dr. h.c. mult. Günter Wöhe, hrsg. vom Universitätspräsidenten der Universität des Saarlandes, Saarbrücken 2011, S. 27–35.

KUßMAUL, HEINZ (Steuerlehre 2020): Betriebswirtschaftliche Steuerlehre, 8. Aufl., Berlin/Boston 2020.

KUßMAUL, HEINZ (Steuern 2023): Steuern – Einführung in die Betriebswirtschaftliche Steuerlehre, 5. Aufl., Berlin/Boston 2023.

KUßMAUL, HEINZ/BERENS, BELA (Doppelbesteuerung 2016): Doppelbesteuerung im internationalen Steuerrecht – Methoden und Maßnahmen zur Vermeidung von Doppelbesteuerung, StB 2016, S. 136–142.

KUßMAUL, HEINZ/DELARBER, CHRISTIAN/MÜLLER, FLORIAN (Betriebsstättengewinnaufteilungsverordnung 2014): Betriebsstättengewinnaufteilungsverordnung-Entwurf – Ein allgemeiner Überblick, IStR 2014, S. 466–473.

KUßMAUL, HEINZ/MÜLLER, FLORIAN/BERENS, BELA (Besteuerungsinkongruenzen 2020): Verschärfung des Betriebsausgabenabzugs bei sog. Besteuerungsinkongruenzen – Entwurf eines § 4k EStG i.R.d. ATADUmsG, ISR 2020, S. 399–412.

KUßMAUL, HEINZ/RUINER, CHRISTOPH/SCHAPPE, CHRISTIAN (Zinsschranke 2008): Problemfelder bei der Anwendung der Zinsschranke auf Personengesellschaften, DStR 2008, S. 904–910.

KUßMAUL, HEINZ/SCHÄFER, RENÉ/ENGEL, PHILIPP (Inbound-Fall 2020): Mitunternehmerschaften im Internationalen Steuerrecht – Die Zuordnung von Kapitalgesellschaftsanteilen im Inbound-Fall, IWB 2020, S. 876–886.

KUßMAUL, HEINZ/SCHÄFER, RENÉ/ENGEL, PHILIPP (Zuzugssperre 2020): Unterjähriger Zuzug und der Trust als Mitunternehmer – Zuzugssperre des § 15 AStG at its best?, IWB 2020, S. 646–654.

KUßMAUL, HEINZ/SCHÄFER, RENÉ/ENGEL, PHILIPP (Rechtsnormen 2021): Das Abzugsverbot für Sonderbetriebsausgaben nach § 4i EStG – Teil 2: Verhältnis zu anderen Rechtsnormen –, StB 2021, S. 81–85.

KUßMAUL, HEINZ/SCHÄFER, RENÉ/ENGEL, PHILIPP (Sonderbetriebsausgaben 2021): Das Abzugsverbot für Sonderbetriebsausgaben nach § 4i EStG – Teil 1: Grundlegende Darstellung der Norm –, StB 2021, S. 41–45.

KUßMAUL, HEINZ/SCHÄFER, RENÉ/PALM, TIM/ENGEL, PHILIPP (Auslegung 2019): Auslegung im Abkommensrecht am Beispiel unselbständig tätiger Sportler – Zeigt Art. 13b DBA-Frankreich der Grenzgängerregelung die Rote Karte?, BB 2019, S. 670–676.

LAMPERT, STEFFEN (Kommentierung § 2 AStG 2024): § 2 AStG, in: Brandis/Heuermann Ertragsteuerrecht – Kommentar, hrsg. von BERND HEUERMANN und PETER BRANDIS, bearb. von SINA BALDAUF u.a., München, Stand: September 2024.

LAMPERT, STEFFEN (Kommentierung § 50d EStG 2024): § 50d EStG, in: Beck'scher Online-Kommentar Einkommensteuergesetz, hrsg. von GREGOR KIRCHHOF, EGMONT KULOSA und ECKART RATSCHOW, bearb. von GERRIT ADRIAN u.a., München, Stand: Juli 2024.

LAMPERT, STEFFEN/MÖSSNER, JÖRG MANFRED (Staatsverträge 2023): 1. Teil: Grundlagen, Kapitel 2: Doppelbesteuerung und deren Beseitigung, E. Beseitigung der Doppelbesteuerung durch Staatsverträge, in: Steuerrecht international tätiger Unternehmen, hrsg. von JÖRG MANFRED MÖSSNER u.a., bearb. von JÖRG MANFRED MÖSSNER u.a., 6. Aufl., Köln 2023, S. 285–316.

LANG, FRIEDBERT (Kommentierung § 8 KStG 2024): § 8 Abs. 3 KStG, Teil C, in: Dötsch/Pung/Möhlenbrock Die Körperschaftsteuer – Kommentar zum KStG und UmwStG, hrsg. von EWALD DÖTSCH, ALEXANDRA PUNG und ROLF MÖHLENBROCK, bearb. von MATTHIAS ALBER u.a., Stuttgart, Stand: September 2024.

LANG, MICHAEL (Finanzierungen 1991): Hybride Finanzierungen im Internationalen Steuerrecht – Rechtsgrundlagen der Doppelbesteuerungsabkommen zur Beurteilung von Mischformen zwischen Eigen- und Fremdkapital, in: Schriften zum österreichischen Abgabenrecht, Bd. 30, hrsg. von GEROLD STOLL, Wien 1991.

LANG, MICHAEL (Personengesellschaften 1999): Die abkommensrechtliche Behandlung von ausländischen Personengesellschaften mit Steuersubjektivität im Ausland, in: Unternehmenspolitik und Internationale Besteuerung – Festschrift für Lutz Fischer zum 60. Geburtstag, hrsg. von HANS-JOCHEN KLEINEIDAM, bearb. von WILFRIED DANN u.a., Berlin 1999, S. 713–730.

LANG, MICHAEL (Partnerships 2000): The Application of the OECD Model Tax Convention to Partnerships – A Critical Analysis of the Report Prepared by the OECD Committee on Fiscal Affairs, in: Schriftenreihe zum Internationalen Steuerrecht, Bd. 11, hrsg. von MICHAEL LANG, Wien 2000.

LANG, MICHAEL (DBA-Auslegungsmaxime 2002): Die Vermeidung der Doppelbesteuerung und der doppelten Nichtbesteuerung als DBA-Auslegungsmaxime?, IStR 2002, S. 609–613.

LANG, MICHAEL (Abkommensauslegung 2007): DBA und Personengesellschaften – Grundfragen der Abkommensauslegung, IStR 2007, S. 606–609.

LANG, MICHAEL (Gewerbesteuer 2021): Die Anrechnung ausländischer Steuern auf die Gewerbesteuer, IStR 2021, S. 584–589.

LARENZ, KARL (Methodenlehre 1991): Methodenlehre der Rechtswissenschaft, 6. Aufl., Berlin u.a. 1991.

LAUTEN, CLAUDIA (Streitbeilegung 2024): 5. Teil: Internationale Streitbeilegung und Streitvermeidung, Kapitel 23: EU-Doppelbesteuerungs-Streitbeilegungsgesetz, in: Verrechnungspreise – Betriebswirtschaft, Steuerrecht, hrsg. von ALEXANDER VÖGELE, THOMAS BORSTELL und SUSANN VAN DER HAM, bearb. von JAN BECKER u.a., 6. Aufl., München 2024, S. 1269–1287.

LEHNER, MORIS (Treaty Override 2012): Treaty Override im Anwendungsbereich des § 50d EStG, IStR 2012, S. 389–404.

LEHNER, MORIS (Grundlagen 2021): Grundlagen des Abkommensrechts, in: Vogel/Lehner Doppelbesteuerungsabkommen der Bundesrepublik Deutschland auf dem Gebiet der Steuern vom Einkommen und Vermögen – Kommentar auf der Grundlage der Musterabkommen, begr. von KLAUS VOGEL, fortgef. von MORIS LEHNER, hrsg. von ROLAND ISMER, bearb. von MICHAEL BLANK u.a., 7. Aufl., München 2021, S. 115–314.

LEHNER, MORIS/REIMER, EKKEHART (Verteilungsprinzipien 2005): Generalthema I: Quelle versus Ansässigkeit – Wie sind die grundlegenden Verteilungsprinzipien des Internationalen Steuerrechts austariert?, IStR 2005, S. 542–551.

LEIBOHM, THOMAS (Besteuerung 2020): § 6 Laufende Besteuerung der Gesellschaft und ihrer Gesellschafter, Abschnitt D: Die GmbH & Co. KG im internationalen Steuerrecht, in: Hesselmann, Tillmann, Mueller-Thuns – Handbuch GmbH & Co. KG, hrsg. von THOMAS MUELLER-THUNS, bearb. von RALF DREMEL u.a., 22. Aufl., Köln 2020, S. 717–732.

LEMAITRE, CLAUS/LÜDEMANN, LARS (Personengesellschaften 2015): 2. Teil: Steuerliche Behandlung typischer Personengesellschaften, Kapitel 5: Vermögensverwaltende Personengesellschaften, in: Personengesellschaften im Internationalen Steuerrecht, hrsg. von FRANZ WASSERMEYER, STEFAN RICHTER und HELDER SCHNITTKER, bearb. von STEFAN BEHRENS u.a., 2. Aufl., Köln 2015, S. 228–272.

LEONHARDT, ANDREAS (Gewinnabgrenzungsmaßstab 2019): § 1 Abs. 5 AStG als allgemeiner Gewinnabgrenzungsmaßstab für Betriebsstätten?, IStR 2019, S. 677–683.

LEONHARDT, ANDREAS/TCHERVENIACHKI, VASSIL (Kommentierung § 1 AStG 2024): § 1 AStG, Rn. 2801–3822, in: Flick/Wassermeyer/Ditz/Schönfeld Außensteuerrecht – Kommentar, hrsg. von FRANZ WASSERMEYER, XAVER DITZ und JENS SCHÖNFELD, bearb. von JOHANNES BAßLER u.a., Köln, Stand: Oktober 2024.

LEY, URSULA (Schuldzinsen 2000): Die nicht abziehbaren Schuldzinsen nach § 4 Abs. 4a EStG, NWB 2000, S. 2515–2540.

LEY, URSULA (Mitunternehmerschaften 2001): Die Ermittlung von Über- und Unterentnahmen i. S. des § 4 Abs. 4a EStG bei Mitunternehmerschaften – Ansatz einer vereinfachten Ermittlung der Überentnahme, DStR 2001, S. 1005–1016.

LIEBCHEN, DANIEL (Personengesellschaften 2008): Beteiligungen an ausländischen Personengesellschaften – Steuerliche Gewinnermittlung und Einkunftsabgrenzung, in der Reihe: Management, Rechnungslegung und Unternehmensbesteuerung, Bd. 28, hrsg. von RUDOLF FEDERMANN und HANS-JOCHEN KLEINEIDAM, Diss., Berlin 2008.

LIEBCHEN, DANIEL (Steuerverfahrensrecht 2023): 6. Teil: Internationales Steuerverfahrensrecht und Umsatzsteuerrecht bei Auslandsbeziehungen, Kapitel 13: Internationales Steuerverfahrensrecht, Abschnitt H.: Schiedsverfahren, in: Steuerrecht international tätiger Unternehmen, hrsg. von JÖRG MANFRED MÖSSNER u.a., bearb. von JÖRG MANFRED MÖSSNER u.a., 6. Aufl., Köln 2023, S. 1406–1514.

LIEBCHEN, DANIEL/STROTKEMPER, NOEMI (Streitbeilegungsverfahren 2022): Neufassung des Merkblattes zu internationalen Verständigungs- und Schiedsverfahren (Streitbeilegungsverfahren) v. 27.8.2021 – Implikationen für Anträge zur Einleitung von Verständigungsverfahren, IStR 2022, S. 93–98.

LIEBER, BETTINA (Kommentierung Art. 6 OECD-MA 2019): Art. 6 OECD-MA, in: Schönfeld/Ditz Doppelbesteuerungsabkommen – Kommentar, hrsg. von JENS SCHÖNFELD und XAVER DITZ, bearb. von CHRISTIANE BOURSEAUX u.a., 2. Aufl., Köln 2019, S. 383–418.

LINK, CORNELIUS/KÜPPER, SARAH (BMF-Schreiben 2023): Der Entwurf des BMF-Schreibens zu § 4k EStG, GmbHR 2023, S. 825–834.

LINK, MATHIAS (Kommentierung § 34d EStG 2024): § 34d EStG, in: Herrmann/Heuer/Raupach Einkommensteuer- und Körperschaftsteuergesetz – Kommentar, begr. von ALFONS MROZEK und ALBERT KENNERKNECHT, fortgef. von CARL HERRMANN, GERHARD HEUER und ARNDT RAUPACH, hrsg. unter der Gesamtverantwortlichkeit von JOHANNA HEY, MICHAEL WENDT und MARTIN KLEIN, bearb. von SEBASTIAN ADAM u.a., Köln, Stand: Oktober 2024.

LINK, MATHIAS (Kommentierung § 32 KStG 2024): § 32 KStG, in: Herrmann/Heuer/Raupach Einkommensteuer- und Körperschaftsteuergesetz – Kommentar, begr. von ALFONS MROZEK und ALBERT KENNERKNECHT, fortgef. von CARL HERRMANN, GERHARD HEUER und ARNDT RAUPACH, hrsg. unter der Gesamtverantwortlichkeit von JOHANNA HEY, MICHAEL WENDT und MARTIN KLEIN, bearb. von SEBASTIAN ADAM u.a., Köln, Stand: Oktober 2024.

LOHBECK, ALLIT/RUß, JULIA (Kommentierung Art. 11 OECD-MA 2021): Art. 11 OECD-MA, in: Vogel/Lehner Doppelbesteuerungsabkommen der Bundesrepublik Deutschland auf dem Gebiet der Steuern vom Einkommen und Vermögen – Kommentar auf der Grundlage der Musterabkommen, begr. von KLAUS VOGEL, fortgef. von MORIS LEHNER, hrsg. von ROLAND ISMER, bearb. von MICHAEL BLANK u.a., 7. Aufl., München 2021, S. 1373–1443.

LOHBECK, ALLIT/SCHWARZ, MAGDALENA (Kommentierung Art. 12 OECD-MA 2021): Art. 12 OECD-MA, in: Vogel/Lehner Doppelbesteuerungsabkommen der Bundesrepublik Deutschland auf dem Gebiet der Steuern vom Einkommen und Vermögen – Kommentar auf der Grundlage der Musterabkommen, begr. von KLAUS VOGEL, fortgef. von MORIS LEHNER, hrsg. von ROLAND ISMER, bearb. von MICHAEL BLANK u.a., 7. Aufl., München 2021, S. 1444–1530.

LOLL, DIETRICH (Rückfallklauseln 2016): Ausländische Einkünfte und Rückfallklauseln: Das Ende der „Atomisierung" und das Erwachen der „Unschärferelation", IStR 2016, S. 540–544.

LOOSE, THOMAS (Kommentierung § 4i EStG 2024): § 4i EStG, in: Das Einkommensteuerrecht – Kommentar zum Einkommensteuerrecht, hrsg. von EBERHARD LITTMANN, HORST BITZ und HARTMUT PUST, bearb. von HUBERTUS BAREIN u.a., Stuttgart, Stand: Oktober 2024.

LOSCHELDER, FRIEDRICH (Kommentierung § 4h EStG 2024): § 4h EStG, in: Schmidt Einkommensteuergesetz – Kommentar, begr. von LUDWIG SCHMIDT, hrsg. von HEINRICH WEBER-GRELLET, bearb. von WOLFGANG HEINICKE u.a., 43. Aufl., München 2024, S. 336–349.

LOSCHELDER, FRIEDRICH (Kommentierung § 4k EStG 2024): § 4k EStG, in: Schmidt Einkommensteuergesetz – Kommentar, begr. von LUDWIG SCHMIDT, hrsg. von HEINRICH WEBER-GRELLET, bearb. von WOLFGANG HEINICKE u.a., 43. Aufl., München 2024, S. 362–371.

LOSCHELDER, FRIEDRICH (Kommentierung § 49 EStG 2024): § 49 EStG, in: Schmidt Einkommensteuergesetz – Kommentar, begr. von LUDWIG SCHMIDT, hrsg. von HEINRICH WEBER-GRELLET, bearb. von WOLFGANG HEINICKE u.a., 43. Aufl., München 2024, S. 2283–2318.

LOSCHELDER, FRIEDRICH (Kommentierung § 50 EStG 2024): § 50 EStG, in: Schmidt Einkommensteuergesetz – Kommentar, begr. von LUDWIG SCHMIDT, hrsg. von HEINRICH WEBER-GRELLET, bearb. von WOLFGANG HEINICKE u.a., 43. Aufl., München 2024, S. 2319–2330.

LÜDEMANN, PETER/HRUSCHKA, FRANZ (Personengesellschaften 2010): Die Behandlung von Personengesellschaften im Verhältnis Deutschland - Spanien, IStR 2010, S. 25–31.

LÜDICKE, JOCHEN (Kommentierung § 34c EStG 2024): § 34c EStG, in: Flick/Wassermeyer/Ditz/Schönfeld Außensteuerrecht – Kommentar, hrsg. von FRANZ WASSERMEYER, XAVER DITZ und JENS SCHÖNFELD, bearb. von JOHANNES BAßLER u.a., Köln, Stand: Oktober 2024.

LÜDICKE, JOCHEN/OPPEL, FLORIAN (Änderungen 2016): Kommissions-Entwurf einer Anti-BEPS-Richtlinie: Grundlegende Änderungen und Verschärfungen des deutschen Rechts, DB 2016, S. 549–555.

LÜDICKE, JÜRGEN (Personengesellschaften 1998): Neue Entwicklungen der Besteuerung von Personengesellschaften im internationalen Steuerrecht, in: Steuerberater-Jahrbuch 1997/98 – zugleich Bericht über den 49. Fachkongreß der Steuerberater, Köln, 21. und 22. Oktober 1997, hrsg. von NORBERT HERZIG, MANFRED GÜNKEL und URSULA NIEMANN, Köln 1998, S. 449–492.

LÜDICKE, JÜRGEN (Auffassungen 2000): Die Besteuerung von international tätigen Personengesellschaften – geänderte Auffassungen der Finanzverwaltung im Betriebsstättenerlass und anderen BMF-Schreiben, in der Reihe: Hefte zur Internationalen Besteuerung, Heft 134, Hamburg 2000.

LÜDICKE, JÜRGEN (Beteiligung 2011): Beteiligung an ausländischen intransparent besteuerten Personengesellschaften, IStR 2011, S. 91–98.

LÜDICKE, JÜRGEN (Personengesellschaften 2011): Personengesellschaften im Internationalen Steuerrecht, in: Die Personengesellschaft im Steuerrecht – Gedächtnissymposion für Brigitte Knobbe-Keuk, bearb. von FRANZ DÖTSCH u.a., in der Reihe: Rechtsordnung und Steuerwesen, Bd. 42, begr. von BRIGITTE KNOBBE-KEUK, hrsg. von WOLFGANG SCHÖN und RAINER HÜTTEMANN, Köln 2011, S. 95–138.

LÜDICKE, JÜRGEN (Deutsche Abkommenspolitik 2012): Das Jahr im Rückblick: Wertung der aktuellen Abkommenspolitik aus Sicht des Rechtsanwenders, in: Deutsche Abkommenspolitik – Trends und Entwicklungen 2011/2012, bearb. von STEFAN BRUNSBACH u.a., IFSt-Schrift, Nr. 480, Berlin 2012, S. 49–86.

LÜDICKE, JÜRGEN (Subject-to-tax-Klauseln 2013): Subject-to-tax-Klauseln nach den DBA – Bemerkungen zum BMF-Schreiben vom 20. 6. 2013, IStR 2013, S. 721–731.

MACHENS, GABRIELE (Personengesellschaften 2007): Ausländische Personengesellschaften im internationalen Steuerrecht, in der Reihe: Europäische Hochschulschriften, Reihe II, Rechtswissenschaft, Bd. 4470, Diss., Bern 2007.

MANN, ALEXANDER (Kommentierung § 4k EStG 2024): § 4k EStG, in: Beck'scher Online-Kommentar Einkommensteuergesetz, hrsg. von GREGOR KIRCHHOF, EGMONT KULOSA und ECKART RATSCHOW, bearb. von GERRIT ADRIAN u.a., München, Stand: Juli 2024.

MARQUARDSEN, MARIA GESINA (Gesellschaften 2019): Hybride Gesellschaften im Internationalen Steuerrecht der Bundesrepublik Deutschland – Unter besonderer Berücksichtigung abkommensrechtlicher Zurechnungs- und Qualifikationskonflikte, in der Reihe: Steuerwissenschaftliche Schriften, Bd. 68, hrsg. von LARS P. FELD, EKKEHART REIMER und CHRISTIAN WALDHOFF, Diss., Baden-Baden 2019.

MARQUARDSEN, MARIA GESINA (Betriebsausgabenabzugsverbot 2020): ATADUmsG: Betriebsausgabenabzugsverbot gemäß § 4k Abs. 4 EStG-E – Was wird aus § 4i EStG?, IStR 2020, S. 623–627.

MARQUARDSEN, MARIA GESINA (Kommentierung § 4i EStG 2024): § 4i EStG, in: Beck'scher Online-Kommentar Einkommensteuergesetz, hrsg. von GREGOR KIRCHHOF, EGMONT KULOSA und ECKART RATSCHOW, bearb. von GERRIT ADRIAN u.a., München, Stand: Juli 2024.

MARTINI, RUBEN (Kommentierung § 4i EStG 2024): § 4i EStG, in: Einkommensteuergesetz – Kommentar, begr. von PAUL KIRCHHOF, HARTMUT SÖHN und RUDOLF MELLINGHOFF, hrsg. von PAUL KIRCHHOF, RUDOLF MELLINGHOFF und HANNO KUBE, bearb. von HANS-WOLFGANG ARNDT u.a., Heidelberg, Stand: November 2024.

MAYER, GEORG (Sonderbetriebsvermögen 2017): Entstrickung von Sonderbetriebsvermögen bei grenzüberschreitenden Verschmelzungen von Personengesellschaften – Einfluss des § 50d Abs. 10 EStG auf Doppelbesteuerungen, in der Reihe: Betriebswirtschaftliche Steuerlehre in Forschung und Praxis, Bd. 115, Diss., Hamburg 2017.

MENCK, THOMAS (Außenprüfung 1997): Neuere Grundmodelle grenzüberschreitender Steuerplanung im Blickfeld der Außenprüfung – Teil 1, StBp 1997, S. 173–178.

MERETZKI, AYK (Einkünfteeinheit 2008): Greift § 50d Abs. 9 EStG bei nur zum Teil steuerfreien Einkünften? – Auch Sondervergütungen und Gewinnanteil bilden eine Einkünfteeinheit, IStR 2008, S. 23–25.

MERETZKI, AYK (Mitunternehmer-Betriebsstätten 2009): Weshalb der neue § 50d Abs. 10 EStG sein Ziel verfehlt und neue Probleme schafft – Mitunternehmer-Betriebsstätten, floating income und weitere Streitfragen, IStR 2009, S. 217–225.

MERETZKI, AYK (Klauseln 2015): 3. Teil: Praxisrelevante Einzelaspekte, Kapitel 15: Subject-to-tax Klauseln, Switch-over Klauseln und Aktivitätsvorbehalte, in: Personengesellschaften im Internationalen Steuerrecht, hrsg. von FRANZ WASSERMEYER, STEFAN RICHTER und HELDER SCHNITTKER, bearb. von STEFAN BEHRENS u.a., 2. Aufl., Köln 2015, S. 837–914.

MEYER, ANDRÉ (Kommentierung § 4 EStG 2024): § 4 EStG, Rn. 2561–2688, in: Beck'scher Online-Kommentar Einkommensteuergesetz, hrsg. von GREGOR KIRCHHOF, EGMONT KULOSA und ECKART RATSCHOW, bearb. von GERRIT ADRIAN u.a., München, Stand: Juli 2024.

MICKER, LARS (Kommentierung § 2 AStG 2024): § 2 AStG, in: Lippross/Seibel Basiskommentar Steuerrecht, hrsg. von OTTO-GERD LIPPROSS und WOLFGANG SEIBEL, bearb. von SINA BALDAUF u.a., Köln, Stand: November 2024.

MIDDENDORF, OLIVER/ZINK, CATHRIN (Kommentierung § 50d EStG 2024): § 50d EStG, in: 360° EStG eKommentar, hrsg. von CLAAS FUHRMANN, JÖRG KRAEUSEL und JOACHIM SCHIFFERS, bearb. von DIRK BONGAERTS u.a., Bonn, Stand: November 2024.

MIDDENDORF, OLIVER/EBERHARDT, DAVID (Betriebsstätte 2018): Vermittlung einer Betriebsstätte durch gewerblich geprägte KG im Nicht-DBA-Fall – Anmerkungen zum BFH-Urteil vom 29.11.2017 - I R 58/15, StuB 2018, S. 388–393.

MITSCHKE, WOLFGANG (Streitpunkt 2010): Streitpunkt § 50d Abs. 10 EStG – ein Tiger mit scharfen Zähnen, DB 2010, S. 303–306.

MITSCHKE, WOLFGANG (Anmerkung 2011): Anmerkung zu BFH, Urteil vom 08.09.2010, I R 74/09, FR 2011, S. 182–184.

MITSCHKE, WOLFGANG (Anmerkung 2016): Anmerkung zu BVerfG, Beschluss vom 15.12.2015, 2 BvL 1/12, DStR 2016, S. 376–377.

MÖHRLE, TOBIAS (Gewerbesteuer 2015): 3. Teil: Praxisrelevante Einzelaspekte, Kapitel 20: Gewerbesteuer, in: Personengesellschaften im Internationalen Steuerrecht, hrsg. von FRANZ WASSERMEYER, STEFAN RICHTER und HELDER SCHNITTKER, bearb. von STEFAN BEHRENS u.a., 2. Aufl., Köln 2015, S. 1078–1131.

MÖSSNER, JÖRG MANFRED (Anrechnung 2015): § 50d Abs. 10 EStG und die Anrechnung ausländischer Steuern, IStR 2015, S. 204–205.

MÜLLER, MARION (Sondervergütungen 2009): Grenzüberschreitende Sondervergütungen und Sonderbetriebsausgaben im Spannungsfeld des Abkommensrechts, BB 2009, S. 751–758.

MÜLLER, MARION/WANGLER, CLEMENS (Qualifikationskonflikte 2003): Qualifikationskonflikte bei der Beteiligung inländischer Investoren an ausländischen Personengesellschaften, IStR 2003, S. 145–154.

MÜLLER, MICHAEL A. (Europa-Holding 2004): Die GmbH & Co. KG als Europa-Holding, in der Reihe: Freiburger Steuerforum, Bd. 9, hrsg. von WOLFGANG KESSLER, Diss., Frankfurt am Main 2004.

MÜLLER, MICHAEL A. (Double-Dip-Modelle 2005): Double-Dip-Modelle bei deutschen Personengesellschaften, IStR 2005, S. 181–187.

MÜLLER-GATERMANN, GERT/STRÜDER, SABINE/LUDWIG, FABIAN (Abwehrmechanismus 2020): Sieht ATAD den richtigen Abwehrmechanismus bei hybriden Rechtsträgern vor?, FR 2020, S. 303–309.

MUSIL, ANDREAS (Kommentierung § 12 AO 2024): § 12 AO, in: Hübschmann/Hepp/Spitaler Abgabenordnung, Finanzgerichtsordnung – Kommentar, begr. von WALTER HÜBSCHMANN, ERNST HEPP und ARMIN SPITALER, hrsg. von HARTMUT SÖHN und BERND HEUERMANN, bearb. von HARTMUT SÖHN u.a., Köln, Stand: Oktober 2024.

MUTHORST, OLAF (Grundlagen 2020): 1. Kapitel: Die Anwendung des Rechts, § 5: Die Rechtsnorm, in: Grundlagen der Rechtswissenschaft – Methode, Begriff, System, 2. Aufl., München 2020, S. 56–87.

NEUMANN-TOMM, AXEL (Einkünftekorrekturfunktion 2015): Die bloße Einkünftekorrekturfunktion des § 1 Abs. 5 AStG, IStR 2015, S. 907–911.

NIEHUS, ULRICH/WILKE, HELMUTH (Personengesellschaften 2023): Die Besteuerung der Personengesellschaften, 9. Aufl., Stuttgart 2023.

NIELSEN, LARS F. (Personengesellschaftsstrukturen 2018): Zur Anwendung von § 4i EStG bei doppelstöckigen Personengesellschaftsstrukturen im Inboundfall, ISR 2018, S. 377–383.

NIELSEN, LARS F./WESTERMANN, BENJAMIN (Sonderbetriebsausgabenabzugsverbot 2018): Das Sonderbetriebsausgabenabzugsverbot des § 4i EStG im Lichte einer unionsrechtlichen Auslegung, FR 2018, S. 1035–1042.

NITZSCHKE, DIRK (Sonderbetriebsausgaben 2015): Abzug von Sonderbetriebsausgaben beschränkt steuerpflichtiger Mitunternehmer, Ubg 2015, S. 523–524.

NÜRNBERG, PHILIP (Kommentierung Art. 7 OECD-MA 2024): Art. 7 OECD-MA, in: Haase Außensteuergesetz, Doppelbesteuerungsabkommen, hrsg. von FLORIAN HAASE, bearb. von GERRIT BARTSCH u.a., 4. Aufl., Heidelberg 2024, S. 939–1030.

OELLERICH, INGO (Kommentierung § 4i EStG 2022): § 4i EStG, in: Europäisches Steuerrecht – Kommentar, hrsg. von ANDREAS MUSIL und HEINRICH WEBER-GRELLET, bearb. von CAROLIN BECKER u.a., 2. Aufl., München 2022, S. 756–761.

OELLERICH, INGO (Kommentierung § 50d Abs. 9 EStG 2022): § 50d Abs. 9 EStG, in: Europäisches Steuerrecht – Kommentar, hrsg. von ANDREAS MUSIL und HEINRICH WEBER-GRELLET, bearb. von CAROLIN BECKER u.a., 2. Aufl., München 2022, S. 999–1005.

OELLERICH, INGO (Kommentierung § 50d Abs. 10 EStG 2022): § 50d Abs. 10 EStG, in: Europäisches Steuerrecht – Kommentar, hrsg. von ANDREAS MUSIL und HEINRICH WEBER-GRELLET, bearb. von CAROLIN BECKER u.a., 2. Aufl., München 2022, S. 1006–1010.

OERTEL, EVA (Korrespondenzvorschriften 2018): Bekämpfung internationaler Steuerschlupflöcher durch abgestimmte Korrespondenzvorschriften – Worauf sich Rechtsanwender schon jetzt einstellen sollten, BB 2018, S. 351–355.

OERTEL, EVA (Kommentierung Art. 24 OECD-MA 2024): Art. 24 OECD-MA, in: Gosch/Kroppen/Grotherr/Kraft DBA-Kommentar, hrsg. von DIETMAR GOSCH u.a., bearb. von ULRICH AMMELUNG u.a., Herne, Stand: September 2024.

OSTENDORF, CLAUDIA (Sondervergütungen 1994): Behandlung von Sondervergütungen der Mitunternehmer im internationalen Steuerrecht unter besonderer Berücksichtigung der deutschen und österreichischen Rechtslage, in der Reihe: Forschungsergebnisse aus dem Revisionswesen und der betriebswirtschaftlichen Steuerlehre, Bd. 12, hrsg. von ERICH LOITLSBERGER, DIETER RÜCKLE und JÖRG BAETGE, Diss., Berlin 1994.

PAHLKE, ARMIN (Kommentierung § 12 AO 2024): § 12 AO, in: Schwarz/Pahlke Abgabenordnung, Finanzgerichtsordnung – Kommentar, hrsg. von BERNARD SCHWARZ und ARMIN PAHLKE, bearb. von CHRISTIAN DIßARS u.a., Freiburg, Stand: November 2024.

PATHE, ILMO (Wirtschaftspraxis 2023): Teil A: Rechts- und Erscheinungsformen, § 2: Personengesellschaften in der Wirtschaftspraxis, in: Münchener Anwaltshandbuch Personengesellschaftsrecht, hrsg. von HANS GUMMERT, bearb. von MALTE ABEL u.a., 4. Aufl., München 2023, S. 68–83.

PESSOA DOS SANTOS-METTLACH, SUSANA (Qualifikationskonflikte 2020): Die Behandlung von Personengesellschaften nach dem DBA Deutschland-Portugal unter besonderer Berücksichtigung von Qualifikationskonflikten, in der Reihe: Trierer Studien zum Internationalen Steuerrecht, Bd. 24, hrsg. von GABRIELE BURMESTER, Diss., Berlin u.a. 2020.

PILTZ, DETLEV JÜRGEN (Personengesellschaften 1981): Die Personengesellschaften im internationalen Steuerrecht der Bundesrepublik Deutschland, in der Reihe: Finanzrecht und Staatsverfassung – Veröffentlichungen der Studiengesellschaft zur Neugestaltung des Finanz- und Steuerrechts, Bd. 18, hrsg. von REINHOLD KREILE und RUDOLF WEBER-FAS, Diss., Heidelberg 1981.

PILTZ, DETLEV JÜRGEN (Qualifikationskonflikte 1993): Qualifikationskonflikte im internationalen Steuerrecht unter besonderer Berücksichtigung von Personengesellschaften, in: Besteuerung internationaler Konzerne, hrsg. LUTZ FISCHER, bearb. von PAUL G. FLOCKERMANN u.a., in der Reihe: Forum der Internationalen Besteuerung, Bd. 3, Köln 1993, S. 21–47.

PILTZ, DETLEV JÜRGEN (Sondervergütungen 2003): Grenzüberschreitende Sondervergütungen bei Personengesellschaften, in: Besteuerungspraxis bei grenzüberschreitender Tätigkeit, hrsg. JÜRGEN LÜDICKE, bearb. von JENS BLUMENBERG u.a., in der Reihe: Forum der Internationalen Besteuerung, Bd. 25, Köln 2003, S. 137–162.

PILTZ, DETLEV JÜRGEN (Sondervergütungen 2005): Zur Ermittlung und Besteuerung grenzüberschreitender Sondervergütungen – das Verhältnis von nationalem Recht und DBA, in: Körperschaftsteuer, Internationales Steuerrecht, Doppelbesteuerung – Festschrift für Franz Wassermeyer zum 65. Geburtstag, hrsg. von RUDOLF GOCKE, DIETMAR GOSCH und MICHAEL LANG, bearb. von RUDOLF GOCKE u.a., München 2005, S. 747–756.

PINKERNELL, REIMAR (Personengesellschaften 2001): Einkünftezurechnung bei Personengesellschaften, in der Reihe: Schriften zum Steuerrecht, Bd. 70, hrsg. von JOACHIM LANG und JENS PETER MEINCKE, Diss., Berlin 2001.

PINKERNELL, REIMAR/SCHLOTTER, CARSTEN (Steuerabzug 2018): Teil 2: Besondere Themen- und Problemfelder der Tax Compliance, 28. Kapitel: Steuerabzug bei beschränkt Steuerpflichtigen (§ 50a EStG), in: Tax Compliance – Prävention - Investigation - Remediation - Unternehmensverteidigung, hrsg. von MARKUS RÜBENSTAHL und JESCO IDLER, bearb. von GÜLPERI ATALAY u.a., Heidelberg 2018, S. 1145–1176.

POHL, CARSTEN (Sondervergütungsregelungen 2012): Abkommensrechtliche Sondervergütungsregelungen im Lichte aktueller Rechtsprechung – Personengesellschaften im internationalen Steuerrecht, IWB 2012, S. 120–127.

POHL, CARSTEN (Sondervergütungen 2013): Besteuerung grenzüberschreitender Sondervergütungen gem. § 50d Abs. 10 EStG i. d. F. des AmtshilfeRLUmsG, DB 2013, S. 1572–1578.

POHL, CARSTEN (Kommentierung § 4i EStG 2024): § 4i EStG, in: Brandis/Heuermann Ertragsteuerrecht – Kommentar, hrsg. von BERND HEUERMANN und PETER BRANDIS, bearb. von SINA BALDAUF u.a., München, Stand: September 2024.

POHL, CARSTEN (Kommentierung § 4k EStG 2024): § 4k EStG, in: Brandis/Heuermann Ertragsteuerrecht – Kommentar, hrsg. von BERND HEUERMANN und PETER BRANDIS, bearb. von SINA BALDAUF u.a., München, Stand: September 2024.

PREIẞER, MICHAEL/VON RÖNN, MATTHIAS (GmbH & Co. KG 2022): Die KG und die GmbH & Co. KG – Recht, Besteuerung, Gestaltungspraxis, 5. Aufl., Stuttgart 2022.

PRINZ, ULRICH (Personengesellschaftsbesteuerung 2010): Besteuerung der Personengesellschaften – unpraktikabel und realitätsfremd? – 4 Thesen zu Bestandsaufnahme und Neujustierung der deutschen Personengesellschaftsbesteuerung, FR 2010, S. 736–744.

PRINZ, ULRICH (Sondervergütungen 2011): Grenzüberschreitende Sondervergütungen bei Mitunternehmerschaften, DB 2011, S. 1415–1419.

PRINZ, ULRICH (Dauer-Großbaustelle 2014): § 50d Abs. 10 EStG – Eine neue „Dauer-Großbaustelle" im Internationalen Steuerrecht (§ 50d Abs. 10 EStG) – Anmerkungen zum Beschluss des BFH vom 11.12.2013 – I R 4/13 –, GmbHR 2014, S. 729–733.

PRINZ, ULRICH (Finanzierungsfragen 2016): Ausgewählte mitunternehmerbezogene Finanzierungsfragen bei mehrstöckigen Personengesellschaften, FR 2016, S. 589–595.

PRINZ, ULRICH (Sonderbetriebsausgaben 2017): Finanzierungsbezogene Sonderbetriebsausgaben eines im Ausland ansässigen Mitunternehmers, GmbHR 2017, S. 553–558.

PRINZ, ULRICH (Abwehrgesetzgebung 2018): Verfehlte finanzierungsbezogene Abwehrgesetzgebung zu grenzüberschreitenden Mitunternehmerschaften – Abgrenzungsfragen des § 4i EStG –, DB 2018, S. 1615–1620.

PRINZ, ULRICH (Anwendungsfragen 2018): 6. Generalthema: Aktuelle Ertragsteuerfragen zu Personengesellschaften: National, International, Gestaltungen, VI. Personengesellschaften im Internationalen Steuerrecht, 2. Anwendungsfragen des § 4i EStG (insbes. Abgrenzung zur Zinsschranke, § 50d Abs. 10 EStG, § 14 Abs. 1 Nr. 5 KStG bei Organträger-PersGes.), in: Jahrbuch der Fachanwälte für Steuerrecht 2018/2019 – Aktuelle steuerrechtliche Beiträge, Referate und Diskussionen der 69. Steuerrechtlichen Jahresarbeitstagung, Wiesbaden, vom 7. bis 9. Mai 2018, hrsg. von KLAUS-DIETER DRÜEN, Herne 2018, S. 646–655.

PRINZ, ULRICH (Personengesellschaften 2018): Grenzüberschreitende Personengesellschaften: Gedanken zu Erscheinungsformen, Systematik, diversen Einzelfragen, FR 2018, S. 973–984.

PRINZ, ULRICH (Personengesellschaften 2019): Personengesellschaften im Internationalen Steuerrecht: Gestaltungsüberlegungen zur betriebsstättenbezogenen Zuordnung von KapGes-Anteilen, FR 2019, S. 597–601.

PRINZ, ULRICH (Finanzierung 2020): § 9 Finanzierung von Personengesellschaften, in: Beck'sches Handbuch der Personengesellschaften, hrsg. von ULRICH PRINZ und HOLGER KAHLE, bearb. von ROMAN BÄRWALDT u.a., 5. Aufl., München 2020, S. 505–542.

PRINZ, ULRICH (Mitunternehmerbesteuerung 2020): Modernisierung der Mitunternehmerbesteuerung – eine kurze Standortbestimmung, DB 2020, S. 1766–1768.

PRINZ, ULRICH/BREUNINGER, GOTTFRIED E. (Personengesellschaften 1997): Steuergestaltung mit ausländischen Personengesellschaften, IWB 1997, S. 831–848.

PRINZ, ULRICH/VON WOLFERSDORFF, JANINE (Steuergesetzgebung 2016): Aktuelle Steuergesetzgebung: Zur „Steuergesetzgebungskunst" unserer Zeit – Handlungsoptionen eines „klugen Gesetzgebers", DB 2016, S. S9–S16.

PROKISCH, RAINER (Kommentierung Art. 1 OECD-MA 2015): Art. 1 OECD-MA, in: Vogel/Lehner Doppelbesteuerungsabkommen der Bundesrepublik Deutschland auf dem Gebiet der Steuern vom Einkommen und Vermögen – Kommentar auf der Grundlage der Musterabkommen, begr. von KLAUS VOGEL, hrsg. von MORIS LEHNER, bearb. von DANIEL DÜRRSCHMIDT u.a., 6. Aufl., München 2015, S. 309–457.

PROKISCH, RAINER (Kommentierung Art. 15 OECD-MA 2021): Art. 15 OECD-MA, in: Vogel/Lehner Doppelbesteuerungsabkommen der Bundesrepublik Deutschland auf dem Gebiet der Steuern vom Einkommen und Vermögen – Kommentar auf der Grundlage der Musterabkommen, begr. von KLAUS VOGEL, fortgef. von MORIS LEHNER, hrsg. von ROLAND ISMER, bearb. von MICHAEL BLANK u.a., 7. Aufl., München 2021, S. 1624–1770.

PROKISCH, RAINER (Kommentierung § 34d EStG 2024): § 34d EStG, in: Einkommensteuergesetz – Kommentar, begr. von PAUL KIRCHHOF, HARTMUT SÖHN und RUDOLF MELLINGHOFF, hrsg. von PAUL KIRCHHOF, RUDOLF MELLINGHOFF und HANNO KUBE, bearb. von HANS-WOLFGANG ARNDT u.a., Heidelberg, Stand: November 2024.

PYSZKA, TILLMANN (Besteuerung 2018): Teil I. Inländischer Konzern, § 3 Laufende Besteuerung, C. Personengesellschaften im Konzernverbund, in: Konzernsteuerrecht – National - International, hrsg. von WOLFGANG KESSLER, MICHAEL KRÖNER und STEFAN KÖHLER, bearb. von CHRISTIAN ALTVATER u.a., 3. Aufl., München 2018, S. 280–354.

PYSZKA, TILLMANN (Personengesellschaften 2018): Teil II. Ausländische Konzerneinheiten, § 7 Besteuerung der ausländischen Aktivität, C. Investitionen in ausländische Personengesellschaften, in: Konzernsteuerrecht – National - International, hrsg. von WOLFGANG KESSLER, MICHAEL KRÖNER und STEFAN KÖHLER, bearb. von CHRISTIAN ALTVATER u.a., 3. Aufl., München 2018, S. 853–878.

PYSZKA, TILLMANN/BRAUER, MICHAEL (Personengesellschaften 2004): Ausländische Personengesellschaften im Unternehmenssteuerrecht – Outbound-Gestaltungen, Umwandlungen, Hinzurechnungsbesteuerung, Herne/Berlin 2004.

QUENZEL, STEFAN/WEDEMEIER, ANNA KATHARINA (Kommentierung § 50a EStG 2024): § 50a EStG, in: Herrmann/Heuer/Raupach Einkommensteuer- und Körperschaftsteuergesetz – Kommentar, begr. von ALFONS MROZEK und ALBERT KENNERKNECHT, fortgef. von CARL HERRMANN, GERHARD HEUER und ARNDT RAUPACH, hrsg. unter der Gesamtverantwortlichkeit von JOHANNA HEY, MICHAEL WENDT und MARTIN KLEIN, bearb. von SEBASTIAN ADAM u.a., Köln, Stand: Oktober 2024.

RÄDLER, ALBERT (Unternehmensbesteuerung 1994): Überlegungen zur Harmonisierung der Unternehmensbesteuerung in der Europäischen Gemeinschaft, in: Unternehmensbesteuerung in EU-Staaten, Veröffentlichungen der DStJG, Bd. 16, hrsg. von JOACHIM LANG, bearb. von ROBERT BACONNIER u.a., Köln 1994, S. 277–293.

RADMANESH, SANDY/GEBHARDT, RONALD (Korrespondenzregelungen 2018): Korrespondenzregelungen – Linking rules zwischen materiellem Recht und Verfahrensrecht, IWB 2018, S. 580–586.

RASCH, STEPHAN (Kommentierung § 34d EStG 2024): § 34d EStG, in: Beck'scher Online-Kommentar Einkommensteuergesetz, hrsg. von GREGOR KIRCHHOF, EGMONT KULOSA und ECKART RATSCHOW, bearb. von GERRIT ADRIAN u.a., München, Stand: Juli 2024.

RÄTKE, BERND (Kommentierung § 90 AO 2024): § 90 AO, in: Klein Abgabenordnung – Kommentar, begr. von FRANZ KLEIN und GERD ORLOPP, bearb. von EVA-MARIA GERSCH u.a., 18. Aufl., München 2024, S. 706–722.

RAUCH, GREGOR (Kommentierung § 1 EStG 2024): § 1 EStG, in: Brandis/Heuermann Ertragsteuerrecht – Kommentar, hrsg. von BERND HEUERMANN und PETER BRANDIS, bearb. von SINA BALDAUF u.a., München, Stand: September 2024.

RAUPACH, ARNDT (Mitunternehmerschaft 1992): Konsolidierte oder strukturierte Gesamtbilanz der Mitunternehmerschaft oder additive Ermittlung der Einkünfte aus Gewerbebetrieb der Mitunternehmer mit oder ohne korrespondierende Bilanzierung? – Festbeitrag zum 65. Geburtstag von Adalbert Uelner am 27. Oktober 1992, DStZ 1992, S. 692–699.

REHFELD, LARS (Kommentierung Art. 5 OECD-MA 2024): Art. 5 OECD-MA, in: Gosch/Kroppen/Grotherr/Kraft DBA-Kommentar, hrsg. von DIETMAR GOSCH u.a., bearb. von ULRICH AMMELUNG u.a., Herne, Stand: September 2024.

REIMER, EKKEHART (Kommentierung Art. 6 OECD-MA 2021): Art. 6 OECD-MA, in: Vogel/Lehner Doppelbesteuerungsabkommen der Bundesrepublik Deutschland auf dem Gebiet der Steuern vom Einkommen und Vermögen – Kommentar auf der Grundlage der Musterabkommen, begr. von KLAUS VOGEL, fortgef. von MORIS LEHNER, hrsg. von ROLAND ISMER, bearb. von MICHAEL BLANK u.a., 7. Aufl., München 2021, S. 910–973.

REIMER, EKKEHART (Kommentierung § 49 EStG 2024): § 49 EStG, in: Brandis/Heuermann Ertragsteuerrecht – Kommentar, hrsg. von BERND HEUERMANN und PETER BRANDIS, bearb. von SINA BALDAUF u.a., München, Stand: September 2024.

REIMER, EKKEHART (Kommentierung § 50 EStG 2024): § 50 EStG, in: Brandis/Heuermann Ertragsteuerrecht – Kommentar, hrsg. von BERND HEUERMANN und PETER BRANDIS, bearb. von SINA BALDAUF u.a., München, Stand: September 2024.

REIMER, EKKEHART (Diskriminierungs- und Beschränkungsverbote 2025): 2. Teil: Primärrecht, Kapitel 8: Diskriminierungs- und Beschränkungsverbote im direkten Steuerrecht, Abschnitt A.–C., in: Europäisches Steuerrecht, hrsg. von HARALD SCHAUMBURG, JOACHIM ENGLISCH und LARS DOBRATZ, bearb. von LARS DOBRATZ u.a., 3. Aufl., Köln 2025, S. 198–250.

REINHOLD, MARTIN (Betriebsstätten 2018): Teil II. Ausländische Konzerneinheiten, § 7 Besteuerung der ausländischen Aktivität, B. Investitionen in ausländische Betriebsstätten, in: Konzernsteuerrecht – National - International, hrsg. von WOLFGANG KESSLER, MICHAEL KRÖNER und STEFAN KÖHLER, bearb. von CHRISTIAN ALTVATER u.a., 3. Aufl., München 2018, S. 804–852.

RIEMENSCHNEIDER, SVEN (Personengesellschaften 1995): Abkommensberechtigung von Personengesellschaften und abkommensrechtliche Behandlung der Einkünfte aus Beteiligungen inländischer Gesellschafter an ausländischen Personengesellschaften, in der Reihe: Europäische Hochschulschriften, Reihe II, Rechtswissenschaft, Bd. 1807, Diss., Frankfurt am Main u.a. 1995.

ROGALL, MATTHIAS/SCHWAN, TOBIAS (Inbound-Akquisitionen 2015): Sonderbetriebsvermögen und Sondervergütungen im Inbound-Fall und bei Inbound-Akquisitionen, DStR 2015, S. 2633–2640.

ROSE, GERD (Steuerberatung 1970): Steuerberatung und Wissenschaft – Gedanken anläßlich des 50jährigen Bestehens der Betriebswirtschaftlichen Steuerlehre, in: Steuerberater-Jahrbuch 1969/1970 – zugleich Bericht über den XXI. Fachkongreß der Steuerberater der Bundesrepublik Deutschland, Köln, 10. bis 12. November 1969, hrsg. von GERHARD THOMA, OTTO H. ZACHARIAS und URSULA NIEMANN, Köln 1970, S. 31–70.

ROSENBERG, OLIVER (Sonderbetriebsbereich 2015): 3. Teil: Praxisrelevante Einzelaspekte, Kapitel 11: Einkünftequalifikation im Sonderbetriebsbereich, in: Personengesellschaften im Internationalen Steuerrecht, hrsg. von FRANZ WASSERMEYER, STEFAN RICHTER und HELDER SCHNITTKER, bearb. von STEFAN BEHRENS u.a., 2. Aufl., Köln 2015, S. 577–633.

ROSENBERG, OLIVER/PLACKE, KIRSTEN (Personengesellschaften 2014): Verbliebene Zweifelsfragen zu § 50d Abs. 10 EStG nach dem BMF-Schreiben zur Anwendung von DBA auf Personengesellschaften, DB 2014, S. 2434–2439.

ROTH, ANDREAS (Zurechnung 2000): Zurechnung von Wirtschaftsgütern bei Betriebsstätten und Personengesellschaften, in: Zurechnung von Wirtschaftsgütern im Internationalen Steuerrecht, hrsg. JÜRGEN LÜDICKE, bearb. von OTTO-FERDINAND GRAF KERSSENBROCK u.a., in der Reihe: Forum der Internationalen Besteuerung, Bd. 19, Köln 2000, S. 87–128.

ROTTGARDT, FLORIAN (Sondervergütungen 2001): Sondervergütungen im Abkommensrecht, in: Personengesellschaften im Internationalen Steuerrecht, hrsg. von CHRISTOPH URTZ und MARIO ZÜGER, bearb. von SANDRA BAUMGARTNER u.a., in: Schriftenreihe zum Internationalen Steuerrecht, hrsg. von MICHAEL LANG, Wien 2001, S. 155–176.

RÜSCH, GARY (Besteuerungstatbestand 2018): Zum korrespondierenden Besteuerungstatbestand des § 4i EStG aus materieller und verfahrensrechtlicher Sicht, FR 2018, S. 299–305.

RÜSCH, GARY (Korrespondenzbegriff 2019): Der Korrespondenzbegriff im Steuerrecht, FR 2019, S. 759–767.

RÜSCH, GARY (Durcheinander 2020): Bevorstehendes Durcheinander an korrespondierenden Besteuerungstatbeständen durch den geplanten § 4k EStG für die Erfassung hybrider Gestaltungen – Anmerkungen zum Referentenentwurf eines ATADUmsG vom 10.12.2019, DStZ 2020, S. 274–286.

RÜSCH, GARY (Konkurrenz 2021): Die Konkurrenz von § 4k EStG zu § 4h und § 4i EStG, IStR 2021, S. 380–383.

RÜSCH, GARY (Kommentierung § 4k EStG 2024): § 4k EStG, in: Herrmann/Heuer/Raupach Einkommensteuer- und Körperschaftsteuergesetz – Kommentar, begr. von ALFONS MROZEK und ALBERT KENNERKNECHT, fortgef. von CARL HERRMANN, GERHARD HEUER und ARNDT RAUPACH, hrsg. unter der Gesamtverantwortlichkeit von JOHANNA HEY, MICHAEL WENDT und MARTIN KLEIN, bearb. von SEBASTIAN ADAM u.a., Köln, Stand: Oktober 2024.

RÜSKEN, REINHART (Kommentierung § 175 AO 2024): § 175 AO, in: Klein Abgabenordnung – Kommentar, begr. von FRANZ KLEIN und GERD ORLOPP, bearb. von EVA-MARIA GERSCH u.a., 18. Aufl., München 2024, S. 1550–1572.

RUST, ALEXANDER (Doppelbesteuerungsabkommen 2020): 1. Teil: Grundlagen des Internationalen Steuerrechts, § 4 Struktur der Besteuerung nach den Doppelbesteuerungsabkommen, in: Internationales Steuerrecht, hrsg. von GERRIT FROTSCHER, bearb. von GERRIT FROTSCHER und ALEXANDER RUST, 5. Aufl., München 2020, S. 91–119.

RUST, ALEXANDER (Kommentierung Art. 21 OECD-MA 2021): Art. 21 OECD-MA, in: Vogel/Lehner Doppelbesteuerungsabkommen der Bundesrepublik Deutschland auf dem Gebiet der Steuern vom Einkommen und Vermögen – Kommentar auf der Grundlage der Musterabkommen, begr. von KLAUS VOGEL, fortgef. von MORIS LEHNER, hrsg. von ROLAND ISMER, bearb. von MICHAEL BLANK u.a., 7. Aufl., München 2021, S. 2029–2060.

SALZMANN, STEPHAN (Treaty Overrides 2013): Weitere Treaty Overrides aufgrund des AmtshilfeRLUmsG – Was bedeuten die Änderungen nach der Einigung im Vermittlungsausschuss am 5. 6. 2013?, IWB 2013, S. 405–411.

SCHADEN, MICHAEL/FRANZ, MATTHIAS (Qualifikationskonflikte 2008): Qualifikationskonflikte und Steuerplanung – einige Beispiele, Ubg 2008, S. 452–461.

SCHALLMOSER, ULRICH (Kommentierung § 4 EStG 2024): § 4 EStG, Rn. 1030–1099, in: Herrmann/Heuer/Raupach Einkommensteuer- und Körperschaftsteuergesetz – Kommentar, begr. von ALFONS MROZEK und ALBERT KENNERKNECHT, fortgef. von CARL HERRMANN, GERHARD HEUER und ARNDT RAUPACH, hrsg. unter der Gesamtverantwortlichkeit von JOHANNA HEY, MICHAEL WENDT und MARTIN KLEIN, bearb. von SEBASTIAN ADAM u.a., Köln, Stand: Oktober 2024.

SCHAUHOFF, STEPHAN (Einkommensteuerpflicht 1995): Der Umfang der erweitert beschränkten Einkommensteuerpflicht bei gewerblich tätigen Handelsvertretern, Unternehmensberatern, Fotomodellen, Sportlern und anderen umherreisenden Unternehmern – Zur Verweisung des § 2 Abs. 1 AStG auf § 34 c Abs. 1 EStG –, IStR 1995, S. 108–112.

SCHAUHOFF, STEPHAN/IDLER, JESCO (BFH-Rechtsprechung 2008): Änderung der BFH-Rechtsprechung zur Besteuerung von Werbeverträgen mit beschränkt Steuerpflichtigen, IStR 2008, S. 341–344.

SCHAUMBURG, HARALD (Personengesellschaften 1999): Die Personengesellschaft im internationalen Steuerrecht – Teil I, Stbg 1999, S. 97–105.

SCHAUMBURG, HARALD (Zurechnung 2000): Zurechnung von Wirtschaftsgütern im nationalen sowie im Abkommensrecht, in: Zurechnung von Wirtschaftsgütern im Internationalen Steuerrecht, hrsg. JÜRGEN LÜDICKE, bearb. von OTTO-FERDINAND GRAF KERSSENBROCK u.a., in der Reihe: Forum der Internationalen Besteuerung, Bd. 19, Köln 2000, S. 53–86.

SCHAUMBURG, HARALD (Doppelbesteuerung 2023): 3. Teil: Doppelbesteuerungsrecht, Kapitel 15: Begriff der Doppelbesteuerung, in: Internationales Steuerrecht – Außensteuerrecht, Doppelbesteuerungsrecht, hrsg. von HARALD SCHAUMBURG, bearb. von ARNE VON FREEDEN u.a., 5. Aufl., Köln 2023, S. 637–641.

SCHAUMBURG, HARALD (Einkommensteuer 2023): 2. Teil: Außensteuerrecht, Kapitel 6: Einkommensteuer, Abschnitte A. und B., in: Internationales Steuerrecht – Außensteuerrecht, Doppelbesteuerungsrecht, hrsg. von HARALD SCHAUMBURG, bearb. von ARNE VON FREEDEN u.a., 5. Aufl., Köln 2023, S. 157–220.

SCHAUMBURG, HARALD (Unilaterale Maßnahmen 2023): 3. Teil: Doppelbesteuerungsrecht, Kapitel 18: Unilaterale Maßnahmen zur Vermeidung der Doppelbesteuerung, in: Internationales Steuerrecht – Außensteuerrecht, Doppelbesteuerungsrecht, hrsg. von HARALD SCHAUMBURG, bearb. von ARNE VON FREEDEN u.a., 5. Aufl., Köln 2023, S. 665–746.

SCHAUMBURG, HARALD/HÄCK, NILS (Bilaterale Maßnahmen 2023): 3. Teil: Doppelbesteuerungsrecht, Kapitel 19: Bilaterale Maßnahmen zur Vermeidung der Doppelbesteuerung (DBA), in: Internationales Steuerrecht – Außensteuerrecht, Doppelbesteuerungsrecht, hrsg. von HARALD SCHAUMBURG, bearb. von ARNE VON FREEDEN u.a., 5. Aufl., Köln 2023, S. 747–974.

SCHAUMBURG, HARALD/PULS, MICHAEL (Einkünftezuordnung 2023): 4. Teil: Übergreifende Themen, Kapitel 21: Grundsätze internationaler Einkünftezuordnung, Abschnitte A.–C., in: Internationales Steuerrecht – Außensteuerrecht, Doppelbesteuerungsrecht, hrsg. von HARALD SCHAUMBURG, bearb. von ARNE VON FREEDEN u.a., 5. Aufl., Köln 2023, S. 1089–1156.

SCHIFFERS, JOACHIM (Rechtsformwahl 2020): § 1 Rechtsformwahl, in: Beck'sches Handbuch der Personengesellschaften, hrsg. von ULRICH PRINZ und HOLGER KAHLE, bearb. von ROMAN BÄRWALDT u.a., 5. Aufl., München 2020, S. 1–66.

SCHMIDT, CHRISTIAN (Abkommensrecht 2008): Zinsen einer inländischen Personengesellschaft an ihre ausländischen Gesellschafter im Abkommensrecht – Anmerkung zum BFH-Urteil vom 17. 10. 2007, I R 5/06, IStR 2008, S. 290–293.

SCHMIDT, CHRISTIAN (Doppelbesteuerungsabkommen 2010): Anwendung der Doppelbesteuerungsabkommen (DBA) auf Personengesellschaften – Eine Analyse des BMF-Schreibens vom 16. 4. 2010, IV B 2 - S 1300/09/10003, BStBl I 2010, 354, IStR 2010, S. 413–432.

SCHMIDT, CHRISTIAN (Sondervergütungen 2010): Sondervergütungen auf Abkommensebene – Was nun, Finanzverwaltung und Gesetzgeber? – Zugleich Anmerkung zum BFH-Urteil vom 8. 9. 2010, I R 74/09, DStR 2010, S. 2436–2441.

SCHMIDT, CHRISTIAN (Sondervergütungen 2013): Sondervergütungen im Abkommensrecht – Der neue § 50d Abs. 10 EStG: Ein neuer Versuch – Ein neuer Irrtum?, DStR 2013, S. 1704–1711.

SCHNEIDER, DIETER (Unternehmensbesteuerung 1967): Theorie und Praxis der Unternehmensbesteuerung, ZfbF 1967, S. 206–230.

SCHNEIDER, NORBERT (Kommentierung § 15 EStG 2024): § 15 EStG, Rn. 700–767, in: Herrmann/Heuer/Raupach Einkommensteuer- und Körperschaftsteuergesetz – Kommentar, begr. von ALFONS MROZEK und ALBERT KENNERKNECHT, fortgef. von CARL HERRMANN, GERHARD HEUER und ARNDT RAUPACH, hrsg. unter der Gesamtverantwortlichkeit von JOHANNA HEY, MICHAEL WENDT und MARTIN KLEIN, bearb. von SEBASTIAN ADAM u.a., Köln, Stand: Oktober 2024.

SCHNITGER, ARNE (Personengesellschaften 2009): Aktuelle Entwicklungen bei der beschränkten Steuerpflicht und internationalen Personengesellschaften, in: Wo steht das deutsche Internationale Steuerrecht?, hrsg. von JÜRGEN LÜDICKE, bearb. von CLEMENS FUEST u.a., in der Reihe: Forum der Internationalen Besteuerung, Bd. 35, Köln 2009, S. 183–210.

SCHNITGER, ARNE (Deutsche Abkommenspolitik 2013): Das Jahr im Rückblick: Wertung der aktuellen Gesetzgebung und Rechtsprechung zu den DBA aus Sicht des Rechtsanwenders, in: Deutsche Abkommenspolitik – Trends und Entwicklungen 2012/2013, bearb. von STEFAN BRUNSBACH u.a., IFSt-Schrift, Nr. 492, Berlin 2013, S. 62–97.

SCHNITGER, ARNE (Maßnahmen 2017): Weitere Maßnahmen zur BEPS-Gesetzgebung in Deutschland, IStR 2017, S. 214–226.

SCHNITGER, ARNE (Verrechnungspreiskorrekturen 2020): § 1 Abs. 1 AStG als neue „Allzweckwaffe" für Verrechnungspreiskorrekturen? – Anmerkungen zum Urteil des BFH v. 27.11.2019 – I R 40/19 (I R 14/16), IStR 2020, S. 821–827.

SCHNITGER, ARNE/OSKAMP, MICHAEL (Besteuerungsinkongruenzen 2020): Versagung des Betriebsausgabenabzugs bei Besteuerungsinkongruenzen nach § 4k EStG-E (Teil II), IStR 2020, S. 960–965.

SCHNITGER, ARNE/OSKAMP, MICHAEL (Betriebsausgabenabzug 2020): Versagung des Betriebsausgabenabzugs bei Besteuerungsinkongruenzen nach § 4k EStG-E (Teil I), IStR 2020, S. 909–920.

SCHNITTKER, HELDER (Qualifikation 2015): 1. Teil: Grundlagen, Kapitel 3: Steuerliche Qualifikation ausländischer Rechtsgebilde, in: Personengesellschaften im Internationalen Steuerrecht, hrsg. von FRANZ WASSERMEYER, STEFAN RICHTER und HELDER SCHNITTKER, bearb. von STEFAN BEHRENS u.a., 2. Aufl., Köln 2015, S. 157–197.

SCHOLTZ, ROLF-DETLEV (Kommentierung § 12 AO 1996): § 12 AO, in: Koch/Scholtz Abgabenordnung, hrsg. von KARL KOCH und ROLF-DETLEV SCHOLTZ, bearb. von MICHAEL BAUM u.a., 5. Aufl., Köln u.a. 1996, S. 135–145.

SCHÖNFELD, JENS/HÄCK, NILS (Methodenartikel 2013): Der Methodenartikel in der deutschen Verhandlungsgrundlage für Doppelbesteuerungsabkommen, ISR 2013, S. 168–177.

SCHÖNFELD, JENS/HÄCK, NILS (Kommentierung Art. 23 OECD-MA 2019): Art. 23A/B OECD-MA, in: Schönfeld/Ditz Doppelbesteuerungsabkommen – Kommentar, hrsg. von JENS SCHÖNFELD und XAVER DITZ, bearb. von CHRISTIANE BOURSEAUX u.a., 2. Aufl., Köln 2019, S. 1311–1389.

SCHUCH, JOSEF/BAUER, JOSEF (Qualifikationskonflikte 2000): Die Überlegungen des OECD-Steuerausschusses zur Lösung von Qualifikationskonflikten, in: Personengesellschaften im Recht der Doppelbesteuerungsabkommen – Die Auswirkungen des OECD-Reports auf die Abkommenspraxis, hrsg. von WOLFGANG GASSNER, MICHAEL LANG und EDUARD LECHNER, bearb. von HANS-JÖRGEN AIGNER u.a., Wien 2000, S. 27–45.

SCHÜLLER, EVA CAROLIN (Personengesellschaften 2014): Die deutsche Besteuerung grenzüberschreitender Personengesellschaften – Der In- und Outbound-Fall innerhalb der EU, Diss., Wiesbaden 2014.

SCHULZE-FIELITZ, HELMUTH (Kommentierung Art. 20 GG 2015): Art. 20 GG (Rechtsstaat), in: Grundgesetz – Kommentar, Bd. II, Art. 20–82 GG, hrsg. von HORST DREIER, bearb. von HARTMUT BAUER u.a., 3. Aufl., Tübingen 2015, S. 186–291.

SCHULZ-TRIEGLAFF, KAI (Qualifikationsverkettung 2018): Zulässigkeit einer Qualifikationsverkettung auch ohne entsprechende abkommensrechtliche Anordnung in den Verteilungsnormen – Zugleich Anmerkung zum laufenden Revisionsverfahren beim BFH, Az.: I R 44/16, zum Rechtsbegriff der Qualifikationsverkettung und zur Maßgeblichkeit des OECD Partnership Report, IStR 2018, S. 341–344.

SCHULZ-TRIEGLAFF, KAI (Gewerbesteuer 2021): Fehlende Möglichkeit zur Anrechnung ausländischer Quellensteuer auf die inländische Gewerbesteuer – Regelungslücke und Normwiderspruch oder Arbeitsauftrag an den Gesetzgeber? – Zugleich Anmerkung zum Urteil des FG Hessen v. 26.8.2020 und zum Revisionsverfahren beim BFH I R 8/21, IStR 2021, S. 589–593.

SCHUSTEK, HERIBERT (Mitunternehmerschaft 2017): B. Laufende Besteuerung der Personengesellschaft, 1 Einkommensteuer, 1.1 Mitunternehmerschaft, in: Die Personengesellschaft im Steuerrecht, bearb. von REIMAR ZIMMERMANN u.a., 12. Aufl., Achim 2017, S. 67–107.

SCHWENKE, MICHAEL (Kommentierung Art. 1 OECD-MA 2024): Art. 1 OECD-MA, in: Wassermeyer Doppelbesteuerung – Kommentar zu allen deutschen Doppelbesteuerungsabkommen, hrsg. von CHRISTIAN KAESER, MICHAEL SCHWENKE und KLAUS-DIETER DRÜEN, bearb. von JOCHEN BAHNS u.a., München, Stand: Juli 2024.

SCHWENKE, MICHAEL (Kommentierung Art. 15 OECD-MA 2024): Art. 15 OECD-MA, in: Wassermeyer Doppelbesteuerung – Kommentar zu allen deutschen Doppelbesteuerungsabkommen, hrsg. von CHRISTIAN KAESER, MICHAEL SCHWENKE und KLAUS-DIETER DRÜEN, bearb. von JOCHEN BAHNS u.a., München, Stand: Juli 2024.

SEER, ROMAN (Kommentierung § 90 AO 2024): § 90 AO, in: Tipke/Kruse Abgabenordnung, Finanzgerichtsordnung – Kommentar, begr. von KLAUS TIPKE und HEINRICH WILHELM KRUSE, fortgef. von ROMAN SEER u.a., bearb. von HEINRICH WILHELM KRUSE u.a., Köln, Stand: Oktober 2024.

SEILER, CHRISTIAN (Kommentierung § 4 EStG 2024): § 4 EStG, Rn. Ea 1–Ea 300, in: Einkommensteuergesetz – Kommentar, begr. von PAUL KIRCHHOF, HARTMUT SÖHN und RUDOLF MELLINGHOFF, hrsg. von PAUL KIRCHHOF, RUDOLF MELLINGHOFF und HANNO KUBE, bearb. von HANS-WOLFGANG ARNDT u.a., Heidelberg, Stand: November 2024.

SELENT, ALEXANDER/ENDRES, DIETER (Auslandsdienstreisen 1984): Die Besteuerung des Arbeitslohns bei Auslandsdienstreisen – Eine Überprüfung der Arbeitgebereigenschaft und Ansässigkeit von Personengesellschaften in den 183-Tage-Klauseln des Doppelbesteuerungsabkommen, DB 1984, S. 84–89.

SIEKER, KLAUS (Betriebsstättengewinn 1996): Betriebsstättengewinn und Fremdvergleichsgrundsatz, DB 1996, S. 110–113.

SOBANSKI, SVEN/BÄUML, SWEN OLIVER (Kommentierung § 15 EStG 2024): § 15 EStG, in: Einkommensteuergesetz Kommentar Online, hrsg. von HANS-JOACHIM KANZLER u.a., bearb. von CHRISTIAN BERND ANEMÜLLER u.a., 9. Aufl., Herne 2024, Stand der Onlineversion: November 2024.

SÖFFING, GÜNTER (Pensionsrückstellung 1999): Pensionsrückstellung für Personengesellschafter (Teil II), BB 1999, S. 96–101.

SÖFFING, GÜNTER (Mitunternehmer 2005): Kapitel 1–6, in: Besteuerung der Mitunternehmer, hrsg. von GÜNTER SÖFFING, bearb. von HERMANN BRANDENBERG u.a., 5. Aufl., Herne/Berlin 2005, S. 33–223.

SÖFFING, GÜNTER (Subsidiaritätsthese 2007): Für die Anwendung der Subsidiaritätsthese in Fällen der Bilanzierungskonkurrenz – Zur Auslegung des § 15 Abs. 1 Satz 1 Nr. 2 Satz 1 Teilsatz 2 EStG, DB 2007, S. 1994–1997.

SOMMER, CHRISTOPH/RETZER, DANIEL (Stellungnahme 2016): Entwurf eines Gesetzes zur Umsetzung der Änderungen der EU-Amtshilferichtlinie und von weiteren Maßnahmen gegen Gewinnkürzungen und -verlagerungen: Stellungnahme des Bundesrates vom 23.9.2016, ISR 2016, S. 377–385.

SPENGEL, CHRISTOPH/SCHADEN, MICHAEL/WEHRßE, MARTIN (Personengesellschaften 2010): Besteuerung von Personengesellschaften in den 27 EU-Mitgliedstaaten und den USA – eine Analyse der nationalen Besteuerungskonzeptionen, StuW 2010, S. 44–56.

SPENGEL, CHRISTOPH/SCHADEN, MICHAEL/WEHRßE, MARTIN (Besteuerung 2012): Grenzüberschreitende Besteuerung von Personengesellschaften im OECD-MA – Problembereiche und Lösungsansätze, StuW 2012, S. 105–118.

STAHL, CHRISTIAN (Reichweite 2013): Die Reichweite der erweiterten beschränkten Steuerpflicht nach § 2 AStG – Ein Beitrag zur Struktur der Steuerpflicht, in der Reihe: Schriften zum Steuerrecht, Bd. 109, Diss., Berlin 2013.

STAHL, CHRISTIAN (Kommentierung § 4i EStG 2024): § 4i EStG, in: Lademann Einkommensteuergesetz – Kommentar, begr. von FRITZ LADEMANN, bearb. von WJATSCHESLAV ANISSIMOV u.a., Stuttgart, Stand: Juli 2024.

STAHMANN, FRANZISKA (Abkommensrecht 2017): Sonstige Sonderbetriebseinnahmen im Abkommensrecht – Kapitalgesellschaftsbeteiligungen im notwendigen Sonderbetriebsvermögen II, in der Reihe: Forum Unternehmens-, Steuer- und Bilanzrecht – Deutsche, europäische und internationale Rechtsfragen, Bd. 3, hrsg. von OLIVER FEHRENBACHER und MICHAEL STÖBER, Diss., Frankfurt am Main 2017.

STAPPERFEND, THOMAS (Infektion 2006): Die Infektion im Einkommensteuerrecht – Ein Beitrag zum Krankheitsbild des Einkommensteuergesetzes, StuW 2006, S. 303–310.

STARINGER, CLAUS (Leistungsbeziehungen 2000): Leistungsbeziehungen zwischen der Personengesellschaft und den Gesellschaftern aus abkommensrechtlicher Sicht, in: Personengesellschaften im Recht der Doppelbesteuerungsabkommen – Die Auswirkungen des OECD-Reports auf die Abkommenspraxis, hrsg. von WOLFGANG GASSNER, MICHAEL LANG und EDUARD LECHNER, bearb. von HANS-JÖRGEN AIGNER u.a., Wien 2000, S. 101–120.

STEMLER, PATRICK (Sondervergütungen 2013): Die Behandlung von Sondervergütungen bei Personengesellschaften nach dem Recht der Doppelbesteuerungsabkommen, in der Reihe: Trierer Studien zum Internationalen Steuerrecht, Bd. 14, hrsg. von GABRIELE BURMESTER, Diss., Frankfurt am Main 2013.

STERNBERG, CHRISTIAN (Kommentierung § 50d EStG 2024): § 50d EStG, in: Einkommensteuergesetz – Kommentar, begr. von PAUL KIRCHHOF, HARTMUT SÖHN und RUDOLF MELLINGHOFF, hrsg. von PAUL KIRCHHOF, RUDOLF MELLINGHOFF und HANNO KUBE, bearb. von HANS-WOLFGANG ARNDT u.a., Heidelberg, Stand: November 2024.

STÖBER, MICHAEL (Zulässigkeit 2016): Zur verfassungs- und europarechtlichen (Un-)Zulässigkeit von Treaty Overrides, DStR 2016, S. 1889–1895.

STRAHL, MARTIN (Mitunternehmerschaft 2001): Mitunternehmerschaft über die Grenze, KÖSDI 2001, S. 12955–12965.

STRUNK, GÜNTHER (Kommentierung § 50a EStG 2024): § 50a EStG, in: Korn Einkommensteuergesetz – Kommentar, hrsg. von KLAUS KORN u.a., bearb. von MARCO S. ARTEAGA u.a., Berlin/Bonn, Stand: September 2024.

STRUNK, GÜNTHER/KAMINSKI, BERT (Kommentierung § 34d EStG 2024): § 34d EStG, in: Korn Einkommensteuergesetz – Kommentar, hrsg. von KLAUS KORN u.a., bearb. von MARCO S. ARTEAGA u.a., Berlin/Bonn, Stand: September 2024.

TCHERVENIACHKI, VASSIL (Kommentierung Art. 14 OECD-MA a.F. 2019): Art. 14 OECD-MA a.F., in: Schönfeld/Ditz Doppelbesteuerungsabkommen – Kommentar, hrsg. von JENS SCHÖNFELD und XAVER DITZ, bearb. von CHRISTIANE BOURSEAUX u.a., 2. Aufl., Köln 2019, S. 985–1008.

TCHERVENIACHKI, VASSIL (Kommentierung § 4k EStG 2024): § 4k EStG, in: Flick/Wassermeyer/Ditz/Schönfeld Außensteuerrecht – Kommentar, hrsg. von FRANZ WASSERMEYER, XAVER DITZ und JENS SCHÖNFELD, bearb. von JOHANNES BAßLER u.a., Köln, Stand: Oktober 2024.

TIEDE, KAI (Kommentierung § 15 EStG 2024): § 15 EStG, Rn. 450–550, in: Herrmann/Heuer/Raupach Einkommensteuer- und Körperschaftsteuergesetz – Kommentar, begr. von ALFONS MROZEK und ALBERT KENNERKNECHT, fortgef. von CARL HERRMANN, GERHARD HEUER und ARNDT RAUPACH, hrsg. unter der Gesamtverantwortlichkeit von JOHANNA HEY, MICHAEL WENDT und MARTIN KLEIN, bearb. von SEBASTIAN ADAM u.a., Köln, Stand: Oktober 2024.

TÖBEN, THOMAS (Geschäftsleitung 2015): Mehrere Orte der Geschäftsleitung? – Klare Sicht oder neuer Nebel aus Norderfriedrichskoog, IStR-LB 2015, S. 65–66.

TÖBEN, THOMAS (Missverständnisse 2017): Floating Income und andere Missverständnisse, IStR 2017, S. 942–949.

TOIFL, GERALD (Personengesellschaften 2003): Personengesellschaften im Recht der Doppelbesteuerungsabkommen – unter besonderer Berücksichtigung der gemeinschafts- und abkommensrechtlichen Diskriminierungsverbote, in der Reihe: Schriftenreihe zum Internationalen Steuerrecht, Bd. 22, hrsg. von MICHAEL LANG, Diss., Wien 2003.

TRZASKALIK, CHRISTOPH (Kommentierung § 38 EStG 2024): § 38 EStG, in: Einkommensteuergesetz – Kommentar, begr. von PAUL KIRCHHOF, HARTMUT SÖHN und RUDOLF MELLINGHOFF, hrsg. von PAUL KIRCHHOF, RUDOLF MELLINGHOFF und HANNO KUBE, bearb. von HANS-WOLFGANG ARNDT u.a., Heidelberg, Stand: November 2024.

VALTA, MATTHIAS (Einkommensteuer 2023): 2. Teil: Außensteuerrecht, Kapitel 6: Einkommensteuer, Abschnitte C. und D., in: Internationales Steuerrecht – Außensteuerrecht, Doppelbesteuerungsrecht, hrsg. von HARALD SCHAUMBURG, bearb. von ARNE VON FREEDEN u.a., 5. Aufl., Köln 2023, S. 221–318.

VAN DER HAM, SUSANN (Kommentierung Art. 7 OECD-MA 2024): Art. 7 OECD-MA, in: Gosch/Kroppen/Grotherr/Kraft DBA-Kommentar, hrsg. von DIETMAR GOSCH u.a., bearb. von ULRICH AMMELUNG u.a., Herne, Stand: September 2024.

VAN LISHAUT, INGO (Dotationskapital 2018): Dotationskapital bei Mitunternehmerschaften, BB 2018, S. 791–795.

VAN LISHAUT, INGO (Unternehmenssteuer 2024): „Vereinfachte Unternehmenssteuer“? – Analyse des Berichts der Expertenkommission vom 12.7.2024 an den BMF, FR 2024, S. 825–836.

VIEBROCK, BJÖRN (Kommentierung § 49 EStG 2024): § 49 EStG, in: Das Einkommensteuerrecht – Kommentar zum Einkommensteuerrecht, hrsg. von EBERHARD LITTMANN, HORST BITZ und HARTMUT PUST, bearb. von HUBERTUS BAREIN u.a., Stuttgart, Stand: Oktober 2024.

VOGEL, KLAUS (Internationales Steuerrecht 1997): Internationales Steuerrecht, DStZ 1997, S. 269–281.

VOGEL, KLAUS (Doppelbesteuerungsabkommen 2004): Auslegung von Doppelbesteuerungsabkommen, hrsg. von WILHELM HAARMANN, bearb. von ALEXANDER HEMMELRATH u.a., in der Reihe: Forum der Internationalen Besteuerung, Bd. 26, Köln 2004, S. 1–21.

VOGEL, KLAUS (Gesetzgebung 2007): Neue Gesetzgebung zur DBA-Freistellung, IStR 2007, S. 225–228.

VOGT, GABRIELE (Kommentierung § 17 EStG 2024): § 17 EStG, in: Brandis/Heuermann Ertragsteuerrecht – Kommentar, hrsg. von BERND HEUERMANN und PETER BRANDIS, bearb. von SINA BALDAUF u.a., München, Stand: September 2024.

VON FREEDEN, ARNE (Körperschaftsteuer 2023): 2. Teil: Außensteuerrecht, Kapitel 7: Körperschaftsteuer, in: Internationales Steuerrecht – Außensteuerrecht, Doppelbesteuerungsrecht, hrsg. von HARALD SCHAUMBURG, bearb. von ARNE VON FREEDEN u.a., 5. Aufl., Köln 2023, S. 351–383.

VON ZEZSCHWITZ, FRIEDRICH (Bilanzbündeltheorie 1970): Die Bilanzbündeltheorie – ein brüchiger Torso (I. Teil), FR 1970, S. 133–140.

WACKER, ROLAND (Personengesellschaften 2016): Brennpunkte der Besteuerung internationaler Personengesellschaften, in: Aktuelle Problemfelder im Internationalen Steuerrecht, hrsg. von JÜRGEN LÜDICKE, bearb. von ANDREAS BENECKE u.a., in der Reihe: Forum der Internationalen Besteuerung, Bd. 45, Köln 2016, S. 77–116.

WACKER, ROLAND (Veranlassungsprinzip 2018): Das Veranlassungsprinzip national und international – eine Zwischenbilanz aus Sicht des Ertragsteuerrechts, BB 2018, S. 2519–2528.

WACKER, ROLAND (Betriebsstättenzurechnung 2019): Personengesellschaften im Internationalen Steuerrecht – Aktuelles zur Betriebsstättenzurechnung, DStR 2019, S. 836–846.

WACKER, ROLAND (Kommentierung § 4i EStG 2024): § 4i EStG, in: Schmidt Einkommensteuergesetz – Kommentar, begr. von LUDWIG SCHMIDT, hrsg. von HEINRICH WEBER-GRELLET, bearb. von WOLFGANG HEINICKE u.a., 43. Aufl., München 2024, S. 350–353.

WACKER, ROLAND (Kommentierung § 15 EStG 2024): § 15 EStG, in: Schmidt Einkommensteuergesetz – Kommentar, begr. von LUDWIG SCHMIDT, hrsg. von HEINRICH WEBER-GRELLET, bearb. von WOLFGANG HEINICKE u.a., 43. Aufl., München 2024, S. 1091–1259.

WAGNER, KLAUS J. (Kommentierung § 34c EStG 2024): § 34c EStG, in: Brandis/Heuermann Ertragsteuerrecht – Kommentar, hrsg. von BERND HEUERMANN und PETER BRANDIS, bearb. von SINA BALDAUF u.a., München, Stand: September 2024.

WAGNER, KLAUS J. (Kommentierung § 34d EStG 2024): § 34d EStG, in: Brandis/Heuermann Ertragsteuerrecht – Kommentar, hrsg. von BERND HEUERMANN und PETER BRANDIS, bearb. von SINA BALDAUF u.a., München, Stand: September 2024.

WAGNER, KLAUS J. (Kommentierung § 50d EStG 2024): § 50d EStG, in: Brandis/Heuermann Ertragsteuerrecht – Kommentar, hrsg. von BERND HEUERMANN und PETER BRANDIS, bearb. von SINA BALDAUF u.a., München, Stand: September 2024.

WANK, ROLF/MATIES, MARTIN (Auslegung 2023): Die Auslegung von Gesetzen, 7. Aufl., München 2023.

WASCHBUSCH, GERD/SCHUSTER, HANNES/BERG, SUSEN CLAIRE/CZAKOVA, PATRICIA (Unternehmensnachfolge 2018): Kaufpreisfindung im Rahmen der Unternehmensnachfolge mittelständischer Unternehmen, StB 2018, S. 211–217.

WASSERMEYER, FRANZ (Stellungnahme 2004): Stellungnahme zu dem vorstehenden Beitrag von Kramer über die Frage nach der Relevanz einer Betriebsstätte im Wohnsitzstaat für die Besteuerung im Quellenstaat, IStR 2004, S. 676–677.

WASSERMEYER, FRANZ (Qualifikationskonflikt 2006): Qualifikationskonflikt bei doppelstöckigen Mitunternehmerschaften, IStR 2006, S. 273–274.

WASSERMEYER, FRANZ (Anmerkung 2007): Anmerkung zu BFH, Beschluss vom 20.12.2006, I B 47/05, IStR 2007, S. 334–335.

WASSERMEYER, FRANZ (Doppelbesteuerungsabkommen 2007): Die Anwendung der Doppelbesteuerungsabkommen auf Personengesellschaften, IStR 2007, S. 413–417.

WASSERMEYER, FRANZ (Sondervergütungen 2007): Sondervergütungen und Sonderbetriebsvermögen im Abkommensrecht, in: Steuerrecht, Verfassungsrecht, Europarecht – Festschrift für Hans Georg Ruppe, hrsg. von MARKUS ACHATZ u.a., bearb. von MARKUS ACHATZ u.a., Wien 2007, S. 681–694.

WASSERMEYER, FRANZ (Betriebsstätten 2008): Teil II. Ausländische Konzerneinheiten, § 7 Besteuerung der ausländischen Aktivität, B. Investitionen in ausländische Betriebsstätten, in: Konzernsteuerrecht – National - International, hrsg. von WOLFGANG KESSLER, MICHAEL KRÖNER und STEFAN KÖHLER, bearb. von CHRISTIAN ALTVATER u.a., 2. Aufl., München 2008, S. 646–683. [neuer Autor in der aktuellen Aufl., siehe REINHOLD, MARTIN (Betriebsstätten 2018)]

WASSERMEYER, FRANZ (Doppelbesteuerungsabkommen 2008): Zur Anwendung der Doppelbesteuerungsabkommen auf Personengesellschaften, DK 2008, S. 338–343.

WASSERMEYER, FRANZ (Abkommensrecht 2010): Grundfragen internationaler Personengesellschaften im Abkommensrecht, FR 2010, S. 537–541.

WASSERMEYER, FRANZ (Sondervergütungen 2010): Nochmal: Das Darlehen des ausländischen Mitunternehmers an seine deutsche Personengesellschaft und § 50d Abs. 10 EStG – Kritik an den Ausführungen von Kramer, IStR 2010, S. 241–242.

WASSERMEYER, FRANZ (Unternehmensgewinne 2010): Über Unternehmensgewinne im Sinne des Art. 7 OECD-MA, IStR 2010, S. 37–42.

WASSERMEYER, FRANZ (Aufteilung 2012): Die abkommensrechtliche Aufteilung von Unternehmensgewinnen zwischen den beteiligten Vertragsstaaten, IStR 2012, S. 277–282.

WASSERMEYER, FRANZ (Betriebsstätte 2015): 1. Teil: Grundlagen, Kapitel 2: Steuerrechtliche Grundfragen zu Personengesellschaften im internationalen Steuerrecht, Abschnitt F: Betriebsstätte nach Abkommensrecht, in: Personengesellschaften im Internationalen Steuerrecht, hrsg. von FRANZ WASSERMEYER, STEFAN RICHTER und HELDER SCHNITTKER, bearb. von STEFAN BEHRENS u.a., 2. Aufl., Köln 2015, S. 96–103.

WASSERMEYER, FRANZ (Betriebsstättengewinnermittlung 2015): 1. Teil: Grundlagen, Kapitel 2: Steuerrechtliche Grundfragen zu Personengesellschaften im internationalen Steuerrecht, Abschnitt D: Fragen der Betriebsstättengewinnermittlung nach deutschem innerstaatlichen Recht, in: Personengesellschaften im Internationalen Steuerrecht, hrsg. von FRANZ WASSERMEYER, STEFAN RICHTER und HELDER SCHNITTKER, bearb. von STEFAN BEHRENS u.a., 2. Aufl., Köln 2015, S. 77–85.

WASSERMEYER, FRANZ (BFH-Rechtsprechung 2015): Die BFH-Rechtsprechung zur Betriebsstättenbesteuerung vor dem Hintergrund des § 1 Abs. 5 AStG und der BsGaV, IStR 2015, S. 37–40.

WASSERMEYER, FRANZ (Qualifikationskonflikte 2015): 1. Teil: Grundlagen, Kapitel 4: Qualifikationskonflikte, in: Personengesellschaften im Internationalen Steuerrecht, hrsg. von FRANZ WASSERMEYER, STEFAN RICHTER und HELDER SCHNITTKER, bearb. von STEFAN BEHRENS u.a., 2. Aufl., Köln 2015, S. 198–227.

WASSERMEYER, FRANZ (Steuerpflichten 2015): 1. Teil: Grundlagen, Kapitel 2: Steuerrechtliche Grundfragen zu Personengesellschaften im internationalen Steuerrecht, Abschnitt B: Persönliche Steuerpflichten, in: Personengesellschaften im Internationalen Steuerrecht, hrsg. von FRANZ WASSERMEYER, STEFAN RICHTER und HELDER SCHNITTKER, bearb. von STEFAN BEHRENS u.a., 2. Aufl., Köln 2015, S. 71–73.

WASSERMEYER, FRANZ (Anrechnung 2016): Anrechnung und Abzug ausländischer Steuern gemäß § 34c EStG in Missbrauchsfällen, IStR 2016, S. 825–827.

WASSERMEYER, FRANZ (Geschäftsleitungsbetriebsstätte 2017): Kapitel 11: Sonderfälle, Abschnitt A: Gewinn einer Geschäftsleitungsbetriebsstätte, in: Betriebsstätten Handbuch – Gewinnermittlung und Besteuerung, hrsg. von FRANZ WASSERMEYER, ULF ANDRESEN und XAVER DITZ, bearb. von JULIAN BÖHMER u.a., 2. Aufl., Köln 2017, S. 602–611.

WASSERMEYER, FRANZ (Personengesellschaften 2017): Kapitel 9: Besonderheiten bei Personengesellschaften, in: Betriebsstätten Handbuch – Gewinnermittlung und Besteuerung, hrsg. von FRANZ WASSERMEYER, ULF ANDRESEN und XAVER DITZ, bearb. von JULIAN BÖHMER u.a., 2. Aufl., Köln 2017, S. 548–581.

WASSERMEYER, FRANZ (Kommentierung Art. 6 OECD-MA 2024): Art. 6 OECD-MA, Rn. 1–109, in: Wassermeyer Doppelbesteuerung – Kommentar zu allen deutschen Doppelbesteuerungsabkommen, hrsg. von CHRISTIAN KAESER, MICHAEL SCHWENKE und KLAUS-DIETER DRÜEN, bearb. von JOCHEN BAHNS u.a., München, Stand: Juli 2024.

WASSERMEYER, FRANZ (Kommentierung Art. 7 OECD-MA 2024): Art. 7 OECD-MA, Rn. 3–356, in: Wassermeyer Doppelbesteuerung – Kommentar zu allen deutschen Doppelbesteuerungsabkommen, hrsg. von CHRISTIAN KAESER, MICHAEL SCHWENKE und KLAUS-DIETER DRÜEN, bearb. von JOCHEN BAHNS u.a., München, Stand: Juli 2024.

WASSERMEYER, FRANZ (Kommentierung Art. 11 OECD-MA 2024): Art. 11 OECD-MA, Rn. 1–160, in: Wassermeyer Doppelbesteuerung – Kommentar zu allen deutschen Doppelbesteuerungsabkommen, hrsg. von CHRISTIAN KAESER, MICHAEL SCHWENKE und KLAUS-DIETER DRÜEN, bearb. von JOCHEN BAHNS u.a., München, Stand: Juli 2024.

WASSERMEYER, FRANZ (Kommentierung Art. 12 OECD-MA 2024): Art. 12 OECD-MA, Rn. 1–154, in: Wassermeyer Doppelbesteuerung – Kommentar zu allen deutschen Doppelbesteuerungsabkommen, hrsg. von CHRISTIAN KAESER, MICHAEL SCHWENKE und KLAUS-DIETER DRÜEN, bearb. von JOCHEN BAHNS u.a., München, Stand: Juli 2024.

WASSERMEYER, FRANZ (Kommentierung Art. 14 OECD-MA a.F. 2024): Art. 14 OECD-MA a.F., in: Wassermeyer Doppelbesteuerung – Kommentar zu allen deutschen Doppelbesteuerungsabkommen, hrsg. von CHRISTIAN KAESER, MICHAEL SCHWENKE und KLAUS-DIETER DRÜEN, bearb. von JOCHEN BAHNS u.a., München, Stand: Juli 2024.

WASSERMEYER, FRANZ (Kommentierung Art. 23A OECD-MA 2024): Art. 23A OECD-MA, in: Wassermeyer Doppelbesteuerung – Kommentar zu allen deutschen Doppelbesteuerungsabkommen, hrsg. von CHRISTIAN KAESER, MICHAEL SCHWENKE und KLAUS-DIETER DRÜEN, bearb. von JOCHEN BAHNS u.a., München, Stand: Juli 2024.

WASSERMEYER, FRANZ/KAESER, CHRISTIAN (Kommentierung Art. 4 OECD-MA 2024): Art. 4 OECD-MA, in: Wassermeyer Doppelbesteuerung – Kommentar zu allen deutschen Doppelbesteuerungsabkommen, hrsg. von CHRISTIAN KAESER, MICHAEL SCHWENKE und KLAUS-DIETER DRÜEN, bearb. von JOCHEN BAHNS u.a., München, Stand: Juli 2024.

WASSERMEYER, FRANZ/KAESER, CHRISTIAN (Kommentierung Art. 5 OECD-MA 2024): Art. 5 OECD-MA, Rn. 1–154, in: Wassermeyer Doppelbesteuerung – Kommentar zu allen deutschen Doppelbesteuerungsabkommen, hrsg. von CHRISTIAN KAESER, MICHAEL SCHWENKE und KLAUS-DIETER DRÜEN, bearb. von JOCHEN BAHNS u.a., München, Stand: Juli 2024.

WASSERMEYER, FRANZ/KAESER, CHRISTIAN (Kommentierung Art. 21 OECD-MA 2024): Art. 21 OECD-MA, in: Wassermeyer Doppelbesteuerung – Kommentar zu allen deutschen Doppelbesteuerungsabkommen, hrsg. von CHRISTIAN KAESER, MICHAEL SCHWENKE und KLAUS-DIETER DRÜEN, bearb. von JOCHEN BAHNS u.a., München, Stand: Juli 2024.

WASSERMEYER, FRANZ/SCHWENKE, MICHAEL (Kommentierung Art. 24 OECD-MA 2024): Art. 24 OECD-MA, Rn. 1–107, in: Wassermeyer Doppelbesteuerung – Kommentar zu allen deutschen Doppelbesteuerungsabkommen, hrsg. von CHRISTIAN KAESER, MICHAEL SCHWENKE und KLAUS-DIETER DRÜEN, bearb. von JOCHEN BAHNS u.a., München, Stand: Juli 2024.

WEGGENMANN, HANS R. (Personengesellschaften 2002): Sondervergütungen unbeschränkt steuerpflichtiger Mitunternehmer einer ausländischen Personengesellschaft in der Rechtsprechung des BFH und aus Sicht der OECD, IStR 2002, S. 1–12.

WEGGENMANN, HANS R. (Personengesellschaften 2005): Personengesellschaften im Lichte der Doppelbesteuerungsabkommen – Einordnungskonflikte unter besonderer Berücksichtigung des OECD-Partnership-Reports 1999, in der Dissertationsreihe des Deutschen Steuerberaterinstituts e.V., Bd. 9, Diss., Bonn/Berlin 2005.

WEGGENMANN, HANS R. (Personengesellschaften 2015): 2. Teil: Steuerliche Behandlung typischer Personengesellschaften, Kapitel 6: Gewerbliche Personengesellschaften, in: Personengesellschaften im Internationalen Steuerrecht, hrsg. von FRANZ WASSERMEYER, STEFAN RICHTER und HELDER SCHNITTKER, bearb. von STEFAN BEHRENS u.a., 2. Aufl., Köln 2015, S. 273–335.

WEGGENMANN, HANS R./NEHLS, DANIELA (Kommentierung Art. 1 OECD-MA 2021): Art. 1 OECD-MA, in: Vogel/Lehner Doppelbesteuerungsabkommen der Bundesrepublik Deutschland auf dem Gebiet der Steuern vom Einkommen und Vermögen – Kommentar auf der Grundlage der Musterabkommen, begr. von KLAUS VOGEL, fortgef. von MORIS LEHNER, hrsg. von ROLAND ISMER, bearb. von MICHAEL BLANK u.a., 7. Aufl., München 2021, S. 333–486.

WEGGENMANN, HANS R./RÖDL, CHRISTIAN (Sonderregelungen 2008): Sonderregelungen für Personengesellschaften in deutschen Doppelbesteuerungsabkommen, in: Festschrift für Wolfram Reiss zum 65. Geburtstag, hrsg. von PAUL KIRCHHOF und HANS NIESKENS, bearb. von MARKUS ACHATZ u.a., Köln 2008, S. 697–718.

WEHRßE, MARTIN (Personengesellschaften 2011): Grenzüberschreitende Besteuerung von Personengesellschaften im internationalen Vergleich – Qualifikationskonflikte, Doppel- und Nichtbesteuerung, Reformüberlegungen, in der Reihe: Steuer, Wirtschaft und Recht, Bd. 310, hrsg. von JOHANNES G. BISCHOFF u.a., Diss., Lohmar/Köln 2011.

WEISS, MARTIN (Treaty Override 2016): Der „Treaty Override“ vor dem BVerfG, SteuK 2016, S. 193–197.

WENZEL, HENNING (Sonderbetriebsvermögen 2009): Sonderbetriebsvermögen – Grundlagen des Rechtsinstituts, NWB 2009, S. 1070–1078.

WERNING, ULRICH (Kommentierung § 32 KStG 2024): § 32 KStG, in: Brandis/Heuermann Ertragsteuerrecht – Kommentar, hrsg. von BERND HEUERMANN und PETER BRANDIS, bearb. von SINA BALDAUF u.a., München, Stand: September 2024.

WILKE, KAY-MICHAEL (Internationales Steuerrecht 2024): Lehrbuch Internationales Steuerrecht, 17. Aufl., Herne 2024.

WINTER, ANDREAS (Vergütungen 2024): B. Die Personengesellschaft als Subjekt der Einkunftserzielung, IX. Vergütungen an Gesellschafter, in: Personengesellschaften im Steuerrecht, begr. von JOACHIM LANGE, fortgef. von ANDREA BILITEWSKI u.a., bearb. von DANIEL AUER u.a., 12. Aufl., Herne 2024, S. 257–282.

WÖHE, GÜNTER (Steuerlehre 1988): Betriebswirtschaftliche Steuerlehre, Bd. I, 1. Halbband, Die Steuern des Unternehmens – Das Besteuerungsverfahren, 6. Aufl., München 1988.

WOLFF, ULRICH (Nicht-Besteuerung 2004): Generalthema I: Doppelte Nicht-Besteuerung, IStR 2004, S. 542–549.

ZEHETNER, ULF (Personengesellschaften 2000): Die Arbeitgebereigenschaft von Personengesellschaften nach Art 15 Abs 2 OECD-MA, in: Personengesellschaften im Recht der Doppelbesteuerungsabkommen – Die Auswirkungen des OECD-Reports auf die Abkommenspraxis, hrsg. von WOLFGANG GASSNER, MICHAEL LANG und EDUARD LECHNER, bearb. von HANS-JÖRGEN AIGNER u.a., Wien 2000, S. 153–179.

ZEHETNER, ULF (Partnerships 2001): Partnerships as Employers according to Art. 15 Para. 2 OECD Model Tax Convention, SWI 2001, S. 102–110.

ZIMMERMANN, HEINZ/KÖNEMANN, RAGNAR W. (Kommentierung § 2 AStG 2024): § 2 AStG, in: Strunk/Kaminski/Köhler Außensteuergesetz, Doppelbesteuerungsabkommen – Kommentar, hrsg. von GÜNTHER STRUNK, BERT KAMINSKI und STEFAN KÖHLER, bearb. von DANIEL BLÖCHLE u.a., Bonn, Stand: August 2024.

ZINOWSKY, TIM (Einkommensteuerrecht 2021): Die Vernunft als Maßstab findet Eingang in das Einkommensteuerrecht – Erläuterung der Bestimmungen zur Abwehr hybrider Gestaltungen nach § 4k EStG, IStR 2021, S. 500–509.

ZINOWSKY, TIM/JOCHIMSEN, CLAUS (Abwehrmaßnahmen 2017): ATAD II – Ausweitung der Abwehrmaßnahmen gegen steuerlich hybride Gestaltungen auf Drittlandsfälle, ISR 2017, S. 325–336.

ZIPPELIUS, REINHOLD (Methodenlehre 2021): Juristische Methodenlehre, hrsg. und bearb. von THOMAS WÜRTENBERGER, 12. Aufl., München 2021.

ZUBER, BARBARA/DITSCH, STEFAN (Kommentierung § 50d EStG 2024): § 50d EStG, in: Das Einkommensteuerrecht – Kommentar zum Einkommensteuerrecht, hrsg. von EBERHARD LITTMANN, HORST BITZ und HARTMUT PUST, bearb. von HUBERTUS BAREIN u.a., Stuttgart, Stand: Oktober 2024.

Gerichtsentscheidungen

- **des Bundesfinanzhofs**

BFH, Beschluss vom 08.09.1982, I B 9/82, BStBl. II 1983, S. 71–72.

BFH, Beschluss vom 03.11.1982, I R 3/79, BStBl. II 1983, S. 259–269.

BFH, Beschluss vom 25.06.1984, GrS 4/82, BStBl. II 1984, S. 751–770.

BFH, Beschluss vom 25.02.1991, GrS 7/89, BStBl. II 1991, S. 691–703.

BFH, Beschluss vom 03.05.1993, GrS 3/92, BStBl. II 1993, S. 616–628.

BFH, Beschluss vom 03.07.1995, GrS 1/93, BStBl. II 1995, S. 617–622.

BFH, Beschluss vom 20.12.2006, I B 47/05, BStBl. II 2009, S. 766–772.

BFH, Beschluss vom 19.12.2007, I R 66/06, BStBl. II 2008, S. 510–513.

BFH, Beschluss vom 19.05.2010, I B 191/09, BStBl. II 2011, S. 156–162.

BFH, Beschluss vom 08.10.2010, IV B 46/10, BFH/NV 2011, S. 244–245.

BFH, Beschluss vom 08.11.2010, I R 106/09, BStBl. II 2014, S. 759–760.

BFH, Beschluss vom 07.11.2011, I B 157/10, BStBl. II 2012, S. 590–594.

BFH, Beschluss vom 10.01.2012, I R 66/09, DStR 2012, S. 949–955.

BFH, Beschluss vom 13.11.2013, I R 67/12, BStBl. II 2014, S. 172–174.

BFH, Beschluss vom 11.12.2013, I R 4/13, BStBl. II 2014, S. 791–801.

BFH, Beschluss vom 20.08.2014, I R 86/13, BStBl. II 2015, S. 18–27.

BFH, Beschluss vom 08.02.2022, I R 8/21, BFH/NV 2022, S. 814–815.

BFH, Urteil vom 10.05.1961, IV 155/60 U, BStBl. III 1961, S. 317–319.

BFH, Urteil vom 18.10.1962, IV 319/60 U, BStBl. III 1963, S. 38.

BFH, Urteil vom 29.01.1964, I 153/61 S, BStBl. III 1964, S. 165–167.

BFH, Urteil vom 07.06.1966, I B 124/64, BStBl. III 1966, S. 548–549.

BFH, Urteil vom 05.11.1970, V R 71/67, BStBl. II 1971, S. 220–224.

BFH, Urteil vom 17.01.1973, I R 191/72, BStBl. II 1973, S. 260–261.

BFH, Urteil vom 09.10.1974, I R 128/73, BStBl. II 1975, S. 203–204.

BFH, Urteil vom 28.01.1976, I R 84/74, BStBl. II 1976, S. 744–746.

BFH, Urteil vom 23.05.1979, I R 56/77, BStBl. II 1979, S. 763–767.

BFH, Urteil vom 18.07.1979, I R 199/75, BStBl. II 1979, S. 750–754.

BFH, Urteil vom 18.05.1983, I R 5/82, BStBl. II 1983, S. 771–775.

BFH, Urteil vom 10.11.1983, IV R 62/82, BStBl. II 1984, S. 605–607.

BFH, Urteil vom 21.08.1985, I R 63/80, BStBl. II 1986, S. 4–6.

BFH, Urteil vom 14.11.1985, IV R 63/83, BStBl. II 1986, S. 58–60.

BFH, Urteil vom 06.05.1986, VIII R 160/85, BStBl. II 1986, S. 838–839.

BFH, Urteil vom 28.08.1986, V R 20/79, BStBl. II 1987, S. 162–164.

BFH, Urteil vom 11.12.1986, IV R 222/84, BStBl. II 1987, S. 553–557.

BFH, Urteil vom 18.12.1986, I R 130/83, juris.

BFH, Urteil vom 10.02.1988, VIII R 159/84, BStBl. II 1988, S. 653–654.

BFH, Urteil vom 24.02.1988, I R 95/84, BStBl. II 1988, S. 663–666.

BFH, Urteil vom 08.03.1988, VIII R 270/81, BFH/NV 1988, S. 735–737.

BFH, Urteil vom 20.07.1988, I R 49/84, BStBl. II 1989, S. 140–143.

BFH, Urteil vom 14.12.1988, I R 148/87, BStBl. II 1989, S. 319–322.

BFH, Urteil vom 13.09.1989, I R 117/87, BStBl. II 1990, S. 57–60.

BFH, Urteil vom 27.10.1989, III R 38/88, BFH/NV 1990, S. 369–371.

BFH, Urteil vom 21.11.1989, VIII R 145/85, BFH/NV 1990, S. 428–429.

BFH, Urteil vom 17.10.1990, I R 16/89, BStBl. II 1991, S. 211–213.

BFH, Urteil vom 23.10.1990, VIII R 142/85, BStBl. II 1991, S. 401–404.

BFH, Urteil vom 05.12.1990, I R 94/88, BStBl. II 1991, S. 287–291.

BFH, Urteil vom 11.12.1990, VIII R 122/86, GmbHR 1991, S. 337–340.

BFH, Urteil vom 27.02.1991, I R 15/89, BStBl. II 1991, S. 444–448.

BFH, Urteil vom 27.02.1991, I R 96/89, BFH/NV 1992, S. 385–387.

BFH, Urteil vom 22.05.1991, I R 32/90, BStBl. II 1992, S. 94–95.

BFH, Urteil vom 23.10.1991, I R 86/89, BStBl. II 1992, S. 185–187.

BFH, Urteil vom 26.02.1992, I R 85/91, BStBl. II 1992, S. 937–940.

BFH, Urteil vom 11.03.1992, XI R 38/89, BStBl. II 1992, S. 797–798.

BFH, Urteil vom 07.04.1992, VIII R 86/87, BStBl. II 1993, S. 21–23.

BFH, Urteil vom 29.04.1992, XI R 58/89, BFH/NV 1992, S. 803–805.

BFH, Urteil vom 02.12.1992, I R 165/90, BStBl. II 1993, S. 577–580.

BFH, Urteil vom 03.02.1993, I R 80-81/91, BStBl. II 1993, S. 462–467.

BFH, Urteil vom 19.05.1993, I R 64/92, juris.

BFH, Urteil vom 14.07.1993, I R 71/92, BStBl. II 1994, S. 91–93.

BFH, Urteil vom 28.07.1993, I R 15/93, BStBl. II 1994, S. 148–150.

BFH, Urteil vom 06.10.1993, I R 32/93, BStBl. II 1994, S. 113–114.

BFH, Urteil vom 31.05.1995, I R 74/93, BStBl. II 1995, S. 683–685.

BFH, Urteil vom 30.08.1995, I R 112/94, BStBl. II 1996, S. 563–566.

BFH, Urteil vom 16.02.1996, I R 43/95, BStBl. II 1997, S. 128–132.

BFH, Urteil vom 29.05.1996, I R 15/94, BStBl. II 1997, S. 57–60.

BFH, Urteil vom 29.05.1996, I R 167/94, BStBl. II 1997, S. 60–63.

BFH, Urteil vom 18.09.1996, I R 59/95, DStRE 1997, S. 202–204.

BFH, Urteil vom 30.10.1996, II R 12/92, BStBl. II 1997, S. 12–15.

BFH, Urteil vom 04.12.1996, I R 54/95, DStR 1997, S. 492–495.

BFH, Urteil vom 09.04.1997, I R 178/94, BStBl. II 1997, S. 657–660.

BFH, Urteil vom 27.08.1997, I R 127/95, BStBl. II 1998, S. 58–59.

BFH, Urteil vom 15.10.1997, I R 76/95, DStRE 1998, S. 233–235.

BFH, Urteil vom 25.11.1997, VIII R 4/94, BStBl. II 1998, S. 461–466.

BFH, Urteil vom 13.10.1998, VIII R 4/98, BStBl. II 1999, S. 284–286.

BFH, Urteil vom 16.12.1998, I R 138/97, BStBl. II 1999, S. 437–439.

BFH, Urteil vom 24.03.1999, I R 114/97, DStR 1999, S. 889–892.

BFH, Urteil vom 06.07.1999, VIII R 46/94, BStBl. II 1999, S. 720–722.

BFH, Urteil vom 21.07.1999, I R 71/98, BStBl. II 2000, S. 336–339.

BFH, Urteil vom 17.11.1999, I R 7/99, BStBl. II 2000, S. 605–608.

BFH, Urteil vom 29.03.2000, I R 15/99, BStBl. II 2000, S. 577–580.

BFH, Urteil vom 06.03.2002, XI R 9/01, BStBl. II 2002, S. 737–738.

BFH, Urteil vom 10.07.2002, I R 71/01, BStBl. II 2003, S. 191–194.

BFH, Urteil vom 16.10.2002, I R 17/01, BStBl. II 2003, S. 631–635.

BFH, Urteil vom 18.12.2002, I R 92/01, DStRE 2003, S. 808–810.

BFH, Urteil vom 09.07.2003, I R 4/02, IStR 2003, S. 710–711.

BFH, Urteil vom 17.09.2003, I R 12/02, BStBl. II 2004, S. 396–398.

BFH, Urteil vom 17.12.2003, I R 14/02, BStBl. II 2004, S. 260–262.

BFH, Urteil vom 12.02.2004, IV R 29/02, BStBl. II 2004, S. 602–607.

BFH, Urteil vom 10.03.2005, II R 51/03, IStR 2005, S. 745–747.

BFH, Urteil vom 30.06.2005, III R 76/03, BStBl. II 2006, S. 84–89.

BFH, Urteil vom 21.09.2005, X R 46/04, BStBl. II 2006, S. 125–128.

BFH, Urteil vom 01.12.2005, IV R 65/04, BStBl. II 2006, S. 259–265.

BFH, Urteil vom 07.03.2006, X R 44/04, BStBl. II 2006, S. 588–591.

BFH, Urteil vom 30.03.2006, IV R 25/04, BStBl. II 2008, S. 171–174.

BFH, Urteil vom 27.06.2006, VIII R 31/04, BStBl. II 2006, S. 874–878.

BFH, Urteil vom 10.08.2006, II R 59/05, BStBl. II 2009, S. 758–766.

BFH, Urteil vom 27.03.2007, VIII R 25/05, BStBl. II 2008, S. 298–303.

BFH, Urteil vom 29.03.2007, IV R 72/02, BStBl. II 2008, S. 420–425.

BFH, Urteil vom 30.08.2007, IV R 14/06, BStBl. II 2007, S. 942–945.

BFH, Urteil vom 17.10.2007, I R 5/06, BStBl. II 2009, S. 356–361.

BFH, Urteil vom 17.10.2007, I R 96/06, BStBl. II 2008, S. 953–956.

BFH, Urteil vom 19.12.2007, I R 19/06, BStBl. II 2010, S. 398–404.

BFH, Urteil vom 13.02.2008, I R 63/06, BStBl. II 2009, S. 414–421.

BFH, Urteil vom 04.06.2008, I R 30/07, BStBl. II 2008, S. 922–924.

BFH, Urteil vom 20.08.2008, I R 34/08, BStBl. II 2009, S. 263–266.

BFH, Urteil vom 11.02.2009, I R 25/08, BStBl. II 2010, S. 536–539.

BFH, Urteil vom 05.05.2010, II R 16/08, BStBl. II 2010, S. 923–929.

BFH, Urteil vom 08.09.2010, I R 74/09, BStBl. II 2014, S. 788–791.

BFH, Urteil vom 30.03.2011, I R 63/10, DStRE 2011, S. 985–988.

BFH, Urteil vom 25.05.2011, I R 95/10, BStBl. II 2014, S. 760–764.

BFH, Urteil vom 15.11.2011, VIII R 12/09, BStBl. II 2012, S. 207–210.

BFH, Urteil vom 12.06.2013, I R 47/12, BStBl. II 2014, S. 770–774.

BFH, Urteil vom 05.11.2014, IV R 30/11, BStBl. II 2015, S. 601–606.

BFH, Urteil vom 21.01.2016, I R 49/14, BStBl. II 2017, S. 107–111.

BFH, Urteil vom 06.04.2016, I R 61/14, BStBl. II 2017, S. 48–53.

BFH, Urteil vom 12.10.2016, I R 92/12, IStR 2017, S. 278–287.

BFH, Urteil vom 07.12.2016, I R 76/14, BStBl. II 2017, S. 704–709.

BFH, Urteil vom 19.01.2017, IV R 50/14, BStBl. II 2017, S. 456–466.

BFH, Urteil vom 20.03.2017, X R 65/14, BStBl. II 2017, S. 958–963.

BFH, Urteil vom 10.05.2017, II R 53/14, BStBl. II 2017, S. 1200–1203.

BFH, Urteil vom 29.11.2017, I R 58/15, DStR 2018, S. 657–661.

BFH, Urteil vom 20.12.2017, I R 98/15, DStR 2018, S. 449–454.

BFH, Urteil vom 21.12.2017, IV R 44/14, DStR 2018, S. 400–403.

BFH, Urteil vom 11.07.2018, I R 44/16, BStBl. II 2023, S. 430–435.

BFH, Urteil vom 11.07.2018, I R 52/16, BStBl. II 2019, S. 105–108.

BFH, Urteil vom 27.03.2019, I R 33/16, juris.

BFH, Urteil vom 27.11.2019, I R 40/19 (I R 14/16), DStR 2020, S. 2012–2017.

BFH, Urteil vom 06.02.2020, IV R 5/18, BStBl. II 2020, S. 448–452.

BFH, Urteil vom 28.05.2020, IV R 11/18, BStBl. II 2020, S. 641–645.

BFH, Urteil vom 15.03.2021, I R 1/18, BB 2021, S. 2337–2344.

BFH, Urteil vom 15.03.2021, I R 61/17, DStRE 2021, S. 1153–1160.

BFH, Urteil vom 07.06.2023, I R 47/20, IStR 2023, S. 655–659.

BFH, Urteil vom 05.12.2023, I R 42/20, IStR 2024, S. 489–496.

- **des Bundesgerichtshofs**

BGH, Urteil vom 14.12.1960, V ZR 40/60, NJW 1961, S. 772–775.

- **des Bundesverfassungsgerichts**

BVerfG, Beschluss vom 15.10.1996, 1 BvL 44/92, 1 BvL 48/92, NJW 1997, S. 722–726.

BVerfG, Beschluss vom 15.12.2015, 2 BvL 1/12, BVerfGE 141, S. 1–43.

- **des Europäischen Gerichtshofs**

EuGH, Urteil vom 12.07.2005, C-403/03, Rs. Schempp, DStR 2005, S. 1265–1268.

EuGH, Urteil vom 25.02.2010, C-337/08, Rs. X Holding, IStR 2010, S. 213–215.

EuGH, Urteil vom 06.09.2012, C-18/11, Rs. Philips Electronics, IStR 2012, S. 847–849.

EuGH, Urteil vom 04.07.2018, C-28/17, Rs. NN, IStR 2018, S. 810–813.

- **der Finanzgerichte**

FG Düsseldorf, Urteil vom 10.09.1991, 9 K 524/86 BB, EFG 1992, S. 717–719.

FG Düsseldorf, Urteil vom 23.10.2008, 14 K 4841/05 G, juris.

FG Düsseldorf, Urteil vom 21.05.2015, 8 K 2541/12 G, IStR 2015, S. 828–833.

FG Düsseldorf, Urteil vom 18.04.2023, 6 K 501/20 K, IStR 2023, S. 876–884.

FG Hamburg, Urteil vom 15.09.2016, 2 K 223/13, EFG 2017, S. 47–51.

FG Hessen, Urteil vom 25.02.2003, 11 K 5466/00, 11 K 5468/00, juris.

FG Hessen, Urteil vom 26.08.2020, 8 K 1860/16, DStR 2021, S. 845–853.

FG München, Urteil vom 31.05.2017, 9 K 3041/15, IStR 2017, S. 749–752.

FG Münster, Urteil vom 18.01.1989, XII 4874/86 F, EFG 1989, S. 294–296.

FG Münster, Urteil vom 28.04.2017, 10 K 106/13 F, juris.

FG Münster, Urteil vom 31.08.2023, 10 K 2613/20 F, DStR 2023, S. 2773–2777.

FG Rheinland-Pfalz, Urteil vom 14.12.2011, 2 K 1427/11, juris.

▪ **des Reichsfinanzhofs**

RFH, Urteil vom 23.11.1933, III A 955/31, RStBl. 1934, S. 38–41.

RFH, Urteil vom 28.07.1937, VI A 432/37, RStBl. 1938, S. 851–852.

RFH, Urteil vom 30.11.1938, I 42/38, RStBl. 1939, S. 544–545.

▪ **des Schweizer Bundesgerichts**

Schweizer Bundesgericht, Urteil vom 23.06.2023, 9C_682/2022, 9C_683/2022, IStR 2023, S. 914–925.

Drucksachen, Gesetzesbegründungen und Verwaltungsvorschriften

- **Drucksachen/Gesetzesbegründungen**

BR-Drs. 545/08 (Beschluss) vom 19.09.2008, Stellungnahme des Bundesrates – Entwurf eines Jahressteuergesetzes 2009 (JStG 2009), S. 1–100.

BR-Drs. 632/1/12 vom 13.11.2012, Empfehlungen der Ausschüsse – Jahressteuergesetz 2013, S. 1–72.

BR-Drs. 139/13 (Beschluss) vom 01.03.2013, Gesetzentwurf des Bundesrates – Entwurf eines Jahressteuergesetzes 2013, S. 1–227.

BR-Drs. 369/24 (Beschluss) vom 27.09.2024, Stellungnahme des Bundesrates – Entwurf eines Jahressteuergesetzes 2024 (JStG 2024), S. 1–142.

BT-Drs. 16/11108 vom 27.11.2008, Bericht des Finanzausschusses (7. Ausschuss) zu dem Gesetzentwurf der Bundesregierung – Drucksachen 16/10189, 16/10494, 16/10665 Nr. 3 – Entwurf eines Jahressteuergesetzes 2009 (JStG 2009), S. 1–76.

BT-Drs. 17/10000 vom 19.06.2012, Gesetzentwurf der Bundesregierung – Entwurf eines Jahressteuergesetzes 2013, S. 1–92.

BT-Drs. 18/9956 vom 12.10.2016, Unterrichtung durch die Bundesregierung – Entwurf eines Gesetzes zur Umsetzung der Änderungen der EU-Amtshilferichtlinie und von weiteren Maßnahmen gegen Gewinnkürzungen und -verlagerungen, Drucksache 18/9536, Stellungnahme des Bundesrates und Gegenäußerung der Bunderegierung, S. 1–24.

BT-Drs. 18/11132 vom 13.02.2017, Gesetzentwurf der Bundesregierung – Entwurf eines Gesetzes zur Bekämpfung der Steuerumgehung und zur Änderung weiterer steuerlicher Vorschriften (Steuerumgehungsbekämpfungsgesetz – StUmgBG), S. 1–57.

BT-Drs. 19/12112 vom 31.07.2019, Gesetzentwurf der Bundesregierung – Entwurf eines Gesetzes zur Umsetzung der Richtlinie (EU) 2017/1852 des Rates vom 10. Oktober 2017 über Verfahren zur Beilegung von Besteuerungsstreitigkeiten in der Europäischen Union (EU-Doppelbesteuerungsabkommen-Streitbeilegungsgesetz – EU-DBA-SBG), S. 1–46.

Begründung zum EStG vom 16.10.1934 (RGBl. I, S. 1005), RStBl. 1935, S. 33–60.

▪ Verwaltungsvorschriften

BMF, Schreiben vom 20.12.1977, IV B 2 – S 2241 – 231/77, BStBl. I 1978, S. 8–16.

BMF, Schreiben vom 10.12.1979, IV B 2 – S 2241 – 138/79, BStBl. I 1979, S. 683.

BMF, Schreiben vom 28.04.1998, IV B 2 – S 2241 – 42/98, BStBl. I 1998, S. 583–586.

BMF, Schreiben vom 24.12.1999, IV B 4 – S 1300 – 111/99, BStBl. I 1999, S. 1076–1120.

BMF, Schreiben vom 16.12.2003, IV A 6 – S 2240 – 153/03, BStBl. I 2004, S. 40–43, berichtigt in BStBl. I 2006, S. 632.

BMF, Schreiben vom 19.03.2004, IV B 4 – S 1301 USA – 22/04, BStBl. I 2004, S. 411–415.

BMF, Schreiben vom 14.05.2004, IV B 4 – S 1340 – 11/04, BStBl. I 2004, S. 3–66.

BMF, Schreiben vom 29.01.2008, IV B 2 – S 2176/07/0001, BStBl. I 2008, S. 317–319.

BMF, Schreiben vom 04.07.2008, IV C 7 – S 2742-a/07/10001, BStBl. I 2008, S. 718–729.

BMF, Schreiben vom 16.04.2010, IV B 2 – S 1300/09/10003, BStBl. I 2010, S. 354–367.

BMF, Schreiben vom 25.11.2010, IV C 3 – S 2303/09/10002, BStBl. I 2010, S. 1350–1368.

BMF, Schreiben vom 20.06.2013, IV B 2 – S 1300/09/10006, BStBl. I 2013, S. 980–983.

BMF, Schreiben vom 26.09.2014, IV B 5 – S 1300/09/10003, BStBl. I 2014, S. 1258–1277.

BMF, Schreiben vom 22.12.2016, IV B 5 – S 1341/12/10001-03, BStBl. I 2017, S. 182–279.

BMF, Schreiben vom 02.11.2018, IV C 6 – S 2144/07/10001:007, BStBl. I 2018, S. 1207–1213.

BMF, Schreiben vom 23.01.2020, IV B 3 – S 1301-NDL/19/10010:001, BStBl. I 2020, S. 210–212.

BMF, Schreiben vom 19.04.2023, IV B 2 – S 1301/22/10002:004, BStBl. I 2023, S. 630–631.

BMF, Schreiben vom 12.12.2023, IV B 2 – S 1300/21/10024:005, BStBl. I 2023, S. 2179–2235.

BMF, Schreiben vom 15.01.2024, IV B 2 – S 1301/21/10048:003, BStBl. I 2024, S. 193–200.

BMF, Schreiben vom 21.02.2024, IV B 3 – S 1304/21/10005:003, BStBl. I 2024, S. 254–275.

Einkommensteuer-Richtlinien (EStR 2012), Allgemeine Verwaltungsvorschrift zur Anwendung des Einkommensteuerrechts vom 16.12.2005, BStBl. I 2005, Sondernummer 1, S. 1, i.d.F. der EStÄR 2012 vom 25.03.2013, BStBl. I 2013, S. 276, mit den Einkommensteuer-Hinweisen (EStH 2023).

Finanzministerium NRW, Erlass vom 01.12.1986, S 1301 – USA 60 – V C 1, DB 1987, S. 24–25.

Körperschaftsteuer-Richtlinien 2022 (KStR 2022), Allgemeine Verwaltungsvorschrift zur Anwendung des Körperschaftsteuerrechts vom 13.04.2022, BStBl. I 2022, Sondernummer 1, S. 2, mit den Körperschaftsteuer-Hinweisen 2022 (KStH 2022).

OFD Düsseldorf, Verfügung vom 18.07.2005, S 1301 A – St 12, DB 2005, S. 1598–1600.

Gesetze, Rechtsverordnungen und Richtlinien

▪ Gesetze

Abgabenordnung (AO) i.d.F. der Bekanntmachung vom 01.10.2002, BGBl. I 2002, S. 3866, berichtigt BGBl. I 2003, S. 61, zuletzt geändert durch Art. 19 des Gesetzes vom 02.12.2024, BGBl. I 2024, Nr. 387.

Bürgerliches Gesetzbuch (BGB) i.d.F. der Bekanntmachung vom 02.01.2002, BGBl. I 2002, S. 42, berichtigt BGBl. I 2002, S. 2909 und BGBl. I 2003, S. 738, zuletzt geändert durch Art. 14 des Gesetzes vom 23.10.2024, BGBl. I 2024, Nr. 323.

Einkommensteuergesetz (EStG) i.d.F. der Bekanntmachung vom 08.10.2009, BGBl. I 2009, S. 3366, berichtigt BGBl. I 2009, S. 3862, zuletzt geändert durch Art. 6 des Gesetzes vom 02.12.2024, BGBl. I 2024, Nr. 387.

Einkommensteuergesetz (EStG 1934) vom 16.10.1934, RGBl. I 1934, S. 1005.

Gesetz über die Besteuerung bei Auslandsbeziehungen (Außensteuergesetz – AStG) vom 08.09.1972, BGBl. I 1972, S. 1713, zuletzt geändert durch Art. 14 des Gesetzes vom 02.12.2024, BGBl. I 2024, Nr. 387.

Gesetz zur Anwendung des Mehrseitigen Übereinkommens vom 24.11.2016 und zu weiteren Maßnahmen vom 19.06.2024, BGBl. I 2024, Nr. 205.

Gesetz zur Bekämpfung der Steuerumgehung und zur Änderung weiterer steuerlicher Vorschriften (Steuerumgehungsbekämpfungsgesetz – StUmgBG) vom 23.06.2017, BGBl. I 2017, S. 1682.

Gesetz zur Modernisierung des Personengesellschaftsrechts (Personengesellschaftsrechtsmodernisierungsgesetz – MoPeG) vom 10.08.2021, BGBl. I 2021, S. 3436.

Gesetz zur Stärkung von Wachstumschancen, Investitionen und Innovation sowie Steuervereinfachung und Steuerfairness (Wachstumschancengesetz) vom 27.03.2024, BGBl. I 2024, Nr. 108.

Gesetz zur Umsetzung der Amtshilferichtlinie sowie zur Änderung steuerlicher Vorschriften (Amtshilferichtlinie-Umsetzungsgesetz – AmtshilfeRLUmsG) vom 26.06.2013, BGBl. I 2013, S. 1809.

Gesetz zur Umsetzung der Änderungen der EU-Amtshilferichtlinie und von weiteren Maßnahmen gegen Gewinnkürzungen und -verlagerungen (BEPS-Umsetzungsgesetz – BEPS-UmsG) vom 20.12.2016, BGBl. I 2016, S. 3000.

Gesetz zur Umsetzung der Anti-Steuervermeidungsrichtlinie (ATAD-Umsetzungsgesetz – ATADUmsG) vom 25.06.2021, BGBl. I 2021, S. 2035.

Gesetz zur Umsetzung der Richtlinie (EU) 2017/1852 des Rates vom 10. Oktober 2017 über Verfahren zur Beilegung von Besteuerungsstreitigkeiten in der Europäischen Union (EU-Doppelbesteuerungsabkommen-Streitbeilegungsgesetz – EU-DBA-SBG) vom 10.12.2019, BGBl. I 2019, S. 2103.

Gewerbesteuergesetz (GewStG) i.d.F. der Bekanntmachung vom 15.10.2002, BGBl. I 2002, S. 4167, zuletzt geändert durch Art. 9 des Gesetzes vom 02.12.2024, BGBl. I 2024, Nr. 387.

Grundgesetz für die Bundesrepublik Deutschland (GG) vom 23.05.1949, BGBl. I 1949, S. 1, zuletzt geändert durch Art. 1 des Gesetzes vom 19.12.2022, BGBl. I 2022, S. 2478.

Handelsgesetzbuch (HGB) vom 10.05.1897, RGBl. 1897, S. 219, zuletzt geändert durch Art. 1 des Gesetzes vom 23.10.2024, BGBl. I 2024, Nr. 323.

Jahressteuergesetz 2007 (JStG 2007) vom 13.12.2006, BGBl. I 2006, S. 2878.

Jahressteuergesetz 2009 (JStG 2009) vom 19.12.2008, BGBl. I 2008, S. 2794.

Jahressteuergesetz 2024 (JStG 2024) vom 02.12.2024, BGBl. I 2024, Nr. 387.

Körperschaftsteuergesetz (KStG) i.d.F. der Bekanntmachung vom 15.10.2002, BGBl. I 2002, S. 4144, zuletzt geändert durch Art. 8 des Gesetzes vom 02.12.2024, BGBl. I 2024, Nr. 387.

Umsatzsteuergesetz (UStG) i.d.F. der Bekanntmachung vom 21.02.2005, BGBl. I 2005, S. 386, zuletzt geändert durch Art. 27 des Gesetzes vom 02.12.2024, BGBl. I 2024, Nr. 387.

- **Rechtsverordnungen**

Verordnung zur Anwendung des Fremdvergleichsgrundsatzes auf Betriebsstätten nach § 1 Abs. 5 des Außensteuergesetzes (Betriebsstättengewinnaufteilungsverordnung – BsGaV) vom 13.10.2014, BGBl. I 2014, S. 1603, zuletzt geändert durch Art. 8 des Gesetzes vom 20.12.2022, BGBl. I 2022, S. 2730.

- **Richtlinien**

Richtlinie (EU) 2016/1164 des Rates vom 12.07.2016 mit Vorschriften zur Bekämpfung von Steuervermeidungspraktiken mit unmittelbaren Auswirkungen auf das Funktionieren des Binnenmarkts (Richtlinie (EU) 2016/1164 vom 12.07.2016, ATAD), ABl. 2016, Nr. L 193, S. 1, geändert durch Änderungsrichtlinie (EU) 2017/952 vom 29.05.2017, ABl. 2017, Nr. L 144, S. 1.

Richtlinie (EU) 2017/952 des Rates vom 29.05.2017 zur Änderung der Richtlinie (EU) 2016/ 1164 bezüglich hybrider Gestaltungen mit Drittländern (Änderungsrichtlinie (EU) 2017/952 vom 29.05.2017), ABl. 2017, Nr. L 144, S. 1.

Richtlinie (EU) 2017/1852 des Rates vom 10.10.2017 über Verfahren zur Beilegung von Besteuerungsstreitigkeiten in der Europäischen Union (Richtlinie (EU) 2017/1852 vom 10.10.2017, EU-Streitbeilegungsrichtlinie), ABl. 2017, Nr. L 265, S. 1.

Völkerrechtliche Verträge und zugehörige Protokolle

Abkommen zwischen der Bundesrepublik Deutschland und der Französischen Republik zur Vermeidung der Doppelbesteuerungen und über gegenseitige Amts- und Rechtshilfe auf dem Gebiete der Steuern vom Einkommen und vom Vermögen sowie der Gewerbesteuern und der Grundsteuern vom 21.07.1959 (DBA-Frankreich), BGBl. II 1961, S. 398, zuletzt geändert durch Zusatzabkommen vom 31.03.2015, BGBl. II 2015, S. 1335.

Abkommen zwischen der Bundesrepublik Deutschland und dem Vereinigten Königreich Großbritannien und Nordirland zur Vermeidung der Doppelbesteuerung und zur Verhinderung der Steuerverkürzung vom 26.11.1964 (DBA-Großbritannien 1964), BGBl. II 1966, S. 358, zuletzt geändert durch Protokoll vom 23.03.1970, BGBl. II 1971, S. 45.

Abkommen zwischen der Bundesrepublik Deutschland und dem Vereinigten Königreich Großbritannien und Nordirland zur Vermeidung der Doppelbesteuerung und zur Verhinderung der Steuerverkürzung auf dem Gebiet der Steuern vom Einkommen und vom Vermögen vom 30.03.2010 (DBA-Großbritannien), BGBl. II 2010, S. 1333, zuletzt geändert Protokoll vom 12.01.2021, BGBl. II 2021, S. 666.

Abkommen zwischen der Bundesrepublik Deutschland und der Italienischen Republik zur Vermeidung der Doppelbesteuerung auf dem Gebiet der Steuern vom Einkommen und vom Vermögen und zur Verhinderung der Steuerverkürzung vom 18.10.1989 (DBA-Italien), BGBl. II 1990, S. 742, nebst Protokoll, BGBl. II 1990, S. 760.

Abkommen zwischen der Bundesrepublik Deutschland und Kanada zur Vermeidung der Doppelbesteuerung auf dem Gebiet der Steuern vom Einkommen und bestimmter anderer Steuern vom 17.07.1981 (DBA-Kanada 1981), BGBl. II 1982, S. 801.

Abkommen zwischen der Bundesrepublik Deutschland und der Republik Österreich zur Vermeidung der Doppelbesteuerung auf dem Gebiet der Steuern vom Einkommen und vom Vermögen vom 24.08.2000 (DBA-Österreich), BGBl. II 2002, S. 734, zuletzt geändert durch Protokoll vom 21.08.2023, BGBl. II 2023, S. 335.

Abkommen zwischen der Bundesrepublik Deutschland und der Schweizerischen Eidgenossenschaft zur Vermeidung der Doppelbesteuerung auf dem Gebiete der Steuern vom Einkommen und vom Vermögen vom 11.08.1971 (DBA-Schweiz), BGBl. II 1972, S. 1021, zuletzt geändert durch Protokoll vom 27.10.2010, BGBl. II 2011, S. 1090.

Abkommen zwischen der Bundesrepublik Deutschland und dem Königreich Spanien zur Vermeidung der Doppelbesteuerung und zur Verhinderung der Steuerverkürzung auf dem Gebiet der Steuern vom Einkommen und vom Vermögen vom 03.02.2011 (DBA-Spanien), BGBl. II 2012, S. 18.

Abkommen zwischen der Bundesrepublik Deutschland und der Republik Türkei zur Vermeidung der Doppelbesteuerung und der Steuerverkürzung auf dem Gebiet der Steuern vom Einkommen vom 19.09.2011 (DBA-Türkei), BGBl. II 2012, S. 526, nebst Protokoll zum Abkommen, BGBl. II 2012, S. 545.

Abkommen zwischen der Bundesrepublik Deutschland und den Vereinigten Staaten von Amerika zur Vermeidung der Doppelbesteuerung auf dem Gebiete der Steuern vom Einkommen vom 22.07.1954 (DBA-USA 1954), zuletzt geändert durch Protokoll vom 17.09.1965, BGBl. II 1965, S. 1611.

Abkommen zwischen der Bundesrepublik Deutschland und den Vereinigten Staaten von Amerika zur Vermeidung der Doppelbesteuerung und zur Verhinderung der Steuerverkürzung auf dem Gebiet der Steuern vom Einkommen und vom Vermögen und einiger anderer Steuern vom 29.08.1989 (DBA-USA 1989), BGBl. II 1991, S. 355.

Abkommen zwischen der Bundesrepublik Deutschland und der Republik Zypern zur Vermeidung der Doppelbesteuerung und zur Verhinderung der Steuerverkürzung auf dem Gebiet der Steuern vom Einkommen und vom Vermögen vom 18.02.2011 (DBA-Zypern), BGBl. II 2011, S. 1068, nebst Protokoll zum Abkommen, BGBl. II 2011, S. 1086, zuletzt geändert durch Protokoll vom 19.02.2021, BGBl. II 2021, S. 731.

Vertrag über die Arbeitsweise der Europäischen Union vom 13.12.2007 in der konsolidierten Fassung vom 07.06.2016 (AEUV), ABl. 2016, Nr. C 202, S. 47.

Musterabkommen und Musterkommentare

Commentaries on the Articles of the Model Tax Convention (OECD-MK 1992), in: Model Tax Convention on Income and on Capital – Condensed Version, hrsg. von der OECD, Paris, Stand: September 1992, S. 43–244, abrufbar unter: https://www.oecd-ilibrary.org/docserver/mtc_cond-1992-en.pdf?expires=1618224289&id=id&accname=ocid53026278&checksum=C8FEB09CCE1DA61C98EA9DBA1AA46389, zuletzt abgerufen am 01.12.2024.

Commentaries on the Articles of the Model Tax Convention (OECD-MK), in: Model Tax Convention on Income and on Capital – Condensed Version, hrsg. von der OECD, Paris, Stand: November 2017, S. 53–606, abrufbar unter: https://read.oecd-ilibrary.org/taxation/model-tax-convention-on-income-and-on-capital-condensed-version-2017_mtc_cond-2017-en#page1, zuletzt abgerufen am 01.12.2024.

Model Convention for the Avoidance of Double Taxation with Respect to Taxes on Income and on Capital 1977 (OECD-MA 1977), in: Model Double Taxation Convention on Income and on Capital, hrsg. von der OECD, Paris 1977, S. 18–44, abrufbar unter: https://read.oecd-ilibrary.org/taxation/model-double-taxation-convention-on-income-and-capital_9789264055919-en, zuletzt abgerufen am 01.12.2024.

Model Convention with Respect to Taxes on Income and on Capital 2008 (OECD-MA 2008), in: Model Tax Convention on Income and on Capital – Condensed Version, hrsg. von der OECD, Paris, Stand: Juli 2008, S. 17–42, abrufbar unter: https://www.oecd-ilibrary.org/docserver/mtc_cond-2008-en.pdf?expires=1731919048&id=id&accname=ocid53026278&checksum=80A1E1A936A7133CF9692D0E1070B029, zuletzt abgerufen am 01.12.2024.

Model Convention with Respect to Taxes on Income and on Capital 2017 (OECD-MA), in: Model Tax Convention on Income and on Capital – Condensed Version, hrsg. von der OECD, Paris, Stand: November 2017, S. 23–51, abrufbar unter: https://read.oecd-ilibrary.org/taxation/model-tax-convention-on-income-and-on-capital-condensed-version-2017_mtc_cond-2017-en#page1, zuletzt abgerufen am 01.12.2024.

Dokumente nationaler und internationaler Institutionen

- **nationale Institutionen**

Bundesregierung (Protokollerklärung 2003): Protokollerklärung der Bundesregierung zur „Vermittlungsempfehlung zum Steuervergünstigungsabbaugesetz“ vom 09.04.2003, abrufbar unter: https://www.steuerberater-center.de/media/ProtStVergAbG.pdf, zuletzt abgerufen am 01.12.2024.

Entwurf eines BMF-Schreibens vom 13.07.2023, Betriebsausgabenabzugsverbot bei Besteuerungsinkongruenzen (§ 4k EStG), abrufbar unter: https://www.bundesfinanzministerium.de/Content/DE/Downloads/BMF_Schreiben/Steuerarten/Einkommensteuer/2023-07-13-entwurf-bmf-schreiben-betriebsausgabenabzugsverbot-bei-besteuerungsinkongruenzen.pdf?__blob=publicationFile&v=1, zuletzt abgerufen am 01.12.2024.

Expertenkommission „Vereinfachte Unternehmensteuer“ (Abschlussbericht 2024): Besteuerung der Unternehmen: Einfacher und Effizienter, Abschlussbericht der Expertenkommission „Vereinfachte Unternehmensteuer“, eingesetzt vom BMF, Juli 2024, abrufbar unter: https://www.bundesfinanzministerium.de/Content/DE/Downloads/Broschueren_Bestellservice/bericht-kommission-vereinfachte-unternehmensteuer.pdf?__blob=publicationFile&v=4, zuletzt abgerufen am 01.12.2024.

Steuerfachausschuss des IDW (Positionspapier 2019): IDW Positionspapier zum Einstieg in eine rechtsformneutrale Besteuerung („Optionsmodell“), Steuerfachausschuss des IDW, 2. Aufl., Düsseldorf 2019, abrufbar unter: https://www.idw.de/IDW/Medien/Positionspapier/Downloads-IDW/Down-Positionspapier-Optionsmodell.pdf, zuletzt abgerufen am 01.12.2024.

Wissenschaftlicher Arbeitskreis Steuerrecht des DWS-Instituts e.V. (Sonderbetriebsvermögen 2023): Sonderbetriebsvermögen – Bestandsaufnahme und Reformvorschläge, DStR-Beihefter 2023, S. 19–60.

- **internationale Institutionen**

OECD (Partnership-Report 1999): The Application of the OECD Model Tax Convention to Partnerships, Issues in International Taxation, No. 6, Paris 1999, abrufbar unter: https://www.oecd-ilibrary.org/docserver/9789264173316-en.pdf?expires=1731684677&id=id&accname=ocid53026278&checksum=D1FAC676F8298DEDFF332C98560ABFF6, zuletzt abgerufen am 01.12.2024.

OECD (Report 2008): Report on the Attribution of Profits to Permanent Establishments, 17 July 2008, Paris 2008, abrufbar unter: https://www.oecd.org/en/publications/report-on-the-attribution-of-profits-to-permanent-establishments_c628bb9f-en.html, zuletzt abgerufen am 01.12.2024.

OECD (Report 2010): Report on the Attribution of Profits to Permanent Establishments, 22 July 2010, Paris 2010, abrufbar unter: https://www.oecd.org/en/publications/2010-report-on-the-attribution-of-profits-to-permanent-establishments_2f94c049-en.html, zuletzt abgerufen am 01.12.2024.

OECD (Arrangements 2015): Neutralising the Effects of Hybrid Mismatch Arrangements – Action 2: 2015 Final Report, Paris 2015, abrufbar unter: https: //www. oecd.org/en/publications/neutralising-the-effects-of-hybrid-mismatch-arrangements-action-2-2015-final-report_9789264241138-en.html, zuletzt abgerufen am 01.12.2024.

OECD (Introduction 2017): Introduction, in: Model Tax Convention on Income and on Capital – Condensed Version, hrsg. von der OECD, Paris, Stand: November 2017, S. 9–21, abrufbar unter: https://read.oecd-ilibrary.org/taxation/model-tax-convention-on-income-and-on-capital-condensed-version-2017_mtc_cond-2017-en#page1, zuletzt abgerufen am 01.12.2024.

Sonstige Quellen

CREZELIUS, GEORG (Diskussion 2018): Diskussionsbeitrag von Prof. Dr. Georg Crezelius, abgedruckt in: Jahrbuch der Fachanwälte für Steuerrecht 2018/2019 – Aktuelle steuerrechtliche Beiträge, Referate und Diskussionen der 69. Steuerrechtlichen Jahresarbeitstagung, Wiesbaden, vom 7. bis 9. Mai 2018, hrsg. von KLAUS-DIETER DRÜEN, Herne 2018, S. 625–646.

VON FREEDEN, ARNE (Zinsabzugsverbot 2016): Neues Zinsabzugsverbot für Inbound-Strukturen?, Steuerboard-Blog, September 2016, abrufbar unter: https://research.owlit.de/document/fd881dea-cd10-320a-a9f2-d980d33551e6, zuletzt abgerufen am 01.12.2024.

Stichwortverzeichnis